The Handbook of Student Affairs Administration

Fourth Edition

George S. McClellan, Jeremy Stringer and Associates

学生事务管理 第四版

[美]乔治 · 麦克莱伦 杰里米 · 斯特林格 等著

周久莉 雷晓敏 杨光 等译

WILEY

东北财经大学出版社
Dongbei University of Finance & Economics Press
大连

辽宁省版权局著作权合同登记号：图字06-2018-69号

The Handbook of Student Affairs Administration by George S. McClellan， Jeremy Stringer and Associates，
ISBN： 978-1-118-70732-6

图书在版编目（CIP）数据

学生事务管理/（美）乔治·麦克莱伦，杰里米·斯特林格等著；周久莉，雷晓敏，杨光等译. —大连：东北财经大学出版社，2022.6
书名原文：The Handbook of Student Affairs Administration
ISBN 978-7-5654-4447-0

Ⅰ.学… Ⅱ.①乔… ②杰… ③周… ④雷… ⑤杨… Ⅲ.高等学校-学生工作 Ⅳ.G645.5

中国版本图书馆CIP数据核字（2022）第028817号

东北财经大学出版社出版发行
大连市黑石礁尖山街217号 邮政编码 116025
网 址：http：//www. dufep. cn
读者信箱：dufep @ dufe. edu. cn
大连图腾彩色印刷有限公司印刷

幅面尺寸：185mm×260mm 字数：602千字 印张：30
2022年6月第1版 2022年6月第1次印刷
责任编辑：李 季 刘东威 刘慧美 刘 佳 吉 扬 王 玲 王芃南
责任校对：石建华 孟 鑫
封面设计：原 皓
版式设计：冀贵收
定价：118.00元

教学支持 售后服务 联系电话：（0411）84710309
版权所有 侵权必究 举报电话：（0411）84710523
如有印装质量问题，请联系营销部：（0411）84710711

《学生事务管理》参与翻译的人员

按翻译章节顺序排列

戴　晨　葛婷婷　雷晓敏　周月明　刘　旭

杨　光　周久莉　刘　畅　陆　远

作者简介

Forewords

序

学生事务管理是衡量高等教育发展水平的重要指标，在立德树人、促进学生全面发展和提升人才培养质量方面发挥着不可替代的作用。在统筹和推进“双一流”高校建设进程中，一流的学生事务管理是一流人才培养的重要基础。构建一流的学生事务管理体系，提升高校教育、管理与服务水平，是提高人才培养质量的应有之义。今天我们所面对的“00”后大学生，是推动未来中国继续向前发展的重要“生力军”。作为互联网时代的“原住民”，他们的成长伴随着信息技术的蓬勃发展，其心理与行为深受新媒体的影响，这使得当前高校学生事务管理面临着全新的环境，它既是机遇也是挑战。与“80”后、“90”后大学生相比，“00”后大学生思维更加活跃、主体意识更加鲜明，也更注重个体的情感体验和自我价值的实现。多样化的媒介信息与渠道对学生的学习方法、生活态度、价值取向以及生活方式等都产生了深刻影响，学生发展的多元化特征越来越明显，学生个体的情况也日趋复杂。学生事务管理作为高校思想政治工作的重要抓手和载体，已经受到了教育管理专家和实际工作者们的共同关注。

与此同时，伴随着高等教育领域的对外开放，国际交流日益频繁，高等学校在拓展学术交流与合作的同时也将学习与借鉴的视野投向了高等教育管理领域。加强国际比较研究的批判性和本土化，既重视学习借鉴国外先进的学生事务管理的先进理念和成功经验，又重视对现存问题和历史教训的批判与反思，给中国高校学生管理工作者带来的将不仅是一种工作理念的转变，更成为面向新的形势改进大学生思想政治教育和学生事务管理工作的选择之一。在建设世界一流大学和一流学科已成为国家发展高等教育重大战略决策的背景下，高校学生工作一线的同仁应该有紧迫感和责任感，应该有强大的了解自己和关怀他人的动力，更应该有对自己和他人进行分析和判断的能力。

美国作为当今高等教育发达国家，其在高教领域的杰出成就与其卓有成效的学生事务管理工作密不可分。美国高校学生事务管理经历了近百年的发展变化，其基本理念、工作内容、操作模式、实际应用都贯穿于教育工作者对教育与社会发展的互动关系和教育规律的深入研究中。东北财经大学萨里国际学院的学生辅导员精心挑选了《学生事务管理》一书，历时两年完成了翻译工作。学生事务管理是一项应用性极强的工作，译者希望通过翻译这本著作，着重让读者了解如下几个问题：美国高校学生事务管理的指导理念和目标是什么？其学生事务管理包含哪些内容，采取什么样的具体形式？如何保障学生事务管理有效开展和实施？哪些规律和特点可供借鉴？

对于中国高校的学生工作者而言，能够得到比较客观、准确的信息，形成对美国等发达国家高校学生事务管理的大体印象并非易事。语言转换固然是一个问题，更主要的问题是，美国等发达国家的"学生事务管理"是在完全不同于中国的文化背景、意识形态、经济体制和高等教育管理体制下产生并发展的，有着特定的内涵和运作方式——美国大学学生事务管理的"专业化"体现在哪些方面？美国大学的"Orientation"（入学教育）和中国的入学教育有何不同？美国大学的环境建设与我们的"以美育人，以文化人"有何共通之处？中国是大学生校园住宿比例最高的国家，我们在学生中倡导的宿舍文化建设能否将美国大学的"Residential Education"（寄宿教育）文化引入，进一步为新时代书院制度的改革和发展提供思路？美国大学的"Honor System"（荣誉制度）是如何建立的……尽管中美两国高等教育在生发的环境、管理体制、指导思想、运作方式等方面差异巨大，但通读本书之后，当我们将视线聚焦于学生去考虑问题时，就会发现，中美两国的学生工作者们往往面临同样或类似的问题，而本书给予的解决方案，往往让我们在开展学生工作实践时获得更大的启发。

一、学生事务管理是为实现高校人才培养目标服务的。学生事务管理并不是脱离于学校学术活动之外的教育活动，也不是与学生的学术生活相对立的"另一种教育活动"。恰恰相反，它在其特定的领域里运用更为丰富多样的教育手段为学生提供服务，向学生施加影响，而其目的只有一个，即为实现学校的人才培养目标服务。因此，不论是那些被我们所推崇的美国顶尖大学，还是一批正在努力跻身世界一流大学行列的中国大学，学生事务管理的终极目标是一致的。

二、关注学生的全面发展。"全人教育"的理念是美国著名大学人才培养工作的基本理念。在促进学生学业进步的同时，通过服务项目的提供、发展项目的设计、区别不同群体的精细化的指导，平衡其身心的健康发展，促进其各方面能力的提升，给学生一个完美的大学生活体验。这是美国大学学生事务管理的工作目标。与中国高校十分重视大学生的思想教育相一致，美国大学也十分重视对学生价值观的引导，并将

Forewords

其作为“全人教育”的一个重要方面，只是实现的方式与我们不同。

三、对学生心理健康的重视和对特殊学生群体的帮助与指导。学生的身心健康已成为学生事务管理者普遍关注的问题。学业的成功并不是学生成才的唯一标志。近年来，中国高校面对社会转型和学生群体的代际变化，加大了学生心理健康教育工作的力度。从设置专门机构、配备专业人员、开设必修课程到日常咨询、团体活动和主题教育活动的普遍开展，中美两国高校的学生事务专员①在学生心理健康教育方面的共同话题越来越多。“Peer Education Program”（朋辈教育）在中美两国高校的开展给两国同行带来了更多的交流话题。

中国高校的学生管理、支持与服务工作长期以来为高校的改革发展做出了重要贡献，是学校安全稳定运行，学生身心健康发展，优良校风、学风建设的重要保证，是坚持内涵发展、提高人才培养质量、实现学校发展目标的重要基础。从事学生事务管理的工作人员的专业化水平更是对高校学生管理工作的开展起着至关重要的作用。在新的经济、社会环境下，我们的学生工作在坚定不移地贯彻落实党的教育方针、坚持办学的正确政治方向、充分发挥育人功能的同时，确实需要对已经习以为常的工作思路和工作方法进行反思，这样才能牢牢抓住培养社会主义建设者和接班人这个根本任务，更好地承担起“立德树人”的重大使命。

正如美国著名教育家约翰·杜威所说，如果用昨天的方式教今天的学生，我们就掠夺了他们的明天。他山之石，可以攻玉。无论从建设世界一流大学的现实要求来说，还是从促进中外高校学生事务管理者之间的相互认识与了解、开阔学生管理一线工作者视野的角度来看，我都非常欣慰，东北财经大学能有这样的学生工作者，愿意在探索与分享中增进理解，并为改进与完善这项工作积累素材。有了他们在这一领域的引领与探索，我们得以从高等教育发展更为宏观的背景去理解美国高校学生事务管理的昨天和今天，跳出具体的事务去了解美国高校学生事务发展的“教育逻辑”，研究美国高校学生事务管理工作的内涵、理念、实践模式以及保障机制等。我也衷心地希望本书可以为构建具有中国特色的高校学生事务管理工作体系和人才培养机制提供有益的理论参考与实践指导。

雷晓敏

① 本书也译为学生事务专员、学生事务工作者或学生事务从业者——编辑注。

Forewords

Preface

前　言

这是《学生事务管理》的第四版（以下简称HSAA4）。与前几版一样，出版HSAA4的目的是为那些对学生事务感兴趣的人提供实践指导和信息资源。HSAA4参考了本领域现代的经典文献，并应用了不同机构背景下的案例和实例。HSAA4涵盖了学生事务的行政环境、学生事务的组织和行政模式、学生事务专员所需的核心能力、学生事务专业发展模式以及该专业当前和未来面临的问题等内容。

HSAA4共由七个部分组成，其中前六个部分与前一版相似。这七个部分分别是：

1.专业实践背景

2.专业实践框架

3.学生：专业实践的目的

4.专业实践中的人力资源

5.专业实践中的人际动态

6.专业实践的技能和能力

7.专业实践的回顾与展望

虽然HSAA4的组织架构与前一版相似，但其内容有一些变化。我们用新的章节替换了前一版中关于管理方式、攻读博士学位、项目运行以及设施的章节。新的章节涵盖了学生事务的教与学，学生成功，帮助学生为过有目的的人生做准备，校际竞技体育、娱乐活动和学生运动员，交友和筹资，以及学生事务中不断变化的角色和责任。此外，我们修订了重复性章节并对新兴的学生群体、技术变革以及当代法律和政策问题予以更新。

HSAA4的另一个传统优势是其作者的专业性。第四版的作者为该领域最为著名的学者、实践专家以及杰出的业界新秀。他们代表了学生事务在个人特征、专业经验和机构设置方面的多样性。

读者

编写HSAA4是为了满足入门级、中级和高级学生事务专员的工作需要。本书对于从教学、行政和其他途径转入学生事务领域的从业者也大有裨益。最后，本书为从事大学学生事务或者高等教育项目研究的研究生及其教师团队提供了资料来源。

Preface

Acknowledgments

致　谢

我们深深感激为本书贡献自己的精力和独到见解的作者，能与你们这样杰出的研究者和实践者共事让人感到荣幸和愉悦。

我们十分感谢来自Jossey-Bass出版社的艾琳·诺尔、艾莉森·诺尔斯以及莎娜·鲁宾逊对我们的鼓励、支持与帮助。同时，我们感谢佩吉·巴尔、玛丽·戴斯勒与戴维·布莱曼长久以来对本书的贡献。

感谢美国学生人事管理者协会及其工作人员，特别是格温·邓吉和凯文·克鲁格在本书筹备工作中所提供的支持。在本书的编写过程中，美国学生人事管理者协会全程参与合作，因此我们非常乐意依照惯例将销售收入的一部分用来支持其基金会。

乔治·麦克莱伦感谢他在印第安纳大学-普渡大学韦恩堡分校的同事们，尤其是优秀的学生事务和招生管理团队为学生成功做出的贡献。此外，乔治·麦克莱伦感谢维姬·卡温校长对他在专业和学术活动上的支持。感谢丹妮塔·戴维斯温暖的微笑、鼓励的话语和适时的提醒。杰里米·斯特林格感谢西雅图大学为期30多年的聘任，让他得以坚持自己热衷的事业。这份事业所带来的变化，无论是校方还是杰里米·斯特林格在30多年前都是无法预料的。他很感激编写本书时获得了一年的休假时间，大大缓解了编写工作的压力。

杰里米·斯特林格对于自己能在高等教育领域工作而深感荣幸，这是他亲爱的父母将大学教育作为珍贵的礼物送给他的结果。如果每个人都能这样幸运，难以想象世界会有怎样的变化。他尤其感激妻子苏珊和三个聪明可爱的女儿香农、凯利以及考特尼的爱与支持。乔治·麦克莱伦感谢朋友斯蒂夫·格鲁德、杰森·莱克、彼得·莱克、乔·米诺恩。

最后，谢谢我们的学生及学生事务管理的同事们。学生是我们工作的初心，他们一路上为我们带来精彩和宝贵的经验。我们深感荣幸能够成为学生追梦路上的一分子并因此永葆敬畏之心。非常感谢我们的同事不吝于分享服务学生的热忱并带给我们灵感和启发。我们衷心希望本书能为你们服务学生提供帮助，继而有助于学生取得成功。

乔治·麦克莱伦

杰里米·斯特林格

Acknowledgments

Contents
目录

目录

Contents

第一部分　专业实践背景

学生事务管理处于历史、机构、环境、经济、政治和国家背景中。这些背景塑造了我们的学生管理工作，同时也被学生事务管理工作塑造着。在本书第一部分，我们从背景检视的角度，阐述学生事务管理的专业实践。第1章，迈克尔·库姆斯和珍妮斯·格尔达回顾了学生事务从早期至今的发展史。他们展示了这份职业是如何通过适应新的学生、新的机构形式和新的责任来保持致力于帮助学生收获最好的大学体验的初心。琼·赫特和克莱尔·罗宾斯在第2章聚焦于学生事务专员开展工作的不同环境。她们描述了不同类型机构的特点以及独具特色的大学使命对学生事务专业实践的影响。在第3章，吉利安·坎齐和维克多·阿塞勒斯概述了环境理论在高等教育中的应用，介绍了评估学生学习和学生成功的方式并讨论了对学生成功产生影响的大学环境开展评估的重要性。学生进入大学的能力以及是否能够成功获得学位通常在相当大程度上受到环境条件的影响。在第4章，约翰·舒描绘了人口结构、社会趋势、立法以及国家支持对高等教育以及大学生的经济影响。近几年，高等教育的财政压力导致公众对大学责任的呼声日益高涨。雪莉·马洛里和琳达·克莱门特在第5章探讨了责任运动对学生事务实践的影响。布雷特·佩罗兹和恩里克·拉莫斯在第6章从国际视角展开了有关学生事务背景的探讨。他们阐述了全球化和国际化理念对学生事务实践的影响，分享了学生事务专员在不同的国际环境下开展工作实践的类型。

第1章

“悠久的历史”

学生事务管理在美国

迈克尔·库姆斯　珍妮斯·格尔达

美国学生事务管理拥有悠久的历史。今天的学生事务管理从业者是踏着100多年前那些将毕生精力献给大学和学生的先辈们的足迹前进的。学生事务管理的先行者们用他们的创造力和勇气推动着这项伟大的事业与时俱进，不断适应新一代学生的需求。他们富有创造力的工作，不仅为学生提供了更好的服务，也为实现大学使命提供了强有力的支持。究其核心，学生事务就是一项帮助每一个学生个体从他或她独一无二的大学体验中尽可能收获更多成长的工作。

当然学生事务工作不止于此。学生能力提高、顺利毕业只是短期目标。作为一项职业，学生事务工作致力于把世界变得更加美好。尽管大多数的学生事务工作是在大学开展的，但其终极目标是促进学生终身成长并保持好奇心、成为全球公民以及为后代创造一个公平和人性化的社会。而这样的目标就是从看似平凡的、日常的教导以及和脚踏实地的学生分享体验中达成的，因为所有的大学经历都是学生日后生活的实验室。学生事务富有创造力和无止境的目标同当下实用的工作观点与方法相互作用，将学生事务的先行者与当今时代的从业者紧紧联系在一起。

毫无疑问，所有的教师都极其关注学生的教育体验。从这个意义上说，学生事务管理者同教师们的目标一致。但随着时间的推移，高等教育不断发展，一些新的职务被创造出来并要求其工作任务是将大学和学生的感受作为一个整体来审视，而不仅仅局限在特定的课程或者学科的背景下。因此，学生事务专员在很大程度上是专业的教师和助人者。不是所有为学生提供帮助的人都是学生事务专员，但是所有的学生事务专员都将他们的主要工作目标定为帮助学生。

在本章中，我们将讲述几个故事。这是关于那些将心血付诸学生事务发展并将其作为毕生职业者的故事。我们也会介绍这个职业如何一边持续帮助学生尽可能多地实现高等教育目标，一边实时适应新的学生需求、教育形式和任务。我们鼓励读者深入挖掘学生事务的职业发展历史及其价值，并书写属于自己的职业历史。

时间呈线性延伸，但故事不是，特别是当故事中讲述的内容与一个职业的发展同样复杂时。不同于一个事件清晰地指向另一个事件，学生事务的发展是循序渐进并与时俱进的。比起一条河从源头奔腾向海，用树的形象作比喻也许更为恰当。一棵树必须拥有很多根须吸收养分来帮助树干茁壮成长，强壮的树干继而支持整棵树枝繁叶茂。我们的故事并不是严格地遵循时间顺序展开，因为我们必须聚焦于服务学生的工作是如何随着时间而变化的——不同时间、不同来源的影响因素如何共同作用于学生事务工作。我们决定叙述不同的故事情节且不以时间为顺序呈现这些故事。

1.1 学生事务的从业先驱

学生事务是从什么时间开始的？这是一个既自然又令人困惑的问题。因为我们是采取回溯的方式命名和定义这份职业的，所以我们不能简单地查阅过去的文献，而只能取其精华来定义这份职业并从当下的视角认识我们的职业先驱。那么，在过去，在大学校园中谁从事的工作是帮助学生获得大学体验呢？

在美国高等教育史的大部分时间里，学院和大学是非常小的社区，在校生人数仅为数十人或数百人。举例来说，在1770年，哈佛大学的注册人数是413人，而耶鲁大学是338人（Thwing，1906）。为数不多的教师、校长和其他几个行政人员就可以很容易地帮助全体学生获得大学体验（Leonard，1956）。更为重要的是，他们的学生更像是年轻版本的自己（那就是男生、白人和基督徒），因此他们非常容易和直观地想象得到学生或许是什么样子。

1833年，奥柏林学院的领导者开展了一项冒险的实验。他们决定同时招收女学生和男学生。1835年，他们扩大了实验范围，开始平等招收非洲裔美国学生。尽管今日我们也许能想象出非洲裔美国男学生有哪些独特的需求，又是哪些因素使得招收女学生的新想法得到贯彻。但在当时，教师和其他的领导者突然发现，他们不能仅仅依赖个人的经验直觉推断出学生到底需要什么。当更多的女学生进入高校时，还有一些女子学院的出现，对于大学男性领导者来说，难以了解女学生的需求到底是什么，这让他们不知所措。为了解决这个问题，很多大学的校长创造了一些全部由女性工作者从事的岗位，专门服务于女学生的需求。这些岗位最开始的名称是女导师、女校长（Gerda，2007）。

起初，这些新的女性管理者负责解决的最显而易见的学生需求是社会交际问题。例如，如何保护女学生远离破坏她们声誉的各种社会问题，或者如何解决大学对学生有约束的、得体的着装期待与大学社区学生生活需求之间的矛盾。但是随着时间的推移，这些早期的从业者和他们的学生逐渐了解女学生获得她们大学经验的重要因素还包括职业路径、就业机会和相关指导。

到19世纪90年代，从事这些岗位的女性管理者的受教育程度逐渐提高。她们被赋予的工作角色逐渐与女学生的学术需求相关，这样她们能够解决学生社会交际以外的问题。为了体现她们岗位职能的拓展，女生训导主任这个职务被创造出来。在1892年，芝加哥大学的校长威廉姆·雷尼·哈珀任命爱丽丝·佛里曼·帕尔默为女生训导主任（接着是卫斯理学院的训导主任），标志着这个职务的威望和重要性。帕尔默和大学协商为她安排一个助理，马里安·塔尔博特最终获得助理职位并为全美的很多女生训导主任设定了工作标准。在1910年的演讲中，康奈尔大学的格特鲁德·马丁评论道："尽管芝加哥大学不是第一个实行女生训导主任制度的大学，但我确定芝加哥大学使得这个职务广为流行。"（Martin，1911，p.66）女生训导主任这一职务至此开始蓬勃发展起来。

在芝加哥大学实行女生训导主任职务的几乎同一时间，另外一所著名的大学开始另辟蹊径从整体来考虑学生的体验。哈佛大学虽没有女性本科生，却有女性研究生，她们的需求同本科男性学生的需求不同。1890年，查尔斯·艾略特校长认为他不能兼顾处理学生关系和日益繁重的教师、财务、校园设施的职责，于是他创造了学院训导主任的职务，并任命备受师生尊重和喜爱的教师勒伦巴·罗素·布里格斯担任这一职务。布里格斯的主要职责是关注和照顾本科生的需求（而不是课程或授课问题）。他因从事这份工作而在哈佛校园里与众不同。

美国很多高校任命女生训导主任以及哈佛大学任命学院训导主任促使女学生的需求得到重新审视（Findlay，1938）。男学生能够看到女学生从专门的管理者那里获得更好的支持，而且全国的大学管理者都争相效仿哈佛大学的模式。当20世纪来临时，一些大学开始任命熟悉学生事务的教师负责关注大学生的整体需求。伊利诺伊大学的英文教授托马斯·阿克尔·克拉克已经能非常愉快地从事与学生大学生活有关的项目。1901年，安德鲁·斯隆·德雷伯校长将这些职能正规化。克拉克因其对伊利诺伊大学男学生的关爱而成为传奇。1909年，他被任命为男生训导主任（Fley，1978；Gaytas，1998；Schwartz，2010）。

1.2 职业的开端

这些早期的学生事务先驱独立地从事着帮助学生个体“应对严格的学术要求和自由的大学生活”的重要工作（Schwartz，2010，p.3）。尽管一份职业之所以能成为职业并不在于任何单独个体的工作（无论这份工作以多么专业的方式开展），但是一群人共同努力去建立、维护和塑造职业身份的渴望成就了这份职业。此项工作包括决定由谁来确定成员，为成员设定目标，研究工作本质并确立长期目标。在学生事务工作历史中，我们能找到的全体从业者的首次会议是于1903年11月3日至4日由八位女性相聚在芝加哥大学和西北大学的校园就学生支持工作展开的商讨（Gerda，2007）。

与会者大多是女生训导主任，还有一些参会者是从事相关工作的人员，只不过她们所在的学校还未给予类似任命。她们交换观点并讨论共同关心的事项和议题，这和今天的学生事务从业者似乎并无二致。一百年的时间的确改变了很多事。但令人惊奇的是，包括有助于促进学术工作、身体健康、自我管理和学生社区平等、校园住宿安全，以及同国家女学生联谊会和地区组织建立联盟共同帮助学生的使命在内的会议议题，时至今日仍是学生事务的基本问题。她们清楚地认识到，支持、安慰并重建相互陪伴的关系在帮助学生迎接挑战方面同样重要。在会议的结尾，她们投票选出了一组代表她们共同观点的最佳实践方式并计划定期举办会议（Minutes，1903）。尽管同今天的学生事务协会活动比起来，这次会议太过于简单。但是这次会议的基本组成部分在当今的学生事务会议中仍被普遍采用。因其开创了整体职业活动的先河并确定了沿用至今共同领导的基调，1903年举办的美国中西部女生训导主任会议标志着管理学生事务职业的诞生（Gerda，2007）。

1.3 一条新的路径：训导主任制

如果学生事务工作的初步尝试是由女校长和女导师为学生提供实用的社会交际指导，那么首次重大而具有创新性的想法则是训导主任制的理念。在密歇根大学探索创建女生训导主任职务时，奥柏林大学校长为其提供建议时指出，女生训导主任应该是“一位充满智慧而且善良的夫人”（Holmes，1939，p.6；Nidiffer，2000，pp.16–17）。新的训导主任模式要求任职的女性是学术水平过硬的学者。只有这样，女生训导主任才能不仅仅作为教师同行或者其他管理者，更重要的是作为一位学者和教师为女学生争取权益（Mathews，1915）。按常规来说，女生训导主任直接向校长汇报。当男生和女生是否可以同校的问题仍处在激烈的辩论阶段时，女生训导主任从事着更好地改变高等教育模式以及时满足女学生的需求这样政治敏感度很高的工作。女性毕业生大学校友会促使学院和大学不仅创造了女生训导主任职位，而且通过设定较高标准的岗位要求确保这个职位有价值并受尊重。女性毕业生大学校友会仅吸收有价值的会员，而且“拒绝认可和推荐设有不符合协会标准的女生训导主任的高等教育机构”（Iva L. Peters，as cited in Findlay，1938，p.28）。所有这些对训导主任的应聘者提出了很高的要求，各大学也广泛挖掘资源寻找训导主任候选人。美国中西部的公立大学是第一批完全执行这一新想法和高标准的大学，而其他大学仅仅是任命一位女性教师实现女生训导主任的某些工作职能。尽管女子大学的训导主任和男女同校大学的训导主任面临着不同的挑战，但是由于她们工作的相似性很高，所以她们联合起来分享职业成果并作为一个团队向校长们提出工作意见和建议。从1903年到1922年，女生训导主任大会优化了训导主任制的理念，研究出了学术成果，指导和培训了新任职的训导主任并依托她们在高等教育中的地位将优秀的工作做法加以推广（Gerda，2007）。

女生训导主任职务的繁荣发展和成功实践激励了稍晚出现但得以并行的训导主任制的工作模式。在20世纪早期，社会（引申开来，高等教育）对男性和女性有着不同的期望。这对教育男性和教育女性的方式产生了影响。因此，尽管训导主任制不断发展以满足女学生和男学生的需求，但却各有特色。詹姆斯·芬德利（1938）曾表明男生训导主任的职位通常是女生训导主任职位发展的直接结果。最终，男生训导主任的职位开端是致力于提供同女生训导主任平行的服务并为男学生发声。

由于承担训导主任职务的男性和女性面临的工作情形不同，所以工作方式也不尽相同。无论是男性的性别使然，还是当他们被任命的时候已经是大学教师的原因，对于管理人员和教师核心团队来说，男生训导主任在开展工作时更像是他们的内部人。他们在工作时很少为男性学生的整个群体谋利益，而将关注点更多地放在那些因为交不起学费、家庭出现紧急变故、举止轻率或者被同辈施压的男性学生个体上。男生训导主任通过人格魅力开展工作，就像一位睿智的叔叔引领男孩儿迈入成人世界（Scheartz，2010）。他们和学生逐个约谈，提供个体咨询并认为兄弟会和运动员联盟在目标上具有一致性。校长和理事会需要有人来约束男学生的不当行为，因此委任男生训导主任承担这个职责。但对于大多数男生训导主任来说，他们不愿意成为纪律管理者，因为这与他们想要施行的家庭式的指导者角色相悖（Scheartz，2010）。

我们能够清楚地了解这些男生训导主任的工作，是因为他们在1919年建立了职业协会（Conference of Deans and Advisors of Men，男生训导主任和顾问会议）来分享他们共同面对的挑战以及工作想法。第一次会议非常令人振奋，因为第一次世界大战结束了，学生陆军训练队（SATC）终于离开了校园，学生的生活再一次回归到由训导主任指导的正轨中，对此他们深感宽慰。这些经过精心推选来参加威斯康星州麦迪逊会议的男生训导主任们临时组成了一个校际团队。他们几乎逐字逐句地记录了会议的内容。因此即便今日，我们依然可以清楚地知道他们当时的讨论内容。男生训导主任和顾问会议的组织机构至今仍然存在，但是已经改头换面，更名为NASPA：美国学生人事管理者协会。

女生训导主任和男生训导主任职位的总体发展构成了我们所说的*训导主任制*。训导主任制下的一批从业者（例如，Rhatigan，2009）被称为*早期训导主任*。从早期训导主任开始，这个职业在工作人员和资源都匮乏的情况下，坚持以解决学生困难为目标，以关注学生危机为核心，致力于满足学生的所有基本需求。

1.4 一条新的路径：职业教育论

由于训导主任制逐渐被广为采纳且影响力持续扩大，因此一个新的理念缓慢地发展起来并对学生事务工作产生了影响。职业运动致力于运用科学的和心理学的理论把学生与未来的最佳职业以及职业生涯路径匹配起来。弗兰克·帕森斯被认为是美国职业心理学的奠基人，他于1909年出版了著作*Choosing a Vacation*（《选择一份职业》，Hoff，Kroll，Mackinnon，& Rentz，2004）。以学生事务为基础的职业指导是一个完美的理论，这一理论进而转化为务实的工作安置管理实践。

由于帮助年轻的女性毕业生规划职业和就业极富挑战，所以女生训导主任不但接纳职业教育的理念，而且将其作为主要工作。一些女生训导主任成为职业教育者，校外的职业教育者也应聘成为女生训导主任。可以说，“职业生涯规划服务”已经普遍成为高等教育的重要工作内容。职业教育虽并未取代训导主任制，但改变了其职能并赋予了新的内容。职业教育逐渐被认可而且越来越专业，学生事务专员对大学以外的全球职业发展的知识有了更强烈的需求。对于这些人来说，在历史学和化学方面的学术专长和经验远不及在心理学、商务、社会学甚至教师实习方面的专长来得重要。

正因如此，在1913年，几位女生训导主任共同请求哥伦比亚大学的教师学院制定一个容纳所需学科领域精华的教学大纲，以指导和帮助其更好地开展学生职业生涯规划这项新工作。第一个学生事务学位项目就此诞生，目标是“为女生训导主任和导师制定的仅是研究生阶段的培训项目”（Lloyd-Jones，1950，p.262）。这个跨学科的项目聘请了具有心理学、家政学、家庭关系学、宗教教育和青少年问题研究背景的教师。1914年，教师学院开设了职业指导课程并在公告中列出了“大学和师范学院女生训导主任和女导师课程”（LaBarre，1948）。1928年，女生训导主任和导师更名为学生人事管理者。1945年，人事工作研究生学位项目已经发展到53个，其中的一些项目为致力于从事大学生人事工作的人提供职前准备。康奈尔大学、蒙特霍利约克学院、匹兹堡大学、拉德克利夫学院和南卫理公会大学这五所大学只为到大学求职的人提供学位课程。全美总计有105所大学设有职前准备项目，为小学、初中或者高中的工作人员提供课程。另有77所大学和学院为诸如商业公司、政府、工业、宗教生活、康复、社会工作和心理咨询等非教育领域的工作人员提供人事工作培训（LaBarre，1948）。

1916年，推进创建师范学院训导主任学位项目的其中几位女生训导主任开始筹建一个新的职业协会——全国女生训导主任协会（NADW）。自创建伊始，全国女生训导主任协会就是一个大型的、结构化的组织。由于吸纳了广泛的支持者，因此该协会发展十分迅速。任何一位从事女生训导或者相关工作的人员都可以被协会的领导者以演讲者和参与者的身份邀请入会。该协会以开放的，而不是排他性的会员制不断扩大其影响力。同早期训导主任相反的是，协会吸收的新会员还包括那些处理职业事务和开展职业教育的两年制学院、师范学校和高中的训导主任、职业局主管、政府官员以及研究职业选择的教师。特别是，她们积极寻找男性演讲者和专家参与到讨论中来（Gerda，2004）。协会的开放性最终延展为接纳像露西·狄格思·斯洛这样的美籍非洲裔的专家入会。露西·狄格思·斯洛是哈佛大学女生训导主任，她坚持不懈地挑战种族隔离制度影响了一些同行，使他们开始在内心展开同社会公平正义以及以民族种族为依据的纳新制度的自我抗争（Miller & Pruitt-Logan，2012）。比起训导主任协会及其会议，NADW大会更接近于今日的全国学生事务大会和代表大会。NADW坚定地以职业主义为目标持续发展，继而采纳了下一个重大理念——*学生人事*——的很多工作原理，以及在此之后的其他方法。NADW不断发展，其间也曾多次变更其使命和协会名称。但是作为全美三大学生事务协会之一，它在整个20世纪持续发挥着作用。由于会员人数显著少于其他协会，而且在一定程度上受到工作使命混乱不清以及高等教育机构的女性教育者通过其他机构开展合作的影响，NADW于2000年解体（Gangone，2008）。

我们选择将职业主义作为新的工作路径来讨论，是因为当被称为学生人事的新的工作路径出现时，职业主义确实起到了实际的推动作用。学生人事应用了职业主义的全部核心理念以及更多的高等教育工作方式（事实上，将行政管理作为一个整体）。尽管职业主义可以被认为是学生人事的理念分支，但是职业主义至今仍作为学生职业服务的分支功能以及许多学生事务管理职能单元的一个部门而存在于学生事务管理领域中。

1.5 一条新的路径：学生人事

毫无疑问，学生人事是学生事务管理引入的最强大和最具影响力的理念。它不仅仅是一种理念或者一个工作路径，学生人事的拥趸者称其为运动，并且是更大规模地、永久地改变了包括商务管理、军事管理和人力资源等其他职业走向的人事运动的组成部分。学生人事理念的影响力太大了，以至于从20世纪20年代到70年代，整个职业界都以这个术语命名。即便在今天，你也会发现出版物、硕士学位项目、岗位名称曾经或仍然以*学生人事*作为他们的官方名称（ACPA：College Students Educators International，2012）。

为了理解学生人事，我们非常有必要回溯到学生事务创建和完善训导主任制的那个时期，去探寻学生人事的起源并检视那些在其他领域形成的理念。在19世纪90年代，华特·迪尔·斯高特把相对新颖的心理学应用于商务领域并开展研究。他发现有些人比起其他人更适合做销售人员，这并不是因为他们得到了不同的培训，而是因为他们的人格特征和天性（Wright & Dimsdale，1974）。他研发了一组问题帮助雇佣者在录用前就可以决定哪些人适合销售岗位，由此为雇佣者节约了金钱、时间和培养员工需付出的努力（Biddix & Schewartz，2012；Lynch，1968）。在应用心理学促进工业效率的研究方面，斯高特不是唯一的一位。但是他通过咨询的方式宣传了他的理念并招聘了很多工作人员，将他的理念进一步传播了出去。他们通过应用科学心理学、智力与个性测试、时间研究和效率分析研发了一个更全面的人岗适配的人事方案。

在第一次世界大战期间，斯高特观察了英国军队分配士兵执行任务的方式。他认为可以从人事管理原理角度入手改进其低效的工作方式。当美国参战后，斯高特接洽了美国军方高层并以咨询师的身份提供服务。军方起先持怀疑态度，但很快开始接受了将人事理念作为挑选和分配士兵承担任务的依据。在今天看来，斯高特的高效分配流程和美国在第一次世界大战中取得的胜利相比毫不逊色（Mathews，1937）。

战争结束，士兵们回到家乡后，人事理念被非常快地应用到了大学和学院中。战时的指挥官到大学任职，他们不但开始以更高效的方式管理学生的生活，而且能够管理人数众多的学生。这股浪潮席卷了美国高校。斯高特接受了西北大学校长任职后进一步推动了这股浪潮。他不仅在西北大学校内推行学生人事管理，而且在全国范围内宣传推广（Biddix & Schewartz，2012）。以职业主义的基本原理为基础且理念层次高于训导主任制的学生人事管理迅速成为学生事务管理的主流理念框架。

1924年，人事工作者在梅·切尼的领导下，通过了《全国秘书任命协会章程》。她开始创建个人的商务事业，即在加利福尼亚为教师提供工作安置服务。媒体报道称她为“开创大学任命服务的国内女性第一人”（ACPA：College Students Educators International，2012，p.9）。1929年，协会更名为全国工作安置和人事职员协会。新名称更能反映出在那个时期对“为教师和毕业生提供工作安置服务”的这一工作目标以及对影响力日益增大的人事运动的理解（Sheeley，1983，p.180）。1931年，该协会再次更名为美国大学人事协会。美国大学人事协会的工作目标包括将那些从事人事工作的人员引入这一独特的工作领域，同时在协会内开展合作。专业会议的发展可以将人事工作者联合起来，为“通过构建和坚守工作标准，以及通过在科研、实验和服务方面的合作性努力……互相交换理念”（American College Personnel Association，1933，p.87）。这个协会就是现在的ACPA：美国大学人事协会。

学生人事经历了差不多20年的无计划应用后，一个全国性的努力使学生人事被学生事务完全采纳。1937年，19位学生人事工作者、小学和中学的教育者、商务人士和政府官员齐聚美国教育委员会主办的教育大会。他们共同制定了关于“学生人事工作的原理和发展”宣言（American Council on Education（ACE），1937；Gerda，Coomes，& Asimou，2012）。*Student Personnel Point of View*（SPPV，《学生人事观》）（American Council on Education，1937）提供了学生人事运动思想最清晰的宣言，强调大学和学院有义务“将学生作为一个整体来考虑。简而言之，就是将学生作为一个人来培养，而不仅仅教授其知识”（ACE，1937，p.1）。这份宣言也详细阐明了23条学生事务工作内容（例如学术和职业发展咨询、课外活动等），这不仅明确了学生服务功能的范畴，而且提倡专家、机构和协会相互合作（ACE，1937，p.9）。正如格尔达等人（2012）认为的，这份文件不仅仅是一份思想宣言，它明确了学生人事运动的历史；它记录了1937年美国教育委员会主办的大会；它也许是美国教育委员会阐明其在学生事务领域处于领军地位的尝试。无论意欲何为，1937年SPPV作为一份提出了“*学生事务从业者是教育者*”思想的基础文件而闻名遐迩（强调了起源），其核心是“转换思想，思考学生全人发展益处”（Torres，DeSawal，& Hernandez，2012）。和学生人事比起来，训导主任制和更早的、组织架构简单的工作方式看起来像“伤感的直觉”（Brubacher & Ruby，1958/1997，p.335）。

当美国面临着即将参加另一场世界大战时，学生人事为学生事务管理提供了宽泛的并具有影响力的理念框架。当全国的注意力都在第二次世界大战（以下简称二战）上时，领导者们仍然持续向那些还未转变观念的大学喊话。在二战期间，大学校园被迫应对学生入学人数较少的问题。职业协会也减少了开会次数以节约资源。当二战结束时，学生人事得以保留，但是他们必须适应战后的世界。

1.6 学生人事：持续和深入

战争结束后，全国的焦点回到了国内事务上。高等教育发现自身处于一个十分困难的境地。退伍军人大量涌入校园，对学生事务产生了重大的影响和挑战。军队指挥官也回到校园从事学生人事工作。人们对学生人事本质的重新检视不但催生出一个新观点，重视深度教学也同时再度被倡议。

《退伍军人权利法案》——更广为人知的名称是《老兵法案》——使美国高等教育迎来了历史上重要的发展期。这种井喷式发展不仅促进学生事务开创新的功能性领域，也改变了旧的行政模式。教育部门统计数据显示，高校入学人数“在1945年春天和1946年春天之间几乎翻了一番。1947年，高校入学人数比战前增加了70%”（Stanley，2003，p.677）。截止到法案失效，“总计1 232 000名老兵行使了他们的法案权益”，申请进入大学就读（Olson，1973，p.602）。正如其他的“门外汉”一样（Lefkowitz Horowitz，1987，p.14），这些老兵比同龄人“更成熟，更具有不断进取的主动性以及强烈的目的性和社会意识”（Olson，1973，p.603）。那些为年轻少言的学生设计的学生事务规则对老兵而言却是束缚。战争打乱了老兵的生活，因此他们迫切地希望回到生活的正轨。他们的目标是毕业后找一份工作，而且通常他们在毕业前就已组建家庭。当更成熟的老兵要求更多的自治权和个人权益时，大学不得不拓展服务范畴，如提供家庭健康服务、新建宿舍大楼以及重新思考学生和学校的关系。

战时，训导主任承担支持学生的主要责任（Coomes，Whitt，& Kuh，1987）。但是，随着退伍老兵进入校园，大学的高级管理者认为女生训导主任不适合为男学生提供支持和服务。因此，女生训导主任降为男生训导主任的助手，或者训导主任的助手几乎都是由男性管理者担任。正如施瓦兹（1997）指出的，“当男生训导主任被认为是新的和重要的行政职务时，女生训导主任不可避免地成为校园里普遍遭受敌意的受害者”（p.433）。大学和学院任命男性管理者担任这些最新创造出的职务，符合学生追求效率的特征，或许也是公认的或者非公认的性别歧视的结果（Tuttle，1996）。尽管极少数的女生训导主任职位至今仍然存在，但在二战后学生人事逐渐取代了女生训导主任的位置。

大学内部变革的压力最终对学生人事也产生了影响。美国教育委员会在1949年重新回顾和发布了《学生人事观》，增加了公民责任感等内容。1937年的SPPV的主要作者和华特·迪尔·斯高特的学生艾斯特·劳埃德-琼斯在西北大学联合其他学者一起检视了学生人事是否需要重新修订在过去十年中（特别是二战后）已经显现出的不合时宜的内容。学生人事极度追求效率和组织目标，在这个过程中忽略了学生个体的感受及其独特的、定性的、无法归类（unclassifiable）的挑战和个性。在20世纪50年代和60年代，大学的入学人数稳定攀升至数千人，学生人事的工作方式逐渐陷入只见树木不见森林的危险境地。艾斯特·劳埃德-琼斯和史密斯（1954）呼吁在保留学生人事核心思想的同时，对将学生事务的工作重心放在深度教育学生个体方面持谨慎的态度。

1.7 另一种新的工作方式：学生发展

在20世纪60年代和70年代早期，另一种新的工作方式出现了：那就是学生发展主义。它同以往的工作方式的相似点是都致力于全人的教育目标，而不同点在于工作策略和思想来源各不相同。

在20世纪60年代晚期，学生和学校之间的关系发生了巨大的变化（Harvey，1974）。一是二战后高校越来越强调理科的教学研究和教师的主体地位（Committee on the Student in Higher Education，1968；Wilson，1983）；二是美国高校学生的思想也受到了个体发展理论和大学实际感受的冲击（Chickering，1969；Feldman & Newcomb，1969；Perry，1970，Sanford，1962）。之前占据主导地位的学生事务工作方法无法满足高等教育快速变化带来的挑战。在20世纪60年代和70年代早期，大学校园中学生事务专员质疑基本工作原则的事件撼动了长期公认的文化的、教育的、政治的和性别的规范。随着人权、女权、反战和反征兵运动的开展以及大学生被认定为成年人的形势，学生和学校之间的关系在本质上发生了变化，学生事务专员的定位开始变得模糊不清（见Appleton，Briggs，& Rhatigan，1978；Wolf-Wendel，Twombly，Tuttle，Ward，& Gaston-Gayles，2004）。

当时发表在专业期刊和报纸上的大量文章的题目，包括“Identity Crisis—1965”（Kirk，1965）、“Whither Student Personnel Work from 1968 to 2018”（Shaffer，1968）、“Student Personnel Work：A Profession Stillborn”（Penny，1969）、“Student Affairs Administration in Transition”（Chandler，1973）以及“Student Personnel—All Hail and Farewell!”（Crookston，1976）都清楚地反映出学生事务专业认同的危机。

回顾同时代倡导发展主义工作方式（例如，Brown，1972）的文献，一个经常被提及的观点是，学生事务教育者将工作聚焦于学生发展需求上可以解决新的挑战和不明确的专业认同问题。这个新的工作方法被认为是“好兆头”。这些“好兆头”包括“学生人事工作者从内心逐渐开始定位自己是行为科学家，而且关于影响和促进学生发展的研究和思想也开始丰富起来”（Brown，1972，p.10）。未来高等教育工程（T.H.E.）将学生发展的概念调整并定义为：

> 在高等教育背景下的学生发展是将人类发展理念应用于高等教育情境中。人类发展是一个模式化的、有秩序的和终生的过程，这个过程有助于自我决策和自我导向成长，进而形成更高效的人类行为。未来高等教育工程（T.H.E.）的目标是通过提供一个学生事务职位创新性地投入到塑造未来高等教育的方法来重新定义学生事务工作。学生发展必须是未来项目的重点，而且高校必须接纳和坚持贯彻学生发展理念（“A student development model，” 1975，pp.336，341）。

学生发展的工作方式在20世纪年70年代和80年代占据了主导地位。尽管在90年代早期，有人对这种方式提出反对了意见，但是由于它的影响力和渗透之广，最终仍然被认为是“基本思想”，引导了高等教育学生事务的发展（Strange，1994）。

数量激增的学生事务职业协会多次尝试巩固和加强合作联系也能反映出学生事务在这个时期不稳定的本质。也许最活跃的合作就是学生人事委员会协会（COSPA），成员包括美国大学人事协会（ACPA）、美国学生人事管理者协会（NASPA）、全国女性训导主任和顾问协会（NAWDC）（之前的NADW）、西部人事机构、学院联盟协会、大学和学院宿舍管理人员协会以及全美留学生顾问协会。COSPA成立于1963年。当NASPA在1970年以“通过执行委员会议寻求同ACPA和NAWDC更多的合作”（Bloland，1972，p.487）为由离开了COSPA后，COSPA随之解体。共同发表的*Joint Statement on Rights and Freedoms of Students*（American Association of University Professors，1967）以及不定期联合举办的专业会议可以视为在那段时间有关学生人事协会“三驾马车”合作的例证。

1.8 又一种新的工作方式：学生学习

时间来到20世纪80年代，越来越多的人批评美国的高等教育丧失严谨治学的态度，没能承担传播知识的责任，而且在帮助年轻人做好工作准备方面也到了失去竞争力的边缘。很多人担心二战后，其他国家已经培养了比美国更聪明和在科学领域更专业的学生。库姆斯、福尼、凯姆、库赫、罗杰以及斯达摩塔克斯（1987）指出，从一系列文献中可以看出，来自美国政府和社会的压力使全美的教育系统致力于如数学、阅读、协作、科学和文学等基础教育（Hirsch，1987）。核心学习理论倡导者批判学生发展理论所提倡的关注学生成长与个体发展的观点。但是学生发展对学生事务来说仍然很重要。尽管有人提出了新的工作方法，但是学生发展理论仍占据主要地位。

为了促使学生发展务实地服务于全心全意助力学生发展的终极目标，智力发展理论在一份文件中被引入学生事务工作的前沿。该理论要求学生事务专员同教师紧密合作，将学生学习理念作为学生事务工作的重要任务。*The Student Learning Imperative*（American College Personnel Association，1994）展望了在大学建立与课内常规授课流程并行的课外学习理解流程，让学生事务更接近服务学生学习的使命。这就要求重新评估所有学生事务活动来确定是否有利于目标的达成，同时也要求学生事务专员回归训导主任制时期紧密联系教师和培养方案决策的工作方式中。

1.9 21世纪的工作方式

当原有的工作方法失去效果时，学生事务就会寻求革新。当20世纪走向尾声、21世纪来临的时候，高等教育体系内外的很多人一直在思考，高等教育的所有活动是不是必须全部服务于其使命，是否可以把资源调配到其他活动中。不久后，人们逐渐重视这些问题，或者说把这些问题联系起来形成一个明确的和新的工作方式来推动学生事务与时俱进。这些问题的提出不仅为我们理解所处的时代，也为我们从未来的视角勾画当下学生事务的全貌提供了线索。

1.我们如何在学生需要的和学生想要的之间取得平衡？训导主任制有时以“为学生好”之名强行管理学生。职业主义和学生人事有时以令人沮丧和不切实际的方式驱使学生发现自己最适合什么。学生发展强调学生需要不断进入下一个发展阶段，即使学生心理并不适应。我们如何平衡学生需要的和学生想要的？

2.新的教育机构类型和新的学生群体是如何改变我们的工作的？学生进入高校创造了学生事务这个职业，然后也是学生促使学生事务管理随着时间发生变化。线上教育、营利的新兴教育机构以及职业学院是否会从根本上改变学生事务？

3.高等教育如何评估和为学生事务专员提供经费？学生人事和学生发展均得益于当时不断增长的资源优势，并扩大和发展。当高等教育陷入学生债务泥潭自顾不暇时，怎样保障学生事务工作的经费？

4.当社会对高等教育的期待发生改变时，学生事务该如何应对？早在20世纪60年代，有关高校应该如何对待学生的法案就已经引发了学生事务工作的巨大变化，而今政府对高校愈发关注。在学生事务的每一种工作方式中，学生和家长的期待都起着至关重要的作用。学生事务又如何满足学生和家长的期待？

5.直至现在，知识的传授仍然主要是教师和学生在教室以面对面的方式进行。然而，远程教育和异步移动技术（asynchronous mobile technology）的应用迫使学生事务专员再一次重新思考工作的本质和服务的对象。技术进步促使我们思考如何在虚拟校园环境中和学生建立关系，我们如何帮助那些身处校园外，但仍然需要我们提供支持、鼓励和指导的学生？

1.10 结论

我们在思考是否保留“学生事务”这一术语，或者未来的历史学家会将我们今天的工作方式认为是历史上很多学生事务工作方式中的一种。无论未来如何评说，我们坚信，无论何时都需要学生事务专员全心全意地帮助每一个学生获得最好的大学体验。我们很高兴不计个人得失地从事这份职业。我们和同事合作无间，以前辈为榜样，为我们过去、现在和未来的学生努力工作。

对学生事务发展历史的书写还未停止！如果您觉得读后有所启迪，或者对文中未提及的部分仍感到好奇，又或者质疑我们所写的内容，我们诚挚邀请您参加我们的历史研究团队，讲出您的故事，支持学生事务历史项目（Bowling Green State University，2006）。

参考文献

ACPA：College Student Educators International.（2012）. *Mary Cheney（1924-1925）：First President.* http：//www.myacpa.org/mary-l-cheney.

American Association of University Professors.（1967）. Joint statement on rights and freedoms of students. *AAUP Bulletin*, 53（4）, 365-368.

American College Personnel Association.（1933）. *Tenth annual report.* Minneapolis, MN：Author.

American College Personnel Association.（1994）. *The student learning imperative：Implications for student affairs.* Washington, DC：ACPA.

American Council on Education.（1937）. *The student personnel point of view：A report of a conference on the philosophy and development of student personnel work in college and university*（Series 1, Vol. 1, No. 3）. Washington, DC：Author.

Appleton, J. R., Briggs, C. M., & Rhatigan, J. J.（1978）. *Pieces of eight：The rites, roles, and styles of the dean by eight who have been there.* Portland, OR：National Association of Student Personnel Administrators.

Biddix, J. P., & Schwartz, R. A.（2012）. Walter Dill Scott and the student personnel movement. *Journal of Student Affairs Research and Practice*, 49（30）, 285-298.

Bloland, P. A.（1986a）. Student development：The new orthodoxy?（Part I）. *ACPA Developments*, 13（3）, 1, 13.

Bloland, P. A.（1986b）. Student development：The new orthodoxy?（Part II）. *ACPA Developments*, 13（4）, 1, 22.

Bloland, P. A.（1972）. Ecumenicalism in college student personnel. *Journal of College Student Personnel*, 13（2）, 102-111.

Bowling Green State University.（2006, November）. *The student affairs history project.* http：//ul2.bgsu.edu/sahp/.

Brown, R. D.（1972）. *Student development on tomorrow' s higher education—A return to the academy.* Washington, DC：American College Personnel Association.

Brubacher, J. S., & Rudy, W.（1997）. *Higher education in transition：An American history, 1636-1956.* New York, NY：Harper.（Original work published 1958）

Chandler, E. M.（1973）. Student affairs administration in transition. *Journal of College Student Personnel*, 14（5）, 392-398.

Chickering, A. W.（1969）. *Education and identity.* San Francisco, CA：Jossey-Bass.

Committee on the Student in Higher Education.（1968）.（J. F. Kauffman, Chairman）. *The student in higher education.* New Haven, CT：Hazen Foundation.

Coomes, M. D., Forney, D., Keim, M., Kuh, G., Rodgers, R., & Stamatakos, L.（1987, October）. *What messages do the national reports on higher education hold for the student affairs profession?* Paper presented at the Midwest Meeting of Graduate Faculty in Student Personnel, East Lansing, MI（October 1987）.

Coomes, M. D., Whitt, E. J., & Kuh, G. D.（1987）. Kate Hevner Mueller：Woman for a changing world. *Journal of Counseling and Development*, 65（8）, 407-415.

Crookston, B. B.（1976）. Student personnel—All hail and farewell!" *Personnel and Guidance Journal*, 55

(1), 26-29.

Feldman, K. A., & Newcomb, T. M. (1969). *The impact of college on students.* San Francisco, CA: Jossey-Bass.

Findlay, J. F. (1938). *The origin and development of the work of the dean of men in higher education.* Unpublished doctoral dissertation, New York University.

Fley, J. A. (1978). Thomas Arkle Clark: Patriarch and dean from Illinois. *Journal of the NAWDAC*, 41 (3), 120-123.

Gangone, L. M. (2008). National Association for Women in Education: An enduring legacy. *Journal About Women in Higher Education*, 1 (1), 1-22.

Gatyas, K. (1998). Thomas Arkle Clark and the office of dean of men at the University of Illinois, 1901-1917. *Journal of Educational Administration and History*, 30 (2), 129-145.

Gerda, J. J. (2004). *A history of the conferences of deans of women 1903-1922.* Unpublished doctoral dissertation, Bowling Green State University.

Gerda, J. J. (2007). Gathering together: A view of the earliest student affairs professional organizations. *NASPA Journal*, 43 (4), 147-163.

Gerda, J. J., Coomes, M. D., & Asimou, H. M. (2012). "A report of a conference": When, who, and questions of philosophy. In K. M. Boyle, J. W. Lowery, & J. A.

Mueller (eds.), *Reflections on the 75th Anniversary of The Student Personnel Point of View* (pp.29-34). Washington, DC: ACPA—College Student Educators International.

Harvey, T. R. (1974). Some future directions for student personnel administration. *Journal of College Student Personnel*, 15 (4), 243-247.

Hirsch, E. D. (1987). Cultural literacy: *What every American needs to know.* New York, NY: Vintage Books.

Hoff, K. S., Kroll, J., MacKinnon, F. J. D., & Rentz, A. L. (2004). Career services. In F.J.D. MacKinnon (ed.), *Rentz's student affairs practice in higher education* (pp.108-143). Springfield, IL: Charles C Thomas.

Holmes, L. A. (1939). *History of the position of dean of women in a selected group of co-educational colleges and universities in the United States.* New York, NY: Teachers College, Columbia University, Bureau of Publications.

Kirk, B. B. Identity crisis—1965. (1965). *Journal of College Student Personnel*, 6 (4), 194-199.

LaBarre, C. (1948). *Graduate training for educational personnel work* (Series VI, Vol. 12, No. 11). Washington, DC: Author.

Lefkowitz Horowitz, H. (1987). Campus life: Undergraduate cultures from the end of the eighteenth century to the present. Chicago, IL: University of Chicago Press.

Leonard, E. A. (1956). *Origins of personnel services in American higher education.* Minneapolis: University of Minnesota Press.

Lloyd-Jones, E. (1950). The beginnings of our profession. In E. G. Williamson (ed.), *Trends in student personnel work* (pp.260-264). Minneapolis: University of Minnesota Press.

Lloyd-Jones, E., & Smith, M. R. (1954). *Student personnel work as deeper teaching.* New York, NY: Harper.

Lynch, E. C. (1968). Walter Dill Scott: Pioneer industrial psychologist. *Business History Review*, 42 (2), 149-170.

Martin, G. S. (1911). The position of dean of women. *Journal of the Association of Collegiate Alumnae*, 4, 65-78.

Mathews, E. J. (1937). The registrar and the dean of men. *Secretarial Notes, Nineteenth Annual Conference of the National Association of Deans and Advisors of Men.* University of Texas, Austin. April 1-3, pp.77-84.

Mathews, L. K. (1915). *The dean of women.* New York, NY: Houghton Mifflin.

Miller, C. L. L., & Pruitt-Logan, A. S. (2012). *Faithful to the task at hand: The Life of Lucy Diggs Slowe.* Albany: State University of New York Press.

Minutes of the Conference of Deans of Women of the Middle West. (1903). Bowling Green, OH: Bowling Green State University, Center for Archival Collections, National Student Affairs Archives, NAWE MS-218.

Nidiffer, J. (2000.) *Pioneering deans of women: More than wise and pious matrons.* New York, NY: Teachers College Press.

Olson, K. W. (1973). The G.I. Bill and higher education: Success and surprise. *American Quarterly*, 25 (5), 596-610.

Penny, J. F. (1969). Student personnel work: A profession stillborn. *Journal of College Student Personnel*, 47 (10), 958-962.

Perry, W. G. (1970). *Forms of intellectual and ethical development in the college years: A scheme.* New York, NY: Holt, Rinehart, & Winston.

Plato, K. (1978). The shift to student development: An analysis of the patterns of change. *NASPA Journal*, 15 (4), 32-36.

Rhatigan, J. J. (2009). From the people up: A brief history of student affairs. In G. S. McClellan & J. Stringer (eds.), *The handbook of student affairs administration* (3rd ed., pp.3-18). San Francisco, CA: Jossey-Bass.

Sanford, N. (Ed.) (1962). *The American college: A psychological and social interpretation of the higher learning.* New York, NY: Wiley.

Schwartz, R. (1997). How deans of women became men. *Review of Higher Education*, 20 (4), 419-436.

Schwartz, R. (2010). *Deans of men and the shaping of modern college culture.* New York, NY: Palgrave Macmillan.

Shaffer, R. H. (1968). Whither student personnel work from 1968 to 2018. *NASPA Journal*, 6 (1), 9-14.

Sheeley, V. L. (1983). NADW and NAAS: Sixty years of organizational relationships (NAWDAD—ACPA: 1923-1983). In B. A. Belson & L. E. Fitzgerald (eds.). *Thus, we spoke ACPA—NAWDAC 1958-1975* (pp.179-189). Carbondale: Southern Illinois Press.

Stanley, M. (2003). College education and the midcentury GI Bills. *Quarterly Journal of Economics*, 118 (2), 671-708.

Strange, C. (1994). Student development: The evolution and status of and essential idea. *Journal of College Student Development*, 35 (6), 399-412.

A student development model for student affairs in tomorrow' s higher education. (1975). *Journal of College Student Personnel*, 16 (4), 334-341.

Thwing, C. F. (1906). *Higher education in America. London*, UK: Sidney Appleton.

Torres, V., DeSawal, D., & Hernandez, E. (2012). The importance of *The Student Personnel Point of*

View in honoring the past and acknowledging current perspectives. In K. M. Boyle, J. W. Lowery, & J. A.Mueller (eds.), *Reflections on the 75th Anniversary of The Student Personnel Point of View* (pp.25–28). Washington, DC: ACPA—College Student Educators International.

Tuttle, K. N. (1996). *What became of the dean of women? Changing roles for women administrators in American higher education, 1940–1980.* Unpublished doctoral dissertation, University of Kansas, Department of Policy and Leadership.

Wilson, J. T. (1983). *Academic science, higher education, and the federal government, 1950–1983.* Chicago, IL: University of Chicago Press.

Wolf-Wendel, L. E., Twombly, S. B., Tuttle, K. N., Ward, K., & Gaston-Gayles, J. L. (2004). *Reflecting back, looking forward: Civil rights and student affairs.* Washington, DC: National Association of Student Personnel Administrators.

Wright, J. S., & Dimsdale, P. B. Jr., (1974). *Pioneers in marketing.* Atlanta, GA: Georgia State University.

第2章 高等教育机构使命的重要性

琼·赫特　克莱尔·罗宾斯

美国的高等教育体系拥有丰富的高等教育机构类型（Jaquette，2013）。有些学院和大学向公民们提供职业培训和劳动力发展机会，而另外一些院校则组织开创性的研究或参与能够惠及地区、国家和国际公民的外延性活动。不同的高等教育机构可以按照不同标准加以区分，这些标准包括机构所录取的学生数量、管理形式（公立或私立）以及这些机构所提供的证书和学位的数量、类型。的确，高等教育机构所涉及的广度和范围有时复杂到难以解释，但有一种途径可以帮助我们理解这种复杂性，即高等教育机构的使命。

高等教育机构的使命宣言明确了其要实现的目标。第一个也是最重要的，使命宣言强调机构的本质和其独有的特征，描述了机构建立的原因、服务的群体以及努力达成的目标。简而言之，使命揭示了影响一个机构的起源、发展方向和发展计划的关键内外因素（Barr，2000；Morphew & Hartley，2006）。

对于高等教育机构外部人员来说，使命宣言传递了机构的目标、活动的跨度、学术培养的能力以及所服务的学生类型等信息。这些重要的信息通过公开宣告机构目标传达给那些关键的外部群体。想要申请该机构的学生可以通过评估机构使命来判断这个机构是否能确保他们实现教育理想。潜在的教职工可以根据机构使命了解该机构的目标以及这个目标与他们专业领域的相关性。政府官员也会依赖机构使命来确定评估机构效用的标准。

对于外部群体来说，使命宣言的作用是“通告”，但对于机构的内部人员来说，使命宣言的作用则是“引领”。机构使命宣言明确了一个学院或者大学在高等教育事业中所扮演的角色。它帮助高等教育机构的领导者决定本机构的研究范围和资源分配，引导决策者在批准、扩张、修订或是终止一个项目或者服务时做出恰如其分的决定。在资源不足而需求增长的时期，使命宣言对于机构管理者而言，便如指路明灯一般。

对于学生事务领导者来说，理解机构使命更是尤为重要。正如巴尔指出的：“学生事务专员所犯的最严重的错误就是错误地理解和领会机构使命并在项目运行和服务工作中错误地解读机构使命。”（p.25）尽管本书的其他章节讨论了诸多职业绩效的模型和成功实践所需的基本能力，但本书主要关注的是这些模型所处的环境。本章以描述不同大学或学院的分类框架为开篇。继而，我们将介绍机构类型的起源和机构使命的社会、经济、政治趋势。而后，我们将讨论机构使命是如何影响不同类型机构的学生事务工作的。最后，我们将探索机构使命和职业流动性之间的关系。

2.1 高等教育机构分类系统

与其他国家不同，美国没有集中的高等教育国家协调系统。高等教育一直处于各个州的管辖范畴。因此，除了华盛顿哥伦比亚特区、波多黎各之外，全美差不多有50个高等教育系统。尽管其中一些高等教育系统的组织模式大同小异，但是每个州的高等教育结构又有其独有的特征和特质。这些特质各有千秋，使得各州之间的教育体系难以比较。为了解决这个问题，专家们开发了一系列的框架来将学院和大学分到不同的、综合的（并且合理的）类别中去。比如，巴尔（2000）确定了影响大学使命的因素，包括机构的从属关系、历史及其治理体系。控制权关系（公立的、私立的、部落的），章程宗旨（非营利的、自营的），规模以及体育联盟都是将学院和大学进行分类的方法。本章将采用最广为人知也是最常用的一个分类框架进行构建：卡内基高等教育分类。

卡内基框架确定了学院和大学的分类。继1973年被首度提出后，卡内基教育促进会分别于1976年、1987年、1994年、2000年、2005年和2010年对美国高等教育机构的分类标准进行了精练、修订和再版（Carnegie Foundation for the Advancement of Teaching，2000；Carnegie Classification，2010）。其最初的五个分类是根据机构使命将大学或学院分类为：博士学位授予型和研究型大学、硕士学位授予型学院和大学、本科文理学院、二年制学院、专科学院（例如，神学院、艺术学院）以及部落大学和学院。

多年来，学者和管理者使用卡内基框架达到研究和评估的目的。但是，该框架也被用于并不符合设计者初衷的领域。例如，将其作为院校排名的系统或分配资金的机制。对卡内基框架的曲解使卡内基教育促进会的领导者不得不重新思考其分类系统。除了按照大学使命对高等教育机构进行分类外，2005年版的卡内基框架引入五个分类标准：本科生培养、研究生培养、学生注册情况、本科生概况、规模和住宿安排、社区参与度。这些新的分类指标旨在描绘出更加丰富的高等教育全景（Carnegie Classification，2010）。

2010年版的卡内基框架将4 634个高等教育机构进行了分类。其中大多数（3 418个）是两年制或四年制非营利性机构，其余的（1 216个）则是营利性（私立的）机构。本章的余下部分主要参考2010年版卡内基分类模型的修订版。我们将介绍本科文理学院（包括非宗教性质的和宗教性质的）、硕士学位授予型学院和大学、博士学位授予型和研究型大学、专科学院的使命。我们还将在本章讨论部落学院、历史上的黑人学院和大学、西班牙语服务机构和营利性组织的使命。

2.2 高等教育机构使命宣言

想要充分地认识使命宣言对高等教育机构的深远影响，我们必须了解不同类型的院校出现的历史背景。专家学者们已经撰写了远比本章所提及的内容更加丰富的美国高等教育史著作（例如，见Brubacher & Rudy，1997；Thelin，2004），本章只是简单涉及特定的院校类型在美国的发展现状，以便于在相关的历史背景下展开对使命宣言的讨论。

2.2.1 本科文理学院

效仿英国的剑桥大学和牛津大学而建的本科文理学院是美国第一种高等教育机构

类型（Brubacher & Rudy，1997；Thelin，2004；Urban & Wagoner，2000）。这些早期的高等教育机构为殖民地的宗教和政治利益培养服务人才。国家的不断扩张使得大学数量随之增加。随着时间的推移，一部分本科文理学院逐渐脱离了宗教根源演变为非宗教性质的学院，而其他的学院则始终保留了它们的宗教属性。

2010年版的卡内基高等教育分类也被用于非营利性机构。其中，19.6%的机构被列为本科文理学院，而8.8%的机构被贴上了专注于特殊信仰的高等教育机构的标签。这些专注于特殊信仰的高等教育机构包括一些本科文理学院以及神学院、圣经学院和基于其他信仰的高等教育机构。宗教性质的和非宗教性质的学院的区别非常明显地体现在各自的使命宣言中。

1. 文理学院

非宗教性质的高等教育机构即如今的文理学院。这些高等教育机构通常是服务于18~24岁本科生的寄宿制独立（与公共的相对应）院校。它们的规模较小，平均招收1 600~1 800名学生，并向学生提供传统的通识教育课程、艺术与科学专业课程。

文理学院的使命宣言反映了它们的特点。它们的使命宣言一般较短，只有一两段文字且极其强调学校的历史渊源。它们重视教育的全面性，即学生所取得的成就：成熟的智力，清晰的思路，有效沟通的能力以及全球公民意识。总的来说，学生是文理学院使命的核心（Morphew & Hartley，2006）。

2. 宗教附属学院

我们将那些保留其宗教联系的本科学院称为宗教附属学院。这些高等教育机构往往是以招收适龄学生为主的、独立的、小型的教育机构。它们的使命宣言探讨的是一种根植于艺术与科学的自由教育。宗教附属学院区别于文理学院的是，它们在使命宣言中有对宗教的清晰表述。宗教附属学院重视学生的精神发展并强调学院在歌颂神权或传播福音方面所扮演的角色。这些学院的使命宣言通常自豪地赞颂其宗教本质（Estanek，Herdlein，& Harris，2011）。

2.2.2 硕士学位授予型学院和大学

虽然本科学院和大学在美国高等教育前250年中占据了主导地位，但最终还是出现了其他制度形式（Gonzales，2013）。硕士学位授予型学院和大学就是其中之一。在2010年版的卡内基框架中共有651个非营利性机构被列为此类。大多数此类院校通过以下两种途径演变成当下的制度形式。其中一些院校从本科学院起步并在20世纪中叶婴儿潮一代进入大学后达到鼎盛时期。当入学率面临着急剧下降的威胁时，其中一些依赖学费生存的院校选择引入专业课程（如商科、师范教育）和研究生课程以求生存（Breneman，1994）。这一变化使得它们在卡内基框架中从本科学院脱离出来，被重新定性为硕士院校。

然而，大多数这类高等教育机构的演变过程与K-12中小学基础教育的发展有着紧密的联系。虽然有些难以置信，但美国目前的小学、中学和中等教育分层体系直到

20世纪40年代才得到充分发展。随着这些初级教育形式的制度化，对教师的需求也随之增长。教师培训计划或师范类院校的扩张就是为了满足这种需求（Thelin，2004）。20世纪初，随着工业化的发展，许多师范院校扩大了它们的课程范围，并从师范院校转变为州立学院，进而转变为州立大学。最终，许多这类院校成为州立大学体系的一部分。在20世纪后半叶，大部分这类院校的区域影响力不断增强。它们提供硕士学位，并根据实际情况在其课程体系中设置了少量的博士项目（Lucas，1994；Urban & Wagoner，2000）。

大多数硕士学位授予型院校都是中等规模（4 000~8 000名学生），但也有少数院校的学生人数达到35 000人的大规模。约40%的硕士学位授予型院校是公立的（Carnegie Classification，2010）。很多此类院校的前身都是本科院校，我们可以从它们的使命宣言中看到这些机构的转变。硕士院校通常情况下只接收本地区的学生，同时也为那些没有接受高等教育的人提供技能提升的渠道，因此硕士院校的研究生课程也为寻求专业提升的在职成年人提供服务。这类院校的使命宣言通常篇幅较长，而且会明确表述院校承担的各类角色和需要完成的任务：如为本科生设立文理学位，为研究生提供专业课程，成为所在地区的文化中心等。

2.2.3　博士学位授予型和研究型大学

博士学位授予型和研究型大学起源于19世纪下半叶，这类大学的发展是当时多种因素共同作用的结果。首先，启蒙运动促进了科学和技术的迅速发展，催化了新专业的诞生。其次，为了向新兴行业提供训练有素的工作者，高等教育开始在更广阔的社会范围内招收学生。此外，一些州从南北战争中恢复了元气并充分利用战后的工业化尝试对高等教育进行拓展。实际上，联邦政府也通过颁布《莫瑞尔法案》（1862，1890），鼓励各州建立公立大学，支持高等教育的发展。最后，美国在这段时间里引入了研究生教育（Gonzales，2013）。这些因素共同促成了博士学位授予型及研究型大学的发展（Thelin，2004；Urban & Wagoner，2000）。

截至2010年，虽然博士学位授予型和研究型大学的数量仅占所有非营利性高等教育机构的6.3%，但在接受高等教育的20 727 660名学生中，有27.9%的学生就读于博士学位授予型和研究型大学。此类大学大多为大型的公立院校，每年的平均入学人数超过20 000人。从学生规模就能看出其复杂性。更为错综复杂的是，博士学位授予型和研究型大学不仅提供本科、研究生和专业课程，而且它们大多设有研究机构并开展跨学科研究（Anderson，2001；Etzkowitz，Webster，& Healey，1998；Slaughter & Leslie，1997）。

博士学位授予型和研究型大学的复杂性和优越感充分地体现在使命宣言中。其使命宣言几乎通篇都在描述它们在教学、科研和服务方面的三重使命，但科研显然是最重要的。这类大学非常重视科研，并将科研能力作为大学吸引高质量学生、顶尖学者和建立国际声誉的基石。使命宣言还宣告了博士学位授予型和研究型大学独一无二的威望和地位。诸如“世界级”和“顶尖”这类形容词在使命宣言的表述中贯穿始终。事实上，“宣言”这个术语并不恰当，因为长达数页的大学使命文件被称为“报告”更为贴切。

2.2.4 专科学院

专科学院或社区大学是我们所探讨的第六种高等教育类型。它们在所有非营利性机构中占34.1%（Carnegie Classification，2010）。这类院校专业多样，主要服务于所在社区，这与社区学院发展成熟的历史时代有关。在20世纪初，教育梯度初具雏形（小学、中学、高中和大学）。然而，各教育阶段的课程开发路径却并不清晰。大学招收具有数学、科学和语言学习基础的学生，而高中则为提供终端教育而设立。经过争论后，专科学院最终服务于两个目标：为那些完成高中学业但不想上大学的学生提供职业培训；为那些对高标准的大学学习准备不足的高中毕业生提供继续教育机会。在20世纪，专科学院又增加了两项职能：为公民，特别是数量不断增长的移民提供补习以及为所服务社区的公民提供继续教育（Cohen & Brawer，2003；Urban & Wagoner，2000）。

社区学院为39.6%的学生提供教育（Carnegie Classification，2010），在籍学生的平均人数从小型乡村学院的1 222人到多校区城市学院的14 000人不等。的确，社区学院的覆盖广度体现了其多样性。2010年版的卡内基框架确定了14种社区学院形式，这与将所有社区学院归为单一类别的早期分类方式大不相同。

尽管专科学院的类型不同，但是使命宣言却有一些共同点（Abelman & Dalessandro，2008）。它们的使命宣言倾向于直截了当——将课程清单直接写入宣言中。然而，几乎无一例外的是，这些公开的宣言明确了专科学院的四项传统任务：职业发展、转学教育、补习或发展教育、继续教育。大多数专科学院的使命宣言承认其作为社区资源的作用并承诺服务社区利益。

2.2.5 部落大学和学院

学者们（Carney，1999；McClellan，Fox，& Lowe，2005）关于美国原住民高等教育的历史著作要比本章提及的内容更丰富。第一个由部落管理的社区学院成立于1968年（McClellan et al.，2005）。2010年版的卡内基框架中罗列了32所由部落管理的学院，美国印第安高等教育联合会（AIHEC）曾引证有37个部落教育机构负责管理运行75个校区（American Indian Higher Education Consortium，2013）。几乎所有这些机构都能够授予副学士学位，少数机构授予学士学位或硕士学位（Carney，1999）。部落大学和学院通常规模较小，平均每年招收615名学生（Carnegie Classification，2010）。入学者多为成年女性，她们往往有子女，通常来自低收入背景家庭，并且是家庭中第一代接受教育的人（Belgarde，1996）。她们将高等教育看作是改善生活的途径。

部落大学和学院的使命宣言通常很短，大多是一段。这类机构的使命宣言毫无例外地提到为美国原住民学生，尤其是对机构予以赞助的部落成员提供服务。几乎所有此类机构都以提供个人、家庭和部落社区的职业培训和教育机会为使命。的确，关注部落社区的福祉是部落大学和学院的典型特点。部落大学和学院在促进部落经济发展、保留部落语言和文化方面起到了至关重要的作用。由于机构的掌舵者是部落而不是政府，所以这类机构是部落强大自主权的象征。

2.2.6 传统黑人学院和大学

从历史上看，黑人学院和大学（HBCUs）并不属于卡内基框架的分类。一些HBCUs是本科学院，而另一些则是硕士或博士学位授予型大学（Coaxum，2001）。然而，由于很多此类机构是为某个特定群体——前奴隶的后裔而设立，所以它们构成了一个独特的机构类型。艾伦和朱厄尔（2002）以及布朗和戴维斯（2001）的著作都是此类高等教育机构的珍贵史料。关于机构设立问题，一些基本的统计数据可以表明人们对HBCUs的需求。南北战争前夕，美国有400万黑人。但在1619年至1850年间，只有29名黑人获得了学士学位（Humphries，1995）。南北战争后，解放的奴隶们迫切需要教育服务，因此宗教和神学组织也开始加紧填补这一空白。大多数HBCUs开始向黑人提供基础扫盲教育，而后逐渐提供中级教育、本科教育和研究生教育。

HBCUs的数量随着时间不断发生变化。普遍的共识是，美国目前有103个这样的机构（Brown，2013；Brown，Donahoo，& Bertrand，2001），占2010年版的卡内基框架中非营利性机构的3%。HBCUs的学生总数为300 000名，这意味着大多数HBCUs的规模相对较小（仅有3 000人或更少的学生）（Brown & Davis，2001），但它们授予了全国20%的学士学位（Brown，2013），15%的硕士学位以及美国黑人所获得的博士学位的10%。

HBCUs的使命宣言内容不一而足。一方面，宣言反映出它们在卡内基框架中的类型特点。HBCUs的本科机构强调自由教育，而硕士学位授予型机构则关注如何为所在地区提供服务和怎样提供研究生教育。另一方面，几乎所有机构的宣言都提到它们对黑人学生的承诺。

2.2.7 西班牙语服务机构

西班牙语服务机构（HSIs）也属于卡内基框架的分类。它们可能是本科机构、硕士学位授予型机构、研究机构或专科学院。和HBCUs及部落学院一样，HSIs服务的学生群体将它们同其他院校区别开来。过去30年的人口变化是此类机构产生的催化剂（Benitez，1998）。拉美裔人口占美国人口的13%，预计到2015年将上升至22%（US Census Bureau，2002）。联邦政府在20世纪90年代的举措，加上拉美裔领导人的努力，大量的为西班牙语学生提供服务的高等教育机构得到了认可。在1992

年版的《高等教育再授权法案》的第三章和1998年版的第五章中均明确了HSIs的地位。这类机构因此有资格获得额外资助，从而进一步巩固它们在高等教育体系中的地位。

HSIs的数量预计在131所到738所之间。波多黎各州是HSIs数量最多的州（Laden，2001）。其余机构主要分布在大量西班牙语居民聚居的州。2006年，242所符合联邦标准的机构申请了《高等教育再授权法案》第五章规定的资金（Contreras，Malcom，& Bensimon，2008）。虽然HISs的数量难以准确估计，但据统计，HSIs的入学人数在过去十年间增加了14%（US Department of Education，2002）。毫无疑问，HSIs是拉美裔学生高等教育的主要提供者，并且随着拉美裔人口的增长（Gregory，2003），将发挥越来越重要的作用。

同HBCUs的使命宣言一样，HSIs的使命宣言通常类似于卡内基框架内的同类机构。HSIs专业院校的使命宣言是关于社区学院的四项传统任务的，而其本科院校主要关注自由教育。然而，HSIs与HBCUs有一点不同：HSIs的使命宣言中通常不会特别提及对拉美裔学生提供服务。因为它们通常将为拉美裔学生的服务体现在具体行动上，而非宣言中。

2.2.8 私立学院和大学

私立学院和大学恐怕是美国高等教育系统中最不为人所了解的高等教育机构。金瑟（2006）指出了人们对这些机构的一些常见误解。首先，私立学院和大学不是高等教育中的新生事物。营利性教育已经存在了一百多年（Kinser，2005）。其次，私立学院和大学通常不提供远程教育，而是开展实地教学。大多数营利性学院和大学也不开展公开合作，此类机构多为私人所有。最后，虽然像凤凰城大学或德弗里大学这样的巨型体量的大学备受关注，但是这种拥有成千上万学生的多校区高等教育机构并不能够代表私立学院和大学的全部（Davidson，2008；Kinser，2006）。

自20世纪80年代以来，营利性教育经历了前所未有的扩张。院校的数量增长了29%，而入学人数惊人地增加了125%（Davidson，2008；National Center for Educational Statistics，2005），因此涌现出针对该类高等教育机构的大量研究（Breneman，2005；Kelly，2001；Kinser，2005，2006）。卡内基框架（Carnegie Classification System）（2010）共认定了1 207所营利性机构，横跨了高等教育机构的各种类型，从专科学院到博士授予型大学一应俱全，就读人数达到1 893 777人（Carnegie Classification，2010）。另有报告显示，在2010年，全国有10%的大学生就读于营利性高等教育机构（Hanford，2013）。还有两种分类方法从其他途径定义了这类机构。第一种分类方法确定了私立学院和大学的三种类型：小型的单校区机构、远程教育提供机构和大型的多校区机构（Kelly，2001）。第二种分类方法（Kinser，2006）则建议根据地理范围、学位授予水平和所有权类型来对私立学院和大学进行分类。

无论使用哪种分类系统，私立学院和大学在很多方面都与非营利性高等教育机构有着相似之处，它们提供学历证明以及专科、学士、硕士、博士、专业学位。但是，两者重要的不同点在于：私立学院和大学是以营利为目标。最近的一份报告指出，上市的私立学院和大学的平均利润率为19.7%（Hanford，2013）。金瑟（2007）在他对公立教育机构的探讨中提及了这种差异的复杂性。归根结底，私立学院和大学的使命受利润动机的影响，正是这个动机将它们与非营利性高等教育机构区分开来。

2.3　高等教育机构的使命指导学生事务实践的方式

到目前为止，本章的讨论集中在美国高等教育机构的类型上。同一类别的高等教育机构在很大程度上拥有相似的使命。反过来，这些共同的使命对学生事务专员开展工作，建立与学生、他人之间的关系以及从工作中获得回报产生影响。很多研究（Estanek et al.，2011；Hirt，2006；Hirt，Amelink，& Schneiter，2004；Hirt，Strayhorn，Amelink，& Bennett，2006；Kinser，2006；Taylor & Morphew，2010）探索了不同类型院校的学生事务专员职业生涯的本质并展开了以下论述。

2.3.1　文理学院

大多数的文理学院都具有小型化、寄宿制、致力于教育适龄学生的机构特点（Taylor & Morphew，2010），对学生事务专员的职业生涯产生多方面的影响。首先，由于工作人员数量有限，许多学生事务专员都承担着主导性和辅助性的双重工作职责（例如，学生宿舍主管、学生活动助理主管），所以他们更倾向于协同工作，通过彼此依靠来确保成功举办大型活动。他们像一个家庭一样运作，并从个人和专业两个方面做到相互了解。家庭般的氛围提高了员工忠诚度。学生事务专员通常会找到适合自己的工作岗位，所以他们在同一个校园工作20年或以上的情况并不罕见。也正因为如此，他们的工作晋升要么非常缓慢，要么通过跳槽到新的机构来实现（Hirt，2006）。

这类高等教育机构的工作特征是学生事务专员和学生进行持续不断的联系。文理学院的学生事务专员了解学生的学业、社交、个人和情感生活情况。他们经常与父母和家庭沟通以便进一步深入了解学生。文理学院的学生事务专员经常谈到他们见证了学生在本科阶段的进步并描述他们在工作中是如何培养学生的（Hirt et al.，2004）。

文理学院的使命影响着学生事务专员的服务职能。文理学院的本质是以学生为中心的教学机构（Urciuoli，2003）。因此，教职人员在机构中具有很大的影响力。学生事务专员也能够很好地理解他们所扮演的角色。教职人员参与项目和服务的设计对于学生事务专员的成功非常重要。以学生为中心的理念意味着机构需要有熟悉沟通和咨询技巧的学生事务专员，因为这些技能有助于学生事务专员随着时间的推移逐渐深入了解学生，促进学生教育体验的最大化。

2.3.2 宗教附属学院

学生事务专员在宗教附属学院的工作情况与文理学院类似，学生事务专员一般承担辅助性的职责。由于人数有限，所以他们紧密合作，并常常在同一所学院度过整个职业生涯。然而，在宗教附属学院工作有两个独特之处。第一个独特之处是校园生活中多了宗教问题。学生事务专员的职业生涯中始终需要面对且必须处理宗教组织的政治事务（Briel，2012），因此他们必须具备政治头脑才能够获得成功。他们需要经常向学生解释宗教问题并将学生的问题反映给教会和学校领导（Hirt，2006）。

第二个独特之处与个人信仰有关。宗教附属机构的学生事务专员了解学生的学业、社交、情感和个人生活情况，与此同时也可能参与到学生的精神生活中去。在做这些工作的时候，他们能够将自己的信仰融入其中（Stringer & Swezey，2006）。事实上，他们经常把工作称为召唤或者使命。正是将个人信仰和工作兴趣相结合的诱惑力促使他们投入这项事业并为其奋斗一生。

在宗教附属学院，学生事务职能与宗教的使命紧密地联系在一起。例如，尽管许多文理学院在校园内设有教堂（通常是他们教派本源的产物），但大多数宗教附属学院都有规模庞大且十分活跃的校园圣职部门。由于每个项目都有一个关于宗教的侧重点，所以宗教服务非常普遍。为学生提供宗教服务也是基础工作，宗教学习服务中心在校园内也非常活跃。

2.3.3 硕士学位授予型学院和大学

学生事务专员在硕士学位授予型学院和大学中的职业生涯在许多方面都是独一无二的。首先，尽管学生事务专员通常情况下只有一项主要工作，但他们也有和其他职能部门的专业人员开展合作的机会。学生事务专员服务于全校范围的委员会是在硕士学位授予型学院和大学内工作的一大特点。其次，因为许多硕士学位授予型学院和大学是州立教育体系的一部分，所以这些院校的学生事务专员擅长跨机构工作，尤其擅长在全系统基础上为工作规范化进行战略规划（Hirt，2006）。

硕士学位授予型学院和大学的学生事务专员能够接触到广泛的职能领域，因此他们需要接触大量的学生。硕士学位授予型学院和大学提供本科及研究生教育，主要服务于所在地区的学生（Gonzales，2013）。这些院校的学生事务专员非常重视服务这两类学生的工作机会，并致力于为那些在完成学业方面有困难的学生提供帮助。

硕士学位授予型学院和大学的使命影响着学生事务专员的职能。这类高等教育机构通常服务于通勤的少数族裔和成人学生，因此它们的住宿体系会相对较小。但它们会在学生向大学过渡的阶段提供更多的课程，并提供更多的学术支持和职业服务。这类院校也为研究生提供诸多服务。最后，由于它们的大多数学生都是成年人，所以通常都会提供一些特殊服务，比如托儿服务，而且这些课程和服务的时间通常延长到晚上和周末。

2.3.4 博士学位授予型和研究型大学

与文理学院和硕士学位授予型院校不同，大多数博士学位授予型和研究型大学是拥有数以万计学生的庞大高等教育机构。这类机构的学生事务专员专门从事单一职能领域的工作（例如职业服务、司法事务）。他们与该领域内的其他专业人员密切合作，一般情况下与校园中一至两个其他部门的同事有着密切的合作关系，但他们通常不太熟悉和了解校园中其他工作领域的学生事务专员。这些大学追求卓越，创造了一个政策上充满活力且充满竞争的环境（Jaquette，2013）。学生事务专员需要了解和认同学校的政策。在这个庞大而复杂的环境中工作的好处之一是更容易获得晋升机会。在博士学位授予型和研究型大学工作的人更易于在同一机构内升迁至更高的职位，而他们在文理学院工作的同行可能需要跳槽到另一所院校才有机会获得更高级别的职位。

学生事务专员和学生之间的关系在本质上也有明显的不同。那些在文理学院和宗教附属学院工作的学生事务专员会认识很多学生并不断见证他们的发展。而在博士学位授予型和研究型大学里，学生事务专员只对职能范围内所涉及的大多数学生的情况有所了解。例如，负责兄弟会和联谊会的学生事务专员需要处理学生社团的问题，但不一定涉及人际关系或情感问题。相比见证学生发展，博士学位授予型和研究型大学的学生事务专员认为他们所做的事会改变学生的生活，而不是见证学生的发展。

这类大学的使命影响了学生事务专员服务学生的职能范围。例如，在很多情况下，住宿、学生刊物或校园广播站等辅助项目采取像企业一样的运作方式。一些活动，比如职业咨询，可能由二级学院而非中心办公室直接负责。最显著的差异或许在于它们的工作对象是研究生。学生事务专员除了为文理科的硕士生和博士生提供服务外，还需要拥有特定的知识基础和技能，为法律、医学、护理学、兽医学等专业的学生提供支持。

2.3.5 专科学院

学生事务专员在专科学院的职业生活既有挑战也有收获。首先，大多数社区学院规模相对较小，因此学生事务专员经常有机会与学生密切合作并充分了解学生。他们常常谈到在学生身上看到的变化。由于社区学院多为当地人提供服务，所以学生事务专员经常与学生的家庭成员接触，他们又多了一个与学生建立关系的维度。

专科学院学生事务专员的工作特点是节奏很快（Abelman & Dalessandro，2008）。由于员工数量一般较少、彼此熟悉且流动性相对较小，所以专科学院的学生事务专员可能会一起共事多年。他们的工作高度官僚化和程序化，因此要求工作人员每天以很高的质量标准完成大量工作。为了降低工作压力带来的负面影响，他们很少在夜晚和周末工作，并且尽可能以可预见的方式平衡好工作和个人生活。

社区学院的使命也对学生事务专员所提供的服务产生影响。例如，鉴于社区学院主要服务于当地社区，所以很少有学院提供学生宿舍。而且，大多数的社区学院要求学生在入学前完成学术评估，因此学生事务部门的重点工作之一是为学生提供学前测试服务。从入学的相关通知中可以看出，大多数社区学院提供前两年的学士学位教育并为学生转入其他四年制高等教育机构做准备。因此，在社区学院中，清晰解读转学协议（关于什么样的课程对接什么样的四年制学院或大学的政策）是学生事务专员必不可少的工作技能。

2.3.6 部落学院

由于部落学院是由不同的部落（不同历史和文化的部落）管理的，所以关于学生事务专员在此类机构的资料很少。尽管如此，卡杰特（2005）将部落学院教育描述为“通过参与社区生活和建立社区联系来学习人生。这种联系不仅包括人，还包括植物、动物和整个自然”（p.70）。学生通过体验、讲故事、礼仪和仪式、梦境、学徒和艺术创作来学习。

学生事务专员的工作需要根据部落认识论来理解。几乎所有的部落都相信它们存在于七个方向的中心：东、西、北、南、最高点、最低点和中心点（Cajete，2005）。指导学生学习和发展的七个基本点包括环境、神话、幻想、艺术、情感、社区和精神（Cajete，2005）。与文化相关的课程设置是决定幸福感和是否继续求学的重要因素。学生事务专员在提供这些课程方面扮演着重要角色（Martin & Thunder，2013）。在学生事务工作和整体教育方法之间寻求平衡是部落学院区别于文理学院、宗教附属学院和社区学院工作的一大特点。然而，任何这样的假设还是需要更多相关的信息来确认。

部落学院的使命提出了其他类型机构没有的特定职能。例如，对部落历史和习俗的了解是必不可少的，对部落利益的规划也很常见（Martin & Thunder，2013）。考虑到部落学院在经济发展中的作用，它们与部落社区的密切联系是必不可少的（AIHEC，2013）。最后，部落学院的学生比其他类型机构的学生更加认可特殊服务的重要性，比如儿童护理等。

2.3.7 传统的黑人学院和大学

黑人学院和大学（HBCUs）的类型较为多样——从社区学院到文理学院、硕士学位授予型、研究型大学（Brown，2013）。然而，学生事务管理工作在不同类型的HBCUs中有着共同的特点。许多学生事务专员都是HBCUs的毕业生，且往往就职于母校。学生事务专员将自己视为学生的家庭代理人，并将自己形容为学生的母亲、父亲、兄弟姐妹或祖父母。这种被称为“另一种母爱”的工作方法（Guiffrida，2005，p.715）是黑奴家庭在奴隶制下遭受伤害的体现（见Guiffrida，2005，对该现象有更具体的讨论）。HBCUs的学生事务专员不遗余力地为学生提供教育机会，并相信作为家庭代理人，他们可以帮助学生挖掘潜力。

家庭观念和对种族自身发展的承诺使学生事务专员在HBCUs中找到自己的舞台。首先，大多数HBCUs的工作人员辞职率很低。他们倾向于留在一家机构工作多年，同事之间变得像家人一样。此外，大多数HBCUs的资源非常有限。尽管如此，HBCUs的学生事务专员不仅忠诚服务于自己工作的机构，也全心效力于HBCUs整体。他们认为自己是濒危高等教育机构的监护人，他们决心守护HBCUs为黑人学生提供的教育机会。

HBCUs的使命影响了学生事务职能的广度。学生事务专员致力于服务种族的发展并往往将其延伸到当地社区，社区服务办事处在校园中随处可见。同样，庆祝黑人历史和文化的活动在校园生活中占据主导地位。事实上，学生事务专员在黑人机构中运行像兄弟会和姐妹会这样的组织与白人机构中的同行们有着很大的不同。因此，能够充分了解工作差异的学生事务专家在HBCUs不可或缺。

2.3.8　西班牙语服务机构

和HBCUs一样，HSIs包括全系列的机构类型——社区学院、硕士和博士学位授予型院校等。然而，学生事务工作超越了机构类型的差异，在某些工作上呈现出一致性。首先，学生事务专员与学生的合作基于尊重。工作人员经常谈到他们是如何尊重学生和学生家庭的。与学生打交道通常意味着与学生的家庭打交道，HSIs的学生事务专员对这一事实持开放态度。

HSIs学生事务专员把对学生的尊重转化为他们对待这些本不会接受高等教育的学生的工作态度上。他们对学生表示由衷的惊叹。对于学生事务专员来说，来自非主流群体的在职学生是激励他们并让他们坚持下去的动力。特别是在入学人数激增，许多HSIs面临严重的资源短缺的情况下，HSIs学生事务专员的奉献精神更加令人钦佩。随着美国西班牙语人口的持续增长，HSIs将在高等教育中发挥越来越重要的作用。

HSIs涵盖多种机构类型（Gonzales，2013），所以很难辨别其使命对学生事务工作的范围所产生的影响。然而，某些学生事务职能在HSIs校园中脱颖而出。由于西班牙语文化重视家庭观念，所以针对学生父母和家庭的项目及服务显得格外重要。同样，西班牙语沟通能力以及对西班牙语文化的理解也是HSIs学生事务专员必备的技能。

2.3.9　私立学院和大学

与HBCU和HSIs一样，私立大学和学院也包括从专科学院到博士学位授予型大学等各种机构类型。然而，该类机构的学生事务工作更有针对性且重点突出。只有少数的私立大学和学院提供传统的学生服务，如住宿、学生活动或竞技体育。然而，几乎所有此类机构都提供与录取机制（入学和经济援助）、学业支持（学术咨询和学习援助）和职业规划（职业服务和实习）相关的项目及服务（Davidson，2008）。此类机构的学生事务工作包括让学生顺利进入学院或大学，通过考试并且找到工作。

在很大程度上，学生是私立学院和大学学生事务工作的驱动力。此类机构服务比例较大的少数族裔学生、非全日制学生和成人学生。许多学生都是有工作和家庭的，他们需要扮演生活中的多种角色（Kinser，2006）。这些学生选择私立学院和大学就读，是因为其商业运行模式很有吸引力。为了方便学习者，私立学院和大学会在夜间和周末提供学习指导，而且通常全年无休。机构在提供课程的同时也为学生提供服务，因此学生可在课程进行的过程中随时寻求帮助。私立学院和大学致力于以有效且高效的方式为学习者提供教育服务。

以服务为本的理念与私立学院和大学的使命是一致的。私立学院和大学是在教育市场中寻求合适定位并通过发展商业模式巩固自身定位的营利性机构（Yeoman，2011）。该类机构的目标通常反映学生的需求，学生事务工作必须有利于达成机构目标。因此，学生事务专员需要同教师合作，从而解决学生在课堂内外遇到的问题。事实上，金瑟（2006）认为，非营利性机构的学生事务专员可以从营利性机构的同事那里了解到学术与学生事务的密切关系。拥有与教师密切合作的能力以及重视成本控制和效率的学生事务专员可能会在私立学院和大学中获得更好的职业生涯发展机会。

2.4 学生事务专员的流动性：个人和院校视角

我们清楚地知道，机构使命塑造了学生事务工作。然而，我们并不清楚机构使命是否也会影响职业流动性。近年来，任何曾经计划跳槽的学生事务专员几乎都可能是机构使命短视的受害者。大多数机构的招聘信息都有关于其使命宣言的表述。本科文理学院寻求理解和欣赏通识教育价值的人。专科学院通常要求应聘者拥有在其他专科学院工作过的经历。一旦我们将某一特定机构所处的环境考虑在内，就产生了这样一种假设：只有在类似校园环境中工作过的人才能成功地适应新的工作环境。这也使得学生事务专员对此类问题愈发重视。的确，一些较为年轻的学生事务专员相信前辈所说的，他们担任的第一个职位将代表学生事务这个部门，而学生事务将会是他们一生的职业。

然而，相关研究表明，学生事务职业生涯的某些要素横跨了不同的机构类型。例如，文理学院和社区学院的学生事务专员都与学生建立了密切的关系以便观察到学生的进步。而且，这两类机构的学生事务专员同宗教附属学院、西班牙语服务机构的同行们一样，都广泛接触学生的家庭。硕士学位授予型学院的学生事务呈现官僚化特征，要求工作人员具备战略规划能力。这一点与社区大学对学生事务专员的要求一致。社区学院和硕士学位授予型学院，或者几乎所有类型的机构都要求学生事务专员拥有在不同的学生群体中开展工作的能力。它们在招聘学生事务专员时，如果仅仅青睐那些曾在同类型院校工作过的候选人，而忽视那些在其他类型院校工作中获得专业能力的候选人，那么招聘的结果一定不尽如人意。无论是作为雇主的校方，还是作为应聘者的学生事务专员，都应该将个人的专业能力放在首位，而不应仅仅关注曾在同类型机构工作的经历。

机构在招聘学生事务专员的时候，首先需要决定在同类型院校工作的经历是不是应聘者的必要条件。机构应该把注意力放在应聘者的工作经验积累上，也就是应聘者的能力和才华，而不是应聘者曾经在哪工作过。机构在撰写招聘启事和描述岗位的时候，就是拓宽招聘渠道的第一步。招聘环节也应该围绕发掘应聘者的能力而设置。职业发展项目能够为应聘者提供不同类型院校所需技能的培训。

学生事务专员也需要积极主动。有些应聘者看到招聘通知明确要求相关类型机构的工作经验，就自行放弃了。而另有应聘者因大胆展现适应新机构工作的能力而被录用。如果应聘者能够把两个机构在工作本质上的共性总结提炼出来，可能会在很大程度上说服雇主。因为雇主通常会认为这样的应聘者对新的工作环境有很好的理解。

2.5 结论

本章讨论了学生事务工作在不同高等教育机构类型中的使命和职业特点。但还有许多其他类型的机构（例如，女子学院、新兴的亚太岛屿高校）值得我们进一步关注。事实上，美国高等教育的优势之一就是多样性。这些不同类型的高等教育机构所提供的服务令人印象深刻。毫无疑问，高等教育机构的使命塑造了学生事务的工作实践，但是对高等教育机构使命差异性的理解则为学生事务专员提供了实现职业流动的途径。

参考文献

Abelman，R.，& Dalessandro，A.（2008）. The institutional vision of community colleges. *Community College Review*，35（4），306-335.

Allen，W. R.，& Jewell，J. O.（2002）. A backward glance forward：Past，present，and future perspectives on Historically Black Colleges and Universities. *Review of Higher Education*，25（3），241-261.

American Indian Higher Education Consortium.（2013）. http：//www.aihec.org/about/index.cfm.

Anderson，M. S.（2001）. The complex relations between the academy and industry：Views from the literature. *Journal of Higher Education*，72（2），226-246.

Barr，M. J.（2000）. The importance of the institutional mission. In M. J. Barr & M. K.Desler（eds.），*Handbook of student affairs administration*（2nd ed.，pp.25-49）. San Francisco，CA：Jossey-Bass.

Belgarde，W. L.（1996）. History of American Indian community colleges. In C. Turner，M. Garcia，A. Nora，& L. I. Rendon（eds.），*Racial and ethnic diversity in higher education*（pp.18-27）. ASHE Reader Series. Boston，MA：Pearson.

Benitez，M.（1998）. Hispanic Serving Institutions：Challenges and opportunities. In J. P. Merisotis & C. T. O' Brien（eds.），*Minority-serving institutions：Distinct purposes，common goals*（pp.57-68）. San Francisco，CA：Jossey-Bass.

Breneman, D. (2005). Entrepreneurship in higher education. In B. Pusser (Ed.), *Arenas of entrepreneurship: Where nonprofit and for-profit institutions compete.* New Directions for Higher Education, no. 129. San Francisco, CA: Jossey-Bass.

Breneman, D. W. (1994). *Liberal arts colleges: Thriving, surviving, or endangered?* Washington, DC: Brookings Institution.

Briel, D. B. (2012). Mission and identity: The role of faculty. *Journal of Catholic Higher Education*, 31 (2), 169-179.

Brown, M. C. (2013). The declining significance of Historically Black Colleges and Universities: Relevance, reputation, and reality in Obamamerica. *Journal of Negro Education*, 82 (1), 3-19.

Brown, M. C., & Davis, J. E. (2001). The Historically Black College as social contract, social capital, and social equalizer. *Peabody Journal of Education*, 76 (1), 31-49.

Brown, M. C., Donahoo, S., & Bertrand, R. D. (2001). The Black college and the quest for educational opportunity. *Urban Education*, 36 (5), 553-571.

Brubacher, J. S., & Rudy, W. (1997). *Higher education in transition: A history of colleges and universities* (4th ed.). New Brunswick, NJ: Transaction.

Cajete, G. A. (2005). American Indian epistemologies. In M. J. T. Fox, S. C. Lowe, & G. S. McClellan (Eds.), *Serving Native American students.* New Directions for Student Services, no. 109. San Francisco, CA: Jossey-Bass.

Carnegie Foundation for the Advancement of Teaching. (2000). *A classification of institutions of higher education.* Princeton, NJ: Carnegie Council for the Advancement of Teaching.

Carnegie Classification of Institutions of Higher Education. (2010). http://classifications.carnegiefoundation.org/summary/basic.php.

Carney, C. M. (1999). *Native American higher education in the United States.* New Brunswick, NJ: Transaction.

Coaxum, J. (2001). The misalignment between the Carnegie Classifications and Black colleges. *Urban Education*, 36 (5), 572-584.

Cohen, A. M., & Brawer, F. B. (2003). *The American community college* (4th ed.). San Francisco, CA: Jossey-Bass.

Contreras, F. E., Malcom, L. E., & Bensimon, E. M. (2008). Hispanic-serving institutions: Closeted Identity and the production of equitable outcomes for Latino/a Students. In M. Gasman, B. Baez, & C.S.V. Turner (eds.), Understanding minority-serving institutions (pp.71-90). Albany: State University of New York Press.

Davidson, D. L. (2008). *Including all institutional types: Student services at for-profit institutions.* Paper presented at the Annual Conference of the American College Personnel Association, Atlanta, April 2008.

Estanek, S. M., Herdlein, R., & Harris, J. (2011). Preparation of new professional and mission driven hiring practices: A survey of senior student affairs officers at Catholic colleges and universities. *College Student Affairs Journal*, 29 (2), 151-163.

Etzkowitz, H., Webster, A., & Healey, P. (Eds.). (1998). *Capitalizing knowledge: New intersections of industry and academia.* Albany: State University of New York Press.

Gonzales, L. D. (2013). Faculty sensemaking and mission creep: Interrogating institutionalized ways of knowing and doing legitimacy. *Review of Higher Education*, 36 (2), 179-209.

Gregory, S. T. (2003). Planning for the increasing number of Latino students. *Planning for Higher Education*, 31 (4), 13-19.

Guiffrida, D. (2005). Othermothering as a framework for understanding African American students' definitions of student-centered faculty. *Journal of Higher Education*, 76 (6), 701-723.

Hanford, E. (2013). The case against for-profit colleges and universities. http://americanradioworks.publicradio.org/features/tomorrows-college/phoenix/caseagainst-for-profit-schools.html.

Hirt, J. B. (2006). *Where you work matters: Student affairs administration at different types of institutions.* Washington, DC: American College Personnel Association.

Hirt, J. B., Amelink, C., & Schneiter, S. (2004). The nature of professional life at liberal arts colleges. *NASPA Journal*, 42 (1), 94-110.

Hirt, J. B., Strayhorn, T. L., Amelink, C. T., & Bennett, B. R. (2006). The nature of student affairs work at Historically Black Colleges and Universities. *Journal of College Student Development*, 47 (6), 661-676.

Humphries, F. S. (1995). A short history of Blacks in higher education. *Journal of Blacks in Higher Education*, 6, 57.

Jaquette, O. (2013). Why do colleges become universities? Mission drift and the enrollment economy. *Research in Higher Education*, 54 (5), 514-543.

Kelly, K. F. (2001). *Meeting the needs and making profits: The rise of for-profit degree granting institutions.* Denver, CO: Education Commission of the States.

Kinser, K. (2005). A profile of regionally accredited for-profit institutions of higher education. In B. Pusser (Ed.), *Arenas of entrepreneurship: Where nonprofit and for-profit institutions compete.* New Directions for Higher Education, no. 129. San Francisco, CA: Jossey-Bass.

Kinser, K. (2006). Principles of student affairs in for-profit higher education. *NASPA Journal*, 43 (2), 466-481.

Kinser, K. (2007). Dimensions of corporate ownership in for-profit education. *Review of Higher Education*, 30 (3), 217-245.

Laden, B. V. (2001). Hispanic-serving institutions: Myths and realities. *Peabody Journal of Education*, 76 (1), 73-92.

Lucas, C. J. (1994). *American higher education: A history.* New York, NY: St. Martin's Griffin.

McClellan, G. S., Fox, M.J.T., & Lowe, S. C. (2005). Where we have been: A history of Native American higher education. In M.J.T. Fox, S. C. Lowe, & G. S. McClellan (eds.), *Serving Native American students.* New Directions for Student Services, no. 109. San Francisco, CA: Jossey-Bass.

Martin, S. C., & Thunder, A. L. (2013). Incorporating Native culture into student affairs. In H. J. Shotton, S. C. Lowe, & S. J. Waterman (eds.), *Beyond the asterisk: Understanding Native students in higher education* (pp.39-52). Sterling, VA: Stylus.

Morphew, C. C., & Hartley, M. (2006). Mission statements: A thematic analysis of rhetoric across institutional type. *Journal of Higher Education*, 77 (3), 456-471.

National Center for Education Statistics. (2005). *Digest of education statistics: 2005.* http://nces.ed.gov/programs/digest/d05/tables/dt05_170.asp.

Slaughter, S., & Leslie, L. L. (1997). *Academic capitalism: Politics, policies and the entrepreneurial university.* Baltimore, MD: Johns Hopkins University Press.

Stringer, J., & Swezey, E. (2006). The purpose of a student affairs preparation program within Catholic higher education. *Catholic Education: A Journal of Inquiry and Practice*, 10 (2), 181–198.

Taylor, B. J., & Morphew, C. C. (2010). An analysis of baccalaureate college mission statements. *Research in Higher Education*, 51 (5), 483–503.

Thelin, J. R. (2004). *A history of American higher education*. Baltimore, MD: Johns Hopkins University Press.

Urban, W., & Wagoner, J. (2000). *American education: A history* (2nd ed.). Boston, MA: McGraw-Hill.

Urciuoli, B. (2003). Excellence, leadership, skills, diversity: Marketing liberal arts education. *Language and Communication*, 23 (3–4), 385–408.

US Census Bureau. (2002). *Resident population estimates of the United States by sex, race and Hispanic origin: April 1 to July 1, 1999, with short-term projection to June 1, 2001*. Washington, DC: Author.

US Department of Education, National Center for Education Statistics. (2002). *Hispanic serving institutions: Statistical trends from 1990 to 1999*. NCES 2002-051, by Christina Stearns & Satoshi Watanbe. Project Officer: Thomas D. Snyder. Washington, DC: Author.

Yeoman, B. (2011, May-June). The high price of for-profit colleges. *Academe*. http://www.aaup.org/article/high-price-profit-colleges#.UmMOwiR1GUc.

第3章
了解校园环境

吉利安·坎齐　维克多·阿塞勒斯

操场、钟楼、背包步行的年轻人、体育场的交通引导标志、图书馆、艺术表演中心以及招生办公室都是传统大学毋庸置疑的标志。人们认为以上这些要素同包括教室、实验室、工作室的布局、校历、培养方案、丰富大学生活体验的活动以及师生互动活动在内的高等教育的基础特征是非常类似的。尽管学院和大学因环境或规模、私立或公立、两年制或四年制或者宗教附属性质等特点有所区别，但是大多数的本科教育机构在教学条件上都很相似。即便在日益发展的远程教育和虚拟教育平台上，高等教育也享有相同的环境要素。但是，大学环境，无论是现实的还是虚拟的，又都是独一无二的。不同的大学不但所处的地理位置不同，而且在文化、语言、行为、文物、规则和标志方面都各有特色。此外，所有的学生都将个人经历带进大学体验中，与大学文化相互交融。在交融的过程中，大学的环境作用于学生体验的质量，并通过呈现给学生复杂的选择和机会的方式影响学生的感受和行为，进而对学生学习和学生成功产生积极或者消极的影响。考虑到大学正在经历学生人口结构的变化，包括成年学生、非全日制学生数量增加，种族和社会经济条件更多样化，以及像线上入学或者一个学生就读多所大学这样多种多样的入学方式的变化等，大学的教育者能够正确理解大学环境的作用，掌握学生的生活体验、个性与大学环境的交融情况并优化学生学习和学生成功的条件是十分重要的。

当下，人们对增加高等教育入学人数以及促进学生成功比例的担忧要求高等教育机构必须联合起来尽快采取行动。有一系列促进教育普及率的建议是关于关注大学环境的，顾名思义，就是通过优化大学环境来促进学生成功并建立一个“以学生为中心的文化环境”（American Council on Education，2013，p.12）。数十年的研究表明，教育机构的教育环境和校园环境同学生学习和学生成功有着密切的关系（Astin，1993；Kuh，Kinzie，Schuh，Whitt，& Associates，2010；Kuh，Schuh，Whitt，& Banning，2001）。机构的教育环境影响学生类型、行为、在大学经历中的收获以及完成学业的可能性。所以，人们建议大学和学院评估并提升育人环境，方便学生申请入学、参与育人活动以及顺利完成学业。

另一个聚焦校园环境方面的迫切问题是，人们呼吁通过创建广泛性、整体性和综合性的学习环境来提升本科教育质量（American College Personnel Association，1996；Association for American Colleges and Universities，2002，2007；National Association of Student Personnel Admininstrators，2004）。这就是要求在教室内外建立一个以学习为中心的环境。在这样的环境里，任何个体和团体都能感觉到被欢迎、被尊重、被支持以及被珍视。这一观点拓宽了大学教育环境的广度，使学生通过培养方案、环境设施、大学生活体验、课程辅助项目、社区指导以及全球经历等获得更多样的、目的明确的学习机会。拓展教学环境要求大学管理者充分认识大学的教育条件及其对学习的影响，通过环境评估获取相关信息，并采取行动创建一个能实现教育优势最大化的环境。环境整体性观点同样也要求大学管理者更加紧密地合作，朝着同一个目标努力。

为了确保学生成功的高比率，高等教育必须关注影响学生学习和学生成功的校园环境特征。某些特定的校园环境应该被强化来促进学生取得更大的成就，而其他一些或许应该被弱化以缓解压力。学生事务专员必须帮助学生去探索校园环境、调整学生和校园环境的关系并最大程度地帮助学生利用好校园环境。学生事务专员作为教育者也必须帮助学生同机构建立联系，找到归属感，实现个人教育目标以及充分利用教育机会。

这一章概览了不同的环境理论在高等教育情境下的应用，介绍了培育学生学习最重要的环境条件以及全方位地利用和更加充分地理解大学及学院的环境对学生学习、学生成功的影响。在回顾环境理论后，本章简述了学习和成功的环境评估方法。而后，探讨了大学及学院的环境对学生成功的影响，重点强调了对学生事务专员来说至关重要的两个主题：采用一个整体性的、以学习为中心的工作框架使校园环境的影响最优化，并在学生和教学事务之间架起一座桥梁。

3.1 校园环境的理论框架

大学和学院的环境是由各种因素和条件构成的动态网络。从广义上说，校园环境指人们生活和履行职责的大学或学院的全部环境和条件。这一术语说明校园环境具有个体、多方力量和系统相互作用的多样性，通常指实体空间或者一个等量的虚拟空间，并以同其他外部区域相联系作为特征。尽管校园环境是刻意的和偶然的、有计划的和非预期的事件的混合体，但是学生事务专员必须理解环境是如何对学生产生影响的，而且必须掌握通过引导学生全身心浸润到能促进其学习、发展和成功的校园文化中的工作方法来完善校园环境。

一系列关于解决校园文化环境和为教育结果设计校园环境的理论（例如，Astin，1993a；Banning & Bartels，1997；Kuh et al.，1991；and Strange & Banning，2001）为学生事务专员理解校园环境的特点及其影响提供了实用观点。有一个体系完善的理论从广义上界定学生同他们所处的校园环境以及想要得到学生成功的结果之间的相互作用。这个理论就是奥斯汀（1985，1993a）概念模型：投入—环境—产出（I-E-O）模型。奥斯汀认为学生在大学期间的成长和改变归因于大学体验，而机构可以主动创造环境条件以对重要结果产生积极影响。记录了奥斯汀（1993a）研究结论的著作*What Matters in College*是理解大学的数百个环境特征强大影响力以及这些因素如何塑造学生的宝贵资料。

校园环境理论因研究关注的不同侧面而被进一步定义。例如，研究自然环境组成部分（Strange & Banning，2001）的理论强调校园实体结构和风景。另外一个类别包括人类聚集理论，如霍兰德（1997）的人-境适配模型，奥斯汀（1993b）、克拉克和特罗（1966）以及之后的亨德雷和哈罗德（2007）描述的亚文化设想。建构环境理论则强调环境压力模型（Pace，1979；Moos，1979，1998）和校园文化模型（Kuh & Hall，1993；Kuh & Whitt，1988；Moffatt，1989）。

斯特兰奇和班宁（2001）为理解校园文化和教育设计提出了一个几乎涵盖上述所有模型的综合体。他们的结论是将校园环境建设目标与学生成功联系在一起，包括调整与安全、学生参与以及成为学习社区的正式成员。校园环境分为四个维度：

（1）*自然环境*：自然特征的设计和质量

（2）*人类聚集环境*：人类聚集产生的集体特征

（3）*组织环境*：服务特定目标的校园组织架构的活力

（4）*建构环境*：由成员建构的且由环境维度引发的集体意义

这四个组成部分是人类行为对环境产生影响的根源，同时也对达成教育目标产生积极影响。本章接下来介绍这四个维度，提供最重要的环境要素的基本信息，并阐释这些要素是如何被设计和被管理以促进学生成功的。

3.1.1 自然环境

校园环境的第一要素是校园内自然的和人造的风景与设施。像欢迎学生进入专有场所的大门、从各处汇集到图书馆门口的人行步道、整个校园的风景、教学楼的空间布局等物理构造对学生的吸引力、学生满意度和参与学习环境的决心等都有巨大的影响。了解自然环境最重要的一点是注意它允许做什么、能提供什么以及禁止做什么。例如，印第安纳大学/印第安纳州普渡大学的校园曾被重新设计，原来由很长的墙壁隔离开的68个独立的、固定的学习单间转变成了适合个人和团队学习的更现代的空间环境。这样的环境鼓励学生之间的合作和积极交流。设计灵活的工作地点体现了个体学习风格的差异，同时也反映了当代学生的学习习惯和方式。

大学环境的物理特征同样也可以成为学生行为和习惯属性的阻碍。例如，减少教室附近的椅子可以阻止学生到得太早或者在课后与同学和老师闲谈。同样，学生会的一整面墙上装饰着校园学生领袖的照片，但（如果）其中却几乎没有有色人种的学生照片，将会整体降低少数族裔学生的归属感，并使他们远离校园领导团队职位。学生事务专员若想营造一个有利于学生发展的支持性社区环境，必须观察和关注自然环境对学生的影响以及自然环境代表的意义。例如，金瑟和马尔霍兰（2008）描述了学生会的物理特性促进或抑制多元文化学习和包容的环境特征，包括注意校园内的照片和艺术品陈列的多样性、为残疾学生设计的计算机站入口以及建议建立一个更有助于促进跨文化交流和学习的物理空间。从自然环境的视角观察大学体验可以帮助学生事务专员检视环境并分辨出哪些因素有利于支持学生学习而哪些因素与这个目标背道而驰。

3.1.2 人类聚集环境

斯特兰奇和班宁（2001）提出的第二个维度是人类聚集，或者是人类性格特点对环境的影响。这个要素涉及环境是如何反映身处其中的人类的主要性格特征的，也近似地指出了校园的“园格”或者学生文化。人类聚集，特别是类型学模型指出学生存在类型差异。克拉克和特罗（1966）从理论上以学生认同机构的程度以及参与机构治理的程度为基础构建了四个亚文化学生类型：学术型、不墨守成规型、社交型和职业型。对机构高度认同但几乎不参与机构治理的社交型学生的兴趣点在于参与兄弟会和女生联谊会以及与教师、课程和成绩相关的社交聚会或者足球赛等。诸如密歇根州立大学、明尼苏达州立大学这样的名校联盟，都不乏社交型亚文化的经典案例，大学的秋季周末足球传统活动会吸引很多学生参加。但是这会让另外一些对社交不感兴趣的学生感到与主流文化和整个校园格格不入。

人类聚集在很大程度上决定一个学生是否适合给定的机构。例如，一个学者型学生，奥斯汀（1993b）按经验衍生出的七类学生中的一类（学者、社会活动者、艺术家、快乐主义者、领导者、地位奋斗者、自由者），展现出在学术和智慧上的自尊以及追求学术成功和学位的强烈愿望。学者型的学生适合学术氛围浓厚、重视学习和学术贡献的校园环境。像阿默斯特学院和威廉姆斯学院这样拥有浓厚学术氛围的私立文理学院能够很好地支持学者型学生。库恩、胡和维斯博（2000）进一步探讨了学生类型的相关性，进而以学生的参与类型，或者他们参与服务于教育目标的活动的程度为基础确定了十种学生类型。学生类型不仅影响学生个体对大学的适应性，而且从某种程度上来说，校园环境中人类聚集这一要素也妥协于一个或者多个在校园里占据主导地位的学生类型所带来的压力。

人类聚集理论的另一个要点是人-境适配。人和环境适配程度尤其对理解一个人怎样在所处的环境中发挥作用以及是否能够适应环境、离开环境或者改变环境有着至关重要的作用。霍兰德（1997）关于职业性格与工作环境的理论指出了六种人格类型和相匹配的环境类型。他认为个体应积极寻找和挑选适合其个性特点的环境。这一理论被应用于研究学生的大学选择、大学期待、挑选专业、社交类型以及学习方式（Feldman，Ethington，& Smart，2001；Oike，2006；Smart，Feldman，& Ethington，2000）。引用了霍兰德模型的研究表明，在选择大学时，学生会在兴趣和环境之间犹豫不决。可一旦他们到了校园，将判断校园环境是否适合自己的类型。大学生会寻求一个能够鼓励他们进一步发展个人主要的性格、兴趣和能力的教育环境（Smart et al.，2000）。这个观点表明如果一个机构希望，比如吸引特定类型的学生，那么这个机构的项目、设施以及社区生活要适合这种类型的学生以增强自身的魅力，这样也才能更好地服务这种类型学生的兴趣和需要。

人类聚集模型和类型学说有助于学生事务专员理解在特定的历史背景下大学生性格和类型具有不断演变的本质。此外，类型学说提供了一个反映机构使命、文化与学生个性、教育体验和教育结果之间对标问题的框架。对机构效率的评估应该包括检视不同类型的学生是如何在大学期间达成他们的学业目标的。这个框架提供了一个反映机构传统、实践和理念的工作方法，也测算出机构在多大程度上符合学生的利益与努力。

3.1.3 组织环境

校园环境的第三个要素是组织结构。组织结构可以被定义为在大学环境中创建的运行模式或者流程。同其他组织一样，大学和学院是以特定的方式达成特殊目标的组织。大学的目标包括教育学生、探索和传播知识、服务国家和地区的人民以及提供丰富人类社会文明和文化的机会。这些目标影响了大学和学院的组织模式，包括部门设置、权力分配以及行政政策和流程的执行方式。大学和学院对于校园事务组织模式的决策影响了包括个人功能和感受在内的整个校园环境的设计。

斯特兰奇和班宁（2001）确定了组织结构的七种维度——复杂型、中央集权型、规划型、分层型、生产型、效率型和道德型——帮助人们理解大学环境的灵活性或者僵化程度。其中一些维度在大学环境中比较容易理解和观察。例如，大学组织机构的复杂型维度体现在每个岗位都要求与之相符的职业证书和培训，例如在教学部门、咨询部门或者职业发展部门任职的人员必须取得与该职业相关的学位。组织机构的生产型维度指的是产品、服务和生产力。生产型维度也许在机构中不易觉察，但却可以从学生注册人数、少数族裔学生注册人数、科研基金获取额度、被指导学生协议数量、就业安置率等指标中予以反映。斯特兰奇和班宁（2001）认为，为了对学生学习高度负责，教育环境必须有灵活的组织结构来鼓励创新和吸引学生成为有价值的参与者。

库恩和他的同事（Kuh et al.，2010）认为高绩效型机构拥有充满活力的，将学生学习和成功作为核心目标的组织结构。在这样的机构中，学生学习是机构制定和设计政策、项目、工作实践、日常活动和发展方向的动因。机构的工作实践、政策、项目培养（甚至要求）学生利用机构所提供的资源促进学习和成功。鼓励学生充分利用学术支持服务、写作中心、辅导课、领导力实训机会以及其他教育项目的工作实践和政策正是创造和保持促进学生成功的校园文化的组织结构。从全国学生参与度调查（NSSE）的监测数据或者学生出现学业问题的情况中（也就是，不及格率和退学率双高）反映出来的组织机构工作效能以及从校园环境能在多大程度上支持学生成功的信息中可以清楚地发现校园生活中存在问题的地方以及总体或者部分表现欠佳的学生群体。组织环境的理论框架重点强调了机构以高效的方式开展工作以支持学生成功的益处。该理论在学生事务部门的体现就是学生事务工作者需要思考在多大程度上培养工作的灵活性、负责性以及合作性来满足学生成功的需求。曼宁、金瑟和舒（2006）研究出的11种学生事务实践的组织模型就将校园文化以及最新强调的学生参与和学生成功考虑在内。组织环境的理论框架提供了一个视角，从这个视角我们可以深入地思考学生事务应该如何定位才能更好地协助机构完成学生对学习环境的全部期待并为参与其中进而取得成功的学生贡献力量。

3.1.4 建构环境

校园环境的最后一个要素是关于个体感知环境和理解为校园环境本质赋予意义的方式。建构环境模型认为，环境是参与其中的人的感知或者建构（Strange and Banning，2001）。环境可被感知的特点也反过来影响人的行为。例如，费耶特维尔州立大学（FSU）教职员工的共同信念是“诸生皆可教而育之”——意思是无论学生的学术准备程度和背景如何，教职员工都要充分发掘学生天赋。大学的使命、理念和价值宣言中都没有明确地将这个信念书写进去，但是大多数的教师都认为这是他们使命的一部分。如“走近学生、培养学生”，“你必须教育好你现在拥有的学生而不是你希望拥有的学生”，“我们不希望学生探索学校，而希望学校探索学生”，还有“无论你是什么教育程度的学生，我们都可以为你提供教育，我们将告诉你希望你成为什么样的人”等各种各样的座右铭说明了教师在教学和学习中对校园文化的感知以及大学期待教师在多大程度上支持费耶特维尔州立大学的学生。

建构环境可以通过参与者的自我报告、检查机构重点工作或者访问环境观察者的方式评估。对关系到大学成功的学生和环境因素的关注成为佩斯（1964；1979）非常重要的研究领域。佩斯设计了一个学生反馈大学环境的问卷，问卷结果可以帮助大学理解环境。校园环境评估明确了校园压力的三个来源：(1) 行政的，指的是对教学政策和设施的感知和认识。(2) 学术的，或者培养方案、课程和教学实践的情况。(3) 学生的，指的是辅助课程项目、非正式活动和学生态度。佩斯的大学环境研究证明了学生和学术亚文化、项目、政策、设施等因素对大学环境的影响及其在各大学和学院中的差异性。

建构环境的另一个在校园文化方面的研究重点是作为描述和理解大学环境的工具。机构文化是由深嵌其中的、盘根错节的、或多或少被大学社区成员共享的行为、价值观和信念模式呈现出来的多元结构（Kuh & Whitt，1988）。作为一个“隐身飞毯”（Kuh & Whitt，1988），文化赋予校园活动和事件以意义，提供了共同的语言、目标和方向，而且带来了凝聚校园生活的方式（Kuh，Schuh，Whitt，& Associates，1991；Kuh & Whitt，1988；and Magolda，2000）。文化反映在传统、规范、故事、仪式、神话和历史中，并同成员、政策、实践、使命和哲理相互作用。

当下，大学校园中重点建立以学生为中心的文化表明引入大学环境文化观点的重要性。库恩等人（2010）确定了高绩效机构的特征，提供了在教育效果好或者以学生为中心的文化中主要的环境资产的一些例证。本书整合了齐克林和佳姆逊本科教育最佳实践的真实准确的经验，让读者了解金瑟和库恩（2007）编织的以学生为中心的文化锦缎的七条主线：

1. 清晰连贯的使命和理念
2. 坚定不移地关注学生的学习
3. 对所有学生最佳表现的期待
4. 高效教育实践的广泛应用
5. 符合人群规模的环境
6. 以合作和进步为中心的伦理
7. 支持学生成功的语言和传统

以学生为中心的机构关注学生的学习，为学生提供丰富多样的课内和课外学习机会，鼓励学生达到更高的水平，并支持和帮助学生解决学业及社交的需要。为了创建和保持以学生为中心的文化，大学和学院必须了解有助于学生成功的校园文化资产，然后确保这些文化资产到位并为学生提供服务。判断一个大学的文化形态是不是以学生为中心，我们必须将其看作“熟悉的陌生人”（Whitt，1993）：也就是重新审视平淡无奇的、日常的模式和活动，而后了解其对不同群体——学生、来自不同部门的教师、行政员工等的意义和影响。为了理解文化并确定机构在多大程度上以学生为中心，我们有必要深入其自然环境并观察学生的日常活动。本章的下一节将充分讨论这个方法。

大学和学院环境理论提供了由此观察本科教育体验的实践角度。更重要的是，这些模型表明环境因素是如何通过友好便利的自然特征、明确的人类聚集特点、引导学生的组织机构特点以及支持积极认知和经历的建构环境特点对学生产生必然影响。理解和应用这些理论框架对学生事务专员来说是十分有用的，特别是当他们供职于校园环境不支持教育效用的机构中时。

3.2 评估和改善校园环境的方法

鉴于大学通过校园环境对学生产生影响，因此大学检视校园环境并决定其促进学生成功和学习体验的方式就十分重要了。包括学生、教师和行政员工的认知在内的校园环境的评估结果不仅涉及环境理论，而且结合了支持学生学习与成功的实践。校园环境评估结果为大学领导者提供了直接的、有用的信息，帮助他们有的放矢地提升教育质量。评估大学环境的方法有很多，包括调查法、观察法、典型群体法、访谈法、文化审计法以及人口论法。

调查法是评估校园环境比较流行的方法。评估大学学习环境的一个工具是全国学生参与度调查（NSSE），两年制的社区大学可以采用社区大学学生参与度调查（CCSSE）。这些评估工具提供了学生参与有效率的教育实践和他们对学习环境认知的真实有效的信息。学生参与度调查结果，结合教师关于教学实践和学生参与度认知的学生参与度教师调查（FSSE）结果，为机构提供了学生体验的侧写、被亚群体分解和探索的机会以及帮助机构识别偏离机构使命的学习环境要素。

除了NSSE和CCSSE这种全面评估学习环境的调查以外，还有一些调查关注校园氛围（评估多元文化主义氛围或者研究代表性不足的学生群体等），特定环境（校园住宿、学生会等），或者特定的亚文化学生群体（运动员、希腊式生活方式的学生）。例如，高等教育研究机构的多样化学习环境调查（DLE）评估了对学生学习具有塑造作用的多样化环境的影响。这项调查捕获了学生关于机构氛围，与教师、行政员工和同学共同经历的校园实践信息，以及学生学习结果的认知信息。学生群体的多样性是调查的核心，调查工具也是基于学生群体多样性并涵盖了从学生能动性到团体间关系等一系列复杂问题（Hurtada，Arellana，Cuellar，& Guillermo-Wann，2011；Hurtada，Griffin，Arellano，& Cuellar，2008）。另一个研究范例是教育基准测试公司

(EBI)的一套问卷，用来评估住宿质量和不同环境条件对学生的影响。通过选择使用这些更有针对性的调查工具，学生事务专员能够确保获取所需信息开展工作绩效评估，确定他们服务的专业标准和机构使命并开展持续的工作改进。

尽管定量研究方法更有利于指出大学环境中的优点和缺点，但是这种方法不能完全捕捉到大学环境的所有因素，也不足以收集那些通过观察就可以轻而易举获得的信息。例如，学生在学生会中如何互动，一个新的公共学习区域是否有助于促进小组学习。积极地着眼于校园环境空间的研究，判断学生是否如机构计划的那样使用空间的学生事务专员能够提供校园环境重要的信息。例如，美国中西部的一个教育机构担心住在宿舍的新生学业表现不佳，于是率先研究了学习空间和学习习惯在宿舍中的应用。通过观察和访谈学生，学生事务专员了解到，宿舍楼位于主教学楼旁，所以楼前车多人多，而且所有学生都知道宿舍是一个全天候社交的场所，学习需要另寻他处，因此宿舍环境不利于学习。在进行了环境分析之后，大学设计了一个新的社交场所，引导学生停止使用宿舍大厅作为社交场所。同时，在宿舍楼大厅开发了更灵活安静的学习场地来满足学生的学习需求。

为了解学生、教师、行政员工对校园环境的认知以及校园环境对人们日常选择的影响，开展校园环境分析时需要对机构进行全方位的检视。从日常活动中观察校园自然环境，尝试从不同学生群体的角度体会环境，是应用人类学理论更好地理解环境对学生学习和学生成功发挥作用的最简单的方式。

只有对机构文化、政策和实践开展深度研究，我们才能很容易理解影响学生学习和成功的大学背景条件。机构审计是探求大学文化的劳动密集型流程。审计可以披露出其他方式做不到的有关实践和政策的详细信息。学生参与度与成功清单（Kuh, Kunzie, Schuh, & Whitt, 2005）可以一步步指导大学完成机构效用的探索并采取行动解决调查出来的问题。这项调查为学生、教师、行政员工开发了一套问题诊断和访谈提纲，既可以应用于学校和大学这样的机构，也可以应用于学生事务领域。学生参与度与成功清单重点关注普遍存在于高效能的大学和学院的六个属性和条件。

文化审计是发现和记录大学环境的一个综合方法。通过审计流程评估大学环境的理念已经被完好地记录下来（Kuh, 2009; Kuh & Whitt, 1988; Whitt, 1993; and Whitt & Kuh, 1991）。惠特（1993）定义文化审计是为内外部人士提供发现和确定构成文化的系统的陈列物、价值观和假定的方法。文化审计允许学生事务专员全面深入地调查环境，评估机构发送给学生的信号。审计也是充分发掘跨部门合作的背景以及教师、学生事务专员的认知观念与自身及他人的工作角色相关联的途径。

人种学是一个传统的研究方法，可以作为开展文化审计的向导。人种学工作的目的是揭开人们理解、负责和采取行动的方式，并由此掌握他们日常的情况（Magolda, 1999）。人种学思考的问题主要包括以下几个方面：处在这一环境中的人们如何构建现实的？他们所报道的认知、"事实"、解释、信仰以及世界观是什么（Patton, 2002, p.25）？人种学的目标是"掌握当地人的观点以及他与生活的关系以实现他的世界观”（Malinowski，1922，p.25）。人种学关注的是群体对文化的理解，包括人们作为群体中的成员怎样体会和诠释他们习得的行为。想要了解某个大学的文化，那么就必须探索人们在共享的活动中参与和互动时产生的想法、信念和知识。

当我们把焦点放在文化上时，就必须注意到在特定情境下人们对事件赋予的意义（Kuh & Whitt，1988）。身处文化中的个体通过开发不同的观察角度来审视和诠释特定时间、特定背景下的情况。若想要理解一个大学的文化，那么揭开这些观察角度，了解人们如何使他们的特定视角变得有意义，而且描述出人们如何将这些观察视角联系并编织在一起就显得尤为重要。研究者们通过访谈、观察和手工制品分析来发现这些观察视角。访谈法既可以是正式预约的会面，也可是非正式的、随意的谈话（Patton，2002）。观察法主要是研究者观察人们在日常活动中的行为，并通过寻找被观察者关于事情发生原因的想法来探询行为背后的意义（Fetterman，1998）。第三个方法是手工制品分析方法，涉及查阅与环境相关的资料来寻找书中记录的模式，然后透彻理解研究目标。在工作场所，通常都会确定一个主题来帮助人们诠释对文化的理解。审计的目标是帮助教师、学生事务专员和学生从内部人士的角度进一步了解大学环境的整体情况。从文化审计中获得的信息可以洞察到社区成员体验和诠释文化的方式。这种方式可以被用来鼓励更多的学生充分利用大学文化中固有的学习机会，也可以用来有目的地塑造文化以达成共同的教育目标。

3.3 对大学环境影响的思考

大学环境的研究为理解大学和学院的特色要素提供了实用的理论框架，而环境评估策略提供了判断大学环境作用于学生成功的方法。以理论研究和评估策略为支撑，我们现在探讨一下大学环境对学生成功的影响以及聚焦于学术和学生事务合作方面的环境分析如何促进本科教育中跨部门的紧密合作。

关于大学环境及其影响的最全面的研究可以从帕斯卡瑞拉和特伦兹尼（1991，2005）撰写的两本书中找到。在2005年，作者断言，尽管诸如机构类型、规模、所在地等学生体验的基础条件会对学生申请入学有所影响，但是学生体验的本质才对学生发展和学习以及学习效果起关键作用，学生体验包括大学课程、指导方式、与教师和朋辈的互动、参加活动和有意义的教育体验以及学生在机构中的社交和学术系统中获得支持的程度。大学环境的本质和质量明显影响学生的学习和成功，学生事务专员不仅需要全面掌握学生个体与朋辈、教育者以及其他人互动的整个学习环境，而且需要掌握引导学生达到目标结果的策略。了解整个环境的影响要求学生事务专员参与到大环境中，特别是校园生活部门以外的重要领域并参加跨机构合作。

研究结果认为既然大学环境的整体质量对大学影响如此重要，那么就应该建立一个比大多数大学和学院现有的学生事务实践框架更广泛的一个框架。研究指出学生事务教育者采用了一个更广阔的视角而且思考得更全面——从学生的角度——关乎大学体验。*Student Learning Imperative*（《学生学习势在必行》，American College Personnel Association）倡导的无缝衔接的学习环境要求学生事务专员和教师摆脱条条框框的束缚，共同为学生提供和谐互补的体验平台。这一理念表明学生体验的整体大于其部分之和，课内外的学习没有明确的界线。这要求学生事务专员在校园内开展更多的跨部门合作来确保学生体验的均衡性且相互关联性，只有这样才能有效支持学生成功。为了达到这一目标，学生事务专员必须了解工作的环境。

Learning Reconsidered（《重新思考学习》，NASPA，2004）报告中描述了推进大学环境整体观点的有益框架。报告将整个校园描绘成学习社区，定义学习是学术和学生发展的一体化活动。报告也明确表示学生事务教育者从课外体验的角度诠释学习，评估环境对学习的影响，以及从大学体验的角度在促进学生获得更好的学习效果方面承担着更多的责任。学习伙伴模型（Baxter-Magolda and King，2004）提供了另一个有帮助的观点，论证了采取全局方式整合多维校园文化的重要性，包括帮助学生与观念、体验、背景、他人建立联系，并让这些体验变得有意义，增强学生的归属感。

尽管人们呼吁高等教育的各个部门加强合作，共同丰富学生的大学体验，但是明显的或有时不连贯的学生和教学事务文化阻碍了大学部门之间的合作。恩斯特龙和廷托（2000）指出，学生事务专员和教师能够努力去理解对方谈论的观点，但却不能精准理解对方的角色和职责，由此形成的文化差异导致了误解、不尊重和冲突。当机构中的工作人员只关注差异，而不重视教育理念和教育目标的共性时，由文化差异导致的问题就更加突出了。不局限于对方的理念，而是注重发展友好关系的做法会增加机构工作人员以相同价值观和目标为基础合作的可能性。

为了营造良好的大学环境以促进学生成功，在教学和学生事务部门之间建立合作的桥梁是教育机构的首要任务。对塑造大学环境起关键作用的人共同建立优先服务于学生学习的大学环境更是十分重要。然而，由于传统的大学文化认为教师是校园里唯一的教育者，因此“教育者”这个角色从来都不属于学生事务专员。事实上，对“教育者”的狭隘定位不但是教师和学生事务专员形成伙伴关系的最大障碍，而且也深深地植入了两个部门的文化规范中（Arcelus，2008）。合作要求两个部门的工作人员通过对话，勇敢地向前迈进，穿越部门之间的藩篱，创建以道德责任为基础的合作关系，共同促进学生学习（Magolda，2005）。

目前已经建立的一个研究方法是通过同组（组内）和跨组（各组之间）对话的互动过程促进跨文化讨论。教学和学生事务的亚文化群在付出努力了解他人之前，需要首先了解自己并深入理解自己对规范和价值的需求。这一点与同组对话的结果——马戈达（2005）所强调的观点——是一致的。跨组对话的目的是在不同组别之间建立信任和理解（Schoem，Hurtado，Sevig，Chesler，& Sumida，2001）。舍姆等人（2001）将跨组对话定义为“一种实践、参与、问题解决和教育的形式。这种形式涉及面对面的、针对性的、促进性的、私密的、发生在两个及以上由其不同的社会身份界定的人群之间的讨论”（p.6）。一旦通过跨组对话建立了互相理解的基础，那么启动的合作洽谈就有可能产生成功的、持久的和具有充分意义的促进学生学习的机会。

佩斯、布鲁姆兰茨和默克尔（2006）提供了在大峡谷州立大学（GVSU）以加强学生事务和学术事务在通识教育改革方面的合作为终极目标，以及应用跨组对话促进两者之间文化理解的案例。他们的项目称作“提倡通识教育”，是为关注学生学习的跨部门合作寻求发展机会。GVSU的行政人员设计了跨组对话，非常小的教师团队和行政人员也有机会讨论通识教育的意义以及两者合作支持通识教育的方法。在对话促进者的引导下，各组的教师、行政员工和学生开展了对话。引领对话的促进者们发现人们可以在这样的会谈中了解对方的角色，在计划持续期间增进友好关系，在培养学生课内外教育一体化的重要性方面达成共识（Pace et al.，2006）。一旦达成重要的合作基础，就有可能采取集体行动。这个案例表明，通过促进相互理解和发展共同教育目标的结构性对话，学生事务和学术事务部门之间可以建立起消弭文化差异的桥梁。

3.4 结论

大学环境的显著特征影响了包括学生感受和学生行为在内的学生学习体验的质量，进而对学生学习产生积极的或者消极的作用。大学环境通过一系列的自然和人造的物理设施、社区成员的共同特质、大学事务的组织和运行方式以及身处其中的人们对环境的诠释发挥着作用。环境效力甚至是一个有意设计的功能。大学管理者利用环境设计鼓励学生做他们期望的事情。高效能的教育机构会积极主动地思考自然的、人类聚集的、组织的和建构的环境应该设计到什么程度才能鼓励令人满意的行为并促进学生的学习和成功。

学生事务专员能够通过加深对环境理论研究及对学生成功的影响的理解提升自身改善环境的能力。本章的理念框架为学生事务提供了有关环境研究的介绍。本章建议将这些理念框架作为拓宽学生事务领域的学习概念以及消除学术事务和学生事务文化差异的方式。为了加深对大学不同部门的理解，我们可以采用组内和跨组对话以及文化审计的方法。更为重要的是，环境观点邀请学生事务专员充分想象如何提升环境让更多的学生做得更好，让弱势群体感受到被欢迎、被肯定，以及怎样创建更有趣的学习环境来激发学生参与与学生学习和成功息息相关的更高水平的体验。

本章通篇引用的关于大学环境各方面的理论与实践研究为当今的高等教育环境——住宿的、市区的和通勤的教育机构——提供了参考资料。但是，教育机构迫在眉睫的事情是服务兼职、成人和通勤的学生，提高学生入学的机动性，减少转学以及应对日益增多的线上学习平台。线上教育增加了本科教育组成部分的异质性并产生了破碎的大学体验——因此线上教育很难应用大学环境模型。在有些教育机构，学生很少出现在校园而是在线上课程花更多的时间或者通过学习管理信息系统进行互动。这对学术成功意味着什么？对创建支持学生学习的环境又意味着什么？这些教育机构的新特点可以转化成优势，也可以成为丰富学生体验的方式。例如，为满足在线学生群体需求开发的虚拟学生成功中心以及二十四小时在线课程辅导被证明对校内住宿生同样有益。

创建和保持一个有吸引力的、令人满意的以及能够开展学生积极参与的、对学习和成功起至关重要作用的实践活动的校园环境是很多教育机构面临的挑战。此时，学生事务专员应该做好准备推进大学环境观点。尽管创建一个支持学生学习的大学环境是校园内所有教育者的共同责任，但是学生事务专员在了解学生对大学环境的看法，解决阻碍学生成功的不利因素以及团结校园内各部门达成有助于学生学习和成功的整体的、以学生为中心的文化方面，具有得天独厚的优势。

参考文献

American Association for Higher Education，American College Personnel Association，National Association of Student Personnel Administrators.（1998）. *Powerful partnerships：A shared responsibility for learning (A joint report)*. Washington，DC：Author.

American Council on Education.（2013）. An open letter to college and university leaders：College completion must be our priority. Washington，DC：National Commission on Higher Education Attainment. American Council on Education. http：//www.acenet.edu/news-room/Documents/An-Open-Letter-to-College-and-University-Leaders.pdf.

American College Personnel Association.（1996）. *The student learning imperative：Implications for student affairs*. Washington DC：Author. http：//www.acpa.nche.edu/sli/sli.htm

Arcelus，V. J.（2011）. Transforming our approach to education：Cultivating partnerships and dialogue. In M. Baxter-Magolda & P. Magolda（Eds.），*Contested issues in higher education*（pp.61-71）. Sterling，VA：Stylus.

Arcelus，V. J.（2008）. *In search of a break in the clouds：An ethnographic study of academic and student affairs cultures*. University Park：Pennsylvania State University.

Association of American Colleges and Universities（AAC&U）.（2002）. *Greater expectations：A new vision for learning as a nation goes to college*. http：//www.greaterexpectations.org/.

Association of American Colleges and Universities（AAC&U）.（2007）. *College learning for the new global century：A report from the National Leadership Council for Liberal Education and America's Promise*. Washington，DC：Author.

Astin，A. W.（1985）. *Achieving educational excellence*. San Francisco，CA：Jossey-Bass.

Astin，A. W.（1993a）. *What matters in college? Four critical years revisited*. San Francisco，CA：Jossey-Bass.

Astin，A. W.（1993b）. An empirical typology of college students. *Journal of College Student Development*，34，36-46.

Banning，J. H. & Bartels，S.（1997）. A taxonomy：Campus physical artifacts as communicators of campus multiculturalism. *NASPA Journal*，35（1），29-37.

Baxter Magolda，M. B.，& King P. M.（2004）. *Learning partnerships：Theory and models of practice to educate for self-authorship*. Sterling，VA：Stylus.

Chickering，A. W.，& Gamson，Z. F.（1987）. Seven principles for good practice in undergraduate education. *AAHE Bulletin*，39，3-7.

Clark，B. R.，& Trow，M.（1966）. The organizational context. In T. M. Newcomb & E. K. Wilson（Eds.），*College peer groups：Problems and prospects for research*（pp.17-70）. Chicago：Aldine.

Engstrom，C. M.，& Tinto，V.（2000）. Developing partnerships with academic affairs to enhance student learning. In M. Barr（Ed.），*Handbook of student affairs administration*（pp.425-452）. San Francisco，CA：Jossey-Bass.

Feldman，K. A.，Ethington，C. A.，& Smart，J. C.（2001）. A further investigation of major field and person-environment fit：Sociological versus psychological interpretations of Holland's theory. *Journal of Higher Education*，72，670-698.

Fetterman，D. M.（1998）. *Ethnography：Step by step*（2nd ed.）. Newbury Park，CA：Sage.

Hendrel，D. & Harrold，R.（2007）. Changes in Clark-Trow subcultures from 1976 to 2006：Implications for addressing undergraduates' leisure interests. *College Student Affairs Journal*，27（1），8-23.

Holland，J. L.（1997）. *Making vocational choices：A theory of vocational personalities and work environments*（3rd ed.）. Odessa，FL：Psychological Assessment Resources.

Hurtado，S.，Arellano，L.，Cuellar，M.，& Guillermo-Wann，C.（2011）. *Diverse Learning Environments Survey Instrument：Introduction and Select Factors.* http：//www.heri.ucla.edu/dleoverview.php.

Hurtado，S.，Griffin，K.A.，Arellano，L. & Cuellar，M.（2008）. Assessing the value of climate assessment：Progress and future directions. *Journal of Diversity in Higher Education*，1（4），204-221.

Kinzie，J.，& Kuh，G.D.（2007）. Creating a student-centered culture. In G. Kramer（Eds.），*Fostering student success in the campus community*（pp.17-43）. San Francisco，CA：Jossey-Bass.

Kinzie，J.，& Mulholland，S.（2008）. Transforming physical spaces into inclusive multicultural learning environments. In S. Harper（Ed.），*Creating inclusive campus environments for cross-cultural learning and student engagement*（pp.103-120）. Washington DC：NASPA.

Kuh，G.D.（2009）. Understanding campus environments. In G. McClellan & J.

Stringer（eds.），*Handbook of student affairs administration*（3rd ed.）. San Francisco，CA：Jossey-Bass.

Kuh，G. D. & Hall，J. E.（1993）. Cultural perspectives. In G. D. Kuh（Ed.），*Cultural perspectives in student affairs work*（pp.1-20）. Lanham，Maryland：American College Personnel Association.

Kuh，G. D.，Hu，S.，& Vesper，N.（2000）. "They shall be known by what they do"：An activities-based typology of college students. *Journal of College Student Development*，41，228-244.

Kuh，G. D.，Kinzie，J.，Schuh，J. H.，& Whitt，E. J.（2005）. *Assessing conditions to enhance educational effectiveness：The inventory for student engagement and success.* San Francisco，CA：Jossey-Bass.

Kuh，G. D.，Kinzie，J.，Schuh，J. H.，Whitt，E. J.，& Associates.（2010）. *Student success in college：Creating conditions that matter.* San Francisco，CA：Jossey-Bass.

Kuh，G. D.，Schuh，J. H.，Whitt，E. J.，& Associates.（1991）. *Involving colleges：Successful approaches to fostering student learning and personal development outside the classroom.* San Francisco，CA：Jossey-Bass.

Kuh，G. D.，& Whitt，E. J.（1988）. *The invisible tapestry：Culture in American colleges and universities*（ASHE-ERIC Higher Education Report No. 1）. Washington，DC：Association for the Study of Higher Education.

Magolda，P. M.（1999）. Using ethnographic fieldwork and case studies to guide student affairs practice. *Journal of College Student Development*，40（1），10-21.

Magolda, P. M. (2000). The campus tour ritual: Ritual and community in higher education. *Anthropology and Education Quarterly*, 31 (1), 24-46.

Magolda, P. M. (2005). Proceed with caution: Uncommon wisdom about academic and student affairs partnerships. *About Campus*, 9 (6), 16-21.

Malinowski, B. (1922). *Argonauts of the Western Pacific: An account of native enterprise and adventure in the Archipelagoes of Melanesian New Guinea.* London: Routledge.

Manning, K. M. (2000). *Rituals, ceremonies, and cultural meaning in higher education.* Westport, CT: Bergin & Garvey.

Manning, K. M., Kinzie, J. & Schuh, J. H. (2006). *One size does not fit all: Traditional and innovative models of student affairs practice.* New York: Routledge Press.

Moffatt, M. (1989). *Coming of age in New Jersey: College and American culture.* New Brunswick: Rutgers University Press.

Moos, R. (1979). *Evaluating educational environments: Procedures, methods, findings and policy implications.* San Francisco, CA: Jossey-Bass.

Moos, R. (1988). *University Residence Environment Scale manual* (2nd ed.). Palo Alto, CA: Mind Garden.

National Association of Student Personnel Administrators and American College Personnel Association (2004). *Learning reconsidered: A campus-wide focus on the student experience.* Washington DC: Author.

Pace, C. R. (1964). *The influence of academic and student subcultures in college and university environments.* Los Angeles: University of California.

Pace, C. R. (1979). *Measuring outcomes of college: Fifty years of findings and recommendations for the future.* San Francisco, CA: Jossey-Bass.

Pace, D., Blumreich, K.M., & Merkle, H. B. (2006). Increasing collaboration between student and academic affairs: Application of the intergroup dialogue model. *NASPA Journal*, 43 (2), 301-315.

Pascarella, E. T., & Terenzini, P. T. (1991). *How college affects students: Findings and insights from twenty-years of research. San Francisco*, CA: Jossey-Bass.

Pascarella, E. T., & Terenzini, P. T. (2005). *How college affects students: A third decade of research.* San Francisco, CA: Jossey-Bass.

Patton, M. (2002). *Qualitative research and evaluation methods* (3rd ed.). Thousand Oaks, CA. Sage.

Pike, G. R. (2006). Vocational preferences and college expectations: An extension of Holland' s principle of self-selection. *Research in Higher Education*, 47 (5), 591-612.

Rankin, Susan R. (2003). *Campus climate for gay, lesbian, bisexual, and transgender people: A national perspective.* New York, NY: National Gay and Lesbian Task Force Policy Institute. www.ngltf.org.

Rhoads, Robert A., & Tierney, William G. (1992). *Cultural leadership in higher education.* University Park: The Pennsylvania State University, National Center on Postsecondary Teaching, Learning and Assessment.

Schoem, D., Hurtado, S., Sevig, T. Chesler, M. & Sumida, S. (2001). Intergroup dialogue: Democracy at work in theory and practice. In D. Schoem, S. Hurtado (Eds.), *Intergroup dialogue: Deliberative democracy in school, college, community and workplace* (pp.1-22). Ann Arbor: University of Michigan Press.

Smart, J. C., Feldman, K. A., & Ethington, C. A. (2000). *Academic disciplines: Holland' s theory and the study of college students and faculty.* Nashville, TN: Vanderbilt University Press.

Strange, C. C., & Banning, J. H. (2001). *Educating by design: Creating campus learning environments that work.* San Francisco, CA: Jossey-Bass.

Tierney, W. G. (1988). Organizational culture in higher education: Defining the essentials. *Journal of Higher Education*, 59 (1), 2-21.

Whitt, E. J. (1993). Making the familiar strange: Discovering culture. In G. D. Kuh (Ed.), *Cultural perspectives in student affairs work* (pp.81-94). Washington, DC: American College Personnel Association.

Whitt, E. J. & Kuh, G. D. (1991). The use of qualitative methods in a team approach to multiple institution studies. *Review of Higher Education*, 14, 317-337.

第4章
高等教育和学生事务面临的财政压力

约翰·舒

尽管学生事务工作所处的财政环境在过去10年里特别令人沮丧（Schuh，2003，2009，2011），但其实对于高等教育整体来说，在21世纪的大部分时间里都是充满挑战的。正如本章所述，很多家境贫困或者社会背景复杂的学生进入高校后，因经济困难而难以完成学业。联邦政府对于高等教育的规划导致高等院校的开支增加，财政出现困难。学生为完成高等教育投入的成本持续增长，其增长速度远超过生活成本的增长速度。各类高校也面临成本增加的困境，许多开展社会服务和卫生服务的企业，都面临着和高校相似的情况。正如阿奇博尔德和费尔德曼总结的那样，“高等教育并不是唯一面对成本痼疾和高学历劳动力成本上涨压力的领域。包括法律和医疗（举例来说）等在内的其他重要的个人服务领域都经历了与高等教育非常相似的成本压力”（2011，p.37）。

财政政策、经济限制和社会条件对学生事务部门提供的项目、服务、学习机会和活动产生了深远的影响。本章探讨了影响学生事务部门所处财政环境的各种因素：第一，介绍了特定人口类别和社会趋势的经济学影响；第二，指出了联邦政府的法案对高校产生的经济影响；第三，指明了国家支持高等教育发展的趋势；第四，讨论了学生接受高等教育的成本和财政资助情况。本章的每一节都涉及学生事务工作。

4.1 人口和社会趋势

本小节讨论了特定的人口类别和社会趋势对高等教育的财政影响。“入学趋势表明，学生在包括性别、民族、种族和社会经济地位在内的多种人口统计学特征上存在差异”（Renn & Reason，2013，pp.24-25）。1990年，库恩预言学生事务专员将来不得不处理影响学生事务实践的社会问题。15年后，里曾和戴维斯报告说，“为了使学生学习在课堂内外的效果最大化，我们必须改善校园内的群体关系，创造一个公平培养所有学生的环境”（2005，p.5）。许多学生的处境并不乐观，他们需要更多的支持才能顺利完成学业。这些支持包括课程辅导、咨询、经济援助和其他特定的援助。具体原因本章稍后讨论。首先，请思考在21世纪进入大学的学生的以下信息。

4.1.1 家庭

家庭结构似乎与家庭成员是否生活在贫困中有关。例如，根据联邦政府的数据，相比于已婚夫妇的家庭，单亲家庭更易陷入贫困。“2011年，6.2%的已婚夫妇家庭、31.2%的单身女性户主家庭和16.1%的单身男性户主家庭生活在贫困中”（DeNavas-Walt，Proctor & Smith，2012，p.17）。1980至2010年间的数据显示，以一个人为户主的家庭数量略有增长（DeNavas-Walt et al.，2012，Table 59）。

从1970年到2010年，有18岁以下子女的已婚夫妇家庭比例从49.6%降至31.2%（Snyder & Dillow，2012，Table 23）。在同一时期内，有一名18岁以下子女的单身男性户主家庭比例从0.7%上升到2.7%（Table 23），而至少拥有一个孩子的单身女性户主家庭比例从5.6%增加到10.7%（Table 23）。

家庭类型与收入有关。根据德纳瓦斯和沃尔特等人的统计，以2011年的中等收入家庭为例，已婚夫妇的家庭收入中位数为74 130美元，而单身女性户主家庭的收入中位数为33 637美元，单身男性户主家庭的收入中位数为49 567美元（2012，Table 1）。因此，那些来自单职工家庭的学生可能需要很大力度的经济援助来支付高等教育费用。但是，家庭结构只是一个因素，另一个重要因素是收入分配。

就总体收入的百分比分布来看，收入总额按从低到高分为五个等级。收入最低的、第二低的、第三低的和第四低的人群的收入份额从1970年到2009年一路下跌。而收入最高的1/5的人群和收入总额排前5%的人群的收入份额则在同一时期有所增加（US Census Bureau，2012）。"2010到2011年间，收入最高的1/5人群的收入份额增加了0.8%（从2010年的50.3%上升到51.1%）。收入总额排在前5%的人群的收入份额增长了1%（从21.3%上升到22.3%）"（DeNavas-Walt et al.，2012，p.10）。财富集中在收入最高的1/5的人群中。比起那些家庭财力雄厚的学生，来自贫困家庭的学生越来越难获得高等教育。这些统计数字指向了影响未来学生人口趋势的因素：经济挑战。

4.1.2 财富分配

根据最近一份联邦报告公布的数据，越来越多的儿童生活在贫困中。根据The Condition of Education 2013（Aud，Wilkinson，Flicker，Kristapovich，Rathbun，Wang & Zhang，2013），5~17岁的贫困儿童的比例从1990年的17%上升到2011年的21%。全美所有地区的贫困儿童比例都在增长，但在南部和西南部增长最快，在普莱恩斯和新英格兰则保持相对稳定（p.27）。

儿童贫困程度是学生是否有资格参加免费午餐计划或减价午餐计划的一个衡量标准。"在国家学校午餐计划下，有资格享受免费或减价午餐的学生比例作为一种替代标准，可以用来衡量一所学校的低收入家庭学生的集中程度"（Aud et al.，2013，p.80）。1999—2000年，在公立学校中，45%的学生就读于被定义为"低度贫困"的学校，这意味着"不到25%的学生有资格参加该计划"（p.80）；12%的学生就读于被定义为"高度贫困"的学校，在这样的学校里，75%以上的学生符合免费或减价午餐计划的条件（p.80）。2010—2011年，就读于低度贫困学校的学生比例已下降到24%，而在高度贫困学校就读的学生比例则增加到20%（Aud et al.，2013）。

未来的学生构成。在过去20年里，就读于小学和中学的有色人种年轻人的比例急剧增长，这是20世纪大学生人口构成的一个重要指标。遗憾的是，根据联邦政府的数据，来自少数族裔群体的年轻人并没有顺其自然地进入高等院校。1972年，小学和中学入学人数中白人学生占比78%，2004年这一比例为57%（Snyder，Tan & Hoffman，2006，p.342）。到2010年，公立小学和中学中白人学生的入学人数占到

52%（Aud et al.，2013，p.52）。1976年，白人学生在所有大学生中占比82.8%，2000年占比68.3%，2010年占比60.3%（Snyder & Dillow，2012，Table 237）。

接受中小学教育的非洲裔美国学生的比例从1972年的15%增加到2004年的16%（US Department of Education，2006b，p.32），并且在2010年仍然保持16%的比例（Aud et al.，2013）。但在1976年，非洲裔美国学生只占所有大学生人数的10%，在2000年这一数字是11.8%，在2010年则是14.8%（Snyder & Dillow，2012，Table 237）。

在小学和中学就读的拉美裔青少年的人数同样增加了，但接受高等教育的人数却没有相应地增加。在小学和中学就读的拉美裔学生的百分比从1976年的6%增加到2006年的19%（US Department of Education，2006b，p.32），在2010年增加到27%（Aud et al.，2013）。然而，拉美裔学生在1976年的所有大学生中仅占3.7%，在2000年占10.3%，在2010年占14.1%（Snyder & Dillow，2012，Table 237）。在2000—2011年度，亚裔学生占公立学校注册人数的比例从4%上升到6%（Aud et al.，2013）。

关于未来的学生构成，另一个方面同样值得注意。2009年，5~17岁的学生中有9%是英语学习者，而2010年这一数据是10%。当我们把非英语学习者和英语学习者进行比较时，会发现他们标准化阅读测试的分数有很大的不同。“2011年，四年级的非英语学习者和英语学习者之间的成绩差距（以阅读考试成绩衡量）是36分，而八年级的非英语学习者和英语学习者之间的成绩差距是44分”（Aud et al.，2013，p.56）。

很明显，未来的大学和学院将招收越来越多的有色人种学生和来自非英语母语家庭的学生。学生事务专员可能在时间和人力方面需要额外的财政投资。学生事务研究文献中多次建议为来自历史上不受重视的少数族裔学生群体提供有针对性的项目（Cuyjet，1998；Fox，Lowe & McClellan，2005；Howard - Hamilton，2003；Ortiz，2004）。蒲柏和米勒（2011，p.348）总结道：“多元文化能力是学生事务工作的一个组成部分。”多元文化能力对高校所有教职员工都是至关重要的。

4.2 联邦政府的高等教育法案

本节专门考察了近年来联邦政府的立法和法律监管的情况，并且特别关注了政府法案中涉及的财政问题。

4.2.1 残疾人的入学权利

残疾人的入学权利是目前联邦政府对高等教育的关注重点之一。根据1973年《康复法案》第504条（1992年重新授权）和《美国残疾人法案》（1990）的规定，高等院校在为迄今没有参加过校园生活的残疾学生服务的过程中增加了额外费用，但是这些学生有权在追求教育目标时获得合理的便利。《残疾人教育法案》（IDEA）颁布后，接受高等教育的残疾学生人数从1980—1981年度的410万人增加到2004—2005年度的670万人。2010—2011年度，这一人数下降到640万（Aud et al.，2013）。残疾学生中，有特定学习障碍（37%）、语言障碍（22%）或其他健康障碍（11%）的学生比例最高（Aud et al.，2013，p.58）。

联邦政府的法案对学生事务专员的影响包括：随着设施的建造或改造，残疾人的无障碍环境必须得到保障；必须指定专门的学生事务专员和制订特殊方案来帮助残疾学生；必须采取各种形式提供无障碍网站、文件、小册子和其他印刷材料以满足视障者的需要；公共活动需要配备口译人员；课堂或辅导课程等学习相关活动需要提供辅助技术支持；残疾学生期望学生事务专员充当他们的代言人。

4.2.2　遵守法规

还有一类联邦政府法案处理法规遵守的问题。有些法案相对来说没有给高等教育机构造成太大的经济负担，因为它们只需提供文件。而在其他情况下，联邦政府颁布了大量的法案，这些法案要求高校的活动必须与之相符，但法案又不断被修订和调整，所以会产生额外的费用。例如，《家庭教育权利和隐私法案》颁布于1974年，此后不断被修订。这些法规随着时间推移变得越来越复杂（US Department of Education，2011），遵守法规的成本由高校承担，而非联邦政府。例如，当高校与军事设施有关系或在国外从事"有组织的学习和管理人员计划"（US Department of Education，2011，p.13）时，《克莱里法案》是适用的。该法案的基本内容包括报告要求（含年度报告）以及紧急通知和疏散程序（US Department of Education，2011，p.8）。2013年重新授权的《反对暴力侵害妇女法案》也适用于高等教育，它要求高校制定规划和提供服务以达到法案要求。

4.2.3　消费者保护

联邦政府工作日程的第三个项目是消费者保护法。这项法律将在可预见的未来给学院和大学增加额外的财政负担。联邦政府法律规定，高校应定期向教职员工和学生通报该高校的药物滥用政策，颁布与使用酒精和其他药物有关的法律，以及向寻求帮助者提供援助方案（Drug-Free Schools and Communities Act Amendments of 1989，Public Law 101-226）。从1992—1993年开始，各高校必须向每一名学生和员工提供有关毕业率、校园安全和犯罪活动的信息。联邦政府的监管法案集中在成本问题、毕业率和就业率等问题上。高校若不遵守教育部的规定，就会被处以经济惩罚。

消费者保护法涉及与材料编写和分发有关的费用。例如，法律要求每个学生每年都要收到有关校园犯罪的信息。对于每个学生都有一个校园邮箱的高校来说，遵守这个法律的成本较小，但是向走读学生群体发布校园犯罪信息，成本则高了许多。高校除了遵守法律所付出的成本以外，触犯法律的成本还包括调查、诉讼或罚款。然而实际情况是，无论高校采取何种方式去遵守联邦政府各种各样的法律要求，法律法规随着时间的推移会愈发复杂。因此，高校管理人员需要对此予以充分关注。

4.3 与州财政有关的问题

在回顾影响高等教育财政的具体因素和趋势之前，我们有必要先花点时间来介绍一下各州面临的财政问题。州政府不得不应对与联邦政府关系的根本转变。这种转变体现在预算授权上，这一点对州政府产生巨大影响（例如，联邦政府要求州政府开展工作，但不提供资金支持）。州政府的预算压力表现为对高等教育的支持力度下降，其衡量标准是授予学位的公立高校获得州政府的拨款比率。因此，许多公立高校不能再向州政府申请加大资金投入。“过去几年，经济疲软给州政府和高校预算带来了越来越大的压力。州政府对高等教育的拨款一直无法和入学人数的增长保持一致，因此大学学费的上涨速度仍然高于社会经济中的平均价格”（Baum & Ma，2012，p.1）。

很多已经转移到各州的项目成为高等教育争取州政府资金支持的竞争对手。这些项目包括危险废物控制、运输和福利。此外，监狱运营成本也由于不断增长的人口、医疗保健和住房费用、K12中小学基础教育费用以及减税压力而不断增加。

实际上，高等教育所面临的州政府拨款竞争已经变得非常激烈。当审查公立高等教育学校当前的拨款收入来源时，我们发现州政府拨款在1989—1990年度到2011—2012年度间呈下降趋势（Baum & Ma，2012）。所有公立高校获得州政府的拨款份额从23.85%下降到20.59%（Snyder & Dillow，2012，Table 366）。从2005—2006年度到2009—2010年度，四年制公立高校获得的拨款份额从22.51%下降到19.64%，两年制高校获得的拨款份额从30.07%降至24.87%。按定值美元计算，每名学生获得的州政府拨款份额从2005—2006年度的6 811美元降至2009—2010年度的5 810美元。四年制高校的学生获得的人均拨款数额从2005—2006年度的8 669美元下降至2009—2010年度的7 551美元，而两年制高校则在同一时期内从3 905美元下降至3 196美元。

非营利性私立高校也承受了经济压力。其学费收入占总收入的百分比从1999—2000年度的24.58%上升到2009—2010年度的33.41%（Snyder & Dillow，2012，Table 370）。在此期间，学费占高校收入的百分比从2008—2009年度的77.77%降到1999—2000年度的24.58%。很多数据反映了此类高校的捐赠基金的投资收益正在下降。在某些年里，投资回报甚至为负数。例如，2008—2009年度的投资回报率是-92.96%（Table 370），表明股票市场的回报为负。1999—2000年度，投资收入占高校收入的31.31%（在表中所列年份中最高），但2008—2009年度的投资回报率是-92.96%。

营利性高校的收入来源比公立高校或非营利性私立高校更稳定，这主要是因为它们依靠收取学费和其他费用获得大部分资金。在1999—2000年度，营利性高校收入的86.10%来自学费。到2009—2010年度，学费占营利性高校收入的90.64%（Snyder & Dillow，2012，Table 372）。

虽然高等教育机构受到州预算不足的不利影响，但是学生事务部门有幸在21世纪的头10年保持住了公立高校经费支出的份额。例如，在2003—2004年度，四年制公立高校的学生事务支出占高校支出的百分比为3.62%（Snyder & Dillow，2012，Table 377），2009—2010年度，这一比例为3.80%（Table 377）。以定值美元计算，2003—2004年度，每位学生在学生事务上的支出为1 271美元，2009—2010年度为1 357美元（Table 377）。然而，那些由一般收入（州政府拨款和学费）提供资金支持的学生事务部门今后将与学术部门竞争资金。那些由使用费和服务费（如学生住宿或学生会费用）提供资金支持的学生事务部门可以寄期望于通过人力资源、会计和采购服务、安全等方面的间接费用为高校提供更多的资金。此外，这些由学费资助的部门将受到变幻莫测的招生结果的影响。如果招生人数减少，除非增加收费，否则收入必将下降。无论经费从何而来，保持充足的经费将是学生事务部门未来需要面对的挑战。

相比于公立高校，非营利性四年制私立高校的预算和实际收入持续投入到学生事务的份额更大。在1999—2000年度，该类高校在学生事务上的总支出为7.02%（按定值美元计算，每名学生为2 880美元），到2009—2010年度，这一比例增至7.84%，即每名学生为3 619美元（Snyder & Dillow，2012，Table 379）。

营利性私立高校报告了学生服务、学术支持和高校支持的总支出。1999—2000年度，四年制营利性私立高校将54.58%的支出用于这类工作（Snyder & Dillow，2012，Table 381）。而同期，非营利性私立高校用于同一工作的支出比例略高于28%（Table 379）。2009—2010年度，私立营利性高校在这类工作上的支出比例为69.26%（Table 381），而同期非营利性私立高校的支出比例略高于30%（Table 379）。

公立和私立高校的两难困境。州政府资助高等教育面临的一个特别棘手的问题是政府应该在多大程度上支持私立高校。虽然公立高校比私立高校更依赖于州政府资助，但实际上，无论是通过对院校的直接支持还是对学生的财政援助项目，美国的每一所学院或大学都在一定程度上受到政府资助的影响。毫无疑问，公立和私立高校之间对州政府拨款的竞争通常围绕着各州是应该直接向学生提供支持（通过财政援助项目，从而有利于私立大学）还是直接向高校提供支持（从而有利于公立大学）的问题而变得更加激烈。在下一节中，我们将探讨学生就读于高校的费用以及财政援助在多大程度上提高了学生获得高等教育的机会。

4.4　就读费用和财政援助趋势

本节考察了与学生和他们的父母支付就读费用有关的因素。财政援助不断缓解学生支付就读费用的压力，但是学生和他们的家庭仍然面临挑战。

4.4.1　收入

收入对高校的财务状况有着巨大的影响。“高校的收入通常依赖六大来源：学生或家长、联邦政府、州政府、私人捐赠、基金捐赠和辅助企业”（Toutkoushian，2003，p.27）。学生和他们的家庭支付学费、杂费、食宿费以及购买书籍和用品的费用。如前所述，州政府向公立高校提供直接援助，向就读于私立学校的学生提供财政援助。联邦政府资助财政援助项目并支持研究和创新活动。个人、基金会和公司向高等院校提供礼物和赠款，金融市场通过捐赠基金和运营基金投资产生的盈利为高校增加收入。总的来说，高校收入的组合随着时间的推移发生了变化，学生或其家庭支付的费用比来自其他项目的收入增长更快，而高校所占的州政府拨款份额则下降了。“在所有类型的公立高校中，净学费收入的平均份额在1999—2000年度至2009—2010年度都有所提高，而来自州政府和地方拨款的份额则有所下降”（Baum & Ma，2012，p.24）。

学费。学费是非营利性私立高校最重要的收入来源。对于公立高校来说，学费收入也变得越来越重要。近30年来，学费的上涨对学生产生了很大影响。2012—2013年度，四年制公立高校的学费和杂费平均为8 655美元，而1982—1983年度这一金额为2 423美元。非营利性四年制私立高校公布的平均学费为29 056美元，而1982—1983年度这一金额为10 901美元（Baum & Ma，2012，p.15）。所有的金额都以2012年的美元价格计算。

在授予本科和硕士学位的公立高校中，净学费和杂费收入是2009—2010年度最大的收入来源，比政府拨款要多得多（Baum & Ma，2012，p.24）。“高等教育一般业务开支总收入中来自净学费收入的份额从2008年的31.6%增至2011年的38.5%和2012年的42.5%。独立高校（私立、非营利性的）和营利性私立高校的学费收入未被包含在内”（State Higher Education Executive Officers，2013，p.7）。净学费和杂费收入是所有类型私立高校的最大收入来源（Baum & Ma，2012），也是非营利性私立高校的核心资金来源。2008—2009年度的学费和杂费收入占私立非营利性高校总收入的77.77%（Snyder & Dillow，2012，Table 370）。

4.4.2 筹措资金

私立高校比公立高校更依赖于私人、基金会和企业的捐款，但后者也逐渐开始依赖捐款——公立高校不得不与非营利性私立高校展开竞争。投资收入能够反映捐赠的成果。在某些年份，投资回报相对可观；但在其他年份，投资环境艰难，回报率令人失望。正如之前指出的那样，在非营利性私立高校中，2008—2009年度的投资回报率为92.96%（Snyder & Dillow，2012，Table 370）。投资回报率下降的影响是显而易见的：由于资金逐年减少，所以高校必须通过重新分配资金或调整学费来获取支持活动、项目或奖学金的资金来源。

4.4.3 学生成本

本节采用“成本”这一术语，即学生及其家庭经常说的就读费用。鲍曼和马

（2012）将学生及其家庭的成本作为净价格，其定义是“学生和/或家庭在扣除助学金和税收抵免后必须支付的费用”（p.39）。大学的就读费用持续以远高于公认通货膨胀标准——消费者物价指数——的速度增长。为了证明学生成本的增长，鲍曼和马（2012，p.14）提出以下结论：

从1982—1983年度到2012—2013年度的30年间，非营利性私立高校的平均学费和杂费上涨了167%，从10 901美元（以2012年美元价格计算）上升到29 056美元。公布的数据显示，学生就读于公立两年制高校的平均成本上涨了182%，从1 111美元（以2012年美元价格计算）上升到3 131美元。而学生就读于公立四年制高校的平均成本则增长了257%，从2 423美元上升到8 655美元。

学生就读高校的实际成本其实比公布的成本要低。例如，公立四年制高校的13所大学学费净成本为2 910美元（Baum & Ma，2012，p.19），而公布的学费数据是超过8 000美元的。2012—2013年度，学生就读于一所非营利性四年制私立高校的实际成本估计为13 380美元（Baum & Ma）。实际成本反映的是贴现学费，这意味着学校会公布学费和杂费清单，但是实际上学生支付的学费和杂费要低于公布的费用。学费折扣率可以被定义为学生实际支付的费用总额除以高校公布的学费和杂费总额的比率。

就读费用受很多因素影响：地理位置、国家政策、高校治理类型（公立和私立）、高校类型（如地区的本科学位授予高校与具有国际背景的博士学位授予高校）及学校威望等。也许在某一个州的私立高校就读的学生比在另一个州四年制公立高校就读的学生承担的费用更低。例如，在南方和西南地区就读公立四年制高校的学生，比在新英格兰或中部各州地区就读公立大学的学生支付更低的学费、杂费和食宿费（Baum & Ma，2012，Figure 7）。2012—2013年度，一流州立大学的学费范围从怀俄明州立大学的4 278美元到宾夕法尼亚州立大学的17 266美元不等（Baum & Ma，2012）。

4.4.4　财政援助趋势

显然，财政援助计划是对就读费用增长的一种回应。1989—1990年度进入大学的全日制本科生中，有60%的学生获得了某种形式的财政资助，但在1999—2000年度，参加财政援助项目的学生比例增加到了74%（Wei，Li & Berkner，2004，p.14）。2009—2010年度，接受财政援助的学生比例增加到81.9%（Snyder & Dillow，2012，Table 354）。2009—2010年度，就读于非营利性私立高校的学生比就读于公立高校的学生（76.6%）更有可能参加财政援助计划（Snyder & Dillow，2012，Table 354）。这种差异在一定程度上可以归因于学生加入了高校援助项目。在私立高校，有超过四分之三（78.2%）的学生加入了高校援助项目，而在公立学校就读的学生加入高校援助项目的比例仅为26.3%。这些数据也反映了全日制招生情况（Snyder & Dillow，2012，Table 354）。

4.4.5 贷款

在21世纪的头10年里，贷款是大学生最常用的财政援助形式。2000—2001年度，只有不到一半的大学生（40.1%）贷款。但到了2009—2010年度，持有贷款的学生比例为51.1%（Snyder & Dillow，2012，Table 354）。尽管各类高校中持有贷款的学生比例在增加，但是就读于私立高校和非营利性高校的学生比公立高校的学生更有可能成功申请贷款。2009—2010年度，所有就读于公立高校的学生中，有38.6%的学生持有贷款，而在私立高校就读的学生中这个比例是63%（Table 354）。

在营利性私立高校中，贷款是最常见的经济援助形式。在2000—2001年度，所有就读于营利性私立高校的学生中，有63.5%的人持有贷款，而在2010—2011年度这个比例上升到81.3%（Table 354）。在这类高校的所有持有贷款的学生中，6.2%的学生在2000—2001年度接受高校资助，而在2009—2010年度，这一比例上升到15.1%。

除了贷款学生的人数增长以外，贷款数额在过去的20年里也有所增加。在1992—1993年度，在社区大学中，持有贷款的全日制本科生从各方贷款的金额平均为2 530美元（Snyder & Dillow，2012，Table 359）。在授予博士学位的四年制公立高校中，全日制本科生平均贷款3 640美元。全日制本科学生如果就读于授予博士学位的非营利性私立高校，平均贷款4 880美元，而在两年或两年以上的非营利性私立高校中，其平均借入联邦和非联邦的贷款额为5 190美元（Table 359）。到了2007—2008年度，这一数额已大幅度增加。在社区大学中持有贷款的全日制本科生平均的联邦和非联邦贷款额为5 450美元。在授予博士学位的公立四年制高校中，全日制本科生的平均贷款额为8 880美元。在授予博士学位的非营利性私立高校中，本科生平均贷款额为13 300美元。而在两年或两年以上的非营利性私立高校中，持有贷款的全日制本科学生平均的联邦和非联邦贷款额为10 670元（Snyder & Dillow，2012，Table 359）。独立的全日制本科生趋于随着家庭收入的增加而增加贷款数额。也就是说，那些来自收入较高家庭的学生的贷款更多。例如，在2007—2008年度，家庭收入低于2万美元的学生的平均贷款额为7 050美元，而随着收入类别的增加，借款额也增加了。2007—2008年度，收入超过10万美元家庭的学生平均贷款额为11 780美元（Snyder & Dillow，2012，Table 355）。

在联邦政府财政援助方面，最近的数据表明，学生助学金在学生接受的财政援助中占比（51%）高于联邦和非联邦贷款额（40%）（Baum & Payea，2012，Figure 4A）。在前几年，贷款比助学金更为普遍（Figure 4A）。不过，必须说明的是，近年来贷款数额大幅度增加。鲍曼和佩伊尔（2012）指出："教育贷款总额翻了一番，从2001—2002年度的557亿美元（以2011年美元价格计算）增加到2011—2012年度的1 134亿美元。虽然教育贷款的增长速度相较过去10年有所放缓，但是借款总额增长了150%，从223亿美元（以2011年美元价格计算）增加到557亿美元"（p.17）。

没有按照借款协议的规定偿还贷款的学生被认定为违约，而没有完成学业的学生也将面临风险。“没有完成学业或没有获得学位证书就离开大学的学生比那些完成学业的学生更有可能拖欠学生贷款”（Baum & Payea，2012，p.20）。贷款人的违约率因其所就读的高校类型不同而不同。在2009年，学生三年期贷款违约率在营利性高校是23%，在公立两年制高校是18%，在公立四年制高校是8%，在非营利私立四年制高校是7%（Baum & Payea）。关于学生贷款违约的更多信息将在本章后面的小节中介绍。

工作。在21世纪，对于家庭经济来源有限的学生来说，为了支付教育成本，他们很可能被迫工作更长时间或承担更大的债务负担，抑或两者兼而有之。在一项关于贫困工作者的研究中，麦伊尔文和戴维斯（2007，p.6）的结论是，来自贫困家庭的青年“往往发现自己处于一种危险的境地——他们试图努力争取父母未能得到过的高等教育机会，但却缺乏财政支持和其他辅助手段来帮助他们实现目标”。

为了吸引这类学生，高校不得不提供额外的财政援助、校园就业机会和其他支持服务费用。这对高校来说是不小的挑战。尽管过去几代学生可能通过工作来支付大部分或至少相当一部分的学费，但在当代高等教育中的情况并非如此。简单地以最低工资乘以每周工作的小时数再乘以周数的方式计算工资，我们可以发现，在大多数情况下，学生的工资根本无法抵消学生的净成本。根据鲍曼和佩伊尔的数据（2012，Table 1），作为财政援助来源的联邦政府的工作学习项目从2001—2002年度到2011—2012年度减少了24%。因此，从实际情况看，工作有助于学生支付就学费用，但却不是解决问题的根本方法。

尽管如此，工作仍然是本科生生活的一部分。佩娜（2010）指出，“大多数学生现在不仅有工作，而且工作时间很长。教师和政策制定者没有充分地了解和讨论这一情况，约80%的全日制大学生都在工作”（p.3）。她同时建议“高校应考虑如何将就业转变为能够促进学生智力发展的经验”（p.7）。

4.4.6　入学和收入

联邦政府政策的目标之一是为经济状况较差的学生提供更多的接受高等教育的机会。目前的经济数据表明，政府实现这一目标将步履维艰。例如，“在美国的整体收入分配中，家庭平均收入在2011年以美元通货膨胀调整后的价格计算，要低于十年前。降幅最大的是收入最少的20%的家庭”（Baum & Ma，2012，p.28）。财政援助项目的目的是增加学生接受高等教育的机会，但在其他情况下，高校助学金则提供给了中高等收入家庭的学生。这说明使用助学金吸引高质量的生源和提供助学金给家庭贫困的学生抵消就读费用，对于高校来说同等重要。例如，根据美国国家教育统计中心（National Center for Education Statistics，2011，Table 2.1B）的统计数据，将1995—1996年度接受助学金的本科生的比例与2007—2008年度的数据进行比较，家庭收入最低的学生在1995—1996年度平均获得3 700美元，在2007—2008年度则获得6 500美元。家庭收入排在前25%的学生在1995—1996年度获得3 600美元，在2007—2008年度则获得6 800美元（Table 2.1B）。这些年来，较高比例的低收入家庭学生群体获得了助学金，这一比例在1995—1996年度为64.1%，在2007—2008年度为74.7%。而在1995—1996年度，来自高收入家庭的学生有20.6%获得助学金，在2007—2008年度这一比例为36.8%（Table 2.1B）。这些数据表明，政府的拨款被高校用在了除降低低收入家庭学生就读费用之外的其他方面。

（1）联邦援助

本章的第一节提到的人口趋势表明，越来越多的大学生将来自低收入家庭。佩尔助学金曾覆盖了学生的学费和杂费成本，但在当今的很多高校中，这个情况已经发生了变化。请思考以下数据。作为最大的联邦政府拨款项目，佩尔助学金从2001—2002年度到2011—2012年度增加了172%（Baum & Payea，2012，p.10）。“2011—2012年度的最高拨款额为5 550美元，与扣除通货膨胀因素后的1976—1977年度的最高拨款额1 400美元大致相等”（Baum & Payea，2012，p.24）。“在2002—2003年度，佩尔助学金能够覆盖平均四年学费和其他费用的98%，但在2012—2013年度仅覆盖了64%”（Baum & Ma，2012，p.25）。然而，联邦援助类型包括各种形式的贷款，在2011—2012年度此类贷款总计超过1 050亿美元，比联邦赠款项目的数额高了2倍还要多（Baum & Payea，2012）。

（2）高校助学金

在2011—2012年度，本科生助学金的18%来自高校（328亿美元）。非营利性私立高校提供的助学金比公立高校要多，只不过高额的学费抵消了这种优势。学生助学金申请率高的公立和私立高校提供的助学金比学生申请率低的高校要多。降低贫困学生的就读费用是高校提供助学金的目的之一，但如前文所述，助学金也用于其他目的。关于高校助学金，吴和崔（2011，p.9，citing Gansemer & Schuh，2006；Perna，1998；St. John，1992；Schuh，2000）这样总结：“助学金既可以帮助学生，也可以服务于高校。研究人员发现，有证据表明助学金有助于提升高校学生的留校率和毕业率，并对学生的选择产生了积极影响。”助学金既可以帮助经济条件有限的学生入学，也有助于高校吸引具备较强学术能力或其他重要能力的学生（Baum & Payea，2012）。

4.4.7 债务管理

随着持有贷款的学生数量和贷款金额的增加，人们自然开始关注贷款对学生生活的长期影响。

首先，我们看看大学毕业生的债务数据。在1999—2000年度，54%的学生在完成学士学位时都是背负着债务的。“在2010—2011年度，大约有57%的毕业于公立四年制高校的学生背负着债务，人均债务额为23 800美元，高于10年前的20 100美元

（以2011年美元价格计算）”（Baum & Payea，2012，p.23）。在非营利性私立高校完成学士学位的学生更有可能背负着债务毕业，而且他们的债务数额比从公立四年制高校毕业的学生还要多。鲍曼和佩伊尔（2012，p.23）提供了以下数据：2010—2011年度，从非营利性私立四年制大学获得学士学位的毕业生中，有66%的毕业生背负贷款。毕业生人均债务为29 900美元，高于10年前的23 400美元（以2011年美元价格计算）。

正如前文所指，越来越多的学生通过贷款获得教育资金，而且贷款数额越来越大。学士学位获得者的负债额从1999—2000年度到2010—2011年度持续增加，这是因为他们中既有四年制公立高校的毕业生，也有非营利性四年制私立高校的毕业生（Baum & Payea，2012）。鲍曼和佩伊尔补充说："那些在营利性高校获得学士学位的学生比那些就读于非营利性公立和私立高校的学生更有可能获得贷款，而那些持有贷款的学生往往会积累更高的平均债务水平（2012，p.23）。"

那些依靠贷款来支付教育成本却没有完成学业的学生与完成学业的贷款学生不同。首先，他们的借贷数额更大。"自2009年以来，以人均借贷金额为计算基准，未完成学业的学生的借贷金额比完成学业的学生的借贷金额更多"（Wei & Horn，2013，Figure 5）。例如，在四年制公立高校中，没有完成学业的学生平均每人贷款130美元，而完成学业的学生平均每人贷款90美元（Figure 5）。在非营利性私立四年制高校中，没有完成学业的学生平均每人贷款190美元，而完成学业的学生则平均只贷款120美元（Figure 5）。其次，他们受雇用的可能性较低。"2009年，没有完成学业的学生在离开校园后，就业率低于公立高校、两年制和四年制高校、非营利性私立和营利性高校的毕业生（Wei & Horn，2013）。最后，他们的债务与收入的中位数比率（累积联邦贷款债务占年收入的百分比）持续上升。"在2009年，所有没有完成学业的学生累积联邦债务与年收入的比例的中位数为35%，两年制公立院校的这一中位数为26%，非营利四年制私立院校中位数为51%。"2009年没有完成学业的学生在营利性高校中的债务负担中位数（43%）是2001年（20%）的2倍左右"（Wei & Horn，2013，p.11）。

尽管预测高等教育未来的财政状况具有挑战性，但本章指出的财政援助趋势可能会对未来的高等教育产生重大影响。纵向数据表明：

- 越来越多的学生参加了财政援助计划。
- 越来越多的学生参与到高校助学金项目中且正在接受高校援助，特别是非营利性私立高校的学生。
- 越来越多的学生在工作，他们为了支付学费而工作很长时间。
- 越来越多的学生贷款支付学费，且贷款的金额越来越多。

4.5 资金募集

学生事务专员可以通过募集资金的方式增加资金来源。募集到的资金可以确保资助特定的项目，如学生领袖的年度表彰晚宴，或者支持正在进行的项目，如为符合某些标准的学生——参与社区服务的学生或者来自单亲家庭的学生——提供奖学金。募集的资金也可以用于建设新设施、翻新建筑、购买设备等资本项目。本书的第29章将详细探讨这一问题。我们之所以在本章提到募集资金，是因为募集资金是学生事务资金的重要来源，因此需要引起学生事务专员的充分重视。

4.6 结论

本章撰写于经济情况相对较差的时期。失业率居高不下，州政府收入也从21世纪初的经济强劲时期开始下降。通常情况下，在经济困难时期，高校入学人数会增加，但国家对高等教育的支持减少。这一现象对高等教育提出了挑战。高等教育机构的典型做法是加速提高就读费用，但是这种做法导致学生支付高额的教育成本。

参考文献

Americans with Disabilities Act of 1990. Public Law 101-336，42 U.S.C. 12101-12132.

Archibald，R. B.，& Feldman，D. H.（2011，January-February）. Are plush dorms and fancy food plans important drivers of college cost? *Change*，43（1），31-37.

Aud，S.，Wilkinson-Flicker，S.，Kristapovich，P.，Rathbun，A.，Wang，X.，& Zhang，J.（2013）. *The Condition of Education 2013.*（NCES 2013-037）. Washington，DC：U.S. Department of Education，National Center for Education Statistics.

Baum，S.，& Ma，J.（2012）. *Trends in college pricing.* New York：College Board.

Baum，S.，& Payea，（2012）. *Trends in student aid.* New York：College Board.

Cuyjet，M. J.（Ed.）.（1998）. *Helping African American men succeed in college.* New Directions for Student Services，no. 80. San Francisco，CA：Jossey-Bass.

DeNavas-Walt，C.，Proctor，B. D. & Smith，J. C.（2012）. *Income，poverty，and health insurance coverage in the United States：2011.* U.S. Census Bureau，Current Population Reports，PP.60-243. Washington，DC：US Government Printing Office.

Drug-Free Schools and Communities Act，Public Law 101-226.

Fox，M. J. T.，Lowe，S. C.，& McClellan，G. S.（Eds.）.（2005）. *Serving Native American students.* New Directions for Student Services，no. 109. San Francisco，CA：Jossey-Bass.

Howard-Hamilton，M. F.（Ed.）.（2003）. *Meeting the needs of African American women.* New Directions for Student Services，no. 104. San Francisco，CA：Jossey-Bass.

Kuh，G. D.（1990）. The demographic juggernaut. In M. J. Barr，M. L. Upcraft，& Associates

(Eds.), *New futures for student affairs: Building a vision for professional leadership and practice* (pp.71–97). San Francisco, CA: Jossey-Bass.

McSwain C., & Davis, R. (2007). *College access for the working poor.* Washington, DC: Institute for Higher Education Policy.

National Center for Education Statistics (NCES). (2011). *Trends in student financing of undergraduate education: Selected years, 1995–96 to 2007–08. (NCES 2011–2018).* Washington, DC: US Department of Education.

Ortiz, A. M. (Ed.). (2004). *Addressing the unique needs of Latino American students.* New Directions for Student Services, no. 105. San Francisco, CA: Jossey-Bass.

Perna, L. W. (2010, July August). *Understanding the working college student.* AAUP report. http://www.aaup.org/article/understanding-working-college-student#.UfFNv1OJRUM).

Pope, R. L. & Mueller, J. A. (2011). Multicultural competence. In J. H. Schuh, S. R. Jones, S. R. Harper & Associates, *Student services: A handbook for the profession* (5th ed., pp.337–352). San Francisco, CA: Jossey-Bass.

Reason, R. D., & Davis, T. J. (2005). Antecedents, precursors, and concurrent concepts in the development of social justice attitudes and actions. In R. D. Reason, E. M. Broido, T. J. Davis, &N. J. Evans (Eds.), *Developing social justice allies* (pp.5–15). New Directions for Student Services, no. 110. San Francisco, CA: Jossey-Bass.

Renn, K. A., & Reason, R. D. (2013). *College students in the United States: Characteristics, experiences, and outcomes.* San Francisco, CA: Jossey-Bass.

Schuh, J. H. (Ed.). (2003). *Contemporary financial issues in student affairs.* New Directions for Student Services, no. 103. San Francisco, CA: Jossey-Bass.

Schuh, J. H. (2009). Fiscal pressures on higher education and student affairs. In G.S. McClellan, J. Stringer & Associates (Eds.), *The handbook of student affairs administration* (3rd ed., pp.81–104). San Francisco, CA: Jossey-Bass.

Schuh, J. H. (2011). Financing student affairs. In J. H. Schuh, S. R. Jones, S. R. Harper & Associates, *Student services: A handbook for the profession* (5th ed., pp.303–320). San Francisco, CA: Jossey-Bass.

Snyder, T. D., & Dillow, S. A. (2012). *Digest of Education Statistics 2011* (NCES 2012–001). Washington, DC: National Center for Education Statistics, Institute of Education Sciences, U.S. Department of Education.

Snyder, T. D. Tan, A. G., & Hoffman, C. M. (2006). *Digest of education statistics 2005* (NCES 2006–030). U.S. Department of Education, National Center for Education Statistics. Washington, DC: U.S. Government Printing Office.

State Higher Education Executive Officers. (2013). *State higher education finance FY 2012.* Boulder, CO: Author.

Toutkoushian, R. K. (2003). Weathering the storm: Generating revenues for higher education during a recession. In F. K. Alexander & R. C. Ehrenberg (Eds.), *Maximizing revenue in higher education.* New Directions for Institutional Research, no. 119. San Francisco, CA: Jossey-Bass.

US Census Bureau. (2012). *Statistical abstract of the United States.* Washington, DC: US Department of Commerce.

US Department of Education. (2006a). *A test of leadership: Charting the future of U.S. higher education.*

Washington，DC：Author.

US Department of Education，National Center for Education Statistics.（2006b）. *The condition of education 2006*（NCES 2006-071）. Washington，DC：US Government Printing Office.

Wei，C. C.，Li，X.，& Berkner，L.（2004）. *A decade of undergraduate student aid：1989-90 to 1999-2000.*（NCES 2004-158）. U.S. Department of Education，National Center for Education Statistics. Washington，DC：U.S. Government Printing Office.

Wei，C. C.，& Horn，L.（2013）. *Federal student loan debt burden of noncompleters.* NCES 2013-155. Washington，DC：US Department of Education.

Woo，J. H.，& Choy，S. P.（2011）. *Merit aid for undergraduates：Trends From 1995-96 to 2007-08.*（NCES 2012-160）. Washington，DC：US Department of Education.

第5章 学生事务中的责任、认证和标准

雪莉·马洛里　琳达·克莱门特

5.1
定义责任制
5.2
有关责任制的相关文献
5.3
为什么尤为关注责任制
5.4
谁是机构责任的利益相关者？
5.5
学生事务的责任是什么？
5.6
认证过程的作用
5.7
高等教育标准促进委员会和责任制
5.8
学生事务专业组织的认证
5.9
学生事务责任制的最佳实践
5.10
额外资源
5.11
结论

在高等教育和学生事务中，责任并不是一项新鲜的议题。正如韦尔曼（2006）指出的，“自20世纪50年代以来，准入、质量和责任制构成了美国高等教育的背景”（p.113）。责任问题在近几十年里备受关注，从大学到州议会，从新闻报道到国会，人们都在讨论责任问题，大家的共识是明确的：高等教育需要更大的透明度和更完善的责任机制。

在此讨论中，有两个主要的推动因素。根据莱文（1996）的说法，高等教育改革运动始于20世纪80年代初，*A Nation at Risk*（National Commission on Excellence in Education，1983）在那时出版。第二次改革运动发生在2005年10月，时任美国教育部部长玛格丽特·斯佩林斯任命了一个工作组，负责就高等教育的质量、准入、可负担性和责任制问题进行全国对话。最后生成的结果报告 *A Test of Leadership*：*Charting the Future of U.S. Higher Education*（National Commission on the Future of Higher Education，2006）描绘了高等教育的重要图景，并敦促高等教育机构“在成本、价格和学生杰出的成就方面变得更加透明”（p.4）。

随着这场讨论的继续展开，学生事务专员必须对此予以关注。正如布莱姆林格（2013年）所言，尽管学生事务“并未处于批评高等教育的中心……不代表我们不需要更完善的责任制”（p.7）。学生事务必须能够表明“它如何对学生的教育做出贡献，其课程为什么对学生的教育很重要，为什么对学生事务设施和项目的投资值得学生增加成本，采用了何种绩效衡量体系以确保学生的资金得到有效使用”（Blimling，2013，p.13）。

本章概述了责任制在高等教育领域的发展，并特别强调了责任制的发展对学生事务产生的影响。本章考虑了三个主要问题：（1）我们对谁负责？（2）我们要负责什么？（3）从广义上讲，责任制由什么构成？为了解决这些问题，我们定义了责任制，提供了相关文献的综述，并讨论了高等教育中的责任制成为如此突出的问题的原因。我们回顾了利益相关者以及学生事务所负责的领域。本章简要探讨了认证工作的开展进程及其在责任制中的作用，最后总结了最佳实践方式和资源。

5.1 定义责任制

在高等教育和学生事务的背景下，很难定义责任制。它不是一个单一的概念，存在多种定义（Neave，1980）。而且，随着时间的推移，人们对高等教育责任制的看法也发生了显著变化（Leveille，2013；McLendon，Hearn & Deaton，2006）。

在20世纪70年代和80年代，当高等教育开始面临越来越多的公众审查时，责任制的重点是以负责任的态度进行资源管理。正如哈珀尔（1976）指出的：“承担责任意味着成为好的管理者。我们得到了物质和财政资源……应该定期要求我们为我们的管理负责。”在此期间，责任制的主要特征是以机构为基础将权力下放，并且在没有外部监督的情况下运作。

在20世纪90年代，随着对公共资源的竞争日益激烈，高等教育承受的批评不断增加，责任制被集中使用在高等教育机构生产力和学生表现方面。州政府在这一过程中发挥了积极作用，它们确定了绩效指标并要求提交年度责任制报告，内容包括学生入学率、保持率、毕业率及机构效率（McLendon et al.，2006）。责任制已经从“以机构为基础的权力下放”转变为由州一级的政府机构协调开展。

近年来，责任制又发生了变化，有人称之为“新责任制”（Burke & Minassians，2002；Welsh & Metcalf，2003）。“新责任制”的主要特征是它从外到内而不是由内而外地关注机构。正如韦尔曼（2006）所指出的那样，对公共议程的公开责任制不再将高等教育机构视作绩效单位，而是关注它们在满足“社会、文化和经济的一般需求”方面发挥的作用（p.113）。

在这种情况下，责任制已经成为面向公众的过程，旨在“向公众保证高等教育的价值、有效性和质量”（Leveille，2005，p.3）。因此，高等教育机构需要高度重视“跨部门的学生学术准备措施……跨机构的学生流动，以及学生学习成果的衡量标准”（Wellman，2006，p.115）。根据雷维尔（2006）的说法，这种变化的一个关键问题是：“学生在接受教育后，应该学到什么以及能够做些什么。”

对于高等教育机构来说，仅仅衡量包括学生所取得的成果在内的工作效用已经远远不够。它们现在必须设定目标，促使部门目标与机构目标保持一致，并促进机构目标与州和联邦目标保持一致。它们还必须与一系列成员分享它们收集的信息，并以易于理解和易于获取的方式进行展示。简而言之，在高等教育和学生事务领域的责任制已成为“公众可以接受的表现和结果”（Ewell，2004，p.3）。

5.2　有关责任制的相关文献

厄普克拉夫特和舒（1996）提出了一个问题：“为什么尤为关心责任制呢？”毕竟，“在大约350年的时间里，我们的公民深信不疑……高等教育正在完成自己的工作，并且做得很好”。

高等教育的一个关键转折点出现在20世纪80年代中期。*A Nation at Risk*的出版，无情地抨击了美国的教育状况。尽管该报告主要侧重于K-12中小学基础教育，但由此引发的对公立学校改革的呼声也与“呼吁大学校园进行变革”（Burke & Minassians，2002，p.6）不谋而合，并推动“美国教育部、许多州政府以及几乎所有地区的认证机构提高对教育机构报告的要求”（Blimling，2013，p.6）。

不久之后，美国能源部长詹姆斯·沃特金斯指控桑迪亚国家实验室未能履行好检查公共教育状况的责任。最终的*Sandia Report*（Sandia National Laboratories，1993）比*A Nation at Risk*抱有更积极的看法，指出美国在一些教育进度指标上取得了稳定或轻微的改善。但是，它仍然呼吁“提高教育数据的质量”并“对用于分析美国教育的数据进行重大改进……”（Sandia National Laboratories，1993，pp.309-310）。

在20世纪90年代初期，美国经历了一次严重的经济衰退。几十年来，美国对高等教育的支持力度首次大不如前。1993年，高等教育扩展组织发布了*An American Imperative*：*Higher Expectations for Higher Education*（Wingspread Group on Higher Education，1993）。该报告指出，高等教育未能满足社会对受过良好教育、技能更强和适应能力更强的公民的需求，并敦促社会对学院和大学提出更高的标准。要求变革的呼声日益高涨。

近年来，由于成本上升，毕业率并没有随着时间的推移而显著增加，学生贷款债务不断增加，人们担心毕业生不具备在工作中取得成功的必要技能，高等教育中的责任制已经成为一个全国性的重要问题（Miller，2003）。关于改变的呼声愈发清晰。

许多事件都说明了这一点。2004年4月，商业高等教育论坛发布了报告*Public Accountability for Student Learning in Higher Education*（Business-Higher Education Forum，2004）。它呼吁高校进行严格的学习成果评估，并公开报告结果。不到一年之后，2005年3月，美国国家高等教育责任委员会发布了报告*Accountability for Better Results*：*A National Imperative for Higher Education*（National Commission on Accountability in Higher Education，2005）。它呼吁以公共责任为基础，采取新的责任方式，并敦促建立一个强调学生学习的制度。

高等教育未来国家委员会在2006年9月发布了最终报告。报告中，作者提到"衡量高等教育机构绩效的责任制不够完善……"，并呼吁高等教育接受并实施严肃的责任制措施（National Commission on the Future of Higher Education，2006，p.13）。几年后，美国高等学校协会和高等教育认证委员会联合发布了*New Leadership for Student Learning and Accountability*：*A Statement of Principles*，*Commitments to Action*（2008），呼吁高等教育"不断监测学生学习和发展的质量，并利用结果提高教育质量，向公众展示我们工作的价值"。

5.3 为什么尤为关注责任制

那么，为什么尤为关注责任制呢？首先，高等教育代表着巨大的公共投入。每年，美国在州和联邦一级花费大约2 200亿美元用于高等教育，主要形式是向学生提供资助（White House，2013）。

其次，风险很大。舒洛克（2006）指出，"大学入学率低、毕业率低、大学毕业生的准备不足……以及不同收入和种族人群之间持续存在的受教育程度差距，这些问题预示着未来国家的社会和经济健康状况不佳"。美国曾经是世界上高中毕业人口比例和高等教育入学人口比例最高的国家，现在美国这两项排名分别为第12位和第8位（Organisation for Economic Cooperation and Development，2013）。

最后，尽管高校每年都以责任制的名义向地区认证机构、州管理委员会和联邦政府提供大量数据，但仍没有发生重大变化。除非高等教育能够以有意义的方式推动实质性变革来面对责任制的要求，否则它可能会继续引起人们的讨论（Leveille，2013；

McCormick，2007）。

在高等教育和学生事务中，有许多人对推动责任制的发展持怀疑态度。对于在全国范围内推动责任制，人们的反应“有愤世嫉俗的敌意，也有轻率的默许”（Campbell，2007，p.99）。批评人士担心，衡量院校的标准只有一个模板，即采用“一刀切”的方法，不尊重使命和目标的多样性，也不尊重我们服务的学生（Warren，2004）。

正如麦考密克（2007）所指出的，一个设计合理的责任制度可以推动实质性变革。然而，一个要求各机构使用同一套评估标准来衡量共同成果的制度，可能会“破坏有用的诊断工具”，并“严重阻碍提高大学质量的努力”（McCormick，2007，pp.1-2）。尽管有批评者，但在高等教育中加强责任制仍然是一项迫在眉睫的任务，这将继续成为我们高等教育机构和学生事务的重点。

5.4　谁是机构责任的利益相关者？

高等教育中有三种主要的利益相关者类型：提供资金和支持的利益相关者，确保机构履行其各种信托和教育职责的利益相关者，以及高等教育的消费者。每个群体对机构责任制都有不同的期望。

联邦政府为学生提供经济援助，同时为科学研究和高等教育机构发展提供资金。从需求和绩效的角度出发，国家决策者还为大多数公共机构和一些私人机构的运营和资本支出提供资金。企业界、校友和广大公众通过学费、捐赠和服务为高等教育机构提供支持。这些利益相关者认为，他们的投资除其他预期成果外，还应帮助企业发展“人力资本”，并将教育视为在当今全球社会中保持竞争力的关键（Zumeta，2001）。

州立高等教育协调机构和包括校董事会在内的机构管理委员会也与高等教育机构有利害关系。它们扮演两个角色，一是履行其固有的受托责任，二是确保高等教育机构完成其使命。在监督过程中，这些利益相关者为公众和整个社会提供服务。它们在确保高等教育机构对当前现实做出响应方面发挥着显著的作用（Zumeta，2001）。

高等教育消费者是一个多元化的群体，包括学生、学生的家庭、高等教育机构服务的当地社区等。随着高等教育成本的上升，这一类利益相关者期望高校培养出受过良好教育的个人，他们能够充分发挥自己的潜力，过上丰富多彩的生活。一些作者和大众媒体将学生和其家庭作为机构责任问题主要利益相关者的情况考虑在内，质疑对高等教育的投资是否获得了应有的回报（Bennett & Wilezol，2013；Selingo，2014）。

我们认识到，高等教育利益相关者的分类不是一成不变的，各群体之间可能有重叠。例如，学生和他们的家庭同时也是资助者，而企业也可以是消费者。

5.5 学生事务的责任是什么？

随着学生事务的发展，工作重点和期望值也随着时间的推移而改变。*The Student Personnel Point of View*（American Council on Education，[1937] 1949）是该行业的一份开创性文件，促进了学生服务的发展；它还呼吁学生事务开展主动评估，以改进服务质量。学生事务专业由此开始注重使用数据和满意度等衡量效率的指标来评估成功与否。

在随后的几十年中，研究人员开始发展相关理论，包括学生的认知发展（Gilligan，1982；Perry，1968）、身份发展（Chickering，1969）和道德推理（Kohlberg，1976）等理论。这些理论以及检测它们的方法已付诸实践，并且涌现出一系列围绕学生发展的文献。1972年，罗伯特·布朗发表了*Student Development in Tomorrow's Higher Education：A Return to the Academy*。在报告中，他建议学生事务专员将学生发展作为首要任务，并将其纳入日常工作中。

20多年后的1994年，*Student Learning Imperative*鼓励从业人员主动创造条件来提升学生的学习能力（American College Personnel Association，1994）。紧随其后出版的是*Learning Reconsidered：A Campus-Wide Focus on the Student Experience*（Keeling，2004）、*Learning Reconsidered 2：A Practical Guide to Implementing a Campus-Wide Focus on the Student Experience*（Keeling，2006）和*Assessment Reconsidered：Institutional Effectiveness for Student Success*（Keeling，Wall，Underhile & Dungy，2008）。所有文章都强调了学生事务在更广泛的校园课程中作为合作伙伴所扮演的角色，以及由此对学生学习产生的积极影响。

显然，学生事务专员需要实现这些目标，即以有效的方式提供高质量的服务，促进学生的发展并为学生的学习做出贡献（Barham & Scott，2006）。但是，还有很多工作要做。正如*Envisioning the Future of Student Affairs*指出的那样，未来学生事务工作组的最终报告显示："在学生事务中，证据文化的例子——如基于结果的规划和评估，或系统地使用评估数据来支持决策——少之又少。这必须改变。"（American College Personnel Association and National Association of Student Personnel Administrators，2010，p.10）。

5.6 认证过程的作用

根据伊顿（2012a）的说法，认证是一种"外部质量审查过程"，由美国高等教育机构创建并用于"审查学院、大学和项目"。在19世纪，它最初由大学校长们提出，"出于保护公众健康和安全以及……为公众利益服务的考虑"（Eaton，2012a，p.1）。今天，整个认证过程是由专门负责的非营利组织进行的。这在高等教育机构中得到了广泛的认可，因为它引入了同行评议制度，可以应用于所有类型的高等教育机构，使用机构本身认可的评议标准，并将评议重点放在了教育机构的改进上（Eaton，2012a；Wolff，2005）。随着时间的推移，认证已经成为一项与高等教育机构利益高度相关的努力："在没有得到美国教育部认证机构认可的情况下，任何第四类联邦经济援助都不能流入教育机构"（Middaugh，2012，p.5）。

目前存在三种被批准的机构认证：区域、国家和专业（或基于学科的）认证。区域认证机构在一定的地域内（例如，美国中部或中北部诸州）运行，并且通常被视为一种稳定且受人尊敬的认证机制。国家认证机构侧重于特定类型的教育机构认证，如具有宗教属性的教育机构或主要通过远程教育提供课程的机构。专业认证机构专注于特定学科的认证，包括建筑、商业、工程、护理和师范。

认证过程通常涉及复杂而高强度的自学，由教师和主要管理人员组成的团队还要进行实地考察。认证过程中涉及的费用由高等教育机构以年度会费和实地考察费用的形式承担。尽管近些年来有所改变，但是高等教育机构的学术部门仍然主要负责机构认证的工作。根据伊顿（2011）的观点，人们逐渐失去"对高等教育的信念和信心"，"呼吁建立完善的责任制"的声音日益高涨，联邦政府的回应是"加强对包括认证在内的美国生活的方方面面的监管和监督"（p.9）。

2008年《高等教育法案》的重新授权以及随后的制定规则的协商会议导致"政府大规模地踏入之前政府行为未曾干涉的认证和学术领域：学分转换、教材、学生成就和远程学习"（Eaton，2012b，p.12）。此外，该法案还促使人们更多地关注高等教育机构的绩效、学生成就和提高透明度的问题。

过去，认证主要关注可衡量的投入，如教师特征、教育资源（如图书馆藏书）和管理流程（如课程批准）。如今，其重点主要放在可衡量的结果和成果上，通常以学生的学习成果作为衡量方式。高等教育认证委员会（2003）将其定义为"学生在……高等教育经历结束时（或由此）获得的知识、技能和能力"，这些成果可能包括批判性推理能力、书面和口头交流技能、定量推理能力、信息素养或技术熟练度。

随着对衡量学生学习成果的重视程度不断提高，学生事务在认证过程中发挥着关键作用。高等教育标准促进委员会（CAS）和其他机构已经相应地为此开发了实用的工具。

5.7 高等教育标准促进委员会和责任制

高等教育标准促进委员会响应了在学生事务中加强责任制的呼吁，制定了一系列自我评估指南（CAS，2012a）以及评估学生学习和发展的框架（Strayhorn，2006）。根据高等教育标准促进委员会的专业标准（CAS，2012b），这些自我评估指南和框架是响应学生事务内部责任要求的关键力量。迪恩（2013）、阿米诺（2009）、惠特和布莱米林（2000）举例说明了将高等教育标准促进委员会和其他专业标准用作改善责任制的工具的方法。

5.8 学生事务专业组织的认证

高等教育机构可以自愿使用高等教育标准促进委员会的标准。当前，学生事务管理还不存在国家认证机制。但是，为了提升学生事务的责任能力，三个与学生健康和幸福有关的组织——很多学生事务专员都是其会员——已经建立了与区域、国家和专业认证机构相似的流程。这三个组织是：国际咨询服务协会，负责对学院和大学的咨询中心进行认证；美国心理学协会，负责认证心理学家的实习和培训项目；美国大学健康协会，提供咨询服务，帮助机构通过学生健康中心的认证。

5.9 学生事务责任制的最佳实践

金齐（2011a）要求在高等教育中强化责任制，“迫使学生事务管理者展示他们对学生学习的贡献，并……对学习结果评估承担更大的责任”（p.203）。一些出版物通过评估数据说明了学生事务提供的项目和服务有助于学生学习和取得成功，并由此确定了一些在该领域取得扎实进展的高校，包括科罗拉多州立大学（Kinzie，2011b）、等温社区学院（Jones，2009）、得克萨斯农工大学（Osters，2009）和缅因大学法明顿分校（Schuh & Gansemer-Topf，2010）。贝克、扬科夫斯基、普罗韦齐斯和金齐（2012），布雷西亚尼、加德纳和希克莫特（2009），马洛里和克莱门特（2009）的著作中列举了更多的高校。

5.10 额外资源

随着对高等教育和学生事务责任制的呼声越来越高，许多重要的协会开始参与进来，它们开拓资源并采取措施以制定“普遍的、自愿的……公开披露标准”（Keller，2012，p.372）。在本节中，我们将描述其中的一些资源和措施。

5.10.1 国家学习成果评估研究所

2008年，乔治·库和斯坦·伊肯伯里联袂成立了国家学习成果评估研究所（NILOA）。国家学习成果评估研究所位于伊利诺伊大学和印第安纳大学，主要任务是声援和支持各大学为获得、使用和分享学生学习经历所做的努力，以提升学生的素养和改善本科教育（National Institute for Learning Outcomes Assessment，2013）。

5.10.2 学生学习与责任新领导联盟

2009年，美国高等学校协会（AAC&U）和高等教育认证委员会（CHEA）共同成立了学生学习与责任新领导联盟。该组织致力于领导与支持志愿工作，发出倡议以促进高等教育朝着以收集、报告和使用证据来改善学生学习的方向发展（New Leadership Alliance for Student Learning and Accountability，2012）。

5.10.3　高校责任网络

2007年，全国独立学院和大学协会（NAICU）启动了大学和学院责任网络（U-CAN）。该网站旨在为准大学生及其家庭提供简洁和便利的私立高校信息。这些信息包括学生人口统计、毕业率、最常见的学习领域、教师信息、班级规模、学杂费趋势、平均贷款债务和校园安全（University and College Accountability Network，2013）。

5.10.4　自发性责任框架

2009年，美国社区学院协会（AACC）、社区学院受托者协会（ACCT）与大学理事会合作制定了自发性责任框架（VFA）。自发性责任框架项目分为三个阶段，其目标是确定一套通用的有关准备、进度和衡量成果的标准，使社区大学能够“根据同龄人的基准数据向利益相关者提供有关机构绩效的重要信息”（Keller，2012，p.381）。

5.10.5　自愿责任系统/大学画像

2007年，公共和土地授予大学协会（APLU）和美国州立大学协会（AASCU）公布了自愿责任系统（VSA）。该系统通过共同的网络报告，即大学画像，尝试以为学生和教师提供特色和热门专业、平均班级规模、估计成本、学生学习收益及校园安全的信息的方式向公众展示其承担责任的能力和管理能力（Voluntary System of Accountability，2013）。

5.11　结论

近年来，人们已经清楚地意识到高等教育和学生事务中的责任制将继续存在。正如蒙登克（2006）所断言的那样，“高等教育受到该领域内外许多群体的问责，因此要对公众负责并向利益相关者展示其价值”（p.44）。

对于学生事务专员而言，这不仅意味着以更经济有效的方式提供优质服务、促进学生发展、帮助学生学习（Barham & Scott，2006），也意味着要找到衡量这些活动有效性的方法，并以易于理解和容易获得的方式与包括学生、家长、州和联邦政府、高等教育协调机构及管理委员会在内的各种利益相关者分享结果。

公众对高等教育责任制的呼声越来越高，李·舒尔曼（2007）将其比喻为一股强大的潮流。正如舒尔曼所说，我们有三种应对方式：我们可以“逆流而上”；我们可以“顺势而为”；我们还可以“像漂流者和熟练的皮划艇运动员那样，通过比现在更快的划船速度来应对激流”。

舒尔曼认为，现在到了高等教育掌控全局的时候了。因此，我们必须“凝聚创造力和雄心壮志，充分利用（这场运动）释放的动力（和资源）……启动姗姗来迟的评估以提高高等教育的学习质量”。

我们还必须继续主动提出关键性问题来引导和确保责任制将高等教育推向有意义的变革之地。至关重要的是，我们倡导的责任制并不是“一刀切”，而是要充分考虑到我们所在的高等教育机构、社区和所服务学生的多样性。现在该是我们以自己的方式迎接责任制的时候了。如舒尔曼（2007）所指出的那样，使其“为我所用”，讲述“校园中正在发生的有关‘学与教’的全部故事”。

参考文献

American College Personnel Association.（1994）. *The student learning imperative：Implications for student affairs.* Alexandria，VA：Author.

American College Personnel Association and National Association of Student Personnel Administrators.（2010）. *Envisioning the future of student affairs.* Report of the Task Force on the Future of Student Affairs. Washington，DC：Authors.

American Council on Education.（1949）. *The student personnel point of view.* Washington，DC：Author.（Originally published 1937）

Arminio，J.（2009）. Applying professional standards. In G. S. McClellan & J. Stringer（Eds.），*The handbook of student affairs administration*（3rd ed.）（pp.187-205）. San Francisco，CA：Jossey-Bass.

Association of American Colleges and Universities and Council for Higher Education Accreditation.（2008）. *New Leadership for student learning and accountability：A Statement of principles，commitments to action.* Washington，DC：Author.

Baker，G. R.，Jankowski，N. A.，Provezis，S.，& Kinzie，J.（2012）. *Using assessment results：Promising practices of institutions that do it well.* Urbana：University of Illinois and Indiana University，National Institute for Learning Outcomes Assessment.

Barham，J. D.，& Scott，J. H.（2006）. Increasing accountability in student affairs through a new comprehensive assessment model. *College Student Affairs Journal*，25（2），209-219.

Bennett，W. J.，& Wilezol，D.（2013）. *Is college worth it?：A former United States Secretary of education and a liberal arts graduate expose the broken promise of higher education.* Nashville，TN：Thomas Nelson.

Blimling，G. S.（2013）. Challenges of assessment in student affairs. In G. S. Blimling（Ed.），*Selected contemporary assessment issues.* New Directions for Student Services，no.142. San Francisco，CA：Jossey-Bass.

Bresciani，M. J.，Gardner，M. M.，& Hickmott，J.（Eds.）.（2009）. *Case studies for implementing assessment in student affairs.* New Directions for Student Services，no. 127. San Francisco，CA：Jossey-Bass.

Brown，R. D.（1972）. *Student development in tomorrow's higher education：A return to the academy.* Student Personnel Series，no. 16. Washington，DC：American Personnel and Guidance Association.

Burke, J. C., & Minassians, H. P. (2002). The new accountability: From regulations to results. In J. C. Burke & H. P. Minassians (Eds.), *Reporting higher education results: Missing links in the performance chain.* New Directions for Institutional Research, no.116. San Francisco, CA: Jossey-Bass.

Business-Higher Education Forum. (2004). *Public accountability for student learning in higher education: Issues and options.* Washington, DC: American Council on Education.

Campbell, K. J. (2007). Assessment advice for beginners. *PS: Political science and Politics*, 40 (1), 99.

Chickering, A. (1969). *Education and identity.* San Francisco, CA: Jossey-Bass.

Council for Higher Education Accreditation. (2003). *Statement of mutual responsibilities for student learning outcomes: Accreditation, institutions, and programs.* Washington, DC: Author.

Council for the Advancement of Standards in Higher Education (CAS). (2012a). *Self-assessment guides* (Version 5.0) [CD]. Washington, DC: Author.

Council for the Advancement of Standards in Higher Education (CAS). (2012b). *CAS professional standards for higher education* (8th ed.). Washington, DC: Author.

Dean, L. A. (2013). Using the CAS standards in assessment projects. In G. S. Blimling (Ed.), *Selected contemporary assessment issues.* New Directions for Student Services, no.142. San Francisco, CA: Jossey-Bass.

Eaton, J. S. (2011). U.S. accreditation: Meeting the challenges of accountability and student achievement. *Evaluation in Higher Education*, 5 (1), 1-20.

Eaton, J. S. (2012a). *An overview of U.S. accreditation.* Washington, DC: Council for Higher Education Accreditation.

Eaton, J. S. (2012b). The future of accreditation. *Journal of the Society for College and University Planning* , 40 (3), 8-15.

Ewell, P. T. (2004). *The changing nature of accountability in higher education.* Paper prepared for the Western Association of Schools and Colleges (WASC) Senior Commission, Alameda, CA. November 2004.

Gilligan, C. (1982). *In a Different Voice.* Cambridge, MA: Harvard University Press.

Harpel, R. L. (1976). Planning, budgeting, and evaluation in student affairs programs: A manual for administrators. *NASPA Journal*, 14 (1), i-xx.

Jones, K. K. (2009). Isothermal community college. In M. J. Bresciani, M. M. Gardner, & J. Hickmott (Eds.), *Case studies for implementing assessment in student affairs.* New Directions for Student Services, no. 127. San Francisco, CA: Jossey-Bass.

Keeling, R. P. (Ed). (2004), *Learning reconsidered: A campus-wide focus on the student experience.* Washington, DC: American College Personnel Association and National Association of Student Personnel Administrators.

Keeling, R. P. (Ed.). (2006). *Learning reconsidered 2: A Practical guide to implementing a campus-wide focus on the student experience.* Washington, DC: American College Personnel Association, & Others.

Keeling, R. P., Wall, A. F., Underhile, R., & Dungy, G. J. (2008). *Assessment reconsidered: Institutional effectiveness for student success.* Washington, DC: International Center for Student Success and Institutional Accountability.

Keller, C. M. (2012). Collective responses to a new era of accountability in higher education. In R. D.

Howard, G. W. McLaughlin, & W. E. Knight (Eds.), *The handbook of institutional research* (pp.371–385). San Francisco, CA: Jossey–Bass.

Kinzie, J. (2011a). Student affairs in the age of accountability and assessment. In P. M. Magolda & M. B. Baxter Magolda (Eds.), *Contested issues in student affairs: Diverse perspectives and respectful dialogue* (pp.202–214). San Francisco, CA: Jossey–Bass.

Kinzie, J. (2011b). *Colorado State University: A comprehensive continuous improvement system* (NILOA Examples of Good Assessment Practice). Urbana: University of Illinois and Indiana University, National Institute for Learning Outcomes Assessment.

Kohlberg, L. (1976). Moral stages and moralization: The cognitive–developmental approach. In T. Lickona (Ed.), *Moral development and behavior: Theory, research, and social issues* (pp.31–53). New York, NY: Holt, Rinehart & Winston.

Leveille, D. E. (2005). *An emerging view on accountability in American higher education* (Research and occasional paper series: CSHE.8.05). Berkeley: University of California.

Leveille, D. E. (2013). *Accountability in postsecondary education revisited* (Research and occasional paper series: CSHE.9.13). Berkeley: University of California.

Levine, A. (1996). Education reform: Designing the end game. *Change: The Magazine of Higher Learning*, 28 (1), 4.

Mallory, S.L., & Clement, L.M. (2009). *Accountability. In G.S. McClellan and J. Stringer (Eds.), The handbook of student affairs administration* (3rd ed., pp.105–119). San Francisco: Jossey–Bass.

McCormick, A. C. (2007, April). First, do no harm. *Carnegie perspectives.* http://www.carnegiefoundation.org/.

McLendon, M. K., Hearn, J. C., & Deaton, R. (2006). Called to account: Analyzing the origins and spread of state performance–accountability policies for higher education. *Educational Evaluation and Policy Analysis*, 28 (1), 1–24.

Middaugh, M. F. (2012). Introduction to themed PHE Issue on accreditation in higher education. *Journal of the Society for College and University Planning*, 40 (3), 5–7.

Miller, C. O. (2003, May 13). Is there a need for a new approach to higher education accountability? Testimony Provided to the US Committee on Education and the Workforce.

Mundhenk, R. T. (2006). Embracing Accountability. *American Academic*, 2 (1), 39–53.

National Commission on Accountability in Higher Education. (2005). *Accountability for better results: A national imperative for higher education.* Denver, CO: State Higher Education Executive Officers.

National Commission on Excellence in Education. (1983). *A nation at risk: The imperative for educational reform.* Washington, DC: US Government Printing Office.

National Commission on the Future of Higher Education. (2006). *A test of leadership: Charting the future of U.S. higher education.* Washington, DC: U. S. Department of Education.

Neave, G. (1980). Accountability and control. *European Journal of Education*, 15 (1), 49–60.

National Institute for Learning Outcomes Assessment. (2013, October). *About Us.* http://www.learningoutcomesassessment.org/AboutUs.html.

New Leadership Alliance for Student Learning and Accountability. (2012). *Committing to quality: Guidelines for assessment and accountability in higher education.* Washington, DC: Author.

Organisation for Economic Cooperation and Development. (2013). *Education at a glance 2013: OECD Indicators.* Paris, France: Author.

Osters, S. (2009). Texas A&M University. In M. J. Bresciani, M. M. Gardner, & J. Hickmott (Eds.), *Case studies for implementing assessment in student affairs.* New Directions for Student Services, no. 127. San Francisco, CA: Jossey-Bass.

Perry, W. G. Jr. (1968). *Forms of Intellectual and ethical development in the college years: A scheme.* New York, NY: Holt, Rinehart, & Winston.

Reville, S. P. (2006). Coming soon to a college near you: Accountability. Connection: *New England's Journal of Higher Education*, 20 (5), 19.

Sandia National Laboratories. (1993). Summary of issues. *Journal of Educational Research*, 86 (5), 309-310.

Schuh, J. H., & Gansemer-Topf, A. M. (2010). *The role of student affairs in student learning assessment* (Occasional paper no. 7). Urbana: University of Illinois and Indiana University, National Institute for Learning Outcomes Assessment.

Selingo, J. J. (2014). *College unbound: The future of higher education and what it means for students.* New York, NY: Houghton Mifflin Harcourt.

Shulman, L. S. (2007). Counting and recounting: Assessment and the quest for quality improvement. *Change: The Magazine of Higher Learning*, 39 (1), 20-25.

Shulock, N. B. (2006). Editor's notes. In N. B. Shulock (Ed.), *Practitioners on making accountability work for the public.* New Directions for Higher Education, no. 135. San Francisco, CA: Jossey-Bass.

Strayhorn, T. L. (2006). *Frameworks for assessing learning and development outcomes.* Washington, DC: Council for the Advancement of Standards in Higher Education.

University and College Accountability Network. (2013, October). *About U-Can.* http: //www.ucan-network.org/about-u-can.

Upcraft, M. L., & Schuh, J. H. (1996). *Assessment in student affairs: A guide for practitioners.* San Francisco, CA: Jossey-Bass.

Voluntary System of Accountability. (2013, October). *About VSA.* http: //www.voluntarysystem.org/.

Warren, D. (2004, April 8). Appropriate accountability. Testimony before the National Commission on Accountability in Higher Education. http: //archive.sheeo.org/account/comm/testim/NAICU Testimony.pdf.f.

Wellman, J. V. (2006). Accountability for the public trust. In N. B. Shulock (ed.), *Practitioners on making accountability work for the public.* New Directions for Higher Education, no. 135. San Francisco, CA: Jossey-Bass.

Welsh, J. F., & Metcalf, J. (2003). Administrational support for institutional effectiveness activities: Responses to the new accountability. *Journal of Higher Education Policy and Management*, 25 (2), 183-193.

White House. (2013, October). Fact sheet on the president's plan to make college more affordable: A better bargain for the middle class. http: //www.whitehouse .gov/the-press-office/2013/08/22/fact-sheet-president-s-plan-make-college-moreaffordable-better-bargain-.

Whitt, E. J., & Blimling, G. S. (2000). Applying professional standards and principles of good practice in student affairs. In M. J. Barr & M. K. Desler (Eds.), *The handbook of student affairs administration* (2nd ed., pp.612-618). San Francisco, CA: Jossey-Bass.

Wingspread Group on Higher Education. (1993). *An American imperative: Higher expectations for higher education*. Racine，WI：Johnson Foundation.

Wolff，R. A.（2005）. Accountability and accreditation：Can reforms match increasing demands? In J. C. Burke（Ed.），*Achieving accountability in higher education：balancing public，academic and market demands*（pp.78-103）. San Francisco，CA：Jossey-Bass.

Zumeta，W.（2001）. Accountability challenges for higher education. *The NEA 2000 almanac of higher education*. Washington，DC：National Education Association.

第6章 全球视域下的学生事务与服务

布雷特·佩罗兹　恩里克·拉莫斯

高等教育、学生事务与服务和全球化、国际化紧密地联系在一起。道格拉斯、金和费勒（2009）将他们迄今为止所获得的全部研究成果命名为“全球化的缪斯”，因为他们认为高等教育非常适合作为国际化尝试和探索的平台。研究成果、社区影响，特别是人才发展作为全球高等教育的管理范畴已经成为全球化社会的关键要素。学生事务工作为实现这些目标提供直接的支持并帮助学生在最高水平上获得成功（Nuss，1996）。

本章提出了全球化和国际化的概念，因为二者通常与高等教育，特别是学生事务和服务息息相关。我们将这些概念置于独立的文化背景下加以描述和讨论，并用全球范围内的例子加以印证。我们通过不同的概念来探索学生和教职员工的文化素质或技能与知识的发展。对于在全球范围内从事学生事务工作的人来说，他们的从业技能来自各种各样的教育和经验。有些地方机构和专业协会除了开设本土化的项目外，还会提供专业发展项目或是教育项目和服务。在广阔的全球背景下与学生一起工作是各种学生事务与服务的结构模型以及各式各样帮助学生在高等教育环境中取得成功的范例的共同特征。

在世界各地，“higher education”和“tertiary education”这两个术语都有高等教育之意。在本章中，我们选用“higher education”来表达高等教育。尽管人们通常会将“与学生一起工作”称为“student affairs”（学生事务）或是“student services”（学生服务），但在本章中，我们统一使用“student affairs”，即“学生事务”这一术语。这并非要将具有地方特色的语言淡化或是同质化，而是因为在世界上的许多地区，学生工作被赋予各式各样的概念并被贴上了不同的标签。举例来说，在拉丁美洲，这个日趋成熟的领域被称作“student life”（学生生活）甚至是“student wellness”（学生身心健康）。二者宽泛的概念实际上与世界其他地方所使用的“学生事务”一词的含义更为相近。

6.1 全球化与国际化

全球化可以被定义为一系列社会和经济力量结合起来对全球人民和组织产生影响的现象。奈特（2008，p.208）对全球化的定义为“技术、经济、知识、人员、价值观及思想的跨国界流动”。而全球化所催生的高等教育领域的国际化在2009年被奥斯费尔德和特勒尔定义为“有规划的、多维的、跨学科的并以领导力驱动的活动扩张为全球学习的过程，如知识、技能或是态度”。

全球化促进了高等教育领域的国际化发展，在过去的15年里，高等院校的视野日益开阔，许多开设在其他国家的分校应运而生（Knight & Morshiti，2011）。地区间的接洽与国家间新的合作协议发生了重大变化并产生了深远的影响。

举例来说，尽管爱尔兰和西班牙等几个西欧国家面临经济挑战，但欧盟在全球高等教育中仍然是一个关键的经济和政策领导者。具有前瞻性思维和合作性的博洛尼亚进程和伊拉斯谟计划证明了这一点。通过对欧洲高等教育区（EHEA）课程设置的协调，博洛尼亚进程使得学生在数十个国家间的流动成为一个既简单又合乎情理的选项。博洛尼亚进程是一项旨在使新成立的欧洲高等教育区在高等教育领域保持一致的进程，该进程可以使各高等教育区之间更易于进行学分转换，并确保各国高等教育专业拥有相同的含金量和学制。与博洛尼亚进程相呼应，伊拉斯谟计划以进一步鼓励学生的流动为目的，允许欧洲高等教育区内的学生自由流动（Teichler，2012）。在其他的一些区域，如拉丁美洲，有些院校已经向美国或其他国家的认证机构寻求认证以帮助提高其对学生的吸引力。尽管大规模网络开放课程，也就是慕课（MOOCs）的普及度越来越高，但中国和巴西等许多国家仍然投资建设教育基础设施以满足本国民众日益增长的高等教育需求。

高等教育作为一个产业，已经受到了人们对于全球问题日益关注所带来的影响。这种影响体现在课程设置上并渗透到基本的高等教育经验中。招收国际学生已经成为一项巨大的产业，并促使国家移民政策和教育政策发生重大变革。全球经济和传统高等教育资源基础的萎缩促使学生事务和服务的作用与日俱增（Ping，1999），国际视野也日益开阔。随着通信技术的进步，人们可以轻而易举地，甚至是随时随地地与身处他国的人们进行交流与联系。由交流的增加、移动技术的发展、学生人口结构的变化、慕课及其他大量全球化相关因素而产生的挑战和教育模式的变化要求高等教育和学生事务与其社会环境保持一致。

因此，对学生事务国际化持有一个批判性的认识是非常重要的。正如马莫里奥（2011）所说，"虽然大多数从业者认为国际化无论对个体还是机构都有裨益，但具体的举措却能够对相关各方产生积极或消极的广泛影响"。

6.2　全球化、国际化和学生事务

自本书的上一版出版（2009年）至今，仅在美国就有超过10万名学生加入到跨国学习的行列中来。在美国，国际学生的入学平均增长率高于美国高等教育的整体入学率（Institute of International Education，2013）。此外，欧洲伊拉斯谟计划（Teichler，2012）和智利、巴西、沙特阿拉伯等国提出的将学生送往海外的开创性计划也极大地增加了学生的流动性（Horden，2012）。虽然全球流动学生人数已超过400万，但依旧不到全球学生人数的2%（Teekens，2013）。世界高等教育机构排名体系正受到越来越多的关注，该排名显示，世界排名前700的大学正在吸引大量的国际学生（Q.S.，2012）。因此，学生事务塑造学生体验的传统观点需要被赋予全新的认识，应该囊括学生事务在对来自其他国家和文化的学生进行教育时所扮演的角色。

学生事务专员比以往任何时候都更需要了解全球化和国际化对高等教育的影响，包括对学生事务的影响。不断演变的全球议题给学生事务学者和实践者带来了紧迫感。我们不禁要问，为学生组织的项目和服务是否能够在全球化的环境下给予学生支持?高校工作人员是否具有恰如其分地引导学生在独立的校园里进行国际化探索的知识和技能？人们是否认清了践行全球化学习的道路所需的关键因素和关键技能？

区域环境与国家环境

“事实上，虽然高等教育的国际化将会持续，但随着时间的推移，高等教育国际化的呈现方式将在地区、机构及个人三个层面上产生相当大的变化。因为高等教育国际化是一个不断发展的现象，所以人们很难对其含义进行确切的解释（Marmolejo，2011，p.2）。”荷兰（UNICAS，2013）和英国（Blick，2010）等一些国家学费政策的重大变化、中国和印度高等教育的能力和基础设施现状（Goswami，2012）、澳大利亚等国联邦政府的政策制定（Tani，2012；Trounson，2013）都给政府、高等教育机构及学生带来了极大的影响。这些问题与在全球范围内积极招收国际学生的现状相互交融，形成了一种对于学生工作者来说全新且逐渐趋同的全球环境。但与此同时，这些概念在区域文化背景下有着各不相同的呈现。

作者所进行的一系列个人访谈印证了这一观点，即“在世界各个地区和国家之间，有关学生事务和服务在理念层面的态度和传达各不相同”（Ramos & Perozzi，2014）。采访的数据来自阿塞拜疆、加拿大、德国、日本、黎巴嫩、立陶宛、墨西哥、卡塔尔、西班牙和美国等国家。从为学生提供住宿（住房）和餐饮（食品）之类的必要服务到衡量学生获得知识和提高技能的程度，地区、国家间的文化和价值观差异使得学生事务无论在实践层面还是理论基础层面都存在巨大的差异（Ramos & Perozzi，2014）。

区域差异与国家差异同样体现在学生事务的专业化和学生事务在高等教育机构中的结构化上。在许多地区，学生事务被认为是一种新兴的或是正在逐步完善的概念。除美国和加拿大外，很少有国家专门设立学生事务教育预科项目，以及学生事务和高等教育的硕士、博士学位。在大多数国家，从事学生事务工作的人通常拥有某一学科或是高等教育之外其他领域的背景（Seifert，Perozzi，Bodine Al-Sharif，Li & Wildman，2014）。

许多国家和地区没有关于学生事务的系统文献，也没有定期对该国家或地区的学生进行研究。然而现如今，通过对其他国家学生的研究，我们对于如何解释“文化、交融性、全面性、自我认同及其他诸多因素”有了更多的了解。美国和一些其他的国家存在对学生的研究，但这些研究是否能体现出世界上所有学生各式各样的需求和志向？咨询是一种在世界范围内广泛提供的学生服务，但是咨询师是否理解学生事务并在学生事务的框架下进行工作？咨询师应该这样做吗？

各个国家对待这些现存的和日益凸显的学生事务问题有着不同的态度和方式，并对当地学生事务的实践产生了迥然不同的影响。举例来说，虽然美国和德国等国家的学生事务强调学生自治的重要性，但拉丁美洲国家则更加强调学生健康和家庭在学生发展中所起的作用。尽管存在这些差异，罗密欧和佩鲁齐（2014）所采访的学生事务从业者在很大程度上认同建立以学生为中心的价值观是非常重要的。例如，多元化、领导力建设、自我探索、体验式学习、解决问题能力、人格建设等价值观是学生事务专业人士所认同和追求的。

虽然我们无法对国家或地区的主要情况进行一一论述，但我们在此列举了几个国家或地区在学生事务传承与见解上的基本原理和重点作为读者进行比较和讨论的基础。在此，我们将就欧洲、拉丁美洲、南非、美国及加拿大的相关情况进行介绍。关于这些国家和地区的详细信息，大家可以参考*Student Affairs and Services in Higher Education：Global Foundations，Issues and Best Practices*（Ludeman，Osfield，Iglesias，Oste & Wang，2009）。

（1）欧洲的学生事务

一些欧洲国家，特别是法国、德国和意大利，通过在高等教育机构之外成立的行政组织向学生提供基本服务。这些国家都存在一些地区性的或是区域性的学生服务机构为大学生提供服务。在某些情况下，一个区域性的学生服务机构会服务于多个高等教育机构。这种模式不一定对标美国的外包模式，相反地，它是一种将高等教育机构、学生服务机构、联邦和（或）州政府之间松散的合作整合在一起的做法。各国学生服务机构与高等教育机构及政府合作的程度各不相同，但政府与学生资助相捆绑的形式现存于所有的政府计划中。对于符合政府财政资助标准的学生来说，他们获得的住宿、餐饮及咨询（广义上讲）等服务均可得到补贴，从而使得这些学生可以以极低的费用享受这些服务。

（2）北美的学生事务

美国和加拿大有着非常完善的学生事务传统和理论基础。尽管在早期以多种形式呈现，但美国现代学生事务的历史可以追溯到20世纪早期（Rhatigan，2009），加拿大的学生事务也在不断发展的过程中（Canadian Association of College and University Student Services，2012）。美加两国为大学行政管理和学生事务提供高级学位。尽管在不同的高等教育机构中，学生事务项目与服务的传达和理念大不相同，但基本的概念则是被普遍接受的。美国学生事务源于一种传统，即通过在每个机构内提供高质量的服务来支持学生的成功。随着时间的推移，这个观点拓展为帮助学生发展成为一个完整的人，并获得未来成功所需的关键技能和知识。而直至今日，这个观点进一步拓展，重点被放在提供项目和服务，帮助学生学习关键技能，使他们在全球范围内取得成功。关于美国高等教育学生事务史的更多论述，请参见本书的第1章。

（3）拉丁美洲的学生事务

拉丁美洲各地的学生事务职能在名称、结构、资源和提供的服务方面因国家而异。越近离美国的国家，其学生事务结构和服务就越接近美国模式。由于毗邻美国，墨西哥通过学生事务领域突出学生发展在其高等教育使命和宗旨中的中心地位。此外，墨西哥的一些学生事务从业者与美国的学生事务协会有更密切的联系。这些联系催生了由4所墨西哥顶尖高校运营的国际夏季专题研讨会。研讨会为墨西哥的学生事务专员提供了重要的发展机会。此外，蒙特雷理工学院还开设了在线高等教育硕士课程以凸显学生事务的重要性。

在大多数中美洲和南美洲国家，学生事务是一个结构松散得多的概念。它在架构、功能和向学生提供的服务方面因国家而异。在南美洲，没有为学生事务专员所开设的正式学术课程，也没有与学生事务相关的专业协会。南美洲的学生事务和服务通常被称为学生健康、学生生活或学生关系。总的来说，南美洲的学生事务可以被更多地理解为一个学生服务领域，提供的服务包括咨询、体育和文化活动、酒精和毒品预防项目、餐饮和住宿。一些教育机构还提供学生保持、新生入学教育和经济援助项目。

（4）南非的学生事务

南非的学生事务发展迅速。第一本关于非洲学生事务的专业期刊于2013年11月出版。服务于学生事务从业者的职业协会也已经存在多年。这表明学生事务工作作为一种职业在南非已经有了长足的发展。现存的12家职业协会中，有7家处于活跃状态（Gugulethu Xaba，personal communication，September 18，2013）。这些协会正着手开展经验分享，以及为学生事务从业者提供相应的协调，因为学生事务从业者背景各不相同且缺少正规的高等教育和学生事务教育经历（Luescher-Mamashela，Moja & Schreiber，2013）。学生事务为学生提供的项目和服务内容非常宽泛，包括财务援助、学生管理、健康服务、牧师服务、社团组织、咨询及生涯规划、艾滋病服务、学生领导力培养、国际学生服务、运动和娱乐。

6.3 一项共同的议程

在全球范围内，学生事务还没有一个共同的参考框架或公认的准则。在一些国家，对于学生事务是一个领域或专业，而非在特定文化背景下开展的学生工作实践的定义尚存争议。我们正在努力对学生事务从业者的想法进行收集并形成一个共同的思想体系，并把世界各地的意见领袖聚集在一起，通过共同的学生事务要素使得学生事务领域实现跨国界的联结。学生事务的准则必须以一种包容文化差异和多元价值体系的方式抓住学生事务工作的本质。所共享的见解必须以非常简洁的方式表达出学生事务工作的要点和核心，但在表述学生事务工作的精神方面要有一定的宽泛性。这样，每个地区或国家都能了解怎样才能与学生事务的理念和精神保持一致。在加强全球联系和了解的同时，人们可以在国内建立起学生事务的能力。在这一过程中，手段和目的都为所有参与的人提供了宝贵的学习机会。人们可以通过和全球的同行们建立联系、参与交流或实训或合作撰写论文来成为这个过程的一部分，而所有的这一切都有助于增进对学生事务在特定环境中所发挥作用的了解。

具有学生事务传统的专业协会和机构在对这一专业进行展示方面发挥着重要的作用。然而，这些组织必须寻求对于文化背景的理解，而非给出答案或是解决方案。世界各国的学生事务可以通过伙伴关系和合作关系发展国际倡议，并以互利互惠和全球行动作为衡量成功的依据（Sutton & Deardorff，2012，p.16）。专业机构可以协助组织地方和国际各级领导者的工作，并提供大量的项目、服务和志愿者机会以丰富其成员所扮演的角色和职业生涯。例如，美国学生人事管理者协会（NASPA）在过去的20年里一直举办国际研讨会，将来自世界各地的学生事务领导者聚集在一起，就国际学生事务进行有意义的对话。美国学生人事管理者协会还建立了一个国际咨询委员会（IAB）以加深国际成员的参与度，并帮助美国学生人事管理者协会定义和理解其在新兴的全球环境中所起的作用。美国大学人事协会（ACPA）为其会员提供了大量的国际项目并提供参与机会。还有许多其他与学生事务相关的协会，如国际高校住宿管理者协会则提供了围绕国际议题的项目。除此之外，国际学生事务与服务协会（IASAS）在布鲁塞尔被特许建立。这个组织将为其成员提供开发全球合作关系和分享最佳实践案例的机会。

6.4　专业协会

尽管学生事务共同的思想体系，如行业准则、学生和从业者的平均素质标准，应该建立在充分的理解和决策的基础上，但是如果摒弃了建立共同议程和共识的做法，那么加强各国学生事务从业者联系的工作将会举步维艰。学生事务在特定国家的开展方式都是坚定地、自然而然地以当地的文化理念与风俗习惯为基础。将西方的学生事务概念认为是占主导地位的、优秀的或优于其他地区的观点也是非常敏感的。没有任何一个团体、理事会或是协会在全球范围内为学生事务制定政策或标准，也没有任何共识认为这样的机构有存在的必要。

在全球范围内，许多像美国学生事务管理协会这样的学生事务专业协会为从业者参与国际合作提供了选择。协会为学生事务从业人员提供工作背景资料以及保持其在专业领域与时俱进的发展机会，帮助其获得学习最好的工作实践的机会，以及为期刊和其他出版物提供重要的稿件。这些协会提供了一个从业者的联络网，有助于将有相同问题和观点的人紧密联系在一起。

这些因素综合起来使得全球的学生事务迎来一个关键且激动人心的时刻，而国际学生事务与服务协会的特许成立正式向前迈出了里程碑式的重要一步。该组织是第一个真正意义上的全球学生事务从业者协会。该组织成立于北美之外是有意为之，以表示该组织对正在形成学生事务范例的国家和地区的从业人员负责，而非对具有学生事务传统或倾向于西方学生事务模式的国家负责。国际学生事务与服务协会可以为全球准则制定、组织和传播学生事务等重要问题提供交流与探讨的平台。

美国学生人事管理者协会同国际学生事务与服务协会一道，分别于2012年的华盛顿、2014年的意大利罗马举行了全球学生事务与服务峰会。峰会汇集了来自25个国家的50多名高级学生事务代表。在第一次峰会上，人们就世界不同地区学生事务发展的几个制约因素达成了共识，其中包括“缺乏足够的资金、对于学生事务专业化的忽视、缺少从业人员培训和继续教育的机会、专业协会的稀缺及学术界对于此领域的普遍误解”（Callahan & Stanfield，2012，p.2）。

参加2012年全球峰会的代表一致认为，包括高等教育大众化在内的许多问题对全球学生事务的形成至关重要。许多与会国家指出，伴随着政府影响力的增强、稀缺资源的竞争以及对资金援助的忧虑，财政问题普遍存在。其他影响财政问题的因素则包括学生的多样性、学生的入学率和保持率，以及即将入学的学生人数的持续缩减。在全球峰会和当前的研究中，我们显然有必要了解学生事务的背景，保持先进的地位，学习前沿的知识和技能从而更好地服务于学生和教育机构（Seifert et al.，2014）。

6.5 员工与学生发展

不断演变的全球问题为学生事务学者和从业人员带来了机遇和挑战。一方面，这些问题为具有不同态度、背景和需求的学生得到支持与理解提供了机会；另一方面，则体现了为支持学生在全球化和本土化背景下发展而开发的项目及服务的挑战。员工的发展变得越发重要，因为他们需要获得相应的技能和知识去支持机构的国际化，并充分促进学生的发展。

6.5.1 员工发展

在国际化环境中，学生事务从业人员应该接受培训以兼顾所有学生的需求，并在多元文化和国际化环境中发挥作用。全球化是一个涉及面很广的概念，各个国家和各个机构都受到不同的影响。“高等教育外部环境的整合对学生的成功和高等教育满足不断变化的学生群体需求的能力有实质性的影响（Torres & Wal-bert，2010，p.5）。”

尽管一些国家已经为学生事务从业人员开设了学术课程，但很少有人关注学生事务专员如何应对更为全球化的社会的需求。正如平（1999）所说：

想要做好这个扩展角色的准备，需要去学习和反思。最为关键的是，需要有与其他文化直接交流的经验。这项准备工作的基础是对世界及其不同民族、地理、历史，以及世界各个地区的当代政治和经济现状的兴趣。

此外，道尔顿（1999）提醒我们，教师参与国际交流和专业活动的历史已经非常悠久，而学生事务从业者为发展更广阔的国际视野而进行此类活动则刚刚开始。在这方面，波普和雷诺兹（1997）认为，学生事务的研究文献体现了人们对学生事务实践所需的多元文化技能和核心能力的兴趣日益增加。世界各地的学生事务从业者必须持续对关键的技能进行学习和提高。尽管学生事务工作者在学生面前扮演的角色和对待学生的方法各不相同，但他们的重要任务都是满足学生的期待。亚卡博斯基和佩罗齐（2014），莱瑟姆和道尔顿（1999）围绕国际化问题对员工发展提供了一些不谋而合的建议：

- 就与学生事务相关的国际问题进行研究或撰写相关文章。
- 参加学校、民间组织或专业协会提供的课程或非课程性质的留学或游学项目。

- 通过职业旅行提高文化能力。
- 定期与校园内从事国际工作的人员进行交流，及时了解相关问题。
- 学习另一门语言。
- 关注国际问题，特别是与当地局势相关的问题。

要持续学习和发展国际化技能，学生事务从业者也需考虑以下几点：

- 发展具有国际视野的新项目。
- 吸引国际学生进行项目开发。
- 通过邀请国际学生担任领导职务以吸引国际学生。
- 启动或支持国际化社团和学生组织。
- 鼓励国际学生对本国高等教育体系及文化进行展示。
- 举办交流、旅行及远足活动。

6.5.2　学生发展

不同的理论为学生事务从业者提供了了解学生在大学期间发展方式的框架（Evans，Forney，Guido，Patton & Renn，2009）。从学生事务的角度来看，大学是学生个人成长及专业成长至关重要的阶段，这与学生上大学仅仅是为了获得专业知识的观念相去甚远。我们建议以美国实验样本为基础建立的理论作为了解全球学生发展的一般参考。对学生发展的研究应在其他国家重复开展以便根据具体情况进行测试和（或）调整。

毕业生能力是学生在大学期间获得的知识、技能和能力的集合。对于学生事务来说，对人们公认的毕业生能力进行定义是至关重要的，这有助于学生事务从业者为学生和教师获得这些能力提供支持。毕业生能力在世界各地都有不同的标签，其中包括软技能（Cinque，2012）、核心能力和毕业生学习成果。这些概念的名称可能没有对于理想的认同和不懈的追求重要。获取学习成果的方法各不相同，学生事务所起的作用更是千差万别。然而，学生事务若能打破国家边界、整合集体的力量，那么学生事务从业者就会被视为学生成功道路上的关键伙伴。

近年来，世界各地的高等教育机构都对收集具体的例证来证明其活动对学生的影响有着浓厚的兴趣。通过收集学生成就的例证，学生事务专员所提供的项目和服务可以与学生的学习和发展产生直接的联系。

6.5.3　硬技能和软技能

在大学期间，学生掌握的硬技能是指完成某项特定的任务所需的技术或操作能力。然而学生还应开发与社交或沟通过程、人际影响过程相关的一系列软技能（Lozano，2013）。

在高等教育的背景下，学生主要是在课堂内获取或发展硬技能，软技能则可以在大学经历的不同环境中获得或发展，其中就包含在非学术活动中发现的认知元素。从就业市场的角度来看，在这个信息和通信技术时代，软技能比以往任何时候都更加重要（Vishal，2009）。

许多国家的学生事务人员积极与雇主接触，了解其公司和组织所需要和寻求的能力。雇主们认为现在和未来的雇员都需要掌握高水平的软技能，这样他们才能有效地与他人进行沟通和互动。这种协同作用能在多大程度上影响能力的发展？尽管高等院校必须为毕业生提供雇主所期望的能力，但他们也有责任培养有社会意识的世界公民。雇主期待学生在一毕业就具备的能力可能与学生在一生中所需的能力不同。这导致了有关受教育者应该具备什么样能力的重大争论。

从口语交际能力到团队合作能力，许多能力的培养是依赖于课外活动和学生事务服务来进行的，如学生社团、校际或校内体育运动、文化和娱乐活动。根据夏尔玛（2009）的观点，7种软技能通常与高等教育相关，即沟通能力、思考和解决问题的能力、团队合作能力、终身学习和信息管理的能力、企业家能力、道德规范及领导力。我们需要一种恰当的评估方法来衡量学生事务对于学生软技能开发的影响程度。

6.5.4 发展全球竞争力

全球竞争力是大学生为了在迅速变小的世界中竞争并脱颖而出所需的一项特殊而关键的技能。专业协会和其他组织提倡教授和评估学生全球能力水平的方法论，同时它们赋予这些技能不同的定义并向学生推广。文化能力与跨文化能力是另外两个与全球能力密切相关的概念和技能。美国高等院校协会（American Association of Colleges and Universities）制定了“2014年跨文化知识与能力全球学习价值评估准则”。在谈及全球竞争力的定义时，亨特、怀特和戈德比（2006）断言，当前对此概念的定义几乎没有什么共性。

莫斯、玛尼斯和索贝尔莎（2012）提出的培养全球能力的一个例子是，通过关注以下的学习成果来培养和任用全球的教师：了解自己的文化身份；重视不同文化并从中进行学习；将世界理解为一个相互依存的系统；了解当下的世界环境、变化过程及发展趋势；培养建设性地参与不断变化的世界的技能。另一个例子是佛罗里达国际大学的全球学习成果。该成果由2部分组成，第一部分是全球视角，包括：从多角度看待世界的能力；全球意识；了解问题、趋势及系统的相互关联性。第二部分是全球参与，即解决当地、全球、国际和跨文化问题的意愿（Redden，2013）。

学生事务在帮助学生获得全球能力或文化能力方面起到什么作用？达伊（2013）认为，人文教育的因素有助于学生开展批判性的讨论从而提高其全球竞争力。他提出了5个核心领域以帮助学生事务从业者引导学生参与到这些讨论中。这5个核心领域是：个人资源管理；身体和行为健康；人际关系与冲突解决；道德、清晰的价值观和以精神为中心；全球公民参与。

我们必须要记住，学生事务为学生提供支持和服务的工作方法是以文化价值观和哲学观念为基础。不同的地区或国家采用不同的方法来为学生提供项目和服务，而其中未必包含帮助学生理解全球竞争力。也就是说，高等教育帮助学生了解和体验国际化的做法会给学生学习带来巨大的积极影响。与此同时，学生事务为学生提供的基本服务则帮助学生将注意力集中在学业上并充分融入学习环境。

6.6　结论

全球化对于高等教育的影响是现实而普遍的。国际化不再是简单的学生流动，而是围绕学生的需求和课程，在课程传达和服务方式上进行更深层次的核心变革。学生事务工作者必须认识到学生和高校的现状并适应新形势。世界上不同地区的人们对全球化的影响有不同的感受，国际化的浪潮会在各个高等教育机构中以无数种方式呈现。对于学生事务专员来说，适时地了解这些力量如何对当地社区产生影响是非常重要的。

区域背景和文化背景依然是学生事务项目和服务理论及实践的核心驱动力。非常重要的是，西方国家对学生事务工作的解读并不总是适用不同的情况。事实上，即使在一些西方国家，学生服务也不是传统的西方模式。学生事务在意识形态上的差异正在激发人们的活力，全世界的学生事务工作者致力于通过共同努力求同存异、达成共识。学生是全球学生事务的核心，这为我们达成共识奠定了基础。考虑到各地不同的价值观和文化表达，学生事务工作者对学生事务核心的理解必然会产生差异。我们在建立和发展为学生提供支持的学习过程或学习框架时必须保持区域的独特性。与此同时，学生事务工作者打破疆域，用一根根彼此独立的线一起织就共同的锦缎。

每所高校的学生事务专员都必须重新审视内外部关系和合作伙伴以确保切实满足当前学生日益增长的需求，并为全球化的市场服务。学生可以接触到大量的信息，也远比以往更加容易去体验不同的文化。学生为高校所带来的广阔视野和机遇要求学生事务有意识地开展持续的改进和评估。以协作的方式跨机构和跨部门工作，以及与当地社区进行整合对于学生事务都是至关重要的。本地化的环境是世界各地学生成长和发展的背景。学生事务工作者为学生树立群体间广泛联系的优秀范例，这一做法有助于学生以多重视角理解世界问题，并学会包容和赞美差异。学生事务可以与雇主、政府及社区机构合作提供一个映射更广阔世界的综合环境，共同承担教育全球公民的责任。

学生、教师和学生事务从业者需要共同努力以获得在我们日益缩小的全球化社会中蓬勃发展所需的能力，这对未来领导者的成功至关重要。全社会也需要了解学生事务在本地和全球为促进学生发展而发挥的作用。学生参与全球竞争所需的核心学习领域和关键技能显然也在学生事务的范畴当中，因为学生事务对学生的课内学习提供支持，为他们提供实践知识和技能的空间，并帮助他们学习和完善一系列基本的全球化能力。学生事务提供的支持和学习机会帮助学生走向成功的、意义非凡的职业道路，并度过承担公民责任和持续学习的一生。

学生事务大戏的全球舞台已经开始搭建。学生事务表演者们的交流已经打破了边界的限制，组织机构也已开始搭设宏伟的场景。在国际学生事务的持续发展中，了解全球范围内的参与伙伴是一个重要因素。我们必须开展更多的研究和更广泛的对话来充分了解当前的全球背景，并预测未来全球范围内的学生和学生事务的需求。

参考文献

Association of American Colleges and Universities.（2013）. *Global learning VALUE rubric.* Paper presented at the Association of International Education Administrators Conference. New Orleans，LA，February 18.

Blick，A.（2010，December）. *The controversy over university student finance：The EU perspective.* The Federal Trust for Education and Research. http：//www.fedtrust.co .uk/filepool/FedT_Student_Finance_in_the_EU.pdf.

Callahan，K. & Stanfield，D.（2012）. Global summit on student affairs and services：Executive summary and proceedings. Washington，DC：NASPA.

Canadian Association of College and University Student Services.（2012，April 29）. *Reflections on the CACUSS Identity Project：What we've learned since Leaders in Learning.* Toronto，Ontario.

Carpenter，S.，& Haber-Curran，P.（2013）. The role of research and scholarship in the professionalisation of student affairs. *Journal of Student Affairs in Africa*，1，1-10.

Cinque，M.（2012）. *Soft skills in action：Halls of residence as centres for life and learning.* Brussels，European University College Association.

Dalton，J. C.（1999）. *The significance of international issues and responsibilities in the contemporary work of student affairs.* New Directions for Student Services，no. 86，3-11. San Francisco，CA：Jossey-Bass.

Day，P. K.（2013）Reconnecting higher education to the world：Student affairs must take leading role in defining a new model. *Leadership Exchange*（Spring）. Washington，DC：NASPA.

Douglass，J. A.，King，C. J.，& Feller，I.（Eds.）.（2009）. *Globalization's muse：Universities and higher education systems in a changing world.* Berkeley：University of California Press.

Evans，N.，Forney，D.，Guido，F.，& Patton，L.（2009）. Student development in college：theory，research，and practice. San Francisco，CA：Jossey-Bass.

Goswami，R.（2012，July 13）. Economic growth and higher education in India and China. *East Asia Forum.* http：//www.eastasiaforum.org/2012/07/13/economicgrowth-and-higher-education-in-india-and-china/.

Horden，B. B.（2012，May 31）. International educators see South America as a red-hot market. Universityworldnews. com，no. 224. http：//www. universityworldnews. com / article. php? story=20120531081659355.

Hunter，B.，White，G. P.，& Godbey，G.（2006）. What does it mean to be globally competent? *Journal of Studies in International Education*，10（3），267-285.

Institute of International Education.（2013）. *Open Doors Data.* http：//www.iie.org/research-and-publications/open-doors/data.

Keeling，R.（2006）. *Learning reconsidered 2：Implementing a campus-wide focus on the student experience.* Washington，DC：ACPA/NASPA.

Knight, J. (2008). Internationalization: Concepts, complexities and challenges. In James J. F. Forest & Philip G. Altbach (Eds.), *International handbook of higher education* (pp.207-227). Dordrecht, The Netherlands: Springer.

Knight J. & Morshiti, S. (2011). The complexities and challenges of regional education hubs: focus on Malaysia. *Higher Education*, 62 (5), pp.593-606.

Latham, S., & Dalton, J. (1999). *International skills and experiences for a global future.* New Directions for Student Services, no. 86. San Francisco, CA: Jossey-Bass.

Lozano, A. y Herrera. (2013). *Diseño de programas educativos basados en competencias.* Monterrey: Editorial Digital Tecnológico de Monterrey.

Ludeman, R., Osfield, K., Iglesias, E. I., Oste, D., & Wang, H. (2009). *Student affairs and services in higher education: Global foundations, issues and best practices.* Paris: UNESCO.

Luescher-Mamashela, T., Moja, T. & Schreiber, B. (2013). Towards a professionalisation of student affairs in Africa. *Journal of Student Affairs in Africa*, 1, vii-xiii.

Maki, P. (2010). *Assessing for learning: Building a sustainable commitment across the institution.* Sterling, VA: Stylus.

Marmolejo, F. (2011, August 30). The future of higher-education internationalization. *Chronicle of Higher Education.* http://chronicle.com/blogs/worldwise/defininginternationalization/28615.

Moss, D. M, Manise, J., & Soppelsa, B. (2012). *Preparing globally competent teachers.* Background paper for CAEP commissioners. Washington, DC: NAFSA.

Nuss, E. 1996. The development of student affairs. In S. Komives & E. Woodard (Eds.), *Student services: A handbook for the profession* (3rd ed., pp.22-42). San Francisco, CA: Jossey-Bass.

Osfield, K. J., & Terrell, P. S. (2009). Internationalization in higher education and student affairs. In G. S. McClellan & J. Stringer, (Eds.). *The handbook of student affairs administration in higher education* (pp.120-144). San Francisco, CA: Jossey-Bass.

Ping, C. J. (1999). *An expanded international role for student affairs.* New Directions for Student Services, no. 86 San Francisco, CA: Jossey-Bass.

Pope, R., & Reynolds, A. (1997). Student affairs core competencies: Integrating multicultural awareness, knowledge, and skills. *Journal of College Student Development*, 38, 266-277.

Q.S. (2012, September). *Top universities.* [http://www.topuniversities.com/universityrankings-articles/world-university-rankings/increase-number-internationalstudents].

Ramos, E. & Perozzi, B. (2014). *Student affairs and services staff interviews.* Unpublished report.

Redden, E. (2013, February 20). The 'I' in FIU. *Inside Higher Ed.* https://www.insidehighered.com/news/2013/02/20/florida-international-university-attemptsinfuse-global-learning-across-curriculum.

Rhatigan, J. (2009). From the people up: A brief history of student affairs administration. In G. S. McClellan & J. Stringer (Eds.), *The handbook of student affairs administration* (3rd ed., pp.3-18). San Francisco, CA: Jossey-Bass.

Seifert, T., Perozzi, B., Bodine Al-Sharif, M.A., Li, W., & Wildman, K. (2014). *Student affairs and services in global perspective: A preliminary exploration of practitioners' background, roles and professional development.* Toronto: International Association of Student Affairs and Services.

Sutton, S., & Deardorff, D. K. (2012, February/March). Internationalizing internationalization: The global context. *IAU Horizons*, pp.16-17.

Teekens, H. (2013, June 15). Internationalisation at home—Crossing other borders. University World

News (no. 276). http://www.universityworldnews.com/article.php?story=20130613084529186.

Tani, M. Does immigration policy affect the education-occupation mismatch? *Evidence From Australia.* (IZA DP no. 6937). Accessed on July 22, 2015 at http://ftp.iza.org/dp6937.pdf.

Teichler, U. (2012, October). International Student Mobility in Europe in the Context of the Bologna Process. *Journal of International Education and Leadership*, 2 (1). http://www.jielusa.org/wp-content/uploads / 2012 / 01 / International-Student-Mobility-inEurope-in-the-Context-of-the-Bologna-Process1.pdf.

Torres, V. & Walbert, J. (2010). *Envisioning the Future of Student Affairs.* Final Report of the Task Force on the Future of Student Affairs. Appointed jointly by ACPA and NASPA. Accessed on July 22, 2015 at https://www.naspa.org/images/uploads/main/Task_Force_Student_Affairs_2010_Report.pdf.

Trounson, A. (2013, October 30). Canberra to ease student visa rules. Australian.http://www.theaustralian. com. au / national-affairs / education / canberra-to-easestudent-visa-rules / story-fn59nlz9-1226749278450.

Yakaboski, T. & Perozzi, B. (2014). Globalization and college unions. In D. DeSawal, D., & T. Yakaboski (Eds.), *The State of the College Union: Contemporary Issues and Trends* (pp.79-90). New Directions for Student Services, no. 145.. San Francisco, CA: Jossey-Bass.

Vishal, J. (2009, February). Importance of soft skills development in education. *Schools of Educators.* http://schoolofeducators.com/2009/02/importance-of-soft-skillsdevelopment-in-education.

第二部分　专业实践框架

正如我们的工作实践发生在不同的环境中一样，学生事务管理也在多个框架中进行。这些框架为专业人士提供了一系列的指南，无论他们在专业领域中扮演什么样的角色，这些指南都可以为教育实践指明方向。在第7章中，特雷尔·斯特雷霍恩讨论了各种理论和模型与学生事务管理实践的关系。他指出，基础理论和新的视角都可以帮助实践者理解学生的发展过程、学习风格和身份。彼得·马戈尔达和托尼·里贝拉在第8章中强调了学生事务管理者的教育作用。他们描述了内部和外部力量对共同课程的影响，提出想法，以帮助我们提供除正规课程之外的有意义的学习机会。在第9章中，洛丽·瓦洛塔鼓励我们扩展对学生成功的理解。尽管对于学生和高等教育机构来说，对于“成功”流行的定义都是毕业。她认为，在某些情况下，学生和高等教育机构可能已经取得了成功，但事实上学生并没有学到知识。道德实践是任何领域的专业人士的关键框架，学生事务也不例外。在第10章中，乔恩·道尔顿、帕梅拉·克罗斯比、奥雷里奥·瓦伦特和大卫·埃伯哈特回顾了学生事务专业协会的道德准则，并提出了一个概念性的框架来审视道德问题和做出道德决定。斯蒂芬妮·戈登在第11章中介绍了提供专业模式的其他标准。她阐述了利用高等教育标准促进委员会颁布的标准和指导方针协助机构努力实现持续质量改进的价值。在第12章中，本部分框架部分的最后一章，南希·埃文斯和杰西卡·拉内罗–拉米雷斯讨论了学生事务中的专业协会，包括其职能、历史和结构。

第7章
相关理论与实践模型综述

特雷尔·斯特雷霍恩

在热门电视剧《黄金女郎》中，索菲亚·佩特里洛有一句著名的口头禅："想象一下"。每当她讲述所有的个人轶事、长篇大论的故事和意大利寓言之前，她都会这样说。借鉴她的经典方式，我们先来看几个小片段，这些片段将对本章内容具有启发性：

想象一下，在一所规模较小的文科学院里，教导主任接到这样一个任务：协调开展校园战略规划工作。这项工作需要围绕一些精心挑选的学习成果进行人才培养，这些成果是大学使命的核心，如对于文化多样性的欣赏、有目的地生活、认知的复杂性及积极参与民主。在组建筹委会之前，她问自己：大学生是如何在这些领域学习和成长的？大学教育工作者对学生学习有什么看法？如何培养学生？

想象一下，在一所规模庞大、以白人为主的大学里，黑人学生正在就最近的一项决定进行抗议——学校打算取消存在已久的黑人文化中心，取而代之的是成立多样性资源办公室。该办公室将为校园内所有历来代表性不足的学生提供资源，这类学生包括民族、性别上的少数群体以及那些来自低收入家庭的学生和其他群体。这所大学的几位副校长就抗议活动举行了会议，亚当·汉普顿博士（分管学术事务的副校长）在会上说："大家记住，我们通过教育学生来完成我们的大学使命……而不是为了举办社交聚会。在我看来，黑人学生从文化中心获得的一切，都可以从多样性资源办公室得到。"你在多大程度上同意汉普顿博士的结论？我们对学生个体在大学里的归属感和关于归属感的需求了解多少？在社会空间中，学生们与那些分享他们身份核心方面的人有目的地互动，这又实现了怎样的学术成果？

以上所列的每一个情境的核心都是关于理论的目的和作用的问题，它们形成了学生事务专员对高校学生理解的丰富的理论基础（American Council on Education，1983)。正因如此，教育者在与学生打交道时也能引用各种各样的模型和理论。其中一些是智力发展理论，这些理论是基础性的、经过时间考验的；而另一些理论则是交叉性的，从更新的视角去理解大学生身份认同、学习过程和教育等社会领域的结构性不平等。

鉴于与大学生打交道的理论清单不断丰富，无论是新手还是有经验的专业人士，确定一个信息丰富的理论框架，回顾其主要假设和关键概念并将其应用于实践，以促进学生的学习和发展，是很有难度的：如缺乏对各种框架的了解，没有足够的时间阅读和思考理论与实践的关系，以及在教育实践中有效运用理论的准备不足等（Strayhorn，2006)。事实上，在我写这一章时，有很多与我交谈过的人承认他们对大多数发展理论中的理论结构没有什么把握，对于在心理学、社会学、人类学及其他可能与学生日常工作有关的学科方面形成的理论知之甚少。即使是那些有学生事务背景和/或学位的人，也很难回想起他们在研究生阶段学习的理论、核心要素和模型的主要假设。本章恰恰是在考虑到这些挑战和差距的情况下编写的。

本章的撰写目的是形成一篇理论和实践模型的综述，这些理论和模型可以应用于高校教育工作者的学生工作中，尤其是那些从事学生事务的教育工作者。具体而言，本章围绕两个问题和几个主要章节展开：（1）什么是理论；（2）为什么要应用理论；（3）理论和模型概述；（4）理论的关键特征；（5）理论在实践中的应用。最后一节介绍了一些指导实践的问题和活动。

7.1 什么是理论

理论是一个有许多含义的术语。理论的一个定义是“一组相互关联的构造、定义和命题，它们通过指定变量之间的关系来表示对现象的系统看法，目的是解释和预测现象”（Kerlinger，1986，p.9）。其另一个定义是“关于与某些领域的现象相关的两个或多个概念变量相互关系的一组命题”（Rodgers，1980，p.81）。作为另一个例子，我清楚地回忆起我在研究生院的一个场景，当时我的博士生导师（Don Creamer）要求我回答一个问题：“什么是理论？”我措手不及，但仍然决心满足导师的要求，结结巴巴地说：“理论是对可观察的，往往是社会现象的一种合理的解释。”他微笑着表示赞同，肯定地回答说：“嗯，没错……一个经典的教科书定义，如果你愿意那样说的话。”

正如要注意理论的基本定义一样，认识理论中使用的术语表同样重要。学者往往采用各种各样的术语，诸如概念框架（Merriam，1998）、命题（Argyris & Schön，1974）、抽象类（LeCompte & Preissle，1993）、概念图（Ausubel，1963）、模型（Parker，1977）、立场（Crotty，1998）、框架（Anfara & Mertz，2006；Strayhorn，2013a）、假设（Astin，1984）、假设关系（Lewin，1936）。实际上，这些术语与作者的本意有着微妙的（或者没那么微妙的）区别，概念框架和框架通常指的是合理的解释，这些解释有助于以新的方式看待一些旧事物，或者通过有意识地采用不同的视角来使司空见惯的事物看起来不可思议。其他术语，如假设图，则强调了理论对形成假设或预测可能结果的解释力。

虽然定义和术语各不相同，但理论是有用的，因为它们通常会简化或解释一些现象，这些现象要么是抽象且难以理解的，要么是复杂且并非必要的，要么是过于模糊的，无法在日常学生事务工作中付诸实践。关于这个话题已经有诸多书籍进行了讨论（Evans，Forney & Guido-DiBrito，1998；Strayhorn，2012，2013a）。然而，理论的力量受制于帕克（1977）和其他人所说的理论悖论——任何简化复杂事物的尝试都会放弃一定程度的准确性。通过设计，理论解释了一个特定现象的共同点或可概括的东西，当然也可能忽略故事中微妙的差别。此外，理论是社会建构，因此，“通常会强化现状或社会权力关系，如种族主义和阶级歧视”（Jones & Abes，2011）。这并不是说理论不能挑战现状或改变社会关系——事实上，这是许多批判理论的主要目标，如批判种族主义。本章后面的内容将对此进行概述。总之，理论是一种可以用于重要目的的工具。

7.2　为什么要应用理论

学者应用理论有几个原因，其中六个原因在本节进行了概述。理论被用来：

- 描述
- 解释
- 预测
- 产生结果
- 评估方案和做法
- 通过研究创造新知识（McEwen，2003）

一般说来，理论可以在任何时候应用到一个或多个方面，尽管有些理论可能比其他理论更能满足特定目标。例如，奥斯汀（1984）的学生参与理论被认为能够帮助大学生教育者设计更有效的学习环境，通过提升参与度来最大限度地发挥学生的潜能。根据奥斯汀的说法，学生参与是指学生投入到大学生活中的身心能量的总和。他认为参与的概念主要是行为上的，并适用于学生事务实践中产生的广泛问题。例如，奥斯汀认为，任何教育项目或服务的质量都与其促进学生参与的能力成正比。

还有一些其他的理论最适用于特定的目标。例如，交叉性是一种理论观点而不是理论本身，它是一种可以用来质疑现有的看待不平等结构的方法，抵制孤立看待不平等结构的冲动，密切关注它们相互交叉、汇合和彼此影响的方式（Strayhorn，2013b）。交叉性通常用于描述（有时是解释）通过研究产生的新知识，但一般不用于预测或计划评估，因为它目前缺乏关于因果关系的假设、事件的时间顺序以及对基本原则的实证检验。

有一个例子很好地说明了如何利用交叉性对黑人大学生进行研究从而创造新知识，即斯特雷霍恩（2013b）编辑的*Living at the Intersections：Social Identities and Black Collegians*一书。在书中，弗里斯·布里特、约翰逊和伯特（2013）利用交叉性观察了物理学专业黑人学生的成长经历，说明了社会阶层对于他们取得成功的重要性。研究人员最初的预测是种族对于所有学生来说都是最突出的因素，他们通过交叉观察学生的经历了解到，虽然种族是一个重要的因素，但是“社会阶层”和“种族”这两个因素相结合，创造了一套相对独特的环境。低收入的物理学专业黑人学生必须在这种环境下努力奋斗。

另一章使用了定性描述，为我们理解大学中的第一代黑人女性，以及种族、性别、社会阶层与其他身份维度的交叉开辟了新的道路，从而在这些学生中创造出独特而具有共鸣的体验。事实上，通过研究来创造新的知识，是理论在学生事务中的一个重要应用。在实践和研究中适当运用理论是教育工作者关注的另一个问题，在考虑到这些定义和用法之后，我们来对高等教育和学生事务领域的相关理论和实践模型进行概述。

7.3 理论和模型概述

鉴于理论在高等教育和学生事务的专业实践和研究中所起的重要作用，不妨回顾一下我们在学生工作中所采用的一些理论框架。对这些问题进行仔细而详尽的回顾超出了本章的范围，但在其他章节（Evans et al.，1998；Strayhorn，2013a）中已经进行了这样的回顾，希望获得更多细节的人可以查阅这些章节。本章使用了一个分类系统对现存的几种理论进行了简要的总结，对于一些读者来说，他们需要一个框架来组织大量的理论应用于学生事务。这对他们十分有用。

一般来说，理论可以分为七大类：社会心理、认知、道德/伦理、信仰/精神、大学影响、学生成就和新兴的理论视角。其他的概念模型（Creamer & Associates，1990；Evans et al.，1998；Jones & Abes，2011）也可能对读者有所帮助。在描述每个主要类别之前，让我们先讨论一下大多数理论的特点。

7.4 理论的关键特征

从根本上讲，所有的教育者都关心学生的学习和发展。发展以不同的方式在不同的时间发生在所有人的生命中。学生发展理论作为人类发展框架的一个子集，被认为有助于理解学生的成长过程。例如，社会心理理论试图解释身份和人格形成等发展的过程。另一种看似合理的解释通常被称为认知结构理论。让·皮亚杰、威廉·佩里、劳伦斯·科尔伯格和卡罗尔·吉利根的成果是“在研究生命周期的认知发展方面具有备受推崇的基准”（Strayhorn，2006，p.12）。尽管他们试图描述的结果或社会过程各不相同，但几乎所有这类理论都是建立在这样一个前提之上：各阶段或各部分相互催生，每个部分都有其支配的时间，从一个阶段到下一个阶段的运动意味着成长或发展。这就是埃里克森（1968）所说的表观遗传学原理。

7.4.1 社会心理发育

理论的一个主要范畴是由与心理社会发展相关的模型组成的。社会心理发育是指一个人在社会环境中的心理成长和与社会环境相互作用的过程。一般来说，社会心理发育理论是建立在埃里克·埃里克森的工作基础上的。认知理论（将在下一节中讨论）侧重于体验的意义和思想的复杂性，而社会心理理论则侧重于个体在生命不同时期所关注的内容。例如，一些社会心理发育理论研究身份、人际关系、职业和工作生活及价值观等方面。埃里克森（1968）用八个不同的阶段描述了整个生命周期的发展，每一个阶段的特征都是一个基本的冲突，最终在人格的发展中起着重要的作用。他的模型认为发展有几个阶段：婴儿期（出生至18个月）的特点是信任和不信任之间的基本冲突，学龄前（3至5岁）的特点是主动性和负罪感的冲突，这会一直延续到青年时期（19至40岁），这时的特点是亲密和孤立之间的冲突，到了成熟期（65岁至死亡），则以自我完整和绝望之间的冲突为特征。

在另一个例子中，奇克林（1969）描述了七个向量的发展，这七个向量最终帮助个体建立自己的身份：发展智力、身体和人际交往能力、管理情绪、从自主走向相互依赖、发展成熟的人际关系、建立身份、发展的目标、发展的完整性。他的模型主要关注大学期间的身份发展（Chickering & Reisser，1993）。奇克林的模型并不是一成不变的，和其他大多数人一样，他指出学生们倾向于以不同的速度通过这些向量；向量可以随着时间的推移相互作用，学生经常重温某一类问题，这些问题与他们以前似乎已经解决的向量有关，这通常被称为发展退化，请参见图7-1。

阶段	发展过程
1	发展智力、身体和人际交往能力
2	管理情绪
3	从自主走向相互依赖
4	发展成熟的人际关系
5	建立身份
6	发展的目标
7	发展的完整性

图7-1　奇克林的七个向量

7.4.2　认知发展

认知发展或认知结构理论是建立在让·皮亚杰（1952）的工作基础上的，侧重于思维或认知结构的复杂性，这些复杂性引出了前一节中提到的诸如身份、价值观和关系等社会心理问题的内容。认知结构指的是一种心理能力，它可以作为一种过滤器，人们可以通过它积累经验并不断重新认识世界。通常，这些结构从非常简单发展到日益复杂。认知结构理论往往是层次分明的，每个阶段都是从前一个阶段开始的，它代表了一种更复杂的理解这个世界的方式，也被称为认知复杂性（见本章开篇的情境故事）。

大量的研究表明，学生以各种复杂的方式对生活经历和身份认同问题进行了意义分析。威廉·佩里（1981）的智力发展理论是认知结构理论的一个例子，该理论解释了个体对社会经验的理解所经历的阶段，而社会经验是学生事务中使用的社会经验的基础。佩里描述了九个发展立场，可分为四大类：（1）二元论；（2）多重性；（3）相对主义；（4）承诺。一般来说，他的理论的特点是从简单的意义到更复杂的推理方式的逻辑发展。二元论思想家花了很多时间来学习正确和错误的答案，而相对主义者则开始接受多重现实和相互竞争的可能性，因此他们学会了评估解决方案。

还有其他的认知结构模型。例如，洛文杰（1976，1998）也把认知成长解释为自我发展。她所说的自我，指的是赋予经验意义的人格方面。“自我发展”一词是指认知、人际和伦理发展的层次性相互关联的模式，它创造了一个连贯的认识论或世界观（Weathersby，1981）。因此，每个世界观（或阶段）都代表着一种对生活经历做出反应或产生意义的不同方式。洛文杰对自我发展的描述包括“冲动、自我保护、顺从、自觉顺从、自觉、个人主义、自主和整合。从前一阶段到下一阶段的每一次转变都代表着一个人的人格结构调整”（Strayhorn，2006，p.38）。最后阶段的特点是尊重他人的自主性和个性（Loevinger & Wessler，1970）。请记住，认知发展不太关注一个人的信念和思想的内容，而是关注于一个人努力达到这样的信念、思想和价值观的过程的意义。两个人完全有可能在诸如死刑之类的问题上拥有共同的信仰或价值观（即他们所信仰的内容），但其中一个人比另一个人更有能力通过更复杂的信息排序、权衡可用选项、平衡选项和内部衍生的承诺等过程来践行这些信念。

7.4.3 道德/伦理发展

道德和伦理发展的许多理论也被视为认知结构框架，尽管它们经常被视为一个单独的类别（Jones & Abes，2011）。例如，科尔伯格（1969）探索了道德推理的认知维度。在皮亚杰（1977）的著作的基础上，科尔伯格提出了道德推理的三个层次：前常规、常规和后常规。他认为，这种模式的每个层次代表着对自我和社会的质的不同取向。本质上，该理论描述了从内在的个人观点向更外部的普遍立场的转变。

7.4.4 信仰与精神发展

学生事务理论所解释的人类发展的另一个领域是信仰和精神发展。例如，福勒（1981）认为灵性是一个普遍的意义创造过程，旨在理解自我和生活经验。他的六阶段模型将信仰发展解释为从直觉投射（第一阶段）到综合常规（第三阶段），再到普遍信仰（第六阶段）的成长，这是很少有人能达到的。帕克斯（2000），就像福勒在他之前所说的那样，把信仰的发展称为在人类生活中看似不相干的元素之间寻找模式、秩序和一致性的渐进过程。福勒和帕克斯都把信仰的发展与精神的发展区分开来，精神发展是指个人对精神或生命的核心力量的追求。在早期的生活经历中挣扎着寻找意义，紧张的关系，先前的教育经验，以及人在中年时所处的位置，都可以作为信仰发展的一部分。

总之，学生发展理论（即社会心理、认知结构）在对大多数学生、妇女及非洲裔美国学生的研究中都得到了充分的运用（Atwater & Alick，1990），如美国印第安裔学生学术持久性研究（Brown & Robinson Kurpius，1997），以及大一学生对大学的适应的研究（Martin，Swartz-Kulstad & Madson，1999）。

然而，教育研究人员还提出了其他问题，高等教育研究人员不仅主要关注学生的发展，而且常常希望研究学生的个人经历或人口背景，以及他们的资本储备如何影响短期和长期的结果。在这里，大学影响模型往往是有用的，它提供了必要的语言，为讨论大学如何影响学生提供了框架，并解释了这一切是如何发生的。

7.4.5 大学对学生的影响

大量的高等教育研究旨在评估大学对学生的净影响（Pascarella & Terenzini，1991，2005）。在评估大学课程、服务和经验对学生的影响时，许多概念和理论框架（Astin，1993；Chickering & Reisser，1993；Weidman，1989）被采用。这些模型强调“大学对几乎所有学生的影响都是多重影响的结果”（Cruce，Wolniak，Seifert & Pascarella，2006，p.367）。这些影响包括学前背景特征、学前经历、机构的组织特征、大学的学术经验，以及非学术或社会经验等。

传统的大学影响理论认为，大学会影响学生的行为、决策和教育结果。影响理论倾向于把注意力集中在变化的起源上，而不是详细描述发生变化的过程。尽管它们通常被称为理论框架或理论模型，但大学对学生影响的构建与其说是试图解释学生发展的方式和原因，不如说是理解学生及其经验的概念指南（Pascarella & Terenzini，2005）。

奥斯汀（1991）开发了最早的大学影响模型之一，现在通常被称为输入-环境-结果（I-E-O）模型。根据该模型，学生的成果是两个因素的函数，这两个因素包括人口统计特征和环境，以及学生在大学的经历。一些研究采用了这一概念框架，以考察背景和/或环境对大学生变化和成长的影响以及他们以某种方式表现的倾向（Strayhorn，2008a）。例如，进入大学的学生在学术上已经做好了准备（输入）——很可能在大学入学考试中得分较高，在学校获得高分，并且就读的大学能够提供足够的学术支持，如写作中心、系统的咨询和辅导（环境），这些学生在大学里往往表现良好（结果）。

其他大学影响理论代表了上述模型的修正版本。也就是说，几位作者使用了扩展的框架来指定输入或确定具体的结果，如学生学习或认知发展。例如，特伦兹尼、斯普林格、耶格尔、帕斯卡瑞拉和诺拉（1996）提出了一个由三个阶段组成的大学影响模型，即从学生的大学预期，到一个人从高中或工作到大学的过渡，再到大学对学生成绩（如学习、成就或学位获得）的影响。该模型在本质上是纵向的，与阿斯廷（1991）的原始概念建立在相同的前提下。

该模型可以进一步归纳为六个结构：学前特征、课程模式、课堂经验、课外经验、制度背景和学习成果。大学经历也可以进一步理解为课堂内外的经验。大学（以变量X表示）对任何依赖结果（以变量Y表示）的影响（如学习、成就、满意、保持）是多方面的和复杂的。大学影响理论的发展是为了使复杂变得简单，但我们同时也意识到任何试图把复杂变成简单的尝试都会放弃一定程度的精确性以换取简单性。这一目标与本章的目的有关。

7.4.6 学生成功模式

最后一类理论包括各种各样的模型，试图解释大学生如何改变、成长或学习，从而促进他们在学校取得成功。例如，廷托（1993）提出了一种关于大学生退学的理论。该理论将离开决策作为个人最初和随后的目标和承诺、大学生活中的学术和社会融合，以及个人的背景、特征和特质的函数。图7-2是该理论的图示。

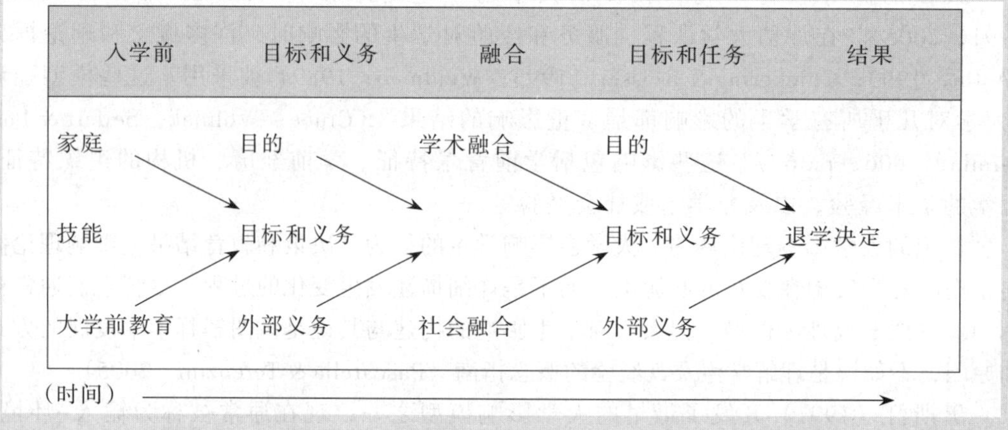

图7-2 廷托（1993）的大学生退学理论

另一个与学生成功有关的理论模型是归属感，其被定义为成员身份、被接受感、被关心或成为团体的一部分。它是对一个人在教育环境（如大学校园）中所感受到的支持感，以及一个人与他人的联系程度的评估。奥斯特曼（2000）提到，归属感是“一种成员对彼此和群体都重要的感觉，以及一种共同的信念，即成员的需求将通过他们在一起的承诺得到满足”（p.324）。一项用来衡量归属感的常见调查项目是：如果我离开大学，我的朋友会想我的（Strayhorn，2012）。归属感被认为是大学生成功的关键因素（Strayhorn，2012）。根据该模型，归属感有七个核心要素：

1.归属感是人类最基本的需要。

2.归属感是驱使人类行为的根本动机。

3.归属感在某些情况下，在某些时候，以及在某些人口中具有更高的重要性。

4.归属感与物质有关，而且似乎是重要的结果。

5.社会身份与大学生的归属感（在某种程度上与交叉性有关）相互交织，并影响着大学生的归属感。

6.归属感会产生其他积极的结果。

7.归属感必须在持续和可能的基础上得到满足，随着环境和条件的变化而发生变化。

对于汉普顿博士对黑人学生关于多元文化中心的抗议活动的回应进行思考时，归属感可能是有用的启发式方法（见本章开端的情境故事）。

7.4.7 新兴的理论观点

一些新兴的理论观点已经被证明对大学生发展和大学经历的新解释是有用的，尽管它们最初并不是为大学生创造的。下面将讨论三个方面，包括批判种族理论、交叉性、文化和社会资本。

（1）批判种族理论

批判种族理论（CRT）来自法律学者，特别是试图揭示和挑战从属实践的黑人女权主义作家。批判种族理论的前提是，种族和种族主义在美国是永久的、核心的问题，它的建立是为了批判压迫的历史和结构条件，寻求物质条件的转变。

批判种族理论由五个核心原则组成：①种族和种族主义的中心性和交叉性；②对主流意识形态的挑战（如色盲、任人唯贤、法律的中立性）；③致力于社会正义和消除压迫（Matsuda，1991）；④有色人种经验知识的合法性；⑤利用基于历史和当代背景的跨学科观点（Villalpando & Delgado Bernal，2002）。

种族批判理论已经在以前的研究中使用过，包括教育研究。贝尔（1995）用批判种族理论解释了美国社会经济总量产生差异的原因。他的分析表明，只要白人与黑人（和其他少数族裔）相比保持优势，许多白人就会接受白人之间的巨大不平等。德奎尔和迪克森（2004）使用种族批判理论质问黑人学生在精英学院中的种族主义经历，即使出身富裕家庭也是如此。而且，相当坦率地讲，本章的作者几乎是在不知不觉中使用了种族批判理论，通过仇恨犯罪来为校园的领导者提供建议，这种犯罪涉及白人学生在很少有目击证人的情况下向校园中的黑人学生投掷香蕉并使用带有种族歧视的称谓。尽管人们最初不相信如今存在这种种族主义，也没有直接证人来证实受害者的证词（种族批判理论可能称之为“反故事”），但种族批判理论提供了一个从另一个角度出发的框架——这个观点承认，种族和种族主义在美国社会和大学校园中是真实存在的，是永久存在的，是更大世界的缩影。

（2）交叉性

交叉性源自批判性女性主义和法律学术（Crenshaw，1991），它提供了一个框架，用于承认个人同时拥有多个社会身份，并且这些身份的融合决定了他们如何处理诸如性别歧视和种族主义之类的相互压迫的系统，以及他们在社会、经济和政治方面如何体验世界（Collins，2000）。交叉性已经被描述为一种框架，用于分析多个社会位置和身份相互告知并构成彼此的方式（Collins，2000）。

交叉性的一个核心概念是，在任何特定的背景下，对一个以上社会群体的认同过程会产生全新的、独特的、非可加性的主观体验。例如，如果女性经历X，即出生时生理上属于女性的人所共同经历的一些社会现象，而黑人则经历Y，即祖先起源于非洲侨民的人所共有的一种社会经验，交叉有助于我们理解黑人女性的经历不一定等于X+Y，而是X和Y的一个更复杂的函数。这导致了一种独特的、非求和的主观体验。

（3）社会和文化资本

越来越多的高等教育研究者借用社会、文化和人力资本理论中的概念来使用或扩充现有的理论。一般来说，人力资本理论假设个人在教育或培训方面进行投资，以获得更多的知识、技巧和能力，而这些知识、技巧和能力往往与收入增加、职业地位提高或其他金钱利益有关。从广义上看，人力资本一方面指的是"个人的信息、知识、技巧和能力，其可以在劳动力市场上进行交换，以获得诸如工资、经济奖励和工作等回报"（Strayhorn，2008b，p.31）。一般认为，个人受教育程度越高，积累的人力资本越多，因而可以获得更多的利益。

另一方面，社会资本是指个人可能拥有的信息共享网络或工具性的、支持性的关系，这些关系提供了获取信息和机会的途径（Ceja，2006）。此外，社会资本是指影响个体的社会规范、价值观和行为（Coleman，1988）。这种关系可能导致在诸如俱乐部或团体的社交层面或系统内的有利行为、机会或结果，如成员资格仅对富人开放。正如科尔曼所描述的："社会资本使某些目标成为可能，在没有社会资本的情况下，这是不可能的……它存在于人与人的关系中"（p.98-101）。

文化资本是一个人从父母或监护人那里得到的信仰、品位和偏好体系，这通常定义了一个人的阶级地位（Bourdieu，1977；McDonough，1997）。理解文化资本在教育研究中是很重要的，因为许多学者已经表明，上层阶级的学生继承、获得和发展文化资本的形式与工人阶级青年截然不同（Bensimon，2007；Lareau，2003）。这是有问题的，因为学校通常奖励、承认那些特权阶层或占主导地位的群体的文化资本，并贬低非主导群体的文化资本（Villalpando & Solórzano，2005）。在很多时候，学生会激活他们的社会资本（如人际关系和网络），以获得在大学取得成功所必需的文化资本（Pascarella & Terenzini，1991，2005）。

总之，这些理论让我们看到和理解人类、社会和文化因素是如何在某些领域（如教育）独立运作的，如何整合并同时影响彼此，以及如何影响重要的结果（如年收入、工作满意度或职业地位等）（Strayhorn，2008b）。

7.5 理论在实践中的应用

为了说明如何将理论应用于专业实践，请回到本章开头的小故事。回想一下那位文科学院的教导主任，她思考了学生是如何学习的，以及教育者对大学生发展的假设。在这里，学生们可以应用佩里（1981）的智力发展模型来理解认知复杂性的发展，从简单的对与错的角度发展到更先进的思维方式，承认多种可能性，并评估各种解决方案。理论也可能揭示如何通过问题或挑战所造成的认知不协调来促进学习，而当前的认知脚本是不足以解决手头的问题的。学生在努力获得当前形势所需要的知识的同时，智力也在增长。教导主任可能会向委员会成员提供一份佩里模型的摘要，一张像本章中所发现的认知结构理论的图表，或者邀请一位学习专家，他们可以提供关于促进更高层次思维方式发展的想法。

现在来看一下汉普顿博士对黑人学生抗议黑人文化中心改建的反应。不管你是否同意汉普顿博士的观点，人们都可以用归属感理论来描述归属、联系和社区，以及它如何适用于学生在校园中的地位感，以及归属感在大学生教育成功中所起的作用。通过先前对归属感的研究，大学生教育者可以确定，当一个人的归属需求得到满足时，大学的学术、社会和心理社会结果。例如，那些在大学中有归属感的学生也倾向于从事有目的的活动，对自己的能力和技能充满信心，从这样的学习环境中获得满足感，获得更好的成绩，留在学校，然后继续完成他们的学位。所有这些都与汉普顿博士的委员会面对的问题有关。归属感理论也可能有助于评估他关于黑人学生的说法的真实性——从一个多样性资源办公室获得的好处，与从黑人文化中心获得的好处一样。归属感理论表明，归属感在某些情况下具有更高的重要性，必须不断得到满足，所有这些都可能表明汉普顿博士的假设是错误的。我们对黑人文化中心的期望，可能对于多样性资源办公室来说并不合理，反之亦然。

7.6 结论

本章内容对一些读者是有用的。我们撰写本章不仅是为了学生事务专员，也是为了高等教育、学生事务管理、大学生人事专业以及其他相关专业的研究生。学生应该会受益于本章讨论的理论数量和类型。在一本著作中找到这么多广泛应用的理论的简短摘要是有帮助的。这可能会减少学生和管理人员花在图书馆寻找“镜头”的时间，使他们能够看到在特定危机或情景下可能不被注意或完全隐藏的东西。

教授学生事务管理研究生课程的教师也可能会发现本章的材料对教学有用。例如，研究生（尤其是硕士研究生）往往渴望有机会将课堂学习应用到现实生活中。教师可能会发现，本章是对课堂教学，以及管理挑战、职业困境，从业者如何具体地培养大学生整体和弱势群体发展的有益补充。一些教师可能会考虑结合琼斯和艾比（2011）关于理论性质和用途的章节来参阅本章。虽然这两章相关，但在组织、范围和深入解释的具体理论方面有所不同。综合起来，它们在传统理论和更新的观点之间取得了平衡，这些观点为我们的工作提供了信息，我们的研究对象是今天正在接受高等教育的学生。

除此之外，至少还有另外一个群体可以从本章中受益：教育研究人员。那些使用定性和定量方法，以及分析技术对大学生进行研究的人可以从本章的理论讨论中获益

(Strayhorn，2013a)。他们可能会考虑在本章或其他地方提供的信息（Jones & Abes，2011；Strayhorn，2013a）里，利用种族认同理论（Phinney，1996）或多维度身份模型（Jones and McEwen，2000）设计一项研究，以调查学生在大学中的学术和社会经验。如果没有一个理论框架，这项研究可能会显得毫无目的、过于宽泛或毫无联系，而理论则充当黏合剂，将看似不同的部分联系在一起，形成一个有凝聚力的整体。正如我以前的许多学生所认识到的，理论把所有个别部分连接在一起，解释你所看到的东西。它可以帮助你更好地理解一个问题或设计一个研究。事实上，是理论增加了实证研究的严谨性，从而提高了研究结果的价值——理论是一个强有力的工具。下一次，当你在学生事务工作中遇到问题时，可以用理论来“想象一下”。

参考文献

American Council on Education. (1983). The student personnel point of view. In G. L. Saddlemire & A. L. Rentz (Eds.), *Student affairs—A profession' s heritage: Significant Articles, authors, issues, and documents* (pp.122-140). Carbondale: Southern Illnois University Press.

Anfara, V. A., & Mertz, N. T. (2006). *Theoretical frameworks in qualitative research.* Thousand Oaks: Sage.

Argyris, C., & Schön, D. A. (1974). *Theory in practice: Increasing professional effectiveness.* San Francisco, CA: Jossey-Bass.

Astin, A. W. (1984). Student involvement: A developmental theory for higher education. *Journal of College Student Personnel*, 25, 297-308.

Astin, A. W. (1991). *Assessment for excellence: The philosophy and practice of assessment and evaluation in higher education.* New York, NY: MacMillan.

Astin, A. W. (1993). *What matters in college: Four critical years revisited.* San Francisco, CA: Jossey-Bass.

Atwater, M. M., & Alick, B. (1990). Cognitive development and problem solving of Afro-American students in chemistry. *Journal of Research in Science Teaching*, 27, 157-172.

Ausubel, D. P. (1963). *The psychology of meaningful verbal learning.* New York, NY: Grune & Stratton.

Bell, D. (1995). Racial realism—After we' ve gone: Prudent speculations on America in a post-racial epoch. In R. Delgado (Ed.), *Critical race theory: The cutting edge* (pp.2-8). Philadelphia: Temple University Press.

Bensimon, E. M. (2007). Presidential address: The underestimated significance of practitioner knowledge in the scholarship on student success. *Review of Higher Education*, 30 (4), 441-469.

Bourdieu, P. (1977). *Outline of a theory of practice.* Cambridge: Cambridge University Press.

Brown, L. L., & Robinson Kurpius, S. E. (1997). Psychosocial factors influencing academic persistence of American Indian college students. *Journal of College Student Development*, 38, 3-12.

Ceja, M. (2006). Understanding the role of parents and siblings as information sources in the college choice process of Chicana students. *Journal of College Student Development*, 47 (1), 87-104.

Chickering, A. W. (1969). *Education and identity.* San Francisco, CA: Jossey-Bass.

Chickering, A. W., & Reisser, L. (1993). *Education and identity* (2nd ed.). San Francisco, CA:

Jossey-Bass.

Coleman, J. S. (1988). Social capital in the creation of human capital. *American Journal of Sociology*, 94 Supplement, 95-120.

Collins, P. (2000). *Black feminist thought: Knowledge, consciousness, and the politics of empowerment* (2nd ed.). New York, NY: Routledge.

Creamer, D. G., & Associates. (1990). *College student development: Theory and practice for the 1990s.* Washington, DC: American College Personnel Association.

Crenshaw, K. (1991). Mapping the margins: Intersectionality, identity politics, and violence against women of color. *Stanford Law Review*, 43 (6), 1241-1299.

Crotty, M. (1998). *The foundation of social research: Meaning and perspective in the research process.* Thousand Oaks, CA: Sage.

Cruce, T.M, Wolniak, G.C., Seifert, T.A., & Pascarella, E.T. (2006). Impacts of good practices on cognitive development, learning orientations, and graduate degree plans during the first year of college. *Journal of College Student Development*, 47 (4), pp.365-383.

DeCuir, J. T., & Dixson, A. D. (2004). "So when it comes out, they aren't that surprised that it is there": Using critical race theory as a tool of analysis of race and racism in education. *Educational Researcher*, 33 (5), 26-31.

Erikson, E. H. (1968). *Identity: Youth and crisis.* New York, NY: Norton.

Evans, N. J., Forney, D. S., & Guido-DiBrito, F. (1998). *Student development in college: Theory, research, and practice.* San Francisco, CA: Jossey-Bass.

Fowler, J. (1981). *Stages of faith: The psychology of human development and the quest for meaning.* San Francisco, CA: Harper & Row.

Fries-Britt, S., Johnson, J., & Burt, B. (2013). Black students in physics: The intersection of academic ability, race, gender, and class. In T. L. Strayhorn (Ed.), *Living at the intersections: Social identities and Black collegians* (pp.21-39). Charlotte, NC: Information Age.

Jones, S. R., & Abes, E. S. (2011). The nature and uses of theory. In J. Schuh, S. R.

Jones, & S. R. Harper (Eds.), *Student services: A handbook for the profession* (5th ed., pp.149-167). San Francisco, CA: Jossey-Bass.

Jones, S. R., & McEwen, M. K. (2000). A conceptual model of multiple dimensions of identity. *Journal of College Student Development*, 41 (4), 405-414.

Kerlinger, F. N. (1986). *Foundations of behavioral research* (3rd ed.). New York, NY: Holt, Rinehart, & Winston.

Kohlberg, L. (1969). Stage and sequence: The cognitive developmental approach to socialization. In D. A. Goslin (Ed.), *Handbook of socialization theory and research* (pp.347-480). Chicago: Rand McNally.

Lareau, A. (2003). *Unequal childhoods: Class, race, and family life.* Berkeley: University of California Press.

LeCompte, M. D., & Preissle, J. (1993). *Ethnography and qualitative design in educational research* (2nd ed.). San Diego: Academic Press.

Lewin, K. (1936). *Principles of topological psychology.* New York, NY: McGraw-Hill.

Loevinger, J. (1976). *Ego development: Conceptions and theories.* San Francisco, CA: Jossey-Bass.

Loevinger, J. (1998). History of the Sentence Completion Test (SCT) for ego development. In J. Loevinger (Ed.), *Technical foundations for measuring ego development: The Washington University Sentence Completion Test.* Mahwah, NJ: Lawrence Erlbaum Associates.

Loevinger, J., & Wessler, R. (1970). *Measuring ego development: Construction and use of a sentence completion test* (Vol. 1). San Francisco, CA: Jossey-Bass.

Martin, W. E., Swartz-Kulstad, J. L., & Madson, M. (1999). Psychosocial factors that predict the college adjustment of first-year undergraduate students: Implications for college counselors. *Journal of College Counseling*, 2, 121-133.

Matsuda, M. (1991). Voices of America: Accent, antidiscrimination law, and a jurisprudence for the last reconstruction. *Yale Law Review*, 100, 1329-1407.

McDonough, P. M. (1997). Choosing colleges: How social class and schools structure opportunity. Albany: State University of New York Press.

McEwen, M. K. (2003). The nature and uses of theory. In S. R. Komives, D. B. Woodar Jr., & Associates (Eds.), *Student services: A handbook of the profession* (4th ed., pp.153-178). San Francisco, CA: Jossey-Bass.

Merriam, S. B. (1998). *Qualitative research and case study applications in education.* San Francisco, CA: Jossey-Bass.

Osterman, K. F. (2000). Students' need for belonging in the school community. *Review of Educational Research*, 70 (3), 323-367.

Parker, C. A. (1977). On modeling reality. *Journal of College Student Personnel*, 18 (5), 419-425.

Parks, S. D. (2000). *Big questions, worthy dreams: Mentoring young adults in their search for meaning, purpose, and faith.* San Francisco, CA: Jossey-Bass.

Pascarella, E. T., & Terenzini, P. T. (1991). *How college affects students.* San Francisco, CA: Jossey-Bass.

Pascarella, E. T., & Terenzini, P. T. (2005). *How college affects students: A third decade of research* (Vol. 2). San Francisco, CA: Jossey-Bass.

Perry, W. G. (1981). Cognitive growth and ethical growth: The making of meaning. In A. W. Chickering (Ed.), *The modern American college* (pp.76-116). San Francisco, CA: Jossey-Bass.

Phinney, J. S. (1996). Understanding ethnic diversity: The role of ethnic identity. *American Behavioral Scientist*, 40 (2), 143-152.

Piaget, J. (1952). *The origins of intelligence in children.* New York, NY: International Universities Press.

Piaget, J. (1977). *The moral judgement of the child* (M. Gabain, Trans.). Hardmondsworth, UK: Penguin.

Renn, K. A. (2006). Identity and leadership development in lesbian, gay, bisexual, and transgender student organizations. *Concepts and connections: A publication for leadership educators*, 14 (1), 1-3.

Rodgers, R. F. (1980). Theories underlying student development. In D. G. Creamer (Ed.), *Student development in higher education: Theories, practices, and future directions* (pp.10-95). Alexandria, VA: American College Personnel Assocation.

Strayhorn, T. L. (2006). *Frameworks for assessing learning and development outcomes.* Washington, DC: Council for the Advancement of Standards in Higher Education (CAS).

Strayhorn, T. L. (2008a). How college students' engagement affects personal and social learning outcomes. *Journal of College and Character*, 10 (2), 1-16.

Strayhorn, T. L. (2008b). Influences on labor market outcomes of African American college graduates: A national study. *Journal of Higher Education*, 79 (1), 29–57.

Strayhorn, T. L. (2012). *College students' sense of belonging: A key to educational success.* New York, NY: Routledge.

Strayhorn, T. L. (2013a). *Theoretical frameworks in college student research.* Lanham, MD: University Press of America, Rowman & Littlefield.

Strayhorn, T. L. (Ed.). (2013b). *Living at the intersections: Social identities and Black collegians.* Charlotte, NC: Information Age.

Terenzini, P. T., Springer, L., Yaeger, P. M., Pascarella, E. T., & Nora, A. (1996). First generation college students: Characteristics, experiences, and cognitive development. *Research in Higher Education*, 37 (1), 1–22.

Tinto, V. (1993). *Leaving college: Rethinking the causes and cures of student attrition* (2nd ed.). Chicago, IL: University of Chicago Press.

Villalpando, O., & Delgado Bernal, D. (2002). A critical race theory analysis of barriers that impede the success of faculty of color. In W. A. Smith, P. G. Altbach, & K. Lomotey (Eds.), *The racial crisis in American higher education: Continuing challeges for the twenty-first century* (rev. ed., pp.243–270). Albany: State University of New York Press.

Villalpando, O., & Solórzano, D. G. (2005). The role of culture in college preparation programs: A review of the research literature. In W. G. Tierney, Z. B. Corwin & J. E. Colyar (Eds.), *Preparing for college: Nine elements of effective outreach* (pp.13–28).

Albany: State University of New York Press. Weathersby, R. P. (1981). Ego development. In A. W. Chickering & Associates (Eds.), *The modern American college: Responding to the new realities of diverse students and a changing society* (pp.51–75). San Francisco, CA: Jossey-Bass.

Weidman, J. (1989). Undergraduate socialization: A conceptual approach. In J. C. Smart (Ed.), *Higher education: Handbook of theory and research* (Vol. 5). New York, NY: Agathon.

第8章
课堂外的教与学
对学生事务面临的内部和外部挑战的回应

彼得·马戈尔达　托尼·里贝拉

在最近的一次全国会议中，大学舍监声称他们现在与从事高等教育的教职人员是“平等的伙伴”。过去，他们仅仅将宿舍生活定义为“程序化的活动”，而在新的“课程模式”下，舍监同教职人员一样，承担着教师的责任。舍监是什么类型的教师，又是通过什么方式来发挥育人作用的呢？各高校教职人员提出了这些问题，因为这与他们的切身利益息息相关。

——全国学者协会 2008 年

全国学者协会在 *Campus Community*：*The Wrong Imperative* 中提出的两个问题暗含着自命不凡和居高临下的意味。这提醒读者，一些教师既不理解也不认同学生事务专员强调的课堂外的教学与学习。为了教育这些怀疑论者，更重要的是教育学生，所有的学生事务专员都必须回答这个问题：“为了成功地设计和实施一个致力于支持学生学习，帮助学生获得有意义的课外学习机会的辅助课程，我们需要掌握哪些知识和技能？需要开展哪些工作？”我们认为，学生事务专员必须将自己视为教育者，以学生学习为中心开展工作，并将有关教学与学习的学术研究视为本职工作。

学生事务专员的产生其实是高等教育中教师角色和职责变化的结果（Garland & Grace，1993；Nuss，2003）。教师在过去曾经负责监管学生整个大学时期的教育，包括课业辅导和纪律监管，现在教师的职责则变得越来越专业，他们更专注于课堂教学和科研（Creamer，Winston，& Miller，2001；Fenske，1980；Hartley，2001；Rudolph，1977；Schroeder & Mable，1994）。教师角色和职能的变化引发了对学生事务专员的需求。学生事务专员负责促进学生发展和协调学生课外活动（Garland & Grace，1993；Schroeder & Mable，1994）。现如今，学生事务专员已经逐渐有意识地重新定义他们的工作重心，即从单纯的学生服务提供者转变为学生发展专家（也就是说，他们更加倾向于拓展情感、个体、社会、智力、认知和学生发展的职业维度），最终成为关注学生学业进步的教育者（Ender，Newton，&Caple，1996；Magolda & Quaye，2010）。

在定义学生事务专员的职责和目标时，美国教育理事会（ACE）在 *The Student Personnel Point of View*（1937，1949）中首次将学生事务专员视为教育者，他们是承担着帮助学生发现自身优点和兴趣的责任的教育者。而后，学者们（for example，Brown，1972）认为学生事务专员不仅要教育学生，也要评估学生的学习，并掌握学生事务项目和服务的优缺点（American College Personnel Association，1975）。当今社会中，促进学生学习是学生事务专员最主要的责任（Creamer et al.，2001；Roper，2003）。无论职责范围或制度类型如何，大学都要求所有在学生事务领域工作的专职人员通过制订基于特定学习成果的教育计划（American College Personnel Association，1994；Keeling，2004）和提供致力于提高学生知识和技能的辅助课程，成为学生事务专员（SAEs）（Saunders & Cooper，2001）。

除了承担这些责任，学生事务专员在履行他们的教育职责方面常常并将持续面临挑战。本章通过讨论三个问题来聚焦这些挑战：（1）大学日新月异的发展对学生事务工作和辅助课程的影响；(2) 使学生事务专员的教学工作复杂化的外部影响，包括财政资源减少、运营成本上升以及大学对预算困境的应对方式；(3) 旨在确保高校学生在课堂外寻求有意义的学习机会的创新举措。

8.1 处于过渡期的大学和学院

汉森 (1980) 声称，“问题不在于我们 (学生事务专员) 是否应该教育学生，因为我们在这一方面具有深厚而优良的积淀——未来的一段时间，我们还会继续承担这份职责，而在于我们应该如何教育学生。怎样才能更好更有效地教育学生？什么样的工作思想、态度和方法能促进学生学习？” (p.267)。早在40多年前，汉森就准确预言，教育学生应该是学生事务专员职业身份和工作职责不可或缺的组成部分。不断发展和反应敏捷的大学教育迫使学生事务专员不断思考汉森提出的这两个问题，学生事务专员也逐渐发现，致力于提高学生学习效果的良好教育实践和支持服务是没有定式的。以下两个简短的例子说明了这一观点。

在过去的20多年里，高校偏好招收具有不同文化背景和学习需求的学生，这直接导致了学生群体结构的变化 (例如社会阶级、种族、性别、民族、年龄等)。这一变化对学生事务专员的工作也产生了影响，因为他们需要持续评估教育效果，并对辅助课程做出与时俱进的修改来满足学生多样化的需求。现如今，学生事务专员已经意识到为全日制本科生、非全日制本科生以及研究生提供“一刀切的学术建议”既不可行也不明智，他们需要高效地重新设计辅助课程以更好地满足学生群体的需求。

新技术也极大地改变了学生事务专员提供的辅助课程和教育方法 (Connolly, 2011; Martinez-Aleman, 2011)。首先，互联网、社交媒体、智能手机以及平板电脑使学生能获得更多的信息，基本上颠覆了传统的大学课程、教学方法以及师生角色。现在，虚拟技术使得国际学生在到达学校之前，就能够在他们自己的国家了解原本不熟悉的校园和留学目的地，这无疑非常有利于提升他们的学习能力。其次，远程教育和虚拟办公也为全日制学生提供了在线参加研讨会以及定期与教师互动的条件。脸书和推特等网络社交媒体的出现，已经取代了传统模式下学生与宿舍助理之间的沟通方式，信息宣传单、校园时事通信和学生社区大会等已经逐渐被网络社交平台所取代 (Eberhardt, 2007)。这些社交媒体赋予了学生新的角色，同时成为海量信息的发布者和接收者。

学生事务专员已经认识到学生群体结构变化和技术革新对其工作产生的重要影响 (Morrison, 2005)，他们已经在尝试用实际行动回答汉森提出的两个教育问题：“怎样才能更好更有效地教育学生？”和“什么样的工作思想、态度和方法能促进学生学习？”遗憾的是，学生事务专员忽视了对微妙但十分重要的宏观问题的关注，如影响院校发展的经济和政治因素。高等教育日益减少的财政支持，不断上升的运营成本以及对这些问题的政治性回应都对学生事务专员及其设计的辅助课程产生巨大影响。高等教育财政支持的减少以及随之而来的高校对学生事务工作支持力度的下降，也深刻地影响着学生事务专员的教育内容、教育方法以及在课堂之外的学生学习内容。

8.2　经济困境和辅助课程的挑战

施雷克（2010）总结了2008年全球金融危机后高等教育的现状：

当2008年金融海啸席卷而来时，几乎所有的高校，从常春藤盟校到各个社区大学都因此而受到牵连。州政府削减了对大学的财政投入，而社会捐赠额暴跌更是雪上加霜。虽然每所学校都在想方设法减少收入损失，但它们早期的反应表明，金融危机的影响还是不可扭转。大多数学校通过停止招聘、涨学费、减薪、削减养老金缴费，甚至减少垃圾处理费等，来减少开支；同时，它们尽最大努力避免裁减享有终身教职的教授和常任教师。

经济危机对高校的影响仍旧存在。2012年，加利福尼亚州公立高等教育的预算仅占该州总预算的12%，低于1987年的54%（Rapold，2013）。2013年9月，美国总统巴拉克·奥巴马在一次演讲中提醒美国人，高等教育危机将会持续存在，而且变化是不可避免的：

学生家庭和纳税人不可能向一个没有约束且成本持续上涨的教育系统投入资金。我们永远不会有足够的贷款，也永远不会有足够的拨款来支付每年上升5%、6%，甚至7%的教育成本。我们的回报必须大于支出（Jaschik，2013）。

外部对高等教育的财政支持不仅不可能在短时间内增加，还将持续予以紧缩控制。对于奥巴马总统在他的演讲中提到的挑战（例如，运营成本不断增加，外部收入来源持续减少），高校常见的做法是逐步开展商业化运作以应对财政困难的挑战。高校商业化的举措包括提供无条件的客户服务、营销品牌、削减成本、精简人员、提高产出能力、鼓励竞争以及引入外包和评估机制（Tuchman，2009）。

正如本章前面提到的，施雷克（2010）强调了高校对于这些挑战的典型回应，而这些回应正是塔奇曼商业化标准的缩影。在预算削减时期，高校做出的保护教职人员利益不受影响的决定象征着学习知识不可妥协、师生关系不可侵犯（确保高学生满意度），以及高校对教学、研究和智慧的追求不可削弱。对于辨别力不那么敏锐的观察者而言，高校的回应看起来是谨慎、理性、正常且符合逻辑的。

然而，对于独具慧眼的观察者来说，很多问题是显而易见的。非教职人员必须应对每况愈下的困境和因预算削减、裁员、工作职责的增加以及贬抑课外生活带来的影响。对待教职人员和校园内其他工作者的双重标准证明了高等教育机构的重要理念：（1）教室是学生受教育的最主要的场所；（2）教师是校园里最宝贵的人力资源；（3）"过有智慧的人生"胜过发展"全人"。这样的理念降低了非教职人员的工作热情。

从对学生事务工作有利的角度来看，这类商业化决策标志着高等教育不仅有意回归过去那种狭隘的、割裂的、陈旧的和有着不平等组织结构的刚愎自用的模式，也有意将从事学生事务和学术事务的人员一分为二（也就是说，教职人员培养学生的认知能力和智慧，而学生事务专员为学生提供支持服务）。显而易见，这种做法不仅不能使学生利益最大化，反而会严重阻碍学生学习。

学生事务专员为什么会关心看似与本职工作无关的问题，比如通过商业化来解决高校困境的问题？吉鲁（2005）简洁地回答了这个问题：

高校不只是简单地为学生提供知识，同时还对学生人生观、世界观和价值观的形成产生重要影响。如果高校将自己定义为对国家乃至全球的民主生活都至关重要的教学和学习中心，那它们就必须认识到成为商业化运作的附属品是十分危险的（p.5）。

吉鲁认为，高校对商业化运作和企业理念的适应不仅仅源于对自身现状客观分析后所采取的一系列有技巧的、官僚的、行政的措施，也源于在校园内建立了塑造身份和地位的道德与政治意识形态。例如，解聘教师、削减预算或是不成比例地缩减学生事务预算，这些都揭示了一所高校对“怎么做才有利于自身的生存和发展？”这一问题的回答。

经济、政治、道德和意识形态等问题似乎与辅助课程中的教学与学习的主题相去甚远，但事实上并非如此。学生事务专员需要了解大型社会体系对他们日常工作产生的影响。打个比方来说，学生事务专员既需要见“森林”（例如，明确地认识到联邦政府持续削减高等教育财政支持所暗含的政治和道德影响）也需要见“树木”（例如，为应对学生群体结构变化和技术革新而不断改进辅助课程）。经济、道德和政治因素已经并将继续对学生学习产生深远的影响。

8.3 对传统应对策略的扬长与避短

努力克服预算短缺的困难以及应对校园内各群体对学生事务专员工作的不理解，对学生事务专员来说都是常见的挑战，不值一提。然而，在严峻的经济萧条时期，学生事务专员需要慎重地和有预见性地应对这些挑战。当不确定性因素占据主导地位且困难迫在眉睫时，学生事务专员的本能反应要么是缩头缩脚躲避危机，要么试图回到原点（例如，只提供最基本的服务）。随着学生事务专员数量的减少和其在大学内部地位的降低，他们所采用的应对危机的策略就很容易被理解了。然而，这样的行为：（1）不仅不关注学生学习，反而主张回到过去强调学生服务的时代；（2）对长期的和复杂的问题只提出短期的与简单的解决方案；（3）与“他人”（例如，教师和学生）形成了对抗性而非协同合作的关系；（4）衍生出一种过分简单的评估指标，造成测量和评估价值出现谬误。我们邀请读者来思考一些有悖常规的解决方案。以下，我们用简短的例子和分析证明这些方案的风险和可行性。

对于职业道德与行为规范办公室的工作人员来说，应对裁员和削减预算的一个尽管有风险但是可以被理解的做法是暂时将工作重心从教育学生改正错误行为转向仅仅对他们的错误行为予以惩处。当职业道德与行为规范办公室的工作人员的绩效以处理每个学生案子所花费的时间来衡量的话，以惩处为导向的纪律听证会比促进学生学习和发展的教育过程更高效。然而，这种短期和简单的解决方案会产生长期的负面影响。如果学生不能完全理解他们行为的危害性，那么他们很可能再次犯错。以惩处为中心的纪律听证会往往比以教育为中心的听证会更具有对抗性，因为以教育为中心的听证会的基本运行规范是师生在协商的过程中达成谅解，且对处理办法都无异议。

为了使学生事务办公室在未来免受削减预算的影响，学生事务专员设计了满意度调查表来了解学生对诉讼公平性的看法。然而这项调查却忽视了更重要的调查数据——学生从惩处过程中学到了什么。这个例子说明了危机（如预算短缺、优先权改变）和对危机的回应（如效率），凸显了学生事务专员回归教育者角色的重要性。

学生事务专员需要了解什么或采取什么行动来执行这些“解决方案”？笔者提议：要教育不要管理；要合作不要竞争；要进步不要保守；在教学与学习的学术研究方面，要积极参与不要消极旁观；评估取其重，不取其便；只可前进，不可后退。最后三个问题将在本章余下部分讨论。

8.4 对教学与学习的贡献和学术研究

尽管学生事务专员在不同的领域服务于不同的机构，且工作任务也不尽相同，但是时刻保持对教学和学习的重视仍是十分必要的（Carpenter，2001）。开展学术研究是所有学生事务专员作为这一领域专业人士的共性。学生事务专员必须具备开展不同类型学术研究的知识储备（Young，2001），例如，实践型学术研究（Carpenter，2001）、综合型学术研究（Fried，2002）以及应用型学术研究（Schroeder & Pike，2001），只有这样才能提升和优化学生学习效果。

尽管学生事务相关文献对教学和学习的学术研究的重要性做了突出强调，但并不是所有对教学和学习有贡献的和开展学术研究的学术实践者（为促进个体进步、制度完善以及学生事务领域更广阔的职业提升而收集、分析、解读和传播教学与学习的学术研究成果所做的任何努力）都将这一点奉为金科玉律。在经济形势严峻和政治动荡的时代，学生事务专员的从业人数缩减、责任加重、用于职业发展的时间减少，因此他们可能会变得更加被动，更愿意停留在舒适区内或者仅凭直觉处理工作，而不是去创造、传播和应用知识。但恰恰是创造、传播和应用知识的过程与学生事务专员的职业责任息息相关，并对他们的职业发展起着至关重要的作用。

尽管存在这些挑战，但学生事务专员将他们在辅助课程教学与学习的实践中的独到见解形成学术成果并予以传播是非常明智的做法。因为无论他们如何理解自己作为科学实践者（Winston et al.，2001）、教育法研究员（Kuh，1996）或学术实践者的工作职责（Komives，1998），收集、分析、解读和传播教学与学习成果都是他们的本职工作（ACPA，2006；NASPA，n. d.）。

胡贝尔和哈钦斯（2005）提出，开展教学和学习的学术研究有四个主要特征：（1）质疑；（2）收集和整理资料；（3）提出新的见解；（4）公开发表。这些特征与学生事务学者、研究员和作者的倡导相一致。学生事务专员被要求对教学和学习提出问题（Schuh & Gansemer-Topf，2010），参与到教学和学习的系统研究中（Pascarella & Whitt，1999），并通过教学和学习成果来证明自己的努力（Brigman & Hanson，2000）。如果学生事务专员期望学生能够参与辅助课程，并学会质疑、收集和整理资料、提出新的见解并且公开发表他们的观点（正如胡贝尔和哈钦斯的提议），学生事务专员自己也必须接受并建立这些价值观。

公开传播教学和学习成果以促进职业发展是开展相关学术研究的一个关键特征。尽管有关教学和学习的学术研究与其他研究类似（即行为研究），但又因其可传播性与其他研究相区别（Gurung & Schwartz，2009）。胡贝尔和哈钦斯（2005）写道："教学和学习的学术研究不仅是促进个体提升与发展的研究——更是创造出可供他人使用和借鉴的知识的研究"（p.27）。美国大学人事协会（2006）在*Statement of Ethical Principles & Standards*中提到，通过学术研究为职业发展做出贡献是学生事务专员的工作职责。同时还特别强调，学生事务专员应当在业内更广泛地分享高效的教学方法及教学和学习成果（Moore & Blake，2007）。

技术革新使学生事务专员分享良好教学和学习实践的方法发生了革命性的改变。在互联网出现之前，"被选中的少数人"（例如，期刊和图书出版商）是知识的"守门人"，他们决定了什么可以被称之为学术研究，什么样的学术研究应该被传播以及消费者获取知识的渠道。但是，这些"守门人"高大上的筛选标准（例如，学者的著作、国家正式的实证学术研究）将那些分享实践经验的地区性的、非正式的文章排除在外。这些筛选标准增加了学生事务专员传播教学和学习建议的难度，也使他们能接触到的学术种类十分有限。然而，诸如博客、维基百科、电子论坛和社交网络等互联网社交媒体的革新极大地削弱了这些"守门人"的权力，并赋予了学生事务专员力量，使知识的产生、传播与应用更为平等。这些社交媒体并不是取代了知识产生和传播的方式，而是使其如虎添翼，回归传统。现代科技帮助学生事务专员突破了研究规模和研究热点的限制，使其信息共享的方式更简单、更多样。先进的信息共享方式促进了学生事务专员之间的合作，即便是独立的学生事务专员也不必白费力气做重复的工作。

随着学院和大学从以教学为中心模式转变为以学习为中心模式（Barr & Tagg，1995；Cross，1986），教师对学生的学习效果承担更大的责任，他们也意识到需要获得学生学习的证据。学校和相关部门支持关于教学和学习的调研，并鼓励教师之间的合作（Chism，Sanders，& Zitlow，1987）。以学习为中心模式的转变促使教师们力图改进教学效果并以此进一步促进学生学习（Gittens，2007；Hutchings，Huber，& Ciccone，2011）。

和他们的教师同事一样，许多学生事务专员也逐渐采用以学习为中心的工作方式

（Cross，1981）。大学也鼓励他们参与教学和学习的学术研究（Ribera，Fernandez，& Gray，2012）。尽管职业发展机会和激励政策进一步确保教师和学生事务专员更好地整合教学与学习的研究成果，但是学生事务专员在没有激励政策的情况下，必须将学术研究和以学习为中心放在首位。

舒尔曼（2000）认为学生事务专员从事教学和学习的学术研究的三个明确的理由是：（1）实用主义；（2）政策；（3）职业化。学生事务专员从学生群体和有效教学策略中获得了实践经验，这些实践经验不仅提升了他们的个人能力，也为机构的政策制定提供了参考。此外，通过教学与学习实证的传播，他们的新观点得以共享，学生事务专员的职业能力由此得到提升。

8.5 学生事务评估

学生事务专员被认为是教学专家，他们以学生的需求和其明确的学习目标为指引，运用不同的教学方法来促进学生学习（Creamer et al.，2001）。然而，为了回答汉森（1980）最初提出的问题，学生事务专员不仅要了解教学和学习的学术研究的特点，他们更需要精通评估的方法。美国大学人事协会和美国学生人事管理者协会（2010）提到：

> 所有的学生事务专员，无论其职能范围是什么，都必须在这样的假设条件下处理他们的工作，即工作各方面都必须得到公认的评估模型数据的支持。

评估学生学习是学生事务专员的一项专业义务（ACPA，2006；NASPA，n d.），也是进入这个行业应该具备的能力（ACPA，2007）。

遗憾的是，虽然学生事务专员的岗位说明书中暗含了开展教学和学习的学术研究的工作要求，但是他们往往欠缺评估能力，并且将评估排在重要工作职责的末位（Burkard，Cole，Ott，&Stoflet，2005）。学生事务专员很少强调评估是他们的日常工作，而且他们难以展示有效的教学和学生学习的数据（Pascarella & Whitt，1999）。布莱米林和怀特（1999）回应了这个观点，他们写道：

> 学生事务专员最大的困惑是他们无法证明自己的努力是如何影响学生学习的。尽管有研究提供了充足的证据表明其确实有这样的影响力，但是很少有学生事务专员会花时间来检验他们的项目和工作实践是如何对学生的学习成果做出贡献的。

在经济低迷时期，学生事务专员经常承担额外的责任，并因此履行更多的义务。当一个人被迫在日常工作中列出工作重点时，顺手的或者他们自认为能胜任的工作往往是首选。然而，如果学生事务专员降低了对评估的重视程度（即使他们能提供合理解释），那么他们评估学生学习的能力也会随之减弱。

根据学生事务评估研究文献的说法，学生事务专员可能对他们的评估能力缺乏自信。这也导致他们在日常工作中很少强调评估的重要性或者将评估从他们的职责列表中删除。然而，学生事务专员是高等教育实现更伟大学术使命的贡献者。正如学生事务专员总是在思考如何为学生个体或者学生群体提供建议、为其他行政人员提供帮助、为各种活动安排日程等一样，评估也是不可或缺的。如果学生事务专员放弃评估，他们将不知道自己所从事的工作是否对学生的学习有积极的影响，进而很难进一步改进工作。

通过有意义的评估，学生事务专员可以更清楚地了解他们为促进学生学习所做的贡献（Upcraft & Schuh，1996）并利用评估结果确定需要额外关注的领域（American College Personnel Association and National Association of Student Personnel Administrators，1997）。由于学生事务部门一直被要求“为学生事务专员在学生学习评估中扮演的角色制订一个综合的计划”，所以学生事务专员的努力应该与部门规划相一致（Pascarella & Whitt，1999，p.109）。学生事务专员不仅要把自己视为本机构和本部门的一员，更应该意识到他们是一个规模更大的职业团队中的一员。

8.6 面临的挑战

尽管教育环境不断变化、经济情况不稳定、高校也更趋向商业化，但学生事务专员通过开展学术研究和评估学生是否达到预期学习效果等方式将促进学生学习作为日常工作的重点非常必要，也非常可行。以下是高校应对挑战的示例。

加利福尼亚州立大学北岭分校（CSUN），在“入学人数增加，本科和研究生教育需求迫切增长以及公立大学的财政基础日益恶化”的背景下（Koester，Hellenbrand，& Piper，2005，p.11）在全校范围内发起了一场向“以学生为中心的机构”转型的倡议。他们采用的转型政策是：通过“以学习为中心的工作模式来确定每个项目的学习目标”；“以学习为中心对教师、行政员工和管理人员的工作进行评估，并将评估结果反馈给他们，以便他们能够根据评估结果重新规划工作”；“以学生达到学习目标的程度作为衡量成功的标准”（p.11）。

加利福尼亚州立大学北岭分校学生事务专员将促进学生学习作为工作重点，积极参与教学和学习的学术研究、评估学习效果并与教师建立有意义的伙伴关系。例如，宿舍管理部门“与教研室合作创建生活学习社区的做法使课内学习和课外学习不再泾渭分明。这是以学习为中心的大学原则的生动体现，即当学生在实践情境下合作解决问题时，他们的学习效果最好”（Koester et al.，2005，p.16）。这项转型倡议的结果是：

- 创建统一的愿景。这一愿景将转型倡议和其他重要活动，如大学的规划工作和即将到来的再次认证相结合；
- 增加跨部门合作，这对付出的努力是否能达到预期效果至关重要；
- 评估项目有据可依，并以此作为今后发展的基础；
- 校园文化转型；
- 直面来自高校领导阶层的挑战，坚持以学习为中心的原则不动摇，同时关注来自高校内外部的需求（Koester et al.，2008，p.13）。

这项转型激发了加利福尼亚州立大学北岭分校的教师和学生事务专员去培育、收集、分析、解释、传播教学和学习评估的结果，并通过建立学习成果指导实践的机制、围绕学习成果组织实践活动（使用教学和学习过程的知识）、评估学习成果的进展情况以及使用评估结果进一步指导实践的方式为学术和学生事务搭建了合作的桥梁。这些都反映了高校将学生学习重新定位为工作要点和核心任务。学生事务专员和其他教育者（也就是教师）在学生学习方面达成共识，他们之间的合作也因此更加容易。尽管处于教育转型期且经济情况也不稳定，但加利福尼亚州立大学北岭分校仍坚持把促进学生学习作为学生事务工作的重点。

8.7 结论

1994年出版的*The Student Learning Imperative*指出，“如果学生学习是衡量机构生产力在本科教育质量方面的首要标准，那么学生的学习内容和学习程度也必须是判断学生事务价值的准则”（p.3）。*The Student Learning Imperative*的作者主张学生学习是高校所有员工，包括学生事务专员的工作核心。这一主张驳斥了全国学者协会（2008）在*Campus Community*：*The Wrong Imperative*中提出的观点。为了迎接当代高等教育的挑战并回答“为了成功地设计和实施致力于支持学生学习，帮助学生获得有意义的课外辅助课程，我需要掌握哪些知识和技能，开展哪些工作”这一问题，学生事务专员必须：

- 把自己视为教育者，这是首要的也是最重要的。
- 不断提出和回答问题：“怎样才能更好、更有效地开展教学？”“如何提升学生学习效果？”
- 不仅要关注微观和宏观的内部挑战，更要关注能够影响高校发展和可能威胁到学生课外学习的外部挑战。
- 认识到教学和学习不仅仅是技术或管理实践，同时也是工作伦理和政治实践。
- 即使得不到发展机会和回报，也要成为教学和学习的学术研究的发起者、传播者和应用者。
- 认识到评估学生学习是一项职业责任。
- 增加教师和学生的跨校园合作。

简单地说，促进学生学习是高等教育学生事务的全部内容。

参考文献

American College Personnel Association.（1975）. A student development model for student affairs in tomorrow's higher education. *Journal of College Student Personnel*，16（4），334-341.

American College Personnel Association. (1994). *The student learning imperative: Implications for student affairs.* Washington, DC: Author.

American College Personnel Association. (2006). Statement of ethical principles standards. http://www.myacpa.org/au/documents/Ethical_Principles_Standards .pdf.

American College Personnel Association. (2007). *Professional competencies: A report of the steering committee on professional competencies.* Washington, DC: Author.

American College Personnel Association and National Association of Student Personnel Administrators. (1997). *Principles of good practice for student affairs.* Washington, DC: Authors.

American College Personnel Association and National Association of Student Personnel Administrators. (2010). *Envisioning the future of student affairs: Final report of the task force on the future of students affairs appointed jointly by ACPA and NASPA.* Washington, DC: Authors.

American Council on Education. (1937). *The student personnel point of view. American Council on Education Students* (Series 1, Vol. 1, No. 3). Washington, DC: Author.

American Council on Education. (1949). *The student personnel point of view* (rev. ed.). American Council on Education Students (Series 6, No. 13.) Washington, DC: Author.

Barr, R. B., & Tagg, J. (1995). From teaching to learning: A new paradigm for undergraduate education. *Change*, 27 (6), 13-25.

Blimling, G. S., & Whitt, E. J. (1999). Using principles to improve practice. In G. S. Blimling, & E. J. Whitt (Eds.), Good practice in student affairs: Principles to foster student learning (pp.179-204). San Francisco, CA: Jossey-Bass.

Brigman, S. L., & Hanson, G. R. (2000). Making things happen in higher education: Dissemination of student affairs research results. In J. W. Pickering & G. R. Hanson (Eds.). *Collaboration between student affairs and institutional researchers to improve institutional effectiveness.* New Directions for Institutional Research (No. 108, pp.49-61). San Francisco, CA: Jossey-Bass.

Brown, R. D. (1972). *Student development in tomorrow' s higher education—A return to the academy.* Washington, DC: American Personnel and Guidance Association.

Burkard, A., Cole, DC, Ott, M., & Stoflet, T. (2005). Entry-level competencies of new student affairs professionals: A Delphi study. *NASPA Journal*, 42 (3), 283-309.

Carpenter, S. (2001). Student affairs scholarship (re?) considered: Toward a scholarship of practice. *Journal of College Student Development*, 42 (4), 301-318.

Chism, N., Sanders, D., & Zitlow, C. (1987). Observations on a faculty development program based on practice-centered inquiry. *Peabody Journal of Education*, 64 (3), 1-23.

Connolly, M. R. (2011). Social networking and student learning: Friends without benefits. In P. Magolda & M. B. Baxter Magolda (Eds.), *Contested issues in student affairs: Diverse perspectives and respectful dialogue* (pp.122-134). Sterling, VA: Stylus.

Creamer, D. G., Winston Jr., R. B., & Miller, T. K. (2001). The professional student affairs administrator: Roles and functions. In R. B. Winston, Jr., D. G., Creamer, & T. K. Miller (Eds.), *The professional student affairs administrator: Educator, leader, and manager* (pp.3-38). New York, NY: Brunner-Routledge.

Cross, K. P. (1981). Planning for the future of the student personnel profession. *Journal of College Student Personnel*, 22 (2), 99 - 104.

Cross, K. P. (1986). A proposal to improve teaching or what "taking teaching seriously" should mean.

AAHE Bulletin, 39 (1), 9-14.

Eberhardt, D. M. (2007). Facing up to Facebook. *About Campus*, 12, 18-26.

Ender, S. C., Newton, F. B., & Caple, R. B. (1996). Contributions to learning: Present realities. In S. C. Ender, F. B. Newton, & R. B. Caple (Eds.), *Contributing to learning: The role of student affairs. New Directions for Student Services* (No. 75, pp.5-17). San Francisco, CA: Jossey-Bass.

Fenske, R. H. (1980). Historical foundations. In U. Delworth & G. R. Hanson (Eds.), *Student services: A handbook for the profession* (pp.3-24). San Francisco, CA: Jossey-Bass.

Fried, J. (2002). The scholarship of student affairs: Integration and application. *NASPA Journal*, 39 (2), 120-131.

Garland, P. H., & Grace, T. W. (1993). *New perspectives for student affairs professionals: evolving realities, responsibilities and roles* (ASHE-ERIC Higher Education Report no. 7). Washington, DC: George Washington University, School of Education and Human Development.

Giroux, H. (2005). Academic entrepreneurs: The corporate takeover of higher education. *Tikkun*, 20 (2), 18-28.

Gittens, W. (2007). Shifting discourse in college teaching. *International Journal for the Scholarship of Teaching and Learning*, 1 (1), 1-5.

Gurung, R. A. R., & Schwartz, B. M. (2009). *Optimizing teaching and learning: Practicing pedagogical research.* West Sussex, UK: Wiley-Blackwell.

Hanson, G. R. Instruction. (1980). In U. Delworth & G. R. Hanson (Eds.), *Student services: A handbook for the profession* (pp.267-295). San Francisco, CA: Jossey-Bass.

Hartley, M. (2001). Student learning as a framework for student affairs—Rhetoric or reality? *NASPA Journal*, 38 (2), 224-237.

Huber, M. T., & Hutchings, P. (2005). *The advancement of learning: Building the teaching commons.* A Carnegie Foundation Report on the Scholarship of Teaching and Learning in Higher Education. San Francisco: Jossey-Bass.

Hutchings, P., Huber, M. T., & Ciccone, A. (2011). *The scholarship of teaching and learning reconsidered: Institutional integration and impact.* San Francisco, CA: Jossey-Bass.

Jaschik, S. (2013, July 25). *Shake up for higher ed.* http://www.insidehighered.com/news/2013/07/25/obama-vows-shake-higher-education-and-find-new-ways-limitcosts.

Keeling, R. P. (Ed.). (2004). *Learning reconsidered: A campus-wide focus on the student experience.* Washington, DC: National Association of Student Personnel Administrators and American College Personnel Association.

Koester, J., Hellenbrand, H., & Piper, T. D. (2005). Exploring the actions behind the words "learning-centered institution." *About Campus*, 10 (4), 10-16.

Koester, J., Hellenbrand, H., & Piper, T. D. (2008). The challenge of collaboration: organizational structure and professional identity. *About Campus*, 13 (5), 12-19.

Komives, S. R. (1998). Linking student affairs preparation with practice. In N. J. Evans & C. E. Phelps Tobin (Eds.), *The state of the art of preparation and practice in student affairs: Another look* (pp.177-200). Lanham, MD: University Press of America.

Kuh, G. D. (1996). Guiding principles for creating seamless learning environments for undergraduates. *Journal of College Student Development*, 37 (2), 135-148.

Magolda, P. M., & Quaye, S. J. (2010). Teaching in the co-curriculum. In J. H. Schuh, S. R.

Jones & S. R. Harper (Eds.), *Student services: A Handbook for the profession* (5th ed., pp.385-398). San Francisco, CA: Jossey-Bass.

Martinez-Aleman, A. M. (2011). Social media and learning: A profile. In P. Magolda & M. B. Baxter Magolda (Eds.), *Contested issues in student affairs: Diverse perspectives and respectful dialogue* (pp.135-140). Sterling, VA: Stylus.

Moore, E. L., & Blake, J. H. (2007). Articulation, communication, dissemination: SHARING your experiences with others. In E. L. Moore (Ed.), *Student affairs staff as teachers.* New Directions for Student Services, no. 117. San Francisco, CA: Jossey-Bass.

Morrison, J. (2005). U.S. higher education in transition. *On the Horizon*, 11 (1), 6-10.

National Association of Scholars. (2008, October). Rebuilding campus community: The wrong imperative. http://www.nas.org/polArticles.cfm?Doc_Id=251.

National Association of Student Personnel Administrators. (n. d.). *Standards of professional practice.* http://www.naspa.org/about/standards.cfm.

Nuss, E. M. (2003). The development of student affairs. In S. R. Komives & D. B. Woodard, Jr., (Eds.), *Student services: A handbook for the profession* (4th ed., pp.65-88). San Francisco, CA: Jossey-Bass.

Pascarella, E. T., & Whitt, E. J. (1999). Using systematic inquiry to improve performance. In G. S. Blimling & E. J. Whitt (Eds.), *Good Practice in student affairs: Principles to foster student learning* (pp.91-112). San Francisco, CA: Jossey-Bass.

Rapold, N. (2013, Sept. 3). Looking at modern campus life minus keg parties. *New York Times*, pp.C-6.

Ribera, T., Fernandez, S., & Gray, M. (2012). Assessment matters: Considering the scholarship of teaching and learning in student affairs. *About Campus*, 16 (6), 25-28.

Roper, L. D. (2003). Teaching. In S. R. Komives & D. B. Woodard Jr., (Eds.), *Student services: A handbook for the profession* (4th ed., pp.466-483). San Francisco, CA: Jossey-Bass.

Rudolph, F. (1977). *Curriculum: A history of the American undergraduate course of study since 1636.* San Francisco, CA: Jossey-Bass.

Saunders, S. A., & Cooper, D. L. (2001). Programmatic interventions: Translating theory to practice. In R. B. Winston, Jr., D. G., Creamer, & T. K. Miller (Eds.), *The professional student affairs administrator: Educator, leader, and manager* (pp.309-340). New York, NY: Brunner-Routledge.

Schrecker, E. (2010). *The lost soul of higher education: Corporatization, the assault on academic freedom, and the end of the American university.* New York, NY: New Press.

Schroeder, C. C., & Mable, P. (1994). Residence halls and the college experience: Past and present (Eds.). In C. Schroeder & P. Mable (Eds.). *Realizing the educational potential of residence halls* (pp.3-21). San Francisco: Jossey-Bass.

Schroeder, C. C., & Pike, G. R. (2001). The scholarship of application in student affairs. *Journal of College Student Development*, 42 (4), 342-355.

Shulman, L. S. (2000). From Minsk to Pinsk: Why a scholarship of teaching and learning? *Journal of Scholarship of Teaching and Learning*, 1 (1), 48-53.

Tuchman, G. (2009). *Wannabe U: Inside the corporate university.* Chicago, IL: University of Chicago Press.

Upcraft, M. L., & Schuh, J. H. (1996). *Assessment in student affairs: A guide for practitioners.* San

Francisco, CA: Jossey-Bass.

Winston, R. B. Jr., Creamer, D. G., Miller, T. K. (Eds.). (2001). *The professional student affairs administrator: Educator, leader, and manager*. New York, NY: Brunner-Routledge.

Young, R. B. (2001). A perspective on the values of student affairs and scholarship. *Journal of College Student Development*, 42 (4), 319-337.

第9章 衡量学生成功的模型和指标

洛丽·瓦洛塔

公众普遍认为五个术语大致涵盖了美国高等教育，特别是公立高等教育的学生事务管理情况，这五个术语是：学生保持、毕业、学生成功、机构效能和机构效率。但是，这些术语在日常使用、规范对话和传播中没有经过仔细推敲。公众的看法听起来似乎可信，例如，在籍学生和正在申请大学的学生、这些学生的家长、政府官员、高校领导在交谈中可能这样说："学生保持是指在高校中深造的学生人数；毕业是已经完成修业年限，达到学位授予要求的学生人数；学生成功是指已经获得学位证书的毕业生人数。"不难想象，这些人会顺着这个思路想当然地认为：有效能的教育机构是拥有大量毕业生的机构，而有效率的教育机构是促使学生及时获取学位的机构。尽管本章没有涉及保持理论，或其实践模型，但是前面已有大量关于学生保持的资料（学生保持资料参见本章结尾的列表）。

公众对这些术语的理解往往建立在学生保持→毕业→学生成功→机构效能→机构效率这样的因果关系基础之上，因此他们认为对这些术语进行简单表述并不影响他们对美国高等教育的总体认知（一所优质大学的毕业率应至少在80%；一名成功的学生应能够在大学四年的时间里毕业）。但是，很多教育者则有不同的看法，他们认为公众的理解过于简单，没有考虑到在教育资源配置过程中政府的调节作用可能带来的影响。因此，本章为读者介绍了术语表述、模型和概念方面的知识，以提高读者的思维能力和概括能力。我们希望科学定义这些术语并厘清它们之间的联系，最终运用科学的定义和清晰的关系准确解读大多数高校公布的学生入学数据。

本章首先介绍了流行的毕业、学位完成的表述，这种表述在许多公共政策圈子中流行，包括较高级别的政府官员圈子。这样的表述反映了公众对学生保持、毕业、学生成功、机构效能和机构效率这样的术语间因果关系的理解。几位当代的学者认识到人们对有些术语的使用未加剖析，而且意义模糊，所以他们决定深入分析研究这些术语。他们中的一些人提炼了更专业、更精准地反映当代学生入学模式特点的术语表达。由此形成的研究报告在很多高校广为传阅。

接下来，本章使用前面提到的优化概念指出目前广泛应用的高等教育综合数据系统中毕业率模型存在的问题。这一模型是美国于1990年提出的《学生知情权与校园安全法案》的一部分，用于监测和衡量小众学生群体，即秋季入学的全日制新生的入学情况。考虑到小众学生群体会限制和影响高等教育者思考、探讨与倡导教育的方式，本章将分享五个较新的，将毕业率置于更精确的背景下的模型。实际毕业率与预期毕业率模型、实际毕业率与同行毕业率模型、毕业率分解法、自愿问责系统（VSA）的本科生成功率和进步率（S&P）以及学生成功量表（SAM）这五个模型不仅潜移默化地影响了公众的术语表达，也影响了公共政策的制定。

最后，本章提出了内外部利益相关者可能会觉得尴尬的问题。本章探讨了两个最重要的关联：一个是学生成功与毕业之间的关联，另一个是毕业与机构效能之间的关联。如果这两个关联不挂钩呢？再者，教育者能够以及应该在多大程度上精确界定那些不以获得学位为最终目标的学生的成功？本章的结论是建议在某些情境下的，即认为尽管学生并未获得学位，但是并不影响学生和教育机构的成功。

9.1 关于学生成功的一般表述

本节阐述了教育领域核心术语的当代定义以及这些术语的汇集方式。大多数的公众和政府官员很少认真审视学生保持、毕业、学生成功、机构效能和机构效率这些术语本身的含义及其相互关系。尽管如此，有几位学者已经对这些术语开展详细的检视。

例如，哈格多恩（2012）、奥斯汀（1971）和廷托（1987）采用了人工二分法，如保持和流失不论是从表述方式上还是准确度上都限制了对实际情况的描述。他们也提出将学生成功和毕业混为一谈是有问题的。他们的著作解释了为什么以毕业率作为衡量标准影响了对学生进步和成功的评价，有时甚至忽略了当今大部分大学生的毕业情况。此外，本章提示教育者将构建和应用作为“立足点”创新一个术语或者测量方法。

9.1.1 人工二分法

为了阐明用于公开论述中二元表述的活力，哈格多恩（2012）探索了保持和流失这两个术语。尽管两者经常是作为反义词来描述相反的情境——保持是指在学校就读直至获得学位，而流失是指过早退学——但在当今的情况下，这两个术语却并非绝对对立。亚历山大·奥斯汀（1971）指出：“只有统计出所有未完成学业的学生和所有完成学业的学生的数据，才能对流失和非流失做出完美的分类”（p.83）。正如奥斯汀和哈格多恩阐述的那样，既然流失可以变为非流失，反之亦然；如果流失取决于汇报数据的特定时刻，那么流失仅是个暂时定义。

从这个角度来看，将保持/流失一分为二是错误的：学生不是处于简单的非此即彼的情况中。当今学生入学的路径往往过于复杂和分散以至于无法通过这个二元表述予以界定。例如，在如下情境中，哪些学生是流失的，哪些又是非流失的呢？

学生A，在一所大学就读，大一结束后休学，六年后又回到这所大学继续学习。

学生B，在一所大学就读，大一结束后转到另一所大学继续攻读学位。

学生C，在一所大学就读，大一结束后没有完成学分要求。第二年以非全日制生的身份重新入学，在同一所大学就读直到获得学位。

其实，高中毕业后直接进入大学以全日制的形式就读，四年后获得学位的学生已经不是现在高等教育的主体。相反，以上例子中的学生放大到全国范围才更具代表性。因此，当代的教育者应该构建能描述学生真实情况的术语，设计能体现学生进步（尽管学生的进步之路迂回曲折）的量表，拓展有助于学生申请的入学渠道，而不是依赖于人工二分法掩盖当下的复杂局面。

9.1.2 对因果关系的质疑

很多人通常会认为保持和毕业、毕业和学生成功互为因果（或者是比较重要的关系）。学生成功和毕业通常被混为一谈。尽管在大学层面有声音质疑毕业是否是学生成功的必然或者充分条件，但是公众仍然宣扬获得学位证书或某种类型的证书是学生成功的黄金法则。

在公众的意识中，毕业和成功是相关联的。一个强有力的标志是美国前总统奥巴马的美国毕业计划（AGI，2009）。奥巴马的AGI计划的关键部分是“为创新战略提供资金，帮助学生完成大学学业，提升毕业率，缩小与成功的差距”（White House: Office of the Press Secretary，2009，p.17）。奥巴马对完成大学学业的重视，即从一所大学毕业并获得学位证书，进一步促使公众将学生成功和毕业关联在一起。

9.1.3 扩大学生群体的统计范围

为了扩大学生群体的统计范围，美国政府要求大学和学院汇报学生的毕业率。通过高等教育综合数据系统（IPEDS）毕业率调查（GRS），获得的毕业率来自非常有限的学生群体，即首次入学的、全日制的和以获得学位为目标的学生。

被授权追踪的这个群体的毕业率仅仅是美国教育机构很小的一个横截面，但是对许多大学和学院来说，这样的学生群体几乎是不存在的。对于另外一些大学来说，这样的学生群体数量也在急剧减少”（Jaschik，2013，p.4）。不幸的是，尽管毕业率仍然被广泛使用，但它更像20世纪的古董，而不是适用于当下的，能准确反映当今实际的测量方法或者指标。

由于GRS模型将数据汇编和汇报功能排除在外，所以当今更为典型的学生，例如前文讨论的例子A~C的学生也被排除在外。GRS和毕业率未能捕获机构使命的差异，更不要说将学生目标和教育目标做以区分了。下一节将发掘由此导致的问题。

9.1.4 明确观点和立场

在很多的教育利益相关者的头脑中，未获得学位就退学是学生失败的标志。同样的，这些人也将一个教育机构缺乏保持学生的能力视为其在一定程度上的失败。所以在公共政策意见交换中，学生没毕业是实实在在的失败，不仅如此，教育机构也是失败的。

然而，对于暂时辍学，甚至完全退学的学生来说，他们也许并不认为自己是失败者。关于辍学，我们想一下，有一个名叫梅莎的学生，她在大学第一学期结束后因被诊断出严重的健康问题离开了X机构。她不能回到学校。第二年秋季，X机构在正式的学籍报告中将她列为辍学生。梅莎搬回父母家，在接受了两年的系统治疗后，她尝试着再一次完成学业。她以非全日制生的身份在附近的Y机构注册入学，而后用六年半的时间获得学士学位。被X机构贴上辍学生标签的她，会被Y机构认定为成功完成学业的学生吗？也许会，也许不会。根据GRS的测算标准，超过正常学制1.5倍的时间获得学位的学生是不被计入毕业率的（Hagedorn，2012，pp.87-88）。因此，这就是教育机构不认为梅莎的教育经历是成功的原因。尽管如此，梅莎仍可以恳求被区别对待。

为了精确地描述梅莎的教育经历，教育者应该更加认真地检查他们应用术语和汇报数据的方式。例如，Y机构可以在4~6年的时间区间内测算其毕业率。教育者也应该避免混淆“持续”和“保持”这两个术语。针对国家教育统计中心（NCES）给出的定义，哈格多恩强调这两个术语区别很大。哈格多恩认为“保持”是从机构的角度，来描述一个学生在特定的大学或者学院就读。“持续”是从学生的角度，来描述一个学生连续的或者间断的学术追求（也许是在原来机构学习，也许是转到其他机构学习）（2013，pp.2~3）。在这个例子中，X机构没有“保持”梅莎的学习记录，但是她在其他的机构“持续”地完成了学业，并获得学位。

根据研究保持理论的学者文森特·廷托（1987）的结论，从大学退学的学生既不认为自己是失败者（术语辍学生通常暗指失败者）也不认为他们的大学时光被浪费了。相反，他们也许会将高等教育经历作为自我发现过程的重要组成部分，这种经历有助于丰富他们的社会经验。我们看一下桑杰，一位持有资格证的电气技师，他陪同妻子长途跋涉来到美国某空军基地，他的妻子将按规定在这里服役两年。桑杰的长远规划是创业做电器修理生意，所以搬去妻子服役的地方后不久，他申请就读于当地的开放大学，并修读了会计、市场营销和金融课程。两年后，当桑杰退学时，他已经成功完成了他想要修读的十五门课程。桑杰是个辍学生吗？这是一个失败者的故事吗？

为了处理类似的问题，约翰·比恩（1990）建议将学生的个人目标纳入保持理论——从学生成果和其原始教育目标对比的角度界定学生流失。本章谈及的案例中最关键的部分是这些案例指出了从一个特定的人的立场出发，审慎思考教育术语和评估的必要性。既然以这样的立场作为起点描绘和评估大学旅程对教育终点会产生直接影响，那么教育者必须问：到底应该从对谁有利的角度来界定学生保持？

由于梅莎和桑杰都没有进入GRS研究的学生群体，所以两人都无法被GRS记录，更不用说被GRS认定为成功。这也表明GRS收集和传播的数据无法对学生的个人目标负责。但是，正如GRS结果所示，如果有新的模型以某种方式对GRS数据进行分类和优化，那么它或许可以更好地描述学生成功与毕业之间的关系。本章的下一节将介绍几个这样的模型及其对公共政策的影响。

9.2 新兴的模型和指标

为了弥补GRS以少数群体作为调查对象及其对毕业率测算方式的不足，一些国家的相关组织和基金会正在调整毕业率模型使其可以获取更详细、差别化的数据。下面将介绍这样的五个模型。

虽然前三个新模型和GRS研究的是相同的学生群体，但是每个模型都以特定的数据表达方式强调更具情境化的毕业故事（American Association of State Colleges and Universities，AASCU，2006，p.4）。第一个模型重点关注某一特质，例如一所机构的首次入学全日制新生的学术准备情况和社会经济情况，以此来计算和比较该机构的期望毕业率和实际毕业率。第二个模型展现了某一机构和同行机构的毕业率比较情况。第三个模型通过结构化数据来测算首次入学新生子群体的毕业率，例如少数族裔的学生或者有资格获得佩尔助学金的学生。第四个模型被称为自愿问责系统（VSA）的本科生成功率和进步率（S&P）。该模型拓展了GRS测量的学生群体，将转学生和非秋季学期入学的学生纳入进来。大学模型通过采用本科生成功率和进步率（S&P）来纠偏对毕业率估算的误差。第五个模型，学生成功量表，因其追踪记录了包含在学生成功和进步率的两个群组的学生再加上追求副学位和证书的两个群组的学生，进一步推动了自愿问责系统（VSA）的本科生成功和进步率（S&P）的发展。学生成功量表汇集了为每个群组学生设计的多种成功测量方式。比起GRS系统，它的时间框架也更为多样。本节的最后一个部分简要概述了田纳西州模型。这个模型综合了其他五个模型研发的学生和机构特质来评估机构效能并分配资金。

9.2.1　模型1：实际毕业率与预期毕业率模型

实际毕业率与预期毕业率模型是加利福尼亚大学洛杉矶分校（UCLA）高等教育研究所利用机构合作研究项目（CIRP）采集的新生调查数据建立的。这个模型界定了与毕业率相关的关键指标（例如，高中成绩平均分和父母受教育程度），并为这些指标设定了权重来确定机构的预期毕业率。而后，该机构可以对比预期毕业率与实际毕业率。接下来，我们将介绍在假定情境下，两者对比产生的影响。

一份日报2006年刊登了所在地区的两所高等教育机构的毕业率。其中一所高等教育机构是私立的文理学院，另一所是公立的城市大学。有趣的是，这两所机构的毕业率都是55%。看起来两所机构做着同等效用（或者无效）的工作。然而，当我们考虑到每一所机构的首次入学全日制新生的特点时，一个新的图景出现了。以学业完成和指标权重的预测因子为基础，“私立文理学院全日制新生的预期毕业率为68%，而公立大学的全日制新生的预期毕业率仅为40%”。据此模型，私立文理学院的工作表现比公立大学更好些（至少在毕业率方面）（AASCU，2006，p.4）。然而，在现实中，公立大学的实际毕业率远远高于预期毕业率，文理学院的实际毕业率却远低于预期毕业率。

9.2.2　模型2：实际毕业率与同行毕业率模型

教育信托基金开发的实际毕业率与同行毕业率模型比较了一所大学和同行机构的

毕业率。

为了帮助公众做比较，教育信托基金创建了大学研究成果在线网页（College Results Online，2013）。这个网页涵盖了包括大学录取考试成绩和佩尔助学金获得者在内的11个基础因子，可以比较任何一所四年制大学和类似的教育机构的毕业率。模型的设计者认为这个模型不仅可以将诸如使命、学生人口分布以及财政资源的因子纳入考虑后识别高效能的大学和学院，也有利于毕业率低的机构识别和解决存在的问题以提升毕业率。

下面通过一个例子说明这个模型的作用。加利福尼亚州高三年级的一名学生。她的平均成绩为3.4分，学术能力评估测试（SAT）成绩为1 200分。她的母亲正在努力思考女儿应该申请哪所公立大学。她知道女儿不太可能被加利福尼亚大学伯克利分校或加利福尼亚大学洛杉矶分校这样的名校录取，但她有信心女儿会被加利福尼亚州立大学（CSU）的某一所录取。如果想比较像加利福尼亚州立大学北岭分校和圣何塞州立大学或旧金山州立大学时，这对母女会发现大学研究成果在线这个网页非常有用，因为它可以将这些大学做对比。

9.2.3 模型3：毕业率分解法

毕业率分解法也是应用了GRS测量首次入学的全日制新生。但是这个方法将学生群体分类，仅仅将少数族裔和有资格获得佩尔助学金的学生纳入调查范围。然后，这个模型比较了首次入学的全日制新生的整体毕业率和子群体的毕业率。

研究表明，来自低收入家庭学生的毕业率往往低于来自高收入家庭学生的毕业率。因此，大学可以建立一个子群体的模型来比较拥有以下资格的学生的毕业率：（1）获得佩尔全额助学金的学生群体（典型的是来自低收入社会经济家庭背景的学生）；（2）获得部分佩尔助学金的学生群体；（3）获得部分助学贷款的学生群体；（4）没有获得佩尔助学金或助学贷款的学生群体（典型的是来自高收入社会经济家庭背景的学生）。教育工作者可以运用这个模型比较同一机构中上述四个子群体之间学生毕业率的差别，以及四个子群体的学生毕业率与GRS测量首次入学的全日制新生的毕业率之间的差别（AASCU，2006，pp.4-5）。

毕业率分解法还可以用于机构间的比较，显示出A机构和B机构的来自低收入家庭的学生毕业率的比较结果。因此，通过这个模型，当两个机构服务相似的学生群体时，就可以知己知彼，相互较量了。例如，不难想象，为美国非洲裔男性学生提供学位的学院能够做得和同系统中精心挑选的一级研究型大学一样好，甚至更好。

9.2.4 模型4：自愿问责系统的本科生成功率和进步率

自愿问责系统（VSA）是由美国州立大学与学院协会（AASCU）和美国公立及赠地大学协会（APLU）在全国发起的为全国四年制公立大学设计的自愿问责模型。该模型的核心是“大学肖像”模板。成员机构把它们的数据填录到模板上。280所成员机构已经在它们的官方网站上张贴了自己版本的“大学肖像”模板，想申请的学生、学生家长、政策制定者及其他利益相关者可以获取“大学肖像”模板给出的信息。

“大学肖像”模板中很有发展潜力的指标是成功率和进步率（S&P）。成功率和进步率（S&P）通过测量两个关键指标：首次入学的全日制新生和全日制转学生，拓展了GRS指标。其他的区别包括：

- 成功率和进步率将两年制和四年制学位均纳入学业完成指标。
- 成功率和进步率持续追踪已获得两年制学位却再次申请到四年制学位就读的学生，并允许用四年制学位替代两年制学位，以免学业完成指标被重复计算。
- 成功率和进步率是根据一个学年，而不只是秋季学期来计算的，因此全年任何时间入学的学生都可计算在内。
- 成功率和进步率包括了6年后仍在两年制学位或四年制学位机构就读的学生（即使他们尚未毕业）。

图9-1和图9-2表明了成功率和进步率。

由于成功率和进步率追踪记录了不止一个学生群体，所以它在样本学生数量和种类上优于GRS。这意味着更大的学生群体，包括求学路径曲折的学生也可能被认定为成功。在扩大的学生群体中，追踪哪些学生，谁的学业路径应该被记录以及哪些学生获得的学位应计算在内是重塑表述的关键步骤，而之前的表述几乎忽略了这些细节。

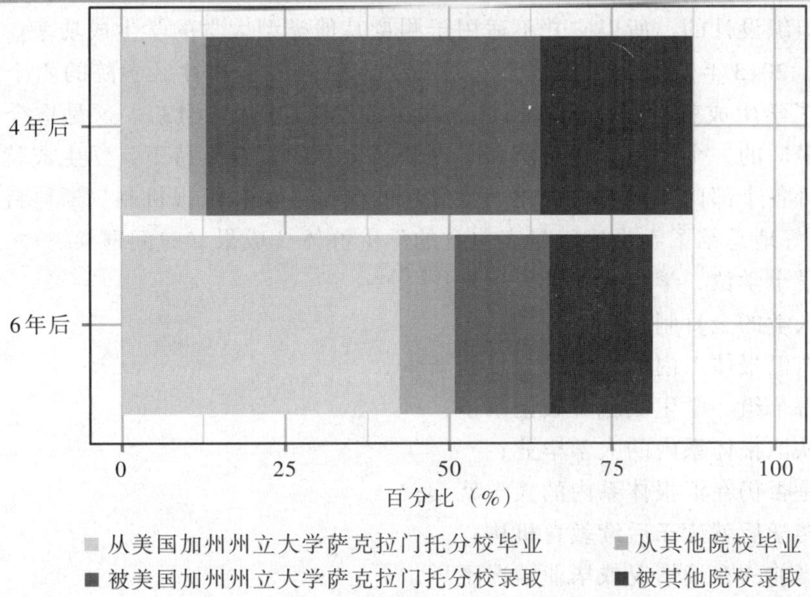

图9-1　2006年秋季首次入学的全日制新生

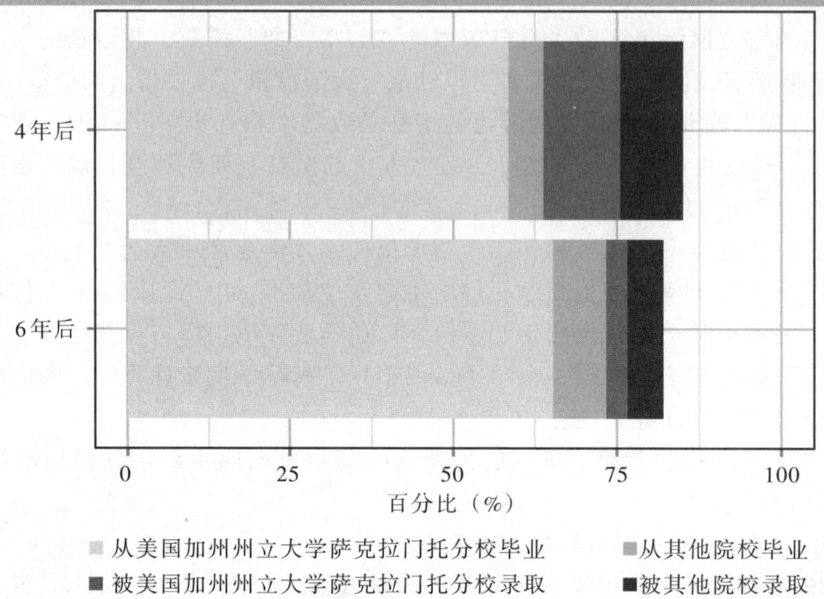

图 9-2　2006 年秋季入学的全日制转学生

9.2.5　模型 5：学生成就量表

自愿问责系统（VSA）的“大学肖像”模板、本科生成功率和进步率指标极大地改进了GRS在方法论上的局限。但是由于“大学肖像”模板是由重点关注四年制公立大学的组织设计的，所以它并不适用于测量其他类型大学的学生成功率。为了填补这一空白，2013年，代表四年制公立、私立、独立大学和社区学院的六个国家联合组织设计了学生成就量表（Student Achievement Measure，2013）。这是迄今为止涵盖调查对象最广的一个模型。在盖茨和卡内基基金会的资金支持下，学生成就量表推动了高等教育各个部门共同努力优化学生成功的测量方法和汇报机制。斯科特·雅西克（2013）很好地总结了学生成就量表包含的学生群体、成果和时间框架。

对于学士学位，学生成就量表检测：

首次入学的全日制新生；

转学至汇报体系内的大学的全日制新生。

对于每个组，学生成就量表记录了：

学生从汇报体系内的大学毕业；

学生是否仍在汇报体系内的大学就读；

学生转学后就读于后续教育机构；

学生当前的在读情况或毕业情况不详；

学生入学后，数据以四年、五年和六年为周期进行更新。

对于获取副学位和证书的项目，学生成就量表检测：

全日制新生首次就读于汇报体系内大学；

非全日制新生首次就读于汇报体系内大学；

学生成就量表在2013年10月上线，当时许多大学都上传了数据。虽然从某种程度上说，这是一个优化的模型，但是它的影响力是积极和长远的。

9.2.6　田纳西州模型

上述模型有助于教育工作者和其他利益相关者以比GRS更完整和更符合实际情况的方式汇总、分析和传播毕业生数据。这些模型不仅有助于纠正术语表述，而且能够指导政策制定者和决策者更好地分配教育资源。

田纳西州是最早一批开发基于教育资源配置的毕业率模型的州之一。2010年，田纳西州州长菲尔·布里德森签署了《田纳西州完成大学教育法案》，以加强公共财政对高等教育的支持。《田纳西州完成大学教育法案》反映了一个全面的教育改革议程，究其核心，是一次清晰、不容置疑的高等教育财政分配方式改革（Tennessee Higher Education Commission，2013）。

在《田纳西州完成大学教育法案》颁布之前，与大多数州一样，田纳西州也是根据通常采用的模式，向公立大学拨款。在这种模式下，一所大学获得的州拨款数额在很大程度上取决于入学的学生人数，而不是按照大学产出，即毕业率及相关指标来进行分配。因此，这一模式刺激了入学率的增长，大学尽可能吸收更多的学生走进校门。因为政府在资源分配时仅仅关注入学的学生数量，所以政府几乎不审查也不奖励学生的毕业率，也就是大学的产出。为了将焦点调整在产出上，田纳西州开始通过正式的预算分配来激励毕业率而不是入学率。令人印象深刻的是，田纳西州并没有推行不考虑投入的机构业绩的拨款计划。相反，田纳西州着手奖励毕业率，同时将入学学生的特质、个性特点和背景考虑在内。现在，田纳西州通过“机构业绩表现的方式为公立大学提供资金”。因此，田纳西州模型也被称为“投入-调整产出模型”。

从这个模型我们可以认识到，没有简单的或者单一的方式，可以在不同类型的大学里提高毕业率，也没有任何模型适合定义、比较所有大学的毕业率。例如，田纳西大学诺克斯维尔分校，作为系统内经过挑选的研究型大学，其博士学位和科研活动的指标权重高于田纳西大学马丁分校（一个中等的授予硕士学位的大学）。

田纳西州模型并不完美，但它的独特性引发教育者重新审视资助公立高等教育机构的方式。第一，这个模型以学生的个性特点和特质为基础，在评估机构时，运用了分情况讨论的方式。它提醒教育者们，粗略统计的结果会对学生成功和机构效用的测评产生误导。第二，模型把机构的多样性作为测算因子。换句话说，对优秀的、有效的和有效率的认识，一个机构和另一个机构可能大相径庭。第三，这个模型认识到了机构使命的多样性，避免了以招生为导向的大学被动地以上调录取标准的方式提升就业率。下一节将进一步帮助读者理解这几点。

9.3 重新定义学生成功

作为2013年国会听证会的议题，谢南多厄河谷教会学院的校长特蕾西·菲茨西蒙斯强烈要求家庭教育和劳动委员会的委员不要只关注毕业率，她说："这个委员会的许多委员并不是大学毕业生，但显然他们是成功的"（Laitinen，2012，p.3）。菲茨西蒙斯慷慨激昂的声明虽然有些刺耳，但是她说出了事实，很多辍学生的确是成功者。尽管读者并不完全赞同菲茨西蒙斯的观点，但他们也许会寻找一个模型。这个模型将毕业率视为虽不完整但可以衡量学生成功的指标。

9.3.1 学生的目标

学生的目标应该（或多或少）对衡量学生成功有影响。毫无疑问，桑杰是一个成功的学生。他毕竟设定了一个清晰的、可测量的、有雄心的目标，并以自己希望的时间和方式达成了目标。如果学生的目标不是获得学位，而是从某一系列课程中获得这样或那样的知识，教育者需要应用一个能够解释原始目标与所达成目标之间关系的模型。

9.3.2 成功和满意度的自述

学生的自我评价或者他们自己汇报的成绩应该作为学生成功指标的一部分。在评估中，如果学生自己说他们学到了什么以及他们对课程有多满意，我们在分析评估结果时要考虑这样的间接学习成果。

9.3.3 直接学习目标或被论证的结果

被论证的结果是学生成功模型的重要组成部分。一些高等教育机构已经开设了包含基于能力的成绩单的证书项目。例如，在亚利桑那州北部攻读在线学士学位的学生将会收到两份正式的成绩单：传统的成绩单和能力报告。尽管能力报告并不包括课程或年级信息，但是机构会将这份报告与学生未来的潜在雇主分享。这份报告包括了学生掌握的经验与理念，并列出了学生达到的成绩等级（Fain，2013）。

透过这类基于能力的报告，教育工作者及其利益相关者可以看到，正式的资格认证也许会发生变化。《纽约时报》的专栏作家约翰·弗里德曼等（2013）进一步解释了这一观点。他们说："我们现在生活的世界，几乎没有人有兴趣知道你是怎样培养能力的……而更注重你如何证明自己的能力"（2013，p.6）。如果能力作为衡量学生成功的一个主要指标，那么不以获得学位来评估学生就成为必然。弗里德曼呼吁机构使用一个不拘泥于传统指标的模型来衡量学生获得知识和能力之间的关系。

9.3.4　自主学习

慕课（MOOCs）的出现正迅速重新定义人们对教育和学生成功的看法。2013年，杜克大学教育技术中心的研究表明，学习者的意愿是衡量慕课成功率的一个关键指标。在一项关于杜克大学首门慕课开设前和结课后的评估调查中，研究人员发现学生意愿、课程满意度和课程结果比课程完成度更好地标记了学生成功。虽然慕课与传统课程和学位项目不同，但是它促使教育工作者重新审视学生的学习意愿和学习效果与学生成功的关联度。

9.3.5　学生的财务/就业状况

学生、学生家长和其他教育利益相关者将学生的财务状况和就业情况视为衡量学生成功的另外两个指标。美国人口调查局使用的模型可能更有帮助。例如，2012年美国人口调查局预测，获得大学学士学位的毕业生的终身收入约为242万美元，相比而言，高中毕业生的终身收入仅约为137万美元。根据这个调查结果，一个大学毕业生的终身收入比高中毕业生的终身收入高了95万美元（Farnen，n. d.，p.3）。此外，建立能够比较学生工作收入、就业统计数据与学生贷款负债的模型也是十分有价值的。HPS在2012年进行的一项研究发现，所有大学毕业生的平均年收入为46 412美元，而学生的年平均贷款负债为28 720美元（Fairchild，2013，p.2）。

尽管对于教育工作者而言，更好地把握学生成功要素是非常关键的，但是对机构成功要素的关注也同样重要。在2012年《得克萨斯论坛报》上发表的一篇文章批判得克萨斯大学埃尔帕索分校（UTEP）的毕业率偏低。对此，得克萨斯大学埃尔帕索分校的校长戴安娜·娜塔莉·希克反驳说，"毕业率是关于教育机构的学生群体的人口统计，不能体现教育机构的效率或业绩"（Hamilton，2012，p.11）。作为戴安娜·娜塔莉·希克的观点的支持者，本章继续探求衡量机构成功时可以纳入考虑的相关因素的模型。

1.实际毕业率和预期毕业率

若要准确地衡量机构是否成功，就必须考虑给定机构的学生群体人口统计。学生群体人口统计是反映机构使命和衡量机构成功的重要组成部分。

2.扩展的时间框架

尽管大多数模型都以四年制和六年制作为毕业率模型测算获得学位的时间标记，但是它们不能轻而易举地让人们了解四年制和六年制时间框架以外学生完成学业的情况。

对于生源主要来自低收入家庭和在职学生的机构而言，在更长的时间框架内测量毕业率会更加准确。

3.学生转学

由于学生转学已经成为一个越来越普遍的现象，教育者们必须能够追踪和跟进学生迂回曲折的教育路径。特别是对那些在社区学院和大学之间切换，为获得学位而努力学习的学生来说，尤为重要。

4.同行比较

本章提及的模型都是在类型相似的同行机构间作比较。比较一所科研型大学与一所开放型大学的毕业率毫无意义。

5.毕业后成果

毕业生或者辍学生在离开大学后的表现也是决定机构是否成功的重要指标。能够获取学生工作岗位、年薪、参与社区活动情况的数据的模型是有效衡量学生毕业后成果的实用工具。

9.4 结论

本章从三个方面向读者发出挑战。首先，本章要求读者探求高等教育术语的常用表述，思考术语之间的因果关系，扩展了计入测量的学生群体并明确观点和立场。其次，本章要求读者重新设计模型和指标来改进公共教育机构的资金分配方案。最后，本章要求读者仔细考虑争议——学生和机构的成功应该在多大程度上与毕业率关联。本章鼓励从事高等教育工作的读者努力前行，将想法付诸行动。希望读者运用本章介绍的这些优化的理念、模型和指标重新设计所在教育机构为促进学生成功展开的工作和制定的政策与目标。

参考文献

American Association of State Colleges and Universities（AASCU）.（2006）. Graduation rates and student success：Squaring means and ends. *Perspectives*，1-14.

Association of Public and Land-Grant Universities（APLU）.（2008）. *Voluntary system of accountability（VSA）methodology for calculating the success and progress rate.* https：//cpfiles.s3.amazonaws.com/7/SP_Methodology.pdf.

Astin，A. W.（1971）. *Predicting academic performance in college：selectivity data for 2300 American colleges.* New York，NY：Free Press.

Bean，J. P.（1990）. The strategic management of college enrollments. In J. P. Bean（Ed.），*Why students leave：Insights from research.* San Francisco，CA：Jossey-Bass.

Belanger，Y.，and Thornton，J.（2013，February）. *Bioelectricity：A quantitative approach. Duke University's first MOOC.* http：//dukespace.lib.duke.edu/dspace/bitstream/handle/10161/6216/Duke_Bioelectricity_MOOC_Fall2012.pdf.

Carnegie Classification of Institutions of Higher Education.（2010）. http：//classifications.carnegiefoundation.org. College Portrait of Undergraduate Education.（2011）. *Voluntary system of accountability.* http：//www.Collegeportraits.org.

Education Trust.（2013）. *College results online.* http：//www. collegeresultsonline.org.

Education Trust. (2013). *College rankings online*. http://www.collegeresults.org/collegeprofile.aspx?institutionid=110608.

Fain, P. (2013, August). Competency-based transcripts. *Inside Higher Ed*. http://insidehighered.com/news/2013/08/09/northern-arizona-universitys-newcompetency-based-degrees-and-transcripts.

Fairchild, C. (2013, July). Student loan debt will exceed median annual income for college grads by 2023: Analysis. *Huffington Post*. http://www.huffingtonpost.com/2013/07/10/student-loan-debt-median-income_n_3573683.html.

Farnen, K. (n.d.). How much more money does a college graduate make than just a high school graduate? *Global Post*. http://everydaylife. globalpost. com / muchmoney-college-graduate-make-just-high-school-graduate-8703.html.

Friedman, T. L. Mar. (2013). The professors' big stage. *New York Times*. http://nytimes .com/2013/03/06/opinion/friedman-the-professors-big-stage.html?_r=0.

Hagedorn, L. S. (2012). How to define retention: A new look at an old problem. In A. Siedman (Ed.), *College student retention: Formula for student success* (pp.81-100). Lanham, MD: Rowman & Littlefield.

Hamilton, R. (2012, March). UTEP seeks success beyond graduation rate. *Texas Tribune*. http://www.texastribune.org/2012/03/02ut-el-paso-looks-successbeyond-graduation-rates/.

Jaschik, S. (2013, June). New measure of success. *Inside Higher Ed*. http://www.insidehighered.com/news/2013/06/24/college-associations-introduce-new-waysmeasure-student-completion.

Laitinen, A. (2012, September). Great news? Reports of College completion crisis grossly overstated. *Higher Ed Watch*. http://higheredwatch.newamerica.net/blogposts/2012/great_news_reports_of_college_completion_crisis_grossly_overstated-71985.

National Center for Education Statistics (NCES). (2003). *The integrated postsecondary education data system (IPEDS)*. http://www.nces.edu gov/ipeds/

Student achievement measure. (2013). http://www.studentachievmentmeasure.org.

Student Right-to-Know and Campus Security Act, Public Law 101-542 (1990).

Tennessee Higher Education Commission. (2013). http://tn.gov/thec/complete_college_tn/ccta_summary.html.

Tinto, V. 1987. *Leaving college: Rethinking the causes and cures of student attrition*. Chicago, IL: University of Chicago Press.

White House: Office of the Press Secretary. (2009, July). President Obama's American graduation initiative in Warren, Michigan. http://www. whitehouse. gov / the_press_office / Excerpts-of-the-Presidents-remarks-in-Warren-Michigan-and-fact-sheet-onthe-American-Graduation-Initiative/.

Wright, D. L., Fox, W. F., Murray, M. N., Carruthers, C. K., and Thrall, G. (2012, September). College participation, persistence, graduation, and labor market outcomes: An Input-adjusted framework for assessing the effectiveness of Tennessee' s higher education Institutions, report of HCM Strategists' *Context for Success Project*. Washington, D.C.: HCM Strategists. http://www.hcmstrategists .com/contextforsuccess/papers.html.

第10章 在学生事务中维护和构建日常伦理

乔恩·道尔顿　帕梅拉·克罗斯比　奥雷里奥·瓦伦特　大卫·埃伯哈特

珍妮丝·詹金斯挂断了电话，脑海里回想着副校长的话。“我需要你协助处理这件事，珍妮丝。”他说，“教师们反映学生作弊，特别是对运动员作弊问题十分关注。我想我们必须严惩作弊学生，绝不姑息。你建议的留校察看处分还是太过心慈手软，我建议你考虑改为休学处分。请明天向我汇报事件进展。”

伊斯兰特学院的训导主任珍妮丝·詹金斯刚刚向主管副校长电话汇报了她对罗德·西蒙斯抄袭事件的正式调查情况。罗德·西蒙斯是伊斯兰特学院的大一新生，也是该学院的足球队成员。他从互联网剽窃了一篇英文论文，违反了学院的学术诚信规定。基于调查情况，珍妮丝·詹金斯建议对罗德·西蒙斯处以留校察看的处分，因为这个学生是初犯，他不熟悉写作中正确引用资料的规则，而且他悔过态度诚恳。但她没有想到副校长竟然不同意她的处罚建议。珍妮丝凝视着眼前的学生档案，思索着副校长的话，“我需要你协助处理这件事……我建议你考虑将留校察看改为休学处分”。一连串冲突的想法令她心烦意乱：“在审查学生抄袭行为的过程中，我是否不理智？我的做法是否与之前一致？我的行为是如何对学生的幸福感产生影响的？当副校长要求我协助处理这件事时，我是否应积极配合？副校长对这件事的判断是否比我更准确？如果我不采纳副校长的建议，我会怎么样？作为训导主任，我的职责是什么？”这是珍妮丝担任训导主任以来，第一次犹豫不决，她不知道该怎么做，也担心自己做出错误的决定。

每一位学生事务专员迟早都会处理引人注目的学生伦理问题。这往往成为他们职业生涯或者个人生活中的关键时刻。这些问题不可避免地使学生事务专员陷入对伦理的思考与挣扎中。现将学生事务工作中常见的伦理问题举例如下：

- 在管教学生时，我该如何平衡处罚与宽恕之间的关系？
- 在处理侵犯投诉时，若受害的一方声称事发时处于醉酒的状态，我该如何界定责任？
- 我们什么时候能够为那些需要特殊关照的后进生提供平等机会？
- 大学生运动员是否应该获得肖像使用补偿？
- 学院在主要的宗教节日里限制学生活动，是否是对宗教传统和学生宗教信仰的不尊重？
- 学生健康服务是否需要提供避孕物品？
- 学生在线交流能否被仅仅视为个人行为或者隐私？
- 与学生约会是否合适？
- 在学生投诉学校时，我是否应该站在学生一边？
- 在什么情况下，我应该给予学生“特殊待遇”？
- 对于陷入困境的学生，我应该在何时伸出援手？
- 我能既忠于上级又在与上级存在分歧时坚持己见吗？
- 我能向当地电视台记者和盘托出学生饮酒这个真相吗？
- 我应该什么时候鼓励学生为了集体利益牺牲个人利益？

- 通过大规模开放在线课程（慕课）学习的学生应该与在校生享有同样的权利和待遇吗？
- 我暂停大学生联谊会的做法对吗？
- 我可以解雇在工作上毫无建树，但要抚育好几个孩子的老员工吗？
- 当我的良知与机构的规定和政策冲突时，我该如何做？

本章首先介绍了伦理在高等教育学生事务工作中的作用。其次，我们列举了日常伦理问题的案例来帮助学生事务专员认识和理解他们职业中的道德领域。在此基础上，我们提出和讨论了检验伦理问题并做出道德决策的概念框架。继而我们提供了将概念模型应用到工作实践中的操作示例。然后为了举例说明学生事务工作中各种各样的问题处理策略，我们回顾了几个学生事务国家组织的职业伦理声明。最后，我们提供了观察报告和帮助学生事务专员解决棘手的伦理问题并做出正确决策的建议。

10.1 什么是伦理

伦理是对个体在诚实和善良不得彰显的道德冲突情境下的行为方式的研究。伦理的核心集中在对两个道德问题的检验：我应该做什么？我的责任是什么？这两个问题之所以成为伦理的核心是因为它们要求在对与错、好与坏之中做出判断，而且判断标准必须有据可依，合情合理。伦理问题通常产生于那些涉及个体的权益福祉或者道德品质的情境（Callahan，1988）。

伦理失德则会使专业人士具备的最宝贵的一个品德——正直的人品，饱受质疑。因此，伦理是职业能力的核心，也是有效开展学生事务工作必不可少的特质。理查德·尼布尔（1999）用驾驶汽车来形容制定伦理决策的复杂性。他强调，在驾驶汽车时，驾驶员必须遵守交通规则，控制好汽车运行，机智应对突发情况，避免发生事故伤及他人，并最终成功抵达目的地。同理，制定道德决策同驾驶汽车一样，决策制定者需要随时洞察复杂多变的环境，努力控制局面，避免伤害他人，最终达成理想结果。虽然在研究中将伦理困境视为是静止的和孤立的或许可行，但在现实生活中，伦理决策往往是处于动态情境中的。学生事务专员在动态情境中处理伦理问题就像在高速公路上驾驶汽车一样，他们必须在川流不息的、引人注目的背景下做出决策。

我们采用的“日常伦理”一词是指在学生事务工作中常见的伦理问题类型，以及有助于学生事务专员在日常工作中解决伦理问题的实践原则与具体的策略应用。

10.1.1 伦理是一门做出明智、负责任决策的艺术

处理伦理问题更多是一门艺术而不是一门科学。佛来彻（1966）指出，没有任何

规则、惯例或指示能确保正确的道德决策。尽管指导方针和原则有助于阐明伦理决策的流程，但无法确保处理结果符合道德规范。因此，能够做出明智和负责任的伦理决策在一定程度上取决于经验和实践，这与想要成为一名优秀的司机，必须经过大量的训练和实践是同样的道理。此外，伦理决策必须顺应独特的情境，具体问题具体分析。所以，道德准则必须转换到不断变化的环境中去。因此，制定伦理决策的目标是在涉及对与错问题的特殊和变化的情境中，决定如何做出响应。

日常伦理的动态性和情境性要求学生事务专员必须在职业实践的真实情境中不断练习、讨论和反思如何更好地处理伦理问题。亚里士多德（Bostock，2000）认为道德判断技能是在日常的实际伦理问题决策训练中培养出来的。高明的伦理问题决策者是在困难情境中，日积月累磨炼出来的。有效的伦理决策培训可以使学生事务专员不依赖权威人士步步指导而对伦理问题做出自动而快速的思考和决策。

10.1.2　为什么关注伦理?

基于对以下几个现实因素的考虑，学生事务专员需要重视伦理问题：

1.伦理冲突呈现出职业生涯中最复杂、最难解决的一些问题。例如，侵犯、学术作弊、种族和民族不平等以及酗酒等，这些问题都严重影响了机构的整体形象和职业诚信。

2.作为专业人员，工作效能部分地取决于有能力坚持公平处理伦理问题。

3.学生事务专员的行为须符合已发布的和明确界定良好行为道德规范的职业伦理要求。

4.个人信誉和可靠性是人品正直的基础，而能够自觉地维护伦理则是人品正直的保障。

5.妥善处理伦理冲突有助于确保冲突各方得到公平、公正的对待。

因此，重视伦理是成为一个有能力的领导者、一个有效能的专业人员和一个品德高尚的人的基础。

10.2　伦理责任的五种类型

学生事务专员在处理任何重要的伦理问题时，都会发现他们处理的是五种不同的伦理类型或者说伦理责任维度。这五种维度代表了学生事务专员与个体、团队和机构之间重要的责任和义务关系。这五种维度包括：（1）学生幸福感；（2）机构；（3）职业；（4）社区；（5）个人良知。

学生事务专业领域中的每一个维度都代表着一个职业责任和义务的领域。每个维度对学生事务专员都有不同的需求，而且不同维度的需求之间还会产生竞争和冲突。下面对伦理责任的五种维度进行概述。详见图10-1。

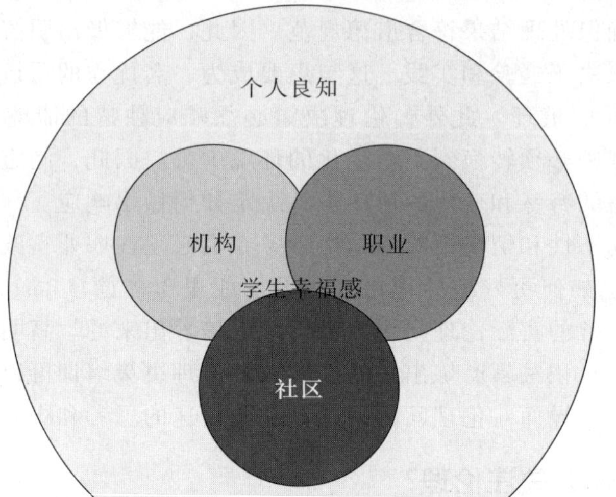

图10-1　伦理责任的五种维度及其关系

10.2.1　学生幸福感

学生幸福感是学生事务工作的道德核心。学生，无论是个体还是团体，都是学生事务专员付出努力去学习和掌握职业伦理的起点。尽管学生事务专员需要肩负起很多重要的职业责任，但是他们首先要承担的，也是最重要的道德责任就是学生幸福与学生发展。我们强调道德优先的重要性是因为一般来说学生在高等教育机构中学习的时间太短而力量又太薄弱了。

情境案例：学生训导主任珍妮丝的伦理责任是尽她所能地提升触犯学校学术诚信规范的新生运动员罗德·西蒙斯的幸福感。她必须考虑他作为一名新生、一个运动员和一个人的需求与幸福感。但是她又必须考虑到罗德的行为以及她对罗德的处罚决定对全校其他学生幸福感的影响。

10.2.2　机构

教育机构通过雇主和雇员协议，甚至是办学使命和价值观陈述，郑重强调学生事务专员需要履行伦理责任。当学生事务专员接受了大学或者学院的聘任，他们就需要承担起致力于积极促进机构达成使命，实现价值观的责任。

情境案例：训导主任必须考虑到她需要对上司以及她工作和代表的教育机构负责。她必须决定什么样的做法才是对上司和教育机构负责，以及怎样做才能以符合全体学生幸福的方式履行上司和机构对自己的期待。

10.2.3 职业

学生事务专员加入专业协会后，将遵守协会的伦理实践标准，并以业内从业者制定的行业行为标准为指导开展工作实践。遵守职业伦理是学生事务专员向社会公众承诺按照某种标准执业的一种方式（Boylan，2000）。

当学生事务专员加入协会后，协会就会要求他们在工作中处理伦理问题和事件时必须考虑到协会的伦理原则和规定。一些职业组织确定了违背行为标准的纪律处罚流程，但是有一些组织没有这样的要求。事实上，在需要执业资质的专业实践领域，制定奖优惩劣的规定十分重要。

有一些学生事务专员并未加入任何职业协会。他们也同样有责任遵守职业伦理标准，但是相对来说不太正式也几乎没有记录。

情境案例：训导主任有义务将她所在的职业协会确定的伦理实践标准应用于目前所处的工作情境中。作为赞同职业协会规定的会员和该协会的代表，她已经承诺在工作中执行协会的伦理标准。

10.2.4 社区

学生事务工作与周边社区的法律、法规、人员等广泛关联。对学生事务专员而言，社区包括家长、当地的警察和卫生官员、社区服务机构、国家机构、新闻媒体、住宅业主、酒吧业主、校友、学校官员以及与教育机构通过各种各样的方式相关联的其他个人、组织或团体。社区不仅在法律、道德和政策层面对学生事务工作产生影响，而且影响讨论和解决伦理事件的方式。社区的某些人、组织或者团体有自己独特的价值观和道德信仰，他们期望学生事务专员遵从他们的游戏规则。

情境案例：训导主任既是社区成员也是大学职员，所以她必须清醒地意识到所在社区道德的、社会的和法律的准则。特别是这些准则和她目前处理的事件紧密相关。社区价值观和准则很少直接对学生事务工作产生影响，但是为决策提供了背景支持。

10.2.5 个人良知

在对学生事务职业实践的讨论中，除上述四类伦理维度外，第五类维度，即个人良知，也是十分重要的。良知是个体通过自身经历和全身心付出的事业形成的内心深处坚定的信念与信仰。良知是高度个人主义的，并且深深地根植于情感和理智中。良知架起了感性和理性之间的桥梁，但却从不属于感性或者理性的范畴。良知是一个人内心最后一片净土中的道德法庭，折射出个人关于根本对错的最深信念。良知在伦理中如此重要是因为它在帮助界定个体责任的伦理决策中发挥着综合作用。它有助于解释、整合和平衡前面讨论的四类伦理维度。

学生事务专员应在上述五类伦理责任的框架下处理伦理问题，做出决策。前四类伦理责任维度——也就是学生幸福感、机构、职业和社区，都是以个人良知的视角为出发点的。个人良知为学生事务专员提供了必要的个人背景，帮助其优先权衡和挑选合适的责任维度处理伦理问题。

在探求伦理责任时，良知提供了人们所说的“舒服的适合”。我的处理方式正确吗？我会为这个决定感到自豪吗？当把决定解释给我尊敬的人，我会感觉良好吗？因此，良知通过提供透视道德责任和决定的视角助力整合道德决策过程。

在某些情况下，个人良知应该超越其他四类伦理责任维度。如果学生事务专员认为一个决策或者行为将迫使他们违背神圣的个人信仰或者价值观，那么他们必须决定是否遵循良知而行。当在特定情境下，学生事务专员决定应用伦理实践的既定准则使各方利益最大化时，他们必须培养和善于使用个人判断能力。若遵从良知，那么学生事务专员必须权衡和接受以个人良知作为决策依据的后果。

情境案例：训导主任努力在处理伦理问题时尽最大可能地免受自己信仰和价值观的影响。然后，她清楚地知道自己最终必将忠实于内心对正确做法的坚持。自己的信念或许有时与机构、职业、社区期待的背道而驰。按良知行事需要勇气，也需要承担后果。

10.3 学生事务专业中的伦理

有些专业组织制定了伦理标准和规范为学生事务专员提供伦理决策指导。这些标准和规范具有如下三方面的作用：（1）提升学生事务专员所服务群体的利益和幸福感；（2）保护学生事务专员；（3）提高学生事务专员的专业素养。伦理标准有助于确保学生事务专员所服务的群体获得最大的利益，同时避免学生事务专员为了个人利益而损害职业信誉和整个学生事务行业的信誉。

目前在学生事务专业领域已有40多个不同的专业协会。许多专业协会都制定了正式的专业实践伦理准则，作为规范会员行为的伦理标准。虽然这些标准在内容上有较多重复之处，但也存在较大区别。尽管关于学生事务是不是一种职业的争论仍在继续（Blimling，2001；Carpenter，2001），但为了本章的研究论述，我们认为学生事务是一种职业。当然，正如本章所述，学生事务专员应承担伦理责任。

为了明确各学生事务专业协会普遍认可的伦理准则，高等教育标准促进委员会（CAS）对专业伦理规范进行了研究，并最终归纳出了七个伦理原则，具体如下。

1.自主性：尊重选择的自由；

2.行为合法：不做伤害性行为；

3.善行：提高他人，特别是学生的幸福感；

4.公正：公平，尊重他人；

5.忠诚：忠于我们的言行；

6.精确性：真实、准确；

7.附属关系：促进社区和公众利益。

从这些共享的伦理原则中，我们可以发现一些有趣的信息。一是这些原则包含了基奇纳于1985年提出的，广泛地被学生事务专员采用的五个伦理原则。二是这些原则获得了高等教育标准促进委员会的认证，并且得到了所有已经制定了专业伦理准则的专业协会会员的认可。当然，这七个伦理原则并没有取代各学生事务职业协会制定的伦理准则，而是从整体上为学生事务职业提供了一个制定核心伦理标准的基础。在本章中，我们以高等教育标准促进委员会归纳出的七个伦理原则作为规范的伦理标准，并用其解决伦理问题。

高等教育标准促进委员会提出的标准必须具备普适性才能代表35家专业协会的核心价值观，所以这些标准并不能体现出每个协会的特定利益和价值观。随着这些标准的普适性越来越高，其内容会必然越来越抽象，提供的信息越来越宏观，涉及背景和细节方面的信息也越来越少了。以下是高等教育标准促进委员会4家会员单位的伦理声明概览，展示了不同协会在职业伦理上的不同点以及在对待学生幸福感方面特殊的关注点。这4家会员单位的伦理声明以及/或核心价值观阐明了价值观或者伦理责任维度的构成方式以及关注学生的方式具有多样性。

10.3.1　美国大学人事协会发布的《伦理原则和标准声明》

美国大学人事协会（ACPA）的成员由美国国内和国外的公、私立高校构成。它既包括学生事务领域的行政人员、教师和研究人员，也包括攻读学生事务与高等教育管理专业学位的研究生。

美国大学人事协会发布《伦理原则和标准声明》（Statement of Ethical Principles and Standards）的目的是为探讨与学生事务实践相关的伦理问题提供背景信息，同时帮助成员提升感知潜在的伦理困境的敏感度。该声明基于前面提到的基奇纳于1985年提出的伦理原则，既明确了预期的行为标准，也有助于会员做好自我监督。最后，该声明倡导的合作精神有助于提高人们对行为标准的认识（American College Personnel Association［ACPA］，2006）。

对比高等教育标准提升委员会基于价值观陈述的原则，高等教育标准提升委员会发布的声明由四项准则组成，每一个准则代表本章已经陈述的“伦理责任维度”。

1.专业责任和能力；

2.学生学习与发展；

3.对机构肩负的责任；

4.对社会肩负的责任（ACPA，2006）。

每个准则涵盖的内容都代表了本章所述的不同伦理责任。

每个准则包含的内容是准则的具体化伦理行为的描述。例如，反映“学生学习与发展”这个准则的具体化伦理行为包括：

1.禁止一切形式的骚扰，包括但不限于口头和书面交流、肢体行为、电子传送等；

2.禁止与所负责指导、评估或教育的当事人或者学生发生性行为；

3.告知学生可获得帮助的情况（ACPA，2006，p.3）。

实际上，美国大学人事协会在伦理标准中用整章篇幅专门探讨了对待学生以及与学生互动的问题，反映出该协会对“学生成长与发展”这一核心使命的高度重视。美国大学人事协会在声明中强调了对学生负责的承诺：“学生发展是高等教育的根本目的，支持学生发展是学生事务专员的主要职责”（ACPA，2006，p.3）。

10.3.2 美国学生人事管理者协会指导原则

美国学生人事管理者协会（NASPA）是由学生事务管理领域的工作人员、教师和研究生组成的职业组织。协会的自我定位是“以符合大学和学院办学使命为前提促进学生学习和学生成功”的“全部从业者”的协会（NASPA，n.d.，p.1）。

协会的准则比较宽泛而且以短语的形式呈现。四个指导原则之一的“正直”包括“致力于展现真实、忠诚、公正的崇高道德准则和伦理行为”。另外三个指导原则是创新、包容和质询（NASPA，n.d.，col. 2）。该协会并未解释这四个原则的运行方式，但是美国学生人事管理者协会很显然是依靠各教育机构在日常工作的实践中，结合自身实际，灵活运用指导原则。

10.3.3 国际大学联盟协会的核心价值观和伦理行为准则

国际大学联盟协会（ACUI）是一个鼓励大学联合会和学生活动专家通过教育资源和项目建立强有力的校园社区的专业组织。它的成员包括学生以及大学学生会的专业人士，如学生会主席、项目主任、餐饮部工作人员等。

该协会的核心价值观是以人为本、快乐至上、温暖社区、创新、沟通、正直（ACUI，n.d.，p.3）。该协会的核心价值观和伦理行为准则目的是达成协会成员对“专业行为”的期待（ACUI，n.d.，p.3），对每一个核心价值观都有具体陈述。

核心价值观有关“正直”的部分陈述是特指学生的，表述为“学生作为个体”。具体表述如下：

1.将每个学生视为一个有尊严、有价值，并且具备自我引导能力的独特个体；

2.关注所有学生的幸福感，努力为学生营造一个自我成长、高效、有创造力、有责任心的环境；

3.尊重学生的权利，倡导负责任的行为；

4.尊重学生的隐私，对学生个人信息严格保密（ACUI，n.d.）。

协会强调它的成员在服务学生时具备多种角色，包括“教师”和“榜样”等（ACUI，n.d.）。

10.3.4 国家新生教育主任协会的伦理标准

国家新生教育主任协会（NODA）是由高校中负责新生教育、学生适应以及新生项目的领域的专家组成的协会。协会的职业标准被确定作为“伦理实践基准”来使用（NODA，n.d.，p.2）。协会制定的《伦理守则》（Statements of Ethical Standards）旨在为其成员在进一步促进大学生“积极的教育成果”的行动决策方面提供支持（NODA，n.d.，p.1）。

《伦理守则》由伦理责任维度组成。新生教育主任对以下6类互动的群体负有责任：承担行政工作的学生和处于适应期的学生；父母、监护人、处于适应期的学生家庭；同事；机构；高等教育与学生发展事务专业人员；辅导项目赞助者和合作伙伴。在这6类群体中，有两种学生需要新生教育主任特别关注：承担行政工作的学生和处于适应期的学生。例如，《伦理守则》规定了新生教育主任在与适应期的学生互动时，应做到以下几点。

1.确保学生获得做决策所必需的准确和充分的信息；

2.确保学生获得相关资料，资料的形式可以多样，包括文本、网络资源以及其他适合技术；

3.充分认识处于适应期的学生的经历各有不同，应尽力满足新生、转学生、成人学生以及其他特殊学生群体的多种需求（NODA，n.d.，p.7）。

正如本章列举的，不同的学生事务职业组织在表达《伦理守则》的侧重点时各有不同。尽管存在差异，但是各职业组织在学生幸福感与个人发展这个标准上有着强烈的共识，并普遍将其视为伦理标准的基石。

10.3.5 学生幸福感是学生事务工作的道德核心

几乎所有的职业都认为拥有具有指导性的道德目标和伦理关注点有助于界定该职业的核心价值观（Anderson，1980）。例如，医生以救死扶伤为道德原则；法律从业者以彰显公平正义为核心准则；记者以揭示真相为道德标准。这些明确的伦理原则在实践中指导行业工作者，并成为他们开展工作的坚实道德基础。

对学生事务专员来说，不朽的核心道德准则曾经是，未来也必将是学生的幸福感。这个明确的核心准则为学生事务专员提供了指导工作的道德基础，也是检视职业伦理的起点。在职业初创阶段，学生事务专员就已经强调了在学生整体需求和发展中，学习是非常重要的。

对学生整体教育的关注贯穿于学生事务职业的发展史，其对促进当代学生事务发展起了重要作用。布莱恩、温斯顿和米勒（1991）指出，“学生事务专员的首要工作是投身于帮助学生改变命运的事业中”（p.10）。

根植于关爱学生幸福感的职业伦理强调学生事务的核心目标是每个学生的幸福感和个人发展。以这个核心目标为起点，构建专业伦理就有了坚实的道德基础。尽管在过去的一个世纪里，学生事务的范围和复杂程度都发展迅速，但是它的道德焦点和伦理核心始终是学生，它的价值观也一直和学生幸福感、学生学习与发展紧密相连。

10.4 关于伦理日常应用的多维视角观点

审视伦理的方式通常是自上而下的，特别是规范的伦理原则在被界定后应用到学生事务领域特定的道德情境中。过去，这种方式比较普遍，在学生事务伦理的著作中也有提及（Canon&Brown，1985；Fried，2003；Kitchener，1985；Lamp-kin & Gipson，1999）。前面提到的基奇纳（1985）提出的5类伦理责任维度在学生事务专员中拥趸甚众。学生事务著作和行业协会声明中也常常引用或者使用该理论（例如，美国大学人事协会）。

诸如基奇纳的5类伦理责任维度等规范性伦理建构的优势是从相对固定的、在不同类型的伦理实践中来检视伦理原则框架，具有一定的持续性和透明度。

很多学生事务专员喜欢采用以伦理原则为基础的工作方式，因为固定的标准和指导原则有助于决策。采用规范性伦理原则的学生事务专员在处理同一类型事件时常用相似的方式，他们几乎不关注涉及特殊情况的人（Laney，1990）。

规范性伦理原则的缺点是从相对固定的道德原则的角度解决道德冲突，有时会太教条而且脱离日常工作实际。规范性伦理原则的方法不太能够识别在某些伦理情境下超越理性的人类强大的情感动因。而且，人们对抽象原则的理解千差万别，同样一个伦理事件，不同的学生事务专员处理起来也是不尽相同的，这对受此伦理事件影响的各方来说，是不公平的。夜色渐深，当一个人正思量着在一个没有道路标识、陌生且偏僻的小路上应该开得多快时，交通法规对他而言通常是没有约束力的。

与规范性伦理决策模式相对应的另一个伦理决策模式是情境性伦理决策模式，也称为“基于案例”的伦理决策模式（Lampkin & Gipson，1999，p.75）。这一模式强调引发某个伦理问题的特定道德情境，以及个体在伦理困境中的表现和心理状态（Laney，1990）。在解决具体问题时，这一模式比规范性伦理决策模式更灵活，也更实用，但是就决策的连续性、一致性和预测性而言，这一模式不如后者，这也正是这一模式的缺点。

在解决日常伦理问题时，学生事务专员既要熟悉问题所处的情境，也要了解问题解决者本身的特质，以及其运用伦理原则解决问题的能力。因此，在通常情况下，学生事务专员需要综合运用规范性和情境性两种伦理决策模式解决日常伦理问题。本章将这种既考虑了道德情境中的个体特质，又结合了规范性伦理原则的方式称为“多维视角”决策模式。

在这一模式下，我们主张采取自下而上的方法。在遇到伦理问题时，学生事务专员应首先进行伦理考量，第一步是了解真实的道德情境，明确学生事务专员的责任。伦理考量要求学生事务专员尽可能地把工作实际与真实伦理情境紧密结合。

同时，学生事务专员将专业伦理与更广泛的道德和社会背景联系起来也十分重要。正如汤普森（2007）所述，伦理倾向于关注个人，但伦理问题往往与机构和社区所处的更广泛的社会和政治环境相联系。

10.5　学生事务工作的道德风貌

学生事务专员需要从道德层面理解工作中遇到的伦理问题，本章对学生事务工作中遇到的典型伦理问题进行了梳理。为了使内容更贴近学生事务工作实际，本章在文献综述的基础上，对一部分学生事务专员进行了在线调查，广泛收集典型伦理案例，归纳伦理冲突的类型。根据调查结果，本章总结出150余个伦理冲突的情形。

在本次调查中，从受访者的职务来看，约1/2的受访者是中层管理者，约1/3的受访者是普通员工，其他的受访者是高层领导；从任职机构和工作年限来看，大多数受访者在公立机构工作了4年，还有一些受访者在社区学院、专业机构和私立机构工作。

通过文献综述，本章得出一个重要结论：学生事务工作中遇到的伦理困境并非这一专业的特性，与欺骗、正直、忠诚、利益冲突、偏袒等相关的诸多伦理问题在其他专业领域也同样存在。这些问题之所以在学生事务工作中更为突出，是因为学生事务工作所处的特殊环境和背景，以及我们对学生幸福感的特别关注。

10.5.1　学生事务工作中的一般伦理问题

本部分将文献、调查中频繁提及的伦理问题总结如下，不全面之处，还有待进一步补充。

1.教育机构关于饮酒的规定与实施细则

在学生事务工作中，一方面要保证学生的总体幸福感，另一方面要遵守教育机构的规则，践行机构的价值观，要同时实现这两个目标可能会产生冲突，这也正是伦理困境最常见的情形之一。这种冲突在机构制定和执行饮酒政策的过程中表现得尤为明显。各高校对学生饮酒通常都有严格的规定，但在某些情况下学生可能对学校的规定置之不理，比如周末和校友们一起观看橄榄球赛事时。因此，学生事务专员发现，学生能够快速理解学校制定的规则和政策的内容，但并不一定严格执行。比如，高校都禁止未成年人饮酒，但实际上，在未成年学生聚会上，他们依然会饮酒。这就是学生事务工作中常见的伦理困境之一。

2.校园偏见

在过去的半个世纪里，高校的发展日趋多样化和多元化，学生群体的类型也日益丰富。然而，也正因如此，校园里关于种族、宗教、阶级的歧视与偏见愈演愈烈，很多学生无法在学校里获得公平的成长环境，错失了很多重要的学习机会，甚至因此受到伤害。这些不良的风气破坏了校园的和谐，引发了大量的冲突。而且，学生事务专员发现这些不良风气有时以冲突的形式直接表现出来，有时蕴藏在文化等意识形态中间接地表现出来，无论冲突以哪种形式表现，都无疑给学生造成了消极的影响。因此，对于学生事务专员，以及高校的其他工作人员而言，最主要的道德责任之一就是为学生营造一个公正、平等的成长环境，这一责任在高等教育日益全球化的今天尤为重要。

3. 与学生的相处关系

学生事务专员与学生的相处可能引发某种伦理困境。学生事务专员通常与学生年龄相仿，并且是学校里与学生接触最多的人（Kuh，1991），他们往往与学生建立了亲密的关系，学生很容易将他们视为榜样和精神导师。当然，有时这种关系可能超越了师生情谊，比如，他们与学生建立了恋爱关系或与学生的交往违反了职业道德或责任。在这种情况下，很容易产生伦理困境。因此，在学生事务专员与学生相处的过程中，遵守伦理行为规范尤为重要。

4. 保密和隐私

对学生信息保密和保护学生隐私也是学生事务工作中常见的可能引发伦理困境的情况。因此，教育机构需要根据联邦、州法律，以及伦理原则制定学生信息保密规定，以保护学生隐私，提升学生的幸福感。当学生事务专员发现学生有诸如抑郁症、学习障碍或糖尿病等心理疾病和生理疾病时，他们通常认为自己有责任帮助这些学生，但是根据保护学生隐私的规定，教育机构必须对学生信息保密，不能将其透露给任何人，包括学生的父母和监护人。尽管学生事务专员向与这些学生接触的其他工作人员如实说明学生的情况有助于避免恶性事件的发生，但是这样做确实侵犯了学生的隐私。因此，对学生电子通信隐私设定一个合理的保护界限，尊重其隐私，但又能恰到好处地保护学生，也许可以为学生事务专员解决由此引发的伦理问题提供新的途径。

5. 特例、特权和偏袒

当发生伦理规范约束之外的特殊情况时，学生事务专员需要做例外处理，这种情况也很容易引发伦理困境。例如，在一起纪律处分事件中，一名违规的学生平时人际关系良好、深受同学欢迎，而且是教育机构受托人的亲属。校长办公室要求司法部门随时向其汇报事件的进展。面对这种情况，学生事务专员就会陷入两难的境地，既不知道如何对这名学生做出合理的处分，也不知道向谁报告他们的处理决定。

与上述情况相似，当一家教育机构因特殊情况拒绝接收某些学生时，学生事务专员同样会陷入伦理困境。例如，一位有影响力的父母要就学校拒收孩子入学一事起诉某所学校。该学校校长向学生事务工作负责人施加了微妙的压力，要求他担任招生上诉委员会的主席，通过上诉程序同意招收这名学生。由于很多学术能力比他强的学生的上诉都被驳回了，所以在这种情况下，学生事务工作负责人无疑面临着伦理决策的困境。

6.处罚

学生事务专员负责管理学生的行为，履行学校的司法程序，并对有章可循的行政管理工作负责。因此，学生事务专员经常发现他们必须对违反规定的行为进行处罚，但是实际上由他们做出处罚决策可能会影响决策的合理性，因为他们是最关注学生幸福感的人，他们在处罚学生时可能会犹豫不决。

7.公平和公正

当发生某种情况让学生事务专员感到不公平时，很可能会产生伦理冲突。例如，学生事务专员必须考虑一些在他们看来并不符合伦理标准的政策，主管领导的意见、建议或实践经验。当他们觉得部门政策不公平或被不公平使用的时候，他们是否应该挑战政策的权威，坚持自己的专业立场呢？这些政策可能包括不公平的雇佣和晋升决定，对补偿和休假时间的不公平申请和不平等分配，以及滥用部门资金等。涉及公平和公正的伦理问题是学生事务专员遇到的最普遍，也是最难解决的问题。人们往往会质疑学生事务专员能否公平地对待冲突中的各方。

8.计算机技术和社交媒体的使用与滥用

在过去的20年里，随着计算机技术的快速发展，手机、社交媒体、在线视频、电子照片、博客等新媒体在大学生群体中的广泛传播和使用引发了诸如网络欺凌、骚扰、种族和伦理偏见、学术造假、隐私泄露等伦理问题。虽然这些问题并不是高等教育领域的新问题，但是在新媒体的时代背景下，这些问题通常会以高度公开或突发的形式表现出来。为了妥善处理这些新背景下的新问题，学生事务专员不仅需要了解伦理问题本身，还需要了解那些使伦理问题表现形式发生变化的新技术。

尽管学生事务专员普遍认为学生的幸福感是他们工作的伦理核心和关注点，但是不同的学生事务专员对伦理问题的看法可能各不相同，关于“伦理上需要什么”这个问题也有不同的回答。而且，随着学生事务专员工作能力不断提升，他们可能会根据自己的经验、对工作责任的理解，以及个人判断对伦理问题做出不同的解释。

10.6 伦理冲突的决策与行为

伦理的目标是使人在道德反思和承诺的基础上做出决策。在道德冲突中，学生事务专员运用伦理原则和理性确定的伦理责任必须能够经受住实践的检验。伦理决策的行为准则也提醒我们，勇气是伦理决策制定和实施过程中必备的品德。制定伦理决策就像驾驶汽车一样，要求我们对自己的行为负责。因此，伦理决策失败也如同驾驶汽车出现事故一样，需要承担实际责任。

多维视角伦理观强调：(1) 识别和认识伦理冲突的本质；(2) 判断伦理责任的类型；(3) 运用合适的伦理原则解决道德冲突；(4) 基于伦理结论做出决策，并采取行动。表10-1总结了伦理决策的四个环节。

表10-1 伦理考量和决策的四个环节

日常伦理问题*	责任领域	伦理原则	决策/行为
规则/政策 保密 关系 处罚 公平 真实性	学生 机构 专业 社区 良知	自主性 不伤害 仁慈 公正 忠诚 真实性 从属关系	基于多维视角做出解决伦理冲突的具体决策

*注伦理问题常见类型。

10.7 日常伦理中的道德指南

本章阐述了学生事务专员道德指南的组成部分，即知识、过程和技能。道德指南中明确了伦理的目标，为学生事务专员处理情况不清、方向不明的伦理问题提供了可参考的解决方式，同时在学生事务专员为如何做出正确的伦理决策，指明了方向。此外，道德指南还利用现行的伦理基准和决策标准指出了具体问题中各方需要承担的道德责任。

道德指南可以帮助学生事务专员在伦理困境中找到解决问题的方向。当然，有些人使用道德指南，决策成功了；有些人在面对艰难的道德抉择时，使用道德指南，决策失败了。本章认为导致上述两种截然不同的结果至少有四个原因，具体如下：

第一，对于某些学生事务专员而言，道德指南可以帮助他们及早发现一些严重的伦理问题。但是，对于某些缺乏伦理敏感度的学生事务专员而言，如果他们无法认识到一个问题本质上是伦理问题，也就无法快速而有效地做出正确的决策。因此，具备判断伦理问题是否严重的敏感性，对于帮助学生事务专员准确预测伦理问题十分重要，而这样的能力正是在开展伦理研究、向道德楷模学习，以及处理日常伦理冲突中不断培养起来的。

第二，一些学生事务专员具有洞察某种伦理状况所属伦理责任类型的能力和敏感性。另一些学生事务专员能够识别出某些情况涉及伦理问题，但是无法确定最需要他们关注和负责的伦理责任类型。

第三，一些学生事务专员能够利用伦理分析和思考的框架，或通过学习如何使用道德指南的方式，帮助自己从道德责任的视角去看待和处理问题。另一些学生事务专员则不能清晰地解释如何合理运用伦理原则来解决伦理问题，因此伦理原则无法成为他们理解问题和做出决策的有效指导工具。

第四，一些学生事务专员能够在道德品质的考验中表现出坚定的信念与勇气。另一些学生事务专员则缺乏意志或勇气坚持己见。自我、恐惧和不确定性会削弱一个人坚定做事的意愿。因此，在学生事务工作中，管理和建构伦理原则需要具备在伦理情境中感知、感觉、思考和行动的技能。

10.8 结论

从伦理的视角进行决策有利于学生事务工作的顺利开展。道德指南为学生事务专员指明了工作的重点，引导他们在最艰难的情况下做出抉择，并且使领导和榜样的力量得以传递与延续。努力去做正确的事情，有助于学生事务专员对工作中必须面对的各种选择进行正确排序，他们也不会为冲突和困境而苦恼。如果轻松是最受欢迎的工作方式，那么学生事务专员所从事的工作一定是不受欢迎的。作为一名学生事务专员，无论面对如何多变的情况，都必须坚定不移地按伦理办事，不能有半点懈怠。道德胜任能力是学生事务专员必备的能力。学生事务专员是当代大学生心目中最具影响力的榜样和精神导师，这样的评价对他们而言既是幸福，也是一份沉甸甸的责任。

参考文献

Ali，R.（2011，April 4）. Letter to colleague from assistant secretary for civil rights. Washington，DC：Department of Education，Office of Civil Rights. http：//www2.ed .gov/about/offices/list/ocr/letters/colleague‐201104.pdf.

American College Personnel Association.（2006）. *Statement of ethical principles and standards.* http：//www.myacpa.org/au/documents/Ethical&uscore;Principles& uscore;Standards.pdf.

Anderson，R. M.（1980）. Applied ethics：A Strategy for fostering professional responsibility. [Special Issue]. *Carnegie Quarterly*，XXVII（2&3）.

Association of College Unions International.（n.d.）. *Mission of the association.* http：//www.acui.org/content. aspx? menu&uscore;id=90&id=186&ekmensel=c580fa7b&uscore;90&uscore;0&uscore;186&uscore;1.

Bostock，D.（2000）. *Aristotle's ethics.* Oxford：Oxford University Press.

Blimling，G. S.（2001）. Uniting scholarship and communities of practice in student affairs. *Journal of College Student Development*，42，381-396.

Boylan, M. (2000). Basic ethics. Upper Saddle River, NJ: Prentice Hall.

Bryan, W., Winston, R., & Miller, T. (1991). *Using professional standards in student affairs.* New Directions in Student Services, no. 53. San Francisco, CA: Jossey-Bass.

Callahan, J. C. (1988). *Ethical issues in professional life.* New York, NY: Oxford University Press.

Canon, H. J., & Brown, R. D. (1985). *Applied ethics in student services.* San Francisco, CA: Jossey-Bass.

Carpenter, D. S. (2001). Student affairs scholarship (re?) considered: Toward a Scholarship of practice. *Journal of College Student Development*, 42, 301-318.

Clery Center for Security on Campus. (2013). The Campus Sexual Violence Elimination (SaVE) Act. http://clerycenter.org/campus‐sexual‐violence‐elimination‐save‐act.

Council for the Advancement of Standards in Higher Education. (2006). *CAS Statement of Shared Ethical Principles.* Washington, DC: Author.

Council for the Advancement of Standards in Higher Education. (2012). *CAS Professional Standards for Higher Education* (8th ed.). Washington, DC: Author.

Fletcher, J. (1966). *Situation ethics: The new morality.* Philadelphia, PA: Westminster Press.

Fried, J. (2003). Ethical standards and principles. In S. R. Komives, D. B. Woodard, & Associates (Eds.), *Student services: A handbook for the profession* (pp. 107-127). San Francisco, CA: Jossey-Bass.

Kelderman, E. (2014, Fall). College lawyers confront a thicket of rules on sexual assault. *In context: Campus sexual assault.* Special Report from the Chronicle of Higher Education. http://chronicle.com/items/biz/pdf/sex&uscore;assault&uscore;brief&uscore;fall2014.pdf.

Kitchener, K. (1985). Ethical principles and ethical decisions in student affairs. In H. Canon & R. Brown (Eds.), *Applied ethics in student services.* New Directions for Student Services, no. 30. San Francisco, CA: Jossey-Bass.

Kuh, G. D. (1991). Characteristics of involving colleges. In G. D. Kuh & J. H. Schuh (Eds.), *The role and contributions of student affairs in involving colleges* (pp.34-48). Washington, DC: National Association of Student Personnel Administration.

Lampkin, P., & Gipson, E. (1999). *Mountains and passes: Traversing the landscape of ethics and student affairs administration.* Washington, DC: National Association of Student Personnel Administrators.

Laney, J. T. (1990). Through thick and thin: Two ways of talking about the academy and moral responsibility. In W. W. May (Ed.), *Ethics and higher education* (pp.49-66). New York, NY: Macmillan.

National Orientation Directors Association. (n.d.). *NODA statements of professional ethics.* http://www.nodaweb.org/?page=ethical&uscore;standards.

NASPA—Student Affairs Administrators in Higher Education. (n.d.). About NASPA. http://www.naspa.org/about/default.cfm.

Niebuhr, H. R. (1999). *The responsible self: An essay in Christian moral philosophy.* Louisville, KY: Westminster: John Knox Press.

Thompson, D. (2007). *What Is Practical Ethics?* http://www.ethic.harvard.edu/welcome&uscore;practical.php.

White House Task Force to Protect Students From Sexual Assault. (2015). *Not alone: The first report of the white house task force to protect students from sexual assault*. http：//www.whitehouse.gov/sites/default/files/docs/report&uscore;0.pdf.

Wilson，R.（2014，Fall）. Presumed guilty. *In context：Campus sexual assault. Special Report from the Chronicle of Higher Education*. http：//chronicle. com / items / biz / pdf / sex&uscore; assault&uscore; brief&uscore;fall2014.pdf.

第11章
应用职业标准

斯蒂芬妮·戈登

职业是由从事该项职业的个体遵循的原则、准则及开展的工作实践来定义的。标准是“一种被认可的、权威人士或普通大众都可以用其作为比较的基础的模型”(Dictionary.com，2013)。职业标准作为职业实践的框架，能够帮助新成员融入职业领域，为业内人士设定职业自律的准则，并有助于公众了解和评估专职人员提供的项目和服务。

本章概述了学生事务的职业标准。首先，将学生事务职业标准置于中小学教育和高等教育更广泛的标准范围内。其次，简要讨论了学生事务职业标准的历史渊源，继而对当代学生事务实践的职业标准进行更加深入的探讨。最后，本章提供了3个案例予以说明。学生事务专员可以通过这3个案例评估所在教育机构的效力，制定学生事务部门关于职业标准的工作重点，并将职业标准应用到他们个人的职业生涯发展中。更为重要的是，随着对高等教育的审查日益严格，这些既定的标准和指南为学生事务提供了实践框架以及贯穿全年的评估和评价准则。

11.1 中小学教育的标准

中小学教育的标准侧重于为学生制定学习标准，建立衡量学生成就的评估体系，并在这些标准和学习目标没有达到的情况下实施处罚。基于标准的改革包含了学习内容说明、学习效果测试设计和教育机构绩效结果产出的战略（Betts & Costrell，2001，p.1）。许多州将政府拨款与标准评估的结果挂钩，因此评估结果不佳的学校就得不到政府拨款。由于高中毕业标准的提高导致一些学生无法获得文凭，所以基于标准的改革存在巨大争议（Betts & Costrell，2000）。

共同核心州立标准（CCSS）是在各州、社区领导人和家长的共同努力下制定的。CCSS于2010年实施，旨在帮助学生在大学及毕业后都取得成功。由于CCSS存在争议，所以各州已经开始退出这个计划并使用它们自己的标准。

随着中小学教育课程标准的持续提升，高等教育要努力理解CCSS，并通过专业实践标准来提升学习连续性。高等教育必须关注中小学教育环境中的标准改革进程，因为对高校来说，学生学习和成功的挑战已经迫在眉睫。

11.2 高等教育的标准

与其他行业的标准相比，高等教育的标准是相当新的，因为“只有很少的学院和大学，及少部分人参与标准的制定，而且极少有人关注课程”(Alstete，2004，p.7，and Arminio，2009)。20世纪早期，大学录取所必需的准备工作不一致也不明确，人们开始对高等教育的标准和认证感兴趣。由于建立一个符合标准的全国录取程序超出了州政府的管辖范围，且联邦政府无权同时干预各州的政策，区域性跨机构协会开始着手为教育机构的认证设定最低标准（Alstete，2004Arminio，2009)。

认证被定义为教育机构达到由正式的权威机构规定的绩效水平并由此获得公众信任的过程（Mable，1991）。

阿斯特特（2004）提供了标准和机构认证的时间线如下：

- 19世纪80年代到20世纪初：高等教育机构形成录取标准；
- 20世纪初到20世纪70年代：制定并颁布特定的纪律标准；
- 20世纪70年代至今：专注于自我评估，协调评估和定期回顾。

根据默里（2012）对大约70个非营利机构的调查结果，美国高等教育认证过程服务于以下几个或全部的目标：保护消费者权益，公平和准确地披露高等教育机构与项目并对这些教育机构和项目予以持续改进。全美有6个区域认证机构发布了旨在促进和改善50个州和地区的高等教育质量的标准。

尽管每个认证机构都是独立运作的，但它们都是高等教育认证委员会（CHEA）的成员。该委员会主张与政府建立自愿的认证体系，并向公众提供有关认证结果的信息（Saunders，2011；Stoops & Parsons，2003）。很多教育家对认证过程持批评态度，他们认为为确保认证质量，评估是在关注错误的过程和程序这一假设下进行的。大多数批评者认为，评估的重点应该放在学生成功和有能力的毕业生上，而不是放在大学的运营管理上。由于每个人对有能力的毕业生的理解不同，因此差异仍然存在。

多年来，学生事务在高等教育认证中扮演着重要的角色。在20世纪70年代，学生事务领域对行业标准的需求是显而易见的。32个专业协会希望自行建立并颁布专业标准和指导方针，而不是让“局外人”定义学生事务的角色和责任。由此，高等教育标准促进委员会于1979年正式成立，它凝聚了学生事务领域关于整合教育项目和服务的顶级思考（CAS，2012）。

行业标准为教育提供了工作框架，为学生事务职业提供了模板，它将道德行为与个体互动联系起来，同时也是学生事务领域价值观的集合。如本书第1章提到的，由艾斯特・劳埃德–琼斯、卡瓦克斯和霍普金斯于1937年编写的 *The Student Personnel Point of View*（SPPV）中提到，“高等教育主要关注的问题，涉及所有教师、行政员工和学生团体的合作性努力”（American Council on Education，1937，p.5）。这确立了美国高等教育学生人事工作的雏形。在1949年的修订版和1987年版的展望中，其基本原则仍然是：学生事务是高等教育的一部分。尽管SPPV的本意并不是为学生事务设定标准，但它在学生事务支持学术使命、倡导学生学习，以及创造支持学生个体发展和参与大学社区的环境的重要性方面提供了指导纲要。多年来，人们一直在争论学生事务是一个领域还是一个职业（Penney，1972）。但显而易见的是，学生事务专员的工作对学生学习有积极的影响。因此，学生事务标准对从业者至关重要。

11.3 当代学生事务的标准

过去十年中，高等教育的重大变化引发了学生事务工作的新模式。高等教育机构通过专职的学生事务评估人员、案例管理人员、校园干预团队和在线学生服务等方式开展学生事务工作。由于对学生暴力行为、后传统学生和退伍返校学生的代际变化、技术革新以及合法合规的问题的关注，学生事务“标准”必须根据新的知识体系被予以重新审视。学生事务专员对标准有多种使用途径，包括项目开发、持续改进、对认证或审查的自我评估、员工发展、学生发展项目规划、项目评估、验收和培养学生事务服务和项目、政治层面的操作、预算援助、品德操守及在职能领域使用规范化语言等（Arminio & Gochenauer，2004；Bryan & Mullendore，1991；Jacobs，Hayes-Harris，Lopez，& Ward，1995；Mann，Gordon，& Strade，1991；Winston & Moore，1991）。

在 *Professional Standards：Whither Thou Goest?* 中，米勒（1984）指出，专业标准的制定成为学生事务职业向前发展不可或缺的组成部分，这一点是十分重要的。尽管没有管理学生事务专业的权威机构，但学生事务的标准仍在不断发展。

1990 年，NASPA——美国学生人事管理者协会认可了 *Standards of Professional Practice*。该协会列出了18项不同的标准。通过这些标准，协会的领导层力求实现“为促进学生人事工作职业化，要求从业者诚信正直、相信个体的尊严和价值、尊重个体差异和多样性、全心全意提供服务、在教育过程中竭诚为个人和大学社区的发展做出贡献”（National Association of Student Personnel Administrators，1990，p.1）。他们认为，这些都是普适标准，任何学生事务专员都可以在其整个职业生涯中遵守这些标准。

1996年，美国大学人事协会和美国学生人事管理者协会合作起草了 *Principles of Good Practice for Student Affairs*。虽然未明确表示该文件就是行业标准，但这两个协会旨在通过这份文件指导学生事务工作的实践。“这些原则是基于对大学生的研究成果、有影响力的教育机构的工作经验以及学生事务工作的历史责任而制定的”（American College Personnel Association and National Association of Student Personnel Administrators，1996，pp.5-6）。以下原则概述了学生事务专员的良好实践：

1. 促使学生积极学习；
2. 帮助学生形成连贯的价值观和道德标准；
3. 为学生学习设定目标，并表达对他们的高期望；
4. 运用系统化的调查来提升学生表现和教育机构绩效；
5. 有效利用资源实现教育机构使命和目标；
6. 形成促进学生学习的教育合作关系；
7. 建立支持和包容的社区。

NASPA的*Standards of Professional Practice*和ACPA的*Principles of Good Practice for Student Affairs*都强调了通过客观自查或CAS标准评估程序开展持续评估的重要性，本章稍后将予以概述。布莉慕玲和惠特（1999）也在他们的著作中探讨了学生事务的良好实践，指出学生事务专员的行为有助于促进学生学习，并帮助他们取得成功。

11.3.1 学生事务专业能力标准

2009—2010年，NASPA委员会和ACPA理事会共同组建了一个关于专业能力和标准的联合工作小组。该小组制定了一套专业能力准则，用来指导学生事务专员不断学习，从而最终提高处理学生事务的专业能力。每个协会都有类似的专业能力大纲，但是只有联合工作小组的专业能力准则最为综合和全面。

在研究有关学生事务专员专业能力的重要文件后，韦纳、布雷夏尼、希客摩特和费利克斯（2009）提出了文件摘要及学生事务专业能力和标准的研究报告。研究团队查阅了包括*CAS Standards and Guidelines*在内的19个文件。

学生事务专业能力是指一个人掌握必要技能从而成为优秀的学生事务专员的能力。学生事务专员的个人能力与学生事务实践经验相辅相成，进一步界定了指导学生事务工作的标准。联合工作小组向NASPA和ACPA递交了题为*ACPA/NASPA Professional Competencies for Student Affairs Practitioner*的报告（2010）。该报告列出了学生事务工作者需要具备的10项基本能力。科米夫斯和卡朋特将这些能力分为初级、中级和高级，详见本书的第20章。NASPA和ACPA都表示将持续地对这些专业能力进行修正补充，从而使学生事务专员掌握不同的知识、技能和经验以满足工作要求。

11.3.2 学生事务道德标准

我们不能脱离专业标准的道德含义而讨论专业标准。如果每个人都遵循道德实践原则，这将有利于学生事务工作、为学生事务工作者服务的机构、学生学习以及整个社区。尽管教育机构的性质和学生事务领域的个体差异会对学生事务工作者的角色产生影响，但是几乎所有的学生事务专业协会都认同高等教育标准促进委员会提出的*Statement of Shared Ethical Principles*。这些共同的原则有助于学生事务专员以道德和诚信为基础开展工作。正如本书第10章中提到的，从道德的角度看待自己的工作有助于学生事务专员更好地促进学生学习和发展。

11.3.3 高等教育标准促进委员会

高等教育学生人事委员会（COSPA）率先开始讨论创建学生事务的统一标准，并特别关注了10个学生事务协会和学生发展主题。高等教育学生人事委员会在1976年因内部的政治分歧而解散（CAS，2012）。此后不久，高等教育标准促进委员会于1979年成立，旨在形成专业标准，发展高校学生事务项目与服务。11家学生事务专业协会联袂制定了行业标准，其目标是“制定并颁布专业标准，为学生事务实践，以及开展学生支持项目和服务的学生事务专员的学术准备提供指导”（CAS，2012，p.2）。

高等教育标准促进委员会的第一版标准发布于1986年，在那之后共经过7次修改和更新，最新版于2012年发布。高等教育标准促进委员会的核心理念是：行业自律是教育机构、学生事务职业和学生事务部门可持续发展的职责所在。尽管外界权威机构或政府并未要求高等教育标准促进委员会开展审查，但是学生事务领域使用高等教育标准促进委员会标准所进行的自我评估可以作为认证的准备框架。三十多年来，高等教育标准促进委员会的标准为学生事务持续改进，以及评估其项目和服务提供了指导，是学生事务不断发展的真实写照。

1.高等教育标准促进委员会标准指南

帕特森和卡朋特（1989）指出高等教育标准促进委员会标准是“学生事务职业化的重要一步”（p.125）。通过制定这些标准，“学生事务明确宣告了掌握自己命运的决心”（Bryan & Mullendore，1991，p.29）。高等教育标准促进委员会的理事会成员由每个专业机构选出的代表组成，他们每隔5~7年就对这些标准进行修订和更新，以确保“与时俱进”（p.29）。对每项标准的定期修订也促使高等教育标准促进委员会对其通用标准和学生事务职能领域的标准予以定期更新。这些标准的可信性是基于以下两点达成跨协会共识的，即为学生发展服务和为研究生院校培养的学生事务领域专业人才制定行业标准（*Council for the Advancement of Standards*，1980）。

此外，随着学生事务的发展，新的行业标准产生了。例如，2011年发布的高等教育标准促进委员会通用标准将家庭教育历史（家庭首代大学生）认定为歧视标准，并将远程教育列为高等教育的普遍类型。另一个主要的修订是精简结构，将原来具有共性或存在相关内容的14个章节通过归纳和重命名缩减至12个章节（CAS，2012，p.28）。

2.高等教育标准促进委员会学习成果领域

2003年，高等教育标准促进委员会规定了16个学习成果领域，以鼓励其会员关注学习，重视标准。在*Learning Reconsidered*（Keeling，2004）出版并被广为接受后，学习成果被再次修订，与“高等教育的新剧本”中所描述的学习成果更加一致（Fried，2007，p.2）。如今，高等教育标准促进委员会确定了六大类的学习领域：知识的获取、构建、整合和应用；认知复杂性；人际关系发展；人际交往能力；人道主义和公民参与；实践能力。每个学习领域都被嵌入到相应的职能领域标准内。学生事务工作者所提供的项目和服务必须明确指出和评估相关可取的学习类别，并就项目和服务是如何助力于未被评估的学习类别予以阐释说明。高等教育标准促进委员会标准的一个侧重点是，它们为评估和审查学生事务项目和服务提供指导，进而支持学生事务工作者开发有助于产生预期学习成果的项目（Komives & Arminio，2011）。例如，如果使用者想要进行一项关于测评学生认知复杂性增长的研究，高等教育标准促进委员会就能提供学生在这一领域展示成就的方法，包括：（1）将以前理解的信息应用到新的情境中；（2）运用来自多方的综合信息制定决策；（3）制定解决问题的新方法（Arminio，2009）。

3.高等教育标准促进委员会标准的应用

高等教育标准促进委员会的核心理念是，行业自律是教育机构、学生事务领域或者部门致力于持续发展的职责所在。高等教育标准促进委员会自我评估指南（SAGs）以评估等级表格的方式为自我评估和落实高等教育标准促进委员会董事会认可的标准提供判断准则。高等教育标准促进委员会自我评估指南于1988年首次发布，该标准不断被修订更新，以确保标准应用的便捷性（Bryan & Mullendore，1991）。高等教育标准促进委员会自我评估指南"提供了判断一致性的完美方法"（Gold，1995，p.68）。高等教育标准促进委员会的职能领域都有概述个体自我评估进程和等级的指南。通常，在复杂的学生事务领域开展典型自我评估的时间范围是6~9个月。自我评估分为12个部分，每个部分都可以用来回顾一个项目的单个方面或专业发展活动的计划。高等教育标准促进委员会建议进行自审的组织执行以下步骤（CAS，2012）：

（1）建立自我评估小组。自我评估小组应包括来自机构的各方代表，例如，专职行政员工、教师及所提供的服务或所在部门会受到评估影响的个体。有的机构也会选一些学生作为代表。自我评估小组的建立也是教育那些对服务持批评态度的人的好机会。遴选自我评估小组主席与确定成员同等重要。在理想情况下，服务或项目的主管不应担任主席，如果可能的话，也尽量不要选择委员会的成员担任。从整个机构选择合适人员组成自我评估小组是为了依据工作经验而非权力大小来确定主席人选。

（2）开始自我评估。自我评估需从个体审查和小组分析两个方面着手，这有助于判断学生事务部门是否符合高等教育标准提升委员会标准。任何与此相关的文档和数据都应提交至评估小组审阅。学生事务部门应该系统收集和整理每年的数据，而不是评估当年的数据。然后，评估小组的每个成员依据标准逐条评定，每项评定都需要相关数据和文件作为支撑证据。

（3）确定和归纳支撑证据。当每个小组成员完成评定后，自我评估小组应对评定结果开展集体审查。成员个体的评定需要汇编以便自我评估小组从整体上审查评估数据。然后，自我评估小组可以确定被审查的部门是否符合标准，并指出其提供的项目和服务存在的优势和劣势。

（4）确定工作实践与高等教育标准促进委员会标准之间的差异。在自我评估小组完成评定汇编后，就可以明确指出各方面的工作实践与标准之间的差异，进而达成所有人对评定结果的共同理解。一个清晰和透明的审查过程将包括与职能部门的工作人员会面，这样有助于澄清误解并获取完善评定的额外信息和建议。自我评估小组的作用是帮助确定工作的薄弱环节，从而使其进一步完善。

（5）确定恰当的改进措施。自我评估的一个重要方面是对被审查的职能领域提出改进建议从而使其满足高等教育标准促进委员会标准。其目标是通过自我评估，制订改进方案，使学生事务部门符合标准要求。高等教育标准促进委员会自我评估指南为自我评估小组提供了工作表和行动步骤。

（6）项目优化建议。如果提出额外的项目优化建议，那么高等教育标准促进委员会标准的自我评估过程是不完整的。高等教育标准促进委员会标准的自我评估过程并不仅仅意味指出工作不足，还包括明确需要加强关注的领域，从而进一步提升项目和服务质量。自我评估也是评估和赞扬学生事务部门对机构和学生做出积极贡献的好机会。自我评估小组按优先顺序给出项目改进建议有助于学生事务工作者制定更具远大理想的目标。

（7）准备行动计划。没有行动计划的评估周期是不完整的（Barham & Scott, 2006）。除了组建适合的小组开展自我评估工作外，还需制订一个包含具有现实意义的目标、时间线和指定负责人员的详细行动计划。自我评估小组成员和负责具体实施改进的工作人员应该进行会面，以便充分理解评估建议，避免评估偏差。行动计划应该是一份长效文件，学生事务部门在全年工作中对其予以评估和修订。

4.关于高等教育标准促进委员会标准使用情况的持续研究

尽管高等教育标准促进委员会标准和指导方针已经于1986年发布并不被断修订，但是对该标准的认识、使用和实施情况的研究仍在继续发展。1989年，马伦发现该标准的应用分布范围太小。因此，只能找到极少的实施情况，无法预测长期的影响。而后，曼等人（1991）发现只有51%的高级学生事务专员使用该标准，33%的高级学生事务专员没有使用，16%的高级学生事务专员根本不知道该标准。他们在调查报告的评论中列举了15个具体应用高等教育标准促进委员会标准的案例。阿米尼奥和戈齐纳（2004）在对由新加入的专业人士、主任、院长和副校长组成的高等教育标准促进委员会联盟协会成员构成的一个更大的随机样本进行研究时发现，61%的一般受访者及85%的副校长和助理副校长听说过高等教育标准促进委员会。27%的受访者，不分职位，表示他们已经阅读过该标准，33%的受访者将该标准用作项目指导，18%的受访者使用该标准开展评估（Arminio，2009）。

克里莫在2003年所讨论的研究问题仍然存在：

（1）学生学习和发展成果与特定职能领域的从业人员使用高等教育标准促进委员会的标准和指南有什么关系？

（2）学生事务工作者的哪些行为与他们在职能领域实施高等教育标准促进委员会标准和指南有关？

（3）学生事务工作者是否认为使用高等教育标准促进委员会标准和指南能有效地提高他们的工作绩效？

（4）学生在接受由高等教育标准促进委员会标准和指南指导的教育项目和服务后，是否认为从中受益？

（5）由高等教育标准促进委员会标准和指南指导的教育项目和服务是否比较

有效？

高等教育标准促进委员会董事会前主席劳拉·迪恩指出“我们仍然需要开展进一步的研究，以便更好地了解与使用标准和指南有关的条件和结果”（Dean，2013，p.27）。尽管在学生事务实践的过程中，越来越多的人注意到高等教育标准促进委员会标准的重要性，但是他们对标准的实施、使用和整体有效性仍存在疑虑。

11.3.4 其他组织颁布的学生事务实践标准

虽然加入高等教育标准促进委员会的协会数量从最初的11个增加到现在的41个，但是仍有学生事务专业协会不在其中。许多高等教育协会已经制定了专门针对其相关领域的学生事务实践标准，它们制定的标准无须与高等教育标准促进委员会发布的职能标准一致。高等教育标准促进委员会的联盟成员组织继续支持和倡导一般职能领域的指导方针，但那些需要专业知识或有独特要求的特定领域需要额外的标准。例如，全国校内休闲运动协会（NIRSA）是高等教育标准促进委员会的联盟成员，它虽然将高等教育标准促进委员会标准应用于休闲运动领域，但同时，也在诸如设施管理和俱乐部成员的学生行为等方面建立了具体的标准（Arminio，2009）。此外，国际高校房屋管理协会（ACUHO-I）也将高等教育标准促进委员会标准作为住房和居住生活服务的标准，同时它也应用了美国教育委员会（ACE）发表的“实现合理的校园安全”声明中的信息来制定符合自身情况的标准，这些标准可在其网站上免费获取。高等教育标准促进委员会对学生事务职能领域的指南，以及有助于优化项目和服务的特定标准均持支持态度。

11.4 案例分析

下面，我们列举了为学生事务专业标准提供讨论背景的案例。而后，我们对标准和能力在案例中的应用予以简要分析。

案例一：创建适用于全部学生事务领域的评估项目

乔治是一名高级学生事务专员，他需要创建一个适用于所有学生事务领域的评估项目来展示学生学习成果，为大学的地区性认证评估做准备。作为一名新任的高级学生事务专员，乔治所在大学的学生事务工作者的能力参差不齐，而且他们缺乏正式的调查数据。尽管大学已经制定了一整套的学习成果和目标，但是在学生事务领域中，有的部门根本没有制定学习成果目标，有的部门则负责制定综合战略，部门差距很大。这所大学中还有很多横跨多个职能领域的重复项目，每个职能领域的工作人员都在努力为某一特定群体提供服务。除了在学生事务领域开展评估之外，乔治必须在整个机构内开展工作，将新的学生事务评估流程与已经具备综合评估方案的学生事务部门联系起来。乔治在落实适用于所有学生事务领域的评估流程时，将会遇到什么挑战呢？哪些文献和资源对乔治的工作有帮助呢？

案例二：制定职业发展规划

汤娅刚刚硕士研究生毕业，成为一名新手大学舍监。她在读研究生的时候是学生活动的研究生助理，负责指导学生社团、管理演唱会场地和协调招生办公室的工作。她从未从事过大学舍监工作，她的具体工作职责包括负责舍监培训项目、管理住校学生协会以及帮助学生举办听证会。汤娅在新的学校能够被选中担任舍监，是因为她在面试时能够清楚地说明如何做预算，如何协调冲突。尽管她已经成为一名舍监，但她不确定哪些资源可以为她所用来真正落实和解决她在面试中能够清楚说明的问题。汤娅所在的学院很小，所以她的主管没有足够的资源让她参加那些重要的、能够快速提升她工作能力的培训。她可以利用哪些资源来为新角色和职责建立工作框架呢？

案例三：应对学生事务中的新情况

珍妮弗在中西部一所大型的市内教育机构担任走读生项目的主管。在过去的四年里，她和她的两位助理为就读于该机构的走读生创建了新的入学教育方案和学生活动流程。她们对自己的项目很自豪，甚至在完善服务的同时，还建立了学习成果和评估程序。她们持续关注机构内部的情况并带领学生积极参加适合18~25岁的走读生的活动。她们拥有参加项目和未参加项目的学生的完整数据。通过收集到的数据，珍妮弗和她的同事们看到项目参与者的满意度和学习效果都有提升。她们注意到，虽然非传统年龄入学的学生和退伍返校学生的数量大幅度增加，但是这些学生对服务的使用却有所减少。珍妮弗在之前机构的工作对象都是传统年龄入学的大学生，她没有和退伍返校学生打交道的经验。由于机构没有足够的资金设立退伍学生办公室或非传统年龄入学学生办公室，所以珍妮弗和她的同事们必须学习如何通过她们当前的项目和服务为人数不断增加的新生提供支持。有哪些文献和资源可以帮助珍妮弗和她的同事们，让她们既能提升现有项目和服务的质量，也能拓展服务新生的能力？

这三个案例列举了将学生事务实战标准纳入高等教育项目和服务的开发、评估和实施的方式。学生事务领域的几项重要文献可以帮助学生事务专员采取恰当的措施。高等教育标准促进委员会标准和指南，可以为以上三位不同经验水平的工作人员提供指导，帮助他们在特定情况下采取正确的行动。

在第一个案例中，乔治的工作任务涉及到整个大学。由于学生事务专员的能力参差不齐，所以他必须营造好的学习环境，创建以行动为导向的评估文化氛围。他必须在组织内确定可以帮助他提升技能并创建评估准则的领导者，将学习成果与评估策略联系起来，并最终实现校园改革。一旦建立了引领校园改革的团队，他们就可以参照*Learning Reconsidered*及高等教育标准促进委员会标准和指南来制订与目标设定、行动计划和结果报告相一致的方案。更为重要的是，作为一名新上任的副校长，乔治要确保他分管领域的工作人员明白，学习成果必须同整个教育机构的使命和愿景保持一致。补充说明一下，由于该大学目前没有能够支持他们现行工作的数据和证明材料，所以对乔治来说，他必须通过定期收集数据来指导工作实践。

在汤娅的案例中，她必须收集有关新职业领域的各种工作标准的信息。汤娅正在经历从研究生助理到一个拥有多重责任的大学舍监的转变。很多学生事务专员在学生事务领域承担多样角色，这种情况在规模较小的大学和学院更为普遍。虽然汤娅从事过学生活动管理工作，但是大学舍监的工作内容与以往有很大不同。她的具体职责是在宿舍生活中教育学生并帮助学生成长，但帮助学生举办听证会也是她的工作，而听证会又有另一套完全不同的标准。此外，更为重要的是，她认识到住宿学生的行为是学校整体学生行为的一部分。她必须开展跨部门合作，以便更好地帮助学生发展，从而展示学习效果并提高住宿学生对大学行为标准的遵从性。汤娅还应该审查她的个人能力并完成自我评估，以确定她作为学生事务从业者处于ACPA/NASPA中规定的初级、中级还是高级阶段。自我评估有助于汤娅向她的主管阐明她的职业发展需求。通过对个人能力的自我评估和对各个职能领域所要求标准的学习，汤娅可以制定职业发展规划来提升对职位的理解和认识。

珍妮弗正在经历着许多学生事务专员在过去十年中所经历的事情——学生对校园特定服务的需求不断增加，但是可用的资源却在急剧减少。从表面上看，珍妮弗和她的同事们的做法非常正确，她们开展了一系列活动。尽管这些项目和服务对传统年龄入学的大学生来说很有效，但在她的校园里，人数不断增多的非传统年龄入学的学生和退伍学生对她的既定体系构成了挑战。珍妮弗应该参考新版的*CAS Standards and Guidelines for Veterans' Programs and Services*，并了解如何将其中的一些新方法应用到她的工作中。因为她所在的机构不能设立专门的办公室服务这些新生，所以珍妮弗必须重新审视工作人员的工作内容和职责，并决定他们是否需要额外的专业培训以更好地适应不断出现的新情况。此外，珍妮弗和她的同事可以通过评估数据来决定终止哪些项目，以便能把工作重心转向新的学生群体。

11.5 结论

高等教育受到的审查比以往任何时候都要严格。责任感、承受力、价值观、准入和学生成功是当今政府和教育部的流行语。由于传统的高等教育试图在资源萎缩和虚拟学习的世界中保持自身的价值和充足的资金，因此专业标准和质量保证比以往任何时候都更加重要。现在还不是传统高等教育模式止步不前并简单地宣称大学学位是“值得的”的时候。高等教育专业人员必须通过数据和分析来证明学生的综合学习成果，以及他们是如何达成目标，如何改善服务，如何促使大学毕业生在职场取得成功的。

高等教育标准促进委员会和许多专业协会为学生事务专员建立持续改进质量的环境提供了指导。然而，只有当学生事务专员知道这些标准的存在，并使用这些标准来提高个人能力，研究和评估校园项目和服务时，这些标准才会发挥作用。随着高等教育的发展，生源受地域限制的程度逐渐降低，上大学的人也不再局限于传统的18岁至25岁的学生，因此学生事务工作也处在不断变化和发展中。我们目前推行的标准为当下的学生事务工作提供了坚实的指导框架，但是我们需要将目光放得更长远些，要为将来的变化做好准备。同时，在工作中要注重收集支撑材料，使学生事务始终成为高等教育不可分割的一部分。

参考文献

Alstete，J. W.（2004）. *Accreditation matters：Achieving academic recognition and renewal*（ASHE-ERIC Higher Education Report，Vol. 30，no. 4）. San Francisco，CA：Jossey-Bass.

American College Personnel Association and National Association of Student Personnel Administrators.（1996）. *Principles of good practice for student affairs*，1998. http：//www.naspa.org/images/uploads/main/Principles_of_Good_Practice_in_Student_Affairs.pdf.

American Council on Education.（1937）. *The student personnel point of view.* Washington，DC：Author，

Arminio，J.（2009）. Applying professional standards. In G. S. McClellan & J. Stringer（Eds.），*The handbook of student affairs administration*（3rd ed.）. San Francisco，CA：Jossey-Bass.

Arminio，J.，& Gochenauer，P.（2004）. After sixteen years of publishing standards，do CAS standards make a difference? *College Student Affairs Journal*，24，51-65.

Barham，J. D.，& Scott，J.（2006）. Increasing accountability in student affairs through a new comprehensive assessment model. *College Student Affairs Journal*，25（2），209-219.

Betts，J. R.，& Costrell，R. M.（2001）. *Incentives and equity under standards-based reform.* Brookings Papers on Educational Policy. Washington，DC：Brookings Institution. http：//mus.jhu.edu/journals/brookings_papers_on_educational_Blimling，G. S.，& Whitt，E. J.（Eds.）.（1999）. *Good practices in student affairs：Principles to foster student learning.* San Francisco，CA：Jossey-Bass.

Bryan，W. A.，& Mullendore，R. H.（1991）. Operationalizing CAS standards for program evaluation and planning. In W. A. Bryan，R. B. Winston Jr.，& T. K. Miller（Eds.），*Using professional standards in student affairs.* New Directions for Student Services，no. 53. San Francisco，CA：Jossey-Bass.

Council for the Advancement of Standards in Higher Education.（2012）. *CAS professional standards for higher education*（8th ed.）. Washington，DC：Author.

Council for the Advancement of Standards.（1980）. *By-laws.* Washington，DC：Author.

Creamer，D. G.（2003）. Research needed on the use of CAS standards and guidelines. *College Student Affairs Journal*，22，109-124.

Dean，L. A.（2013）. Using the CAS standards in assessment projects. In J. Schuh（Ed.），*Selected contemporary assessment issues.* New Directions for Student Services，no. 142. San Francisco，CA：Jossey-Bass.

Dictionary.com. Aug.（2013）. Standard. http：//dictionary.reference.com/browse/standard?s=t.

Fried, J. (2007). Higher education's new playbook: Learning reconsidered. *About Campus*, 12 (1), 2-7.

Gold, J. A. (1995). Criteria for setting allocation priorities. In D.B. Woodard, Jr. (Ed.), *Budgeting as a tool for setting policy in student affairs*. New Directions for Student Services, no. 70. San Francisco: Jossey-Bass.

Jacobs, B. C., Hayes-Harris, M., & Ward, J. A. (1995). Maintaining an ethical balance in orientation programs. *College Student Affairs Journal*, 15, 44-53.

Keeling, R. P. (Ed.). (2004). *Learning reconsidered: A campus-wise focus on the student experience.* Washington, DC: National Association of Student Personnel Administrators and the American College Personnel Association.

Komives, S. R., & Arminio, J. (2011). Promoting integrity through standards of practice. In R. B. Young (Ed.), *Advancing the integrity of professional practice* (Special Issue). New Directions for Student Services, no. 135. San Francisco, CA: Jossey-Bass.

Mable, P. (1991). Professional standards: An introduction and historical perspective. In W. A. Bryan & R. B. Winston (Eds.), *Using professional standards in student affairs.* New Directions for Student Services, no. 53. San Francisco, CA: Jossey-Bass.

Mann, B. A., Gordon, S. E., & Strade, C. E. (1991). The impact of the CAS Standards on the practice of student affairs. *College Student Affairs Journal*, 10, 3-9.

Miller, T.K. (1984). Professional standards: Whither thou goest? *Journal of College Student Development*, 25, 412-416.

Murray, F. B. (2012). Six misconceptions about accreditation in higher education: Lessons from teacher education. *Change: The Magazine of Higher Learning*, 44 (4), 52-58.

Paterson, B. G., & Carpenter D. S. (1989). The emerging student affairs profession: What still needs to be done. *NASPA Journal*, 27, 123-127.

Penney, J. F. (1972). *Perspective and challenge in college personnel work.* Springfield, IL: Charles C Thomas.

Saunders, L. (2011). *Information Literacy as a student learning outcome the perspective of institutional accreditation.* Santa Barbara, CA: Libraries Unlimited.

Stoops, J. A., & Parsons, M. D. (2003). Accreditation in the United States. In J. W.

Guthrie (Ed.), *Encyclopedia of education* (2nd ed., Vol.1, pp.28-35). New York: Macmillan Reference USA.

Weiner, L., Bresciani, M., Hickmott, J., & Felix, E. (2009). *ACPA, NASPA and CAS professional standard document analysis.* NASPA/ACPA/CAS Joint Task Force on Professional Standards. Washington, DC: National Association of Student Personnel Administrators.

Winston, R. B., & Moore, W. (1991). Standards and outcomes assessment: strategies and tools. In W. A. Bryan, R. B. Winston Jr. & T. K. Miller (Eds.), *Using professional standards in student affairs.* New Directions for Student Services, no. 53. San Francisco, CA: Jossey-Bass.

第12章 专业协会的角色

南希·埃文斯　杰西卡·拉内罗–拉米雷斯

学生事务管理专业的研究生新生和刚入职的专业人员几乎立即被缩写名称不同的专业协会轮番轰炸。这些协会不仅各有专长，而且在学生事务领域各有分工。人们很难确定这些学生事务专业协会是做什么的，它们与学生事务工作有什么关系以及哪些协会值得加入。本章提供了关于学生事务专业协会的信息，包括它们的功能、历史和组织结构。同时本章还讨论了协会类型、会员利益和参与机会。

12.1 专业协会的功能

根据美国社团管理者协会（ASAE）和社团领导力中心（American Society of Association Executives and the Center for Association Leadership，2011）网站给出的解释，专业协会指的是由自主加入团队的、有着共同兴趣和目标的个人组成的专业组织。ASAE的网站列出了协会致力于达成的各项目标，包括：（1）为会员提供教育和专业发展的机会；（2）提供有关其所代表的领域或地区的信息；（3）制定道德标准和职业标准；（4）提供讨论专业问题的交流渠道；（5）为会员提供在他们感兴趣的领域开展志愿服务的机会；（6）促进和支持在人际网络方面有着共同兴趣的群体的发展。

这些目标反映了学生事务专业协会在具体的工作中，为学生事务专员、高等教育机构以及整个行业提供服务。学生事务专业协会的一个日益重要的角色是就行业和会员关切的问题游说政府官员。学生事务专业协会也通过网站、媒体采访和出版物向公众提供信息（Moore & Neuberger，1998）。

12.2 学生事务专业协会的历史

专业协会最初产生于20世纪早期，旨在为新兴的学生事务领域的从业人员提供支持、职业发展并为他们发声（Nuss，2003）。当时最显而易见的学生事务专员是女生训导主任和男生训导主任，但他们几乎没有准备好承担新角色，而且几乎没有人了解他们的作用。讨论学生事务专员在新岗位所面临的问题的需要了解两个早期专业协会的产生。

12.2.1 全国女性教育协会

女性训导主任最先意识到协会的价值。1903年，在西北大学的一次会议上，18位女性训导主任首次组成了非正式的小组（Bashaw，2001a）。该团体于1916年正式宣告成立，命名为全国女性训导主任协会（NADW）。协会早期重点关注女性训导主任的角色和责任，而后的关注点是女性在教育方面面临的问题以及她们所服务的女性学生（Hanson，1995）。1938年，全国女性训导主任协会开始出版期刊来传播有关这些问题的研究成果。

在第二次世界大战结束后的保守氛围中，为了应对女性训导主任“被降职和解雇”（Bashaw，2001b，p.263）的回应，许多人质疑是否有必要建立特定性别的协会。1952年，全国女性训导主任协会曾考虑与其他学生事务组织合并，但还是决定保持独立以确保解决高等教育中的公平问题以及女学生的特殊需求问题（Bashaw，2001b；Hanson，1995）。为了更好地反映女性在教育中所扮演的角色，该组织于1956年将名称拓展为全国女性训导主任和顾问协会（NAWDC）（Hanson，1995）。全国女性训导主任和顾问协会还与美国学生人事管理者协会（NASPA）以及美国大学人事协会（ACPA）建立合作，共同解决整个学生事务专业面临的问题。

1973年，NAWDC协会更名为全国女性训导主任和顾问协会，并且首次向男性开放会员资格（Hanson，1995）。协会的初步目标是建立一个更具包容性的组织。1991年，协会再次更名为全国女性教育协会（NAWE）以更好地反映其对在所有教育环境中工作的女性所面临的问题的关注（Hanson，1995；Moore & Neuberger，1998）。尽管对于在学生事务领域和其他教育领域工作的女性来说，协会就像是珍贵的和专业的家，但是在2000年，会员人数的减少和会议出席率的下降导致全国女性教育协会的领导和会员做出解散协会的决定（Nuss，2003）。

12.2.2 NASPA——美国学生人事管理者协会

男性训导主任们的首次会议于1919年在威斯康星大学举办，当时有6人参会（NASPA，2008）。从那次会议到1929年，他们的集会被称为男性训导主任和顾问会议。早期的会议是在大学校园举行并为非正式的交流和讨论男学生所面临的问题提供了机会。

1929年，组织更名为更正式的全国男性训导主任和顾问协会，并且从1929年开始，会议都在校外举行（NASPA，2008）。1932年，协会建立了机构会员制，每个会员学校都有一名对协会事务有投票权的官方代表。不仅如此，会员机构还可以派额外的代表去参加会议。

随着男性训导主任的职务名称逐渐在校园里消失，全国男性训导主任和顾问协会需要一个新的名称来反映更广泛的成员身份（NASPA，2008）。1951年，协会采用美国学生人事管理者协会（NASPA）作为新名称并积极招募新成员加入。然而，美国学生人事管理者协会的主要目标群体仍然是高级学生事务专员（Moore & Neuberger，1998）。20世纪60年代，美国学生人事管理者协会开发了一个与国家认证区域平行的区域会议系统，每个区域设一名曾任职于国家协会执行委员会的副主席。其中，由于区域Ⅳ规模过大，因此被分为东-Ⅳ和西-Ⅳ两个区。美国学生人事管理者协会共设有7个区域（NASPA，2008）。

尽管女性很早就参加了协会会议，但直到1958年才出现第一位女性机构代表，并且直到1966年女性才第一次在执行委员会任职（NASPA，2008）。1976年，美国学生人事管理者协会选出了第一位女性主席——爱丽丝·曼妮科尔（NASPA，2008）。在1990年—2013年，23位主席中有16位是女性（NASPA，2013e）。20世纪后期，非白人的和社区大学的学生事务专员在美国学生人事管理者协会的领导层中越来越多。

1976年，该协会设立了国家办事处来协调各项活动，并于1975年任命了第一位执行主任。1985年，国家办事处永久迁址到华盛顿特区（NASPA，2008）。近年来，美国学生人事管理者协会扩大了国家办事处在会员服务方面的作用，搬进了华盛顿特区的新办公楼，并添加了一个与时俱进的新标签——“高等教育学生事务管理人员”。

美国学生人事管理者协会现在有超过13 000名成员（NASPA，2013a）。该协会的使命宣言是“成为学生事务领导能力、学术能力、专业提升和建议发声的重要源泉”（NASPA，2013a）。美国学生人事管理者协会开创了线上刊物和以互联网为基础的知识社区的先河。同时，该协会由于能够对学生事务中不断出现的新问题给予及时的关注和解决而受到社会广泛的认可（Coomes，Wilson，& Gerda，2003）。美国学生人事管理者协会还设立了本科生培养计划（NUFP），其目的是让更多的人参与到学生事务和高等教育中，该计划已经推动了许多能力出众的本科生继续攻读学生事务领域的研究生（NASPA，2013d）。美国学生人事管理者协会还有许多值得关注的项目，例如，为立志成为学生事务领导者的女性设立的爱丽丝·曼妮科尔专题讨论会；为新任职的首席学生事务领导者设立的研究院；詹姆斯·E. 斯科特学院为培养高级学生事务管理者设立了卓越管理奖以及跨文化事务研究院（NASPA，2013b）。

12.2.3 ACPA——美国大学人事协会

另一个全覆盖式的学生事务协会是美国大学人事协会（ACPA），在1924年建立之初名为全国委任秘书协会（NAAS）（ACPA—College Student Educators International [ACPA]，2013d；Bloland，1972）。委任秘书作为就业专员协助大学毕业生寻找就业岗位。全国委任秘书协会成立的目的是在全美促进和发展办公室的工作，它强调合作、研究和服务。1929年，全国委任秘书协会更名为全国就业与人事专员协会（简称NAPPO）以更好地反映其成员不断扩大的工作职责。

两年后的1931年，为增加会员数量和丰富使命的内涵，该协会更名为美国大学人事协会。这是一个包含承担各种职责的学生事务专员的协会。协会的部门，后更名为“委员会”，负责处理各方面的学生事务工作，重点关注学生事务人员的专业发展。美国大学人事协会也在各州成立了分会（ACPA，2013d；Evans & Powell，2002）。

出于整合主要的指导性协会的需要，美国人事与指导协会成立了（简称APGA，1952年更名为美国咨询和发展协会，简称AACD）。美国大学人事协会首先提出此倡议，并成为这个新协会的第一个成员（Bloland，1972）。学生事务专员需要承担起教育和行政管理的双重责任还要兼顾学生个体发展，工作变得越来越复杂。因此美国大学人事协会显然要更关注这些具有挑战性的工作职责（Evans & Powell，2002；Steffes，2001）。1991年，美国大学人事协会的领导人和成员投票决定脱离美国咨询和发展协会。1992年，美国大学人事协会迁入其位于华盛顿特区的办公室并聘请了一位执行主任，正式宣布独立（Evans & Powell，2002）。2007年，美国大学人事协会重组了其治理结构，从而更加有效地实现其目标，并将“国际大学生教育工作者”的标语添加到美国大学人事协会的缩写中，更好地彰显了教育工作和国际事务工作在协会使命中愈发重要的地位。此外办公室增加了工作人员，也扩充了技术配备以确保为组织成员提供有效和高效的服务（ACPA，2013d）。

美国大学人事协会目前的会员约为7 500人（ACPA，2013a）。根据其使命宣言，“美国大学人事协会通过传播知识以支持和促进学生学习，还需要为学生事务专员和高等教育机构社区提供政策、实践和项目”（ACPA，2013b）。美国大学人事协会根植于学生事务传统的咨询服务，已经成为深受从事学生事务领域的专业人士欢迎的家。纵观其历史，美国大学人事协会已经因其恪守包容并支持弱势群体的承诺而得到广泛认可。近年来，协会执行委员会的职位几乎由女性和有色人群担任，其理念可见一斑（Steffes，2001）。美国大学人事协会在学术研究上有着悠久的历史（Evans & Powell，2002）。除了曾出版第一本关于学生事务领域的研究期刊《大学生发展杂志》之外，很多学生事务领域的基础性文件都是由美国大学人事协会或与其合作的学者制定的。资深学者和新兴学者项目同样有助于美国大学人事协会保持着最前沿的学术水平（Coomes et al.，2003）。美国大学人事协会强大的常务委员会和职权为其成员提供了很多学习和领导力提升的机会（ACPA，2013c，2013h）。而且，协会广泛使用社交媒体，对年轻的成员特别有吸引力。近期的美国大学人事协会的规划包括建立下一代大会、多·M.布拉萨中级管理研究所、社会公正研究所及可持续发展研究所（ACPA，2013g）。

12.2.4 合并

纵观历史，学生事务的各种协会常常合作开发项目、召开联席会议以及共同解决学生事务领域面临的问题（Bloland，1972；Moore & Neuberger，1998），包括近期美国大学人事协会与美国学生人事管理者协会联合发起的学生事务从业者专业能力项目等（ACPA，2013f）。为了提高知名度，获取社会尊重以及更有效地处理学生事务，各协会多次做过合作或合并的尝试（Bloland，2002；Coomes et al.，2003；Moore & Neuberger，1998），但从未取得成功，包括近期合并美国大学人事协会和美国学生人事管理者协会的尝试，也以失败告终（Lipka，2011）。

尽管美国大学人事协会和美国学生人事管理者协会在其使命、价值观、功能和目标上有许多共同之处，但它们在组织架构、工作重点和文化上都存在着明显的差异（Coomes et al.，2003）。鉴于2011年各协会投票反对合并，它们在短期内几乎没有合并的可能性。尽管如此，美国大学人事协会、美国学生人事管理者协会和其他协会已承诺开展项目合作，为学生事务领域提供有效率的服务并满足学生的需求。

12.2.5 联盟

随着高等教育学生人事学会委员会，一个旨在促进各协会交流的高等教育学生人事委员会协会（COSPA）的建立和发展，协会联盟于20世纪60年代开始兴起。比起协会合并，为了达成具体目标而开展的协会联盟稍微成功一些。这个组织设立了与学生事务角色、职业选择面临的问题以及职业准备有关的几个岗位（Caple，1998；Crowley，1964）。成立于1979年的高等教育标准促进委员会（CAS）目前已拥有了来自近40个专业学生事务协会的代表（Council for the Advancement of Standards in Higher Education，2013b）。委员会在学生事务实践的各个领域制定和持续修改工作实践与职业准备标准。此外，华盛顿高等教育秘书处（HES），一个由大约50名国家高等教育协会的首席执行官组成的团体，每月在美国教育委员会的赞助下举行会议（Washington Higher Education Secretariat，2013）；还有与前者同等规模的高等教育管理协会委员会（CHEMA），每两年由全国大学和大学商务官员协会（NACUBO）组织召开一次会议。会议的重点是规划合作以及就相关问题游说政府（Council of Higher Education Management Associations，n.d）。

12.3 专业协会

除了美国学生人事管理者协会（NASPA）和美国大学人事协会（ACPA）这种全覆盖的高等教育协会外，许多专业协会已经开始关注学生事务的具体专业领域。高等教育标准促进委员会（CAS）包括40多个专业协会，每个专业协会研究高等教育不同的专业领域。此外，在线资源网站StudentAffairs.com提供了超过70个专业协会的列表（StudentAffairs.com，2013）。

包括国际高校房屋管理协会，国家新生教育主任协会、全国校园活动协会、联谊会顾问协会、学生司法事务协会和全国学术顾问协会在内的一批组织成立，关注学生事务不同的专业领域。每个组织的结构和使命因其专业而有所不同，但它们有相同的目标，即传播信息并为专业交流和发展提供机会。此外还有各州的协会以及不同区域的协会，它们有时隶属于国家协会，有时是独立的，致力于为特定地区的专业人士提供服务。

近年，一批致力于为弱势群体提供服务的协会发展起来。1954年，全国高校学生事务专业协会（NASAP）成立。这个协会由两个为传统黑人大学和学院不同性别的学生事务专员提供服务的协会合并而成。今天，全国高校学生事务专业协会致力于促进学生发展，为学生事务专业人员及其机构服务，宣传学生事务和高等教育。

高等教育与残疾人协会（AHEAD）成立于1977年，旨在确保残疾人能够普遍接受高等教育（Association on Higher Education and Disability ［AHEAD］，2012），协会通过培训、开研讨会、发行出版物以及提供咨询服务达成使命。

亚裔美国人高等教育协会（APAHE）的建立是为了确保国家关注到影响特定选民群体的问题。亚裔美国人高等教育协会成立于1987年，旨在解决全国多所研究型大学针对亚裔美国人的歧视性招生政策。目前，亚裔美国人高等教育协会的目标是解决影响亚太裔美国学生、教职员工和管理人员的问题（Asian Pacific Americans in Higher Education，2013）。美国西班牙裔高等教育协会（AAHHE）是美国拉美裔高等教育决策委员会协会的分支。美国西班牙裔高等教育协会的使命是倡导为拉美裔美国学生提供更多的接受高等教育的机会并增加其攻读研究生项目的人数（American Association of Hispanics in Higher Education，2013）。全国高等教育多样化官员协会（NADOHE）也是一个关注少数群体的协会。该协会于2003召开了第一次非正式会议，一些来自教育和商务领域的多样化高级官员参加了会议。会议结束后，与会者对持续的对话仍十分感兴趣，于是全国高等教育多样化官员协会在2006年正式成立，并于2007年举办了第一次会议（National Association of Diversity Officers in Higher Education，2012）。该协会旨在通过建立多样化高级官员和多元文化专家的工作网络，在高校中营造更加包容平等的氛围。

另一部分协会专注服务于那些主要服务弱势群体的高校。美国印第安高等教育联盟（AIHEC）为部落学院和大学提供服务，重点关注公共政策、倡议、研究和项目计划，以加强美国印第安人的高等教育（American Indian Higher Education Consortium，2013）。美国印第安高等教育联盟目前代表美国和加拿大的37个部落学院和大学。全国原住民高等教育促进联盟（NCANHE）是一个新的组织，旨在汇集从业者和学者的力量来支持原住民学生的成功（NCANHE，2013a，2013b）。全国原住民高等教育促进联盟在2013年秋季举办了第一次全国会议，并举办了一系列研讨会，重点讨论了联合政府的三大支柱：实践、政策和研究（George McClellan，personal correspondence）西班牙高校协会（HACU）为在服务西班牙裔学生的教育机构工作的大学管理者提供资源（Hispanic Association of Colleges & Universities，2011）。西班牙裔高校协会成立于1986年，代表了全国400多所学院和高校。此外，西班牙裔高校协会还为服务西班牙裔学生的教育机构提供公共政策、学生奖学金和学生实习项目（Hispanic Association of Colleges & Universities，2011）。美国印第安高等教育联盟和西班牙裔高校协会都从属于全国高等教育机会平等协会（NAFEO）（National Association for Equal Opportunity in Higher Education，2010）。

其他协会，包括文理学院联盟（CLAC）、全国学生发展委员会（NCSD），也是针对某一具体领域的机构。文理学院联盟成立于1986年，目前美国许多顶尖的文理学院都是其成员（Consortium of Liberal Arts Colleges，2013）。文理学院联盟每年召开一次会议，收集和共享基础数据，并有一个让成员在国家层面进行信息交流的论坛。全国学生发展委员会（NCSD）是美国社区学院协会（AACC）的附属委员会（National Council on Student Development，2013）。作为美国社区学院协会的附属机构，全国学生发展委员会专注于为在社区大学工作的学生事务专员提供资源。全国学生发展委员会举办年度会议和领导力学会，旨在培养对高级领导职位感兴趣的学生事务管理人员。

尽管关注弱势群体需求的组织数量有所增加，但仍有疏漏。例如，在大学校园里，没有一个协会服务于多元文化事务办公室。尽管在2006年，成立了全国高等教育多样化官员协会（NADOHE），但其主要关注点是多样化高级官员面临的问题，这往往与多元文化事务办公室的工作不同。

专业学生事务协会数量增多带来了许多益处。随着学生事务专业的不断发展，人们越来越需要了解学生事务中各个领域的复杂性，而这正是这些协会的职责所在。同时，这些新组织的创建也促进了对于多样化学生群体需求的了解和关注。

尽管有这些益处，但也有人担心，学生事务专业化程度的不断提高削弱了这个职业的优势和力量。桑迪（1998）指出，专业化给行业内不同专业领域的从业者之间的相互交流带来挑战，进而造成了专业隔离。此外，专业化也阻碍了从业人员的进取心，因为人们不再认为他们是学生事务的全才，而仅仅是某一领域的专才。同时，各专业领域的竞争导致学生事务内外部的合作变得更加困难（Sandeen，1998）。

在当前的高等教育环境中，学生事务专员必须不断挑战自我，既要做全才，也要做专才。正如桑迪（1998）所言，学生事务专员的职责是促进学生的整体发展，这需要全面掌握整个大学系统、学生事务领域以及学生群体的具体需求。为了帮助学生事务专员获得必要的知识和技能，全面的和专业的协会组织都必不可少。

12.4 专业协会的结构

除了功能类似，大多数学生事务协会都是志愿型组织。它们有通过选举产生的理事会，理事会的成员是协会内承担领导工作的志愿者。理事会的职责包括监督政策和程序、管理预算和制订战略计划。大多数协会设有特别利益委员会或工作组重点负责某些特殊利益或者特殊类别的群体。也会设有州一级或者地区级的分部，这些分部可以自行举办会议为专业化发展提供格外的机会。

还有一些包括美国大学人事协会（ACPA）和美国学生人事管理者协会（NASPA）在内的组织，设有中心办事处并聘请全职工作人员来负责监督协会举办的活动并代表协会出席各种场合。中心办事处负责管理会员、筹备会议以及协会的财务工作。虽然企业赞助以及会议和研讨会收入带来额外的受益，但是这些协会的主要资金来源仍是会员缴纳的会费。包括美国学生人事管理者协会（NASPA）、美国大学人事协会（ACPA）、全国校园活动协会（NACA）和国际高校房屋管理协会（ACUHO-I）在内的一些大型的专业组织也会为学术研究、创新项目、游学、领导力发展等协会活动寻求慈善资金支持（ACPA Foundation，2013；NACA，2012；NASPA，2013c；ACUHO-I，2013）。

12.5 加入专业协会的好处

加入学生事务专业协会可能会耗费大量时间和金钱。很多人并不理解，学生事务专员通常每周工作超过40小时而且薪水不高，为何还要在专业协会的活动上投入额外时间和金钱呢？幸运的是，对大多数人来说，加入专业协会利大于弊。专业协会能够为会员提供职业发展、人脉网络、求职的机会（ACPA，2013e）。

专业协会的会员身份，也就是向雇主表明，个人在机构层面以外全身心地奉献给这个职业。尽管有的时候机构对于学生事务专员参加国家、地区或州会议，以及参加专门的研讨会或网络研讨会所付出的时间和金钱并不给予补偿，但这些都是学生事务专员积极学习和参与的好机会。

专业协会为学生事务专员提供了广泛的职业发展机会。年会提供教育性会议，邀请权威主讲人，并提供与其他专业人士交谈和学习的机会。同时，参加会议还是了解行业最新动态和前沿理论实践的重要途径。专业协会也提供地区性的、全国性的和基于网络的关于不同学生事务专题的讨论会。这些密集的研讨会让参与者可以向特定领域的专家学习，并和其他对同一专题感兴趣的专业人士进行交流。

专业协会也提供交流合作的机会。在会议和研讨会上，专业人员之间的相互交流促进了思想的碰撞，这对职业发展有帮助。有类似兴趣或工作职责的成员之间也有交流的机会。这些专业协会赞助的出版物有助于其成员了解行业最新的知识和相关学术研究，同时也为那些从事学术活动的人提供出版渠道。美国大学人事协会、美国学生人事管理者协会和许多专业协会在国家和地区会议上提供现场安置服务以及基于网络的职业信息或招聘信息。许多协会在出版物、研讨会、专业保险和相关商品上提供会员折扣。

12.6 参与和领导协会的机会

每个会员参与专业协会活动的程度都不同。有的人仅仅是加入了会员，而有的人担任着主要的管理职务。大多数学生事务协会都非常欢迎志愿者提供帮助，专业人士可自行决定参与的程度。在决定参与协会志愿工作前，会员需要根据他们的时间和兴趣来评估自己是否能够胜任协会所安排的任务，因为个人的专业信誉，无论是好是坏，都是由在协会活动中表现出来的可靠性和工作效率决定的。

参加委员会是一种更积极地参与专业协会工作的方式。包括服务于会议策划委员会、阅读计划提案、开发新计划、编辑简报、维护网站以及其他工作。此外，在会议上发言也是一种积极参与的方式。这就需要准备一个关于某个主题的项目会议的提案，且该提案必须有益于该领域内其他的专业人士。会议委员会对所有提案进行审查并选择出最佳提案在大会上予以展示。尽管在同行面前展示提案让人有些畏惧，但这也是检验个人能力的好方法。另一种参与方式是撰写专业文章。向协会提交一篇时事通讯文章可以作为低风险的起步方式。专业期刊总是在寻求研究基础扎实的文章，许多协会也会出版会员们感兴趣的书籍。协会赞助的期刊和书籍的编辑委员会通常非常愿意为新作者的创作过程提供帮助。在编辑委员会任职也是一种为该领域做贡献的方式。

尽管竞选是最引人注目和耗时的一种参与方式，但作为专业协会的官员也是获益匪浅。有心者可以把竞选协会的委员会、常设委员会、知识社区或州/区域执行委员会官员作为试水，检验自己是否有能力胜任协会的管理职务。虽然所有协会都热切地欢迎愿意参与协会管理的个人，但事实上通常很难找到愿意承担这种角色的人。

专业人员在协会中的参与方式和参与程度需要三思而后行。参与协会工作非常吸引人，因为这份工作显耀、受人尊重而且有成就感。一个人很容易陷入多个协会的工作中，然后发现全身心地做好所有协会的工作，就没法完成校园的本职工作。如果一个人的财力充足，那么成为多个协会的会员肯定是有好处的，因为可以获取学生事务的各个领域的最新资讯。我们通常建议参加一些全面的协会，例如美国大学人事协会或美国学生人事管理者协会，以保证实时了解整个行业动态。有余力的话，再参加自己正在从事的或者有兴趣从事的学生事务领域的专门协会。对于很多专业人士来说，参加或关注某一群体的学生的协会也是非常重要的。通常不可能也不建议学生事务专员同时深入地参与多个协会。无论怎样，学生事务专员应该首先与教育机构主管讨论加入协会后的职责以获取机构的支持，也要避免因在协会投入时间过多而与教育机构产生误会。

12.7 结论

对于任何专业人士来说，加入协会既是责任又是机遇。而具体的参与程度和时间则由个人决定。每个专业人士都有义务去了解行业最新动态，并不断完善自身技能以提高工作水平。不论参与程度如何，专业协会为专业发展提供了多种多样的机会。

在一个人职业生涯的不同阶段，不同的兴趣和能力决定了参与协会的方式。一般来说，新入行的专业人员会通过加入专业协会和参加会议的方式来谋求职位，利用协会的服务来为自己提供就业保障。之后，他们会通过发表意见和志愿活动来与其他专业人士交流并为该领域做出贡献。随着个人职业能力的进一步发展，在期刊上发表文章或者管理整个协会就成为更具吸引力的参与方式。

在职业生涯中的任何阶段，与其他专业人士的交流以及了解行业最新动态，始终是参与协会的重大益处。当然也有一些更为隐性的福利。施特夫（2001）在她关于在美国大学人事协会中担任领导职务的女性的研究中发现，协会为这些领导者提供了无可比拟的个人发展和专业提升上的双重支持。事实上，许多协会领导者都将协会视为自己的“家”。

参考文献

ACPA—College Student Educators International.（2013a）. *2011-2012 annual report.* http：//www2.myacpa.org/images/about-acpa/docs/acpa_2011_12_annualreport.pdf.

ACPA—College Student Educators International.（2013b）. *About ACPA.* http：//www2.myacpa.org/about-acpa.

ACPA—College Student Educators International.（2013c）. *Commissions.* http：//www2.myacpa.org/commissions.

ACPA—College Student Educators International.（2013d）. *History of ACPA.* http：//www2.myacpa.org/about-acpa/history.

ACPA—College Student Educators International.（2013e）. *Resources.* http：//www2.myacpa.org/professional-development/resources.

ACPA—College Student Educators International.（2013f）. *Membership.* http：//www2.myacpa.org/membership.

ACPA—College Student Educators International.（2013g）. *Signature professional development opportunities.* http：//www2.myacpa.org/professional-development/professional-development-opportunities.

ACPA—College Student Educators International.（2013h）. *Standing committees.* http：//www2.myacpa.org/standing-committees.

ACPA Foundation.（2013）. *About the Educational Leadership Foundation.* http：//www.acpafoundation.org/about-educational-leadership-foundation.

ACUHO-I—American College and University Housing Officers-International.（2013）. *Foundation.* http：//www.acuho-i.org/foundation.

American Association of Hispanics in Higher Education.（2013）. *About us.* http：//www.aahhe.org.

American Indian Higher Education Consortium.（2013）. *About AIEHEC.* http：//www.aihec.org/about/index.cfm.

American Society of Association Executives and the Center for Association Leadership.（2011）. *Associations FAQ.* http：//www.asaecenter.org/Advocacy/contentASAEOnly.cfm?ItemNumber=16341.

Asian Pacific Americans in Higher Education.（2013）. http：//www.apahenational.org?page_id=2.

Association for Student Affairs at Catholic Colleges and Universities.（2010）. *About us.* http：//www.asaccu.org/index.php?option=com_content&view=section&layout=blog&id=8&Itemid=212.

Association of Private Sector Colleges and Universities.（2013）. *About APSCU.* http：//www.career.org/about/.

Association on Higher Education and Disability. (2012). *About AHEAD*. http://www.ahead.org/about.

Bashaw, C. T. (2001a). "Reassessment and redefinition": The NAWDC and higher education for women. In J. Nidiffer & C. T. Bashaw (Eds.), *Women administrators in higher education: Historical and contemporary perspectives* (pp.157–182). Albany: State University of New York Press.

Bashaw, C. T. (2001b). "To serve the needs of women": The AAUW, NAWDC, and persistence of academic women' s support networks. In J. Nidiffer & C. T. Bashaw (Eds.), *Women administrators in higher education: Historical and contemporary perspectives* (pp.249–270). Albany: State University of New York Press.

Bloland, P. A. (1972). Ecumenicalism in college student personnel. *Journal of College Student Personnel*, 13, 102–111.

Caple, R. B. (1998). *To mark the beginning: A social history of college student affairs.* Lanham, MD: American College Personnel Association.

Consortium of Higher Education LGBT Resource Professionals. (2012). *About us.* http://www.lgbtcampus.org/about-us.

Consortium of Liberal Arts Colleges. (2013). *About CLAC.* http://www.liberalarts.org/about.

Coomes, M. D., Wilson, M. E., & Gerda, J. J. (2003). *Of visions, values, and voices: Consolidating ACPA and NASPA.* Paper presented at the NASPA Annual Conference. St. Louis, MO, March 2003.

Council for Christian Colleges and Universities. (2013). *About CCCU.* https://www.cccu.org/about.

Council for the Advancement of Standards in Higher Education. (2013a). *Member associations.* http://www.cas.edu/.

Council for the Advancement of Standards in Higher Education. (2013b). *Professional services.* http://www.cas.edu/.

Council of Higher Education Management Associations. (n.d.). Home page. http://www.chemanet.org/.

Crowley, W. H. (1964). Reflections of a troublesome but hopeful Rip Van Winkle. *Journal of College Student Personnel*, 6, 66–73.

Dungy, G., & Gordon, S. A. (2011). The development of student affairs. In J. H. Schuh, S. R. Jones, S. R. Harper, & Associates (Eds.), *Student services: A handbook for the profession* (5th ed., pp.61–79). San Francisco, CA: Jossey-Bass.

Evans, N. J., & Powell, T. (2002). *ACPA? NASPA? What's the difference?* Paper presented at the American College Personnel Association Convention, Long Beach, California, March 2002.

Hanson, G. S. (1995). The organizational evolution of NAWE. *Initiatives*, 56 (4), 29–36.

Hispanic Association of Colleges & Universities. (2011). *HACU 101.* http://www.hacu.net/hacu_101.asp.

Jesuit Association of Student Personal Administrators. (2013). *About JASPA.* http://www.jesuitstudentaffairs.org.

Lipka, S. (2011, April 27). Two student-affairs groups vote not to merge. *Chronicle of Higher Education.* http://chronicle.com/article/2-Student-Affairs-Groups-Vote/127282/

Moore, L. V., & Neuberger, C. G. (1998). How professional associations are addressing issues in student affairs. In N. J. Evans & C. E. Phelps Tobin (Eds.), *The state of the art of preparation and practice in student affairs: Another look* (pp.61–80). Lanham, MD: American College Personnel Association.

NACA—National Association for Campus Activities. (2012). *The NACA foundation.* http://www.naca.org/

Scholarships/Pages/default.aspx.

National Association for Equal Opportunity in Higher Education. (2010). *About NAFEO.* http://www.nafeo.org/community/web (2010/about.html.

National Association of Diversity Officers in Higher Education. (2012). *History.* http://www.nadohe.org/history.

National Association of Student Affairs Professionals. (n.d.). *Upcoming events.*

NASPA—Student Affairs Administrators in Higher Education. (2008). *History.* http://www.naspa.org/about/history.cfm.

NASPA—Student Affairs Administrators in Higher Education. (2013a). *About us.* http://www.naspa.org/about/default.cfm.

NASPA—Student Affairs Administrators in Higher Education. (2013b). *Events and programs.* http://www.naspa.org/programs/default.cfm.

NASPA—Student Affairs Administrators in Higher Education. (2013c). *NASPA foundation.* http://www.naspa.org/fdn/default.cfm.

NASPA—Student Affairs Administrators in Higher Education. (2013d). *NASPA undergraduate fellows program.* http://www.naspa.org/programs/nufp/default.cfm.

NASPA—Student Affairs Administrators in Higher Education. (2013e). *Past presidents.* http://www.naspa.org/about/pastpres.cfm.

National Council on Student Development. (2013). *Mission.* http://www.ncsdonline.org/home/index.html.

NCANHE—National Coalition for the Advancement of Natives in Higher Education. (2013a). *Welcome.* http://ncanhe.wordpress.com/welcome/.

NCANHE. (2013b). National Coalition for the Advancement of Natives in Higher Education 2nd annual meeting. http://eventful.com/rapidcity/events/nationalcoalition-advancement-natives-higher-edu-/E0-001-061991283-2.

Nuss, E. M. (2003). The development of student affairs. In S. R. Komives & D. B. Woodard Jr. (Eds.), *Student services: A handbook for the profession* (4th ed, pp.65-88.). San Francisco, CA: Jossey-Bass.

Sandeen, A. (1998, May-June). Creeping specialization in student affairs. *About Campus*, 2-3.

Steffes, J. S. (2001). *The experiences of women in leadership in the American College Personnel Association.* Unpublished doctoral dissertation, University of Maryland, College Park.

StudentAffairs.com. (2013). *Professional associations.* http://studentaffairs.com/web/professionalassociations.html.

Washington Higher Education Secretariat. (2013). *About WHES.* http://whes.org/aboutwhes.html.

第三部分　学生：专业实践的目的

从事学生事务工作的途径很多，也可以各展所长，但所有的从业者都肩负着一个共同的责任，就是丰富学生的大学体验。第三部分将聚焦学生本身，包括讨论学生多样性、发展国际化和多元文化的校园社区、帮助学生为有目标的人生做准备、共同促进学生身心健康发展以及为线上学习和远程学习的学生提供服务等。在第13章中，安娜·奥尔蒂斯和斯蒂芬妮·沃特曼探讨了校园内学生群体构成的变化。她们从广义上定义了学生多样性，并倡议学生事务专员顺应学生群体的变化以为全体学生提供优质服务。第14章的主题仍然是学生多样性，在这一章中，杰森·莱克和特雷西·戴维斯探索了学生事务专员如何利用重要的和广泛的教育优势有效促进公平的多元文化和国际化社区。他们认为，学生事务专员必须具有多元文化技能，并致力于更具包容性的校园的长期发展。在第15章，米歇尔·默里和罗伯特·纳什探讨了赋予大学生体验以意义的核心地位。他们给出了具体的教学策略和工具，学生事务专员可以使用这些策略和工具来引导学生自己去探寻意义和目的。第16章由乔伊·加斯顿·盖尔斯、蒂芙尼·J.戴维斯和玛丽·霍华德·汉密尔顿合著，重点讲述了校际体育、娱乐活动与学生事务之间的内在联系。他们提出，学生事务专员应该与校园其他教育者合作，为学生培养良好的身体健康习惯创造机会，使他们今后能够在社会中发挥积极和健康的作用。在第三部分的最后一章中，安妮塔·克劳利和安迪·霍伊指出了线上学习发展迅速，学生事务专员面临着为线上学习和远程学习提供服务的挑战。第17章讨论了学生事务在支持线上学习者方面发挥的作用，并提供了有些机构为提升线上学生保持、成功和完成学业而使用的创新策略。

第13章
不断变化的学生人口结构

安娜·奥尔蒂斯　斯蒂芬妮·沃特曼

美国不断变化的人口结构对高等教育和学生事务有着重要的影响。人们常引用的预测是，到2050年，在人口普查成分模型中，占据美国人口大多数的将不再是非西班牙裔的白种人。事实上，尽管白人仍将是最大的种族群体，但他们的人口比例将下降至46.3%，意味着从2015至2050年间将下跌35%。非裔美国人、美洲原住民和夏威夷原住民/太平洋岛民的人口比例将会略微增加。从2015年到2050年，亚裔美国人将增加65%，西班牙裔将增加59%。到2050年，西班牙裔将成为最大的非白人族群，占总人口的30%，是美国第二大非白人种族群体非裔美国人的两倍，到2050年，非裔美国人约占总人口的13%（Guarneri & Ortman，2009）。在2000年至2010年的人口普查中，每个州的人口多样性都有所增加。2010年，得克萨斯州成为继加利福尼亚州、夏威夷和新墨西哥州之后的少数种族聚居州。七个州（爱达荷州、艾奥瓦州、缅因州、新罕布什尔州、明尼苏达州、内布拉斯加州和内华达州）的少数族裔人口增长比率超过50%（Humes，Jones，& Ramirez，2011）。除了内华达之外的其他六个州白人仍然占据人口的大多数，但是这些州中人口多样性显著提升。这标志着不仅是少数民族聚居州，在美国的所有州中，人口结构都在发生变化。

本章探讨了全国大学生群体变化的多种形式，并就学生事务专员如何引导整个大学来满足不同学生群体的需求提出了建议。但是，工作引导需要把握尺度，因为维护和增加学生种族的多样性会给不断紧缩的资源和有限的生源带来压力。面对越来越多样化的学生群体，学生事务专员，尤其是那些在研究生准备项目中接受过训练的专业人员，应该深入思考学生群体将会如何变化。

13.1　多样性的定义

传统意义上，当我们在高等教育领域谈论多样性时，往往仅限于种族、民族以及性别平等的问题。然而，学生在特征上的差异也可以归为高等教育的多样性。在这一章中，我们扩展了学生多样性的定义，包括社会经济地位、能力状况、性取向、退役状况、移民者状况、大学里不同年代的人的情况、转校生、性别情况、宗教地位和非传统入学年龄的学生情况。尽管我们并未全方位地讨论每类学生的校园参与程度和他们当下面临的问题，但我们更新了关于这些学生的最重要的信息。

13.2　关于学生多样性的学术著作

幸运的是，近年来，探索高等教育学生多样性的学术研究呈现井喷式增长。自本手册2009年出版以来，已有大量的著作问世。这些著作对学生群体做了详细的描述并对学生事务人员如何更好地为学生服务给予了建议。里森和雷恩（2012）就制度类型、性别、性取向、种族和家庭收入判断了学生成果的趋势。温克乐-瓦格纳和洛克斯（2013）则采用交叉研究法，把种族、阶层、性别同学生的大学体验建立联系。库伊特、霍华德-汉密尔顿和库伯（2011）提供了不同文化群体学生的详细信息，并探讨了像多元文化的意识觉醒与压迫等问题。邦纳、马布雷和霍华德-汉密尔顿（2011）的研究重点是不同的学生群体感受千禧年现象的方式。奥尔蒂斯和桑托斯（2009）阐述了四个泛种族学生群体的种族认同和大学体验。肖顿、勒伟和沃特曼（2013）出版了关于美国本土大学生的著作。钦和阿格瓦压尼（2012）将作者们聚集在一起讨论了特定的亚裔美国人和太平洋岛民学生群体的体验。雷克和戴维斯（2011）在哈泊和哈里斯（2010）的研究基础上进一步探讨了高等教育中的男性群体。哈姆里克、罗曼和同事们（2012）则首次对高等教育中退伍军人群体做了大量的、全面的研究。尽管以上研究列表很长，但却没有覆盖所有研究。本章列出的仅是2009年以来针对特定学生群体开展的研究。只有深入学习研究著作，学生事务专员才有机会丰富知识储备以及获取提升专业能力所必需的信息。只有这样，学生事务专员才能通过直接的服务和项目发展满足不学生群体的需求。

13.3 过去、现在和未来

不断变化的大学生群体必将对高校环境产生持续影响。本节首先简要回顾学生群体过去的状况，然后讨论当下学生的特点，最后预测未来的发展趋势。

13.3.1 过去

尽管高等教育学生群体的变化比较缓慢，但始终是影响教育机构的重要因素。美国内战结束后，尽管北方的一些机构向少数黑人学生敞开了大门，但是非裔美国人对教育的强烈要求促使南方建立了黑人学院（Anderson，1988）。民权时期的活动家要求教育机会人人平等使非裔美国人在传统黑人学院和大学（HBCUs）以外的其他大学获得更多的入学机会。

同民权运动一样，女权运动也要求女性拥有公平的受教育机会，因此越来越多的女性走进大学校门（Eisenmann，2006）。第二次世界大战后，《退伍军人权利法案》导致大学里的非传统入学年龄的学生人数急剧上涨。而且为了给退伍军人提供教育，大学的数量也增加了（Thelin，2004）。

少数族裔大学生在西班牙语服务机构（HSIs）以及部落大学和学院（TCUs）中不断提升自身的地位。西班牙语服务机构是学生群体变化对高等教育产生影响的集中体现。西班牙语服务机构是“西班牙裔学生占本科入学人数的25%或更多且有学位授予资格的大学和学院”（Gasman，2008，p.23）。西班牙语服务机构并非专门为西班牙裔学生创立，但是不断增长的西班牙裔学生人数改变了机构性质。而部落大学和学院则是在1965年由美国的原住民社区为自身创造教育机会建立的。第一所部落学院是纳瓦霍社区学院（现为戴恩学院）。部落大学和学院不断发展，以多种方式为社区原住民提供教育服务，并在社区的不断发展中体现出高等教育的重要推动作用

（Benham & Stein，2003）。传统黑人大学、西班牙语服务机构以及部落大学和学院通常在为少数族裔提供教育的机构中被予以讨论。

除了为少数族裔提供教育的机构之外，高等教育机构也逐渐建立了多元文化学生支持办公室、妇女支持中心，为日益增多的这类学生群体提供支持。

13.3.2　现在

目前，全国高校有超过2 000万的在籍学生（Chronicle of Higher Education，2013）。其中55%为白人、13.3%为非裔美国人、12.8%为西班牙裔、5.4%为亚裔、0.3%为太平洋岛民、0.8%为原住民，1.9%为两个或多个种族混血。在高等教育中，女性的比例一直领先男性，占全国学生总数的57%。黑人、西班牙裔和原住民女性的大学入学率大约比同民族或种族群体内的男性高20%（Chronicle of Higher Education，2013）。四年制公立机构（37%）比两年制公立机构（36%）的学生人数比例略高。相比而言，四年制私立机构（18%）和四年制营利性机构（不到1%）的学生占比就太低了。只有20%的学生选择少数族裔教育机构，他们中的大多数（18%）就读于西班牙语服务机构，其余的学生则就读于传统黑人大学（1.5%）、女子学院（0.4%）以及部落大学和学院（0.09%）。在以白人为主的学校和四年制大学中，原住民的入学人数在不断增长（DeVoe，Darling-Churchill，& Snyder，2008）。2012年，全国66%的高中生在毕业后继续接受高等教育（Fry & Taylor，2013），其中85%的学生选择全日制大学教育（Fry & Taylor，2013）。

根据2011年的数据，有160多万学生获得学士学位（Chronicle of Higher Education，2013）。这些毕业生中，64.3%是白人、9.4%是非裔美国人、8.4%是西班牙裔、6.4%是亚裔、0.5%是原住民，还有0.2%是夏威夷原住民和太平洋岛民。值得注意的是，仅有白人和亚裔学生获得学士学位的比例高于本种族或者本民族占学生总数的比例。这也表明其他少数族裔学生的毕业率低于白人和亚裔学生。佩娜和琼斯（2013）引用国家教育统计中心的数据指出："2009年，只有5%的黑人和8%的拉美裔高中毕业生接受了严格的学术课程"（p.18）。由于中小学的教育环境中，考试备受关注，所以教育资源往往用于提高考试成绩，而非用于"直接促进大学入学率的活动"（p.19）。有关于大学入学率和获取大学知识的研究表明非传统、有色人种群体同白人中产阶级群体的差距逐渐增大（Perna & Jones，2013；Perna，Rowan-Kenyon，Bell，Thomas，& Li，2008）。

2012，美国25岁以上的群体中，有30.9%的人拥有学士或更高的学位。但是其中各种族或民族差异显著：这个年龄群体中的亚裔美国人占比最高，为50.7%。以下依次是白人34.5%、非裔美国人21.4%，原住民和西班牙裔占比分别为16.7%和14.5%（NCES，October 2012）。教育的优势显而易见。受教育程度越高的群体中，犯罪率越低、健康问题越少、收入更有保障、生活满意度越高（Baum，Ma，& Payea，2010）。因此全体学生事务专员都必须做好准备，支持所有学生获得大学学位。

13.3.3 未来

大学注册预测显示接受高等教育的学生人数尽管不会像过去增长得那么迅速但仍会保持增长态势。例如，1996年至2010年大学注册人数增长了46%，但预计2010年至2021年大学注册人数仅会增长15%（Husser & Baily，2013）。传统入学年龄的学生人数将继续超过大龄学生人数，但增速会放缓（2010年至2021年增长10%）。非传统入学年龄的学生，例如年龄超过25岁的学生群体、已为人父母的群体、单亲父母群体和退伍军人群体的大学注册人数将会继续增加，增幅接近2000年至2010年的增长比率（NCES Fast Facts，2012）。更具体地说，24到34岁的学生群体人数将增长20%，而35岁以上的学生群体人数将增长25%。尽管直到2021年，男性和女性学生人数都将持续增长，但女性学生群体人数比男性学生群体人数的增速快8%（Husser & Baily，2013）。

预计到2050年，西班牙裔将成为美国最大的非白人种族群体，他们也是所有种族群体中平均年龄最小的。因此，他们在中小学教育和高等教育方面的地位将显著提升。预计从2010年到2021年，西班牙裔种族群体的人口增速为42%（Guarneri & Ortland，2009）。虽然不像西班牙裔种族群体的增速那么显著，但其他种族群体的人数也将继续增长，预计涨幅分别为：白人4%、非裔美国人25%、亚裔20%以及原住民1%。在人口普查新增加的多种族或混血群体的人口将在2015年至2050年期间增长一倍（Guarneri & Ortman，2009）。

同时修读高中和大学课程的学生将会越来越多。超过半数的高等教育机构报告显示，高中学生通过自我评估或参加双学分课程项目来获得大学课程学分（Marken，Gray，& Lewis 2013）。这些课程大多是在大学校园里授课，超半数的高中生在参加这些课程的时候可享受学费折扣。尽管大多数高校仍然依靠高中来为这些学生提供学术支持，但4%拥有双学分课程项目的院校会专门为高中生提供完整的支持服务，帮助学生解决学业困难。

13.4 学生特点的发展趋势

当今大学生的多样性也体现在学生构成以及就读方式的变化趋势中。这些趋势折射出大学生的经历和背景跨度很大，也反映出研究高校学生的机构发展很快。这一节重点阐述了不以传统的关爱学生为出发点的重要发展趋势。

13.4.1 社区学院的学生

随着两年制学院与四年制公立大学的注册学生人数基本持平，28%的本科学位获得者从社区学院开启高等教育之旅就再平常不过了（Mullin，2012）。拉美裔美国人比其他民族或种族的群体更倾向于就读社区学院，44%的拉美裔学生在高中毕业后直接进入社区学院（Fry & Taylor，2013）。以社区学院作为高等教育起点的学生，如果他们成绩优异则更容易转学成功。布拉德伯恩和赫斯特（2001）发现，符合以下标准的学生更有可能转学成功：注册时已修满12学分，在社区学院的大一学年就开始修读学士学位相关的课程以及攻读学位专业。不仅社区学院的学生事务专员需要为学生成功转学负责任，接收转学生的学生事务专员也需要给予这些学生同等的关注。因为只有当转学生全身心地投入时，他们才会更成功（Mullin，2012）。大学中有47%的学生都有在社区学院修读过至少一门课程的经历（Mullin，2012），因此学生在社区学院的就读经历必然成为大学学生事务专员的兴趣点。

当今学生群体的流动性比以往大得多。不断增加的高等教育成本和糟糕的就业环境都可能会影响学生的流动性。霍斯勒、夏皮洛和顿德（2012a，2012b）完成了一项关于高等教育学生流动性的突破性研究。通过开展长达5年的学生跟踪，他们深入掌握了2006年入学学生的重要情况。他们发现，有三分之一的美国大学生在他们的大学生涯中至少转过一次学，其中25%的学生“不止转过一次学”（p.9）。尽管大多数学生会在第二个学期转学，但也有25%的学生在大学第三年转学。学生并不只是从社区学院转学；学生流动可以是横向的，也可以是反向的，也可以是转出再转入的。反向流动是指从一个四年制教育机构转到两年制教育机构（Kajstura & Keim，1992）。霍斯勒等人（2012b）的报告显示，有14%的学生反向转学，其中5%的学生在暑期参加社区学院的课程后再转回到他们的四年制教育机构。参加暑期社区学院课程的学生可以在社区学院以更低的学费完成课程要求或在不增加其四年制大学费用的情况下提高平均绩点。也有学生进行跨州的转学，22%的两年制学院学生和26%的四年制大学学生跨州转学。尽管他们的研究中并未公布2006年入学学生的总转学率，但是他们发现以社区学位作为大学生涯起点的学生中，有20%的学生的第一次转学是转入四年制教育机构。学生事务专员在学生流动中扮演着两个重要的角色。首先，他们通过为学生提供直接支持并创造良好环境对学生保持起关键作用。其次，转学生在过渡期需要学生专业人员提供支持，例如量身定制的学业咨询等。因为他们既需要融入新的教育环境也需要为获取学位优化已经修读完的课程。

13.4.2　学生和移民者

23%的本科生是移民家庭的孩子或者本身是移民者（Staklis & Horn，2012）。这些学生中大多数是西班牙裔或亚裔，其中超过90%的亚裔美国本科生都是移民。这些数据对学生事务专员来说非常重要，因为和那些在美国有着悠久家族历史的学生比起来，来自一代移民和二代移民的家庭的学生有着不同的特质。对于移民者和移民家庭的孩子，英语可能仅是他们的第二语言，且他们的父母很可能没有在美国上大学的经历（Portes & Rumbaut，2006）。

虽然很难统计出有多少非法入境学生在接受高等教育，但从本手册的上一版起，无论是这类学生群体的地位还是学生事务专员对他们的支持和关注都有了很大的提升。尽管这类群体学生人数相对较少——一种说法是仅有1.3万人（Educators for Fair Consideration，2012），另一种说法是超过6万人（Immigration Policy Center，2012）——但是他们有着很高的需求。非法入境学生，或“梦想家们”面临着不断变化的法律和政治环境，承担着高等教育巨大的经济负担，而且很有可能在我们的校园中遭遇孤立。

13.4.3 学生和残疾状况

据统计，每11个大学生里就有一个或多个《美国残疾人法案》中定义的残疾学生（NCES，2012）。研究机构报告显示，学习障碍是最常见的（33%），其次是注意力缺陷/注意力不集中症（18%）、精神疾病/心理的或精神病学状况（15%）和健康障碍/状况（11%）（Raue & Lewis，2011）。其中大部分被认为是“隐藏的残疾”，因此残疾学生的人数可能被低估，也表明学生需要不同的支持方式。沃尔夫和布朗（2014）建议，学生事务专员尤其要注意为那些有隐藏疾患的学生提供额外支持，帮助他们自我约束、防止潜在的药物滥用、发展适当的社交技能以及获得工作经验等，简而言之就是帮助他们克服残疾障碍。尽管退伍的残疾军人只占所有残疾学生的6%（NCES，2012），但迈克尔逊（2014）提醒我们，由于退伍军人管理局诊断的复杂性以及退伍军人对于寻求帮助的耻辱感，人数可能远多于此。毫无疑问，对寻求帮助的人和残疾人的歧视在普遍下降，学生事务专员可以为诊断为残疾人的学生提供更多支持和服务。

13.4.4 军人学生

军人学生（现役军人、预备役军人和退伍军人）约占注册学生总人数的4%。他们中95%的学生被认为是独立的学生。退伍军人或现役军人以超过24岁的已婚白人男性为主（Radford & Weko，2011）。德孙沃（2013）总结了军事生活的若干特点，其中某些特点可能与高等教育机构的规范和文化不匹配。如纪律、等级和军事体系等军事规范常与高等教育机构对传统年龄入学学生的期待如学生自治、独立决策、探索和实验精神等相冲突。巴里、怀特曼和沃兹沃斯（2014）对退役军人大学生进行了超过十年的调查研究。他们发现尽管退伍军人曾在军旅生涯中拥有自信心和自律性，但一些患有创伤后应激障碍的退伍军人很可能酗酒狂欢、萌生自杀的想法或者觉得自己与校园环境格格不入。他们还发现退伍军人从同龄人中获得的情感支持较少。几乎所有招收军人、退伍军人或其家属的高校都设有专门的部门或者人员为他们提供专业服务，其中最受欢迎的是津贴和财政援助咨询以及转介服务（Queen & Lewis，2014）。这些项目帮助退伍军人学生更好地融入校园环境。同时，像退伍老兵联盟项目这样的计划也有助于改善老兵负面的刻板形象并缓和很多老兵在校园中受到的微妙的歧视。通过这些项目，教职人员会更了解退伍军人在高等教育中面临的普遍问题，并加强对他们的支持和帮助（Thomas，2010）。

13.4.5　低收入的学生

大学里低收入学生通常要克服困难才能接受高等教育，所以他们拥有着不可思议的动力去努力学习以获取生存机会和提高家庭的社会地位。他们一般是家里的第一代大学生，既无榜样可模仿也缺乏更好适应高等教育的家庭支持。他们很有可能来自K-12中小学基础教育的环境，这样的教育环境没能帮他们做好大学课程的准备。研究（Mullin，2012）显示，36%来自家庭年收入低于2.5万美元的家庭的学生是以低于3.0的平均绩点从高中毕业的。

如今，越来越多元化的学生需要有技能的学生事务专员。学者们已经发现多样化在学术和社会方面（Gurin，Dey，Hurtado，& Gurin，2002）都具有“广泛的有益影响”（Astin，1993，p.15）。但是挑战与机会并存，下一节我们将讨论多样性带来的挑战。

13.5　多样性的挑战

多样性的挑战是高等教育中反复出现的主题。从殖民时期的大学侵吞美国原住民学生的资金（Carney，1999），到禁止非裔美国人受高等教育的法律，到针对犹太人、亚洲人和过去的“隐性”群体不合理的大学申请表格（Lucas，1996），再到当今时代的法庭退步（for example，Regents of the University of California v. Bakke，438 US. 265（1978）；Grutter v. Bollinger，et al.，539 U.S. 982（2003）；and Fisher v. University of Texas at Austin 560 U.S.（2013）），多样性学生群体接受高等教育的情况一直处于被审视的状态中。

最近的法庭案件在未承认种族和社会经济地位紧密相关的情况下质疑将种族作为大学申请的一个考虑因素。有色人种的学生往往来自较贫困的社区，那里资源匮乏，课程陈旧，教师经验不足而且大学课程的准备程度低（McDonough，1997）。2008年的经济衰退扩大了美国的贫富差距（Sherman & Stone，2010），对女性和有色人种群体的影响最为严重（Jank & Owens，n.d.）。尽管差距明显，像TRIO这样的项目仍然面临着持续的削减威胁（Field，2013）。

与过去不同是，多样性面临的挑战是大多数人反对移民和种族研究。移民改革的政治僵局和《梦想法案》推迟了许多拉丁裔和移民学生群体的入学申请（Downes，2015）。尽管争论还在继续，但不少拉丁裔学生正被高校拒之门外，而非法入境学生也将被驱逐出境。2013年3月，美国亚利桑那州的学校禁止开展中小学种族研究，该禁令得到了美国巡回法院法官的支持（Collom，2013）。这将是高等教育未来要面临的挑战，只有时间才能证明，在美国亚利桑那州，种族研究是否会受到质疑。

13.6 多样性是高等教育中的一个全球性问题

本章的大部分讨论集中于美国高等教育的多样性问题；然而，全球的高等教育机构也在努力应付其系统和机构多样化的困境。欧洲教育界不断改进工作方法促进欧盟成员国之间的学生流动。尽管选择到其他国家就读的学生人数仍然较少，但已呈现上升趋势（Brandenburg et al.，2013）。许多欧洲国家已和美国一样，开始关注针对不同学生的准入和公平的问题。2008年的金融危机促使各国重新考虑是否仍由国家完全负担高等教育经费。尽管丹麦、德国、奥地利和瑞典等国的高校仍是免费制或仅收取非常低的学费，但其他国家，如英国、荷兰和爱尔兰等地的大学学费已经接近甚至超过美国的学费水平（Brandenberg et al.，2013）。现在还不能确定这项举措将如何影响这些国家高校学生的多样性，但这个问题值得被继续关注。

阿拉伯国家的学生激进活动和2011年的阿拉伯之春运动，引起了对中东和北非地区（MENA）高等教育改革的关注。阿拉伯人口中将近2/3处在25岁以下。对他们来说，高技能的工作是稀缺的，许多人发现大学既无法承担这么多人入学，也无法满足学生需求（Grove，2011）。此外，人们对在卡内基公司（Bhandhari & El-Amine，2012）指导下开发新的分类系统以及整个地区的高等教育系统现代化有着浓厚的兴趣。阿拉伯国家付出的努力可能会增加学生的入学机会，增加大学的数量并有助于从大学生到劳动者的有效过渡。

国际学生占美国学生总数的3.7%，这代表了十多年来国际学生人数下降的趋势得到逆转以及国际本科生人数超过了其研究生人数。中国仍是向美国输送学生数量最多的国家（占所有留学生总数的25%），仅从2010年到2011年的一年间，学生人数就增加了23%。印度和韩国紧随其后，沙特阿拉伯从2010年到2011年向美国输出的学生人数总计增长了50.4%，位居第四位。

从2010到2011年，有近30万美国大学生出国留学，但这个数字还不及在美国留学的别国学生数量的一半（Institute of International Education，2012）。出国的美国学生的首选目的地是英国、意大利、西班牙和法国。尽管自2005年以来，其他种族和民族学生群体的出国留学比例略微上升，但出国留学的主体仍为白人群体（77.8%）。自2004年起，参加短期学习项目的学生人数略有增加，但大多数学生仍会选择在某一学期或是在暑期去国外学习。

13.7 建议

大学生群体和他们掌握的技术都在发生着变化。高等教育在社交媒体方面发展太过缓慢以至于追赶不上学生掌握社交媒体知识、技能和见识的步伐。学生事务专员不应该仅仅停留在过去对学生群体认知上。以下的建议是为了帮助学生事务工作跟上学生变化的节奏：

1.清醒地认识到谁在你的校园里

了解学生的方式不仅是通过学生的外貌特征，还有做调查。机构的科研办公室提供的数据可以勾勒出学生群体的全景，而与学生交谈更有利于获得统计数据以外有价值的信息。找到学生的“隐藏”信息有助于为他们提供更好的服务，这样的信息包括学生的能力状况、移民经历、社会经济地位和家庭高等教育经历。

2. 无论从事学生事务的哪个功能领域都要把助力学生成功作为你的核心工作

你要帮助学生改正错误、选择合适专业以及做好职业规划，并与学生就他们的学术成就和挑战进行交流。

3. 参与多元文化和种族研究项目

不仅你本人要和这些部门合作，你还要鼓励你的员工也参与其中。鼓励学生参与研究多元文化的学术课程。

4. 开展校园氛围评估

通过校园氛围评估来发现学生在哪些方面遭受有偏见、歧视和/或缺乏归属感。找到支持学生和解决以上问题的关键方法。

5.了解《胡设法案》、移民政策以及所在州和机构的政策和机遇

谨慎对待学生分享的任何隐私信息。

6. 随时了解人口变化的最新情况以及有关学生经历和结果的最新研究

主动向教职员工和其他学术事务人员提供信息。

13.8 结论

为了给大学生提供支持和帮助，学生事务专人员必须了解他们的学生。本章和本手册的其他章节都为学生事务专员提供了大量信息，帮助学生事务专员更好地服务全体学生。本章主要探讨了不断变化的学生群体和外部力量是如何在过去以及将来对高等教育产生持续影响的。

本章指出了学生人口结构发生变化的方式并预测了其未来的发展趋势。高等教育机构和学生事务专员要跟上学生群体变化的脚步并掌握学生的特征和需求。学生事务专员自我提升的方式包括参加提高工作技能的研讨会、专业大会和培训课程。对于许多学生事务专员来说，未来的学生与他们当前接触的学生可能大不相同。所有的校园都将经历学生人口结构的变化，但学生们也会在自我认知、体验大学生活方式以及希望从大学得到的收获等方面发生改变。想要与“生”俱进需要与“生”亲密接触——倾听学生的心声，邀请各类学生分享知识，深入学生群体了解他们的问题和现实情况：这些都是学生事务专员需要具备的基本技能。

参考文献

Astin, A.（1993）.What matters in college? *Liberal Education*, 4, 4-15.

Anderson, J. D.（1988）. *The education of Blacks in the South, 1860-1935*. Chapel Hill: University of North Carolina Press.

Bhandari, R., & El-Amine, A.（2012）. Higher education classification in the Middle East and North Africa: A pilot study. Carnegie Corporation. http://www.iie.org/Research-and-Publications/Publications-and-Reports/IIE-Bookstore/MENAInstitutional-Classification-Study.

Barry, A. E., Whiteman, S. D., & MacDermid Wadsworth, S.（2014）. The current evidence base for student service members/veterans in higher education: A ystematic review. Forthcoming. *Journal of College Student Development*, 51（1）, 30-42.

Baum, S., Ma, J., & Payea, K.（2010）. *Education pays, 2010: The benefits of higher education for individuals and society*. Trends in Higher Education Series. New York, NY: College Board Advocacy and Policy Center.

Beemyn, G. & Rankin, S.（2011）. *The lives of transgender people*. New York, NY: Columbia University Press.

Benham, M.K.P. & Stein, W. J.（Eds.）.（2003）. *The renaissance of Native American higher education: Capturing the dream*. Mahwah, NJ: Lawrence Erlbaum.

Bonner, F., Marbley, A., & Howard-Hamilton, M.（2011）. *Diverse millennial students in college: Implications for faculty and student affairs*. Sterling, VA: Stylus.

Bradburn, E. M., Hurst, D. G., & Peng, S. S.（2001）. *Community college transfer rates to 4-year institutions using alternative definitions of transfer*. US Department of Education, Office of Educational Research and Improvement, National Center for Education Statistics.

Brandenburg, U., McCoshan, A., Bischof, L., Kreft, A., Storost, U., Leichsenring, H., Neuss, F., …& Noe, S.（2013）. *Delivering education across borders in the European Union*. European Commission. http://ec.europa.eu/education/library/study/borders_en.pdf.

Carney, C. M.（1999）. *Native American higher education in the United States*. New Brunswick, NJ: Transaction.

Ching, D., & Agbayani, A.（2012）. *Asian Americans and Pacific Islanders in higher education*. Washington DC: NASPA Student Affairs Administrators in Higher Education.

Chronicle of Higher Education.（2013）. *The almanac of higher education 2013-2014*.http://chronicle.com/section/Almanac-of-Higher-Education/723/.

Collom, L.（2013, March 11）. Judge upholds most of Arizona law banning ethnic studies. *Arizona Republic*. http://www.azcentral.com/news/politics/articles/20130311arizona-ethnic-studies-ban-ruling.html.

Cuyjet, M., Howard-Hamilton, M., & Cooper, D.（2011）. *Multiculturalism on campus: Theory, models, and practices for understanding diversity and creating inclusion*. Sterling, VA: Stylus.

DeSawal, D. Contemporary student veterans and service members. In F. Hamrick, F. Rumann, & Associates.（2013）. *Called to serve: A handbook for student veterans and higher education*（pp. 71-86）. San Francisco, CA: Jossey-Bass.

DeVoe, J. F., Darling-Churchill, K. E., & Snyder, T. D.,（2008）. *Status and trends in the education of American Indians and Alaska Natives 2008*. Washington, D.C.: US Department of Education, National

Center for Education Statistics, Institution of Education Sciences.

Downes, L. (2015, January 9). Behold the Republican immigration strategy: Mass deportation. *New York Times*. http://takingnote.blogs.nytimes.com/2015/01/09/behold-the-republican-immigration-strategy-mass-deportation/.

Dugan, J., Kusel, M., & Simounet, D. (2012). Transgender college students: An exploratory study of perceptions, engagement, and educational outcomes. *Journal of College Student Development, 53* (5), 719–736.

Educators for Fair Consideration. (2012). Fact sheet: An overview of college-bound undocumented students. http://e4fc.org/images/Fact_Sheet.pdf.

Eisenmann, L. (2006). Higher education for women in postwar America, 1945–1965. Baltimore, MD: Johns Hopkins University Press.

Field, K. (2013, September 30). An advocate for access reflects on decades of political battles. *Chronicle of Higher Education*. http://chronicle.com/article/An-Advocatefor-Access/141957.

Fry, R., Taylor, P. (2013). High school drop-out rate at record low Hispanic high school graduates pass whites in rate of college enrollment. *Pew Research Center*. http://www.pewhispanic.org/files/2013/05/PHC_college_enrollment_2013-05.pdf.

Gasman, M. (2008). Minority-serving institutions: A historical backdrop. In M.Gasman, B. Baez, & C. S. V. Turner (Eds.), *Understanding minority serving institutions* (pp. 18–27). Albany: State University of New York Press.

Grove, J. (2011, September 22). Potential of the "Arab." Spring Inside Higher Ed. http://www.insidehighered.com/news/2011/09/22/conference_on_europe_and_the_arab_spring.

Guarneri, C., & Ortman, J. (2009). *United States population projections: 2000 to 2050*. http://www.census.gov/population/projections/files/analytical-document09.pdf.

Gurin, P., Dey, E.L., Hurtado, S., & Gurin, G. (2002). Diversity and higher education: Theory and impact on educational outcomes. *Harvard Educational Review*, 72 (3), 330–366.

Hamrick, F.A., & Rumann, C.B. (Eds.). (2012). *Called to serve: A handbook of student veterans and higher education*. San Francisco: Jossey-Bass.

Harper, S., & Harris, F. (2010). *College men and masculinities*. San Francisco, CA: Jossey-Bass.

Hossler, D., Shapiro, D., & Dundar, A. (2012a). *Signature report No. 2: Transfer and mobility: A National view of pre-degree student movement in postsecondary institutions*. Herndon, VA: National Student Clearinghouse Research Center.

Hossler, D., Shapiro, D., & Dundar, A. (2012b). *Signature report No. 3: Reverse transfer: A National view of student mobility from four-year to two-year institutions*. Herndon, VA: National Student Clearinghouse Research Center.

Humes, K., Jones, N., & Ramirez, R. (2011). *Overview of race and Hispanic origin: 2010*. US Department of Commerce Economics and Statistics Administration US Census Bureau. http://www.census.gov/prod/cen2010/briefs/c2010br-02.pdf.

Hussar, W., & Bailey, T. (2013). *Projections of education statistics to 2021*. National Center for Education Statistics. http://nces.ed.gov/pubs2013/2013008.pdf.

Immigration Policy Center, College Board Advocacy. (2012). *Undocumented student statistics*. http://www.statisticbrain.com/undocumented-student-statistics/.

Institute of International Education. (2012). International student enrollment trends, 1949/50 2011/12.

pen Doors Report on International Educational Exchange. http：//www.iie.org/Who-We-Are/News-and-Events/Press-Center/Press-Releases/2012/2012-11-13-Open-Doors-International-Students.

Jank，S.，& Owens，L.（n.d）. *Inequality in the United States：Understanding inequality with data.* The Stanford Center on Poverty and Inequality. fromhttp：//www.stanford.edu/group/scspi/slides/Inequality_SlideDeck.pdf.

Laker，J.，& Davis，T.（2011）. *Masculinities in higher education theoretical and practical considerations.* New York，NY：Taylor & Francis.

Lucas，C. J.（1996）. *American higher education：A history.* New York，NY：St. Martin' s Press.

Kajstura，A. & Keim，M. C.（1992）. Reverse transfer students in Illinois community colleges. *Community College Review，20*，39–44.

Marken，S.，Gray，L.，& Lewis，L.（2013）. *Dual enrollment programs and courses for high school students at postsecondary institutions：*2010–2011.（NCES 2013）. UWashington，DC：S Department of Education，National Center for Education Statistics.

McDonough，P. M.，（1997.）*Choosing colleges：How social class and schools structure opportunity.* Albany：State University of New York Press.

Mikelson，J.（2014）.Wounded warriors. In M. Vance，N. Lipsitz，& K. Parks（Eds.）.*Beyond the Americans with Disabilities Act.* Washington DC：NASPA-Student Affairs Administrators in Higher Education.

Mullin，C. M.（2012，October）.*Transfer：An indispensable part of the community college mission*（Policy Brief 2012）. Washington，DC：American Association of Community Colleges.

NCES Fast Facts.（2012）. *Digest of education statistics. Table 200. Total fall enrollment in degree-granting institutions，by attendance status，sex，and age：Selected years，1970 through 2020.* http：//nces.ed.gov/programs/digest/d11/tables/dt11_200.asp.

National Center for Education Statistics.（2012，October）. *Percentage distribution of undergraduate students enrolled in postsecondary institutions，by disability status and selected student characteristics.* https：//nces.ed.gov/fastfacts/display.asp?id=60.

National Center for Education Statistics.（2012，October）. *Percentage of first-year undergraduate students who took remedial education courses，by selected student and institution characteristics：*2003 04 and 2007 08. http：//nces.ed.gov/programs/digest/d10/tables/dt10_241.asp.

National Center for Education Statistics.（2012，July）. *Enrollment，staff，and degrees/certificates conferred in all postsecondary institutions participating in title iv programs，by level and control of institution，sex of student，type of staff，and type of degree：Fall 2010，fall 2011，and 2010–11.* http：//nces.ed.gov/programs/digest/d12/tables/dt12_219.asp.

National Center for Education Statistics（2012，October）. *Percentage of persons age 25 and over with high school completion or higher and a bachelor' s or higher degree，by race/ethnicity and sex：Selected years，1910 through 2012.* https：//nces.ed.gov/ programs/digest/d12/tables/dt12_008.asp.

National Center for Education Statistics.（2012，December）. *Fall enrollment and degrees conferred in degree-granting tribally controlled institutions，by state and institution：Selected years，fall 2000 through fall 2011，and 2009 10 and 2010 11.* http：//nces.ed.gov/programs/digest/d12/tables/dt12_280.asp.

Ortiz，A. M.，& Santos，S. J.（2009）. *Ethnicity in college.* Arlington，VA：Stylus.

Perna，L. W.，& Jones，A. P.（2013）. *The state of college access and completion：Improving college success for students from underrepresented groups.* New York，NY：Routledge.

Perna，L. W.，Rowan-Kenyon，H.，Bell，A.，Thomas，S. L.，& Li，C.（2008）. A typology of federal and state programs designed to promote college enrollment. *Journal of Higher Education. 79* (3), 243–267.

Portes, A., & Rumbaut, R. (2006). *Immigrant America.* Berkeley: University of California Press.

Queen, B., & Lewis, L. (2014). *Services and support programs for military service members and veterans at postsecondary institutions*, 2012–2013. (NCES 2014 017). US

Department of Education, National Center for Education Statistics, Washington, DC: US Government Printing Office.

Radford, A. W., & Weko, T. (2011). *Military service members and veterans* (NCES 2011 163). US Department of Education, National Center for Education Statistics.Washington, DC: US Government Printing Office.

Raue, K., & Lewis, L. (2011). *Students with disabilities at degree-granting postsecondary institutions* (NCES, 2011). US Department of Education, National Center for Education Statistics. Washington, DC: US Government Printing Office.

Reason, R., & Renn, K. (2012). *College students in the United States: Characteristics, experiences, and outcomes.* San Francisco, CA: Jossey-Bass.

Sherman, A., & Stone, C. (2010, June 25). *Income gaps between very rich and everyone else more than tripled in last three decades, new data show.* Center on Budget and Policy Priorities. http://www.cbpp.org/files/6-25-10inc.pdf[cbpp.org.

Shotton, H. J., Lowe, S. C., & Waterman, S. J. (2013). *Beyond the asterisk: Understanding Native students in higher education.* Sterling, VA: Stylus.

Staklis, S., & Horn, L. (2012). New Americans in postsecondary education a profile of immigrant and second-generation American undergraduates. *Stats in Brief.* US *Department of Education.* http://nces.ed.gov/pubs2012/2012213.pdf.

Thelin, J. R. (2004). *A history of American higher education. Baltimore*, MD: Johns Hopkins University Press.

Thomas, M. W. (2010). A safe zone for veterans: Developing the VET NET Ally program to increase faculty and staff awareness and sensitivity to the needs of military veterans in higher education. California State University, Long Beach, 2010, 133; 3425191.

Thomas, S. L., & Perna, L. W. (2004). The opportunity agenda: A reexamination of postsecondary reward and opportunity. In J. C. Smart (Ed.), *Higher education: Handbook of theory and research* (Vol. 19, pp. 43–84). Dordrecht, The Netherlands: Kluwer Academic.

US Department of Education. (2013). Digest of Education Statistics, Table 302.60. Washington, DC. Available at: http://nces.ed.gov/programs/digest/d13/tables/dt13_302.60.asp.

Winkle-Wagner, R., & Locks, A. M. (2013). *Diversity and inclusion on campus: supporting racially and ethnically underrepresented students* (Core concepts in higher education).New York: Routledge.

Wolf, L., & Brown, J. (2014). Fostering success for students with hidden disabilities. In M.L. Vance, N. E. Lipsitz, and K. Parks (Eds.), *Beyond the Americans with Disabilities Act.* Washington DC: NASPA-Student Affairs Administrators in Higher Education.

第14章
未完成的事务、待完善的机制和多元文化校园社区的希望

杰森·莱克　特雷西·戴维斯

多样性、准入、公平和包容仍然是当今高等教育面临的最普遍、最复杂和最有争议的问题之一，甚至在讨论这些问题时使用什么样的术语也存在争议。在特定的单词或短语的使用上存在的分歧也不少，这种分歧包括谁被暗示或谁被排斥的问题。可以肯定的是，我们使用的语言是非常重要的，因为它能够生动地描述生活经历，并表达疑问、问题或目标。尽管如此，仍有许多人无视语言使用上的分歧，认为过于强调政治正确。他们的做法激怒了那些认为语言蕴含丰富含义的人们。大多数读者都经历过这样的情况：人们一味地争论语义上的分歧，而忽视了在解决问题上付出的努力和在社会公平方面取得的成就。花时间挖掘语义中蕴含的假设和在质询的场合审慎选择用词是有哲学基础的。对于那些因社会身份而遭受边缘化、压迫或暴力的人来说，大学社区的身份审核过程（或缺乏审核过程）本身就加大了他们获得尊严及取得学习进步和成功的障碍。但如果大学给予他们这段经历足够的空间和关注，即使最初的阶段充满了不信任、沮丧和怨恨，也会慢慢修复。人们携起手来共同渡过难关有助于建立信任和尊重，我们在下文中将详细讨论这个观点在实践中的应用。但是这个观点根植于被经常提及的社会正义颂歌，也许来自圣弗朗西斯[①]的祈祷，首先寻求理解，然后被理解。请花一些时间来回忆一下你自己的大学经历：特别是当有人给你时间来表达你的感受和想法的那些时刻，即使这些想法还没有完全成熟，你也要不加评判地去表达。也许你未曾有过这样的记忆，这成为大学经历中的憾事。或者，你可能会立即回忆起感到欢喜的时刻并认为这些时刻是你大学生活中关键和积极的经历。无论如何，人们能够坚持和困难对话是至关重要的，这有助于潜移默化地转变角色和培养行动智慧。

虽然学生事务专员承担着许多不同的工作责任，但是促进学生全面发展的共同职责经常使学生事务专员处于身份冲突之中。挑战是巨大的，有时甚至令人生畏。毕竟，人和机构是复杂的，关系可能是混乱的。如果有人认为多样性和多元文化主义的目标是达到一种人人都感到舒适的幸福状态，那么这只是一种失败主义。值得反思的是，满足感已经在多大程度上成为有意向开展多样性工作的同事的内在雄心。这样的反思会产生一个无意识的结果，那就是学生事务专员几乎不表达他们的痛苦或伤心。但这往往只会推迟甚至可能引发一场更激烈的争论。机构领导人和利益相关者，如理事和校友，在决定诚信、辩论和分歧的校园氛围方面起着重要作用，也许是促进作用，也许是破坏作用。许多伦理困境在于：人们一方面想要为诚实的冲突和分享真实的自我寻找空间，另一方面希望保留工作或坚持立场。

然而，在一个高度多样化的群体中，当形成社会凝聚力的复杂和凌乱的本质被认为是天然的商业环境而不是亟待解决的问题的时候，一个真正的多元文化校园社区的

① 圣弗朗西斯，1181年生于意大利翁布里亚地区的阿西西，是一个富商的儿子，从小就有领导的才能和招人喜欢的天性。年轻时曾经商、追求功名，25岁后利用一个破败的教堂，凿石创建教会，成为方济各会创始人，45岁去世。他有一段著名的祷告词，流传直到今日："主啊，让我成为你平安的器皿；在仇恨的地方，播种爱；在伤害的地方，播种宽恕；在疑惑的地方，播种信仰；在绝望的地方，播种希望；在黑暗的地方，播种光；在悲伤的地方，播种喜乐。请让我寻求安慰多过被安慰；寻求理解多过被理解；寻求爱人多过被人爱。因为在给予里我们收获，在宽恕里我们被宽恕。只有在死亡里我们重生得到永远的生命。阿门。"

前景就有了很多新的和充满希望的可能性。但是我们必须认识到，真正的多样化是蕴含着分歧的：在教育领域中会出现脱离、悖论和辩论。

学生事务从业人员可能——尽管不太确定——处在对创建和维持一个受欢迎和多样化的校园环境产生积极影响的位置上。首先，他们可以影响在校生对校园的包容程度。其次，他们可以创造机会，让学生对多样性有更深入的了解，从而积极地为社会正义工作。最后，他们可以影响促进组织变革的政策和制度结构，推动校园在多样性和公平正义上的努力达到更有意义的水平。公平、国际化和多元文化的校园社区需要构建发展战略来解决与个人发展过程密切相关的复杂问题，支持专业实践认识论框架和制定深深嵌入机构的政策和结构。因此，本章探讨了学生事务专员通过个人努力克服挑战，提供支持，定期质疑一成不变的职业信仰体系和改善过度美化的机构多样性方案来高效地推进建立公平的、多元文化和国际化的大学社区。

此外，我们还提出了一些概念化和理论的视角以深化对社会身份问题的分析。这种分析有助于激发复杂的和更有效的努力来实现包容性校园社区。我们也建议在这里讨论能够反映出这一理念的有建设性的做法。事实上，本章开头已经提到了其中的一项做法，那就是对个体定位的表达。塔卡斯（2003）通过一个问题来描述定位："你的身份如何塑造你对世界的认知?"本章的两位作者是多年的好朋友和同事，因此我们花了很多时间研究这个问题并与我们的学生分享。我们都是白种人，顺式性别（一个用来表示与他们出生时分配给他们的性别相一致的性别认同的生活经验的术语（Crethar & Vargas，2007））和异性恋的男性。我们其中一人认定自己的种族身份是犹太人，另一人认定是意大利人。我们都已接近中年，对于我们的信仰认同问题，我们有很长一串的答案。我们都是中产阶级，目前没有残疾，已婚，已为人父母。我们不断反思和讨论这些不同的身份如何塑造我们对待工作和社会的方式。有时，这种反思和讨论会激发我们对自己拥有的特权的大量自我意识，并使我们在明确身份时犹豫不决。在本书的之前版本的章节中，我们曾写下研究结论：有着被边缘化或被压迫身份的人们经常被迫从事所谓多样性的工作。而当拥有特权身份的人们不愿意分担风险和劳动来做这样的工作时，他们的工作就更艰难了。我们也认识到，花大量时间谈论自我意识是一种放纵，但我们也相信，每个人都需要有一个探索这种经历的空间，这点很重要。出于这个原因，我们为彼此提供了这样的空间，同时也试图对不同身份的朋友、同事和学生保持透明。这既是为了负责任，也是为了模拟这个过程。正是本着这种精神，我们共同经历了这一历程。这个历程也解释了我们从哪里来——我们的定位——以及为什么我们写这一章。

14.1 身份：个人与机构的重要联系

"身份的建立与社会认可的一系列差异有关。"这些差异对身份的形成起着至关重要的作用……身份需要差异才能存在，并将差异转化为他者性以确保自身的确定性

(Connolly, 2002, p. 64)。康诺利谈到了身份共建和将身份置于动态和等级地位的权力关系中的方式。在学生事务领域，我们通常从特权和压迫的角度讨论社会身份，特别是认为拥有重要身份的人享有特权，反之则成为压迫的目标。言外之意是，每个人要么有特权，要么被压迫。

尽管在制度压迫的背景下描述身份共建的复杂性至关重要，但新兴的学术研究对这种描述提出的二元等式发出了挑战（Hooks, 2004; and Kaufman, 1999）。也就是说，特权和压迫的概念化以一种没有充分处理其多维本质或现实的方式使身份具体化。学生在他们对特定身份的认同程度方面存在很大的差异。单方面地讨论特权或被压迫的身份，不仅没能抓住身份的复杂性，而且还可能使有被压迫身份的人与有特权身份的人处于某种神话般的二元辩论中，这种辩论往往会终结讨论，而不是促进讨论。为了真正理解创建多元文化社区的方式，我们需要超越目前主导学生事务讨论的框架。在2006年的多样性与学习会议上，美国大学与学院协会负责多样性、平等与全球倡议工作的副会长卡琳·麦克泰·穆希尔提出，多样性教育的发展已经超越了原有的框架，而从业者依然犹豫地蜷缩在精心构建的体制、政治和知识外壳中（Peltier Campbell, 2007, p. 1.）。此外，巴尔塞洛（2007）认为“要成为有力的领导者，我们必须愿意重新评估知识结构、关系模式和机构生活的组织原则”（p. 3）。

很少有人会说，我们已经实现了大学使命所要求的和法律中概述的那种教育公平。例如，卡内瓦莱和弗赖伊（2002）证明，历史上代表性不足的学生群体在上大学之前资源获取途径有限，这阻碍了他们在大学期间取得教育成就。为了揭露多样性华袍掩盖下的歧视，教育工作者需要不断地质疑支持我们的公平努力的假设，质疑将我们的注意力转向简单解决方案的意义框架，质疑衡量工作细节的评估策略。因此，本章的目的之一是探讨现有的概念性专业框架，以探索学生事务专员在建设包容、公平、国际化和多元文化校园的过程中可能需要拓展的工作职责和使用的工作策略。因此，我们认为像社区、国际化和多元文化这样的语言隐含的意义是不能被简单理解为静态的或最终的，它们是与环境有关的、动态的，而且往往是非常个性化和充满政治意味的。我们鼓励读者反思并努力解决本章中模棱两可的、有时会引起争论的讨论，关注那些挑战根深蒂固观点的案例，并保留改进这些观点的可能性（或最终深入理解这些观点）。这与我们鼓励读者在他们各自的机构中进行类似的讨论——从深奥和令人沮丧的讨论过渡到虽然令人沮丧但是可被理解的讨论。我们的经验是，在身份认同和制度压迫的挫败感中寻求团结为在多样性人群中建立共识和联系提供了机会，而多样性人群是包容性社区的重要组成部分。

尽管对身份认同的了解仍存在模棱两可的情况，但是高等教育机构在坚持道德方面应该承担起义不容辞的社会责任。为了促进理解，建立一个所有成员都有机会接受高等教育的社会，学院和大学必须以强有力的实际行动兑现承诺。要想做到这一点，高等教育机构需要在认知层面和基础结构上做出改变。

14.2 个人层面的教育方法

一位善良且受过良好教育的学生事务专员在理解公平工作的意义和含义时需要做些什么呢?事实上，大学校园的环境正变得越来越复杂。正如第13章所讨论的，高等教育的人口结构是动态的、复杂的，因此学生事务专员面临着巨大的挑战。然而，接受并有效应对挑战是学生事务专员的专业任务。幸运的是，有明确的证据表明，学生事务专员的努力在促进学生学习和发展方面获得了显著的回报。

研究普遍认为，跨身份参与有助于促进认知发展（Milem，Chang & Antonio，2005；Pascarella，Edison，Nora，Hagedorn，& Terenzini，1996；Smith & Associates，1997；and Terenzini，Pascarella，& Blimling，1996）和社会心理成长（Antonio，1998；Chang，1996；Hurtado，1997；and Smith & Associates，1997），学生在这样的环境中学习更有效。例如，根据古林（2007）的研究，"当人们遇到一个没有脚本的新情境，或者当环境要求他们提供比当前脚本更多的信息时，复杂思考就发生了。高校多样种族的学生群体呈现的、经过研究确定的与众不同的特点对教育者产生思考意识非常重要。而有意识的思考模式也是学生对教育者的内在要求"（p. 2）。从这个角度看，培育国际和多元文化社区是为公民在多元化社会中做好准备的一项教育任务。然而，我们知道，尽管创建多元社区的基本原理是明确的，但是，推进多元文化社区的建设绝不是一件简单的工作。教育社区的参与者对那些与自己不同的人的理解和互动的意愿是不确定的。由此，参与学习过程非常必要，"努力坚持和协调多样性会对学生发展和学习产生积极影响"（Chang，2005，p. 15）。教育的益处不是简单地把不同的群体聚集在一起而获得的。研究（Chang，Denson，Saenz，& Misa，2006；Jayakumar，2008；Milem，Chang，& Antonio，2005）表明，校园必须提供涵盖历史、文化和社会基础的参与性课程以实现多样性和社区性，同时还必须在课堂之外为学生提供机会、鼓励和期望，使他们能够跨越身份差异进行互动。

此外，指导和调解这种相互作用中自然发生的冲突需要多元文化意识和知识以外的技能。虽然对文化和文化差异的认知是必要的，但却不足以建立真正有效的多元文化社区（Pope，Reynolds，& Mueller，2004）。琼斯和麦克尤恩（2000）的原始多重身份（MDI）模型的案例能够很明显地反映出这种复杂性。在他们的模型中，性取向、种族、文化、阶级、宗教和性别是一个人身份的核心维度。核心身份的某一特定维度的显著性取决于不断变化的背景，包括当前的经历、家庭背景、社会文化条件、职业决策和生活规划。该模型提供了一个测量个体干预学生和机构为学生所设项目的模板，无论是全体学生还是特定的亚群体都适用。此外，多尔比（2000）提出："关键的问题都是围绕着差异是在什么特定情况下产生，它是如何被解释、传播和再生的，它又是如何作为各种权力的结构接口发挥作用的。而不是探求什么是身份，身份是如何塑造个人经历（或者一个人拥有什么样的身份）的。"（p. 901）

作为促进多元文化理解和发展的实用工具，学生事务专员可以使用MDI作为一种心理框架，以避免对与他们一起工作的个人做出假设。该工具鼓励专业人员考虑性取向、种族、文化、宗教、阶层和性别的交叉对学生产生的影响。此外，MDI还提供了一种促进讨论的模式，这种讨论超越了一种过于简化的二元论的压迫概念，转而考虑这样的问题，即我们是怎么被不同定位的以及在权力背景下我们是如何妥协于定位的差异的。例如，白人、异性恋、男性被认为拥有特权。虽然拥有这些身份的人通常享有种族、性和性别特权（取决于文化背景），但是对身份交叉的关注，例如阶层和性别或者宗教和种族，有助于更加准确地捕捉压迫是怎样发挥作用的以及为什么需要解除压迫（Reed，2008）。例如，法恩、韦斯、艾德思顿和霍尔（1997）在他们对社区内白人工薪阶层的成年男性和男孩儿进行的定性研究中发现，"在一个所有工人的价值都被讽刺性贬值的经济环境中，白人工薪阶层男性……争相重申他们自己在种族-性别的等级框架内占有特权地位"（p.77）。使讨论更加复杂的是，虽然在多元文化的讨论中我们并未具体指明阶层，但是阶层远远不是收入水平那么简单，阶层包括语言使用、着装风格、教育水平、看起来体面的职业以及休闲和社交的方式等等（Longwell-Grice，2002；Reed，2008）。身份的维度复杂性、交叉性和复杂背景性说明了"本质化"身份的荒谬性以及采用更先进的批判方法的必要性。考夫曼（1999）很有说服力地强调了这个观点，"我们需要彻底改变关于压迫的整个语言体系，因为它是基于简单的二元对立、身份和社会位置之间的简化方程以及自我的单焦点概念"（p. 70）。

为了在个人层面上促进多元文化和国际化社区的发展，我们需要对那些没有认真对待人类多样性和体制压迫问题的人保持耐心和同情心。因为对这些问题的了解过程不仅是一个智力理解过程，也是一个深刻的情感和心理感知过程。我们能够理解有些人因缺乏对差异化的认知和缺乏对给予某些人特权而压迫另外一群人的社会制度的认知而产生的失望和气愤的情绪，所以我们对在推进多元文化的过程中遭遇到困难并不惊讶。事实上，很多学生和同事有意在合适的发展水平上学习身份干预并愿意给予敏感的和有思想的回应。作为在高等教育机构工作的我们，有义不容辞的责任经常对他们予以帮助和指导。例如，布罗伊多、戴维斯和埃文斯（2005）为有效促进社会正义联盟的发展提供了理论基础和实践策略，特别是解决了与性取向、性别、残疾和种族相关的教育问题。戴维斯和哈里森（2013）进一步概述了关键的教学策略，通过提高社区成员参与争取社会正义和公平的斗争的可能性来有效应对他们的抵触情绪。

学生事务专员需要对政治和社会历史背景有更广泛和更综合的理解。沟通和人际交往能力尽管必要，但是需要与对包容、权力的基本理解相匹配。校园里谁有权决定是否存在问题?谁来决定解决方案?是不是所有利益相关者都需要对决议结果感到满意?那些旁观者呢，他们的观点能产生解决问题的答案吗?

到学生上大学的时候，他们已经在各种身份类别上受到了至少18年的至上主义意识形态的影响。他们在哪一种身份类别上不论占优势还是处于边缘地位，身份信息都存在于他们的脑海中。教育工作者应该理解并在理想情况下包容这样一个事实，即他们自己和学生的世界观不会在他们入学或就业时简单地摆脱某某主义的影响。这不是要求大家妥协，而是请求大家相互理解、尊重、保持耐心并愿意始终参与对话。促进包容的工作将充满困惑、恐惧、内疚、羞耻、愤怒、怨恨、挫折和不信任，我们对这一点要有思想准备。偶尔，在理想情况下，促进包容的工作会实现希望和正义。然而，从事这项工作的人必须首先尊重身份的复杂性并理解其变化，始终保持清醒的头脑看待问题，避免沉溺于沾沾自喜或愤慨的立场。

14.3 一定会让所有人都感到不舒服的谈话

过去，享有职位权力的人大多更加努力地工作，为实现包容性校园社区做出更大的贡献。那么，是什么阻止了他们的做法呢?基于之前社会化的陈述，有些人可能会认为，那些拥有多重身份的人（在美国，通常为白种人、男性、异性恋者、上层和中产阶级、体格健全的人和基督徒）不愿意放弃到手的特权和权力，所以他们会从行为上强化确认他们的立场。我们可以进一步拓展这个论点，至上主义概念者以微妙的（例如，描述大多数群体身份的媒体图像、产品标签）和明显的（例如，公共领域的种族主义和性别歧视言论）方式给大众灌输他们的特殊身份。简而言之，他们公然地相信或下意识地认为确保自己地位的做法公正又恰当。虽然我们很有必要去了解特权在大多数时间是以看不见的方式发挥作用并使其正常化的，但是这样的解释却没有充分说明这个过程的危害，也没能提供有希望的替代方案或者解决办法。

尽管富有政治意味，但一个值得关注的领域是探索特权体系和压迫是怎样伤害那些拥有特权的人。请思考，举例来说，胡克斯（1984）是这样讨论性别问题的："男性没有受到性别歧视的剥削或压迫，但他们却因此而遭受了很多痛苦。这种痛苦不应被忽视。虽然这丝毫不能减轻男性对女性的虐待和压迫或否定男性对剥削行为的责任，但男性所经历的痛苦可以作为一种催化剂，促使人们注意改变的必要性。"(p.73)。她接着讨论了刻板的性别角色不仅对女性有伤害，而且也使男性深受其害。不同的身份类型也有共同之处。

学生事务实践者处在通过提出问题来解决困境的重要位置。毫无疑问，当一个人深受压迫或因压迫而产生创伤时，他很难富有同情心地倾听拥有多重身份的人的心声。而作者认为，充分利用这个机会可以创造一种相互解放的转变。拥有多重身份的人，或者拥有多重身份的学生事务专员应该认真考虑作为第一个向学生提供这种倾听服务的人可能带来的收获。在旧的模式中，我们以各种方式来贬低学生（无论我们是当着学生的面这么做还是在学生看不见的地方对着同事这么做）。旧的模式并没有产生我们声称的改变。如果我们想要培养学生的自我意识、促进他们的成长和改变，那么我们需要一种不同的工作方法。尽管沉浸在历史的创伤、信仰、个人问题、羞耻、内疚甚至恐惧之中无可厚非，但是为了给我们所希望的变革做出榜样，我们必须在这项艰难的工作中相互支持、承担责任。

具有多重身份的学生事务专员必须学会有效地容忍不适。有些人因为目标身份而被边缘化，并因此产生愤怒的情绪。学生事务专员需要包容和理解他们的情绪，而不是持有“你误解我了——我是你的盟友!”这样的立场。虽然有时导向不太准确，但由于过去边缘化经历产生的愤怒和学生事务专员不带防御的认真倾听为真实关系的建立提供了痛苦但积极的催化剂。然而主流身份者聚焦在“成为一个好人”上的做法会导致期望浮于表面，连做了为了促进个人发展和校园社区多样化建设而应该做的工作也会受到赞扬。如果不这么做，又面临着假慈善的风险并因此被戴上特权的帽子。

14.4　语言的影响

包容的多元文化校园社区的另一个制约因素很简单，就是我们的语言太不精确，无法准确或令人信服地表述问题。学生事务专员和其他的一些人用种族主义、性别歧义和恐同来描述从微妙的社会机构和政治的文化差异到公开地表达憎恨暴力的学生动态和行为。可以确定的是，这些词会深深地伤害、边缘化那些受压迫的人，甚至将他们排除在外。为了防止这种错误，我们有必要准确形容正在发生的事情。考虑到学生事务工作所信奉的价值观，我们的分析应该更加精确。例如，像*normative*和*centric*这样的单词，无论是单独使用还是作为后缀使用，都应该更清晰准确。例如，一个*anglocentric*的环境，指的是被高加索人及其种族习俗视作正统并占主流地位的外部环境。而一个*heteronormative*的环境，指的是在成员中呈现异性恋身份的形象、习惯和期望的环境。这个环境反过来给予这些用行动彰显身份的人特权。在这个例子中，如果异性恋者不遵从社会默认的主流异性恋形象，则会遭到边缘化排挤和社会压力，甚至是暴力与压迫。当我们使用“恐同”这个词对事物进行描述时，我们的思维框架就会受到限制，因为在这个范畴下包含很多动态的现象和细微的差异。我们可能会错过认识和回应处在中心的且非敌对的动态现象的机会。澄清语义对明确问题、确定问题的影响、产生的原因、作用和可能的补救方案都具有非常重要的作用。

在追求语言准确性的时候，至少要避免两个误区。第一个误区是过于追求语义学和语言技巧而忽略了为过去经历发声和迈向包容和跨文化社会的初心；第二个误区是陷入了功能失调和充满竞争的争论。这种争论对动态的压制比第一个误区还可怕。就这点而言，开展关于过程和基本规则的定期对话可能有助于我们时刻将首要原则放在工作的前列。

14.5　内省：学生事务和身份政治

正如前文所说，教育工作者面临着严峻的挑战，他们变得过于自满，接受了僵化和自私的思想框架，没能对多样性产生影响。我们需要对学生事务领域展开批评，质疑学生事务专员是否在陈旧和孤立中日渐式微，或者学生事务专员至少约束一下降低其建立包容校园社区能力的不良行为。例如，斯蒂尔（2006）提出学生事务工作者应该好好想想在与他人互动解决多样化问题时，在多大程度上保持了情感距离并对智慧有所保留。他谈到“毫无疑问，一个关键的观察者、跨文化能力的参与者与自以为是的教育家之间只有一线之隔。简而言之，雄心不仅仅用于分析他人的行为和观点，还必须用于时刻自省的想法和行为（行动与观点）”（p.5）。从这个角度看，有关各种各样文化和人类差异的认知仅仅是静态的书本知识。杜威（1938）在几十年前掷地有声地阐述，书本知识“作为用于教学的成型产品，与最初撰写它的方式和未来必将发生的改变几乎毫无关系”（p.19）。为了“激发消除我们自己文化印象的新的文化经历与对知识的好奇心和激情”（Stier，2006，p. 8），无论是在整体教育上遇到的挑战，还是在多样化教育上遇到的困难都会让我们时常质疑我们静态的思想框架和个人观点。

这些显然是过程问题，而不是内容问题。因此，过程能力需要“站在他人的立场审视自己（同理心），同时担当局内人和局外人的角色（对位置的意识），应对跨文化冲突问题，保持灵活开放的心态，以及有意识地和对文化特点加以鉴别地评价（Stier，2006，p. 7）”的技能。如果我们不采取这种批判的、以过程为导向的思维方式，学生事务工作者可能会无意识地、持续地复制我们想要打破的压迫系统。

14.6 促进结构转型

威尔金森和伦德（2000）指出，组织结构“应该被定期审查，以确定其有效性……（因为）大多数校园遵循非常传统的组织结构”（p.592）。静态的组织结构，如停滞的知识和思维框架，需要被定期审查。戴维斯和哈里森（2013）描述了如何通过包含公平和包容过程的有意识的策略来挑战传统的、沉浸在等级和技术理性中的组织实践。默里（2006）的全球妇女基金提供了一种采用与文化包容性政策和实践相一致的组织方法的工作模式。例如，全球妇女基金的工作重点是解决发展中国家妇女提出的问题，而不是所谓的专家提出的问题。另一种策略是赋予那些传统上被剥夺权利的人结构性的领导地位。促进多元文化校园社区进程的核心是重新思考我们的组织结构、招聘流程、课程设置，以及让那些处于领导岗位的人承担责任的方式。

14.7 多样性主管

明尼苏达大学、普罗维登斯学院、弗吉尼亚大学、安妮·阿伦德尔社区学院和加利福尼亚大学伯克利分校等高等教育机构均已仔细审视组织的需求和结构，任命了多样性主管。明尼苏达大学首位负责资源、公平和多元文化事务的副校长南希·罗斯提·巴塞罗（2007）指出，创设这个职位，“不仅体现了机构在多样性事务上的决心，更重要的是将多样性问题摆到了桌面上，有助于从政策层面入手让高级管理者聚在一起展开会谈”（p. 2）。

多样性主管职位的创设为我们的工作带来了希望，但巴塞罗（2007）认为其成功与否取决于基础设施建设的以下方面：“研究和数据管理；发展规划；沟通、公关和网站建设；行政和人事、社会发展、教职工发展、学生发展和保持方面的专家；受基础资金资助的中央预算；多元文化主义者的工作人员；向首席发展官员汇报、向选区提供直接服务并向校园和社会提供资源的多元化部门。”（p. 3） 高校若是真正致力于构建国际和多元文化校园，我们的组织结构和人员结构必须反映该价值观。

14.8　课程设置和辅助课程

与来自不同文化和种族身份的人互动对各种认知的和心理社会的成果具有积极的净效应（Pascarella & Terenzini，2005），这与最近对过去十年有关多样性体验研究的回顾相一致。例如，该分析发现，批判性思维、思维的复杂性、自我概念、控制核心、公民参与和对智力挑战的开放性都受到多元文化体验的积极影响。虽然尚不完全清楚因果关系，但帕斯卡瑞拉和特伦其尼报告说，“越来越多的证据表明，结构多样性（校园中学生和教师的种族—民族代表性）即使不是教育影响的充分条件，也是必要条件”（p.638）。

很简单，我们的课内和课外课程必须反映全球经济和多元文化世界的新需求。虽然单一文化的西方知识结构仍然是相关的，但需要通过接触哲学、认识论假设和传统教规之外的文化认知方式来予以重新审视和匹配。例如，宿舍楼内传统的、大型的“来一个就全来”的学生发展干预项目可以被花费更少的，旨在探索与文化动态相关的新闻中有争议的问题的合作性对话所取代。

此外，当前的教育课程可以基于以下问题进行评估，这些问题与乌克波科杜（2007）关于校园多元化课程输入的建议有关：我们的干预措施如何帮助学生在当今多元文化的、民主和相互依赖的世界中生活和工作？什么样的多元化、社会公正和公民参与问题被注入到我们的课外活动中？如何注入？我们所选材料的包容性如何？学生和教职员工的世界观、学习风格和教学策略如何匹配？如何适应学生的学习风格？员工促进学习的策略多元化程度有多高？

虽然我们在解决这些备受关注的问题方面已经迈出了第一步，但是我们还必须把不同种族和其他社会身份的学生聚集在一起开展互动。学生更容易被身份相似的人吸引，这种吸引风险也更小。张（2005）认为，“当学生从多元化校园所提供的丰富而复杂的学习机会中撤退，并适应更加同质化的制度空间时，他们很可能会错失从多元化中获得的重要利益”。根据我们的经验，在促进对这些问题的了解和保持多元文化校园社区方面，具有不同社会身份的人之间持续的、有意义的（往往是经过调解的）对话是不可替代的。

14.9 有效的招聘与保持程序

考虑到学习环境中的多样化因素既有益于提升教育效果，又能促进学生积极参与跨文化事务，因此，为建立多元群体氛围而制定的员工招聘和保持策略至关重要。我们仍需采用传统的吸纳多样化员工和学生群体的方法，如在各种媒体中主动进行广告宣传，接触不同背景的候选人以及进行有效的多元文化培训，但是在此基础上还需更进一步。多样性规划和“鸡与蛋”的问题有些类似——我们是招聘多样化员工来保持多样化，还是深耕现有项目来吸引员工填补校园的多样化空白？作者认为，尽管两者都很重要，但机构很少在培养在校主流员工群体文化包容敏感度方面大量投入。可以说这是一个关键问题。机构设置资源中心以及任命服务人员为多元文化提供庇护，但这种庇护源自何处？事实上正因为机构每天都在想谁重要而谁不重要才造成了这种氛围。而在真正的多元文化环境中，若主流群体里中有人偏离了下意识的（有意识的）常态观念，他们就会步入新的世界观。在新的世界观的指导下，他们将学习每一个呈现出来的身份的过程作为了解生活的方式和更深入理解兴趣话题的视角。这在学术界可能会很困难，因为使用知识的和分析的方法无法轻易地或充分地解释社会和情感层面维度的现象。

因此，为了创造一个多元文化和包容的校园环境，招聘多元化的员工只是许多重要步骤的其中之一。应该注意的是，具有自我批判意识和多元文化技能的学生事务组织将是工作人员自由呈现世界观和工作风格的地方，也使员工可以安心分享真实感受而不用担心在工作场所被边缘化。正如蒲柏等人（2004）所指出的，重视人际关系和环境内结构动态有利于建立一个友好的、滋润的及招聘和保持多元文化员工的环境。从这个角度来说，我们实施的为有效促进多元文化校园发展所制定的策略和付出的努力，也可以作为员工招聘和保持工作的重要部分。通过精心设计招聘广告或者强有力的招聘策略建立多样化候选人池的做法不能掩盖一个并不欢迎具有多样化言论、生活经历和背景的员工和学生加入其中的机构环境。

14.10 趋向问责的评估策略

正如前文提到的，人们对促进校园环境包容性和多样性的传统做法持有的批判之一是这些努力太过于做表面文章。例如，所谓的校园氛围研究经常被用来调查特定校园人群遭受压迫和歧视的程度，而且一成不变的都是不好的结论。我们认为，如果机构有研究校园氛围的需求，那么我们已经知道校园氛围确实存在问题。我们不是有意讽刺，而是想要说明校园氛围研究在实践中有很大的局限性。

校园体验是情境式的、前后关联的且由被询问人的身份和个人情况决定的。例如，即使一项校园氛围研究要确定85%的受访者同意或非常同意一个校园是包容的，我们也要思考另外15%的人。思考包容的体验是如何波动的，波动的原因是什么。静态的和隐喻性的概览对于理解动态的条件和经验是完全不够的。此外，校园氛围研究通常是在偏见事件发生后开展的，因此其研究方法根植在范例不足的基础上。而且这个时候所有涉事人都非常脆弱。在事故发生后开展这样的研究，学生事务专员很有可能遭遇涉事人的激烈反应或者触发已经失去信任感（出于可以理解的原因）的人们的抵制。除此之外，这个做法没有经过深思熟虑，因为关键事故的调查替代不了诚实的校园氛围评价。

得到特定人群最多肯定的调查可能产生更有价值的信息。需要明确的是，这并不是粉饰现实或回避事实，而是我们真正有兴趣了解一个组织的最佳定位在哪里，怎样达到那个定位，为什么是那个定位。首先，它允许对问题采用非防御、积极和基于资产的方法。其次，它指出了机构权力的具体和潜在的可复制和/或可扩展的使用位置。最后，它假设了这样一个事实：有些地方让人感觉不那么肯定，于是就把这个问题从辩论中排除了。这一点特别有价值，因为一场关于某个经历是否真的发生过（或者正在发生）的辩论只会让那些受到伤害的人更加沉默和沮丧。

因此，我们需要实施有效的评估策略，将有意义的进展与表面的变化区分开来。学生事务专员寻求检查清单或者纯粹的定量策略来评估我们在创建多元文化校园过程中的效度。但是必须承认的是，被评估的现象的性质并不适合简单的设计。蒲柏（1995）建议使用系统的多元文化组织发展（MCOD）策略来改善和评估消除社会压迫和支持社会公正的校园社区方面的机构效用。MCOD过程不是将评估视为静态快照，而是通过质疑和评估潜在的信念、常规实践和核心价值来帮助组织转型。例如，学生事务MCOD模板是学生事务部门或学生事务领域可以使用的评估工具（Reynolds，Pope，& Wells，2002，as cited in Pope，Reynolds，& Meuller，2004）。模板为多元文化干预确定了10个关键领域：使命宣言、领导力、政策审查、招聘和保持、培训中的多元文化能力、学术活动、项目和服务、物理环境、评估以及多元文化定义中的包容性。具体地说，例如，多元文化的能力预期和培训的目标区域侧重于员工参加以多样性为中心的研讨会和会议的机会、专业人员的监督能力、针对多元化培训的专业发展干预措施、员工多元文化的职责的明确期望以及个人和部门的多样化目标的年度评估。

洛约拉马利蒙特大学的一个团队实施了另一种评估策略。这个团队使用公平计分卡来支持其战略计划。该计划的部分目标是积极促进学生群体、教师和员工的多样性（Robinson-Armstrong，King，Killoran，Ward，Fissinger，& Harrison，2007）。计分卡是由南加州大学埃斯特拉·本思蒙（2004）团队开发的，其目的是解决公平的衡量问题。她声称，虽然公平在原则上是可被评估的，但在特定学生群体的教育成果方面，公平却并未被纳入常规的评估。本思蒙将计分卡描述为一种评估工具，可以“通过帮助缩小历史上代表性不足的学生的成就差距，促进高等教育的制度变革”（p.45）。计分卡从本质上促进了一种咨询过程。这种过程既重视机构的广泛需求，也重视特定工作单元和项目的目标。它关注准入、保持、卓越教育和机构生存能力。虽然计分卡采用定量数据评估这四个维度，但其定性视角也不容忽视。例如，教育的卓越性和制度的可行性可以用一种考虑了背景差异和其他有意义的特性的方式定义。然后由本地团队审查数据以及在必要时开发和执行程序响应。因此，学生事务职能单元保有对公平方案的控制并由其主管或校长对进展负责。

14.11 结论

我们并不期望本章提出的有关多样性在理论和实践层面上的挑战能被简单快捷地解决。为了有效改善现行的模式来发展多元文化社区，正在混乱的、不舒适的和情绪化的讨论中寻找解决问题捷径的学生事务专员会将目光投到别处寻找办法，但是毫无疑问，他们一定会失望的。然而，如果我们希望接受教育任务，成为掌握多元文化技能的专业人员，那么我们需要提升"反思、解决问题、理解、学习、心平气和地处理以及高效地运作多元文化互相影响的环境的能力"（Stier，2006，p. 9）。

多元文化的多样性校园社区对学生的教育收获有重大而广泛的意义，因此，风险高而且陷阱多。我们必须首先对开篇讨论的假设进行批判性的反思，并认真审视自身对多样化的理解，以及有意义地参与本章讨论的能力。我们提出的结构性建议源于对这些问题的质询，但背景也很重要。我们采用的战略必须适应具体机构的文化背景。此外，那些处于领导地位的管理者需要理解并模仿迈向真正多元文化校园社区的旅程中固有的过程。

凭借与学生的直接联系和兼容并蓄的职业特质，学生事务专员处在妥善处理校园多样化问题的最佳位置上。然而，需要注意的是，学生事务专员的专业能力目前因严重的限制而被削弱。特别是我们认为，由于特权和压迫的双重概念还没有发展到对长期的身份、身份交叉、个体参与身份共建的方式以及这些对校园文化的反作用的细微差距的分析。因此，当前学生事务的论述是停滞不前的。简而言之，尽管很多理论和实践框架好像对多样性、准入和包容的问题做了回答，但是这些问题还没有简单的和最终的答案。因此，学生事务从业者不仅需要熟知专业文献，还需具备跨学科研究能力（例如性别研究、白人研究、同性恋研究）。此外，学生事务专员必须具备抵制表面的和短期的校园文化修复要求的勇气，并采用更加综合的工作方法来建设包容性校园。为了确定、实施和使这个建设过程制度化，学生事务专员不仅需要了解与多样性、准入以及包容有关的重要理论，还需掌握将理念付诸有意义的实践的工作方法。

参考文献

Antonio，A. L.（1998）. *Student interaction across race and outcomes in college.* Paper presented at the American Educational Research Association Conference，San Diego，CA.

Barcelo, N. (2007). Transforming our institutions for the twenty-first century: The role of the chief diversity officer. *Diversity Digest, 10* (2). http://www.diversityweb.org/digest/vol10no2/barcelo.cfm.

Bensimon, E. M. (2004, January/February). The diversity scorecard: A learning approach to institutional change. *Change*, 44-52.

Carnevale, A. P., and Fry, R. A. (2002). The demographic window of opportunity: College access and diversity in the new century. In D. E. Heller (Ed.), *Condition of access: higher education for lower income students* (pp. 137-151). Westport, CT: Praeger.

Chang, M. (2005, Winter). Reconsidering the diversity rationale. *Liberal Education*, 1-6. http://www.aacu.org/publications-research/periodicals/reconsideringdiversity-rationale.

Chang, M. (1996). *Racial diversity in higher education: Does a racially mixed student population affect educational outcomes?* Unpublished doctoral dissertation, University of California, Los Angeles.

Chang, M. J., Denson, N., Saenz, V., & Misa, K. (2006). The educational benefits of sustaining cross-racial interaction among undergraduates. *Journal of Higher Education*, 77, 430-455.

Connolly, W. E. (2002). *Identity/Difference: Democratic negotiations of political paradox.* Minneapolis: University of Minnesota Press.

Crethar, H. C., & Vargas, L. A. (2007). Multicultural intricacies in professional counseling. In J. Gregoire & C. Jungers (Eds.), *The counselor's companion: What every beginning counselor needs to know.* Mahwah, NJ: Lawrence Erlbaum.

Davis, T., & Harrison, L. M. (2013). *Advancing social justice: Tools, pedagogies, and strategies to transform your campus.* San Francisco, CA: Jossey-Bass.

Dewey, J. (1938). *Experience and education.* New York, NY: Collier Books.

Dolby, N. (2000). Changing selves: Multicultural education and the challenge of new identities. *Teachers College Record, 102* (5), 898-912.

Fine, M., Weis, L., Addelston, A., & Hall, J. M. (1997). In secure times: Constructing White working-class masculinities in the late 20th century. *Gender & Society, 11* (1), 52-68.

Gurin, P. (2007). New research on the benefits of diversity in college and beyond: An empirical analysis. *Diversity Digest, 10* (2). http://www.diversityweb.org/digest/vol10no2/gurin.cfm.

Hooks, B. (2004). Men: Comrades in struggle. In M. S. Kimmel & M. A. Messner (Eds.), Men's lives (6th ed., pp. 68-83). Needham Heights, MA: Allyn & Bacon.

Hurtado, S. (1997). *Linking diversity with educational purpose: College outcomes associated with diversity in the faculty and student body.* Cambridge, MA: Harvard University, Harvard Civil Rights Project.

Jayakumar, U. M. (2008). Can higher education meet the needs of an increasingly diverse and global society? Campus diversity and cross-cultural workforce competencies. *Harvard Educational Review, 78* (4), 615-651.

Jones, S. R., & McEwen, M. K. (2000). A conceptual model of multiple dimensions of identity. *Journal of College Student Development, 41* (4), 405-414.

Kaufman, M. (1999). Men, feminism, and men's contradictory experiences of power. In J. A. Kuypers (Ed.), *Men and power* (pp. 59-85). Halifax, Nova Scotia: Fernwood Books.

Longwell-Grice, R. M. (2002). *Working-class and working college: A case study of the first generation, working class, first year, White male college students.* Unpublished doctoral dissertation, University of Louisville.

Milem, J. F., Chang, M. J., & Antonio, A. L. (2005). *Making diversity work on campus: A research-*

based perspective. Washington, DC: Association of American Colleges and Universities.

Murray, A. (2006). *Paradigm found: Leading and managing for positive change.* Novato, CA: New World Library.

Pascarella, E. T., Edison, M., Nora, A., Hagedorn, L. S., & Terenzini, P. T. (1996). Influences on students' openness to diversity and challenge in the first year of college. *Journal of Higher Education*, 67 (2), 174-195.

Pascarella, E. T., & Terenzini, P. T. (2005). *How college affects students: A third decade of research.* San Francisco, CA: Jossey-Bass.

Peltier Campbell, K. (2007). Diversity and learning: A defining moment. *Diversity Digest, 10 (2)*. http://www.diversityweb.org/digest/vol10no2/campbell.cfm.

Pope, R. L. (1995). Multicultural organizational development: Implications and applications in student affairs. In J. Fried (Ed.), *Shifting paradigms in student affairs: Culture, contexts, teaching and learning* (pp. 233-249). Washington, DC: American College Personnel Association.

Pope, R. L., Reynolds, A. L., & Mueller, J. A. (2004). *Multicultural competence in student affairs.* San Francisco, CA: Jossey-Bass.

Reason, R. D., Broido, E. M., Davis, T. L., & Evans, N. J. (2005). *Developing social justice allies.* San Francisco, CA: Jossey-Bass.

Reed, B. (2008). *Patterns of gender role conflict in white working-class males.* Unpublished manuscript, University of Virginia, Charlottesville.

Robinson - Armstrong, A., King, D., Killoran, D., Ward, H., Fissinger, M. X., & Harrison, L. (2007). Creating institutional transformation using the equity scorecard. *Diversity Digest, 10 (2)*. http://www.diversityweb.org/digest/vol10no2/robinson-armstrong.cfm.

Smith, D. G., & Associates. (1997). *Diversity works: The emerging picture of how students benefit. Washington*, DC: Association of American Colleges and Universities.

Stier, J. 2006 Internationalisation, intercultural communication, and intercultural competence. *Journal of Intercultural Communication*, 11, 1-11.

Takacs, D. (2003, Summer). How does your positionality bias your epistemology? *Thought and Action.* http://ww.nhea.org/assets/img/PubThoughtAndAction/TAA_03_04.pdf.

Terenzini, P. T., Pascarella, E. T., & Blimling, G. S. (1996). Students' out-of-class experiences and their influence on learning and cognitive development: A literature review. *Journal of College Student Development*, 37, 149-162.

Ukpokodu, O. N. (2007). A sustainable campus-wide program for diversity curriculum infusion. *Diversity Digest, 10* (2). 1-2. http://www.diversityweb.org/digest/vol10no2/robinson-armstrong.cfm.

Wilkinson, C. K., & Rund, J. A. (2002). Supporting people, programs, and structures for diversity. In M. J. Barr & M. K. Desler (Eds.), *The Handbook of Student Affairs Administration* (2nd ed., pp 580-596). San Francisco, CA: *Jossey-Bass.*

第15章 帮助学生为有目的的人生做准备

米歇尔·默里　罗伯特·纳什

当前失业率成为晚间新闻经常播报的内容，当代大学生在经历了几次经济衰退后变得成熟。他们在全民日益担心大学学费上涨和相关的学生贷款的环境中开始探索大学之旅。不确定性像阴云一样使学生未来的财务情况陷入黑暗，也难怪2012年入学的新生将获得一个更好的工作以及赚更多的钱作为读大学的主要原因。(Pryor，Eagen，Blake，Hurtado，Berdan，& Case，2012)。同一年，将“经济宽裕”作为个人目标的热情空前高涨，超过80%的学生视其为“必要的”或“非常重要的”(Pryor et al.，2012)。面对不稳定的经济现实，大学生的回应是可以被理解的也是务实的，但这也掩盖了另一真相：他们在积极地寻求人生的目的和意义（Astin，Astin，& Lindholm，2011)。

本章阐述了在学生体验中意义构建的重要性，并通过案例帮助学生事务专员合理开展工作。本章探讨的意义构建对于大多数学生来说是他们心灵旅程的一部分，也是他们发展有意识的目的的基础。学生事务专员可以用我们提供的教学法策略和工具来指导学生寻求人生的目的和意义。本章最后，我们讨论了导师和伦理指导对探索人生意义的作用。最重要的是，我们希望本章的内容能够为学生事务实践提供直接的和根本的支持。

15.1 有意义的人生，有目的的人生

2012年入学的学生对未来赚钱的潜力有着几近亢奋的重视，并把它作为读大学的动力和目的。维克托·弗兰科的著名告诫或许正中2012年入学学生的痛处，“现实是，当我们不再为生存而奋斗时，问题来了——我们活着是为了什么？越来越多的人拥有谋生的手段，但却没有生存的意义”（p. 77)。弗兰科（1963）在纳粹集中营噩梦般的生活为他打开了望向人类精神世界的一扇窗。对于多数大学生来说，他们还没有准备好进入这样的精神世界。正是这样的经历和观察，弗兰科理解了生存甚至欢乐是属于懂得感恩和善于沟通的人，而不是1869年查尔斯·达尔文研究得出的适者生存。另外一句经常被引用的关于谋生手段和人生意义的名言是尼采说的：“一个人知道自己为什么而活，怎么活都能忍受。”无论是弗兰科还是尼采的哲学思想都强调了探求人生意义远比追求物质财富和舒适生活更重要。与哲学思想完全相悖的是，大学新生的关注点是把学士学位当成谋生的手段，而没有重视学士学位对价值观和选择的意义。

对某些学生而言，忽视人生的意义会导致他们与无意义感长期纠缠，或者让他们感到自己做的事情对其他的人和事完全不重要（Nash & Murray，2010)。虽然短暂的无意义感是人们常有的经历（Yalom，1980，2002，2008)，但是持续的无意义感将导致抑郁和焦虑。以来自全国各种类型大学的76 000余名大学生为代表样本的全国大学健康评估结果显示，当今的大学生陷入了持续的无意义感之中（American College Health Association，2012)。在12个月的调查期间，大多数学生报告说他们出现了抑

郁和焦虑的症状，很多学生报告了更为严重的——或许形成了慢性病的——心理健康疾病。具体调查结果如下：

- 86% 的学生感到不堪重负。
- 82% 的学生感到筋疲力尽，但并不是因为体力活动。
- 62% 的学生感到非常伤心。
- 58% 的学生感到非常孤独。
- 52% 的学生感到超过可承受压力的平均水平，或承受巨大压力。
- 51% 的学生感到极度焦虑。
- 47% 的学生感到绝望。
- 38% 的学生感到无比愤怒。
- 32% 的学生感到情绪低落以至于难以正常学习和生活。

尽管大多数学生只是呈现抑郁和焦虑症状，只有 20% 的学生报告说他们曾被确诊，或正在接受药物或心理健康专业治疗。但是，当代学生只要有努力去理解“为什么而活”的可能性，学生事务专员就有足够的理由去开发教学法技能来帮助学生构建人生意义。

近期的研究表明，大学生的心理状态证实了他们内心深处渴望找到人生的意义和目的。奥斯汀等人（2011）发现，本科生在大三学年对人生意义的关注有明显的提升，他们会提出诸如意义、真实和心灵秘密的问题。数据显示，处于大学生涯中期的学生报告，他们提升寻求人生意义和目的的可能性高出他们汇报降低类似活动可能性的两倍。尽管大学生仍十分关注他们未来的经济状况或谋生手段，但他们不断提升个人能力，越来越渴望参与精神世界。他们不断探求“宏大的”哲理问题以及更伟大的人生目的。

15.1.1 意义和目的：一枚硬币的两面

尽管意义和目的经常被互换使用，但是我们知道这两个词虽然具有相关性，本质却不同。马利诺夫（1999）和纳什兰·莫里（2010）通过以下方式对这两个词进行了区分：目的与一个人的心理目标和行为目标有关，而意义则是一个人利用演绎、价值观和信仰去理解人、事和所处的境遇。与此观点相似的是，帕克斯（2000）把意义看作参与了“对连接感、方式感、秩序感和重要感的追求”（p. 14）。人生意义中的价值和正当的理由贡献给了正在追求的目的（Nash & Murray，2010）。或者用康德式术语表述，“离开了意义谈目的是空洞的，离开了目的谈意义也会失去方向”（Nash & Murray，2010，p. xx）。意义和目的是紧密联系的。究其根本，当我们在实现目的的过程中遇到困难时，意义可以给予我们支持。

此外，我们也赞同海德特（2006）对于目的和意义的区分。根据海德特的研究，有大写的目的存在于个人和日常生活之外，它的基础可能是自然、超自然或形而上学的。但我们的生活中也有小写的目的，让人生充满意义。目的帮助我们从外部审视我们的生活；意义帮助我们从内部审视我们的生活。海德特认为，当目的与意义一致时，幸福才更可能出现。

生活中的“关键问题”是理解目的和意义的区别和联系的另外一种方式。正如纳什和莫里（2010）以及奥斯汀等人（2011）所述，关键问题存在于现实的边缘，探索了现实和理想之间的未知空间。关键问题以强有力的方式出现在大学生活中，并贯穿整个人生。一些常见的关键问题如下：

- 我是谁？我会成为谁？
- 如有的话，我对什么感兴趣？
- 为什么无辜的人会受苦？
- 我对身边人的责任是什么？这些责任对于陌生人和关系亲密的人来说有什么不同？
- 为什么有的人生而有特权，有的人生而穷困？我属于哪一类人？
- 我和那些卓越的人是什么关系？
- 我害怕什么？
- 宗教信仰和信仰之间有什么联系？它们又和我有什么关系？
- 我的才能是什么？
- 我应该怎么定义成功？
- 我现在为什么在这里？我人生的目的是什么？
- 我该如何知道什么类型的职业更适合我？
- 为什么一段关系结束时我会如此受伤？
- 如果没有了信仰，我还能成为一个好人吗？
- 我对整顿这个世界的黑暗面的责任是什么？毕竟我只是一个人，尝试有用吗？

关于应该寻求什么样的职业的提问与目的有关，但是寻求特定职业的过程中所隐含的深层次原因和意义有关。学生开始回答以上一连串问题和其他相似的具有挑战性的问题有助于形成他们理解生活目标或目的的方式，也有助于他们为每个问题分配相关权重。问题的关键不是千篇一律地理解这些问题。相反，我们推荐学生拥有多次深入思考这些问题的机会，并在思考时结合他们对价值观、信仰以及人生目的的解读。

15.1.2 目的和意义的普遍性

近期关于大学生精神境界的研究（Astin et al.，2011）证实了一个我们长久以来深信不疑的现象：生活中的关键问题激发了人们跨越年龄、性别、种族、宗教和社会经济阶层展开对人生意义的追求。特别是，奥斯汀等人（2011）指出，尽管背景各不相同，但是来自236所四年制公立大学或宗教附属机构的112 000名学生呈现了明显相似的忧虑、希望，以及与自己、他人和卓越的人建立联系的渴望。换言之，生活中的关键问题是人类状态的一部分，而且所有学生，无论家庭背景还是所读专业，都在努力提出和回答这些问题。因此，学生事务专员必须准备好去帮助学生追寻人生的意义和目的。

15.2　意义构建与定义目的的教学法

意义构建的核心就是人生的关键问题。尽管这些问题可能在青少年后期和成年初期才首次出现，但会反复循环直到被解答或者回答问题的人走到生命的尽头（Baggini，2005；de la Chaumiere，2004；Nash & Murray，2010；Yalom，2008）。不幸的是，"一劳永逸""已经经历过了"这些词句并不适用于理解和回答人生关键问题的意义构建过程。而好消息是，无休无止的问题循环过程给予心灵及时的深度反思。在每一次的循环往复中，我们发展了对问题本身的认知，也熟悉了遇到问题、过滤问题的流程。

对大学生而言，人生的关键问题经常在他们本科生涯遭遇难以解决的问题时出现，如灾难性的家庭疾病、关系破裂、特性发展、失败、未来的不确定性、遭遇变故等。严重打击涉及——例如，民族或者宗教的冲突，自然灾害和战争——社区和国家面临的重大挑战同样会产生有关人生意义的重要问题。当这些全球的和个人的问题引发焦虑的同时，这些问题也是一个人理解自身特质和寻求自我生存于世的意义的基本要素（Kegan，1994；Magolda，2008）。学生事务专员独特的职业特点，使他们可以更好地帮助学生解决日常面临的挑战。

当大学生开始努力克服已经存在的、有助于赋予人生意义和塑造人生目的的问题时，他们需要被温柔以待。下文简要介绍的实用方法只是帮助学生构建人生意义的几种教学法工具和策略。没有一个工具能够适合所有学生或者解决所有危机。但是我们倡导教育者去开发和保持几种教学法进行开放的交流、引人入胜的反思和令人鼓舞的意义构建（Nash and Murray，2010）。

15.2.1　讲述充满力量的故事

我们每个人都隐藏了讲述自己某些真实人生故事的需求。如果我们准备好了的话，那么说出一个真相或者构建一种意义最好的方式是讲故事。从某种程度上说，一个人的故事总是个性化的和独特的，绝不会和其他人的故事重复。但是如果其他人能够在其构建人生意义的故事背景下听我们讲述真实的故事，那么他们更容易发现自己故事的必然结局。意义构建和寻找目的最好的方法之一就是讲故事。故事帮助我们把出现在我们生命中的独立的人和事联系起来。故事能在混乱中理出秩序。故事教育人、提升人和鼓舞人。正如彼特·布鲁克斯（1985）所说："我们作为人类的绝对定义是与我们讲述的关于我们的生活以及我们所处的世界的故事紧密相连。在我们的梦里，白日梦里，野心勃勃的幻想里，我们无法避免对生活的幻想强迫症。"（p.19）

我们最喜欢的，帮助学生建立人生目的的教学法是教他们写下他们的故事，而后从故事中提炼出个人的和一般的人生意义。我们称这种再探索/自我探索的方法为个人学术陈述（SPN）写作（Nash，2004；Nash & Bradley，2011；Nash & Viray，2013）。个人学术陈述写作如下所列：

- 讲述一个或多个好故事。
- 以一个清晰的观点、有条理的主题和/或连贯的论证为特色。
- 以“我”开头，向外拓展到“你们”和“他们”。作者独特和真诚的表达是关键。作者的观点仅仅和传递观点的表达一样强烈。以此类推，缺乏观点或个性化的表达有时候会被认为过分放纵或者过度忏悔。
- 用自己的故事来传递信息。
- 追求特殊性和普遍性、具象和抽象、实践和理论的完美结合。
- 以个性、清晰、可能犯错的、真诚的方式展示作者的表达，同时还需要谦逊和开放。
- 大方地引用其他作者的作品和想法。
- 表现出热情。个人学术陈述不是对某个主题独立、客观的考察，而是一个有思想的、第一人称的尝试，通过描绘作者的个人生活经历去表达一个观点或者总结一个教训。
- 从一个故事讲述者的视角，帮助其他人从不同的角度看待这个世界。
- 在编辑上和学术上注重细节。
- 承担个人风险。
- 写作时要充满信心。作者的故事和观点都有价值。

15.2.2 提哲学问题

作为大学教育者，我们亲眼见证了所有年龄段学生，无论是传统入学年龄的还是非传统入学年龄的学生的原始需求与信念、核心价值观和努力奋斗的目标都具有一致性。在地理政治、经济和环境具有不确定性的时代里，学生们需要强大背景的信念和理想支撑他们的生活。从更个性化的角度来说，当学生们的生活发生翻天覆地的变化时，当他们的工作变得乏味或者不令他们满意时，当他们因关系破裂和失败感而感到理想幻灭时，他们需要在焦虑混乱的生活中寻找意义。在大多数的大学校园中，学生几乎没有机会去发展背景强大的信念和理想。

大学的课堂内外几乎完全缺乏在年轻成人的发育周期中构建意义的场所（Nash & Murray，2010）。我们尽力不错过任何机会找出驻扎在学生内心的哲学家。哲学家是智慧的爱好者。有些哲学家会基于好奇心提问题，有些哲学家的思考很深入，还有一些哲学家需要对丰富的人生意义紧抓不放。我们相信，正如苏格拉底做的那样，也就是，作为教育者，我们的工作就是哲学上的“助产士”，帮助学生把心里的哲学家“生”出来。

以下是哲学导向和教学法问题的一些案例。当我们检查和分析特定背景、情境或经历时，我们会发现这些问题非常有帮助。

- 当你在努力构建属于自己的意义和目的感时，这对你意味着什么？
- 你的哪些个人特质被赋予到你独特的信仰体系中？
- 你为自己的人生和他人的人生构建了哪些意义？
- 你理解的个人和社会背景是什么？
- 不断发展的人生哲学、工作、人际关系和职业身份对你有哪些暗含的意义？

为了回答这类问题以及在教学和学生谈话中出现的其他问题，我们必须努力工作，帮助他们理解人生意义，顺利完成构建人生意义的航程。所有学生都有能力回答自己内心最深刻的问题，他们也许会询问他们生存于世的内在意义和外在目的。他们需要从教育工作者那里得到的是开放思维、关心、呵护、信任和不断鼓励。

15.2.3　创造刻意的沉默

沉默的概念似乎与学生们以及我们生活的后工业化和数字时代相矛盾。智能手机和平板电脑几乎是学生们形影不离的伙伴，学生用它们随时关注时事要闻、与朋友沟通、听音乐、玩游戏、录制讲座、开展科学研究、制作视频和做记录。忙碌的日常生活再加上电子噪声，难怪学生和我们注意力不集中，生活支离破碎。对于思绪烦乱的大脑来说，现代生活的静止和纷扰都是构建人生意义的毒药。幸运的是，沉默是一个健康和免费的解毒剂。

定期的沉默可以净化我们的心灵和情感空间，让我们重新思考，收获新观点。人生无意义地匆匆而过导致思想与行动分离，自己和他人，有时是和自己隔离。沉默带给我们的礼物就是给我们停止无意义生活的机会（Nash & Murray，2010）。正如皮科·伊娜（1993）观察的，“在沉默时，我们经常说可以听到自己在思考。但更准确地说，沉默时我们可以听到自己不思考，因此我们潜入比思考更深邃的灵魂深处”（p.74）。

沉默不仅是连接和重建的源泉，也是紧张和焦虑的来源。大多数学生几乎很难做到远离白日纷扰，与自己的思想独处。对有些学生来说，甚至不喜欢独处。对于不常独处的学生——甚至是内向的学生——沉默可能是可怕和讨厌的事情。沉默和所有心理和思想的习惯一样，在令人感到舒适和有作用之前需要实践。当学生事务专员有意把沉默作为意义构建的工具时，可以先帮助学生熟悉和感受沉默的益处，然后帮助他们开启自我探索沉默的旅程（Nash & Murray，2010）。

把沉默作为短暂的休息。学生事务专员可以通过两种比较有力的方式来使用沉默这个工具。第一个就是把沉默作为短暂逃离嘈杂的日常生活的一种方式。沉默的短暂停顿为我们提供了一种机会，让我们主动把扰乱我们思想和注意力的烦躁情绪放在一边，可以全身心地去面对自己和他人。沉默为我们提供了思考个人或集体目的的空间，让我们更有意愿参加那些特别的时刻。教育者们可以在任何时候倡议沉默，可以在聚会开始时、过程中或结束时，也可以将沉默作为课堂或会议的一个常规特色。当沉默成为一种规律，它会成为学生期盼和主动创造的一种受欢迎的缓解焦虑的方式。

把沉默作为一种过程。沉默的第二个强大作用是作为谈话或活动过程中特别安排的休息，目的是利用这个时间充分地思考想法、意见或感受（Nash & Murray，2010）。将沉默作为过程的策略在争议性辩论中，面对伦理困境时，或其他情绪波动较大的互动中特别有用。这些时刻充满了意义，但如果学生要收获意义，就需要有目的的关注。学生事务专员如能敏锐地听出藏在平静中的问题并恰当地提出沉默，那么他们就可以把握机会扭转沮丧的，甚至可能爆发的形势，变劣势为学生成长和增强理解的优势。沉默为学生们提供了迅速摆脱困境的机会，也让他们换位思考。在这样的时候，沉默营造了喘息的空间，让学生深入思考他们要怎么做。

15.2.4 引导诚实的反思

作为意义构建和定义目的的教学法工具，反思是显而易见的选择。为学生们创建空间，让他们反思自己的经历和学习过程，引导他们挖掘自己精心打造的、渴望世界看到的人物角色，并揭开隐藏在面具下的真我。真诚的反思会使学生们看到他们真正的想法、行动和感受，能够直面语言和行动的矛盾以及发现快乐和不满产生的缘由。反思还可以帮助学生们内化他们的所学和经历，深度发掘自我，书写自己的人生（Kegan，1994；Magolda，1998，2008）。尽管所有的反思都有助于意义构建的过程，但并不是所有的反思活动都是等效的。反思的质量也是从肤浅、粗略到富有洞察力和意义深远不等。评价的过程为学生提供了将所学和反应、感受联系在一起的机会。学生事务教育工作者可以请学生提供一个词、短语或句子以捕捉和总结他们的想法，并通过这个方式来结束会议或者项目。教育工作者可以问学生一系列的问题：

• 进展顺利吗？或，你学到了什么？

• 还有什么可以不一样？或，你还有什么问题？

• 如何将我们讨论的内容整合起来？或，怎样以不同的方法处理这个主题/方案/机会？

这些简短的评价帮助我们揭示学生内心的问题、顾虑以及引起共鸣的想法。

针对更深层次的反思，写作会是一个绝佳的工具。日记和反思笔记对于全力应对想法、事件和人际沟通非常有用。写作的过程展示出深藏的内心世界以及需要重点调整和产生矛盾的地方。反思性写作允许学生与那些难以接近或是因为太复杂而无法解读的想法、观点和感觉进行面对面的交流。因此，具有自我认知能力的学生利用写作提升自己辨识人生道路和构建人生意义的能力。反思性写作是一个信息量很大的过程，所以对一些学生来说并不简单。鼓励学生坚持写日记，记录在学习历程中反思的问题，并像司法制裁约束那样分配反思文稿。所有的这些为学生提供了逐渐适应深度反思过程的机会。

当我们经常反思时，任何类型的有目的的反思，无论是简短评价还是长篇写作，都能揭示我们思想和行为的模式。学生们记录的信息就像数据点，创建了词语的散点图，指出了发展的趋势。当建设性的趋势不断发展，学生们可以确信他们的生活有价值、有意义。同样地，明显具有破坏性的趋势也有助于学生做出不一样的选择和决定。诚实的和经常性的自我反思会使学生更深刻地认知自己。只有这样，学生才能在生活中感受到更大的力量（Kegan，1994；Magolda，1998，2008）。

15.2.5 进行道德谈话

意义构建和以目的为导向的会谈需要无限的耐心、亲和力、尊重、支持、鼓励和互惠。我们把谈论热点话题的方法称为“道德谈话”（Nash，Bradley，& Chickering，2008；Nash，Johnson，& Murray，2011）。简而言之，道德谈话基于一种假设：当在组织中感到安全和被支持的时候，多数人倾向于说出自己的真实想法（Bain，2004；Isaacs，1999；Yankelovich，1999）。当被肯定而不是被攻击时，他们很少会做出防御性的回应。他们会更仔细地聆听可供选择的观点，谈话也会更加热烈。

当我们与学生开展持续性的道德谈话时，有如下规定：

（1）我们的对话是没有界限的，从某种意义上说，什么都可以谈。我们没有预先禁止不能谈论特定的问题，也没有预先排斥那些特定的，或许一开始就带有政治不准确性或异端性的哲学、教育、政治或宗教立场。

（2）尽管所有观点都需要被剖析、质疑甚至批判，但是至少在开始的时候，它们有权利被尊重。而且，持有这些观点的人在任何时候都有权利被聆听、谈透彻，并应受到极度善良和宽容的对待。

（3）我们宣布所赞成的真相或者所反对的错误之前，需要先找到我们反对的真相和赞成的错误。

（4）我们要克服以他人为代价让自己看起来很好的持续诱惑。我们应该总是想着让他人更好。我们总要让其他人感到舒服，而不能以伤害他人为代价让自己快乐。我们不是为了赢得争论、阐明观点或者炫耀才华。

（5）我们要克服诱惑，不要成为我们喜爱的政治、宗教、哲学和教育的狂热者。遗憾的是，在思想和动机上热情越高，我们越可能去“宣扬、挤压和榨取”，特别是当我们谈论最喜欢的“动机”时。道德谈话是实用的。他们问这样一个问题：什么样的谈话方式最可能让我们成为动机上的盟友而不是背后的敌人？传播学的研究一次又一次地表明犯罪、控告、霸凌以及假定自己在道德的制高点上制造的是敌人，而不是朋友。我们面临的挑战是找到一种方式来传达我们的热情和承诺，并以这样的一种方式化敌为友，而不是化友为敌。我们相信道德谈话可以实现这个目标。

不管从表面上看我们有多不一样，道德谈话这个教学法对我们和参与谈话的学生的最好回馈之一就是发现我们所有人的共同点。睿智的罗马剧作家特伦斯一遍遍地提醒着我们，“我是人，人所固有的我都有”（Barsby，2001，p. 231）。在我们的生活中，有很多重叠的表述。在道德谈话中，当我们努力发现、扩展、加深这些重叠时，一个重要的信号就是我们开始与他人接触，甚至是建立联系，于是对我们而言，陌生人越来越少，朋友越来越多。

当道德谈话进行顺利时，会为我们所有人提供一个无论从个体的还是集体的、私人的还是专业的、哲学的还是政治的等方面一起创造意义的机会。我们在寻找意义和目的的过程中，在保持个体独特性的同时，要学习成为社群主义者。

15.3 为意义提供指导

从核心上来说，意义构建是一个深刻的私人旅程。尽管集体或共享的经历可以为学生的意义构建过程助力，但是分类、筛选以及反思、沉思的过程是高度个性化的。然而，意义构建的过程和达成新认识的过程并不一定是孤立的。正如本文所概述的教学法所建议的那样，有影响力的人可以塑造和指导学生人生意义构建的过程。本节致力于有目的地为意义构建提供指导，并讨论了“意义构建导师”的作用（Nash & Murray，2010）和相关伦理思考。

15.3.1 意义构建导师的作用

在帕克斯开创性地处理年轻的成人追寻人生的意义、目的和信仰的工作中，她支持学生在关键时刻寻求导师的指导。帕克斯观察到，意义构建的过程被急速的变化和接踵而至的不确定性所阻碍（p.9）。她警告说，太多的年轻人挣扎于复杂而难解的有关人生意义的问题中，但却缺乏导师和大学社区指导体系的支持。考虑到高等教育作为致力于反思和求知的文化机构这一特点，教育工作者拥有独特的机会和特殊的责任引领学生们度过他们形成和确定人生意义的阶段（Parks，2000）。帕克斯鼓励教育者再次通过有目的和有策略的指导关系分享他们的智慧。我们完全赞同这个观点。

学生构建人生意义的过程受益于外部的（但是相关的）导师，导师能以一种尊重学生自主性的方式提供反馈，并且能够在学生构建人生意义的过程中恰当地给予指导建议。意义构建导师善于倾听未被表达出的问题，欢迎思想探索，适时阻止学生过早地认为或者相信某一种人生方式。意义构建导师鼓励学生做纯粹的自己。法灵顿（2003）称这些导师为“心灵知己”。她写道：

> 导师了解我们的错误和困难——知道我们内心真正想玩什么“游戏”。但是他们用一种意义深远的方式理解和关怀我们。因此，我们愿意发自内心并毫无顾虑地相信他们。他们是满怀着同情、关爱和清晰的思维，用眼睛看和用心聆听的人。他们是当我们犹豫不决时帮助我们发现全新方向的人（pp. 119-120）。

在很多方面，学生事务专员与意义构建导师和心灵知己是一样的。但是，正如帕克斯（2000）所说，有目的的指导才有效。

15.3.2 意义构建的指导伦理

在开展任何形式的意义构建谈话之前，所有参与者能够认同一个管理整个会谈流程的，由一系列相互的权利和义务组成的伦理规范是十分关键的。安全的交流空间是鼓励学生敞开心扉畅谈自己过去和现在的经历以及分享自己的成功与失败的先决条件。正如在日常课堂环境中，学生做的不仅仅是出席和自我展示。也许第一次会谈是在大学教室或者校园办公空间，如果我们的基调正确而且环境极其安全，学生就会感到自由并愿意坦诚直率地展露自我。他们学得很快，在印象管理方面绝不浪费时间（Nash，2002；Nash & Murray，2010）。

当意义构建的对话是真实开展的时候，我们就进入了教育空间中的不合规则的伦理领域。因此，我们需要谨慎推进。正如本书第10章的作者们所指出的，学生幸福是最基本的道德义务。我们为会谈建立了一种可以直接与学生分享的伦理准则，是为了在谈论意义和目的时，帮助在他们之间，他们和我们之间建立相互尊重的关系。具体准则如下：

- 公平、无私、公正地对待每个人。
- 无论何时有疑问，要一直谨记“首先，不要伤害别人”的原则。
- 视团队中每个人为目标，而不是工具。
- 避免人身攻击、攻击女性和联合个人反对不受欢迎的观点。
- 尊重、不侵犯学生的隐私权。
- 保持自信。
- 不要把个人的信仰强加于人。
- 在你所做的事情中获得每个成员的赞同。
- 要理解不是每个人都准备做一个自愿的意义构建者，避免将自愿性强加给他人。
- 要清楚学生何时可能需要专业的治疗和咨询。

而且，我们要相信关于人生意义的谈话过程。除了要介绍开展人生意义的谈话的伦理规范，教育者必须在对话过程中温柔而坚定地保持谈话人始终在正轨上，谨慎行使会谈的领导权。与此同时，我们也必须做好必要时随时结束谈话的准备。我们要避免向学生施加超过他们舒适度的压力。我们也需要谨慎，不要对学生表述的内容做出明显的赞成或不赞成的表态。我们必须谨防会谈超出我们的能力范围，避免以教导的名义掩盖我们的说教。

15.4　结论

希望本章所述的关于大学校园中意义构建的教育方式可以让“插上电源”的一代学生停止或者暂停发推特、发微信、打电子游戏、看视频和发脸书。我们希望通过这样的方式让学生可以和校园里其他重要的人，面对面、直率和诚实地探讨深层次的难题和普遍的生活问题。作为意义构建的垫脚石，我们强烈要求高等教育提供资源、增进交流，并且介绍一系列传统和创新的教育法来鼓励批判性思维，并深刻反思个人和集体的人生意义。此外，我们希望更进一步，在学生毕业之前向他们提供一种举全大学之力的大四顶峰体验（也许可以提供学分）。这个顶峰体验可以帮助他们以正在探索的意义构建为基础，制定一个尝试性的人生规划。

当代大学生经常会问与现有的人生意义相关的问题。正如维克托·弗兰科所述，许多学生可能拥有“谋生的手段”，但他们正在找寻“人生的意义”。这些问题是永恒的，但可以反映出他们生活的年代。就像本章所强调的，这些问题是抽象与具体、普遍与特殊的有趣混合体。它们很好地展现了很多大学生心中的紧张和焦虑，他们渴望在理想与现实、宏观与微观意义中找到微妙的平衡。现在是需要我们帮助学生去找到这种微妙平衡的时候了。

我们几乎可以保证，在不久的将来，路径寻找、意义构建和目的识别将会成为所有大学生必经的大学体验。越来越多的学生正在主动地寻找和迎接意义构建的机会。有一点我们可以确定：如果有可信赖和负责任的导师陪伴，学生在意义构建和发展目的的旅程上会少走弯路。但问题是，当学生们努力地提出和回答人生的关键问题时，学生事务专员是否已经做好了为学生提供帮助和指导的准备。我们坚信，由于学生事务专员接受了跨学科的专业训练以及对学生发展有着深刻的理解，他们已经准备好成为学生构建人生意义的引路人和导师。

参考文献

American College Health Association.（2012，Spring）. Undergraduate students：Reference group executive summary. http：//www.acha-ncha.org/docs/ACHANCHA-II_UNDERGRAD_ReferenceGroup_ExecutiveSummary_Spring2012.pdf.July 2015.

Astin，A. W.，Astin，H. S.，and Lindholm，J. A.（2011）. *Cultivating the spirit：How college can enhance students' inner lives.* San Francisco，CA：Jossey-Bass.

Bain，K.（2004）. *What the best college teachers do.* Cambridge，MA：Harvard University Press.

Baggini，J. B.（2005）. *What's it all about? Philosophy and the meaning of life.* New York，NY：Oxford University Press.

Barsby，J.（Ed.）.（2001）. *Terence. The woman of Andros. The self-tormentor. The eunuch.*Cambridge，MA：Harvard University Press.

Brooks，P.（1985）. *Reading for the plot.* New York，NY：Random House.

Darwin，C.（1869）. *On the origin of species*（5th ed.）Oxford：Oxford University Press.de la Chaumiere，R.（2004）. *What's it all about? A guide to life's basic questions and answers.* Sonoma，CA：Wisdom House.

Farrington，D. K.（2003）. *Hearing with the heart：A gentle guide to discerning God's will for your life.* San Francisco，CA：Jossey-Bass.

Frankl，V.（1963）. *Man's search for meaning：An introduction to logotherapy.* New York，NY：Simon & Schuster.

Frankl，V.（1979）. *The unheard cry for meaning：Psychotherapy and humanism.* New York，NY：Touchstone.

Haidt，J.（2006）. *The happiness hypothesis：Finding modern truth in ancient wisdom.* New York，NY：

Basic Books.

Isaacs, W. (1999). *Dialogue and the art of thinking together*. New York, NY: Doubleday. Iyer, P. (1993). *Falling off the map: Some lonely places of the world.* New York, NY: Vintage.

Kegan, R. (1994). *In over our heads: The mental demands of modern life.* Cambridge, MA: Harvard University Press.

Magolda, M.B.B. (1998). Developing self-authorship in young adult life. *Journal of College Student Development*, 39 (2), 143–156.

Magolda, M.B.B. (2008). Three elements of self-authorship. *Journal of College Student Development*, 49 (4), 269–284.

Marinoff, L. (1999). *Plato not Prozac: Applying eternal wisdom to everyday problems.* New York, NY: HarperCollins.

Nash, R. J. (2002). *Spirituality, ethics, religion, and teaching: A professor' s journey.* New York, NY: Peter Lang.

Nash, R. J. (2004). *Liberating scholarly writing: The power of personal narrative.* New York, NY: Teachers College Press.

Nash, R. J., & Bradley, D. L. (2011). *Me-search and re-search: A guide for writing scholarly personal narrative manuscripts.* Charlotte, NC: Information Age.

Nash, R. J., Bradley, D. L., & Chickering, A. W. (2008). *How to talk about hot topics on campus: From polarization to moral conversation.* San Francisco, CA: Jossey-Bass.

Nash, R. J., Johnson, R. G. III, , & Murray, M.C. (2011). *Teaching college students communication strategies for effective social justice advocacy.* New York, NY: Peter Lang.

Nash, R. J., & Murray, M.C. (2010). *Helping college students find purpose: The campus guide to meaning-making*. San Francisco, CA: Jossey-Bass.

Nash, R. J., & Viray, S (2013). *Our stories matter. Liberating the voices of marginalized students through scholarly personal narrative writing.* New York, NY: Peter Lang.

Parks, S. D. (2000). *Big questions, worthy dreams: Mentoring young adults in their search for meaning, purpose, and faith.* San Francisco, CA: Jossey-Bass.

Pryor, J. H., Eagen, K., Blake, L. P., Hurtado, S., Berdan, J., & Case, M. H. (2012). *The American freshman: National norms for Fall 2012.* Los Angeles: University of California-Los Angeles, Higher Education Research Institute.

Yalom, I. D. (1980). *Existential psychotherapy.* New York, NY: Basic Books.

Yalom, I. D. (2002). *The gift of therapy: An open letter to a new generation of therapists and their patients.* New York, NY: Perennial.

Yalom, I. D. (2008). *Staring at the sun: Overcoming the terror of death.* San Francisco, CA: Jossey-Bass.

Yankelovich, D. (1999). *The magic of dialogue: Transforming conflict into cooperation.* New York, NY: Touchstone.

第16章 校际竞技体育和休闲体育

乔伊·加斯顿·盖尔斯　蒂芙尼·J.戴维斯
玛丽·霍华德·汉密尔顿

高等教育的目的是为学生提供全人教育的经历，这种经历有助于学生在步入社会后成为有责任感的公民从而为社会发展贡献积极力量。对学生健康生活方式的培养也是全人教育的一部分。根据美国疾病控制和预防中心的统计，积极参加体育活动和拥有健康生活方式的人享有更长的寿命，生活质量也更高。此外，保持健康的生活方式还能减轻人们的身心压力，从而减少疾病的发生（Wartell，2012）。本章主要阐述了校际竞技体育和休闲体育在大学生活中所起的作用。我们首先讨论了在大学校园开展校际竞技体育和休闲体育的益处，而后我们概述了校际竞技体育和休闲体育相关组织的项目和服务。最后，我们探讨了学生事务与校际竞技体育、休闲体育构建合作关系的可能性。

16.1　校际竞技体育和休闲体育的益处

高等教育中的体育竞技活动给学生带来很多益处。尽管目前高校体育运作模式不够完善，但美国设有学生运动员在晋级成为职业运动员前参加大学级别竞赛机会的体制，这在世界上绝无仅有。体育竞技有效地融入高等教育体系中，无论对个人还是社会均能产生积极作用。学生运动员不仅会因其非凡的体育竞技才能而获得奖励，同时也有望成长为有素养的公民。在理想状态下，即便未来他们不再选择竞技体育，学生运动员也可完成大学学业并成为有责任心、有素养的公民。除个人和社会受益外，校际竞技体育也以一种独特的方式将大学校园和社区紧密联结在一起。以每周六举办的橄榄球比赛为例，参赛大学的学生和附近社区的居民为了同一个目标聚集在一起——大学校园和附近社区有时会因一些事件出现分歧，所以在一周的任何一天里都难得一见这样目标一致的盛会。参与校际体育竞技的学生运动员从体育精神的学习中受益良多，包括如何看待胜负、开展团队合作和提高沟通技巧（Shor，Dunkle，& Jaworshi，2012）。此外，证据表明，由于参与大学体育活动的学生群体具有多样性特征，高校可以从中学习如何以更开放的姿态构建学生群体的多样性，以及在不同特点的学生中建立有效的人际沟通（Wolf-Wendel，Toma，& Morphew，2001）。有些学者担忧，与其他非运动员同辈相比，学生运动员从大学经历中的受益程度是有限的（Gayles & Hu，2009；Gayles，Rockenbach，& Davis，2012；Umbach，Palmer，Kuh & Hannah，2006）。尽管学生运动员的确存在学业成绩较低的问题（Bowen & Levin，2005；Shulman & Bowen，2001），但证据表明，学生运动员与非运动员同辈在大学参与度，认知和情感发展收获方面是不相上下的（Gayles & Hu，2009；Gayles et al.，2012；Umbach et al.，2006）。

校内休闲体育活动也给大学生带来很多益处。定期训练和运动有助于保持生活平衡和身体健康，这是增进幸福感和开展高效学习的前提（Shor et al.，2012）。幸福感不仅可以让学生远离疾病和伤痛的困扰，还有助于涵养思想、增强体质和净化心灵。人们日渐担忧不良的行为习惯对身体健康的影响，例如在同一个位置久坐而缺少运动

(Fakhouri, Hughes, Burt, et al., 2014; Strand, Egebergy, & Mozumdar, 2010)。在社会上，很多人因工作需要在电脑前久坐或长时间站立。在大学校园里，很多大学生在课堂学习或玩电脑游戏时也会久坐（Strand et al., 2010）。

大学时光是青少年探索和养成积极行为和态度的过渡期，这对他们在未来建立健康的生活方式有着深远的影响（Shor et al., 2012）。因此，把强身健体的体育活动融入大学校园文化有助于大学生在潜移默化中形成健康的生活方式。此外，学生在大学生活中养成强身健体的好习惯也会降低未来发生疾病的概率（National Center for Chronic Disease Prevention and Health Promotion, 2011）。

参加体育竞技比赛有助于涵养大学生的人格品质，如合作意识、体育精神、沟通能力、组织能力和领导力。这些终身的、可迁移的人格品质是大学生在未来工作和生活中获得成功的必要能力。从体育竞技中习得的能力能够被应用到学生未来的个人生活和职业发展中。此外，校内体育活动可以有效地转移学生多余的精力，使他们在学业上保持更高的专注力。定期锻炼还可以潜在地释放内啡肽，提升学生的精气神和幸福感（Centers for Disease Control, 2008）。

16.2 校际竞技体育和休闲体育概述

对于全美的大多数高校来说，校际竞技体育是校园文化重要的组成部分。校际竞技体育最早始于1852年耶鲁大学和哈佛大学联合举办的赛艇比赛（Rudolph, 1962）。在这场比赛中，学生自行组织赛程、制定比赛时间表和开展赛前训练（Ridpath & Abney, 2012）。很快，校际竞技体育由学生自发组织的活动发展为如今大多高校运行的大型商务事业。事实上，校际竞技体育已经从形式上变为高竞技性、商业化的事业，这一点在一级赛区中尤为突出。四年制大学和学院的体育竞技比赛通常由全国大学生体育协会（NCAA）或全国校际竞技体育协会（NAIA）负责组织。社区学院层面的体育竞技比赛由全国大专院校体育竞赛联盟负责组织（NJCAA）。NCAA是全美规模最大的校际体育管理机构，它下设的三个赛区拥有千余位高校会员。每个赛区进一步分为若干个运动员大会，高校会员同样隶属于运动员大会。历史上，NCAA下设的运动员大会曾经按区域划分（尽管由于经费和吸引力的原因有所变化），并且由于隶属于运动员大会的比赛队伍必须在常规赛季完成比赛，所以运动员大会曾经受制于赛季比赛时间表。运动员大会也会赞助冠军队伍，运动员大会赞助的冠军队伍的比赛结果直接决定了NCAA的全国总冠军。运动员大会和国家级别的组织也会颁发奖学金给那些学业成绩优异、体育技能突出的杰出运动员。NAIA始建于1937年，负责管理小型学院校际竞技体育项目。授予本科学位的四年制和二年制的高等教育机构都可以成为NAIA的会员。与NCAA相比，NAIA规模较小，仅仅拥有约300个高校会员。NAIA下设23个运动员大会，分布在2个赛区。在20世纪80年代和90年代，NAIA的125个高校成员在退会后加入到NCAA，NAIA面临解体（Pennington, 2007）。在那个时候，

NAIA主席吉姆·凯尔说他对NAIA的未来充满信心，并指出NAIA并无解体计划（Pennington，2007）。近日，吉姆·凯尔承认协会面临着持续的挑战，强调了在校际竞技体育中重塑协会品牌和在挑战中抓住发展机遇的重要性（Hawes，2013）。

NCAA会员高校的学生运动员可以在三个级别的赛区选择其一参加校际比赛：一级赛区、二级赛区和三级赛区。三个赛区的主要区别在于体育项目的数量和种类、体育场馆设施、参赛人员水平和是否授予运动员奖学金。一级赛区的竞技体育项目不但为男子和女子运动员提供了最好的竞技机会，也为像橄榄球和男子篮球这样的营利性比赛提供最大型的体育场馆。橄榄球一级赛区的会员高校大多为大型研究型大学。一级赛区和二级赛区提供运动员奖学金，而三级赛区不提供运动员奖学金。二级赛区和三级赛区的会员高校多为小型的文理学院。如今，校际竞技体育，特别是在NCAA一级赛区的会员高校中，面临着许多挑战。遗憾的是，这些挑战并不在本章探讨范围内。校际竞技体育面临的挑战大多来自对大学校园中举办的顶级体育赛事的管理和约束。大学层面对体育赛事的管控主要取决于会员高校在多大程度上执行协会制定的制度和规则（Ridpath & Abney，2012）。近年来，大学生运动员日益严峻的学术失信和其他不当行为引发了社会忧虑。例如，部分学生运动员出现学术失信和赌博丑闻，有些高校对学生运动员的不当行为缺乏管控，还有高校之间对于运动员福利和补贴的差异等，都使公众对校际竞技体育和整个高等教育丧失了信心。有些大学甚至正在考虑取消橄榄球赛事，因为这项比赛需要大量的资金投入。橄榄球比赛是有为高校赚取收益的潜力，也会吸引校友的支持和赞助。但是，橄榄球赛事也需要投入大量的人力、设备、场馆、旅行和餐饮费用。这些问题在一级赛区的会员高校中显得尤为突出，因为它们以电视合约和广告的方式实现高度的商业化并具备较高的曝光率。此外，对于那些充满野心想要提升比赛等级的小型体育赛事来说，同样需要思考这些问题。可以说，NCAA三级赛区和NAIA竞技体育项目因缺乏运动员奖学金、低曝光率和几乎零商业化运作成为最纯粹的校际业余体育联赛的代表。

16.2.1　校园休闲体育

大学生参加体育竞赛的传统已经深深地根植在大学校园的文化中。在殖民地时代，学生通过参加班级间的游戏和体育比赛舒缓严苛的学业压力（Rudolph，1962）。班级间的体育比赛逐渐成为校园生活的常态，继而形成了学生俱乐部和校际竞技体育赛事。学生因其组织和参加校内外的体育比赛而感到骄傲和自豪。但是，在殖民地时代，教师并不允许学生参加任何占用学习时间和精力的活动。后来，校长们逐渐发现竞技体育的价值，特别是竞技体育可以获得校友的支持和赞助。因此，大学管理者出于对学生负责和获取收益的目的，对竞技体育赛事采取了更为高效的支持和监管措施，而不是放任学生自行组织和参加体育比赛。校内体育比赛包括旗帜橄榄球赛、篮球赛、柔力球赛、足球赛和极限飞盘赛。学生可在全年自行组队参赛。大多数情况下，校内比赛都是本校的学生队伍参赛，而且参赛学生不会因此获得奖学金，观众也无须付费观赛。学生自行组队和开展训练，高校通过休闲体育管理部门为校内体育比赛提供支持。休闲体育管理部门负责制定比赛规则和赛事指导，为比赛配备裁判员和管理者，开放比赛场馆以及确定赛事日程。校内体育比赛也面临着一些挑战，包括对比赛强度、没有运动员风范的行为和像作弊这样的违反体育道德的行为的处理。尽管这些问题充满挑战，但也给予了学生成长和发展的机会。情绪管理就是学生在大学期间需要掌握的一项重要的社会心理技能（Chickering & Reisser，1993）。对学生来说，在保持优秀的体育风尚和个人品质的同时，学习正确地看待胜负也是非常有价值的生活技能。在大学期间，学生还可以通过加入俱乐部参与到各类体育赛事中。通常来说，这样的体育赛事是由本校的休闲体育管理部门负责协调，同时也受国家级别的协会监管。例如，全国校内休闲体育协会（NIRSA）负责主办俱乐部赛区的男子、女子篮球赛、橄榄球赛和网球赛。这些赛事的顶级比拼是获得全国冠军和全国校际俱乐部体育联盟联合会冠军。全国校际俱乐部体育联盟联合会负责监管篮球、橄榄球、田径、柔力球和垒球赛事。俱乐部体育团队为学生提供了与其他高校学生同台竞技的机会，但学生又无须像对待NCAA校际竞技体育赛事那样，投入大量的时间。

16.2.2 卫生与健康

休闲体育同卫生与健康项目的区别并不（或者至少应该不）明显。健身与休闲体育虽有不同，但两者的关系却十分密切。自从19世纪60年代卫生与健康课程首次出现后，健身就成为校园文化的一部分（Strand et al.，2010；Swinford，2002）。到了20世纪60年代，几乎所有四年制学院都提供健康课程并将其作为学生获取学位的必修课（Hensley，2000；Strand et al.，2010）。人们对于健康问题，特别是年轻人的健康问题的关注，也随着时间有所变化。美国大学健康学会（2007）对来自117所大学近94 000名学生开展了全国大学健康评估工作。评估结果确定了影响大学生健康的五大主要问题：（1）酒精、烟草和毒品；（2）性健康；（3）体重、营养和日常锻炼；（4）心理健康；（5）人身安全和暴力。聚焦于这些关键问题和其他问题的健康与健身计划为学生和教职员工提供了很多的项目和活动。至少，大多数的教育机构配置了卫生和健康项目所必需的健身设施。由此，学生和教职员工可以参加有氧健身课程和使用体重训练器材。健身设施还包括休闲步道和跑步、游泳、骑车专用道。其他类型的卫生与健康项目包括健康教育课程，开放健身馆，健身项目，以及运动、游泳和球拍类运动。大学管理者需确保这些健身设施的设置地点能够为校园内的学生提供最大化的使用便利。不同高校中负责卫生与健康计划的职能部门各不相同。在有些高校，卫生与健康项目隶属于卫生与健康教育及休闲体育管理部门。而在其他高校，这些项目是由健康中心、学生事务部门或者校医院共同负责。很多室内的卫生与健康项目是自负盈亏的辅助服务（见第25章关于辅助服务的讨论）。备受好评的卫生与健康项目有血压监测、人体成分检测和评估、敏捷度和灵活度测试、个性化训练、体重管理、营养和饮食服务及力量评估（Dinger，Watts，Waigandt，& Whittet，1992；Sivik，Butts，Moore，& Hyde，1992）。

在高校中开展卫生与健康项目往往会面临很多挑战，然而这些挑战也可以被视为促进学生成长和校园内各部门合作的机会。其中最常见的问题是，学生是否可以同教职员工使用相同的健身设施和参与相同的卫生与健康项目。事实上，高校为学生和教职工建立独立的设施又很浪费资金。此外，校园内有限的空间也降低了为师生建立独立设施的可能性。尽管一些卫生与健康项目仅限教职员工参加，但我们应该鼓励学生和教职员工一起参加锻炼。这是促进师生在课堂外互动的绝佳机会，有助于学生的健康发展（Astin，1993；Tinto，1993）。例如，学生若有机会同主管学生事务的副校长一起锻炼，这不仅是对学生的正向激励，也释放了一个信号，那就是健身对任何年龄的人来说都是至关重要的。事实上，很多高校制定了健康措施，鼓励教职员工和学生组建队伍，开展减重挑战赛、计步比赛、室内三项赛和其他的健身教育活动。此外，师生一起锻炼也为大学管理者、教职员工提供了给予学生课外指导和建立联系的机会。但是，高校需要向教职员工和学生明确比赛规则、着装规范和行为规范，杜绝师生间产生不愉快的体验。卫生与健康项目的普遍问题是校际竞技体育运动员应该在多大程度上享有独立设施，或者是否所有学生都应使用相同的设施。学生运动员是一个特殊的群体，特别是在一级赛区的会员高校更是如此。考虑到身体锻炼和体重训练受制于自身特点不能成为高级别的比赛项目，学生运动员拥有独立的设施、训练项目和设备也是合情合理的。

16.3 校际竞技体育、休闲体育与学生事务

在高等教育资源和资金匮乏的时期，校内各部门只有通过开展合作才能保持可持续发展。本书第12章讨论了学生事务和学术事务之间的合作，其中的一些合作原则也适用于休闲体育和竞技体育的合作。当有需要时，为学生提供服务的部门开展合作是非常有意义的。学生事务的目标和价值观所形成的职业使命感促使其同校内的各职能部门建立伙伴关系。学生事务领域由一系列职能区域组成，包括学生住宿、入学教育、学生活动、校园休闲娱乐、社团生活和跨文化事务。在规模较大的高校，学生事务的职能分解到多个部门。但是在规模较小的高校，一个办公室或者一个学生事务管理者就全权承担所有的学生事务职能。鉴于学生服务的范围较广，高校的高级管理者开始考虑裁减开支和避免设置重复的服务和项目。高校设置太多的职能区域会导致“各自为政”的困境。各办公室在提供项目和服务时不去考虑和了解其他职能区域的做法。重复服务是对资金和资源的巨大浪费。在各职能区域间建立合作对高校和学生都是有益处的。对学生的益处体现在原本不可能产生互动的学生群体可因此获得建立联系的机会，这是建立校园社区的绝佳方式。对高校的益处体现在可以节约开支。幸运的是，学生事务、休闲体育、卫生和健康及校际竞技体育之间存在着天然的联系，

因此非常易于开展合作。

16.3.1 校际竞技体育和学生事务的合作关系

在高校，特别是在大型高校开展校际竞技体育一直因学生运动员群体孤立于整个学生群体之外而饱受质疑。人们质疑学生运动员在多大程度上受益于大学体验，是否与他们的同辈获得的体验相似。人们还质疑学生运动员的目标和价值观在多大程度上与高等教育的目标和价值观保持一致（Bowen & Levin，2005；Clotfelter，2011；and Shulman & Bowen，2002）。

对于高校的管理者和教职员工来说，学生运动员首先是学生，取得学业成功是他们的首要任务。近年来，学生运动员学业支持服务主管的汇报机制发生了转变。他们需将学生运动员的学业情况汇报给主管学术事务的副教务长，而不是运动员主管（Gaston-Gayles，2003）。这样可以确保满足学生运动员的学业需求。运动员主管部门也不再是为学生运动员提供学业支持和关注他们学业问题的唯一责任部门。而且，当学业支持主管向副教务长汇报学生运动员的学业情况，特别是不令人愉快的情况，而不是向运动员主管汇报时，他们的工作压力较小。为了促进学生的学习和发展，各高校都开设辅助课程项目。休闲体育和校际竞技体育在这个过程中发挥着重要作用，并在很多领域与学生事务开展合作。例如，像兄弟会和姐妹会这样的学生社团或组织经常会参加校内体育赛事来提高团队凝聚力、归属感和向心力。而且，校内体育赛事不仅为学生提供了锻炼身体的渠道和减轻压力的健康出口，也有助于学生管理诸如愤怒和沮丧这样的不良情绪。学生社团和组织都有很多学生领导者，学生事务工作者应该鼓励这些学生领导者联合举办一些学生服务办公室和大学社区都能参与其中的各类体育活动。下文谈到的是休闲体育、校际竞技体育与学生事务在其他领域的非常有前景的合作。这也证明了虽然高校的规模、类型、赛区级别和汇报结构各不相同，但总有很多实现合作的方式。

住宿生活。建设和谐的大学社区是学生事务服务住宿生活的主要目标。与校际竞技体育和休闲体育开展合作有助于保持和发展这一目标。各宿舍楼的学生常常组建团队开展校内体育比赛，这些队伍的成员来自不同的专业、背景和社会群体。此外，宿舍楼间的友谊赛不仅可以提高大学社区的凝聚力和本宿舍楼的自豪感，也可以激励那些平时不引人注目或非传统类型的学生参与其中。只有互惠互利的合作关系才有可能走得更远。

此外，考虑到学生运动员的学习与发展，通过住宿生活将学生运动员融入一般的学生群体中不仅可以防止学生运动员处于孤立状态，也促进了学生运动员与教职员工、同辈之间的交流，进而扭转他们对学生运动员的负面认识。NCAA为住宿生活管理者提供了关于学生运动员住宿模式的指南，学生事务专员有责任确保学生运动员居住在包容的校园环境中。因此，学生事务专员需要与运动员教练、运动员支持办公室建立积极的合作关系来促进高效沟通，以及为那些力图理解学生运动员的复杂而独特生活的专业人员和辅助专业人员提供专业发展培训。

身份中心。学生事务专员不但不能忘记运动员只是学生运动员多重身份之一，而且必须探索学生运动员的多重身份对他们的大学体验产生影响的方式。戴维斯和库珀（2014）要求学生事务专员接受黑人男性学生运动员是多重身份综合体这一事实，特别是承认他们的种族、性别、社会文化背景、学术身份与运动员身份交织在一起会影响他们的发展与成功。文化中心的工作重点是处理有关性别、种族/民族和性取向的问题，多元文化办公室和跨文化事务有必要建立对所有学生，特别是学生运动员都具有确定性的校园环境。

学生志愿服务。NCAA的生活技能项目的核心任务是社区服务，它为志愿服务办公室和学习服务办公室创造了天然的合作空间。生活技能项目非常重视而且积极促成学生运动员为大学校园和社区服务的机会，并将此视为学生运动员难能可贵的重要经历。学生运动员和志愿服务办公室共享志愿服务的机会和反馈仅仅是丰富了他们的体验而已。学生运动员有机会接触到专业的职能领域并和志愿服务专业人士建立社区联系才是他们最大的收获。而志愿服务办公室的收获则是与一个特殊的学生群体共同开展工作。这样的合作也为职能领域提供了在校园内拓展工作触角的机会。此外，学生运动员因其备受瞩目的学生领导者地位，也能激励其他学生群体积极投身大学社区的志愿服务。

志愿服务办公室因势利导，充分利用学生在竞技体育和休闲体育方面的兴趣，为学生提供参与社区活动的机会。学生可以担任社区文娱活动联盟的教练，也可以担任锻炼孩子们的团队合作能力、领导力和纪律的课后体育项目的教练。此外，米歇尔·奥巴马曾发起备受瞩目的“让我们运动起来”（2010）的全民健身号召来对抗儿童肥胖症。学校和社区机构在这个健身号召的激励下开始制定综合和合作性的措施来推广健康的生活方式。积极参与竞技体育和休闲体育的大学生是孩子们的优秀榜样、志愿服务者和指导者。

学生行为办公室。作为学生事务专员，我们对塑造当代大学生的大学体验、大学参与和大学学习起着至关重要的作用。有些时候，学生在大学的学习和收获不仅仅来自课程和辅助课程，还来自他们对维护大学社区的价值观、期待和责任的行为负责。校园内频频发生的人际暴力、酗酒、吸毒、侮辱和霸凌事件引发了人们的担忧。不幸的是，拥有着著名运动员和良好学生社团体制的一级赛区高校反而不成比例地更多受困于这些问题。因此，休闲体育、竞技体育与学生行为办公室的合作可以明确宣告高校的标准和期待，确保遵循公平和伦理的流程处理校园内的违纪事件。特别是学生运动员的违纪事件会吸引媒体的高度关注，所以更应该谨慎处理。

处理学生冲突的方式和流程因高校类型、体育赛事类型（校际的、俱乐部的，或校内的）、赛区级别和事态严重程度而有所不同。在有些情况下，教练与学生事务职能领域的合作比较紧密。当校际竞技体育运动员感到不公平时，运动员主管常常出面解决问题。在其他情况下，竞技体育的赛区和主管部门在处理学生冲突时会尊重高校的规章制度和政策。在校内的和俱乐部的体育赛事中，向参与协调和组织这些赛事的学生持续清晰地传达和培训校内比赛和外出比赛的政策、流程和行为准则越来越重要。

卫生与健康项目。卫生与健康项目对大学生来说是十分必要的。它的有效实施取决于与校内其他职能领域的通力合作，因为它的主要功能是倡议和推广卫生与健康理念。例如，学生团体可以与健康办公室联合举办面向大学校园和附近社区的健康教育展。文化和身份中心也许对在不同的学生群体中提升健康意识、消除健康差异特别感兴趣。不同群体的健康差异体现在非洲裔美国人群体高发糖尿病和高血压，女性群体易发心脏病和癌症，还有男性和运动员群体日益增加的体重困扰等。卫生与健康项目致力于解决包括健康饮食、睡眠习惯和心理健康在内的很多问题，校内住宿为消极或积极地推广该项目提供了学生受众。为了达成卫生与健康项目的目标，很多高校普遍采用了朋辈教育的方式。朋辈教育不仅在大学社区发挥重要作用，也为参与其中的学生提供了提升领导力的机会。

16.4 结论

综上所述，校际竞技体育、休闲体育和健康教育都是校园文化的重要组成部分。它们在促进学生养成积极健康的生活习惯，以及培养学生学习与发展能力方面也起到了至关重要的作用。学生事务工作者只有充分了解这些部门的职责、功能和组织结构，才能增进和学生事务领域各职能办公室的合作。

参考文献

American College Health Association.（2007）. *American College Health Association—National College Health Assessment*（ACHA-NCHA）. http：//www.achancha.org/data_highlights.html.

Astin，A. W.（1993）. *What matters in college：Four critical years.* San Francisco，CA：Jossey-Bass.

Bowen，W. G.，& Levin，S. A.（2005）. *Reclaiming the game：College sports and educational values.* Princeton，NJ：Princeton University.

Chickering，A. W.，& Reisser，L.（1993）. *Education and identity*（2nd ed.）. San Francisco，CA：Jossey-Bass.

Centers for Disease Control.（2008）. *Physical activity and health：A report from the surgeon general.* Washington，DC：Author.

Clotfelter，C. T.（2011）. *Big time sports in American universities.* New York，NY：Cambridge University.

Davis，T. J.，& Cooper，J. N.（2014）. *Embracing intersectionality in Black male student athletes：A call for support.* Knowledge Communities Publication. Washington，DC：NASPA-Student Affairs Administrators in Higher Education.

Dinger，M. K.，Watts，P. R.，Waigandt，A.，& Whittet，C.（1992）. A nationwide survey of college wellness and university student wellness programs. *National Intramural Recreation Sports Association*

Journal, 16 (4), 44–48.

Fakhouri, T.H.I., Hughes, J. P., Burt, V. L., et al. (2014). *Physical activity in U.S. youth aged 12–15 years, 2012* (NCHS data brief, no. 141). Hyattsville, MD: National Center for Health Statistics.

Gaston-Gayles, J. L. (2003). Advising student athletes: An examination of academic support programs with high graduation rates. NACADA *Journal*, 23 (1 & 2), 50–57.

Gayles, J. G., & Hu, S. (2009). The influence of student engagement and sport participation on college outcomes among division I student athletes. *Journal of Higher Education*, 80 (3), 315–333.

Gayles, J. G., Rockenbach, A. B., & Davis, H. A. (2012). Civic responsibility and the student athlete: Validating a new conceptual model. *Journal of Higher Education*, 83 (4), 535–557.

Hawes, K. (2013, April 21). NAIA ready for opportunity: State of the association panel focuses on opportunities amid change. NAIA e-news. http://www.naia.org/ ViewArticle.dbml?ATCLID=207356860.

Hensley, L. D. (2000). Current status of basic instruction programs in physical education at American colleges and universities. *Journal of Physical Education, Recreation and Dance, 71* (9), 30–36.

National Center for Chronic Disease Prevention and Health Promotion. (2011, February 16). *Physical activity and health: The benefits of physical activity.* http://www.cdc.gov/physicalactivity/everyone/health/index.html.

Pennington, B. (2007, February 13). N.A.I.A.' s future looms large for division III. *New York Times.* http://www.nytimes.com/2007/02/13/sports/othersports/13naia.html.

Ridpath, B. D., & Abney, R. (2012). Governance of intercollegiate athletics and recreation. In G. S. McClellan, C.King, &D. L. Rockey (Eds.), *The handbook of college athletics and recreation administration* (pp. 127-152). San Francisco, CA: Jossey-Bass.

Rudolph, F. (1962). *The American college and university: A history.* New York, NY: Knopf.

Shor, D. A., Dunkle, J. H., & Jaworski, C. A. (2012). Health and wellness issues. In G.S. McClellan, C. King, & D. L. Rockey (Eds.), *The handbook of college athletics and recreation administration* (pp. 336-354). San Francisco, CA: Jossey-Bass.

Shulman, J. L., & Bowen, W. G. (2002). *The game of life: College sports and educational values. Princeton*, NJ: Princeton University.

Sivik, S. J., Butts, E. A., Moore, K., & Hyde, S. (1992). College and university wellness programs: An assessment of current trends. *National Association of Student Personnel Administrators Journal*, 29, 136–142.

Strand, B. N., Egeberg, J., & Mozumdar, A. (2010). The prevalence and characteristics of wellness programs and centers at two-year and four-year colleges and universities. *Recreation Sports Journal*, 34, 45–57.

Swinford, P. L. (2002). Advancing the health of students: A rationale for college health programs. *Journal of American College Health*, 50, 309–312.

Tinto, V. (1993). *Leaving college: Rethinking causes and cures of student attrition* (2nd ed.). Chicago, IL: University of Chicago Press.

Umbach, P. D., Palmer, M. M., Kuh, G. D., & Hannah, S. J. (2006). Intercollegiate athletes and effective educational practices: Winning combination or losing effort? *Research in Higher Education*, 47 (6), 709–733.

Wartell, M. A. (2012). A CEO' s perspective of athletics and recreation. In G. S.McClellan, C. King, & D. L. Rockey (Eds.), *The handbook of college athletics and recreation administration* (pp. 303-320).

San Francisco，CA：Jossey-Bass.
Wolf-Wendel，L.，Toma，J. D.，and Morphew，C. C.（2001）. “There’s no ‘I’ in team”：Lessons from athletics on community building. *Review of Higher Education*，24（4），369-396.

第17章 线上学生支持

安妮塔·克劳利　安迪·霍伊

线上学习为高等教育正在经历的转型做出了重大贡献。在仅仅十多年的时间里，线上学习就加速了高校教学与学习方式的积极改变。随着越来越多的学生享受线上学习的便利，为所有学生提供面对面服务越来越具有挑战性。因此，掌握线上学习支持服务的新方法是保障线上学生成功的关键条件。

学生事务专员正在运用创新技术支持线上学生并为高校顺利转型提供助力。增强学生体验的做法包括使用社交媒体建立线上学习者社区，通过游戏化增强学习者的参与度，还有如徽章奖励等以奖励为驱动的方法（Anderson & Rainie，2012）。虽然学生事务专员采用技术手段支持身在校园的学生，但是对于那些不愿意或不能到校的学生，他们仍需要做出更多努力。

本章论述了线上学习的发展、为支持线上学习者成功所提供的服务、学生事务在支持线上学习者方面的作用、跨部门合作的好处以及无缝衔接的线上学习环境的潜力。本章最后总结了高等教育机构采用的有助于提高学生保持、成功和完成学业的责任制和创新策略。

17.1　线上学习的发展

第十一届美国高等教育线上学习现状年度报告显示，全国710万大学生中，每人至少参与一门线上课程，相比上一年增长了6.1%，即有40万名新生加入到线上课程的学习中（Allen & Seaman，2013）。十多年来，高等教育机构寻求扩大教育准入的行为和学生要求更便捷地获取证书和学位的要求刺激了线上教育注册人数的增长。尽管高等教育机构仍会坚持增加线上教育注册人数，但是它们的额外压力也许来自那些在上大学前就已经有线上学习经历且对线上学习有更多需求的学生（Project Tomorrow，2013）。当越来越多的学生享有线上学习的选择权时，高等教育机构需要创新工作方法来支持学生的学业成功和个人成功。

17.2　谁在参加线上学习？

可以肯定的是，线上学习现在已经成为一种被大众广泛接受的获取学位和证书的方式。然而，线上注册人数最多的并不是从高中直接升入大学的新生或是在校生。加利福尼亚大学洛杉矶分校2013年度新生调查发现，只有较低比例的学生希望完全通过线上来完成一门课程（3.9%的新生来自私立大学，5.8%的新生来自四年制私立学院，6.7%的新生来自公立大学，8.0%的新生来自四年制公立学院，13.9%的新生来自历史上的黑人院校）。有趣的是，有25%的在高中时期经常使用线上教学材料的新生希望参加线上课程（Hurtado，Eagan & Stolzenberg，2014）。

2012年春季，1 500名学生参加了在全国范围内开展的一项年龄在18岁以上，最近参加、正在参加或计划参加全程线上本科或研究生学位项目的学生调查（Aslanian

& Clinefelter，2012）。该项调查为我们提供了在线学习者和计划在线学习者的概况。调查结果显示，参加线上课程的女性人数是男性的两倍，40%的在线学习者小于或等于29岁，40%的在线学习者从事兼职工作。令人惊讶的是，25%的本科线上学习者已经获得学士或更高学位，他们参加线上课程、认证或项目主要是为了获得晋升或加薪。接近75%的线上学习者想要获得学位。全日制/非全日制线上教育分类统计显示，60%的本科线上学习者和40%的研究生线上学习者参加了全日制教育。他们中超过80%的本科生已经获得了大学学分（Aslanian & Clinefelter，2012）。

线上学生居住地距离校园的远近是否决定了他们会不会主动去学校寻求帮助？在阿斯拉尼安和克林尼福特的研究中，80%的学生居住在距离校园或学习中心100英里（1英里≈1 609米）以内的地方，其中超过半数的学生居住在距离校园50英里以内的地方（Aslanian & Clinefelter，2012）。该项研究还显示，线上学生认为线上学习最大的优势是能够随时随地学习和居家学习。而线上学习排名前三的缺点则是教师和学生之间缺乏直接接触和互动，教师和学生之间的沟通与交流不连贯且效果不好，学生的学习动机不足、容易开小差、注意力不集中。调查结果强调了帮助线上学生找到在高等教育机构中归属感的重要性。

参与该项调查的学生提出的最重要的学生服务包含以下内容：

- 在线图书馆和研究（74%）
- 24小时/7天技术支持（67%）
- 学术咨询（58%）
- 就业（50%）
- 就业指导与规划（49%）
- 学生支持与辅导（49%）
- 写作支持与辅导（43%）
- 数学支持与辅导（41%）

当高等教育机构设计和发展线上学生服务时，可以参考以上调查报告中线上学习者的信息，以及他们提出的有助于学业成功的重要服务项目。

17.3　线上学生服务的范围

要想在线上教育环境中取得成功，线上学生除了需要传统教育方式的服务外，还需要一些特别的支持。在很多情况下，服务内容是相同的，只是提供服务的方式不同。虽然以学生为中心的线上服务不需要遵循任何高等教育机构特定的组织结构，但为了提升无缝衔接的线上学习体验，高等教育机构应该根据学生的需求制订服务计划（Shea，2007）。

本章将线上学生服务分为四类：注册服务、技术服务、学术服务和个性化服务。注册服务包括学业咨询和教育规划、录取和记录、申请、评估和分级考试、书店、大学目录、课程注册、财政资助、线上学习介绍、课时安排、成绩单要求、成绩评估和费用支付等。在注册线上课程之前，学生可能需要部分或全部的以上服务。学生在参加线上课程学习之前或者在学习期间需要掌握基本的计算机操作技能、下载插件的方法、硬件和软件的使用方法、获取用户服务部门支持的方法、学习管理系统（LMS）的使用方法和获取技术支持的方法。在学习期间，学生还需要学术服务和个性化服务。学术服务包括课业辅导和额外的教学支持（如学习技能、时间管理、组织技能）、图书馆和科研服务、学习前评估、考前监督、课业辅导、写作和数学支持。个性化服务包括就业服务、残障学生支持服务、财务规划、卫生与健康、心理咨询以及针对特定学生群体需求的服务（如退伍学生，有色人种学生，第一代移民学生，低技能和低收入的学生）。此外，线上学生可能也想参加线上学生活动。

以上的分类和时间表可以作为帮助读者掌握线上学生服务范围的结构框架。当然，一劳永逸的服务方式是不存在的。线上服务的优势之一是学生能够在他们最受益的时间点获取服务。实时服务对线上学生，特别是对那些世界各地昼夜不停参加线上课程的学生来说，是非常高效的。下面详细介绍和例证了四类线上服务的优秀做法。

17.3.1 注册服务

注册服务包括学生从线上教育申请到入学所需的信息、资源和服务。很多注册服务项目是与学生信息系统绑定的，是学生最先接受的线上服务（Shea，2005）。来自104所高等教育机构的线上学生报告说，线上注册的便利性与质量、费用清单与支付、财政补助、弹性学习制度是他们最关注的问题，甚至会影响他们参与项目学习的决策（Noel-Levitz，2013）。一旦学生注册成功，高等教育机构就必须做好足够的准备，帮助学生取得学业成功（Ali & Leeds，2009）。然而，只有22%的高等教育机构响应了西部州际高等教育委员会（WICHE）线上教育管理调查所要求的线上新生入学教育（WICHE，2013b）。

里奇兰社区学院（RCC）为线上新生提供的入学教育证明了线上新生需要综合的入学教育项目（Jones，2013）。2009年，RCC开始强制要求所有首次参加线上课程或线上线下混合课程的学生参加入学教育。为了提升入学教育质量，RCC收集了参与线上教育的教师、行政人员和学生的反馈建议。此外，RCC从咨询台收集数据，检查了线上学生的保持率并查阅了有助于学生成功的线上课程内容的文献资料。学生在完成线上注册后的一个小时内就可以通过线上管理系统参与自定进度的入学教育。入学教育的每个模块都是以互动的学习活动作为结尾，学生必须完成该项互动活动才能进入到下一个教育模块。学生的累计测试得分必须在80分及以上，才能参与线上课程学习。RRC线上入学教育的学生评估显示，当学生处于以下情况时，他们感到自信或非常自信：

- 懂得如何为线上课程恰当地设置计算机（90%）
- 知道怎样才能成为成功的线上学习者（87%）

• 有能力浏览和使用LMS（学习管理系统）（93%）

在强制实施入学教育之前，RRC的学生保持率为71%。入学教育实施一年后，学生保持率增加到79.5%，在随后的三年里分别为80%、82%、84%。教师报告说学生的学习准备更加充分了。咨询台报告说在新学期的前两周接收到的咨询问题明显减少了（Jones，2013）。RCC的经验表明，高等教育机构为首次参加线上课程的新生提供入学教育或是强制要求学生参加入学教育是非常重要的。

17.3.2 技术服务

线上学生的成功取决于优质的技术资源和技术支持。学生不仅需要掌握学习管理系统的使用方法，还需要具备基本的计算机技能，例如文档编辑和文件管理。他们需要一台符合线上学习要求的计算机或其他电子设备，还需要获取线上课程所需的软件（Muilenburg & Berge，2005）。学生在注册线上课程时可能会遇到技术难题。为学生提供全天候的技术支持和资源也许是解决学生需求的理想方案，但是仅有30%的高等教育机构能够做到这一点（WICHE，2013b）。虽然高等教育机构难以负担24小时实时技术支持的成本，但它们可以通过提供常见问题的典型解决方案和创建多媒体指导课程的方式，在非工作时间为学生提供支持和帮助。

学生事务专员有时会让IT（信息技术）和远程学习办公室负责技术支持工作。莱斯利·达雷和凯尔·约翰逊（2012）呼吁设置学生事务技术人员岗位，使学生事务在战略规划、项目管理、技术评估、数据管理和技术教育方面处于领导地位。北卡罗来纳州立大学将学生事务工作者代表纳入领导团队的合作发展框架就是典型的范例。北卡罗来纳州立大学学术技术附属委员会的成员来自信息技术部门、远程学习部门、图书馆、各学院、教师发展部门、学生事务部门、教授代表会议和学生群体（Dare & Johnson，2012）。

17.3.3 学术服务

学术支持服务对于线上学生的成功是至关重要的。线上学生需要通过网络服务充分获取学术支持。79%的高等教育机构提供线上咨询，但只有59%的高等教育机构提供线上辅导（WICHE，2013b）。学术咨询是线上学生最需要的服务（Noel-Levitz，2009）。全国线上咨询师是亚利桑那州立大学的一个在线服务项目。它通过特定程序帮助学生理解学术项目要求和监管学生的学习进度（Phillips，2013）。当学生的学习进程偏离轨道时，线上咨询师还会对学生、教师和工作人员予以警示。全国线上咨询师的学位进展报告、学业情况更新、已获学分情况和任务列表为在线和在校学生提供了个性化的服务信息。在全面实施全国线上咨询师项目后的第一个五年，亚利桑那州立大学大一升入大二的学生保持率提高了8%，毕业率提高了10%。咨询人员通过这种在线的、个性化的服务为学生提供了更全面的支持。由于大部分行政工作都是自动地分析和提供学生的学业发展信息，所以咨询人员在鼓励学生积极参加线上课程时，可以重点关注阻碍学生学业发展的社会心理因素（Phillips，2013）。

17.3.4 个性化服务

高等教育机构致力于与线上学生建立联系以满足他们的个性化需求。学生事务专员清楚地认识到有效的个性化服务确实能够促进学生的学业成功。高等教育机构在开展个性化服务时面临的挑战是需要开发一种用“高科技”来提供“高接触”的服务，同时还需遵守该行业的保密原则和其他伦理要求。国家注册心理咨询师委员会（NBCC）、资格认证与教育中心已经和ReadyMinds开展合作，共同培养职业心理健康咨询师以提供全面的在线服务（Malone，Miller，& Walz，2009）。NBCC的道德准则将电话、电子邮件、聊天、视频会议和社交网络认定为提供专业服务的方式。为了指导远程服务专家更好地完成工作，NBCC设定了20个工作标准（NBCC，2012）。全国大学与雇主协会（NACE）的高等教育机构就业服务调查发现，98%的就业中心设有专门的网站并支持在线上发布职位信息，64%的就业中心提供线上咨询服务。这意味着大约有586所高等教育机构为学生提供线上就业咨询（NACE，2013）。高等教育机构可以整合线上就业咨询服务和强大的就业服务网站为学生提供最佳的线上就业支持。

明尼苏达州的世纪学院创建了GPS人生规划项目，旨在帮助学生做好未来规划（Century College，2008）。该项目不仅获得了明尼苏达州立大学和学院的支持，也被其他州的一些高等教育机构所采用。这个基于网站的工具由三部分组成：人生规划模块（职业、教育、财务、领导力和个人）、电子档案模块和校园活动链接模块。每个模块都有视频介绍。模块内包含信息、备忘录以及线上和校园内讨论会和研讨会的链接。这个具备综合性特点的线上工具是联结线上学生和在校生支持服务的重要载体。

线上学生的需求与其他学生的需求是相似的。他们为数不多的特殊需求都是和做好线上学习的准备有关。学生需要了解在线上学习环境中取得学业成功的必要技术，掌握线上学习要领并达到教师要求。因此，线上学生比传统教育模式下学生需要具备更多的自律性、主动性和责任感。有些学生几乎不需要额外的支持和服务，而另外一些学生则需要大量的支持。

17.4 线上学生服务：仍需改进

新近引入线上教育的高等教育机构通常侧重于技术决策、线上课程开发和线上授课教师培训。因此，它们通常延后考虑为学生提供在线支持服务。技术指导委员会（ITC）的年度调查（2013）结果证实，远程教育项目的管理者清楚地知道，为线上学生提供服务与为在校学生提供服务是同等重要的。这些管理者连续两年指出，为线上学生提供充分的服务是他们面临的头号挑战（Mullins，2013）。尽管为线上学生提供同等服务的挑战是有依据的，但应对挑战的解决办法却无迹可寻。虽然每个高校，有时是高校联盟正在努力解决一部分问题，但依然难以找到全面的解决办法。也许将线上学生服务完全纳入教育管理平台的加利福尼亚社区学院线上教育计划可为各高校提供一个参考范例。该计划的目标是建立一个线上学生可以直接从线上课程平台进入到支持与服务体系的生态系统（Raths，2014）。

17.5 学生事务角色

多年来，学生事务专员已经使用了学生信息系统、教育规划工具、线上大学申请和注册系统。美国学生人事管理者协会（NASPA）的学生事务技术使用情况调查的结果也证实了学生事务专员正在积极地应用技术（NASPA，2013）。从专业角度说，受访者使用社交媒体平台（Facebook，71%；Twitter，63%；YouTube，49%），微软办公系统（99%），如PowerPoint或Prezi这样的演示软件（86%）和云驱动器，来存储文档和信息（58%），几乎所有的受访者都认为Facebook（95%）和Twitter（93%）对吸引学生参加线上课程很重要（NASPA，2013）。

学生事务专员需要加大对线上学生的支持。由大学专家、继续教育和线上教育联盟（UPCEA）、NASPA和InsideTrack联合开展的研究提出了一些新见解（Fong，2014）。来自UPCEA和NASPA的学生事务和继续教育的领导人于2013年秋季接受了该项研究的调查访谈。对于UPCEA的受访者来说，20%的受访者和46%的受访者分别认为线上成人学生使用线上服务有显著增长和有所增长。而NASPA的受访者中，只有1%的受访者认为有显著增长，23%的受访者认为有所增长。为了满足日益增长的在线服务需求，UPCEA和NASPA的会员高校分别增加了50%和14%的新员工。超过60%的UPCEA受访者使用了新技术并添加新的工作流程（而在NASPA的受访者中，只有39%的受访者采用了新技术而24%的受访者添加了新的工作流程）来更有效地管理不断增长的线上服务需求。以上结果显示了高等教育机构在服务成人学生、传统类型的学生和线上学生方面的区别。有服务成人学生经验的高等教育机构比那些仅为从高中直接升入大学的学生提供服务的机构，在服务线上学生方面更加得心应手（Fong，2014）。

随着线上学习注册人数的增加，高等教育机构希望在创建动态的远程服务的同时，保持学生服务方面重要的人际交流。例如，有效的线上咨询明显比仅仅给学生发送一个学位审核工具的链接更复杂。因为咨询人员知道学生有大量的学术咨询需求，因此他们需要考虑三种类型的学生。第一类，是对多媒体互动学术咨询辅导感到满意，但是需要向他们解读学位审核要求的学生。这些学生学习动力足，对技术有悟性，相信自己的教育决策而且更喜欢自我服务。第二类，是正在选择专业、计划改变专业或有其他复杂问题的学生。这类学生可能会从线上教育工具中获益，但他们需要更多的服务，包括与咨询人员交流、自我服务与专业支持相结合。第三类，是需要强化专业帮助的学生。这类学生可能不会获取网站信息。而且，如果他们不能来到学校，高等教育机构需要通过线上会议为其提供专门服务。对于这类学生，学生事务专员可以使用电话、Skype或视频会议工具（例如，Blackboard Collaborate）来提供全面的线上服务。视频会议工具最接近于面对面会议，并且可以被用来提供个人预约、无预约办公、小组会议、研讨会和讨论会。高等教育机构一直在担心学生是否会接受视频会议的支持方式。但在一项关于本科生使用信息技术的研究中，40%的受访者表示他们愿意用音频/视频进行沟通（Educause，2013）。

为了提供有效的远程服务，学生事务专员可能会考虑其他替代方式。当学生和学生事务专员不在同一个房间或者无法同时参与服务过程时，他们之间的交流将非常困难。非语言线索、肢体语言和语音语调的优势荡然无存。然而，学生事务专员可以使用多种方法来表达关心，以及和学生建立有意义的面对面或线上交流关系。

对学生来说，在线教育环境越个性化，他们越有可能参与到课程中并以校友的身份和高等教育机构保持持续的联系。学生事务专员可以通过电子邮件、网站或线上课程来传递他们对学生的关爱（Betts，2009）。他们还可以通过创建欢迎视频和多媒体辅导来建立友好的线上形象。学生事务专员也可通过视频会议工具与远程学生建立个性化的沟通。

高等教育机构可以通过回答以下问题来思考最佳的解决方案。学生事务专员应如何识别哪些学生需要或想要更多的互动在线支持服务？哪些方法可以使线上学生服务更具个性化从而更接近人与人之间真实的互动？如何让学生随时随地更加便利地享受这些服务？

17.6 有效的合作

为了落实服务于在线学习者的创新举措，高等教育机构需要促进学生事务与学术事务、信息技术以及其他部门的合作。有效的合作需要各部门为同一目标共同努力并能及时达成既定的目标。这样有助于增强使命，促进沟通，建立信任和培养一个运行良好的组织。对个人而言，有效的合作可以提升士气和工作效能，培养技能，以及拓宽个人的专业网络。

然而，高等教育机构可能在开展有效合作时遇到阻碍，如有限的资源和时间、目的和个人角色的不明确、成效不明显、缺乏高级的领导团队、合作范围太窄或太宽，以及缺乏相互信任（Kezar & Elrod，2012）。当学生事务和学术事务专业人员开始合作时，他们可能缺乏相互理解和尊重并且对哪个部门“拥有”学生学习和完成学业的责任没有清晰的理解（Schroeder，1999）。如果这些问题得不到解决，那么合作的效率就会降低，创新举措也无法实施。

高等教育机构非常重视通过有效的合作为线上学生创造无缝衔接的学习环境。行政人员和教师在创建有效合作中都应发挥重要作用。学生事务和其他部门的成员会面并了解他们的工作有助于培养有效合作的氛围，获得掌握政策信息的领导团队的支持，明确阻碍合作的因素以及对团队内成员开展合作教育。成功的合作可以优化无缝衔接的学习环境，从而更好地服务线上学生的需求。

17.7　无缝衔接的线上学习环境

高等教育机构有时将其组织结构复制到线上教育环境中，导致线上学生感觉学习体验不连贯。高等教育机构真正的想法是营造一个将学生事务专员有机且整体地融入设计、开发和实施过程的线上教育环境。例如，学生事务专员可以与教师合作推出融入学术课程的辅导课程作为对线上学生的补充指导。教师和学生事务专员可以共同创建一个学习环境，在这个环境中，学生通过与同学、教师、学生事务专员或其他工作人员的互动实现学业和个人发展。这种以社区为中心的环境能促进学生收获学习成果和实现个人成长。

高等教育机构认识到线上学生的需求具有多样化特征。在无缝衔接的线上学习环境中，高等教育机构可以调整服务方法来为每位学生直接提供个性化的支持。传统的学生支持服务通常要求学生自行到各个办公室获取帮助。而在无缝衔接的线上学习环境中，高等教育机构可以根据每个学生的需求制订个性化的支持服务方案并作为与某一主题相关的补充材料嵌入到课程中。个性化的支持有助于学生深度参与学习过程。

高等教育机构希望将线上支持与服务从一系列学生服务中剥离出来。剥离意味着高等教育机构从每项服务内容中移出一部分内容，这部分服务内容可以应用在不同的情境中而且有的放矢地服务学生的个性化需求。例如，学业导师的职责可以通过切割其行政职责和咨询职责予以剥离。这样一来，当学业导师使用技术手段自动监测学生学业进程的时候，他们可以有更多的时间和学生在一起。

但是，高等教育机构很难创建这样的学习环境和剥离服务内容。开始的时候，学生事务专员可能会识别出显而易见可以通过线上回答的具体服务信息。这类信息很有可能已经列在学生事务办公室的网站上。学生服务规划人员可能会问，技术能否支持学生完成线上支付流程。越来越多的回答是肯定的。线上大学申请、财政援助申请、注册、费用支付都很普遍。但是经常被忽视的要点是，学生支持服务从传统上就离不开人与人之间的交流。成功的高等教育机构不断探索“高接触”人际交往元素与线上学生支持服务有机结合的方式。

17.8　服务方式

高等教育机构为线上学生提供三种可供选择的服务方式：自助支持服务、混合支持服务和线上课程整合服务。每种服务方式都为高等教育机构提供了开发个性化在线服务的机会。

17.8.1 自助支持服务

尽管学生可以在任何时间、任何地点开展线上学习，但许多支持服务不可能是全天候的（WICHE，2013b）。大多数学生希望在电脑或者移动设备上学习时，他们能够及时获取所需的帮助。来自全世界各个时区的线上学生会在他们繁忙的日程中寻找合适的学习时间。这些时间经常处于美国高校的非办公时间。

从线上教育伊始，像NASPA和美国大学人事协会（ACPA）这样的区域认证委员会和组织就一直在呼吁，线上学生需要得到和所有其他学生群体类似的支持服务（Crawley，2012）。仅在校园内实现对线上学生的支持服务是不对等的。《学生事务的未来展望》中的一条指导原则指出，为了有效地支持不断增多的线上学生群体，学生事务专员需要超越传统的时间框架来创新工作方法（NASPA，2010）。

由于有的线上学生无法或不愿来学校，高等教育机构可能需要为此开发新的服务方式。学生可以随时访问学校网站获取信息。另外一种全天候的服务方法是开发动态多媒体辅导。如果高等教育机构把学生所需的支持辅导投放在公共网站、学生端口或学习管理系统上，学生就可以在需要的时候及时准确地获取相关信息。

纯粹的线上教育机构已经开展这样的服务很多年了。卡佩拉大学的iGuide为学生提供了综合性的系列服务视频。视频内容包括：支持服务、技术支持、财政援助资源、咨询、就业中心、残障学生服务、军人支持、学术辅导、辅导课程、免费研讨会和常见问题解答。所有内容都有精心设计和易于参与的辅导教程。在多数情况下，学生可以使用这些辅导教程开展自我评估，从而确定他们是否已经学会了这些内容。有一些辅导课程在每个章节的每个页面中都可以看到。例如，iGuide（虚拟校园）和Capela Mobile的视频浏览在技术部分的所有页面都有显示。iGuide的大多数页面都为学生提供了人工服务的联系方式（Chow & Chmura，2010）。

17.8.2 混合支持服务

并非所有的学生都能完全通过在线自助服务解决问题。一些学生在获取自助服务后还希望能与专业人员进行直接沟通。为了增加线上学生服务的范围，高等教育机构鼓励学生首先使用自助服务，但也为学生提供与专业人员线上沟通的选项。或者，如果可能的话，让学生来到校园解决问题。

高等教育机构希望采用混合方式来为学生提供服务。具体做法包括：

- 最大限度地提高学生和专业人员的工作效率和成效。
- 只为那些有需求的学生提供强化服务。
- 有些服务可以24小时不间断。
- 增强学生的自主性和独立性。
- 专业人员负责为需求最复杂的学生提供服务。

17.8.3　线上课程整合服务

高等教育机构将支持服务信息和补充材料纳入线上课程是另一个可行的服务方式。线上学生可以享受无缝衔接的学习环境。当学生需要服务时，嵌入和分类后的内容会自动出现。线上课程可能包括与特定课程内容相关的学术或职业咨询模块。在线上学习管理系统的欢迎页面设置学术支持、个人辅导和图书馆的链接。

高等机构将提供支持和服务的专业人员纳入线上课程的做法成功地吸引了学生参与课程并促进了学生学习、发展和成功。有些高等教育机构已经将学术顾问、成功教练、导师和/或图书馆管理员纳入线上课程体系。例如，瓦尔登大学在定量研究课程中已经实施了朋辈辅导项目。拥有杰出统计和分析能力的研究生在线上课堂里提供一对一指导。而其他的指导老师则负责小组辅导课和为学生提供线上研讨会作为补充指导。瓦尔登大学发现，一般情况下，同时拥有嵌入式朋辈导师和小组指导的课程与其他课程相比，学生的成绩、满意度和保持率更高（Online Writing Center，2014）。那些为线上学生提供及时支持的高等教育机构拓展了无缝衔接的线上学习环境概念的外延。

17.9　成功与保持

远程的支持服务对于线上学生的成功和保持至关重要。2012年度云端运算专刊核心数据服务报告显示，有65%的受访机构为远程教育提供特殊支持服务（Educause，2012）。然而，线上学生保持率却低于在校园接受教育的学生保持率。技术指导委员会的调查报告显示，线上课程和面对面课程在学生保持率方面的差距相比去年已经在缩小。45%的受访机构表示，它们已经实现了几乎相等的学生保持率。但是仅有4%的受访机构的线上学生保持率更高，仍有50%的受访机构的线上学生保持率低于面对面课程的学生保持率（Mullins，2013）。尽管高等教育机构在过去几年做出了很多改进，但仍有半数的受访机构存在线上学生保持率较低的问题。因此，负责线上学生支持的专业人员还有很多的工作要做。

有些高等教育机构只在学生出现课程不及格情况时才想方设法提高保持率。高等教育机构需要考虑使用早期预警系统来识别处于危险中的学生以防他们落后太多。有些高等教育机构使用分析工具来识别在线教室中学生的行为模式。当学生符合预定的条件时，系统将会自动为教师、支持人员和学生发送状态通知。这些通知通常包括补救方法。例如，系统可以向学生发送个性化信息，表明其学业成绩低于标准要求并提供在线辅导的联系信息。或者在线导师可以直接提供学术支持。高等教育机构运用学习管理系统，如Desire2Learn和Blackboard，为教师和支持人员提供学生数据和分析报告，帮助他们更容易地识别处于危险中的学生。高等教育机构使用早期预警系统可以识别学生的特定需求和提供有针对性的干预措施。

高等教育机构可以通过使用学习分析法来提高学生线上学习的成功率和保持率，这种分析被描述为“虚拟学习环境中的教师、课程设计者和管理者可以用来搜索学习过程中未观察到的行为和潜在信息的电子学习信息分析方法”（Agudo-Peregrina，Elrod，Conde-González，& Hernández-García，2014）。学习分析法对于帮助学生在课程选择和学业成功方面做出明智的决定。例如，奥斯汀佩伊州立大学开发了一个系统，它能以90%的准确率预测一个学生在某些课程中是否会得到C或更高的分数。学生因此被鼓励去参加他们最有可能取得成功的课程（Denley，2013）。最初的系统是根据学生未达到的学位要求和过去的学业成绩筛选学生。改进后的系统增加了学生的生活环境这一标准，如能否兼顾家庭和工作的责任。Desire2Learn学习管理系统已经购买了这个产品并将它纳入整个系统中，用来做预测分析和促进学生成功（Denley，2013）。

参与预测分析报告（PAR）的高等教育机构已经开展了颇具光明前景的工作。PAR是多个两年制的、四年制的、公立的、私立的、营利性或非营利性的高等教育机构共同组成的非营利性数据挖掘合作项目（WICHE Cooperative for Educational Technologies，2014）。PAR的目标是找出线上学生的流失点和开展有效提升线上学生保持率的工作实践。16所成员机构已经提供了使用PAR进行分析的1 700 000份学生记录和8 100 000份课程水平记录。PAR的以证据为理念的引导项目不仅支持识别可能影响学生保持和完成学业进度的一般变量的方法，也支持识别机构在学生流失和主动促进学生成功的机会方面的要点。引导项目的关键结论是：

- 同时开展的线上课程越多，课程及格率越低。
- 任何发展教育课程都会降低学生课程及格的可能性。
- 首次上大学的学生不太可能通过线上课程的考核。
- 先前的退学情况可以预测之后的退学情况。
- 过去的成功可以预测未来的成功。

除了识别流失点和高风险因素外，PAR还创建了一个学生成功矩阵，以可能导致问题的原因（学习者特征、学习者行为、学术整合、社会/心理整合、其他学习者的支持、课程/项目特征、教师行为/性格特征）作为基础确定干预措施。特殊干预措施的基础是问题的种类和学生在学术周期的位置。16所参与机构正在收集数据，希望找到特殊的干预措施，卓有成效地提高学生成功率和保持率（Wagner & Davis，2013）。

17.10 机构责任

同西部教育电信合作组织（WCET）共同开展工作的8个区域认证委员会为支持线上学生提供了最佳实践标准（WICHE，2001）。在合作的几年时间里，每个区域认证委员会都不断强调它们的最初原则，那就是线上学生应该得到同等服务，以及这些服务应该通过线上的方式传递给学生（WICHE，2013a）。除了区域认证委员会之外，其他各组织，如高等教育标准促进委员会（CAS）也为线上支持服务制定了质量标准。这些组织为远程学习项目（包括学生支持）制定了各自的标准和要求。尽管现在它们的服务方式不同，但是都采用了相同的服务标准。

CAS在其标准的第八版中取消了远程教育学生支持服务独立的职能分区并将其纳入所有的职能领域中。CAS已经认识到远程学习的普遍性。它同时认识到学生对所有职能领域有关项目和服务信息的需求以及对能够解决问题和提供咨询、建议及其他形式帮助的员工的需求。CAS标准遵循自愿原则，但所有提供远程教育的高等教育机构都采用了这一标准（CAS，2012）。

高等教育机构的各部门也能衡量出学生支持服务的质量。学生事务专员采用几种方法来衡量服务质量，包括服务使用、满意度、学生发展及学生参与传统服务的学习结果。然而，我们目前还不清楚有多少学生事务部门采用这些方法来衡量远程服务的质量。有些高等教育机构的学术事务专员试图通过管理线上课程的学生评估来单独评价线上学习环境中学生的满意度和学习效果。但是，这些衡量方法很少包含对线上学生服务的评估。

线上学习管理员正在使用各种各样的工具来评估线上课程和项目的质量。质量要点（QM）是一种用于评估线上课程设计的评价标准，包括四个学习者支持标准：技术支持、学术支持（图书馆、测试、辅导、写作和数学中心以及补充指导）、支持服务（建议、注册、财政援助、学生生活、咨询）、辅导或帮助文件。QM建议，所有对学习者的支持服务都应设置在线上课程中。

为线上项目管理设计的斯隆-C质量计分卡也可用于评估线上项目的质量。基于高等教育政策研究所《线上质量：远程教育的成功标准》（2000）的质量指标，通过六轮的德尔菲研究证实了计分卡是有效的。在德尔菲研究中，有43名在线教育管理人员赞同70个质量指标（Shelton，2010）。摩尔和谢尔顿（2013）将70个质量指标中的18个指标特别标注为与线上学生支持有关，并将其分为4类：

（1）鼓励学生的社区意识。

（2）引导学生参加线上学习。

（3）支持学生使用技术。

（4）为学习、研究、资源和指导提供持续的支持。

摩尔和谢尔顿（2013）指出了高等教育机构符合每类要求的良好实践。为了鼓励学生的社区意识，里奥萨拉多学院社区学院使用数据挖掘和预测建模来主动靠近学生。为引导学生参加线上学习，马里兰大学学院通过提供免费的线上课程介绍来帮助学生判断线上学习是否适合他们。在支持学生使用技术方面，纽约州立大学德里分校为学生提供了一个随时可用的技术门户，主要利用免费的谷歌工具为学生提供全面的线上技术支持（Moore & Shelton，2013）。对学习、研究、资源和指导的持续支持是一个包罗万象的范畴，包括由学生事务专员和其他人员提供的传统服务。孤星学院系统为线上学生提供了一个综合的学生支持系统（Britto & Rush，2013）。孤星学院系统的网站内容全面、结构清晰，为其他高等教育机构开发更加动态的线上学生服务提供了范例。

17.11 结论

线上学习能够显著地提高大学生的教育成就，但前提是线上学生在整个学习期间能够得到充分的支持。现在，线上教育已经成为许多高等教育机构不可分割的组成部分。尽管越来越多的学生注册了线上课程，但学生成功和学生保持依然低于传统授课课程。为了弥补这一缺陷，高等教育机构可能需要思考开发一个能够为学生在课程学习之前和课程学期间提供支持的动态线上学生服务体系。当专业人员相互合作，并通过他们的专业能力提升服务质量来确保学生成功完成线上课程和项目时，学生才会真正受益。

虽然学生事务专员在为远程线上学生创建动态服务方面有些迟缓。但是，随着线上学生人数的增加，学生事务专员将在支持线上学生成功的服务发展中发挥领导作用。

参考文献

Agudo-Peregrina，Á. F.，Elrod，S.，Conde-González，M.，& Hernández-García，Á.（2014）. Can we predict success from log data in VLEs? *Computers in Human Behavior*，31，542-550.

Ali，R.，& Leeds，E.（2009）. The impact of face-to-face orientation on online retention：A pilot study. *Online Journal of Distance Learning Administration*，12（4）. http：//www.westga.edu/~distance/ojdla/winter124/ali124.html.

Allen，I. E.，& Seaman，J.（2013）. *Grade change：Tracking online education in the United States*. Babson Park，MA：Babson College.

Anderson，J.，& Rainie，L.（2012）. *The future of gamification*. Pew Research Center' s Internet & American Life Project. http：//www.pewinternet.org/2012/05/18/thefuture-of-gamification/.

Aslanian，C. B.，& Clinefelter，D. L.（2012）. *Online college students 2012：Comprehensive data on demands and preferences*. Louisville，KY：Learning House.

Betts，K.（2009）. Lost in translation：Importance of effective communication in online education. *Online Journal of Distance Learning Administration*，12（2）.http：//www.westga.edu/~distance/ojdla/summer122/betts122.html.

Britto，M.，& Rush，S.（2013）. Developing and implementing comprehensive student support services for online students. *Journal of Asynchronous Learning Networks*，17（1），29-43.

Century College.（2008）. GPS LifePlan. http：//www.gpslifeplan.org/century/.

Council for the Advancement of Standards in Higher Education.（2012）. *Generalstandards*. http：//www.cas.edu/generalstandards.

Chow，T.，& Chmura，A.（2010）. Implementing a virtual community of interest at Capella University. In

Proceedings of the 2010 *ACM Conference on Information Technology Education*（pp. 59–64）. New York，NY：Association for Computing Machinery. doi.acm.org/10.1145/1867651.1867668.

Crawley，A.（2012）. *Supporting online students：A Practical guide to planning，implementing，and evaluating services.* San Francisco：Jossey-Bass.

Dare，L. & Johnson，K.（2012）. Emerging roles and responsibilities of the student affairs technology officer position. In A. Tull & L. Kuk（Eds.），*New realities in the management of student affairs：Emerging specialist roles and structures for changing times.*Sterling，VA：Stylus.

Denley，T.（2013）. Degree compass：A course recommendation system. *Educause Review Online.* http：//www.educause.edu/ero/article/degree-compass-courserecommendation-system.

Educause.（2012）. *Core Data Service，2012.* Washington，D.C.：Educause Center for Analysis and Research.

Educause.（2013）. *ECAR study of undergraduate students and information technology，2013.*Washington，D.C.：Educause Center for Analysis and Research.

Fong，J.（2014）. *It takes more than a village for online learning* . Washington，D.C.：University Professional and Continuing Education Association.

Hurtado，S.，Eagan，K.，& Stolzenberg，E. B.（2014）. *The freshman survey，2014.* Los Angeles：University of California Los Angeles，Higher Education Research Institute.

Institute for Higher Education Policy.（2000）. *Quality on the Line：Benchmarks for Success in Internet-Based Distance Education.* Washington，D.C.：Author.

Instructional Technology Council.（2013）. Annual Survey 2013 *Washington*，D.C.：Author.

Jones，K. R.（2013）. Developing and implementing a mandatory online student orientation. *Journal of Asynchronous Learning Networks*，17（1），pp. 43-45.

Kezar，A.，& Elrod，S.（2012，January February）. Facilitating interdisciplinary learning：Lessons from Project Kaleidoscope. *Change：The Magazine of Highor Lcarning.* http：//www. changemag. org / Archives/Back%20Issues/2012/January-February%202012/Facilitating-learning-full.html.

Malone，J. F.，Miller，R. M.，& Walz，G. R.（2009）. A review of distance counseling：Expanding the counselor' s reach and impact. *Journal of Technology in Human Services*，27（3），252–255.

Moore，J. C.，& Shelton，K.（2013）. Social and student engagement and support：The Sloan-C quality scorecard for the administration of online programs. *Journal of Asynchronous Learning Networks*，17（1），53–72.

Muilenburg，L. Y.，& Berge，Z. L.（2005）. Student barriers to online learning：A factor analytic study. *Distance Education*，26（1），29–48.

Mullins，C.（2013，April）. *Trends in eLearning：Tracking the impact of eLearning at community colleges，2013.* Instructional Technology Council. http：//www.itcnetwork .org/attachments/article/87/AnnualSurveyApril2013.pdf.

National Association of Colleges and Employers.（2013）. 2012–13 *Career services benchmark survey for college and universities.* Bethlehem，PA：Author.

National Association of Student Personnel Administrators.（2010）. *Envisioning the future of student affairs.* Washington，D.C.：Author.

National Association of Student Personnel Administrators.（2013）. *A survey of technology usage in student affairs.* Washington，D.C.：Author.

National Board of Certified Counselors.（2012）. *Policy regarding the provision of distance professional ser-*

vices. Greensboro, NC: Author.

Noel-Levitz. (2009). *Academic advising highly important to students, National Research Report 2009*. Coralville, IA: Author. http://www.eric.ed.gov/ERICWebPortal/detail?accno=ED541564.

Noel-Levitz. (2013). *Adult and online learner satisfaction-priorities reports*. Coralville, IA.: Author.

Online Writing Center. (2014). Walden University. *Writing Tutor*. http://academic guides. waldenu. edu/content.php?pid=531652.

Phillips, E. D. (2013). Improving advising using technology and data analytics. *Change: The Magazine of Higher Learning*.

Project Tomorrow. (2013). *2013 Trends in online learning: virtual, blended and flipped classrooms*. Washington, D.C.: Author.

Raths, D. (2014, February 26). California community colleges joining forces for online success. *Campus Technology*. http://campustechnology.com/articles/2014/02/26/california-community-colleges-joining-forces-for-online-success.aspx?=ct21.

Schroeder, C. C. (1999). *Partnerships: An imperative for enhancing student learning and institutional effectiveness*. New Directions for Student Services, no. 87. San Francisco: Jossey-Bass.

Shea, P. (2007). Student services rethought for all students. In S. Johnstone (Ed.), *Advancing campus efficiencies: A companion for campus leaders in the digital era*. Bolton, MA: Anker.

Shea, P. A. (2005). *Serving students online: Enhancing their learning experience*. New Directions for Student Services, no.112. San Francisco: Jossey-Bass.

Shelton, K. (2010). A quality scorecard for the administration of online education programs: A Delphi study. *Journal of Asynchronous Learning Networks*, 14 (4), 36-62.

Wagner, E., & Davis, B. (2013). The Predictive Analytics Reporting (PAR) Framework. *Educause Review Onlin*, . http://www.educause.edu/ero/article/predictive-analyticsreporting-par-framework-wcet.

Western Interstate Commission for Higher Education. (2001). *Best practices for electronically offered degree and certificate programs*. Boulder, CO: WCET/WICHE Cooperative for Educational Technologies.

Western Interstate Commission for Higher Education. (2013a). *Guidelines for the review and evaluation of distance education links to guidelines and policy statements from the regional accrediting commissions*. Boulder, CO: WCET/WICHE Cooperative for Educational Technologies. http://www. wcet. wiche.edu/advance/resources.

Western Interstate Commission for Higher Education. (2013b). *Managing online education 2013: Practices in ensuring quality*. Boulder, CO: WCET/WICHE Cooperative for Educational Technologies, 2013.

WICHE Cooperative for Educational Technologies. (2014). *Predictive Analytics Reporting (PAR) Framework*. Western Interstate Commission for Higher Education/Western Cooperative for educational Communications. http://wcet .wiche.edu/par.

第四部分　专业实践中的人力资源

学生事务管理中的人员组织结构、员工招聘、遴选、督导和保持等工作是十分重要的。本书第四部分主要讨论学生事务工作中的人力资源管理相关工作。在第18章中，琳达·库克提出了学生事务的组织模式和管理模式，讨论了组织结构设计是如何兼顾在校生群体定期异动和高校特殊的制度规则两大特殊因素的。她认为，为学生提供支持和服务的管理人员的专业素质和能力越强，学生事务整体工作开展就越顺利和高效。在第19章中，泽布伦·达文波特提出了如何通过员工招聘、遴选、督导等工作有效协作保持有才能的学生事务管理人员。在第20章中，苏珊·科米夫斯和斯坦·卡彭特探讨了终身专业学习的必要性。她提出了适用于个人或团队的专业发展模型，并就如何实施专业发展计划和设计专业发展活动提出了建议。

第18章 学生事务的组织模式和管理模式

琳达·库克

18.1
学生事务的组织设计问题
18.2
高等教育学生事务组织设计的理论和研究
18.3
组织设计和组织结构的替代方法
18.4
组织机构设计的系统研究方法
18.5
结论

学生事务组织作为高等教育的一个组织单元，对学生和机构的成功起着不可或缺的作用。它近乎存在于所有的美国高校中并以越来越高的频率出现在世界各地。随着学生事务的发展，其使命和目标演变为服务学生的需求、提高学生的学术成就和促进学生的个人发展以及创建支持机构教育使命的校园环境（Dungy，2003；Hirt，2006，2009；and Kuk，2009）。

学生事务组织复杂性的根源在于第二次世界大战后大学生的数量、多样性和需求的巨大增长。从20世纪50年代末到70年代中期，高等教育机构创建了单独的学生服务体系来满足学生的需求（Knock，1985）。

随着时间的推移，以消费为导向的学生及其家庭对更多的机会、更好的教育和服务设施以及更个性化的项目和服务的需求使学生事务不断发展并保持了其复杂性。为了提高竞争力，高等教育机构通过增加服务、项目和设施吸引和保持学生并由此维持和提高机构的教育声誉（Dungy，2003；Hirt，2006，2009；Manning，Kinzie，& Schuh，2006；Rhatigan，2009；and Sandeen，2001）。

在过去十年中，学生事务组织经历了相当多的动荡、新挑战以及大量的财政和人力资源损失。瞬息万变的科技发展与应用刺激了许多新挑战的产生（Dungy 2003；and Kruger，2009）。最近的经济衰退所造成的资源损失导致学生事务组织的变革压力加剧。这些资源损失出现在高校扩招以及多样化的学生群体对更多、更复杂的服务和项目的需求变化中。在多数情况下，学生事务在努力保证其基本的资金和服务的过程中会面临严峻挑战，而且这种压力很有可能会持续下去（Schuh，2009）。

在一个充斥着全天候通信、社交媒体和以学习为中心的教学新方法的世界里，学生事务组织如今面临以消费者为导向的学生对支持服务的强烈期待（Dungy，2003；Hartley，2001；Kuk，Banning，& Amey 2010；and Manning et al.，2006）。在此期间，学生事务组织和其所在的机构同样经历着日益严峻的混乱、暴力和恐怖主义所带来的恐惧和痛苦，这些乱象严重侵蚀了人们对曾经安全、友好、重视学习的校园环境的认识（Jackson & Terrell，2007）。在这些挑战中，学生事务组织对自身产生全新的认识，包括其组织结构、设计和职能的重要性及其对机构成功的贡献。

展望未来，人们越来越有必要去关注学生事务部门如何更有效地重新组织项目和服务以满足学生和公众不断变化的需求，以及如何更有效地处理机构和部门的战略目标（Kezar & Lester，2009；and Tull & Kuk，2012）。本章重点关注当前已知的学生事务组织模式和学生事务组织设计领域的相关理论研究，同时为未来建立有效的学生事务组织模式提供一些中肯的建议。

18.1 学生事务的组织设计问题

美国高等教育机构中的大多数学生事务组织历来同时存在等级结构和职能结构（Barr，1993）。由于学生对服务和项目需求的日益增长，学生事务的工作单元被创造并添加到现有的组织结构中（Ambler，1993；Dungy，2003；and Rhatigan，2009）。现在大多数学生事务组织采用的模式是机构历史、机构类型、州法律、机构的财务政策以及机构领导者个人偏好的共同结果（Barr，1993；Dungy，2003；and Sandeen，2001）。

随着时间的推移，学生事务的组织结构问题不断凸显，包括学生事务由哪些工作单元构成、这些单元如何开展工作、学生事务向哪里汇报以及怎样管理学生事务。组织模式各有所长，但是机构类型中似乎存在一些共同的要素，极大影响了学生事务组织结构及其有效性（Dungy，2003；Hirt，2006，2009；Kuk，2012；Kuk & Banning，2009，2012；and Manning et al.，2006）。

18.1.1 学生事务由哪些工作单元构成

不同的机构在确定组成学生事务服务和支持功能的工作单元方面存在明显差异（Dungy，2003；Hirt，2006，2009；and Kuk & Banning，2009，2012）。高等教育中哪些单元构成了学生事务与组织历史、使命以及机构领导者的意愿这些明显的因素直接相关（Ambler，2000；Barr，1993；and Sandeen，1989）。库克和班宁（2009，2012）发现各工作单元向学生事务部门汇报和不向学生事务部门汇报的区别。按照机构的规模和类型归纳，尽管机构类型不乏相似之处，构成学生事务的工作单元却无明显一致的模式。

研究型大学。研究型大学的学生事务部门似乎与其他机构有着最为明显的不同。此类机构中往往有更多工作单元、员工和组织结构层级。负责管理很多职能办公室的中级管理层（助理副校长）向学生事务高级管理者（SSAO）汇报，而且只有少数人可以直接向学生事务高级管理者汇报工作。然而，学生事务组织中的各工作单元类型差异很大，其中的大多数与学生事务职能相关。研究型大学拥有明显不同于其他类型机构的学生事务部门，它们为学生事务部门提供频繁的科技服务和辅助服务。根据库克和班宁（2009，2012）的报告，在其他类型的机构中，几乎所有的学生事务高级管理者都直接向校长汇报，也有许多是向副校长或常务副校长汇报的。

四年制硕士学位授予型院校。四年制硕士学位授予型院校的学生事务部门在工作单元的数量方面接近研究型大学，但其组织结构较为扁平，几乎没有中级管理层，基本上全部由工作单元的负责人直接向学生事务高级管理者汇报。库克和班宁发现，对于哪些为学生提供服务的单元属于学生事务职能领域这一问题绝无一致的模式。这类机构在学生事务组织结构方面最为稳定连贯，其职能领域拥有最传统的学生事务工作单元，包括以住宿为基础的项目和服务、兄弟会和姐妹会、学生会、法律顾问、学生辅导、学生行为规范和学生领导团体。因此，四年制硕士学位授予型院校与研究型大学在学生事务组织内部工作单元的类型方面最为相似。

社区大学。社区大学拥有不同于其他类型机构的学生事务组织，因其大都会监督学术咨询服务、招生管理、TRIO项目和国际学生服务。在大多数情况下，其他三种类型的机构并非如此。极少数社区大学的学生事务高级管理者会督导学生会、通勤学生和校外生活计划、宿舍管理和住宿生活、为代表性不足的学生群体提供服务、姐妹会和兄弟会的咨询，以及健康中心。大多数其他类型机构中的学生事务高级管理者将监管这些学生事务工作单元作为其职能领域的一部分。

文理学院。文理学院与社区大学的学生事务结构在学生服务单元的数量和学生事务部门的员工数量方面几乎相同。然而，两者中哪些学生服务单元向学生事务部门汇报却不相同。文理学院的学生事务大多是由传统的学生事务单元构成，包括以住宿为基础的项目和服务，如兄弟会和姐妹会、学生社团、宿舍和住宿、咨询服务、教导主任、学生行为规范，以及学生领导团体。文理学院的学生事务组织结构与社区大学和四年制硕士学位授予型院校类似，结构扁平，员工数量多，其中大部分文理学院的学生服务办公室负责人可以直接向学生事务高级管理者汇报。库克和班宁发现，文理学院设有临时助理副校长的职位，但学生事务职能领域中最重要的岗位是学生服务办公室负责人而非研究型大学学生事务结构中的中级管理者。

18.1.2　如何设计学生事务的组织结构

库克和班宁（2009，2012）研究了通过学生事务高级管理者概念化来设计当前学生事务结构的方法。他们发现各种机构类型中学生事务部门使用的组织模式在本质上是职能性的。不同的职能单元通过不同数量的层级汇报工作。尽管学生事务部门内具体的职能单元差别很大，其组织结构却极为相似，仅在不同类型的大学机构之间略有不同。所有的学生事务组织结构在设计上都是分层和金字塔形的。除此之外，学牛事务没有其他类型的组织结构。

一些较大的组织，主要是指研究型大学，似乎拥有一种集成其主要职能结构的“混合矩阵”结构形式，但这些结构并不是组织设计的突出部分且结构模型在这方面的呈现并没有被任何受访者特意记录。这些结构被添加的原因，很可能是为了使日益复杂和专门化的学生事务组织能够在现有的工作单元之间进行沟通并在常用的资源和服务中创造更高的效率。

较小的组织，尤其是社区大学、文理学院和四年制硕士授予型院校，似乎可以通过让员工承担一些在职能领域通用和交叉的责任以及采用更加扁平且不复杂的结构来解决沟通和效率问题。较小的学生事务组织会出现更多的承担各项工作的通才，而更大、更复杂的组织则体现出更高水平的职业角色和责任的专业化。因此，较大的组织显得更为复杂、层级更多、员工职能的专业化程度更高，从而在组织内产生了更多的工作单元。各学生事务组织在工作单元的汇报机制和组织结构中的层级数量方面存在差异。因此，研究型大学的结构最为独特。

除了学生事务所包含的职能单元存在广泛差异之外，各高等教育机构在学生事务组织结构设计上最大的不同体现在控制范围和层级数量方面。在各机构中，向学生事务高级管理者直接汇报的人数似乎是不同的，范围涵盖4~17人，组织层级的数量也有所差异。大多数的机构，包括几乎所有的文理学院、社区大学和四年制硕士学位授予型院校在内，学生事务部门似乎只有3个层级，但很多研究型大学则有4~5个层级。

尽管如此，资源的可获得性（无论是认知层面还是现实层面）可能是影响各类高等教育机构学生事务组织设计的因素之一，特别是对层级数量和控制范围产生影响。库克和班宁（2009）发现学生事务高级管理者对学生事务组织内现有人力资源的数量和质量的看法关系到其认知需求水平，并可能影响学生事务组织的控制范围和层级数量。当学生事务高级管理者担心其组织内员工短缺或需要更多员工时，学生事务组织呈现扁平化，学生事务高级管理者及其主管会收到很多工作单元的直接汇报。在大多数情况下，学生事务高级管理者还表达了对需要处理的太多的直接报告或者没有资源聘请助理或副手的担忧。在这种情况下，学生事务组织负责人也可以直接向学生事务高级管理者汇报。因此，各高等教育机构，无论其规模和类型，都存在学生事务组织结构和资源认知之间的关系，这种关系或许还会因最近的资源减少而恶化。

18.1.3 学生事务向哪里汇报

学生事务向哪里汇报也与高等教育机构的类型有一定关系（Hirt，2006，2009；and Kuk & Banning，2009，2012）。随着高等教育机构的发展和复杂性的提高，学生事务与机构决策的关系往往会发生改变。在某些情况下，学生事务会更加深入到学术组织单元内部。这种现象频繁发生于研究型大学和一些私立文理学院。在这种情况下，学生事务既要向副校长汇报，也要向主要的学术事务管理者汇报。因此，通常的做法是重组学生事务内部的各单元并移出学生事务部门的部分职能到机构内的其他领域。这也是影响学生事务组织的最常见的组织变革过程。

18.1.4 组织变革和重新设计

在库克和班宁（2009）的研究中，只有少数受访者表示，自己曾在学生事务高级管理者的任期内重新设计了当前的学生事务组织结构。库克和班宁在2012年的研究中再次强调了这一点。这些受访者说，他们是在机构中首次担任学生事务高级管理者时发起变革的。他们也报告说这些变革非常温和，例如在不同工作单元之间转变汇报路径，或将工作单元移入或移出学生事务组织。

大多数学生事务高级管理者对其组织结构表示满意，或者近期不打算做出任何重大的组织变革。只有两位受访的学生事务高级管理者在首次任职时实施了重大的组织审核和组织变革。一些学生事务高级管理者称，尽管他们希望对组织结构做出变革，但他们认为只有政治影响足够大的时候或只有等到某些员工退休后才可以进行期望的变革。

当被问及决定重新设计组织机构的原因时，受访的学生事务高级管理者给出了5条理由，包括：（1）解决财务问题；（2）满足优先战略；（3）提高效率和效能；

（4）促进团队合作和协作；（5）减少层级以便决策。没有一个学生事务高级管理者表示他们将重新设计组织结构使工作和协作方式变得不同。更没有人考虑设计一个不同于当前的层级结构和职能结构的组织模式。

18.1.5　学生事务组织的动态变化

对许多人来说，组织模式或结构的概念传统上被记录在刚性静态的组织结构图中。然而，学生事务组织正在变得更加动态和以过程为导向。尽管学生事务组织的使命和职能在最近几十年里基本保持不变，但其管理和组织方式却开始发生转变（Dungy，2003；Kezar & Lester，2009；and Tull & Kuk，2012）。学生事务领导者开始实施新的组织设计以应对新挑战和资源萎缩的困境。组织结构的变革一般是迫不得已发生的适应性变化，通常是紧急和孤立的，没有得到行业内的广泛认同（Kuk & Banning，2009；and Tull & Kuk，2012）。

艾德里安·基泽和杰米·莱斯特（2009）认为，高等教育需要被重组以确保建立协作和跨组织的沟通流程。大多数学生事务组织都保留具备职能特点、委员会、任务小组、工作小组、跨部门团队的混合组织结构（Kezar & Lester，2009；and Tull & Kuk，2012）。然而，许多学生事务组织正在加强跨单元和部门的沟通与协作，特别强化同教师和学术事务管理者的合作。遗憾的是，大多数组织结构的增项和变革在本质上是短暂的和相关联的，因此最终不会被纳入到学生事务的组织结构中。

18.2　高等教育学生事务组织设计的理论和研究

关于高等教育中学生事务组织设计的早期著作大多认为，职能结构是学生事务组织开展工作的唯一途径。过去许多作者关注这种基本组织范式的变化。最新的有关高等教育和学生事务的文献包含更多不同的一般哲学模型，以及有关组织设计问题和策略的指导原则。其中一些讨论如下。

罗伯特·伯恩鲍姆（1988）应用系统的概念和五种组织职能的类型化模型来描述学院和大学学生事务组织的运作方式：（1）合议制度；（2）官僚制度；（3）政治制度；（4）无政府主义制度；（5）控制制度。乔治·库赫（1989）指出了考核不同学生事务组织的四种传统模式，包括：（1）理性模式；（2）官僚模式；（3）合议模式；（4）政治模式。这些模式与鲍尔曼和迪尔（2003）概述的理论和研究的四种组织框架非常相似：（1）结构框架；（2）人力资源框架；（3）政治框架；（4）符号框架。

遗憾的是，有关学生事务组织的设计和结构模型的研究和关注太少了。虽然学生人事服务的早期文献描述了学生事务应该提供的服务和项目的类型，但这些文献并没有清楚地讨论学生事务应该采用何种组织机构和汇报机制来提供项目和服务。

大卫·安布勒（1993）调查了一百多个学生事务部门，发现了大量独具特色的组织结构。安布勒（2000）后来再次对相同样本的学生事务项目展开调查，发现许多学生事务部门经历过影响其结构的制度变革。这些变革包括采用副校长模式，设置招生管理执行官，加大科技应用，以及实现部分个性化服务。他发现，他所调查的机构已经发生了变革，但仍然保留了四种学生事务管理结构的基本模式，包括：(1) 收入来源模型；(2) 服务亲和力模型；(3) 员工关联模型；(4) 直接监督模型。安布勒强烈支持使用企业模型来管理学生事务。

凯瑟琳·艾伦和辛西娅·彻里（2000）将系统与学习型组织的思想应用于学生事务组织、领导团队、组织结构和工作实践中。她们讨论了碎片化的思想及其在传统层级组织中的应用。她们提出了连通性和网络化的理念，并将其看作促进学生事务组织高效运转的系统性观点。她们探讨了一种基于关系、变革影响、学习和领导者的新愿景。艾伦和彻里还认为，为了整合学生事务组织的新维度和开展学生事务工作实践，我们应该采取多种方式改变学生事务专员的思维。

卡尼·斯特兰奇和詹姆斯·班宁（2001）创建了一个综合模型，研究为学生提供友好和支持性的学习环境。他们的研究重点是学生事务组织的环境维度、组织结构的解析、动态变化，以及在大学校园内创建有效的学习环境的环境维度与学生事务组织结构的关系。

帕特里克·勒夫和桑德拉·伊斯坦尼克（2004）在反思学生事务实践的著作中，利用组织发展理论和新科学的思想激发了学生事务专员对其工作以及学生事务结构和流程的另类思考，并促使他们采用新的变革模式。他们提供了四个概念性视角：(1) 价值二元论；(2) 超越范式；(3) 认识连通性；(4) 拥抱悖论。

18.2.1 最新的学生事务组织模式

在不同类型的高等教育机构中，学生事务工作的完成方式存在显著差异，学生事务工作者高效开展工作所需的技能和认知也有所不同。琼·赫特（2006，2009）的研究重点是不同类型的高等教育机构中学生事务专员的职业生涯。在本书的第2章中，她描述了机构使命对学生事务管理实践的影响方式。

凯瑟琳·曼宁、吉利安·坎齐和约翰·舒（2006）以对20个高绩效的学院和大学开展的研究为基础探讨了学生事务组织的情况。他们的著作重点研究了学生事务组织的历史和影响学生事务组织结构的当代问题。他们认为，学生事务工作对学生事务组织的影响可分为三种途径：学生服务、学生发展和学生学习。曼宁等人以强有力的证据断言，机构使命塑造了学生事务的组织结构，学生事务的组织结构必须与机构使命保持一致。

通过对访谈资料的分析以及对学生事务文献的回顾，曼宁等人确定了11种学生事务组织模式。其中6种传统的模式来源于对学生事务文献的分析，其余5种创新的模式来自行之有效的教育实践项目。表18-1和表18-2总结了这两套模式。

表 18-1　　**学生事务实践的传统模式**

模式	描述	假设
课外模式	学生事务提供学生生活和学生发展指导	学生事务与学术事务完全脱离
功能仓模式	学生事务采用管理和领导的方式运行，而不是关注学生发展	各工作单元以不相关的个体的形式履行它们的职责和服务并以松散协作的方式合作和沟通
学生服务模式	学生事务各工作单元采用管理和领导力服务的方式运行。它们常常为了提供有质量的项目和服务而开展紧密合作	学生事务工作单元很少与学术事务的工作单元开展项目整合
竞争/对抗模式	学生事务工作单元完全独立于学术事务工作单元而运行	学生事务和学术事务关心学生学习和成长，但是互相都不认可对方的贡献
辅助课程模式	学生事务工作单元和学术事务工作单元虽然使命不同但是职能互补；互相承认对方在学生学习上的贡献	学生事务工作单元和学术事务工作单元都关注学生学习
无缝衔接学习模式	学生事务认为学生的学习经历是一个整体，而且持续贯穿在学生大学经历和校园生活的各个方面	机构内的全部成员和学生事务组织能够对学生学习有所贡献。机构使命和机构内各部门致力于对全体学生的学习经历做出贡献

资料来源：Adapted from Manning et al. (2006)

表 18-2　　**学生事务实践的创新模式**

模式	描述	假设
以学生为中心的，关爱伦理模式	学生事务组织的工作重点是关爱与和谐；工作内容是为学生成功提供所需的基本支持；工作目标是通过整合服务、政策和项目促进学生成功	所有的实践都以关爱伦理为中心。这个模式重点关注最需要获得支持的学生
以学生为驱动力的模式	学生事务组织把学生视为校园社区不可分割的部分。学生参与和领导力服务是学生事务组织的核心原则。学生事务组织反复强调学生是校园社区不可分割的部分。学生在学生事务组织治理中有很大的话语权。学生促进了校园活动的开展并对校园生活做出关键决策	学生的高度参与对学生学习有促进作用。学生对机构的认同有助于学生保持和学生成功
学生代理模式	学生通过管理校园生活和帮助设计课程计划尽可能地承担自我发展学习经历的责任。学生以工作人员的身份提供广泛的学生服务和项目	学生在学习和教育中扮演重要角色并承担主要责任。学生对自己的生活完全负责。他们通过努力与教职员工成为平等的合作伙伴

续表

模式	描述	假设
学术/学生事务合作模式	学生事务工作单元和学术事务工作单元虽然使命不同但是职能互补;互相承认对方在学生学习上的贡献	学生事务工作单元和学术事务工作单元将学生学习作为工作目标和工作重点。它们凝心聚力为学生成功创造条件。这个模式假定学生事务和学术事务在日常工作中能够开展无缝衔接的合作
以学术为中心的模式	学生事务围绕学术事务发挥作用并通过辅助课程丰富学生的学术经历。学生事务为机构的学术重点提供支持,但其发挥的作用被隐藏在学术重点中,不为人所知	学生事务和学术事务的工作目标和工作重点是学生学习。它们共同分担学生成功的责任

资料来源：Adapted from Manning et al.（2006）

曼宁等人（2006）得出结论，学生事务工作有多种实践方法且学生事务实践没有唯一最佳的组织模式。“认真地思考校园文化，努力工作，深度反省并清楚地理解学生事务对学生成功的促进作用是建立真正有效的学生事务组织的必要因素”（Manning et al.，2006）。他们的著作为学生事务组织提供了一个坚实的理论框架，将学生事务组织的设计与学生事务组织的教育重心、战略使命和目标联系起来。但是，该著作并未对创造以上关键联系的组织重组方式给予指导。

在最近的研究中（Kuk & Banning，2009），学生事务高级管理者被要求确认其在学生事务组织中使用了哪些由曼宁（2006）等人确定的模式。据报告，学生事务高级管理者最常用的是辅助课程模式。许多受访者还指出，无缝衔接学习模式是他们的学生事务组织模式的真实反映。

当被问及若重新设计学生事务组织机构，他们会采用哪种模式时，近半数的受访者表示他们不会另选模式。而其他受访者则表示他们会在以下三种模式中选择其一：无缝衔接学习模式、学术/学生事务合作模式或辅助课程模式。其他模式未被受访者提及。

这个研究结论似乎有些奇怪。学生事务组织，特别是在较大型的公立高等教育机构中，似乎都保留了在过去几十年中发展的复杂的层级结构和职能结构，少有迹象表明它们是否存在结构变革的强烈渴望。然而，学生事务部门用于界定其实践的组织模式的理论和认知似乎已经脱离了学生事务组织传统上使用的课外的和行政的组织模式（Manning et al.，2006），转向以学习和学术为中心的理论模式。

阿什丽·塔尔和琳达·库克（2012）提出了多种解决学生事务组织变革的策略。她们将各种各样的专家角色和混合组织模式作为可行性方案，从而解决学生事务组织正在面临和即将面临的新挑战。各种专家角色和岗位描述代表着在不断变化的学生事务环境背景下出现的新角色，这也为处理跨组织协作和高效利用资源提供了方法。她们强调使用特定类型的混合组织结构，即矩阵结构，作为将这些新角色和责任整合到现有学生事务组织的手段之一。矩阵结构应用了传统职能结构的关键特性并覆盖了传统职能结构。矩阵结构关注跨工作单元的协作和沟通，并对组织资源的使用更为充分。

目前尚不清楚学生事务组织能否适应当前的职能结构，从而有效实施新的理论模式，或能否重新创造新的组织结构，以便有效处理学生事务组织中不断变化的需求。最近在商务领域内开展的有关组织结构变革和生存能力的前沿研究和理论大多表明组织结构变革通常不可能或不容易实现（Ashkenas，Ulrich，Jick，& Kerr，2002；Galbraith，2002；Hesselbein，Goldsmith，& Beckhard，1997）。有关学生事务组织的进一步的研究不但需要更加充分地理解学生事务组织的动态变化，还需要确定学生事务领导者为实现不断变化的使命和目标而开展组织结构变革的方法。

18.3　组织设计和组织结构的替代方法

当今学生事务领域中，组织结构和模式的功能不是一成不变的。事实上，当前学生事务的组织结构在未来未必适用。最新的有关组织设计的研究和理论（Ashkenas et al.，2002；Galbraith，2002；and Hesselbein et al.，1997）表明，现代的学生事务组织必须灵活、反应迅速、相互协作且具备较强的适应性。

构建学生事务组织没有唯一正确的方式（Ambler，2000；Barr，1993；Sandeen & Barr，2006）。但这并不意味着不需要进行结构变革和重新设计。事实上，学生事务组织的结构应服务机构和部门的战略使命（Hirt，2009；Kuk，2012；Kuk & Banning，2009；Tull & Kuk，2012）。同时，学生事务组织结构应与机构及周边外部环境的需求相适应（Galbraith，2002；Kuk，2012；Kuk，Banning，& Amey，2010）。

流动性和适应性是未来学生事务组织设计的关键特点（Galbraith，2002；Hesselbein et al.，1997；and Senge，1990，2006）。组织结构涉及个人、群体和系统如何组织时间、精力和资源以达成目标的。适应性组织不断调整资源和战略以服务机构和部门的战略目标，并试图在资源，特别是人力资源的分配和部署方面提高效率和效果。就这一点而言，流动性指的是迅速适应的能力，例如在学生事务组织方向改变的情况下通过变革优先事项、战略和资源迅速适应新变化。学生事务组织结构在无限期内固定或静止的观点已不再现实。

不同类型的高等教育机构可能存在不同的环境、政治和经济问题，从而影响了学生事务组织的设计和结构。任何设计流程的目标都应是建立一个最适合该机构环境需求的学生事务组织结构。当我们致力于设计有效的学生事务组织时应考虑到学生和公众的多样性所带来的需求和挑战。例如，住宿制校园和通勤制校园可能会创造出不同的学生事务组织结构。拥有大量传统上得不到充分服务的或弱势学生群体的高等教育机构，与拥有传统入学年龄的或家庭条件优渥的学生群体的高等教育机构相比，学生事务组织结构各有不同。城市里的高等教育机构与农村的高等教育机构的结构需求也可能不同。随着学生需求的改变和学生人口结构的变化，学生事务的组织结构也需要进行调整。学生事务仅仅增加服务于不同学生群体的专项职能单元已不再是应对学生不断变化着的需求的最佳方案。鉴于学生事务获取新资源受限且责任加重的现实情况，未来的学生事务组织很可能被要求重组现有资源，而不是接收新的资源配置来适应新变化和满足学生的新需求。

基泽和莱斯特（2009）基于对建立更强、更制度化的跨部门和机构的横向协作渠道的需要，为学生事务组织的重组提供了有力论据。重组学生事务组织的工作重心由垂直的决策与沟通结构转变为垂直的和水平的决策与沟通结构。这个转变需要找到在学生事务组织中构建角色和责任的新方法。

18.4 组织机构设计的系统研究方法

学生事务领导者及工作人员可能想要后退一步，从组织效能的角度评估当前的学生事务组织结构。当前学生事务组织的职能由组织内的大多数工作单元负责承担，这是学生事务组织实现高等教育机构和本领域的战略任务及目标最有效的途径吗？新兴的评估方案是否能够充分地评估组织设计和结构的有效性？谁会要求学生事务提供以学生为中心的项目和服务，学生事务将如何适应这些需求和期望？学生事务领导者应该怎样换个角度思考其服务和项目的组织、传递和协调方式？

只有很少的学生事务高级管理者拥有为学生事务组织从头设计结构的机会。大多数人继承了之前的组织结构模式并明显受到现有人力和财政资源的限制。但是，这并不应该阻碍必要的和有效的组织机构变革。事实上，资源限制或许为学生事务组织重新设计组织流程提供一个合理且令人信服的理由。一个经过深思熟虑和精心设计的，包括员工保障和组织认同在内的有效变革战略，对重新设计组织机构流程的成功和可持续性至关重要。下文介绍了组织结构评估和重新设计的思考要点。

18.4.1 战略规划

学生事务领导者希望制定或更新其战略规划，以确保它们符合高等教育机构的使命和战略目标。战略规划为审查和重新设计学生事务组织结构提供了依据和指导。学生事务组织的结构设计应以其优先战略的事项为基础。

18.4.2 组织优势

学生事务领导者对资源（人力、财政、设施等）进行充分和全面的评估十分重要。学生事务领导者必须明确学生事务组织及组织中个体的优势，这一点很关键。学生事务领导者发掘和营造组织优势可以有效地保证员工的组织认同，并有助于消除变革造成的恐惧和威胁。但是，学生事务领导者的工作重点往往是学生事务的消极方面或问题，他们因此错失了营造组织优势的机会。而这些组织优势可以为员工和整个组织创造新的学习机会。

18.4.3 优先事项和资源

要想成功地重新设计组织结构，首先需要对如何实现战略规划做出切实可行的决策。其次需要仔细调整资源以便处理战略优先事项。这个过程不应受制于组织在新资源方面的匮乏。只有增加资源才能重新设计组织机构的心态经常会阻碍组织进行建设性和创新性的变革。资源匮乏的想法很容易使组织陷于瘫痪。

组织的重新设计和结构变革可以通过投入少量或不投入额外资源来成功实现。这个过程要求组织内的员工从不同角度思考他们要做什么以及应该怎么做。这个过程还要求员工众志成城重新配置组织资源，以及开诚布公地确立所在机构和学生事务部门的优先事项。更为根本的是，它要求领导者重新思考完成工作的方式、从事该项工作的人和奖励方式。这种类型的重新设计可能需要在员工的专业发展、培训和交叉培训方面有所投入。但是，这笔投入可以从学生事务组织的职能、结构和优先事项的重新调整和重新思考中被再度获取。

18.4.4 领导者

学生事务领导者负责制定重新设计组织结构的议程。这个议程需要明确组织中的哪些部分需要被重新设计，以及这个过程会涉及哪些工作单元。如果重新设计的过程缺乏清晰和连贯的工作重心，那么就很容易偏离正轨。当匹配和重新分配资源、确定优先事项及引导变革进程时，学生事务领导者可能想要获得外部顾问的协助来捋顺和解决这些困难且重要的问题。具备中立和指导性视角的学生事务管理者可以使组织的重新设计过程保持完整且不脱离正轨。

18.4.5 结构选择的考虑

学生事务组织一旦确定了期望的工作角色及其工作责任，就可以思考和采用恰当的组织结构理论和模式使各工作角色高效协作。在这个过程中，创意性思维显得格外重要。因为此时学生事务组织结构开始形成并反映出了学生事务组织目标和期待的变化性本质和根本要求。组织结构或结构元素不是孤立存在的，我们应该重点考虑职能结构并以恰当的方式将其整合到设计中。

这种组织机构的设计方法可能包含整合了垂直和水平的组织（流程）维度的模式（Kezar & Lester，2010；Kuk，2012；and Tull & Kuk，2012）。该模式的流程有多种形式，但其主要形式是在组织内完成横向工作流、开展协作和促进沟通。这样的组织设计呈现出以团队为中心的结构，组织内的团队对工作产品承担全部的终端到终端的责任。该模型还可以采用混合矩阵结构的形式。在这个结构形式中，跨组织的专家职位被置于显著的分等级的职能结构中。跨组织专家的工作任务是要确保跨部门和跨工作单元的沟通和协作能够融入组织日常的结构职能中。如本章前文所述，有些学生事务工作单元已经开始设置这类职位（Tull & Kuk，2012）。

另一种类型的组织重新设计考虑到持续变革的需要，并将其作为组织及其成员日常生活的重要组成部分。这个类型涉及对学生事务工作人员的重组和职业发展。它的设计重点是打造更扁平、更流畅的组织结构。在这样的组织中，责任、奖励和认可呈现扁平化结构，工作人员责任的交叉培训和组织变革都是日常工作的组成部分。在这种类型的设计中，学生事务组织更多采用水平结构而不是垂直结构。组织决策由团队互动的结果决定。团队合作和革新措施成为绩效和奖励结构的一部分。学生事务领导者更多是承担远景规划者、指导者和推动者的角色，而不是日常的决策者。

18.4.6 评估

学生事务领导者在思考组织机构重新设计的因素时，也需要考虑评估组织持续有效性的方法。如何衡量和奖励实现使命和目标的工作表现和工作进程？如何管理变革流程，谁将负责管理变革流程中各要素和实施最终的方案？评估是学生事务组织机构设计过程中非常关键的一环。它不仅确保组织准确判断其效能，也帮助组织了解为适应未来发展而重新设计结构的时间和方式。

18.5 结论

学生事务组织的结构和结构设计是动态变化的。组织结构应该促进营造优良的组织环境，为实现创新、目标和战略创造更多机会。组织结构还应具备适应变化的能力，满足高等教育机构中各类群体的需求，以及确保资源的有效配置符合学生利益和高等教育机构的使命。

参考文献

Allen，K. E.，& Cherrey，C.（2000）. *Systemic leadership：Enriching the meaning of our work*.Lanham，MD：American College Personnel Association and the National Association for Campus Activities.

Ambler，D.（2000）. Organizational and administrative models. In M. J. Barr & M. K.

Desler（Eds.），*The handbook of student affairs administration*（2nd ed.，pp. 119–134）.San Francisco，CA：Jossey-Bass.

Ambler，D. A.（1993）. Developing internal management structures. In M. J. Barr（Ed.），*The handbook of student affairs administration*（pp. 107–120）. San Francisco，CA：Jossey-Bass.

Ashkenas，R.，Ulrich，D.，Jick，T.，& Kerr，S.（2002）. *The boundaryless organization：Breaking the chains of organizational structure*. San Francisco，CA：Jossey-Bass.

Barr，M. J.（1993）. Organizational and administrative models. In M. J. Barr（Ed.），*The handbook of stu-*

dent affairs administration（pp. 95–106）. San Francisco，CA：Jossey-Bass.

Birnbaum，R.（1988）. *How colleges work.* San Francisco，CA：Jossey-Bass.

Bolman，L. G.，& Deal，T. E.（2003）. *Reframing organizations：Artistry，choice and leadership*（3rd ed.）. San Francisco，CA：Jossey-Bass.

Dungy，G.（2003）. Organizations and functions of student affairs. In S. R. Komives & D. B. Woodard Jr.（Eds.），*Student services：A handbook for the profession*（4th ed.，pp.339–357）. San Francisco，CA：Jossey-Bass.

Galbraith，J. R.（2002）. *Designing organizations：An executive guide to strategy，structure and process.* San Francisco，CA：Jossey-Bass.

Hartley，M.（2001）. Student learning as a framework for student affairs：Rhetoric or reality? NASPA *Journal*，38，224–236.

Hesselbein，F.，Goldsmith，M.，& Beckhard，R.（1997）. *The organization of the future.* San Francisco，CA：Jossey-Bass.

Hirt，J. B.（2006）. *Where you work matters.* Lanham，MD：University Press of America.

Hirt，J.B.（2009）. The importance of institutional mission. In G. S. McClellan & J. Stringer（Eds.）. *The handbook of student affairs administration*（3rd ed.，pp. 19–40）.San Francisco，CA：Jossey-Bass.

Jackson，J. F. L.，& Terrell，M. C.（2007）. *Creating and maintaining safe college campuses.* Sterling，VA：Stylus.

Kezar，A.，& Lester，J.（2009）. *Organizing higher education for collaboration：A guide for campus leaders.* San Francisco，CA：Jossey-Bass.

Knock，G. H.（1985）. Development of student services in higher education. In M. J.Barr & L.A. Keating（Eds.），*Developing effective student services programs：Systemic approaches for practitioners*（pp.15–42）. San Francisco，CA：Jossey-Bass.

Kruger，K.（2009）. Technology：Innovations and implications. In G. S. McClellan & J.Stringer（Eds.），*The handbook of student affairs administration*（3rd ed.，pp. 586–601）.San Francisco，CA：Jossey-Bass.

Kuh，G. D.（1989）. Organizational concepts and influences. In U. Delworth & G. R.Hanson（Eds.），*Student services：A handbook for the profession*（2nd ed.，pp. 209–242）.San Francisco，CA：Jossey-Bass.

Kuk，L.（2009）. The dynamics of organizational models within student affairs. In G. S.McClellan & J. Stringer（Eds.），*The handbook of student affairs administration*（3rd ed.，pp. 313–332）. San Francisco，CA：Jossey-Bass.

Kuk，L.（2012）. The changing nature of student affairs. In A. Tull & L. Kuk（Eds.），*New realities in the management of student affairs：Emerging specialist roles and structures for changing times*·（pp. 3–12）. Sterling，VA：Stylus.

Kuk L.，& Banning J. H.（2009）. Designing student affairs organizational structures：Perceptions of senior student affairs officers. NASPA Journal，46（1）94–117.

Kuk，L.，& Banning J. H.（2012）. *The ecology of student affairs leadership.* Colorado Springs，CO：Colorado State University.

Kuk，L.，Banning J. H.，& Amey，M.（2010）. *Positioning student affairs for sustainable change：Achieving organizational effectiveness through multiple perspectives.* Sterling，VA：Stylus.

Love，P. G.，& Estanek，S. M.（2004）. *Rethinking student affairs practice.* San Francisco，CA：Jossey-

Bass.

Manning, K., Kinzie, J., & Schuh, J. (2006). *One size does not fit all: Traditional and innovative models of student affairs practice.* New York, NY: Routledge, Taylor & Francis Group.

Rhatigan, J. J. (2009). From the people up: A brief history of student affairs administration. In G. S. McClellan & J. Stringer (Eds.), *The handbook of student affairs administration* (3rd ed., pp. 3–18). San Francisco, CA: Jossey-Bass.

Sandeen, A. (1989). Issues influencing organizations. In U. Delworth & G.R. Hanson (Eds.). *Student services: A handbook for the profession* (2nd ed., pp. 45–460). San Francisco, CA: Jossey-Bass.

Sandeen, A. (2001). Organizing student affairs divisions. In R. B. Winston Jr., D. G.Creamer, & T. K. Miller (Eds.), *The professional student affairs administrator* (pp.181–210).

Sandeen, A., & Barr, M. J. (2006). *Critical issues for student affairs: Challenges and opportunities.* San Francisco, CA: Jossey-Bass.

Schuh, J. (2009). Fiscal pressure on higher education and student affairs. In G. S.McClellan & J. Stringer (Eds.), *The handbook of student affairs administration* (3rd ed., pp. 81–104). San Francisco, CA: Jossey-Bass.

Senge, P. (1990). *The fifth discipline: The art and practice of the learning organization.* New York, NY: Doubleday/Currency.

Senge, P. (2006). The leader's new work: Building learning organizations. In J. V.Gallos (Ed.), *Organization development* (pp.765–792). San Francisco, CA: Jossey-Bass.

Strange, C. C., & Banning, J. H. (2001). *Educating by design: Creating campus learning environments that work.* San Francisco, CA: Jossey-Bass.

Tull, A., & Kuk, L. (Eds.). (2012). *New realities in the management of student affairs: Emerging specialist roles and structures for changing times.* Sterling, VA: Stylus.

第19章
员工招聘、遴选、督导和保持

泽布伦·达文波特

虽然人们常常认为员工招聘、遴选、督导和保持是不相关的，但是它们应该被视为一个连续流程中相互联系的不同工作阶段。在高等教育领域中，这些工作相当普遍且无处不在。然而，对于不同的高校、招聘主管和员工来说，组成这些工作阶段的要素却是十分独特的，这些要素包括机构类型和使命、员工对学生人数和校园文化的工作偏好、内心信奉的价值观和在实践中推行的价值观等。整个工作流程是招聘主管、督导者、领导者和雇主必须完成的工作。无论是雇主、雇员还是处在不同岗位的专业人员都可以从对本章讨论的流程中获益。

这个流程中的每个工作阶段不仅艰难，而且很耗时。如果对每个工作阶段没有给予必要的重视并付出努力，那么就会导致时间、精力和资源的浪费以及非常不理想的结果，甚至可能面临法律诉讼。但如果执行得当，这个过程可能是人们参与的最具专业价值的活动之一。为了成功招聘、遴选、督导并保持高素质的员工，招聘主管必须了解每个工作阶段的复杂性和实施方法。本章旨在通过分享招聘、遴选、督导和保持高素质的专业人员的工作思路来帮助招聘主管加深对工作的理解。

19.1 招聘

成功的招聘是从完整和详细的招聘流程开始的。招聘高素质的专业人员比简单地创建岗位描述以及在网站或出版物上发布职位信息更加复杂和精细。招聘过程中需要思考很多的要素才能提高成功的概率。这些要素包括但不限于：了解机构及其需求，清晰地描述理想候选人达到岗位要求所必须具备的知识、技能和品质以及制订招聘计划。如果以上要素得以落实，那么招聘成功的机会将大大增加。

19.1.1 了解机构及其需求

显然，高等教育机构与其他机构相比既有相同之处也有不同之处。然而，招聘主管在招聘理想人选时经常会忽略这一点。

由于机构类型各异，所以工作环境与员工期望相匹配是至关重要的。高等院校之间的巨大差异会影响到学生事务专员的工作性质和方式（见第2章）。在所有的差异中，最明显的是学位授予、规模、资金来源和办学使命。正如第2章所讨论的那样，卡内基基金会将学院和大学分为不同的类别，包括公立的、私立的、营利的、非营利的、两年制的、四年制的、授予副学士学位的、授予学士学位的、授予硕士/博士学位的、研究型和专科的教育机构。分布在农村、郊区或城市地区的教育机构不仅可划分为小型、中型或大型院校，同时也可以分为精英型、普通精英型或开放型的院校。所有这些要素形成了独具特色的和被全体成员珍视的校园文化。因此，招聘主管首先必须了解他们服务于什么样类型的机构。其次，他们必须清晰准确地把机构文化传递给候选人。员工与机构之间的一致性会营造出积极的工作氛围，以及培养出满意度和工作效率更高的员工。

尽管大多数高等教育机构的目标都与学生成功有关，但对于学生成功的定义，不同机构会有不同的理解。许多机构对成功的定义比较一致，它们只关注保持率和毕业率。然而，有些机构的任务重点是激励学生完成学业并获得学位，甚至是培养学生的可迁移的能力（Davenport，Rhine，＆Martinez-Saenz，2012）。因此，为了候选人和机构更好地适配，招聘流程应该从向候选人清楚地描述和介绍机构的使命和价值观开始。

当招聘员工时，招聘主管必须能够清楚地向候选人说明机构的使命和他们所服务的学生类型。在大型的、研究型的、位于大都市郊区的高等教育机构工作并为各种传统和非传统的第一代学生提供服务，与在中等规模的、综合的、位于大都市的高等教育机构工作是截然不同的。更别说与主要服务于学习优良、传统入学年龄的学生，位于小型大学城的综合高等教育机构做比较了。这3个例子中的每一个机构都存在不同的工作机会和挑战。招聘主管和潜在员工若能清楚地了解不同类型教育环境对他们工作的期望，则可以做好准备迎接挑战和机遇。

成功招聘的另一个要素是招聘主管需要清晰地传达学生事务工作的愿景、使命及其职能领域、部门和工作单元的目标。学生事务的某一工作单元（例如，学生生活）的使命可能因所在机构的类型和使命而不同。有些机构可能不太支持以非学术认知学习为侧重点的辅助课程/课外学习，而另一些机构可能特别重视主体课程与辅助课程的融合。招聘主管和候选人充分认识到机构的工作重点和价值观可以减少在招聘流程收尾时的分歧。一旦招聘工作偏离了正轨，就会引发不利的结果。更为重要的是，如果学生事务部门出现工作不协调的问题，工作人员会感到沮丧。

19.1.2　岗位描述

清楚和完整的岗位描述对确保成功招聘非常重要。岗位描述的组成要素包括职位名称、岗位类别、上下级关系和岗位职责。招聘主管除了需要确定岗位职责外，还应明确指出每项职责的责任级别。例如，领导力发展规划协调人的岗位描述可能包括督导学生事务专员助理和协助发展新领导力项目。

显然，当新的职位被提出的时候，就需要创建岗位描述。招聘主管在每一次搜索合适的候选人时，都应该检查岗位描述。更重要的是，即使没有人事变动，岗位描述也应该保持更新，因为岗位会随着时间的推移而改变。这些改变可能是有意为之，也可能是因为漫不经心或欠缺考虑。对岗位描述开展定期审查有助于确保员工的努力方向与目标保持一致、员工工作量公平化以及对员工履行岗位职责予以公平补偿。

19.1.3　知识、技能和素质

学生事务专员必须清楚地知道，学生事务作为一个专业与高等教育的其他专业在知识和技能上的要求是相似的。如果专业人员想取得成功，那么他必须了解特定的和基本的专业理念。基本的理论知识和实践经验对学生事务专员开展工作是非常重要的。专业人员需要掌握学生发展理论、行政管理的重要理念、基本咨询技能、领导能力以及专业以外的知识和技能，除此以外毫无捷径可走。学生事务或者高等教育领域有很多研究生预备项目为专业人士提供专业教育，帮助他们更好地从事这个职业。完成此类预备项目的候选人对学生事务的基本理念有更好的认知。事实上，正如温斯顿和克里默（1997）指出的那样，很多招聘主管只招聘那些具有学生事务或高等教育项目证书的候选人。也就是说，还有很多工作能力强和拥有成功经验的候选人是没有参加过传统的准备项目或者专业发展培训的。因此，招聘主管非常有必要认真考察每一位候选人的知识和技能。此外，招聘主管还需要引导招聘委员会在来自学生事务领域以外的候选人身上发掘可迁移的技能和能力。

19.1.4 招聘计划

成功的招聘计划有助于招聘主管吸引具备所需技能、专业经验和理想人格的候选人。同时，招聘计划也应该有助于机构和学生事务部门实现拥有多样化员工群体的目标。招聘计划应包括招聘时间表、预算和职位的发布方式。职位不同，发布职位的方法也就不同。特定的职位发布方式，包括纸媒或数字媒体，应该确保将该职位信息提供给合适的潜在候选人。常见的职位发布方式包括在当地报纸或专业期刊发布平面广告，在机构、学生事务专业或商业网站上发布招聘信息，群发招聘电子邮件，向研究生预备课程学生或同行发送招聘邮件，在学生事务专业会议或招聘会上获取候选人名单以及使用非正式人际网络招揽人才。有效的招聘可以通过非正式但是专业的人际网络进行，前同事和学生往往也可以推荐潜在的合格候选人。

19.2 遴选

遴选合适的候选人是招聘主管最重要的工作之一。招聘主管宁可向机构承认招聘失败，也不能聘用一个不合适的人。聘用不适合的人填补岗位空缺可能会给用人部门带来重大问题。这些问题可能是服务和项目质量差、部门内混乱、影响员工士气、人事问题和法律问题等，甚至是使校园内的其他同事对学生事务部门产生负面印象。因此，招聘主管在遴选候选人时必须尽职尽责。

温斯顿和克里默（1997）指出，在遴选候选人时潜在的挑战包括：人员配备是由校园政策和规定而不是用人部门决定的、岗位期待描述不清、人才市场上有质量的候选人人数太少、财政支持不足以及为招聘新员工而打破陈规的能力不够。招聘规则确实有助于实现机构的重要目标，但是为了完成招聘流程而适度地破除陈规也是情有可原的。

在很多高校都很常见的是，遴选是有工作流程的，包括建立招聘委员会、在遴选过程中对候选人以礼相待、考察和面试候选人、确定和聘用理想的候选人。接下来我们将进一步解释遴选流程的重要性并提供示例问题和情景案例。

19.2.1 建立招聘委员会

招聘主管应确保招聘委员会的委员是候选人未来共事的同事代表。招聘委员会的规模和构成可能因职位特点和与职位相关的政治因素而异。委员的理想人数也会有所不同。包括主席在内的5~7名委员就可以很好地完成招聘工作。招聘岗位的职级越高或者政治责任越大，招聘委员会的规模可能越大。委员会成员可以包括学生、社区成员、其他部门将会共事的同事代表、学术事务的同事、本部门的同事以及主席。

招聘主管与人力资源部门、反歧视行动办公室、人权办公室或者其他类似的部门通力合作为直接参与招聘的工作人员提供培训是非常好的工作方式。通常，这些办公室能够提供可供遵循的推荐方式，指导开展符合法律和伦理的招聘工作，以及开设有关反歧视、恰当的招聘行为和拟定招聘委员会的会议文件的培训课程。

招聘主管在招聘工作开始之前应该与招聘委员会开碰头会议。在会议中，招聘主管要求招聘委员会确定合格候选人的名单并从中确定进入终选的候选人名单，同时协助收集校园内的各方反馈意见（不是做实际的聘用决定）。在这项工作的过程中，招聘委员会不但需要描述出成功的候选人应该具备的资格品质（通常依据招聘主管制定的草案来描述），还需要帮助制定招聘时间表（符合招聘主管设定的招聘截止日期或目标）。

放弃使用招聘委员会既不常见，也不具有政治审慎性。但是，若情有可原，招聘主管可以选择这样做。这些情况可能包括但不限于：临时员工已经到位且工作令人满意；招聘主管对候选人的情况非常了解，不必要遴选；由于招聘职位存在政治敏锐性，招聘主管希望控制招聘流程。人力资源办公室、机会均等办公室和招聘主管的督导者需要共同审查招聘主管放弃招聘委员会的决定。

除了发挥招聘委员会的作用外，机构还可以选择猎头公司来协助招聘。有时机构或招聘主管会请猎头公司协助他们确定合格的候选人。通常，猎头公司负责招聘高级管理者或执行官这样高级别的职位。还有当机构想要避免存在偏见的或思维狭隘的招聘时，它们可能会用到猎头公司。最后，如果招聘存在政治后果，机构也会选择使用猎头公司。除此之外，机构最常用的方式是自行招聘。

从分类方式上看，内部遴选或封闭遴选指的是招聘范围仅限于与机构相关的候选人；外部遴选指的是仅从机构外部寻找候选人；开放遴选指的是所有合格的候选人都可参加应聘。

19.2.2 对候选人以礼相待

在招聘过程中礼遇候选人是非常重要的。这种礼遇需要从候选人提交申请开始到招聘主管以恰当的方式通知每位候选人招聘结果时结束。尊重每位候选人的尊严和隐私是高水平机构和优秀招聘主管的标志。有的时候，招聘工作已经结束，但是未入选的候选人却没有得到招聘主管的回复，甚至没有收到应聘机构的礼貌通知。道德礼遇的另一个重要方面是与候选人保持开放的沟通。一旦候选人获得了招聘时间表，那么机构就需要遵守。如果必须变更时间表，人力资源部门的代表或招聘委员会主席应通知候选人。

为招聘委员会提供培训是道德礼遇的另一个关键因素。招聘主管应确保所有直接参与招聘的工作人员从头至尾行为得体。机构也必须确保所有候选人从法律上和道德上获得公平公正的对待。

做好候选人名单的保密工作也很重要。招聘委员会不可以与任何不涉及招聘工作的人员分享或讨论任何招聘信息。通常，从招聘开始直到公布候选人名单为止都应该是保密的，这有助于提高招聘成功的概率。

19.2.3 考察和面试候选人

对候选人开展任职资格和岗位适配性的考察是非常重要的。确定候选人是否具备任职资格的过程也是判断他们是否可以胜任学生事务工作的关键。对候选人的考察可包括以下任何项目或所有项目：评估申请材料、校园面试前访谈、背景调查、一次或多次面试（无论是在校园外还是在校园内）、面试后或线下的背景调查。通常情况下，招聘职位的级别决定了考察项目。如果机构具备充足的资源和时间，那么应该尽可能充分地考察候选人。

评估申请材料。评估申请材料应该充分利用系统化的方式，包括使用评价量表或等级量表将任职资格和候选人申请材料做比对。这有助于招聘委员会缩小候选人范围和遴选出最合适的候选人。

校园面试前访谈。考察候选人的第二步通常是校园面试前访谈。电话会议或视频会议是访谈的常见形式，也是低成本高效率地向招聘委员会提供有价值的补充信息的好方法。这个做法不仅有助于机构在花费资金请候选人入校面试前就缩小了候选人的范围，还有助于在评估申请材料后对候选人资格进行二次审核，确保候选人的申请资料与实际情况一致，了解候选人的人际交往能力，以及为候选人提供进一步了解职位、校园和社区的机会。

背景调查。考察候选人的下一步是背景调查。背景调查应该获取候选人额外的信息，以及在初步筛选和电话访谈时不明显或不容易接触到的信息。有些招聘主管在校园面试前进行背景调查，但有些招聘主管选择在校园面试后进行。无论何时开始这一步骤，背景调查都是必不可少的工作。如果没有开展全面的背景调查，那么招聘过程就不应该结束。招聘主管应该通知候选人开展背景调查的时间点。招聘主管利用背景调查中获取的候选人信息来判断其是否适合新岗位。我们建议背景调查的提问要发掘出潜在候选人无形的技能和能力。建议的提问包括：

- 你能告诉我这位候选人是如何回应批评的吗？
- 这位候选人与本部门和其他部门同事关系如何？
- 你能否举例说明这位候选人是如何承担工作风险以及承担风险后的结果？
- 这位候选人在犯错时是什么样的反应？

- 学生是如何评价这位候选人的？
- 如果有机会，你会重新聘用这位候选人吗？

利用社交媒体（例如Twitter、LinkedIn或Facebook）或互联网（谷歌或其他搜索引擎）进行列表背景调查也是可行的。查看候选人的社交媒体可以获得很多信息。一个人在社交媒体上对各种问题表达的意见可以体现出他主张的价值观与其行为是否一致。虽然通过社交媒体获得的信息并不直接决定聘用决策，但可以作为数据收集过程的一部分。此外，列表电话背景调查同样重要。高等教育，特别是学生事务，是一个紧密结合的领域。候选人与前同事、上司、学生和其他关系人有着千丝万缕的联系。常见的做法是，招聘主管通过信得过的同事获取候选人的信息。这种做法最符合职业道德的方式是提前通知候选人并征得他们的同意。招聘主管在提出背景调查的问题时，若把候选人或者信息提供者置于不体面的境地是不礼貌的。候选人可以选择对个人信息保密。最后，背景调查通用的指导原则是：只有确认过的和重复的信息才是可用的。

校园面试。很多学者就面试步骤开展了研究（Davis& Herrera，2013；Howard & Johnson，2010；McConnell，2003）。面试通常包括与招聘主管和招聘委员会主席共进晚餐，与部门同事进行小组会议，与校园其他部门进行小组会议，与学生会面或午餐，参加部门会议和其他开放式校园会议（可能是演讲），配合招聘主管完成后续工作以及填写反馈表格。

在面试过程中，面试官倾听候选人真实的和深思熟虑的回答极其重要。如果候选人的回答恰当得体、态度真诚，那么适合这个职位的人很可能出现了。

甄别候选人隐性的品质，将平庸的候选人和优秀的候选人区分开来增加了校园面试的复杂性。有效的甄别方式包括识别非语言线索，从模式化反应中提取沟通模式，聆听候选人谈及的和未谈及的信息，以及评估候选人与岗位的适配度。

面试官有意识地观察候选人的身体语言和其他非语言线索可以作为候选人口头表达信息的有效补充。关于非语言交流信息传递的研究有很多（Ishikawa，Hashimoto，Kinoshita，Fujimori，Shimizu，& Yano，2006；and Woods，2012）。萨布兰曼尼（2010）发现，我们使用的词语的语义与我们通过非语言符号传递的含义有明显的区别。研究得出的结论是，人们传递的信息中约65%的社会意义是通过非语言形式传递的。梅拉比安（1971）的研究结果表明，大约93%的信息是通过非语言形式（语音感染和肢体语言）表达的。不管哪项研究的结果更准确，沟通的主要形式为非语言沟通是显而易见的。

面试官要注意聆听候选人准备好和排练好的回答，他们后续提出的问题以及没有表达出的内容，这些都是重要的无形信息。人类是喜欢舒适的生物。这是我们的天性，也是我们的行为模式。我们通常习惯于相同的准备模式和日常工作。面试也是如此，大多数候选人会预判面试问题，提前准备好答案并反复排练。常见的可预判的面试问题有“介绍一下你自己，你的优势和劣势是什么，人们怎么评价你，你怎么描述你的领导风格”等。候选人在回答预判的面试问题时，常常用到“勾”“连”“改”这样的技巧和其他设计好的沟通方式。因此，面试官最好提出一些非传统的问题来了解候选人的创新性思维能力。以下是以行为为基础的问题示例：

- 请描述你必须带领一个团队达成目标的那个时期。你发挥了什么样的作用？你是如何解决团队成员冲突的？
- 请描述当你的团队成员不同意你的决策时，你采取什么方法来解决分歧？
- 你是如何激励团队成员完成你为团队设定的目标的？
- 如果在按时完成项目和提供高质量的工作之间做选择，你会怎么选？为什么？
- 你认为一个好的雇主有哪些标志？
- 请描述你冒过的最大风险是什么？为什么？
- 你读过的最后一本书是什么（填空——领导力、变革管理、评估、政策等）？你会不会推荐其他人阅读这本书，为什么？
- 哪三个词最能形容你？
- 如果你被聘用，那么你给前雇主留下了哪些财富？

回避或转移话题是另一种交流形式。当回答问题的时候，人们可能说了很多内容，但是没有一个字和问题有关或者直接回答了问题。当被提问的时候，候选人可能会根本不直接回应问题。无论如何，在面试或者遴选过程中，如果发现候选人存在语言和非语言线索不一致的情况，面试官至少应该询问候选人目前的经历。招聘主管必须对自己、他或她的员工，他或她的部门以及候选人开放而诚实。招聘主管先是通过提出恰当的后续问题适度地探寻答案，而后推进到更直接的提问方式去获得真实和隐藏的信息。例如，如果讨论主题涉及候选人与同事或上司之间的工作关系，面试官则会提示“告诉我更多关于您与前上司或同事的关系”“如果您的同事被问到这个问题，你认为他们会如何描述？”“看起来你对这个话题感到不舒服，是吗？”如果答案是“否”，那么继续推进。如果答案是“是”，那么面试官或许要问以下问题：“你是否愿意更多地分享你的感受？”如果候选人拒绝回答或者感觉不舒服，那么面试官会转到下一组问题但会提醒候选人注意互动。

允许候选人提出问题也很重要，这可以体现出候选人的真性情。如果候选人没有问题或者提出的问题没有经过深思熟虑，这可能表明这位候选人没有做好充分准备，也表明他或她的工作习惯。最后，将反馈纳入面试过程非常关键。机构应该通过某种正式的流程请所有参与面试的候选人提供反馈。通过反馈，机构可以从参加校园面试的候选人那里收获有价值的观点。机构应该采用主题清晰的反馈，而不是那些与主题无关的反馈。

19.3 选择有意愿的候选人和新员工入职

为岗位挑选合适的人是一项非常复杂的工作。因为这不是简单地挑选出能够回答所有问题的候选人或者仅看简历就能选出最符合要求的候选人。最适合的候选人应该是懂合作、有优势、能补位、响应快、会提问以及能恰如其分地质疑工作流程的人，此外还应该是负责的、博学的、可靠的、专业成熟的以及具备岗位所需智慧的人。面试中最难的是确定候选人是否具备这些有形的或者无形的技能。这就是为什么倾听语言线索、观察非语言线索、提出恰当问题以及开展背景调查如此重要。更为重要的是，在征得候选人同意的基础上，开展互联网背景调查和列表背景调查。识别候选人优劣势的流程以及招聘主管识别候选人有形和无形的技能和能力是否适配岗位的流程都对挑选合适候选人有帮助。如果候选人符合要求且被成功聘用，下一步就是入职或新员工培训。培训应该在新员工到任前就开始。为新员工入职做准备必须是有规划的、恰当的，而且必须在候选人确定接受工作邀请后立即开始直到入职后结束。这个准备过程包括将新员工纳入部门邮件系统中，为新员工提供平稳入职过渡所需的资料资源和联系人，以及第一周工作的时间表。如有必要，还需要安排候选人和人力资源部门或者其他相关部门的工作人员会面。塔尔、赫特和桑德斯（2009）为创建一个结构合理的和恰当的新员工入职培训项目提供了一系列的策略、研究和课程建议。

19.3.1 督导

在招聘并遴选适合岗位的人员后，有效的督导至关重要。招聘主管必须认识到高级专业人员与中级、初级专业人员的需求、期望和要求不同。相当多的文献研究帮助和指导雇主有效地同雇员开展合作。本章稍后会介绍相关案例。然而，关于督导高级/执行官级别雇员的研究却不多。事实上，大学校长并没有发布过对教务长、副校长和副校监等高级管理人员开展督导的信息。

对不同级别的人员开展督导的方式也不相同。高级专业人员对负责直接服务和项目的中级和初级专业人员的督导应具有一定的自主权。督导新员工时，应该给予他们大量的支持并减少挑战（Howard，Nance，& Myers，1986）。无论为什么级别的员工提供督导，督导者都应该掌握基本的督导要素。关于高效督导者应该具备的技能和技术有着丰富的文献和研究（Arminio & Creamer，2001；Manathunga，2005，2007；Sutcliffe，1999），所以本章不再赘述研究文献中的内容，而是重点介绍作者从过去超过25年的督导工作中收获的经验、所犯的错误以及向导师请教的如何成为一个高效的同事、督导者和领导者的建议。这些从经验、技能和技术中总结出来的督导建议有助于最大限度地发挥员工的优势以及帮助他们在需要改进的领域不断成长。为了提供一个视角更广的督导方法，作者直接从同事那里收集了本人作为督导者和领导者有效和无效的工作方式。值得注意的是，尽管督导者的任务是引导和指导被督导者，但是更为重要的是允许员工显现个人特质。因此，有些用人机构会刻意地培养员工以抓住未来的机会。在督导中同样重要的是对话。如果督导者没有时间指导新员工的话，那么招聘有发展需求或者还没准备好胜任这个职位的人是不明智的。把人当作项目来看的话，如果没有时间去投入，那么就不要聘用新人。

高效的督导应该从建立牢固的关系开始。而建立这样关系的前提是督导者和被督导者之间高度信任和互相尊重。这个前提来自约翰·麦克威尔的观点，人们不在乎别人有多了解自己直到他们知道这个人有多关心自己（Maxwell，1998）。如果督导者展示出他或她真诚地关心被督导者的幸福，而且愿意花时间和精力帮助他们，那么被督导者通常会有更强的工作意愿而且更努力地回报督导者。每个员工都是独特的个体，因此督导者应该针对他们的特点和他们建立特别的关系。督导者如果能够以公平、诚实和连贯一致的方式指导员工，一定会收获颇丰。但是请记住，公平不代表平等，因为学生和员工会在不同发展阶段带着各自不同的需求寻求督导者的帮助。因此，每一个督导关系都应该被视为个人关系。无论被督导者处在职业发展的哪个阶段，督导者应该始终如一地对被督导者认真负责，期待他们高质量开展工作，以及与他们保持有效的沟通。督导者倾听被督导者的心声并及时、直接地给予反馈也非常重要。如果督导者给予的反馈是直接的，那么也需要采取一些交际策略。在沟通理论中，交际策略指的是以能让受众听得到或者接收得到的方式有技巧地传达信息。交际策略是沟通流程重要的组成部分。作为督导者，非常关键的是，能够识别被督导者的脆弱和疲惫，并将聆听和诚实的反馈有机地结合起来。这个做法有利于使聆听的作用最大化。当最终沟通的时候，督导者要记住平衡好理智与情感。无论哪一点给得多了，都会破坏交流信息。如果在沟通中过多地给予情感，那么督导的有效信息就会在情感中流失。所以，不要忘记：在沟通中，理智永远在情感之前，只有这样才能保证被督导者获得有效信息。

以下是我在25年多的时间里，作为被督导者和督导者的经验教训。无论你在组织机构的哪个层级上，希望这些建议对你高效地开展督导工作有所裨益。

- 为新员工提供全面的入职流程。培训新员工了解机构和部门的文化对帮助他们适应新岗位非常关键。入职培训可以是不间断的和渐进式的流程，但是必须精心策划且有效果。
- 提供一个兼顾挑战和支持的环境。
- 以身作则，特别是在要求员工践行某种价值观时。
- 不要强迫别人做任何你都不愿意做的事情。
- 用你的头脑和心灵去引导员工，这使你有人情味。作为回报，员工也会和你坦诚相待。
- 经常出现。无论是艰难时期还是顺利时期都要走访部门，员工需要看到他们的领导。
- 确保你的员工能和你建立联系，反之亦然。不要高高在上，不要忽视所有层面上正在进行的工作。
- 有明确的愿景与目标，并经常与各层级的员工沟通。
- 尽可能创建一个共同愿景，这样员工会知道自己是机构的一部分。人们更倾向于支持他们协助创造的事物。

• 在为每位员工设定个人和/或专业年度目标时，从个人层面和专业层面，都应明确工作预期并提供指导和支持。

• 提供定期和及时的反馈，无论是在值得称赞还是需要改进的领域。

• 认可并赞扬表现优异的员工。

• 以直接的交际方式提供改进建议。

• 当员工愿意学习并请你督导时，这是员工自我反省和成长的好机会；然而，了解员工是否准备好听取反馈意见至关重要。同样重要的是要在这个过程中平衡挑战和支持。

• 不要过分强调个人成长，如果员工没有准备好或不愿意成长，这可能会产生负面影响。

• 对达到结果所需技能的合理预期。

• 确保被要求执行工作的员工能够实现目标。

• 鼓励员工跳出舒适区使他们努力学习，当他们冒险时为他们提供支持。不过这需要量体裁衣，有些员工不喜欢直面挑战。

• 思考员工的优势，把员工放在合适的岗位并让他们在组织中取得成功。这样做有助于增强他们的自信，他们也会因此想要做出更多成绩。

• 投资你的员工。如果资金不充裕，那么可以给员工推荐一些文章、书籍、期刊、在线资源、网络研讨会、播客和社交媒体聊天会，甚至让员工在工作时间学习和讨论。

• 提供正式和非正式的学习机会，包括一对一的讨论、演讲、报告、良好领导技能的示范以及分享学生事务研究文献。这对培养新员工和指导经验丰富的专业人员都非常重要。

• 定期征求员工对于你的督导方式和领导风格的意见和反馈。经常自我反思“为了成为一名更好的督导者，我还需做哪些努力?”

19.4　员工保持

一般而言，与在其他职业环境中工作相反，高等教育与较低的压力水平、较高的工作满意度相关联，因此员工保持的水平更高。法国学者卡普兰和范哈里森（1982）声称，高等教育的自主性、工作的清晰度，以及强调协商一致的决策和共同价值观念的大学文化使员工满意度更高。尽管许多高等教育专业人员在工作/生活平衡方面存在困难，但工作的灵活性仍然可以提高他们的工作满意度。但是，由于工作量增加、期望值提高、责任程度增大、工资水平降低以及工作周期变长，高等教育机构也开始关注员工保持问题。员工保持受若干因素影响。有些因素可控，但有些因素不可控。每个员工无论去留都有充分的理由。这些理由可以是个人或专业的，积极或消极的。奖金、升职、灵活的工作条件、校园氛围、社区支持、工作场所的财务稳定性或额外的带薪休假都可能激励员工保持。若员工对他们做的工作和所在机构满意，他们就不会有跳槽的想法。此外，某些与工作有关的保持可能是由于“外部”条件要求他或者她留在这个地区或区域工作。无论保持的原因是什么，员工必须对自己的工作满意，否则他们会变得不快乐，无所事事。在不考虑环境因素的情况下，如果管理者愿意投资员工，员工保持率都较高。希斯菲尔德（2011）支持这一观点，她认为督导质量与员工保持直接相关。她提出人们离开管理者比离开职位更频繁。相反，人们也愿意追随优秀的管理者。因此，管理者必须想办法了解机构内每位员工的工作动力，并努力地培养他或帮助他转向下一个职业角色。

新手学生事务专员的保持率并不高。雷恩和霍奇斯（2007）报告说，估计有50%~60%的新手学生事务专员在入行的5年内离开高等教育领域。西伦特、亨宁、杰克逊、肯尼迪和斯隆（2006）开展了一项混合方法的自我报告研究以确定新手学生事务专员（入职5年或更短时间）的发展需求。结果发现，受访者认为以下6个发展需求最重要：（1）获得足够的支持；（2）了解工作期望；（3）培养学生学习；（4）在学生事务领域晋升；（5）提高督导技能；（6）培养多元文化能力。有人认为，更全面的入职培训、更有力的督导和更多的员工发展机会有利于员工保持率的提高。

保持员工的积极性和工作动力是建设成功的、高效率员工队伍的关键。影响员工保持率的因素很多，许多文献可供读者了解这个问题（Buck & Watson，2002；Butler & Felts，2006；St. Onge，Ellett，& Nestor，2008）。但是，本章介绍的方法可以提高优质员工保持率。第一步是有效招聘。你要清楚地知道合格候选人应该具备什么样特质，然后雇用最符合岗位要求的人。最符合岗位要求的候选人必须具备必要的基本职业经历，了解机构类型以及他或她将密切合作的团队。第二步是将合适的人安排在合适岗位。在这种情况下，这个岗位是指学生事务部门和机构中的岗位。适合的候选人是一个懂合作、有优势、能补位、响应快、会提问以及能恰如其分地质疑工作流程的人，此外还应该是负责的、博学的、可靠的、专业成熟的以及具备岗位所需智慧的人。第三步是有效督导。记住麦克威尔的格言：人们不关心他们的督导者了解他们多少直到他们知道、理解和相信督导者是真的关心他们。督导者通过与员工建立高度的信任、相互尊重和牢固的关系来保持优秀员工。最后，投资员工的发展是员工保持的重要组成部分。这也向员工发出了一个明确的信息，即督导者关心员工的专业成长和发展。通常资助员工学术旅行和其他类型专业发展的资源是有限的，因此这类行为在获得员工情感认同上非常有帮助。

19.4.1 专业发展

有意义和有效的专业发展计划必须包括一些关键组成部分。首先，使用程序化的观点与像ACPA/NASPA学生事务专员能力领域（2010）这样的学生事务能力相结合来验证经验的准确性。由联合工作组制定的这套能力领域“旨在确定广泛的专业知识、技能，并且在某些情况下，可以预测学生事务专员的态度，无论他们的专业领域和职位是什么”（p. 3）。这份文件包含的与专业能力领域相一致的能力培养方案提供了确定学生事务专业能力的理论框架。本书第20章对这些能力领域做了深入讨论。专业发展必须以学习为基础，并应该满足学生事务专员解决实际工作问题的需求。专业发展需求数据的收集过程应该是全面的，包括从行政人员到高级领导人。为了了解和满足工作人员的发展需要，我们建议开展全面的数据收集，包括调查、焦点小组和一对一讨论。我们应该共享专业发展的评估结果来保证评估的准确性，以及获取共性问题的支持。而后，这些共性问题可以被设计成为学生事务各级别工作人员的专业发展培训计划。为了更好地满足员工需求，我们有必要将这些共性问题分为初级、中级和高级，以确保培训计划适合所有的参与者。

19.5　结论

总之，高等教育的主要目标是帮助学生取得成功。我们学生事务专员的工作是帮助学生实现他们想要的目标，同时帮助他们发挥最大的潜力。在很多情况下，这意味着帮助他们顺利入学和完成学业。学生事务专员通过提供高质量的课外辅助课程和服务来帮助学生提高认知能力、人际交往能力和竞争力。学生事务专员的能力对学生学习有着重大的影响。因此，能够聘请有能力的专业人员为学生创建和提供高质量的项目和服务是建立学生事务领域优势的起点和终点。招聘主管在招聘、遴选、督导和保持人才方面的能力与员工质量息息相关。本章提供的资料、案例和建议旨在帮助招聘主管成功完成这项重要工作。

参考文献

American College Personnel Association and National Association of Student Personnel Administrators.（2010）. ACPA/NASPA *Professional competencies areas for student affairs practitioners*. Washington，DC：Authors.

Arminio，J.，& Creamer，D.（2001）. What supervisors say about quality supervision. *College Student Affairs Journal*，21（1），35–44.

Buck，J. M.，& Watson，J. L.（2002）. Retaining staff employees：The relationship between human resources management strategies and organizational commitment. *Innovative Higher Education*，26（3），175–193.

Butler，M.，& Felts，J.（2006）. Tool kit for the staff mentor：Strategies for improving retention. *Journal of Continuing Education in Nursing*，37（5），210–213.

Cilente，K.，Henning，G.，Skinner Jackson，J.，Kennedy，D.，& Sloan，T.（2006）. *Report on the new professional needs study*. Washington，DC：American College Personnel Association. http：//www.myacpa.org/research/newprofessionals.php.

Davenport，Z.，Rhine，L. & Martinez-Saenz，M.（2012）. The student success conundrum. In B. Bontrager（Ed.），*Strategic enrollment management：Transforming higher education*（pp. 25-50）. Washington, DC: American Association of Collegiate Registrars and Admissions Officers.

Davis, C. E., & Herrera, A. (2013). Preparing for the job interview: The interviewers' responsibility. *Strategic Finance*, 95 (3), 47-51.

French, J.R.P., Caplan, R. D., & Van Harrison, R. (1982). *The mechanisms of job stress and strain.* Buckingham, UK: Open University Press.

Heathfield, S. M. (2011). *The bottom line for employee retention.* http://humanresources .about.com/.

Howard, A., & Johnson, J. (2010). If you were a tree, what kind would you be? The surprising truth about interviewing. *Catalyst,* 39 (2), 13-21.

Howard, G. S., Nance, D. W., & Myers, P. (1986). *Adaptive counseling and therapy: An integrative, eclectic model.* The Counseling Psychologist, 14, 363-442.

Ishikawa, H., Hashimoto, H., Kinoshita, M., Fujimori, S., Shimizu, T., & Yano, E. (2006). Evaluating medical students' non-verbal communication during the objective structured clinical examination. *Medical Education,* 40 (12), 1180-1187.

McConnell, J. (2003). Preparing for and conducting interviews. *Hunting Heads*, 101-137.

Manathunga, C. (2005). The development of research supervision: "Turning the light on a private space." *International Journal for Academic Development,* 10 (1), 17-30.

Manathunga, C. (2007). Supervision as mentoring: The role of power and boundary crossing. *Studies in Continuing Education*, 29 (2), 207-221.

Maxwell, J., C. (1998 and 2007). *The twenty-one irrefutable laws of leadership.* Nashville, TN: Thomas Nelson.

Mehrabian, A. (1971). Silent messages, Wadsworth, California: Belmont.Renn, K., & Hodges, J. (2007). The first year on the job: experiences of new professionals in student affairs. *NASPA Journal*, 44 (2), 367-39.

St. Onge, S., Ellett, T., & Nestor, E. M. (2008). Factors affecting recruitment and retention of entry-level housing and residential life staff: Perceptions of chief housing officers. *Journal of College and University Student Housing,* 35 (2), 10-23.

Subramani, R. R. (2010, February). Insight through body language and non-verbal communication references in Tirukkural. *Language in India*, 10 (2), p. 261.

Sutcliffe, N. (1999). Preparing supervisors: A model of research awards supervision training. In G. Wisker & N. Sutcliffe (Eds.), *Good practice in supervision* (pp.139-147). Birmingham: SEDA.

Tull, A., Hirt, J. B., & Saunders, S. A. (2009). *Becoming socialized in student affairs administration: A guide for new professionals and their supervisors.* Sterling, VA: Stylus.

Winston, A. W. Jr., & Creamer, D. G. (1997). *Improving staffing practices in student affairs.* San Francisco, CA: Jossey-Bass.

第20章
将专业发展作为终身学习的方式

苏珊·科米夫斯　斯坦·卡彭特

伊利诺伊州卫斯理大学曾经邀请校友们参加“校友周末”活动并大胆声称：“你们的学位已经过时了。”这句话对我们获得的学士和硕士学位同样适用。信息的半衰期正在缩短，它要求我们持续学习以保持与时俱进、有能力和有远见。事实上，“几乎所有行业和学科的从业人员都必须保持终身学习以更新他们的技能和知识”（Cantor，2006，p. 28）。

虽然学生事务专员从正规的高等教育、学生事务工作或学生发展研究中获取知识，但当今的时代依然要求他们不断获得新信息来应对当下的挑战。30多年前，学者彼得·维尔（1991）写道，“在瞬息万变的时代中，我们必须习惯于一次又一次地以初学者的姿态来面对新形势。他预测，“毫不夸张地说，每个人的初学者时期只会逐渐加长和强化，以至于从现在开始的十年，我们每个人都将更加深刻而彻底地永远保持着初学者的状态”（p. 81）。专业人士可能不需要这样终身学习的能力，但是他们需要拥有获取未知信息的能力——承认他们所不知道的或拥有知道如何去学习的自信（Vaill，1996）。自相矛盾的是，当我们承认自己对某些事项缺乏了解并有信心通过学习掌握这些事项时，我们的能力才能得到培养。

在本章中，我们强调了终身专业学习的必要性并指出了开展终身专业学习需要掌握复杂的技能和能力。我们提出了专业发展的理念，提供了个体与群体专业发展的思考模式，并就如何实施全面的专业发展规划提出了建议，同时分享了具有示范意义的专业发展活动。

20.1 终身专业学习

学生事务专员每天面临的复杂问题、新信息的迅速涌入、知识管理的需要（Cantor，2006）、技术革新，以及回顾各种重要的理论框架和观点都清楚地表明，任何个体都没有足够的信息和能力去处理如今复杂的工作挑战。由于各种原因，学生事务专员和学生发展教育工作者有义务为学生事务的社会化和专业知识的更新做出努力（Carpenter，2003），至少要为此开始着手准备并开展终身学习（Carpenter，1991）。对于任何职业来说，知识和技能是同等重要的。知识、技能与复杂的学生事务工作交织在一起，引发了关于开展终身专业教育所需的知识和学习的探讨。

20.2 专业能力

许多反映学生事务专业发展的专业能力模型为学生事务专员提供了指导（ACPA Steering Committee on Professional Competencies，2007；Council for the Advancement of Standards in Higher Education [CAS]，2012c；Janosik，Carpenter，& Creamer，2006；Pope，Reynolds，& Mueller，2004）。高级学生事务办公室和研究生教研室经常开展有关新入职专业人员的能力期望的比较研究（Swen et al.，2011）。赫德林、里弗勒和

摩罗卡（2013）从22篇文章中汇总分析了近20年来关于学生事务能力的学术研究结果，他们发现，“学生事务领域不断发展的共识呈现出专业能力行政化的趋势”（p. 250）。他们的分析采用了洛弗尔和科斯滕在2000年使用的类似研究方法。洛弗尔和科斯滕的研究指出了学生事务的专业能力领域包括学生发展能力（70%）、学生事务单元责任（13%）、学术背景（13%）、组织发展（9%）、联邦政策（9%）和学生需求（4%）。赫德林等人（2013）研究发现了其他的能力领域：多元文化/多样性（86%）、学生发展（68%）、研究/评估（55%）、法律问题（55%）、预算和财务（50%）和道德（50%）。在赫德林等人的研究中，多元文化/多样性能力受到高度赞同（50%～86%）反映出它在学生事务领域的重要性（未被列入2000年的六大能力领域类别中）。多元文化/多样性能力在2013年的能力领域研究中居于首位。

2010年，学生事务领域两个主要的协会开展的联合项目发表了最新的综合能力清单：ACPA发布了《大学生教育者的国际化》，而NASPA发布了《高等教育中的学生事务管理者》。这两项研究的作者都是联合项目团队的成员。综合能力清单中确定的十大能力领域分别是：（1）提供咨询和帮助；（2）评估、评价和研究（AER）；（3）公平性、多样性和包容性；（4）职业道德实践；（5）历史、哲学和价值观；（6）人力资源和组织资源；（7）法律、政策和治理；（8）领导力；（9）个人基础；（10）学生学习和发展。每个能力领域包含3个能力等级（即初级、中级、高级）。能力等级的评定不是基于入职年限，而是由不同职位的经验水平，以及雇主和学生事务专员共同追求的技能水平所决定。所有的学生事务专员至少应该达到10个能力领域的初级水平。这份能力清单对那些为了提升本职工作水平而寻找和制定职业发展项目，或努力尝试新的工作角色的学生事务专员来说特别有用。它也可以被用来明确岗位所需的能力等级，使岗位描述更具意义。ACPA发布了一套评估能力和关键技能领域的评分体系。表20-1是一个简版的能力领域列表。在ACPA和NASPA的官网中可以查看完整版。能力领域按字母顺序排列。技术能力、可持续发展能力和全球化能力是贯穿每个能力领域的引线，可以作为专业发展项目的重点。

表20-1　　ACPA和NASPA专业能力领域

提供咨询和帮助：展现与为个体和团体提供咨询和建议、方向、反馈、批评、转介和指导相关的知识、技能和态度		
初级 举例：展现积极的倾听技能；有能力从经验中获取有意义的反思；有能力促进问题解决；了解和使用转介资源……并在寻求专家帮助时展现转介技能	中级 举例：在群体环境中感知和分析未言明的动态；管理冲突；给予符合文化传统的建议、帮助、指导和咨询；恰当地指导学生和工作人员	高级 举例：为个人和团体提供有效的咨询服务；有能力干预机构危机，以及有能力协调危机干预和危机反馈流程
评估、评价和研究（AER）：重点关注使用、设计、执行和批判定性和定量AER分析的能力；使用AER流程和结论管理组织的能力；在大学校园中形成以AER流程和应用为中心的政治和伦理氛围		

续表

初级 举例：恰当而准确地区分评估、项目审查、评价、规划、研究和方法论；使用最新的技术和方法来收集和评估数据	中级 举例：咨询时开展基本的调查和应用其他工具；使用符合文化传统的术语和方法汇报AER结果	高级 举例：有效地利用评估结果来确定任务/目标的完成情况、开展资源再分配和处理资源需求
公平性、多样性和包容性：包括由多样的观点和人组成的学习环境所需的知识、技能和态度。它也旨在建立一种接受和欢迎多样性群体的机构精神，帮助人们摆脱误解与偏见		
初级 举例：整合校园文化知识和校园内相关的多样化问题；展现一视同仁的态度并致力于改变阻碍校园公平的不利因素	中级 举例：监督、质询和参与公平、包容、主动和非歧视的人才聘任和升职工作	高级 举例：确保机构内的个体都能被有尊严地、公平地和公正地对待
职业道德实践：涉及需要被理解的知识、技能和态度，以及在工作实践中应该遵循的职业道德。职业道德是所有能力领域不可分割的组成部分，职业道德实践重点关注将职业道德贯穿和融入个人生活和工作实践中		
初级 举例：在个人的职业生涯中识别道德伦理问题；帮助学生做道德伦理相关的决策	中级 举例：确定和解决同事和学生的失德行为；在做道德伦理决策时，阐明并实施个人坚守的道德准则	高级 举例：确保学生事务单元和部门的工作人员坚守已确定的道德准则
历史、哲学和价值观：将学生事务专业的历史、哲学和价值观与当前的专业实践联系在一起的知识、技能和态度		
初级 举例：描述形成学生事务专业的基本哲学、学科和价值观；阐明专业实践的原则	中级 举例：阐释当下的专业实践从历史背景中演变而来的方式；探索新的哲学背景和研究方法	高级 举例：为学生事务专业的研究做出贡献；展示远见卓识和前瞻性思维
人力资源和组织资源：包括在员工选择、监督、激励和正式评价中使用的知识、技能和态度；解决冲突；管理组织论述中的政治观点；有效应用与财务资源、设施管理、筹集资金、技术使用、危机管理、风险管理和可持续资源相关的策略和技术		
初级 举例：熟悉基本的监督原则；描述应对重大事件和校园危机的校园规定	中级 举例：协助和/或指导个人制定专业发展规划	高级 举例：有效地干预员工的精神面貌、行为期待、冲突和绩效问题；教导他人开展资源管理工作
法律、政策和治理：包括与以下情况相关的知识、技能和态度：掌握不同背景下政策发展流程的应用情况，法律结构的应用情况，对治理结构及其对专业实践影响的情况		
初级 举例：描述政策在地方、州和联邦各级政府，以及在机构和部门中的制定方式；阐释风险管理和责任削减战略的理念	中级 举例：解释与侵权和玩忽职守相关的法律理论及其对专业实践的影响；在准入、承受力、责任和质量方面开展最佳工作实践	高级 举例：制定与合同法相一致的机构政策和实践准则；有效地参与机构的治理体系
领导力：阐明领导者应该具备的知识、技能和态度。无论是领导者还是工作人员，不但个人需要具备领导力，还应在团队合作中具备设想、规划和影响组织变革的领导力		

续表

初级 举例：明确自身作为领导者的优势和劣势，并寻求提升领导力的机会；描述和应用社区建设的基本原则	中级 举例：在设计变革流程时，确定潜在的障碍或阻力点；共享形成关键决策的数据	高级 举例：在真实的自我和岗位角色之间呈现出真实性和一致性；告知其他工作单元可能影响其工作的问题
个人基础：涉及保持情绪、身体、社会、环境、关系、精神和智力健康的知识、技能和态度；能够自我引导和自我反思；在工作中保持卓越和正直		
初级 举例：明确表达对个体工作有意义的目标；确定影响心理健康的积极和消极因素，并在适当的时候寻求现有资源的帮助	中级 举例：能够认识到专业能力持续增长的需求和机会	高级 举例：不仅关注眼前的专业能力增长领域，还关注与预期的职业轨迹相关的能力领域
学生学习和发展：阐明学生学习和发展理论的概念和原则		
初级 举例：明确将现有理论和模型应用于不同学生群体的局限性；识别并构建学习成果	中级 举例：以当前对学生学习和发展理论的研究为基础，设计促进学生学习和发展的程序和服务	高级 举例：向不同的受众解读理论……并应用理论有效地增进对学生事务工作的理解

资料来源：Adapted from American College Personnel Association and National Association of Student. Personnel Administrators. （2010）. ACPA/NASPA professional competency areas for student affairs practitioners. Washington，DC：Authors.

对学生事务能力领域的研究经常将学生事务专员在硕士准备项目中提升的能力与其在实际工作中侧重的能力做比较。高等教育标准促进委员会（CAS）在1986年发布了学生事务硕士准备项目的第一套标准。许多硕士准备项目将该标准用于他们的项目设计，自愿履行标准要求，并做好学生事务专员专业实践的准备工作。表20-2概述了CAS（2012 c）制定的关键课程：基础研究、专业研究和督导实践。硕士准备项目是为了培养新手学生事务专员的工作能力，如需要格外关注的预算能力等，帮助他们做好入职准备（Cuyjet，Longwell-Grie，& Molina，2009）。硕士准备项目结合助理实习或实际工作中的学习经验，有助于增强新手学生事务专员的工作能力。

表20-2　CAS课程

研究领域	特定课程
基础研究	高等教育史与学生事务基础 高等教育哲学与学生事务基础
专业研究	学生发展理论 学生特点与大学对学生的影响 个体与团体干预 学生事务的组织和管理 评估、评价和研究
督导实践	包括两种不同体验的专业实践与实习

资料来源：Adapted from CAS （2012c）. p. 353.

以上介绍的能力领域列表和CAS标准汇集了学生事务专业实践所需的技能和能力。CAS文件中进一步补充了一般和个性化素质能力，“高等教育学生事务专业实践的卓越个人特质”（CAS，2012a）。卓越的个人特质集合了一般的知识和技能、人际互动能力和高度的自律。CAS标准的汇编可在其官网上查看，它也可以作为学生事务专员制定个性化职业发展规划的自我评估工具。

学生事务的显著挑战是来自不同背景（例如，医疗、会计、娱乐）的学生事务专员在同一个部门开展工作。此外，学生事务在校园内无处不在（例如，咨询中心、实习生办公室、招生办公室），但很多学生事务工作可能并不归属于正式的学生事务部门。布里明（2001）将社区实践理念应用于学生事务。他指出，学生事务关注的文化和理论研究不止一个。因此，尊重校园里的每一个群体，并研究他们之间有趣的交叉和互动方式，对当代的学生事务实践来说，是非常必要的。

Learning Reconsidered（Keeling，2004）认识到，很多为学生学习做出贡献的学生事务专员（例如，会计、医生、教练、社会工作者）并未接受过正式的职前准备培训。作者写道：“既然学生事务专员职前准备教育的重点是必须深入了解以下主题，那么教师对这些主题的理解同样重要。”（p. 25）

- 高等教育背景
- 学生学习和发展理论
- 有助于学生成功和学生保持的因素
- 多样化学生群体的特点和需求

*Learning Reconsidered*指出，“由于许多学术事务管理者和学术顾问没有在这些领域接受正规教育，所以高等教育机构必须提供帮助他们获得这些知识的专业发展机会”（p. 25）。

由于学生事务领域的信息量既多又复杂，而且对学生事务专员的个人素质要求很高，所以难怪我们总感觉自己是个新手！问题不在于我们是否应该参与专业发展，而在于我们如何才能真正地做好准备？正如教育的真谛一样，答案是终身学习。

20.3 定义专业发展

卡彭特和斯廷森（2007）探讨了学生事务的学术研究、专业特性和专业发展。他们的结论是，有目的的工作实践（学术研究、同行评审和经验驱动）需要终身学习。而且，终身学习的内容应该是本领域最优秀的思想。学生事务工作有着理论与实践相结合的骄人历史。因此，学生事务专员的当务之急是根据专业标准的要求开展终身学习和专业反思（Webster-Wright，2009）。学生事务专员广泛接纳终身学习理念的案例之一就是《非洲学生事务日志》。该部著作第一卷的内容是专业化与专业发展，其中的一章是关于数据驱动工作实践，以及利用同行评议期刊中严谨的理论研究和其他学术研究来实时更新专业培训和专业信息的重要性（Carpenter & Haber-Curran，2013）。

此外，学生事务专员需要明确他们工作角色的理论根源。考米维斯（1998）探讨了统一体的概念，包括“从业者—从业者”“从业者—学者”“学者—从业者”“学者—学者”（p. 179）。研究表明任何一个极端都是不可取的。“从业者—从业者”缺乏理论基础，并且在工作实践中缺乏理论支持。同样，“学者—学者”仅仅关注理论研究和学术成果，理论与工作实践、工作原则及需要了解的学生发展问题相脱节。“从业者—学者”不但将个人能力应用到工作实践中，也了解工作实践的理论和研究基础。“学者—从业者”的工作动力来自在工作实践中升华理论研究，并积极地学习和评估实践结果与经验。充分了解学生事务工作实践的理论根源对从事涉及专业发展项目的工作人员来说，是非常有用的。

另外一个定义专业发展的方式是将其与专业身份的形成做比较。米勒和卡彭特（1980）就选择了这个研究路径，并得出了职业发展必须符合人的发展规律的推论。由该推论衍生出的五个命题（见表20-3）明确支持了学生事务专员在其整个职业生涯中致力于终身学习的做法。

表20-3　**专业发展的本质**

1. 专业发展具有连续的和不断积累的本质特征，以及从简单到复杂的行为特点。共有的水平和阶段可以用来描述专业发展
2. 最佳的专业发展是追求卓越专业成长的个体与其所在的环境之间互动的直接结果
3. 最佳的专业准备是在个体成长的背景下知识与能力的有机统一
4. 高质量的专业准备是专业信誉和卓越的专业实践的前提和基础
5. 专业准备是一个终身学习的过程

资料来源：Adapted from Miller and Carpenter （1980），p. 84.

卡彭特（2003）后来修改了来源于这五个命题的模型。该模型由形成阶段、应用阶段和增值阶段组成。*形成阶段*的特点是具有较多的外部控制点，因为在职业生涯初期通常是由资深工作人员为新手工作人员提供职业培训和入职教育。这一阶段的主要活动是学。*应用阶段*的特征是从外部控制点到内部控制点的转变，因为专业人员越来越相信自己的判断。这一阶段直截了当的活动就是做。处在*增值阶段的*专业人员为学生事务实践做出贡献的方式有很多种：人性化和知情化的监督、榜样示范、政策制定、担任专业协会领导、产出学术研究成果和开展其他示范性活动。卡彭特（2003）称这三个阶段为“职业发展周期”的宏观版本（p.582）。观察职业发展周期的另一个有趣方式是微观视角。学、做和贡献是从各个方面思考学生事务实践的好方法。这个简单的周期序列看似以碎片化的方式运作，但小到我们与同事和学生的日常互动方式，大到学生事务组织和理论研究成果，都可以被它描述并由它指引。我们为学生、同事、学生事务专业和整个社会所学习的知识和技能，所做的事情和所付出的贡献塑造了我们！

专业继续教育领域内的理论研究是审视学生事务专业发展更基本和更复杂的方式。与20世纪90年代切尔韦罗（2000）提出的专业继续教育过程中的停顿观点不同的是，迪克斯和吉利（2004）论证了一个更主观和更具情境化的观点。他们批评了对“简单”的技能和能力发展的狭隘关注，特别是批评了“以说教的方式传播技能和能力，或由各类完全没有相互协调和合作的团体（工厂、营利机构和大学）提供技能和能力”（Cervero，2000，p.4）。对迪克斯等人来说，工作经验是专业发展的媒介，反之亦然。此外，他们从近期领导力发展的文献中借鉴了专业发展准备的理念并认为，即使是处在相同岗位或经验水平的个体，也不一定适合某类特定的专业发展活动或内容（Dugan，2013；Hannah & Avolio，2010）。每一位专业人员都有独特的知识、技能以及进一步专业发展的需求。这意味着正规的专业发展已成为学生事务专业实践和专业身份不可分割的组成部分。

在下文中，我们探讨了反映专业发展特征的模型。如果想要蓬勃推进专业发展项目，我们就必须采用“专业实践的连续统一体”（Knox，2000，p. 16），将专业教育视为终身教育的过程。诺克斯把连续统一体视为聚焦于“目标、学习活动、提供者、资源、情境和沟通”（p. 17）、有组织的、协调的、涉及专业发展的各个方面的付出与努力。专业发展活动应该在重视理论的情况下以应用为主（这有助于有差别的专业准备）。最后，专业发展活动应得到包括管理者、学习者和决策者在内各方的支持（Knox，2000）。学生事务组织的专业学习常常会改变组织文化，从而使其有可能去解决复杂的问题和实现转型变革（Vahey，2011）。

20.4 专业发展模型

鉴于以上思考，在学生事务工作环境中，无论是为个体学习还是团体发展所设计的现代专业发展活动应该具备某些特征。为了方便记忆，我们以如下方式呈现职业发展活动：

有目的、有意愿且与目标相关。专业发展应该来自专业人员的内心需求，他们渴望在特定的专业实践方面做得更好。不断谋求发展的专业人员和团队常常对专业学习有更大的需求。

研究、理论和数据基础。与其他专业活动一样，学生事务专业发展活动应该具有基于理性的理论基础，并且在理想的情况下可以通过专业质询证明自身价值。不以理论和研究为基础使用专业技术或方法是有风险的，甚至可能是浪费和有害的。

经验基础。新手专业人员应该抓住机会向资深专业人员学习。资深指的是专业人员在工作内容和工作模式方面颇具经验，与其年龄无关。正如ACPA / NASPA能力的三个等级所述，例如，一位非常年轻的专业人员可能会为学生事务部门带来丰富的技术经验。专业人员应该充分利用已经成型的专业发展模式，并根据个体情况更新内容。

同行评议。学生事务中未被充分利用的资源是同行评议。在专业发展的背景下，在个体决策和分析、委员会工作、部门计划、专业相关课程方面获得“有组织的帮助”尤为重要。当专业人员在思考个人的专业发展时，不应该忽视其他专业人员对自己的评价。如果专业人员所在的机构存在同行评议机制的话，那么忽视同行评议就更不明智了。

评估。除了将所有上述因素考虑在内，专业人员还必须检查专业发展活动的可行性、成本与收益、目标达成的可能性、挑战程度、所需花费的时间和精力。简而言之，有计划的专业发展活动能否实现想要的学习成果？毫无疑问，在开展专业发展活动前应先完成评估。

在实践中反思。与其他教育活动一样，每项专业发展活动都需要通过反思来完成学习闭环。舍恩（1991）的观点是，个体的实践应该包括大量的反思。不断地重新审视，学习，甚至直觉都是专业发展的必要元素。工作实践的时间和方法应该建立在认真思考和审慎应用经验教训的基础上。

评价。专业发展活动是否达成预期效果？如果答案是否定的，那么专业发展的效果是更好了，还是更差了？如果效果更好了，那么如何在未来使它更好？如果是更差了，那么如何在未来减少损失？如果专业发展活动没能满足需求或达成目标，那么专业人员应该将所学知识融入当前的专业发展计划中。同样，如果专业活动达成了既定目标，那么专业人员下一步该做什么？

选取专业发展活动以上特征的英文首字母，我们将其命名为PREPARE模型。专业人员在整个职业生涯中做好PREPARE非常有必要。根据专业准备类似于身份发展并具有建构主义本质的观点，正规的专业准备与传统的专业发展所要考虑的内容是一样的。例如，一位正在参加正式学术项目的，处在形成阶段的专业人员也需以助理或者实习的方式参与到大量的被督导的实践活动中（Carpenter，2003）。我们可以应用PREPARE模型来分析整体的专业发展项目和方方面面的实践经验。没有参加正式准备项目的，处在形成阶段的专业人员需要在一段时间内依赖于督导者和导师的指导。显然，只有在学生事务领域具有丰富经验的专业人员才能全面而准确地评估和分析PREPARE准则——新手专业人员是做不到的。

在应用阶段（Carpenter，2003），专业人员需要对个人的专业成长和发展道路负责。他们需要主动向导师和督导者寻求技能指导和帮助。此外，他们还需要响应专业协会的要求和开展理论研究。处在应用阶段的专业人员也在对专业发展常常以不可预测的方式与实践互动的认知中不断成长。在同事的帮助下反思或者自省可以培养专业人员极强的洞察力。在增值阶段（Carpenter，2003），专业人员不仅要对个人的专业发展决策负责，还要努力为学生事务部门、机构和整个学生事务行业营造发展环境。专业人员对学生事务做贡献的最佳方式是参与设计和提供校园内外高质量的专业发展体验。

在理想的情况下，由简单的PREPARE模型指导的专业发展活动是学生事务组织的组成部分。考虑到个体的经验和知识会随着时间而累积，专业人员发展计划应该尽可能地详细和长远。同样地，高等教育机构应该为学生事务专员提供一个经过深思熟虑的全面专业发展计划。专业发展计划应该具有个体责任感和发展意愿的特征，其应用对象应该既包括一般工作人员，也包括学生事务专家。

专业发展活动可以是短期的、长期的或偶然的。表20-4展示了将专业发展活动样本置于有意识的发展经验框架中的方法。

表20-4　　专业发展活动样本和PREPARE模型

质量维度	研究团队/写作小组	实习/工作分享/工作交流	读书俱乐部	机构参与
有目标的	在本领域学习新知；增进个人研究/写作技能；产品导向	支持职业目标或技能提升目标	确定能满足校园需求，或个人需求与兴趣的书籍	支持工作需求或专业发展计划
基于研究/理论	以回顾理论为基础	学习理论以应用到感兴趣的、新的职能领域	将新的理论知识应用于实践	理论框架透明化
基于经验	以过去成功项目为指导	就如何尽快提升专业能力向督导者、导师和同事寻求帮助	通过与同事讨论的方式提出申请	提供2~3天的沉浸式学习体验；提供专业发展计划；接受专业协会审查
同行评议	包括同行互相给予建议；提交正式的同行评议报告	采用申请制进行筛选；由同事组成的委员会制定评议指南	确保高质量的经验；保证书籍在出版前已通过同行评议	通过赞助组织显示专业活动的质量
评估	工作节奏对按时完成撰写极为重要；识别技能缺陷（例如，分析方法）	检查专业人员的健康情况、参与意愿，参与意义；确定时间限制	按照标准选择书籍	确保符合个人目标和组织需求的专业活动
反思	与团队一起进行过程体验	就地监督发展	预判文献资料在工作环境中的应用	要求专业人员在返回校园时进行汇报、报告或陈述专业活动情况
评价	团队评价；确定学习成效	使用360度全方位的反馈策略（督导者、同行、下属）；全职的督导者参与评价过程	在每个阅读周期后评价学习情况	要求在年度审查中体现机构影响力

专业发展活动的关键在于，它不是单一的活动，而是有组织的项目，包括个人与团体、校内与校外、正式和非正式的专业发展计划与活动，以及参加州、地区和国家各级协会领导团队的机会。尤其是，学生事务部门有责任和义务鼓励专业人员参与专业发展活动并为其提供机会和平台。专业发展显然对专业人员有很多益处，但是它对学生事务组织和学生的益处更多，因为专业发展有助于建立高水平的专业人员队伍。温斯顿和克里默（1997）在他们关于学生事务专员配置的著作中很好地捕捉到了这个三重利益的理念，提出了"协同督导"的概念，即"与传统督导截然不同的观点……协同督导是支持专业人员实现组织目标和促进个人专业发展的帮助过程"（p. 194）。

PREPARE模型为制订协同督导的方案和谈话机制提供了方法。由此，专业发展对专业人员和学生事务组织的益处便显而易见，这意味着学生能够获得专业的服务。当我们将这个概念进一步深化并与迪克斯等人（2004）的观点相结合，就可以得出这样的结论：专业发展与实践环境是相互作用的。我们回归到专业发展的基本观点，专业实践就是专业发展，反之亦然。无论是与学生一起工作还是打磨自己的知识和技能，专业人员都需要有工作规划、掌握理论、熟知专业发展史、积极响应同行评议并对所有工作进行反思和评估。

特定专业发展活动的机会是无限的。除了专业人员个人和学生事务办公室自行设计的专业发展活动，康托（2006）还确定了常在培训市场争夺利润的四类专业继续教育（PCE）来源。这四个类别分别为专业协会、培训企业、私营学校和学院以及非营利组织。表20-5使用了康托分类法的修订版，列举了学生事务或高等教育领域中的专业发展机会。

表20-5　**专业持续发展的主要来源范例**

来源类别	活动样本
专业协会 （见第11章）	出席国际、国家、地区和地方会议（通常可获得CEU学分） 参加各种协会（包括参加学生事务领域以外的专业协会） 加入研究院和参加研讨会（例如，美国学院及大学住宿管理人员国际协会的国家住宿培训研究院；美国学生人事管理者协会的理查德·史蒂文森高级学生事务管理者研究院；美国大学人事协会的唐娜·M.布拉萨中级管理研究院；美国学生人事管理者协会和美国大学人事协会的领导力教育者研究院） 体验线上学习课程、慕课、在线研讨会、电话会议 参加国际游学 阅读出版物（如期刊、图书）或投稿 通过协会来寻找导师/赞助者/同行支持/人际网络 寻找高等教育协会名单，请参见高等教育标准促进委员会官方网站

续表

来源类别	活动样本
培训企业	了解线上培训企业的培训内容，如Magna、PaperClip、studentaffairs.com 聘请培训顾问和咨询公司 接受私人培训师的指导 参加线上短期课程和研讨会
非营利组织	确定项目并参加： 商业协会 公共图书馆 美国红十字会 宗教组织 遗产组织 服务学习组织 专业机构，如社会公正培训机构
学院和大学	由学院和大学提供的参与机会，例如： 选择研究生或本科课程 认证项目或学位课程(详见第19章) 人力资源管理办公室／人事项目 优秀教学项目中心 技术项目办公室 研讨会和研究院 实习、研究生协会奖学金和学术休假 工作交流或交叉培训 教学课程 图书小组、阅读小组，或案例研究小组 研究团队 可供选择的春假计划 导师和同行的支持 有关管理、技术或服务的私营学院培训项目
国际经历	通过参加以下活动拓宽国际视野： 公费出国留学 专业协会组织的学术游学 海外研讨 维和部队

20.5 专业发展的良好实践

很多高等教育机构已经制定了杰出的专业发展项目，为其他机构提供了效仿和努力超越的榜样。本章提到的范例是作者对邮件列表中数量非常有限的专业人员开展快速调查的结果，不具备全面性。因此，作者并没有轻视本章中未提及的高等教育机构。通常来说，员工委员会负责提供专业发展项目，并指派至少一位员工负责项目发展。令人高兴的是，学生事务部门逐渐倾向于调配全职专家和必要资源助力专业发展。其中一个范例是，加利福尼亚大学伯克利分校成立了由四名专职人员构成的学习和发展部，负责学生事务组织咨询、员工参与和人才管理工作，详见加利福尼亚大学伯克利分校学生事务网站。

南卡罗来纳大学要求每位专业人员都制订响应一个或多个学生事务核心能力领域要求的专业发展计划。专业发展的情况需要接受年度评估。因此，专业人员的加薪和旅行经费等取决于专业发展计划能否取得成功。专业发展计划包括参加由学生事务部门主办的系列讲座、会议、协会领导力活动、正式课程、社区服务、交叉培训及其他各类活动。

很多高校都会赞助某些定期的对话小组或自带午餐的讨论会，如艾奥瓦州的康奈尔大学每月都举办的“包容性对话”。在这个活动中，学生事务专员齐聚一堂讨论他们对某些特定学生群体的观察和反馈。

其他的跨部门合作的优秀范例包括学生事务专员与其他部门人员的互动模式（例如，马里兰大学、利哈伊大学、北卡罗来纳大学威尔明顿分校的主任助理项目）。惠顿学院（马萨诸塞州）还开创了“混合者”项目，把来自不同职能领域的学生事务工作者混合后再分成小组（约6组，每组10人）。各小组每年召开若干次会议讨论学生事务工作。

住宿生活部门的专业人员人数众多，专业发展的机会也较多。美国学院及大学住宿管理人员国际协会设有一所长期的研究院为拥有3~5年全职住宿生活工作经验的专业人士提供培训。该研究院制定了一套包含50个能力区域的专业标准并由专业人员负责逐年更新。

虽然这些专业发展项目都是在相对宏大的背景下被设立的，但它们都是整体专业发展计划的优秀组成部分（Swett，2011）。各种层次的专业发展项目有助于满足不同专业人员的需求。罗伯茨（2007）总结道：

研究的结果表明，专业人员（成员）更倾向于互动的方式，如咨询同事和导师，而不是参加学术休假和线上课程。新手专业人员常常依赖他们的准备项目课程，中级专业人员会认为专业会议很有价值，而高级专业人员则会阅读专业期刊和书籍（p. 371）。

20.6 结论

在回顾高等教育标准促进委员会的各成员协会的伦理声明时，“参与继续教育和专业发展”作为专业自主性中的一个维度，显然是一种职业道德（CAS，2012b，p. 1）。其言外之意是，不这样做是违背职业道德的。ACPA和NASPA都在其伦理声明中强调专业发展的重要性。

专业发展必须被视为一项日常的学习活动，且需常用常新。学生事务专员应该拥有一个明确和积极的专业发展计划，学生事务工作单元、学生事务部门、学生事务领域及高等教育机构也应如此。专业发展与恰当的、有计划的学生事务实践联系如此紧密以至于两者可以被认为是相互成就的——在不考虑其中一方的情况下讨论另一方是没有意义的。克鲁格（2000）认为专业发展是每位专业人员的责任，这个观点是非常正确的。学生事务领域和学生事务办公室以各种方式支持和促进专业继续教育既符合伦理，也是实际需求。即便雇主不能提供合理的专业发展支持，专业人员也需要确保不断提升个人能力和更新专业知识。

参考文献

American College Personnel Association.（2007）. *Professional competencies: A report of the steering committee on professional competencies.* http://www.myacpa.org/au/governance/.

American College Personnel Association & National Association of Student Personnel Administrators.（2010）. *ACPA/NASPA professional competency areas for student affairs practitioners.* Washington, DC: Authors.

Blimling, G. S.（2001）. Uniting scholarship and communities of practice in student affairs. *Journal of College Student Development*, 42, 381-396.

Cantor, J. A.（2006）. *Lifelong learning and the academy: The changing nature of continuing education*（ASHE Higher Education Report, no. 32）. San Francisco, CA: Jossey-Bass.

Carpenter, D. S.（2003）. Professionalism. In S. R. Komives & D. Woodard Jr.（Eds.）, *Student services: A handbook for the profession*（4th ed., pp. 107 127）. San Francisco, CA: Jossey-Bass.

Carpenter, D. S.（1991）. Student affairs profession: A developmental perspective. In T.K. Miller & R. B. Winston Jr.（Eds.）, *Administration and leadership in student affairs*（2nd ed., pp. 253-269）. Muncie, IN: Accelerated Development.

Carpenter, S., & Haber-Curran, P.（2013）. The role of research and scholarship in the professionalization of student affairs. Journal of Student Affairs in Africa, 1（1 & 2）, 1–9.

Carpenter, S., & Stimpson, M.（2007）. Professionalism, scholarly practice, and professional development in student affairs. *NASPA Journal*, *44*（2）, 265–284.

Cervero, R. M.（2000）. Trends and issues in continuing professional education. In. V.W. Mott & B. J. Daley（Eds.）, *Charting a course for continuing professional education: Reframing professional practices.* New Directions for Adult and Continuing Education, no. 86. San Francisco, CA: Jossey-Bass.

Council for the Advancement of Standards in Higher Education.（2012a）. *CAS characteristics of individual excellence.* Washington, DC: Author. http://www.cas.edu/.

Council for the Advancement of Standards in Higher Education.（2012b）. CAS *statement of shared ethics.* Washington, DC: Author. http://www.cas.edu/.

Council for the Advancement of Standards in Higher Education.（2012c）. Master' s level student affairs administration preparation programs. In CAS *professional standards for higher education*（8th ed.）. Washington, DC: Author. http://standards. cas. edu / getpdf. cfm? PDF=E86DA70D - 0C19-89ED -

0FBA230F8F2F3F41.

Cuyjet, M. J., Longwell-Grice, R., & Molina, E. (2009). Perceptions of new student affairs professionals and their supervisors regarding the application of competencies learned in preparation programs. *Journal of College Student Development*, 50, 104–119.

Dugan, J. P. (2013). Developmental readiness: Framing the extant literature. *Concepts and Connections*, 19 (3), 18–20.

Dirkx, J. M., Gilley, J. W., & Gilley, A. M. (2004). Change theory in CPE and HRD: Toward a holistic view of learning and change in work. *Advances in Developing Human Resources*, 6, 35–51.

Hannah, S. T., & Avolio, B. J. (2010). Ready or not: How do we accelerate the developmental readiness of leaders? *Journal of Organizational Behavior*, 31, 1181–1187.

Herdlein, R., Riefler, L., & Mrowka, K. (2013). An integrative literature review of student affairs competencies: A meta-analysis. *Journal of Student Affairs Research and Practice*, 50 (3), 250–269. doi: 10.1515/jsarp-2013-0019.

Janosik, S., Carpenter, S., & Creamer, D. (2006). Beyond professional preparation programs: The role of professional associations in ensuring a high quality work force. *College Student Affairs Journal*, 25 (2), 228–237.

Keeling, R. P. (Ed.) (2004). *Learning reconsidered: A campus-wide focus on the student experience.* Washington, DC: National Association of Student Personnel Administrators and the American College Personnel Association.

Knox, A. B. (2000). The continuum of professional education and practice. In. V. W. Mott & B. J. Daley (Eds.), *Charting a course for continuing professional education: Reframing professional practice.* New Directions for Adult and Continuing Education, no. 86. San Francisco, CA: Jossey-Bass.

Komives, S. R. (1998). Linking student affairs preparation with practice. In N. J. Evans & C. E. Phelps Tobin (Eds.), *The state of the art of preparation and practice in student affairs* (pp. 177-200). Washington, DC: American College Personnel Association.

Kruger, K. (2000). New alternatives for professional development. In M. J. Barr & M.

K. Desler (Eds.), *The handbook of student affairs administration* (2nd ed., pp.535–553)). San Francisco, CA: Jossey-Bass.

Lovell, C. D., & Kosten, L. A. (2000). Skills, knowledge and personal traits necessary for success as a student affairs administrator: A meta-analysis of thirty years of research. NASPA *Journal*, 37 (4), 1–18.

Miller, T. K., & Carpenter, D. S. (1980). Professional preparation for today and tomorrow. In D. Creamer (ed.), *Student development in higher education.* ACPA monograph series. Washington, DC: American College Personnel Association.

Pope, R. L., Reynolds, A. L., & Mueller, J. A. (2004). *Multicultural competence in student affairs.* San Francisco, CA: Jossey-Bass.

Roberts, D. M. (2007). Preferred methods of professional development in student affairs. NASPA *Journal*, 44 (1), 561–577.

Schön, D. A. (1991). The *reflective practitioner: How professionals think in action* (2nd ed.). London, UK: Ashgate.

Swen, A., Hoffman, J., Anan, P., Brown, K., Vong, L., Bresciani, M.J., Monzon, R., & Hickmott, J. (2011). Comparison of senior student affairs officer and student affairs preparatory program faculty expectations of entry-level professionals' competencies. *Journal of Student Affairs Research and Prac-*

tice，48（4）. 463–479.doi：10.2202/1949 6605.6270.

Swett，D.（2011）. Building a comprehensive professional development program. *Student Affairs Leader*，39（7），4–6.

Vaill，P. B.（1991）. *Permanent white water：The realities，myths，paradoxes，and dilemmas of managing organizations.* San Francisco，CA：Jossey-Bass.

Vaill，P. B.（1996）. *Learning as a way of being：Strategies for survival in a world of permanent white water*. San Francisco，CA：Jossey-Bass.

Vahey，K. E.（2011）. *Transformational learning for organizational change：Exploring employee experiences with a student affairs workplace professional development program.* Published doctoral dissertation，University of Northern Colorado.

Webster-Wright，A.（2009，June）. Reframing professional development through understanding authentic professional learning. *Review of Educational Research*，79（2），702–739.

Winston，R. B. Jr.，& Creamer，D. G.（1997）. *Improving Staffing Practices in Student Affairs.* San Francisco，CA：Jossey-Bass.

第五部分　专业实践中的人际动态

本部分重点强调了人际互动的各个方面。在第21章中，阿德里安娜·基哲和肖恩·格尔克讨论了学生学习是怎样通过加强学生事务和学术事务的合作伙伴关系获得支持和提升的。他们提供了有助于教育者在校园中发展丰富伙伴关系的行动步骤。香农·埃利斯在此基础上，接着在第22章讨论了决策制定的政治维度。她明确表示，对于学生事务领导者来说，发展政治思维以及将政治活动和有效的机构治理联系起来是十分必要的。她为高等教育领域开展成功的政治实践提供了务实的想法。在第23章，佩内洛普·威尔斯从机构角度论述了伙伴关系和人际关系。她解读了所有成功的联盟的本质，包括机构内部的联盟以及机构努力与外部合作方达成的联盟。之后，本部分探讨了冲突在组织提升方面发挥的作用。在第24章，戴尔·尼诺和杰里米·斯特林格介绍了关于冲突的各种研究，并回顾了利用冲突中出现的机会促进组织良性运转和提升学生事务专员专业能力的方法。

第21章
通过加强学生事务与学术事务的合作伙伴关系使学生学习获得支持和提升

阿德里安娜·基哲　肖恩·格尔克

在 *Student Personnel Point of View* 发布之后的75年中，学生事务专员依然将全人教育作为工作重点（Guthrie，2012）。学生体验不是简单的教室内和教室外的两部分，而是大学生活各个方面混合和重叠的一个整体，这很像认知学习和心理学习互相交织的方式（American College Personnel Association［ACPA］，1994）。既然大学体验是一个整体，那么就需要在高等教育领域鼓励和促进学生事务与学术事务的合作。过去，学生事务和学术事务的合作被认为是有争议和有困难的活动。但是现在，在全国的大学校园里，这样的合作已经非常普遍（Kezar，2001）。1999年，库赫指出，从历史角度看，拥护合作的多，但是将合作付诸行动的少。然而，现在的情况已经大不一样。全国的调查显示，学术事务和学生事务之间的合作活跃在数以千计的机构以及不同类型和领域的机构之间（Kezar，Hirsch & Barack，2001；Kolins，1999）。

美国高等教育变革掀起浪潮在很大程度上是美国大学人事协会（ACPA）和美国学生事务管理者协会（NASPA）全国性对话的结果。随着 *The Student Learning Imperative*（ACPA）、*Powerful Partnerships：A Shared Responsibility for Learning*（American Association for Higher Education［AAHE］，ACPA & NASPA，1998）以及 *Learning Reconsidered：A Campus-Wide Focus on the Student Experience*（Keeling，2004）的相继出版，这场对话在1994年备受瞩目（Bourassa & Kruger，2001）。总的来说，这些报告强烈呼吁高等教育破除校园内的藩篱，打破部门边界，形成无缝衔接的学习环境（ACPA，1994）。报告强调，学术事务和学生事务的工作人员应该通过合作共同承担帮助学生学习的责任以达成共同的教育目标（AAHE，ACPA & NASPA，1998）。报告认为，所有学生活跃的领域都是学生学习和发展的场所（Keeling，2004）。我们高兴地发现，人们关注的焦点已经从描述伙伴关系的重要性和讨论合作的障碍（系20世纪80年代和90年代的主要论述）转移到审视发展伙伴关系的战略和了解最佳的几类合作模式。

本章整合了由 *The Student Learning Imperative* 衍生出的关于伙伴关系的文献和研究，旨在帮助从业者了解合作的障碍、益处和战略方面的整体情况以及如何开展有前途的合作实践。首先，我们通过回顾相关的术语和展示一个可将不同类型的伙伴关系概念化的框架，展开关于伙伴关系的讨论。然后，我们介绍了四个反思，这是理解当下合作背景的基础。紧接着，我们提出了创建和保持合作伙伴关系的行动步骤。

21.1　伙伴关系的定义和框架

准确定义术语是非常重要的。人们经常将“合作”、“伙伴关系”、“协作”和“协调”这几个词互换使用，但是，我们需要记住这些词是有差别的。协调或协作一般涉及信息共享或者共同完成任务，但是通常不会从根本上改变工作性质（Hagadoorn，1993；Lockwood，1996）。伙伴关系或合作涉及共同的目标，参与的各方相互支持以达到目标，还常常涉及共同的计划和权力共享。要想被认定为合作，就必须有互动的过程（长时间的人际沟通），而且合作小组的第一项工作就是创建共同遵守的规则、行为规范和组织架构。当学生事务工作者谈论伙伴关系时，他们通常指的是协调或协作。这个过程通常始于协调，然后，如果对工作有意义的话，再努力推进协作。就像学生事务工作者经常使用的那样，这些术语在本章中通用。术语在定义上存在区别仅限于研究文献时。

有了术语在手，我们现在开始探索一个框架来了解学生事务和学术事务的协作。斯特赖特、道尔顿和克罗斯比描述了教师和学生事务专员互动的七种类型。这七种类型是存在从结构化到非结构化联系的连续统一体，详见表21-1。这个框架可以启发我们更好地理解发生在学生事务工作中的与学术事务的广泛互动。尽管关于学生事务与学术事务伙伴关系的研究主要集中在结构性协作（例如，学习契约），但是学生事务和学术事务同事之间的广泛互动使他们建立了良好的人际关系。而人际关系有助于促成本章研究中描述的正式契约（Guthrie，2012；Streit et al.，2009）。

无论学生事务专员和他们的教师同事的互动类型是什么，富有成效的协作一般都离不开几个要素。下面的四个反思有利于学生事务专员通过建立与学术事务工作者的伙伴关系来确保改善学生当下的学习环境。

表21-1　**学生事务专员与教师互动的七种类型**

	互动	定义	举例
结构化的 ↑	学习契约	主要关注学生的学习和发展，需要教师和学生事务专员合作实现目标	居住在学习型社区；服务学习项目；新生体验项目；职业发展课程
	研究	学生事务专员和教师参与一般的研究项目，分享资源并接触学生	关于职业和技术的研究；滥用酒精和药物；测试焦虑和压力；公民参与和投票模式
	咨询	有重点的，往往是临时性的互动，以利用专业知识实现具体目标	学习效果、评价和评估；战略和长期计划；教师在工作人员培训和自我反思会上的发言；学生事务专员担任兼职教师
	建议	教师和研究员为学生团队和组织提供咨询，这些团队和组织的课程往往由学生事务专员负责协调	体育俱乐部；学生社团；服务组织；部门俱乐部；校园重大活动
	委员会/工作组	工作组运用学生和学术事务工作人员及教师的专业知识，就与机构重要性有关的具体问题进行互动	学术日程委员会；招生委员会；毕业生就业委员会；危机管理委员会；司法委员会；宣传委员会

续表

	互动	定义	举例
↓	设施/资源共享	设施和资源通常由学生事务专员管理，教师会出于学术和行政目的使用这些设施和资源，这时他们会与学生事务专员产生互动	宿舍；学生会；招待中心；健康中心；电影院；会议中心；食堂
非结构化的	非正式契约	参加活动和在共同地点工作的结果是大学校园里自然而然地产生了非结构化的互动	体育和娱乐活动；奖励和再认识项目；校园餐饮；学生活动；志愿者服务活动

资料来源：Streit，M. R.，Dalton，J. C.，& Crosby，P. C. "A Campus Audit of Student Affairs-Faculty Collaborations：From Contacts to Compacts." *Journal of College and Character*，2009，10（5），1-14.

21.2　反思1：铭记历史

过去，学生事务与学术事务的互动局限于工作协调（Guthrie，2012）。为了尽力满足过去一个世纪以来不断增长的学生需求，学生事务专员协调学术事务以确保学生收获完整的大学体验。但是，他们的工作在本质上是相互割裂的，学术事务和学生事务专员趋向于非结构化互动（Streit et al.，2009）。学生事务专员过去常常在他们的职能范围内开展协调工作，而且早期关于工作协调的讨论主要来自学生事务专员。他们觉得在学术事务工作者面前，自己是二等公民（Bloland，1997；Hyman，1995；Smith，1982）。

如果你在一个仍然和过去的做法作斗争的大学里工作，为了让大学里的人们理解学生事务和学术事务发挥同等重要的作用并消除他们对学生事务工作可能持有的偏见，可以请他们读一读 *Envisioning the Future for Student Affairs*（Task Force，2010）、*Learning Reconsidered*（Keeling，2004）或 *Powerful Partnerships*（AAHE，ACPA & NASPA，1998）。还有一个好办法就是成立校园读书小组。关于读书小组（Eckel，Kezar & Lieberman，1999）的研究表明，如果大学里不同团队的成员阅读的文章和接收的信息是相同的，并能就这些材料开展讨论，那么他们就很可能互相理解，共享认知并乐于为创造更好的工作关系做出改变。这种做法提高了以达成学习目标为目的的结构化互动的可能性（Streit et al.，2009）。

21.3　反思2：逻辑战胜障碍

施罗德（1999c）和柯尼菲尔坎博（1991）描述了在大学校园中形成难以协作的

组织架构的过程。例如，层级式、官僚式的组织架构，知识专业化，校园工作碎片化以及工作割裂，各行其是等，这些做法使教育者不太能够形成伙伴关系。正如施罗德（1999b）指出的："这些垂直式的组织架构通常在促进职能部门内的互动方面是有效的，但对部门间的互动、协作和合作而言就是障碍"。从历史角度来看，形成合作和伙伴关系的一个重要障碍似乎是专业化。当人们越来越关注与学生学习和组织运行有关的非常专业的问题时，最可能产生障碍。专业化的结果是，来自不同专业领域的人之间的距离越来越大，其也越来越少分享价值和目标。这些不同的价值体系在校园内创造了特点各异的文化。结果是，学生事务和学术事务工作人员很难互相交流，建立人际关系并理解彼此的工作。在四年制大学工作的大多数教师有很大的科研压力，他们很少有时间与学生交流，或与行政人员协作。甚至，他们都不能参与到协作活动中。此外，学术事务和学生事务也经常在经费方面相互竞争，不利于工作人员为了共同目标相互协作。

克服这种障碍的一种方法是，为合作创造一个吸引人的情境来帮助学生事务专员认识到自己与学术使命之间的联系。始于20世纪90年代的一些文章和报道强调了合作的重要性，揭示了建立伙伴关系对学生事务而言十分重要的原因（AAHE，1998；Engstrom & Tinto，2000；Fried，2000；Hyman，1995；Keeling，2004；Kezar，2001；Kezar & Lester，2009；Martin & Murphy，2000；Potter，1999；Schroeder，1999a，1999b）。伙伴关系有助于创造无缝衔接的学习环境。在这样的环境里，课堂内外的体验相互支持，而且机构资源被有序整合和分配以达到互补的效果（Nesheim et al.，2007）。伙伴关系可以提升学生的学习效果，提高服务水平，更好地利用资源，做出更好的决策，加强学生管理，提高毕业率，促进机构内沟通，营造信任的环境，建立更好的校园人际关系，提高学生满意度和组织运行和服务水平，如给予学生更有效的建议（Engstrom & Tinto，2000；Schroeder，1999a，1999b；Schuh & Whitt，1999）。

尽管学生事务和学术事务的伙伴关系发展的时间并不长，但是我们现在已经拥有的科研支持和证据证明：伙伴关系没有辜负人们对它的推崇。例如，库赫、金西、舒和惠特最近的一项研究发现：学生事务和学术事务共同承担提高教育质量和促进学生进步的责任与学生参与度高度相关。尽管更早的研究表明，协作和伙伴关系可以促进学生学习，但近期的研究发现伙伴关系和学生之间的人际关系可以促进学生学习。而且，学术事务工作者和学生事务专员也合作开展了各种各样特定类型的项目和关于伙伴关系的研究。例如，关于学习社区的研究——学术事务和学生事务专员之间的一次合作——展示了他们在改进学习效果和加强学生管理方面的研究成果（Smith & McCann，2001；Westfall，1999）。成立兴趣小组有助于加强学生管理（Schroeder，Minor & Tarkow，1999）。与由单一部门设计的项目相比，学术事务和学生事务专员联合设计的项目被应用于非洲裔美国学生和来自低收入家庭的学生等特殊学生群体时更加成功。

很多人关注通过合作提高学习效果的工作方式，但是也有一些研究是关于如何提高组织效益的。其中最重要的一个研究是本西蒙和诺伊曼（1993）发现，不同职能团队的合作激发了团队间认知的复杂性、创新能力和学习能力，进而提升了整个组织的效能。认知复杂性与决策制定者提出更优决策的能力有关，因为他们能从多方面对一件事施加影响。在他们的研究中，那些促进各领域专家合作的大学能够制定更好的决策来提升组织运营能力。这些团队也利用不同领域的专业知识来互通有无，创建学习型组织，并提升在开展其他任务和活动时的运营能力。这种学习（将不同工作领域的观点集合起来的结果）也为伙伴关系本身以及整个大学带来创新。

合作的另一个成果或者益处是创造了更好的校园服务（Schroeder，1999a）。尽管教育机构设立了独立的部门来处理和管理横跨各部门的一系列分散的活动和中断的流程，但是由于信息是在办公室之间共享而且交流是开放的，因此每个办公室都有更好的机会服务学生，帮助他们了解应该和哪些部门沟通来解决问题。这样也有助于更迅速地解决学生的困扰，提高工作效率。大学营造一个良好的学生服务环境是十分重要的，特别是考虑到公众要求大学承担更多责任的呼声。有关高等教育承担更多责任压力的讨论，见本书第5章。

有关支持合作的最新研究成果对任何大学都是有帮助的。实际上，最常被引用的成功达成合作的一个原因是有博学的和明确强调合作益处的领导者（Schroeder，1999b；Westfall，1999）。许多大学已经着手应对巨大的挑战，而且参与到学术事务和学生事务多样的合作中。既然认识到这一点，我们就应该提醒和鼓励更多的大学尽早开展合作。而且，研究结果表明，一次成功的合作会导向更多成功的合作（Kezar，2001）。也许，你有一位持怀疑态度的同事抵触学生事务和学术事务合作，或者你的同事已经身陷失败的合作之中。无论怎样，请和你的同事分享那个吸引人的情境以及最新的研究成果，这有助于那些有消极经历的人重新憧憬一个截然不同的合作情境并为之努力。

21.4　反思3：偶然的时机

文化从来不是一成不变的。当学生事务领导者关注他们的工作该如何更直接地与学生学习相关以及思考合作的重要性时，教师和学术事务领导者已经在进行一系列的改变来使自己更加适应合作。许多教师参与到能使他们对伙伴关系更有掌控权的改变中。例如，很多教师参加了合作更加密切的教学和科研活动，如跨学科研究、协同教学、学习服务以及行为或者共享研究（教师与诸如社区成员等其他团队的成员共同开展研究）（Kezar，Chambers & Burkhardt，2005）。此外，学术事务管理者也在努力探索通过科研机构、跨学科部门和多学科教学配置在教师成员间创造更多的合作机会。学术领袖们也认识到不同职能团队合作的重要性，并且通过重构治理体系，可以使教研室主任和行政部门领导开展可持续的合作。近期关于学术管理者的诸多论文和著作都对大学的组织结构提出了质疑，倡议建立更有利于合作的组织形式（Ferren & Stanton，2004；Kezar & Lester，2009）。一些大学的激励和奖励体系也因此发生了变化，鼓励成员在协作和合作方面多下功夫（Diamond，Bronwyn & Adam，2004）。

除了学术文化中的这些变化，在高等教育领域内范围更广的变化要求各教育机构重视和强调学生事务与学术事务的伙伴关系。2008年爆发的金融危机虽然已经结束，但是它对高等教育的影响却持续了很多年（Oliff，Palacios，Johnson & Leachman，2013；Zumeta，2010）。近年来，各大学和学院持续削减财政预算以应对经济颓势。所有这些努力都是为了降低成本。尽管压力巨大，但是库赫等人研究发现，那些持续稳步推进跨部门合作的大学能够保持有效的教育实践，而且更有能力平稳渡过上述困难时期。

近年来，国家和联邦政府以及主要的基金会都付出了巨大努力来提高毕业率和保持率，因此加强学术事务和学生事务的合作伙伴关系备受关注。前总统贝拉克·奥巴马提出的旨在使美国大学生的人数翻两番的2020年大学毕业目标计划就是最好的例证。还有鲁米纳基金会提出的“目标2025”，即计划在2025年将拥有高水平学位和专业资质的美国人的比例提升到60%。为了实现这些宏伟的目标，高等教育需要采用新的应对方式以及做出新的改变。如果说有局限性的话，那就是应该注入新的资金以刺激这种增长。众所周知，合作有助于学生学习，所以部门间的合作是推动目标实现的核心途径。各部门需要合作来解决技术的广泛应用、提供教育机会和支持学生等方面的问题。

21.5 反思4：合作不断深化

过去，大多数的合作发生在新生教育、学生咨询等很窄的范围内（Kezar，2001）。例如，大学意识到学生事务和学术事务工作者需要合作来为新生提供服务。来自两个部门的工作人员打破了传统的工作边界，合作提供新生教育项目并共同推进整个项目。近期，学生事务专员在重要的课程项目中，包括新生体验研讨、学习社区、生活和学习环境、服务研习、大四顶峰体验、公民教育、组间交流、领导力等，发挥着合作伙伴的作用。所有这些创新课程促进了学生学习，而且在美国大学中广受欢迎。从半独立结构化到结构化互动的转变表明，学生事务和学术事务工作者的伙伴关系正在不断深化，且其致力于进行更深层次的合作（Streit et al.，2009）。本章的这部分详细介绍了三个课程项目：新生体验研讨、服务研习和学习社区。有关创新课程更详细的情况可以参见如下文章：Jacoby，1996；Kezar，1999；Schuh & Whitt，1999。

在许多大学，学生事务和学术事务部门都会举办新生体验研讨课。如果是学生事务部门举办的研讨课，其通常采用无学分选修课的形式，主要关注的问题是时间管理、社会参与和学习技能；学术事务部门开设的研讨课通常会重点讲述某个特定领域的内容，比如引入心理学、社会学和人类学的知识，让学生了解人类发展历程，讨论内容也包括与新生有关的信息，比如评估自己在入学第一年的心理发展状况。近期，很多大学都意识到需要学术和学生事务部门联合提供新生体验研讨课，以充分利用两个团队的专业优势。所以，研讨课通常是由一名学生事务专员和一名教师共同讲授。在课程的设计上也努力将学生事务和学术事务举办新生体验研讨课的内容结合起来，如通识教育、普通教育与专业教育、职业探索、学习技能、心理发展以及像财务教育这样的生活技能教育。

很多大学里另一个制度化的课程合作范例是服务研习。与新生体验研讨课相似，在有些大学，服务研习只在学生事务领域内开展（通常采用志愿者服务的形式），或者仅在学术事务领域内开展（更多的是直接与课程相关）。但是，在对合作的力量有正确认识的大学里，学生事务专员会直接联合学术事务工作者提供服务研习。在合作中，学术事务工作者为学生事务专员提供反思培训，帮助他们与社区服务机构建立联系，引导他们在宿舍区组织聚会将服务工作与学生生活体验联系起来。学生事务和学术事务工作者一起做好运输和物流工作，学术事务专员协助学生事务专员联系校园里做相似工作的教师，并将教师组织在一起和他们分享工作技巧。学生事务专员则帮助教师修改培养方案，开发新的教学大纲，学习反思和记录活动以及建立学生和其他类型服务活动的课外联系。学生事务专员与学术事务专员的伙伴关系提升了学生的研习体验，因为学生有更好的机会将课程同他们的辅助课程以及生活体验联系起来。因此，服务在他们的学习经历中变得更加普遍。

学习社区是学生事务和学术事务工作者合作开展的另一项创新课程。学习社区形式多样，但是基本特点是有计划地将学生集中起来（通过相匹配的时间表、生活和学习环境，或者使相同主题的课程联动），由此学生渐渐有机会在同一个组内学习以及参与课外交流和活动。学生事务和学术事务合作提供学习社区的大学通常设有住宿区。学生参加一系列相似的课程，教师鼓励学生将交流扩展到食堂或寝室，创造无缝衔接的学习体验。此外，教师经常参加社交活动或宿舍区聚餐，并在课外非正式环境中和学生建立联系。宿舍管理人也逐渐熟悉课程内容，他们在宿舍区提供与课程主题相关的项目活动，邀请教师来参与互动，并安排活动项目。

文献中关于伙伴关系的另一个重要发现是，开发的课程项目的类型不同，推荐的合作方式也不同。例如，在服务研习中发展伙伴关系和在学习社区中发展伙伴关系略有不同（Kezar，2001；Schuh & Whitt，1999）。因此，查阅关于建立特定类型的伙伴关系的文献是非常重要的。关于创建服务研习伙伴关系的信息，请参阅雅各比（1999）的研究。

在查阅了具体文献后，我们可以识别示范的项目或者机构，并联系它们寻求建议。正如韦斯特福尔（1999）指出的，“向兄弟院校从事相似工作的同行取经有助于识别潜在的冲突，获得成功的实践范例并拓宽选择的范围”。

遗憾的是，向同行取经的重要性没有得到充分重视。大多数院校仍然只是提供协调服务而不是展开协作，因为真正的合作需要精细的计划，漫不经心只会导致失败。因此，开展背景调查可以使合作过程变得简单一些。现在，我们可以学习的榜样有很多。高级管理人员应该带他们的员工到其他大学开展实地考察。大学应该鼓励员工开展网络研究或者和其他大学的工作人员多多交流。所有的行政员工和教师应该针对他们感兴趣创建的伙伴关系查阅相关文献。当机构的领导者了解了全国数百所大学和学院为创建无缝衔接的学习环境在关键领域开展合作时，他们就能确定应重点投入精力的领域。

21.6 行动步骤

在大学里，学生事务领导者打造与教师和学术事务管理者的伙伴关系需要几个行动步骤。本章介绍其中4个步骤。

1.从一个问题和成功的领域起步

许多在合作研究和帮助大学建立伙伴关系方面有着丰富经验的学者和研究机构（Hirsch & Burack，2001；Schroeder，1999b），如新英格兰高等教育资源中心，已经指出通过识别一个跨越传统组织边界且需要被解决的问题来开启合作流程的重要性。这是大学不同部门工作人员开展合作的契机，因为这些问题从根本上说明了单独部门难以应对。施罗德（1999b）描述了他在自己工作的机构中寻求把需要被解决的问题变成合作机会的经验：实现总体教育成效，提高毕业率，发展学习社区，达到评审机构的要求，培养公民领导力，促进特殊学生群体的成功。被指出的问题可以作为本科教育的共同问题或者机构解决问题的共同参照（Schroeder，1999a）。学术事务和学生事务合作的领域也包括招生和保持（Hirsch & Burack，2001；Kezar，2001；Schroeder，1996b）。学生事务和学术事务专员还要了解学生身体状况、信仰和行为的变化，以及现役军人学生、预备役学生和退伍军人学生的需求（Moon & Schema，2011）。

研究表明，从一些有合作历史的项目或活动，如新生教育或其他新生项目开始启动合作是一个非常成功的战略（Kezar，2001）。基萨（2001）开展的全国调查发现，大学从已经开展服务合作的领域入手，更容易创建成功的合作伙伴关系。研究还发现，机构不同，合作的领域也不同。社区学院的领导者倾向于在学术咨询方面建立合作，而四年制私立大学的学者们则在社区服务研习方面与学生事务专员开展合作。已经开展合作的工作领域为进一步深化合作提供了平台。

2.领导力促进成功：自上而下型和自下而上型

在过去的几十年里，学者和实践者一直致力于提供一个描述合作的图景。近期的研究表明，很多行之有效的政策有助于启动和维持大学校园里的伙伴关系（Kezar，2001）。

毫无疑问，学术事务和学生事务的领导是保证合作成功的必要因素（Kezar，2001）。高层管理者应提供资源、具有优先意识、安排人员、招聘新员工和提供理念支持。领导者们同样会通过实施多种战略来建立和维持伙伴关系（将在下一节详述）。因此，获得高层管理者的支持是关键的第一步。如果上层没有提出合作要求，那么员工需要同高层管理者面谈并获得支持（这里的高层管理者往往是指学生事务和学术事务的高层管理者）。没有这种支持，合作很难成功。但是，富有成效的合作不仅需要高层管理者的支持，还需要具有在未来几年培养和维护合作关系的领导者（Schroeder，1999a & b）。研究已明确指出，基层领导力战略既能够启动合作，也能对合作做有益补充（Kezar & Lester，2011）。这一节中，我们重点强调了支持合作的两种领导方式：自上而下型和自下而上型。

（1）自上而下型

高层领导者究竟需要怎么做才能为伙伴关系和合作提供有效的支持呢？首先，很重要的一点是，领导者们需要检验一下自己关于合作的预想，这有助于领导者们建立合作展望或工作理念。如果领导者们没有充分思考合作优势，那么在合作运行得非常好时，再激励其他人参与合作就会很困难。正如前文所述，那些正处在合作展望和建立工作理念过程中的领导者可以采用读书小组和参阅关键文献的做法。

合作经常涉及资源转移，有时涉及资源增加。如果校园里的各团队缺乏恰当的资源去开展合作活动，他们的合作就会行而不远。在许多大学，你都会听到这样的故事：高层管理者总是说他们支持合作，当进行到预算流程时，却没有配置足够的资金。领导者需要确保现有资源足以支持建立成功的伙伴关系。

高层管理者也可以建立激励机制，鼓励员工建立伙伴关系和参与合作（Keeling，2004）。许多成功开展合作的大学都改进了它们的员工评价体系，将合作项目纳入考评。此外，增加奖金和荣誉可以用来支持新的合作项目。领导者还可以释放合作是工作第一要务的信号，以促进员工合作。在学校层面和各部门的会议中，高层管理者都应该讨论合作和建立伙伴关系的重要性，让员工知道他们对合作的重视程度。最后，评价过程也可以提升合作的积极性。领导者需要在评价中设定他们对员工的合作角色和责任的期待。在这些会议中，领导者可以强调合作的重要性，帮助员工集思广益以寻找成功合作的方式。

领导有聘用新员工的权力（Kezar，2001）。在许多成功建立伙伴关系的大学，聘用1~2位具有战略价值的员工对推进合作至关重要。这些新员工可能来自那些已经成功建立伙伴关系的机构，或其本身对合作抱有极大的热情。此外，高层管理者要以开放的姿态采纳那些有能力推动合作的员工提出的各种重组计划（Keeling，2004）。

在评定为伙伴关系和为合作做出的努力方面，高层管理者也发挥着重要作用。正如许多学者指出的那样，如果合作未被评定而价值观已经确立，那么在资源紧张时，他们会失去资金支持（Bourassa & Kruger，2001；Keeling，2004；Kezar，2001；Schroeder，1999b；Schuh，1999）。越来越多的大学开始自查学生成果的评定过程。

好消息是，许多院校都在开展学术事务和学生事务合作结果的评价。实际上，在全国范围内的调查显示，45%的大学正在开展某种形式的成果评价，大多数评价集中在组织效率上，但是也有一些评价集中在学生学习和发展成果上（Kezar，2001）。我们需要更多关于合作是如何促进学生学习和发展的数据作为未来资金限制和评定问责的支持材料。

（2）自下而上型

基层领导者往往没有正式权限。他们采用自下而上的方式开展工作，对组织变革的热衷和追求使他们不安于维持现状（Kezar & Lester，2011）。基层领导者是指新手学生事务工作者和中层管理者，还有一些在大学里担任主任或者副主任，即便他们在员工招聘、预算和其他前文描述的战略中权力有限，他们也是基层领导者。基层领导者的工作与那些握有实权的高层领导者大不一样。如前所述，握有实权的高层领导者得益于组织架构的优势，他们可以通过奖励、人际关系网络、委员会、正式的岗位职责和机构授权等方式开展合作。为了改变现状并使合作成为机构工作的一部分，基层领导者通常会创建自己的工作架构、人际网络和支持体系。基层领导者倾向于以非正式的方式开展集体工作以及保持与同事的伙伴关系。他们往往需要更长的时间才能实现改变，因为他们缺少可以创造优先权和调动人员的正式结构。

有一些方法可以帮助基层领导者在学术事务和学生事务之间建立更多的合作（Kezar & Lester，2009）。首先，并不是所有员工和教师都意识到了合作的好处。为了引导同事，通常是上级领导，基层领导者需要根据合作的类型将合作重要性的逻辑讲清楚。基层管理者引导拥有实权的领导者的过程称为“向上管理”。基层领导者可以撰写关于合作内容、合作优势、合作能够促进组织目标实现以及合作要务的报告，然后提交给他们的上级审阅。而且，他们可以指出早期成功合作的案例，以帮助上级领导意识到合作的价值，有些机构的领导者可能对学生事务和学术事务合作开展的成功的新生培训或者研习并不了解，因为这些毕竟是在他们走马上任之前开展的。再有，开发已成功合作的领域会使基层领导者获益良多。

其次，找出那些能够破除学生事务和学术事务合作障碍的人十分重要。对于学生事务专员来说，这样的人通常是拥有必要的社会资本和社交网络来开展跨部门合作的管理者。这样可以帮助学生事务专员相互学习工作策略，以及共同探索合作的最佳实践模式。参加国内会议是获得社会资本、克服障碍和发展合作网络的另一个战略——尽管这是一个外部战略。理想情况下，员工可充分利用自身的知识储备和以上两个工作方法来提高自身合作的能力。

学生事务部门的基层领导者可以和学生共同开展工作。对于管理者来说，没有比拥有像学生这样的合作团队更吸引人的事情了。学生事务专员可与校园内权威的学生团队以同盟的形式开展合作。例如，学生团队可以在可持续性发展、技术、多样性和学生成功方面提供支持。尽管不同的大学中，学生拥有的权利各异，但在这个日益以消费者为导向的时代，学生对教育实践规划的看法越来越不容忽视。一般来说，学生事务专员与学生联系紧密，所以由他们指导学生来了解合作的益处将会鼓励学生在学生会正式发言时，担任特别小组或者委员会代表时，以及作为学生会领袖与管理者会面时，明确表示支持合作。

工作人员可以收集和使用数据来获得对合作倡议的支持。例如，对于一个可持续发展的合作倡议，工作人员可以从高等教育可持续发展协会获得关于不同大学碳排放量的对比数据，然后将这些数据与自己大学的数据进行对比，进而提供一个令人信服的开展新项目的理由。数据有助于提高学生事务工作者对问题重要性的认知，使其采取行动并获取支持。

最后，充分利用大学的人际网络也有助于学术和学生事务伙伴关系的建立。尽管办公室或者部门的其他资源和人员都有限，但学生事务领域内各部门的合作有助于促进与学术事务建立伙伴关系、共享资源和加强联系。与其他同事和部门建立人际关系能增强基层领导者开展合作项目的能力。总之，良好的人际关系会促进合作。任何层级的领导者都可以在可持续的基础上维护好人际关系，这将促进后续合作。

3.关注文化、人和计划

除了识别问题和提供领导力支持，还有许多战略可以用于开展学术事务和学生事务合作。文献和研究中提出的主要策略包括鼓励跨组织对话、提出期望、激发热情、创造共同愿景、促进员工发展、雇用致力于合作的新员工、测试个性、选择合适的人作为伙伴以及制定规划（Kezar，2001；Kuh，1996）。这些策略可归纳为三个原则：关注文化和价值、寻找合适的人、做有目标的规划。

（1）关注文化和价值

成功开展学术事务和学生事务合作的大学通常会创造跨组织对话的机会（Hirsch & Burack，2001；Kezar，2001；Kuh，1996；Schroeder，1999a，1999b）。前文所述的跨领域（诸如科技、不断变化的学生人口统计、通识教育和学生保持等领域）合作代表了引起不同部门工作人员兴趣的领域，能够为跨校园对话提供机会。此外，受益于合作的领域（比如创造无缝衔接的学习环境或提供完善的服务）以及展示成功合作的研究都可以被用来作为开启合作机会的跨部门对话。对话可以直接导向下面两个战略：形成共识和产生合作热情。跨校园对话有助于人们在价值观上的互相理解，并通过共同努力达成创建无缝衔接的学习环境的愿景。如果有人能够写出概述目标和一次特别的合作的概念性文件，帮助人们看到更加具体的前进方向，那将是非常有用的。这些对话还会激发人们的热情，帮助需要他人支持的项目吸引支持者或变革推动者。

（2）寻找合适的人

在讨论了创造愿景和培养优秀的拥护者之后，下一步就是要寻找合适的人，或者与现有员工一起提升工作技能使合作更有效率。如前所述，能够成功发展合作关系的院校往往会聘用那些合作想法坚定和愿意付出更多努力的人。无论是高层管理者还是其他层级组织的管理者都可以使用这一策略激发员工努力合作的热情。由于新员工已经了解合作的重要性，因此他们可以帮助其他员工建立一个共同的愿景。然而，我们并不是总能聘用到这样的员工，所以为员工提供职业发展机会是另一个选择。可以让员工去参加美国学生人事管理者协会、美国大学人事协会、美国学院与大学协会（AAC & U）组织的会议，或者其他强调合作重要性的会议，这样可以开阔他们的视野，帮助他们创新工作方法。此外，大学中的人力资源部门有时会开展强调合作重要性的领导力培训。

委员会对建立伙伴关系也是十分必要的。在筹建多职能委员会时，需要特别关注参与人员的个性和经历。一个人也会扰乱很好的规划，因此我们需要认真考虑加入委员会的人选：这个人有没有合作的经历？他对于这个项目有没有共同的愿景？他有没有参与过跨校的对话交流？他是否饱含热情并愿意向其他人介绍这个项目？

（3）做有目标的规划

最后，即使有了合作热情和合适的人，没有明确的计划和执行方案，合作也同样会失败（Kezar，2001；Schroeder，1999b；Schuh & Whitt，1999）。负责做规划的人需要从共同的愿景中找出具体的目标、战略和实施计划。习惯非常难被改变，规划的过程就是在不断地提醒人们工作性质在改变。通过对话，人们可以重新思考自己的立场，而通过规划过程（这一过程和评价与绩效工资紧密相连）可以更好地克服日常工作中，以及承担责任过程中遇到的困难。这些困难促使人们对新的行为负责。因此，在实现目标的过程中，规划与责任结构和期望同样重要。再次强调，更具结构性和更正式的合作需要更多的规划以确保正确的合作模式、角色和责任结构，这些都会促使合作长期持续。

4. 持续的伙伴关系

即使合作已经开始，领导者的工作依旧没有完成。领导（不管是高层还是基层）需要给予评价，提供反馈机制，并善于激发团队的活力。机构需要建立持续合作的机制，并将合作制度化。确保合作关系成功的一个核心战略是对合作的努力做出评价（Schuh，1999）。评价需要检测过程和结果。在评价过程中，需要检查人员配备是否合适，是否具备清晰的决策结构，是否具有合适的反馈机制和交流渠道，是否具有合适的结构和资源（包括经济和人力资源），学生事务和学术事务工作者是否共同参与，以及学生事务和学术事务观点是否一致。通过这些评价，高层管理者能够提供必要的资源，明确指导合作方向，从而有利于维持良好的合作伙伴关系。评价同样需要检测学生的学习成果，尤其需要确定的是学生的学习过程是否是无缝式的，以及合作的具体目标是否实现。这些评价方法可以应用于任何规划过程，特别是结构化的互动和合作。

评价是获得反馈的一种形式，但一些非正式的过程同样也可以起到良好的反馈效果，如通过网络调查来获得反馈或者了解成员在合作过程中的投入。正如福特和豪戈布鲁克（2001）指出的："合作中的许多实际工作都可以归结为团队建设，以及在更广的伙伴关系中处理人际关系。如果团队成员关注的问题没有得到妥善解决，那么将会延误整个项目的实施。反馈机制需要成为合作体系的一部分，利益相关者需要知道他们有机会表达自己的想法，并可以在自己的专业领域发挥领导作用”。

破坏合作和伙伴关系的一个主要原因是产生群体动力功能性失调。我们需要向伙伴关系的引导者和支持者提供关于团队间动态的相关资源，以确保他们有能力去调解团队成员间的矛盾和冲突（Bensimon & Neumann，1993；Parker，1990）。对团队动态的评价、反馈和关注可以确保交流渠道是开放的，有助于避免学生事务和学术事务的文化冲突。而且，如果某位员工离职，领导需要代其参加相关会议，直到空缺岗位聘用到合适的新员工。对于新入职的员工，领导需要帮助他们融入团队。当重要员工离职或人际关系变得紧张时，许多合作会破裂，部分原因是新员工加入团队会使团队的信任感降低。我们可以尝试在主要利益相关者之间融入更多非结构互动来建立伙伴关系，促成更加结构性的合作（Streit et al.，2009）。领导者需要抓住参与合作的关键时机，并尽量多地参与合作过程。

21.7　结论

尽管巴尔（1997）提醒我们合作从一开始就是学生事务工作的一部分，但近几年，合作在学生事务理论和实践方面发生了一些显著的变化。学生事务专员把自己看作学生学习和发展过程中的一个平等的参与者。各个院校建立了数以千计的伙伴关系，合作模式也在不断拓展。学术事务和学生事务专员之间的伙伴关系不再是一时的风尚和期望，而是已经成为拥有数以百计不同合作实例的现实。但是，现有的伙伴关系更多的是协作而不是深层次的合作。*Powerful Partnerships*（AAHE，ACPA & NASPA，1998）等文献中提到的深层次伙伴关系模型仍在不断发展。我们需要重视和发展这些深层次的伙伴关系，否则关系会失败或者难以达到预期的合作效果。尽管协作也是有帮助的，但真正的合作对学生而言才有变革作用。我们需要更多把合作放在优先位置的勇敢的领导者，因为他们知道合作是有利于学生的。

本章讨论的观点可以应用于高等教育现有的工作模式中。但是，我们处在高等教育可能发生深层次变革的“前夜”。克里斯滕森和艾林（2011）在他们关于颠覆性创新和高等教育的著作中指出，有些趋势可以从根本上影响高等教育机构的运作方式，这些趋势包括：网络大学和项目的增多，新兴科学技术在教学中的应用，以及基于能力模型创建的教育组织。这些趋势极有可能改变高等教育机构运作的方式和功能。尽管我们不能预知未来如何发展，但可以肯定的是，高等教育领导者必须适应这些改变，努力寻求合适的方式来建立学术事务和学生事务的合作，并推进合作持续发展。希望本章阐述的反馈和战略可以为应对高等教育的变革提供指导。

我们知道，合作的变革作用不仅体现在学生身上，也会影响学生事务和学术事务部门。如果学术事务和学生事务专员能够紧密合作，那么他们的价值观和处世哲学就可能发生改变。在与学生事务专员开展紧密合作之后，学术事务部门的主任往往开始质疑“要么成功，要么失败”的两个极端教育法则以及现行的“除草机”式的课程是否适用。他们开始建立“朋辈指导”项目或课程，并通过为学生事务工作者和教师提供交流机会来同各部门建立更好的合作关系。与此同时，在与学术事务专员开展紧密合作后，许多学生事务主任开始检查课外辅助课程的学习效果，或者将学术事务工作者著作中的观点有机结合到新生领导力项目中去（Kezar，2001）。由此，学术事务和学生事务专员都在支持学生取得学业成功这一总目标的指导下发挥了作用。

参考文献

American Association for Higher Education, American College Personnel Association, & National Association of Student Personnel Administrators. (1998). *Powerful partnerships: A shared responsibility for learning.* Washington, DC: Author.

American College Personnel Association. (1994). *The student learning imperative: Implications for student affairs.* Washington, DC: Author.

Barr, M. J. (1997). *Student affairs collaborations and partnerships: Our future challenges.* Greensboro, NC: ERIC Counseling and Student Services Clearinghouse.

Bensimon, E. M., & Neumann, A. (1993). *Redesigning collegiate leadership: Teams and teamwork in higher education.* Baltimore, MD: Johns Hopkins University Press.

Bloland, P. A. (1997). *Strengthening learning for students: Student affairs collaborations and partnerships.* Greensboro, NC: ERIC Counseling and Student Services Clearinghouse.

Bourassa, D. M., & Kruger, K. (2001). The national dialogue on academic and student affairs collaboration. In A. J. Kezar, D. J. Hirsch, & C. Burack (Eds.), *Understanding the role of academic and student affairs collaboration in creating a successful learning environment.* New Directions for Higher Education, no. 116. San Francisco, CA: Jossey-Bass.

Christensen, C. M., & Eyring, H. J. (2011). *The innovative university: Changing the DNA of higher education from the inside out.* San Francisco, CA: Jossey-Bass.

Diamond, R. M., Bronwyn, S., & Adam, E. (2004). Balancing institutional, disciplinary and faculty priorities with public and social needs: Defining scholarship for the 21st century. *Arts and Humanities in Higher Education*, 3 (1), 29-40.

Eckel, P., Kezar, A., & Lieberman, D. (1999). Learning for organizing: Institutional reading groups as a strategy for change. *AAHE Bulletin*, 25 (3), 6-8.

Engstrom, C. M., & Tinto, V. (2000). Developing partnerships with academic affairs to enhance student learning. In M. J. Barr, M. K. Desler, & Associates (Eds.), *The handbook of student affairs administration* (2nd ed., (pp. 425-452). San Francisco, CA: Jossey-Bass.

Ferren, A. S., & Stanton, W. W. (2004). *Leadership through collaboration: The role of the chief academic officer.* Westport, CT: American Council on Education/Praeger.

Fried, J. (2000). *Steps to creative campus collaboration.* Washington, DC: National Association of Student Personnel Administrators.

Fuller, T.M.A., & Haugabrook, A. K. (2001). Facilitative strategies in action. In A. J. Kezar, D. J. Hirsch, & C. Burack (Eds.), *Understanding the role of academic and student affairs collaboration in creating a successful learning environment.* New Directions for Higher Education, no. 116. San Francisco, CA:

Jossey-Bass.

Guthrie，K. L.（2012）. Coordinating services to seamless learning：Evolution of institutional partnerships. In K. M. Boyle，J. W. Lowery，& J. A. Mueller（Eds.），*Reflections on the 75th anniversary of the student personnel point of view*（pp. 57-61）. Washington，DC：American College Personnel Association.

Hagadoorn，J.（1993）. Understanding the rationale of strategic partnering：Interorganizational modes of cooperation and sectoral differences. *Strategic Management Journal*，14，371-385.

Hirsch，D. J.，& Burack，C.（2001）. Finding points of contact for collaborative work. In A. J. Kezar，D. J. Hirsch，& C. Burack（Eds.），*Understanding the role of academic and student affairs collaboration in creating a successful learning environment.* New Directions for Higher Education，no. 116. San Francisco，CA：Jossey-Bass.

Hyman，R. E.（1995）. Creating campus partnerships for student success. *College and University*，72（2），2-8.

Jackson，B.，Levine，J.，& Patton，J.（2000）. *Restructuring for urban student success：Essay collection.* Indianapolis，IN：Restructuring for Success.

Jacoby，B.（1996）. *Service-learning in higher education：Concepts and practices.* San Francisco，CA：Jossey-Bass.

Jacoby，B.（1999）. Partnerships for service learning. In J. H. Schuh & E. J. Whitt（Eds.），*Creating successful partnerships between academic and student affairs.* New Directions for Student Services，no. 87. San Francisco，CA：Jossey-Bass.

Keeling，R. P.（Ed.）.（2004）. *Learning reconsidered：A campus-wide focus on the student experience.* Washington，DC：National Association of Student Personnel Administrators & the American College Personnel Association.

Kezar，A.（Ed.）.（1999）. *Early intervention for college programs：A collection of research to inform policy and practice.* Advances in Education Research，no. 4. Washington DC：Government Printing Office for the National Library of Education.

Kezar，A.（2001）. Organizational models and facilitators of change：Providing a framework for student and academic affairs collaboration. In A. J. Kezar，D. J. Hirsch，& C. Burack（Eds.），*Understanding the role of academic and student affairs collaboration in creating a successful learning environment.* New Directions for Higher Education，no. 116. San Francisco，CA：Jossey-Bass.

Kezar，A.，Chambers，T.，& Burkhardt，J.（Eds.）.（2005）. *Higher education for the public good：Emerging voices from a national movement.* San Francisco，CA：Jossey-Bass.

Kezar，A.，Hirsch，D.，& Burack，C.（Eds.）.（2001）. *Understanding the role of academic and student affairs collaboration in creating a successful learning environment.* New Directions for Higher Education，no. 116. San Francisco，CA：Jossey-Bass.

Kezar，A. J.，& Lester，J.（2009）. *Organizing higher education for collaboration：A guide for campus leaders.* San Francisco，CA：Jossey-Bass.

Kezar，A. J.，& Lester，J.（2011）. *Enhancing campus capacity for leadership：An examination of grassroots leaders in higher education.* San Francisco，CA：Jossey-Bass.

Knefelkamp，L. L.（1991）. *The seamless curriculum：Is this good for our students?* Washington，DC：Council for Independent Colleges.

Kolins，C. A.（1999）. *An appraisal of collaboration：Assessing perceptions of chief academic and student affairs officers at public two-year colleges. Unpublished doctoral dissertation.* University of Toledo.

Kuh, G. D. (1996). Guiding principles for creating seamless learning environments for undergraduates. *Journal of College Student Development*, 37 (2), 135-148.

Kuh, G. D. (1999). Setting the bar high to promote student learning. In G. S. Blimling & E. J. Whitt (Eds.), *Good practice in student affairs* (pp. 67-89). San Francisco, CA: Jossey-Bass.

Kuh, G. D., Kinzie, J. Schuh, J. H., & Whitt, E. J. (2011). Fostering student success in hard times. *Change: The Magazine of Higher Learning*, 43 (4), 13-19.

Kuh, G. D., Kinzie, J., Schuh. J. H., & Whitt, E. J. (2005). *Student success in college: Creating conditions that matter.* San Francisco, CA: Jossey-Bass.

Lockwood, A. T. (1996). *School-community collaboration.* Washington, DC: Office of Educational Research and Improvement.

Martin, J., & Murphy, S. (2000). *Building a better bridge: Creating effective partnerships between academic affairs and student affairs.* Washington, DC: National Association of Student Personnel Administrators.

Moon, T. L., & Schma, G. A. (2011). A proactive approach to serving military students. In J. B. Hodson, & B. W. Speck (Eds.), *Entrepreneurship in student services.* New Directions for Higher Education, no. 153. San Francisco, CA: Jossey-Bass.

Nesheim, B. E., Guentzel, M. J., Kellogg, A. H., McDonald, W. M., Wells, C. A., & Whitt, E. J. (2007). Outcomes for Students and student affairs-academic affairs partnership programs. *Journal of College Student Development*, 48 (4), 435-454.

Oliff, P., Palacios, V., Johnson, I., & Leachman, M. (2013). *Recent deep state higher education cuts may harm students and the economy for years to come.* Washington, D.C: Center on Budget and Policy Priorities.

Parker, G. (1990). *Team players and teamwork.* San Francisco, CA: Jossey-Bass.

Potter, D. L. (1999). Where powerful partnerships begin. *About Campus*, 4 (2), 11-16.

Schroeder, C. C. (1999a). Collaboration and partnerships. In C. S. Johnson, & H. E. Cheatham (Eds.), *Higher Education trends for the next century: A research agenda for student success* (pp. 43-50). Washington, DC: American College Personnel Association.

Schroeder, C. C. (1999b). Forging educational partnerships that advance student learning. In G. S. Blimling & E. J. Whitt (Eds.), *Good practice in student affairs* (pp.133-157). San Francisco, CA: Jossey-Bass.

Schroeder, C. C. (1999c). Partnerships: An imperative for enhancing student learning and institutional effectiveness. In S. A. McDade & P. H. Lewis (Eds.), *Developing administrative excellence: Creating a culture of leadership.* New Directions for Higher Education, no. 87. San Francisco, CA: Jossey-Bass.

Schroeder, C. C., Minor, F. D., & Tarkow, T. A. (1999). Learning communities: Partnerships between academic and student affairs. In J.H. Levine (Ed.), *Learning communities: New structures, new partnerships for learning* (pp. 59-69). National Resource Center for the First-Year Experience and Students in Transition. Columbia, SC: University of South Carolina.

Schuh, J. H. (1999). Guiding principles for evaluating student and academic affairs partnerships. In J. H. Schuh, & E. J. Whitt (Eds.), Creating successful partnerships between academics and student affairs. *New Directions for Student Services*, no. 87. San Francisco, CA: Jossey-Bass.

Schuh, J. H., & Whitt, E. J.（Eds.）.（1999）. Creating successful partnerships between academics and student affairs. *New Directions for Student Services*, no. 87. San Francisco, CA：Jossey-Bass.

Smith, B. L., & McCann, J.（Eds.）.（2001）. *Reinventing ourselves：Interdisciplinary education, collaborative learning and experimentation in higher education.* Bolton, MA：Anker.

Smith, D. G.（1982）. The next step beyond student development：Becoming partners within our institutions. *NASPA Journal*, 19（4）, 53-62.

Streit, M. R., Dalton, J. C., & Crosby, P. C.（2009）. A campus audit of student affairs-faculty collaborations：From contacts to compacts. *Journal of College and Character*, 10（5）, 1-14.

Task Force on the Future of Student Affairs.（2010）. *Envisioning the future of student affairs.* Washington, DC：American College Personnel Association & National Association of Student Personnel Administrators.

Westfall, S. B.（1999）. Partnerships to connect in-and out-of-class experiences. In J. H. Schuh & E. J. Whitt（Eds.）, *Creating successful partnerships between academic and student affairs*（pp. 51-61）. San Francisco, CA：Jossey-Bass.

Williams, J., & Wilson, V. C.（1993）. Project C. A. R. E.：A university's commitment to African-American student retention. *College Student Affairs Journal*, 13（1）, 48-57.

Zumeta, W.（2010）. The great recession：Implications for higher education. In H. Wechsler（Ed.）, *The NEA 2010 almanac of higher education*（pp. 29-42）. Washington, DC：National Education Association.

第22章 决策的政治维度

香农·埃利斯

考虑到大部分员工、学生、周边社区以及整个机构的决策，良好的，有效的，公平合理的，可以促进议程发展的应该是所有学生事务管理专业人士渴望留给所在院校的一份管理财富。政策和决策以培养有利于加强组织关系的政治理念（Birnbaum，1988）、拥有倾听与执行的能力（Capelo & Dias，2009）、懂得运用权力和权威（Baldridge，1971）、理解并影响进程（Ellis，2012）、能够辨别背景和文化（Amey，Jessup-Anger & Tingson-Gatuz，2009）以及掌握行政行动的绝对核心——知道怎样合理运用决策成功达成目标，成为行政管理成功的基础。彼得·德鲁克（1990）补充到："所有的事情聚集在决策中。决策成就了组织，也是组织的转折点"（p.121）。

对于学生事务专员来说，做决策时考虑政治因素是非常重要的，因为政治会影响他们工作的机构、他们居住的社区、现在和将来的同事，以及成千上万学生及其家庭的生活。李·鲍曼和特伦·斯迪尔提醒说，"对政治持有偏见态度会对个人和组织的效力构成严重的威胁"（2003，p.181）。摒弃或者规避政治维度的做法是错误的。*熟练掌握政治和决策之间的联系才是关键*。"学生事务领导者可以通过学习在政治框架中思考问题的方法来提高工作的有效性"（Stringer，2009，p.429）。

商务管理的文献中有大量以政治和决策为主题的研究。许多高等教育的政治和决策思想来自私营经济领域（Cohen，March & Olsen，1972；Dean & Sharfman，1996；Mintzberg，Raisinghani & Theoret，1976；Zeleny，1982）和社会学领域的研究（Capelo & Dias，2009；Eggert & Bogeholz，2010；Schwenk，1984）。现如今，高等教育和学生事务领域也涌现出越来越多的关于政治与决策方面的研究（Levy & Kozoll，1998；Amey et al.，2009）。

因为高校与其他组织在很多方面有所不同，所以在学生事务专业背景下理解政治和决策就显得十分重要（Baldridge，Curtis，Ecker & Riley，1971；Corson，1960；Whetton，1984）。本章认为高等教育具有独有的特征，其中最显著的是其治理方式："机构参与者通过机构的组织结构和流程，来相互影响和互动，并与更广阔的环境展开交流"（Birnbaum，1988，p.4）。

斯特林格（2009）指出："学生事务管理者想要开展富有成效的管理，就需要找到将政治原则融入其一系列管理技巧的方法"。经验丰富的学生事务专业人员将这个观点奉为真理，但对于新入行的学生事务专员来说，轻则迷惑不解，重则引发焦虑。这是因为"新入行的学生事务专员往往会将自己定位成顾问、规划者、宿舍主管而非管理者，他们很少有机会去了解机构所面对的挑战的背景，也不知道如何应对挑战"（Amey et al，2009，p.16）。麦克莱伦（2013）在 *Things I Didn't Learn in Graduate School* 一书中指出："这么多年来，对于许多新入行的学生事务专员发出的惊奇声，我已经司空见惯，他们似乎对我们工作环境的政治氛围感到惊讶。如果他们不具备相应的能力，他们就会感到不知所措或非常挫败"。

本章的目的是帮助学生事务专员更好地理解决策制定的政治动态，从而实现个人和组织目标。我们讨论了学生事务决策的政治维度，并提出高等教育的决策模型和政治框架。有关高等教育机构治理方式的讨论奠定了理解实体和流程的基础，这些实体和流程为高等教育机构和学生事务提供了各种决策方法。而后，我们详细阐述了在高等教育政治环境中进行有效决策最重要的概念，并探讨在学生事务管理背景下，组织决策的政治因素。为了统筹兼顾，我们在本章的最后提出了从政治观点出发制定决策的局限性。通过理解决策和政治，我们希望读者能够更好地理解制定决策的方式，并掌握在学生事务职业生涯中应用这些知识的方法。

22.1 在学生事务中培养政治思维

"大学"一词常常被用来描述高等教育环境。这个词会让人联想到这样一幅景象：大学里的学者召开圆桌会议以制定有关乌托邦式的教育流程如何运行的法规（Baldridge，1971）。大学和学院是拥有悠久的历史和传统的大家庭。在这里，文明的交谈和对新知识的探索超越权力和权威，人与人之间的磋商也不会顾及资源分配、收入和职务。如果这是真的，美国的高等教育就不会存在文化、氛围和背景。

所有的大学和学院都是政治组织，不同的是它们对政治行为的敏感程度以及由此影响新任职的学生事务专员的程度不同（Hirt，2006）。而政治制度是在既定社会中界定的可接受的有关政治方法的框架。

在高等教育资源不断紧缩的时代，高等教育机构在招收最优秀的学生和招聘最好的教职员工方面的竞争使它们迫切需要引入责任制和获得更多的绩效评估资金，美国的高等教育机构"正在成为建立联盟、零和游戏、目标模糊和权力分配不均的竞技场"（Amey et al.，2009，p.17）。认识到已经建立的联系、之前的合作和原有的人际关系，有助于学生事务专员正确把握组织政治的方向。只有了解所在机构、部门和工作单元的政治维度，并合理运用政治工具的学生事务专员，才能继续留任，并成为发挥实际效用的从业者（Kuh，Siegel & Thomas，2001）。

22.1.1 学生事务的决策模型

决策是在两个或者两个以上的选项中做出选择：是否允许宠物进入宿舍，何时结束一个长期计划，应该委派谁去做重要项目，或削减哪一项预算以弥补其他预算所产生的费用。选择意味着责任。构成决策的一般框架涉及选择，而选择需要选项。每个选项都与决策结果的既定信念相关，决策结果又潜在地与每个选项相关。每个决策结果都和价值观和偏好有关。这三个特点——选项、关于决策结果的信念以及与决策结果相关的价值观——为决策提供了一般框架（Hastie，1986）。

22.1.2 其他领域内的决策模型

学生事务领域已经有效地采用了医学、军事和商业领域的决策模型。医学领域有许多用于分类、诊断和治疗的决策模型可应用于高等教育和学生事务中（Kitchner & Anderson，2011；Sonnenberg & Beck，2008）。军事决策过程（MDMP）（US Department of the Army，2010）提供了结构严谨的七步流程。七步流程与实现组织使命的决策密切相关。商业决策模型通常侧重于以已知信息（March & Simon，1958），行为理论（Cyert & March，1963），数据分析（McAfee & Brynjolfsson，2012），知识、经验和情感的直觉（Matzler，Bailom & Mooradian，2007），以及道德准则（Callahan，1988）为基础的决策假设。

22.1.3　高等教育的非线性决策

“垃圾箱决策”是最准确的驳斥谨慎运算决策的一个模型（Cohen，March & Olsen，1972）。科恩等人注意到高等教育决策既不简单，也不遵循线性和合理的过程。“垃圾处理是问题、解决办法和参与者从一个选择机会转向另一个的过程，选择的本质、用时以及解决的问题都依赖于相对复杂的啮合元素”（Cohen et al.，1972，p.16）。盖里·克莱因发现关于人们在紧急情况下做出决策的研究与学生事务有共通之处，他发现了一种与直觉相关并比传统决策模型更不理性的非线性方法（Kouzes & Posner，2002）。

22.1.4　线性决策模型

我们中的大多数人都曾被教导，决策制定需要以逻辑和理性为基础并遵循有序的步骤。“理性的概念假定人们都是在明确界定的环境中做出决策”（Vaccaro，McCoy，Champagne & Siegel，2013，p.4）。很多学者和学生事务从业者认为，理性解释了在现实生活中制定决策的情感和政治的复杂性（Cohen et.al.，1972；Knighton，2004；Mintzberg，Raisinghani & Theoret，1976；Zeleny，1982）。

沃开罗等人（2013）分享了为新手学生事务专员量身打造的决策框架（DMF）。该决策框架由三部分组成：（1）四个决策阶段；（2）任务；（3）关键的问题和思考。第一部分的四个决策阶段用于识别问题、浏览选项、执行和评估。“有效决策中最重要的部分是问：这到底是关于什么的决策？因为看起来与决策相关的事情反而和决策无关”（Drucker，1990，p.121）。最显而易见的例子是全国性的预算削减决策。“我们应该削减哪部分预算”是错误的决策。正确的决策是“我们绝对保留哪部分预算”。更好的决策是“让我们走向高等教育机构和学生事务美好未来的标志性项目是什么”。决策与预算无关，但与未来发展有关。“决策是对行动的承诺”（Drucker，1990，p.127）。

22.2　高等教育治理

政治与决策的交集涉及个人与团体，这些个人和团体要么是决策者，要么是利益相关者。没有哪个决策是绝对与世隔绝的。所以从政治角度看，决策涉及人际关系和同盟的建立，还有联盟和伙伴关系。当然，所有机构都由个体组成，但是机构也有自己特定的治理结构——议会、董事、理事、行政人员和各种委员会，还有特定的管理方式——为收集信息、评估公众意见和采取行动所制定的法律、传统和标准执行流程。

高等教育治理是大学和学院管理运作的方式。它指的是搭建架构和组织来管理高等教育内部和外部日益复杂的事务。不同的高等教育机构的治理结构在治理目标、权威范围、权力和人际关系方面大相径庭。此外，治理结构是高等教育机构制定决策的正规机制。我们所说的高等教育治理通常取决于分析的层级：国家、地方、机构、学院或学科层级。每个层级以及层级之间的动态因政治环境而异（Amaral，Jones & Karseth，2002）。

在文献研究中，有很多关于治理的概念模型：合议模型（Millett，1978）、官僚模型（Stroup，1966）、政治模型（Baldridge，1971）以及专业人士模型（Mintzberg，1979）。最近的文献增加了企业家模型（Clark，1998）、服务模型（Tjeldvoll，1998）、企业模型（Marinson & Considine，2000）和公司/管理模型（Deem，1998）。

以前，董事会拥有绝对权威，治理层负责执行董事会的意愿。但随着教育机构变得越来越复杂，权力由董事会实际下放给各机构。教研室因此获得了课程设计和管理学术事务的权力。校园内不同的下设机构自称是所负责领域的主要决策者，而董事会保留对该领域的法律义务和权力（Birnbaum，1988）。教师和管理人员承担不同的工作任务，他们之间会有冲突，也受不同背景的影响。“结果是，大学行政人员和教师形成了各自的孤岛，他们只和从事相似工作的人交流”（Birnbaum，1988，p.7）。

一个允许被治理的实体，一个有章可循的书面政策，一个既定的审查程序以及一个可以考虑、遵循、咨询或协商的法律指令都是高等教育治理中常见的元素。决策制定权握在理事、主席以及教研室成员手中。政治机构中所有这些实体的集合构成了该体系的政府（Dahl，1964）。在高等教育领域，这些专业的管理机构具有相同的价值观和原则。虽然每个层级的学生事务专员同高级管理人员、董事会、教授以及立法者的互动很少，但是学生事务专员需要了解和学生有关决策的制定背景。大多数学生事务专员通过负责学生事务委员会的董事或者理事同机构的管理主体进行互动。学生事务专员和这些委员会有一个共同的使命，即“支持和加强机构对学生学习和成功的关注，委员会的责任是审查和监督与学生有关的政策和实践”（Ellis，2012，p.10）。学生事务专员的责任是让董事会相信他们已经采用了恰当的方式和手段以肩负起确保学生学习取得进步的责任。

今天的大学和学院处在非常复杂的环境中，不但市场竞争激烈，而且还要为不同类型的学生提供一系列服务。高等教育机构的组织治理架构多种多样。简单的模式是仅为董事会负责的单一的、非营利的治理架构；复杂的模式是像州高等教育体系那样，由董事或者理事组成工作交叠的各委员会向立法者、管理者以及高等教育协调委员会汇报工作。这种复杂的模式限制了高等教育机构董事会的权威及其附属的基金会和其他事业的开展。

每个机构都拥有一个既适应外部环境的挑战，也适合内部学生服务、学生设施和设备以及运行需求的结构化管理体系。在私立教育机构中，治理模式在一个世纪或更长时间内可能变化不大。然而，对于许多公立教育机构而言，治理机制把教育机构以及管理和资助该教育机构的州政府联系在一起，所以治理机制经常发生变化，有时甚至充满戏剧性。基萨和埃克尔（2004）认为，治理是一个多层次的概念，包括多个具有不同决策职能的机构和流程。宏观层面和微观层面的治理人员可以在机构相关事务上持不同观点。协调与管理机构是开展治理与管理工作的桥梁和缓冲器。

22.2.1 公立和私立问题

学生事务专员在制定决策过程中受机构的类型、规模和文化的影响。构建治理结构也是同理。在私立教育机构中，董事会不仅非常重视机构的成功，而且将自身视为机构的支持者，而非控制者。公立教育机构的董事会成员，无论是政治委任还是选举产生，通常都是代表选民进行机构管理。私立机构和公立机构在治理方面的主要区别在于自身定位和工作重点。

机构治理的目标和功能是确保机构践行使命以及实现战略愿景。机构治理也可以作为监控成本的手段，有时是限制成本，有时是增加成本以确保那些对高等教育机构负有责任的人以正直的品格、有效和高效的工作方式履行职责。机构治理履行责任的方式往往伴随着预算事务以外的问题，例如学生录取、入学、转学以及经济发展项目。

22.2.2 政治环境

每所大学和学院都受制于董事会的政策，公立教育机构还受制于州立法机关和州行政部门的政策目标。根据机构章程的传统和法律基础，州政府政策干预的形式可能会有所不同，但从权力控制到资金分配，州政府对高等教育事务的影响很大。当法律和行政的传统直接将教育机构置于立法进程中时，超越了学术和学生服务事务的权力可以被明确地列在法规里。

22.2.3 校园治理

大多数高校都设有教授代表会议，负责为课程发展、教学方法、学位要求和终身教职等问题提供建议。有一些大学的教授代表会议成员与学生事务专业人员合作，而其他的大学则设有单独的非学术职员组成的委员会。大学校长常常负责设立一个由副校长和其他高级管理人员组成的委员会来处理预算决策和重组计划等重大问题。高校内的各个常设委员会确保了空间分配、工资制定和校园环境风貌的连续性。越来越多的高校开始出现联合会，高等教育管理者必须掌握和认识到联合会在人事事务和工作条件方面发挥的作用。在一些高校里，学生会的影响相当大，特别是当涉及学费、录取标准以及改进或删除学术项目时，学生会的影响举足轻重。

高效的学生事务从业者必须不断观察机构治理的整体情况以确保该机构的工作进程与学生的需求一致，并能够支持学生取得学业成功。随着承担的责任越来越多，学生事务专员应该参与更多正式和非正式的交流，其交流对象也不应局限于高层管理人员，还应包括公共协调机构的董事、理事、立法者和管理人员。学生事务专员的责任是向学生阐明有关政策。

22.2.4 共同治理

1966年，由美国大学教授协会、美国教育委员会以及大学和学院治理委员会协会联合发布的*Statement on Government of Colleges and Universities*强调了共同治理和共同原则的重要性。在高等教育机构中，共同参与治理并不仅指委员会拥有决定权或教师参与协商。“共同治理更复杂，因为它一方面是参与规划和决策制定的教师和行政员工之间的微妙平衡；另一方面是承担行政责任”（Olson，2009，p.2）。在20世纪60年代，大学校园里的共同治理始于给予利益相关者参与决策制定过程。机构治理是一个合作型的事业，各团队要共同参与主要决策制定的过程以及允许特定团队承担特定领域内的主要决策责任。“共同的”意味着每个人都有角色，但并不意味着每个利益相关者都要参与决策的每个阶段。事实上，特定群体在特定领域被授予主要的决策责任，例如学生事务和学生行为、学生和学生会事务、学术和课程计划发展。摩尔（2005）认为，虽然共同治理并不是繁琐的管理系统，但也有必要认真考虑组织活力和大学系统的复杂性。

奥尔森（2009）提醒我们，事实上，任何公立或私立高校的立法权都来自且仅来自一个地方，那就是董事会。董事会将校园的日常运行委托给校长，而校长又将管理权委托给副校长、院长和其他行政部门领导。“真正的共同治理是让所有人有机会为共同关心的问题和特定团队的特有问题发声”（Olson，2009，p.5）。共同治理的核心是就机构内各种各样的问题展开不间断的沟通。

在私立教育机构中不存在共同治理，或者共同治理的形式不同于公立教育机构。举例来说，美国有28所耶稣会大学。在*Conversations on Jesuit Higher Education*中，奎恩（2005）指出，在20世纪60年代，人们开始支持天主教大学中的共同治理理念。在耶稣会大学，每个机构的董事会都有耶稣会神父。作为董事，耶稣会教徒为耶稣会教育理念提供指导。“在现实中，互惠对共同治理至关重要，其次才是法律。互惠代表天主教传统机构治理的民主精神”（Quinn，2005，pp.30~31）。私立教育机构通常不受地方、州和联邦政府的约束，享有自治权。

22.2.5 治理的变迁

1997年，马文·拉文森在其发表的公立系统政治化的文章中指出，董事会通常在和机构领导的冲突中不断提升和维护自身的权威。“在公立机构中，理事通常为政府和州立法机构代言并对纳税人负责。在私立教育机构中，理事为机构的投资人——校友、学生、慈善家，甚至公众——代言，他们认为机构既是他们的，也是每个人的”（Lazerson，1997，p.11）。如今，大多数的机构发生了变化。机构的理事和行政人员互相支持并建立稳定的同盟关系来增加财政资源和强化机构力量。雷泽逊告诫我们，近年来理事激进主义不断升级，矛盾冲突变得越来越尖锐，给高等教育治理的长期发展埋下了潜在的祸根。雷泽逊认为公立机构的权力已经转移到了董事会手中。解决这一问题的办法是在理事、行政人员和教师中“恢复共同治理”（Lazerson，1997，p.15）。共同治理研究者认识到，共同的目标更易引发富有成效的行动，加强各部门的互相理解，亦有助于强化整个机构的力量。

22.3　高等教育中政治和决策的交集

高等教育机构是政治体系，因此其政治活动和决策是相互关联的。

22.3.1　政治框架

博尔曼和迪尔（2003）描述了有效管理实践的四个框架，其中之一是政治框架。政治框架非常适合学生事务和高等教育。政治框架假定成员的权力决定了决策结果。政治系统内的成员彼此互动，通过资源分配、赞成或否决、推进议程或推迟进程的决策影响机构的愿景和目标。

22.3.2　权威与权力

博尔曼和迪尔（2003）认为，政治框架中最重要的决策涉及稀缺资源的分配。因此，分配和运用权力便是最重要的资产。权威可以被简单地定义为合法的权力，而权力则是“影响行为、改变事件进程、公开抵制和让人们做他们不想做的事情的潜在能力”（Pfeffer，1992，p.188）。

权力表面上由有意识的行为构成，包括影响决策的行为，阻止决策的能力（非决策的），以及通过塑造他或她的想法、欲望和需求而影响他人行为的能力。“权力是有意识地去改变他人行为的能力，并由此使他人的行为符合掌权者的偏好”（Birnbaum，1988，p.12）。

22.3.3　商讨与谈判

谈判是决策最常用的方法之一。合作性决策既是艺术和科学（Raiffa，2007），也是强大的政治工具（Bolman & Deal，2003）。谈判是双方之间的对话，旨在达成理解、解决分歧或从结果中获利。分配式谈判用于数额固定的事务（例如金钱或空间）。综合谈判是指通过创造性地解决问题提供备选方案，努力提高谈判质量以及达成谈判协议的一整套技巧。商讨是谈判的一部分。好的谈判既能将事情引到商讨上来，也能不需要商讨（Shell，2006）。

22.3.4 校园文化与背景

校园环境对决策至关重要（Vacarro et al.，2013）。值得注意的是，每个机构提供给学生事务专员的政治体验都不相同。学生事务专员需要学会检视利益相关者、影响者、决策制定过程、掌权者和权威人士，以及包括原则和价值在内的组织机构的全貌。例如，社区学院的决策环境一定不同于研究型大学、私立文理学院或宗教附属学院。规模较小的机构的行政层级一般较为简单。层级简单有助于简化决策流程，并且决策消息的传播速度也较快。“从某种程度上说，你必须全身心地投入到组织中才能领会其中人际关系的美好、微妙之处和本质——你需要了解组织不为人知的历史和禁忌话题，掌握在不损害个人职业志向的情况下参与（不参与）政治谈判的方式”（McClellan，2013，p.2）。

22.3.5 价值观

所有已经制定的决策构成了组织的文化，在组织文化中人们通过持续的行动交流各自的价值观。公正是最重要的价值观之一，但是履行公正或许有些困难，因为公正要求毫无偏见地制定决策。蒂尔尼强调，在制定决策时，应充分利用“组织行为的深度嵌入模式以及成员对其组织或工作的共同价值观、责任、信念”（1990，p.6）。

价值观是有力量的。当价值观清晰时，学生事务专员不需要依赖权威人士的指导（Kouzes & Posner，2002）。学生事务专员只有了解最重要的价值观，并清楚地认识到自我价值观与组织价值观的冲突与兼容，才能做出明智的决策。

22.3.6 利益相关者与各群体

随着高等教育从精英掌权转变为更加民主的方式，决策制定者的联盟逐渐建立了起来（Bolman & Deal，2003）。联盟建设者通过提供个人和团体表达利益需求的机会，清楚地掌握每个人的利益点。这是因为他们是在利益相关者之间分配权力。对机构内部和外部的利益相关者和校园内各群体给予关注是十分重要的。尽管学生应该是我们工作的中心，但是在制定决策的时候，我们也必须考虑其他团体。我们要经常问自己，谁将关注这个决策？谁的钱包、邻里关系、社会地位、事业和名誉会从决策中获益或者因为决策而受到损害？当地社区团体和领导者、学生家长、教职人员、政客、捐赠者、校友和邻居都是制定决策时需要考虑的群体。

22.3.7 沟通、分享和透明度

领导者可以通过保持信息的自由流动来提升政治决策能力。无障碍的信息沟通打破了官僚主义的垄断。在一些机构中，人们不分享信息，认为这样做会拥有权力

和声望。学生事务部门通过国家的规范调查，如CIRP（加利福尼亚大学洛杉矶分校的大学机构研究计划）新生调查和NSSE（全国学生参与研究），收集学生信息。此外，学生事务部门还掌握学生人口统计以及在籍和辍学的学生情况。学生事务部门通过与教职人员、学生、行政人员、立法人员、董事和理事分享这些信息，开拓了职业领域。

22.4 最新的思考

本节介绍了有关高等教育成功政治实践的若干务实的思考。这是作者对个人多年从业经验的反思。

22.4.1 审视你获取决策机会的环境

在工作岗位中取得职业进步和优异表现的关键是用智慧和勇气做出坚定的决策。有些人逃避，有些人做出了糟糕的决策。这给了学生事务专员提升决策能力和发光的机会。请寻找制定决策的机会吧！科恩和马奇（1974，p. 82）称这为“选择机会”：“当组织预期会产生可称之为决策的行为时，机会就来了。机会经常出现，任何组织都有宣布选择时刻的方式，例如，必须签署的合同，职员聘用、晋升或解雇，支配预算和分配责任”（Cohen & March，1974）。

22.4.2 良好的人际关系有利于做出明智的决策

政治体系是涉及权力、规则或权威的一种持续的人际关系模式（Dahl，1964）。在人际关系中应用权力、规则和权威有助于有效的决策和示范性的领导。因此，库兹和波斯纳（2002）强调“领导力就是人际关系”（p.20）。拥有充满信任、熟悉且友好，以及有着共同的价值观和目标的人际关系网络有利于人们做出明智的决策。事业和生活曾经、现在和未来的成功与否都取决于人们在一起工作和娱乐的融洽程度。德鲁克指出，非营利组织和企业之间最基本的差异之一是，典型的非营利组织有太过繁杂和极其重要的人际关系。“非营利组织拥有很多选民，因此需要与每一位选民建立人际关系”（1990，p.157）。

22.4.3 接受决策中的冲突

矛盾来自不同需求者和利益者之间的竞争，合作则来自共同工作以及通过集体行动实现目标。不要试图防止分歧和冲突。公开征求不同意见能够给人们表达心声和领导人倾听心声的机会。在很多情况下，为了解决冲突，决策制定者可以整合反对者的想法，并考虑他们关切的问题。即便无法达成协议，通过合作的方式制定解决方案也有益于达成共识。

22.4.4 利用数据的力量

数据驱动型决策要更好一些。就这么简单。使用数据可以使学生事务管理者根据依据而不是直觉做出决策。因此，数据有可能使决策发生彻底的变化。基于数据的决策可以让学生事务专员做出更好的工作预判（谁会继续学业？谁将毕业？），由此可以制定更明智的决策来促使大学关注学生学业成功。事实和数据不但能够引发人们思考，也是支持我们决定做什么，为什么这么做的有利论据。

22.4.5 参与第二次猜测

即便决策已定且付诸行动，学生事务专员的任务尚未完成。决策实施后，学生事务专员需要反馈决策是成功的还是失败的，以及行动的影响。领导者会问自己是否做了正确的决策，这是他们的政治智慧。他们也参与决策分析，并从中吸取失败的教训。关于决策的流程和风格，需要提出可评估的问题："实现想要的目标了吗？""取得无意识的成果了吗？""在做出艰难的决策后，强有力的领导者形成了询问决策情况的习惯。如果可能的话，他们会指出在做决策时忽略的要点及其产生的后果"（O´Hara Devereaux，2004，p.111）。

22.4.6 巧妙的拖延

领导者通常三思而后行。政治智慧要求他们不要立刻做出决策。如果有人施压，他们会说"那么，如果你连一个小时都不给我，我的回答是不"。领导者在做决策时，一次又一次地拖延。备受尊敬的南加州大学前校长史蒂文·桑普尔曾这样说道："在我回答这个问题前，让我再想想。"他称之为"巧妙的拖延"（2003，p.81）。他讲述了杜鲁门总统的一个小故事作为例子。无论工作人员什么时候就问题或机遇请示他的意见，杜鲁门总统问的第一件事都是："我有多少时间？"杜鲁门总统深知决策的时机与决策本身一样重要。"用较长时间做决策便打开了更广泛的磋商和讨论之门。用很短的时间做决策意味着总统只能探寻自己的内心世界，然后做出可能会影响数百万人的简单回答"（Sample，2003，p.81）。一旦时机已定，"怎么做"就和政治有关了。我希望本章能够为这个终极要点提供方向和答案。

22.5 政治维度在决策中的局限性

高等教育领域存在不同类型的组织、治理和决策模式，其中包括官僚制的、合议制的、有组织的、无政府的、结构性的、人力资源的以及象征性的（Baldridge，1979；Birnbaum，1988；Bolman & Deal，2003）。它们都描述了高等教育机构思考、领导、决策和行为的不同方式。它们帮助人们了解大学和学院的工作流程及运行方式。每一个模式都是"正确的"，但并不是完整的（Birnbaum，1988）。

在任何既定的时间，其中的一个模式也许适用于特定的教育机构，但是没有一个学院或大学由始至终适用同一个模式。当教育机构开展有效率的管理时，将自身局限于决策的政治维度是错误的。当遭遇问题、寻求解决办法以及制定决策时，教育机构还可以采用其他强大和有效的模式。

提高行政效率的方法之一就是通过寻求更合理方式去制定决策以及采用更具结构性的方法去做出选择或执行权力以解决困境。“欣赏学术机构的控制本质”（Birnbaum，1988，p.176），意味着每个机构都有自己的行为模式、人际关系、社会规范、等级结构、偏好、局限，所有这些对机构而言各有各的重要性，也会对机构产生不同程度的影响。

“大多数有能力的领导者都会另辟蹊径从不同视角考虑问题”（Stringer，2009，p.429）。摩根（2006）告诫说：“当我们从政治隐喻的角度分析问题时，几乎总是可以看出政治活动的迹象。这可能会导致组织机构更加政治化，因为当我们将组织机构理解为政治系统时，我们更有可能做出与我们所看到的事务相关的政治行为”（p.205）。

22.6　结论

将制定决策视为政治过程的好处是，学生事务专员始终保持他们在确保学生学业成功方面日益重要的决策作用。把决策的策略和行动描述为一个政治过程，就是要强调：致力于实现对双方都无重大破坏作用的成果是出于强大的共同利益。

即使学生事务管理者不具备建立人际关系、分析利益相关者需求以及调研整个机构政治全貌的能力，他们也可以通过积累工作经验以及把本章呈现的决策制定的政治因素付诸实践使自己的工作富有成效。在学生事务专员漫长的职业生涯中的某个时刻，决策会变得可预见、不可避免和反复出现。请运用经验提前思考和确定决策的制定方式、制定一些决策规则并同机构中的其他人分享和遵循这些规则。如果像德鲁克所说的“决策为行动负责”（p.127），那么为什么那么多的决策保持“虔诚的意图”（p.127）？每一项决策都是现有资源对未来的承诺。正如德鲁克指出的，我们可以向日本人学习。他们在制定决策前先制定实施措施。在制定决策前，应该征询每一个相关的人，尤其是那些执行决策的人的意见。一旦决策确定，每个人都要了解决策，也要坚定不移地执行决策。西方世界的常见做法是制定决策并将决策“兜售”给利益相关者。下一次必须制定决策时，请认真考虑政治框架。

参考文献

American Association of University Professors，American Council on Education，& Association of Governing Boards of Universities and Colleges.（1966）. *Statement on government of colleges and universities*，1966. http：//www.aaup/org/AAUP/issuesed/ governance/default.htm. 2013.

Amey, M. J., Jessup-Anger, E., & Tingson-Gatuz, C. R. (2009). Unwritten rules: Organizational and political realities of the job. In M. J. Amey & L. M. Reesor (Eds.), *Beginning Your Journey: A guide for new professionals in student affairs.* Washington, DC: National Association of Student Personnel Administrators.

Amaral, A., Jones, G. A., & Karseth, B. (Eds.). (2002). *Governing higher education: National perspectives on institutional governance.* Dordrecht, the Netherlands: Kluwer Academic.

Aristotle. (2000). *Politics, II*, 2. (B. Jowett, Trans.) Mineola, NY: Dover. (Originally published 350 BC).

Baldridge, J. V. (1971). *Power and conflict in the university.* New York, NY: John Wiley and Sons.

Baldridge, J. V., Curtis, D. V., Ecker, G., & Riley, G. L. (1971). *Policy making and effective: A national study of academic management.* San Francisco, CA: Jossey-Bass.

Birnbaum, R. (1988). *How colleges work.* San Francisco, CA: Jossey-Bass.

Bolman, L. G., & Deal, T. E. (2003). *Reframing organizations* (3rd ed.). San Francisco, CA: Jossey-Bass.

Callahan, J. C. (1988). *Ethical issues in professional life.* New York, NY: Oxford University Press.

Capelo, C., & Dias, J. (2009). Feedback learning model and mental models perspective on strategic decision making. *Educational Technology Research and Development*, 57 (5), 629-644.

Clark, B. R. (1998). *Creating entrepreneurial universities: Organizational pathways of transformation.* Oxford, England: Pergamon.

Cohen, M. D., March, J. D., & Olsen, J. P. (1972). A Garbage can model of organizational choice. *Administrative Science Quarterly*, 17 (1), 1-25.

Cohen, M. D., & March J. D. (1974). *Leadership and ambiguity.* New York, NY: McGraw-Hill.

Corson, J. J. *Governance of colleges & universities.* New York, NY: McGraw Hill, (1960)..

Cyert, R. M., & March J. G. (1963). *Behavioral theory of the firm.* Cambridge, MA: Blackwell.

Dahl, R. (1964). *Power, pluralism, and democracy: A modest proposal.* NewHaven, CT: Yale University Press.

Dean J. W., Jr., & Sharfman, M. P. (1996). Does decision process matter? A study of strategic decision-making effectiveness. *Academy of Management Journal*, 39 (2), 368-396.

Deem, R. (1998). New managerialism and higher education: The management of performances and cultures in the United Kingdom. *International Studies in Sociology of Education*, 8 (1), 47-70.

Drucker, P. (1990). *Managing the non-profit organization.* New York, NY: Harper Collins.

Easton, D. (1953). *The political system: An inquiry into the state of political science.* New York, NY: Knopf.

Eggert, S., & Bogeholz, S. (2010). Students' use of decision making strategies with regard to socioscientific issues: An application of Rasch Partial Credit Model. *Science Education*, 94 (2), 230-258.

Ellis, S. (2012). *The student affairs committee.* Washington, DC: Association of Governing Boards of Universities and Colleges Press.

Hastie, R. (1986). A primer of information-processing theory for the political scientist. In R. Lau & D. O. Sears (Eds.). *Political cognition: The 19th annual Carnegie symposium on cognition.* Hillsdale, NJ: Erlbaum.

Hirt, J. B. (2006). Where you work matters: Student affairs administrators at different types of institutions. Lanham, MD: University Press of America.

Kezar, A., & Eckel, P. D. (2004). Meeting today's governance challenges. *Journal of Higher Education*,

75（4），371-398.

Kitchner，K. S.，& Anderson，S. K.（2011）. *Foundations of ethical practice，research，and teaching in psychology and counseling.* New York，NY：Taylor & Francis.

Knighton，R. J. 2004）. The psychology of risk and its role in military decision making. *Defense Studies*，4（3），309-334.

Kouzes，J. M.，& Posner，B. Z.（2002）. *The leadership challenge.* San Francisco，CA：Jossey-Bass.

Kuh，G.，Siegel，M. J.，& Thomas，W.A.D.（2001）. Higher education：Values and cultures. In R. B. Winston Jr.，D. G. Creamer，& T. K. Miller（Eds.）. *The professional student affairs administrator：Educator，leader，manager*（pp. 39-63）. New York，NY：Brunner-Routledge.

Lasswell，H.（1936）. *Politics：Who gets what，when，and how.* Gloucester，MA：Peter Smith.

Lazerson，M.（1997，March/April）. Who owns higher education. *Change*，10-15.

Levy，S. R.，& Kozoll，E. E.（1998）. *A Guide to decision making in student affairs：A case study approach.* Springfield，IL：Charles C Thomas.

Lombardi，J. V.（2002，August）. *University organization，governance，and competitiveness.* The Lombardi Program on Measuring University Performance http：//mup.asu.edu/UniversityOrganization.pdf

March，J. G.，&，Simon，H. A.（1958）. *Organizations.* New York，NY：Wiley.

Marginson，S.，& Considine，M.（2000）. *The enterprise university.* Melbourne，Australia：Cambridge University Press.

Matzler，K.，Bailom，F.，& Mooradian，T. Fall（2007）. Intuitive decision making. *MIT Sloan Management Review.*

McAfee，A.，& Brynjolfsson E.（2012，October）. Big data：The management revolution. *Harvard Business Review*，60-68.

McClellan，G. S.（2013，March 11）. Things I didn' t learn in graduate school. *Chronicle of Higher Education.* http：//chronicle.Com/article/article-content/137807/.

Millett，J. D.（1978）. *New structures of campus power：Success and failure of emerging forms of institutional governance.* San Francisco，CA：Jossey-Bass.

Mintzberg，H.（1979）.*The structuring of organizations.* Englewood Cliffs，N.J.：Prentice Hall.

Mintzberg，H.，Raisinghani，P.，& Theoret，A.（1976）. The structure of "unstructured" decision processes. *Administrative Science Quarterly*，21（2），246-275.

Moore，R.，Jr.（2005）. In shared governance，what role for the AAUP? *Conversations on Jesuit Higher Education*，28，26-28.

Morgan，G.（2006）. *Images of organization.* Thousand Oaks，CA：Sage.

O' Hara Devereaux，M.（2004）. *Navigating the badlands.* San Francisco，CA：Jossey-Bass.

Olson，G. A.（2009，July 23）. Exactly what is "shared governance"? *Chronicle of Higher Education.* http：//chroncile.com/article/Exactly-What-Is-Shared/47065/.

O' Neill，T.，& Hymel G.（1994）. *All politics is local and other rules of the game.* Holbrook，MA：Bob Adams.

Pfeffer，J.（1992）. *Managing with power：Politics and influence in organizations.* Boston，MA：Harvard Business School Press.

Quinn，K. P.（2005）. Shared governance：The elusive role of Jesuit as trustee. *Conversations on Jesuit Higher Education*，28，30-31.

Raiffa，H.（2007）. *Negotiation analysis.* Cambridge，MA：Belknap Press of Harvard University Press.

Sample, S.（2003）. *The contrarian' s guide to leadership.* San Francisco, CA: Jossey-Bass.

Schwenk, C. R.（1984）. Cognitive simplification processes in strategic decision making. *Strategic Management Journal*, 5（2）, 111-128.

Shell, G. R.（2006）. Bargaining for advantage. New York, NY: Penguin.

Sonnenberg, F. A., & Beck, J. R.（2008）. Markov models in medical decision making: A practical guide. *Medical Decision Making*, 13（4）, 322-338.

Stringer, J.（2009）. The political environment of the student affairs administrator. In G. S. McClellan & J. Stringer（Eds.）. *The handbook of student affairs administration*（3rd ed., pp. 425-446））. San Francisco, CA: Jossey-Bass.

Stroup, H.（1966）. *Bureaucracy in higher education.* New York, NY: Free Press.

Tierney, W. G.（Ed.）.（1990）. Assessing academic climates and cultures. *New Directions for Institutional Research, no. 68.* San Francisco, CA: Jossey-Bass.

Tjeldvoll, A. 1998, Fall）. The idea of the service university. *International Higher Education*, 13, 9-12.

US Department of the Army.（2010）. *The operations process*（Field Manual 5-0）. http: //www.fas.org/irp/doddit/army/fm5-0.pdf.

Vaccaro, A., McCoy, B. Champagne, D., & Siegel, M.（2013）. *Decisions matter.* Washington, DC: NASPA.

Whetton, D. A.（1984）. Effective administrators: Good management on the college campus. Change, 16, 39-43.

Zeleny, M.（1982）. *Multiple criteria decision making.* New York, NY: McGraw-Hill.

第23章 高校的内外部伙伴关系与合作

佩内洛普·威尔斯

学生事务与其学术事务伙伴之间合作的价值在许多年前就被写入高等教育学者的专著中（Bourassa & Kruger，2001；Dale & Drake，2005；Ellis，2009；Roper，2002；Sandeen，2000）。这类文章和书籍的作者关注的是学生事务和学术事务伙伴关系中的关键特征（Banta & Kuh，1988；Dale & Drake，2005）。“这些著作明确了开发和维护合作伙伴关系所需的战略，描述了支持和加强伙伴关系的组织模式，并简要说明了有效运营这种伙伴关系所需的一系列手段”（Dale & Drake，2005，p. 51）。

本书的第21章对学术事务和学生事务专员之间的合作伙伴关系提出了一系列观点和见解。本章则着眼于比学生事务与学术事务之间的关系更为广阔的视角。本章讨论的合作伙伴关系侧重机构层面，不仅包括诸如教师、财务和行政人员等大学内部的合作伙伴，还包括诸如立法者、经济开发商、民间组织和政府机构等大学外部的重要合作伙伴。本章从合作的价值、合作的原因以及合作对大学及社区的裨益三个方面展开讨论。此外，本章还就在此类合作项目中取得成功的领导者及合作案例的特点进行了探讨。本章的观点虽着眼于整个机构层面，但却普遍适用于机构内的所有层级。与现有的指导教师和接受指导的学生这样的关系相比，本章对潜在的合作伙伴和成员的态度更为积极。尽管本章所述的角色主要是那些原本就经验丰富的学生事务高级领导者，但对于新入行的学生事务从业者来说，在其职业生涯的早期阶段就开始培养这些技能是十分重要的。对此，罗佩尔已将最好的观点提供给我们，即“一个学生事务专员的成功往往与其能够在职业生涯中建立并对必要关系进行管理的能力密切相关，这比他们开展的任何其他活动都重要”（Roper，2002，p. 11）。

值得一提的是，本章的作者是学生发展领域的专家。作者坚信学生学业的成功与否取决于学生事务和学术事务的整合情况。如果读者有意对这种类型的合作进一步加以了解，除了阅读本书第21章之外，也可查阅本书的第2版和第3版（2000，2009）中的相关章节。亚瑟·桑德恩（2000）在其题为“发展有效的校园和社区关系”的文章中抓住了建立良好校园关系所需要素的本质，即诚实且值得信赖，能够胜任工作，善于倾听且包容，遵守保密原则，确保有效规划并及时跟进。如本章后文所述，所有这些要素都适用于成功的伙伴关系。

16年后，在同一本书的第3版中，香农·埃利斯（2009）撰写了题为“发展有效的校园和社区关系”的精彩章节。她通过解读学生事务从业者与学生、顾问与咨询者、教师与学习者、开发者与实施者以及导师与学生之间沟通的重要性去关注校园关系。埃利斯还谈及寻找共同的基础、建立值得信赖的体系、分享共同的价值观以及互相关联的愿景。同样的，这些要素对于与大学社区之外的团体建立有效的合作关系也十分重要。在本章中，作者向读者阐释与高校建立内外部关系的所有成功的合作关系的基础。

可能导致作者产生的偏见的原因（也是一个确实存在问题）是她目前担任社区学院的院长。美国有各种各样的大学和学院（例如，技术学院、社区学院、文理学院、州立与区域学院、研究型大学），但并非所有高校都接受基于整个机构的合作，也并非所有高校都存有大学与社区合作的理念。正如布拉萨和克鲁格（2001）所说："毫无疑问，整个高等教育界应该跟踪社区学院建立成功的伙伴关系的要素，且这些要素不但适用于社区学院，也适用于四年制学院和大学"。韦尔茨和桑德曼（2010）对各研究型大学的社区参与进行了研究，发现"在过去十年中，社区参与已经成为许多高校的一个重要优先事项"。"与社区大学和文理学院相比，研究型大学在实施社区参与方面一直较差"。作者认为，社区学院的使命使它们和所服务的社区更加紧密地联系在一起。我们也知道，社区学院的行政部门间的界线很容易模糊。本章的很多内容可以应用于所有的高等教育机构。

23.1　伙伴关系的价值

"独唱的日子已经结束"这句老话非常适用于我们的讨论。"合作关系与高等教育面临的诸多问题息息相关。它们远远超出了局部地区关系的范畴，并迫使我们思考高等教育的总体目标"（Maurrasse，2001，p.2）。人们希望高校肩负起他们对所在社区应尽的责任。这不仅成为一个绝佳的实践概念，更应该成为道德的底线。"大学与社区伙伴关系的大趋势是对部分公众认知进行回应，这些认知包括高等教育机构已经与社会脱节，学术研究与时代症结并不相关等"（Strier，2011，p. 82）。基斯科尔和格兰德契（2003）发现，社区学院与私营机构的伙伴关系非常受欢迎，这不只源于学院的使命和价值观，还源于当前的经济发展速度放缓。事实上，这些学院必须寻求财务支持以补贴低廉的学费和被削减的公共资金支持。"与私营机构的合作关系同样受社区学院不断面临的为学生提供创新性课程，特别是技术和信息系统领域课程的巨大压力的影响"。社区学院与劳动力发展委员会、商会和经济发展委员会等公共实体密切合作，巩固了社区学院与所在区域的联系（Van Wagoner，Bowman & Spraggs，2005）。

立法者认为伙伴关系是"达到国家教育和经济目标的战略途径"（Amey，Eddy，& Ozaki，2007，p. 5）。建立强有力的合作伙伴关系为大学提供了一个机会，即可在最大限度地利用资源的同时，对其社区的需求进行回应，并以此为契机履行其机构使命（Sink & Jackson，2002）。这些伙伴关系使得高校在政治影响力以及所在社区对该高校的支持上极易获得回报（Van Wagoner et al.，2005）。

"伙伴关系有时被认为是有风险的、难以谈判的、政治性的，且容易受制度现状挑战"（Amey，Eddy & Campbell，2010，p. 14）。即使伙伴关系会给高校和社区双方带来诸多利好，正如本章随后所讨论的那样，许多学者并不认为这种社区参与值得被优先考虑（Buys & Burnsall，2007）。教师们出于以下原因不情愿参与：（1）缺乏对高校以外人员的知识基础的尊重；（2）学者们认为社区成员是研究对象，而非合作伙伴；（3）他们对合作伙伴可能带来的益处缺乏了解（Buys & Burnsall，2007）。同样有趣的是，恐惧也会成为社区成员开展合作的阻碍。艾哈迈德（Buys & Burnsall，

2007）认为，产生这种现象的原因是高校教师往往被认为处于象牙塔中，他们的潜在研究或与社区的需求毫无关联。事实上，高校与私人机构这样的合作往往是难以维持的（Amey et al.，2007）。艾哈迈德的观点是，高校与私人机构联盟的困难同样存在于高校内部的跨部门合作中。尽管教师和学术事务管理者理解和支持服务的价值，但他们是否完全理解学生发展和他们之间重要的联系，行政服务人员是否将学生事务仅仅视为招生和学生保持，学生发展从业者是否充分了解学生和教师之间的特殊关系呢？

为了更好地理解合作关系的价值，我们需要将合作的概念作为起点。社区合作被定义为“高等教育机构与其所处的更大的社区（如本地、区域/州、国家、全球），在伙伴关系和互惠的背景下互相交流和开展合作”（Carnegie，Weerts & Sandman，2010）。正如韦尔茨和桑德曼（2010）所解释的那样，合作并不等同于公共服务的延伸。“具体来说，公共服务与其外延通常被认为是向公众提供知识和服务的单边途径，然而合作则是强调高等教育机构与社区建立合作伙伴关系，协作开发和应用知识以解决社会需求的双边机制”（p.632）。根据拜斯和伯恩索尔（2007）的观点，社区合作的概念应被嵌入这个更加宽泛的合作概念中。“从本质上讲，合作为伙伴关系的蓬勃发展提供了土壤，而非高校与行业之间存在的一系列松散的联系”（Coldstream，Buys & Burnsall，2007）。

一些团体和教育协会也促进了近期高校与社区合作的增加。例如，凯洛格委员会呼吁公立研究型大学与其所服务的社区进行更有成效的合作（Weerts & Sandman，2010）。此外，美国公立与赠地大学协会已经敦促其成员成为更好的“地方管理者”（Weerts & Sandmann，2010，p. 635）。哈卡维和哈特利（2009）指出：“大学愈发地认识到，它们的命运无法避免地与社区联系在一起”。

总而言之，伙伴关系加强了教育所有权；换言之，伙伴关系帮助人们理解合作的价值。同样，这种合作也巩固了高校自身的建设。

23.2 高校与社区合作的益处

斯蒂尔（2011）在她关于大学与社区联盟的研究中发现，“与社区的可靠的伙伴关系是教学、研究和实践的重要来源”。如前文所述，政府官员认为伙伴关系是实现国家教育和经济目标的主要方式。“高等教育机构从设施和资源共享中受益，学生们则可以获得额外的指导，并平稳地过渡到高等教育阶段”（Amey et al.，2007，p. 5）。因为成功的伙伴关系将最大限度地发挥州和地方资源的作用，并为学生的学习需求提供更多机会，所以一旦这个关系被成功地建立起来，所有的参与者都将从中获利（Amey et al.，2010）。这种伙伴关系对学生来说益处更多，因为伙伴关系可以通过应用学习、职业发展和就业机会来提高课程的含金量（Buys & Burnsall，2007）。此外，大学也会从强化的公共关系中获益，而社区也会与高等教育机构联系得更加紧密。由于高等教育机构可以将这些伙伴关系转变为自身优势并进行宣传，所以我们可以说，高校与社区的伙伴关系会对立法者、纳税人和捐助者产生重大影响。

私营经济实体也从与大学社区的合作中获益良多。它们通过与民营企业家领袖的共同努力，促进了区域竞争力的提升，并对新产业产生吸引力。特别是社区学院，能够提供具有熟练技术的劳动力和许多再培训机会（Kisker & Carducci，2003）。

无论是高校内部部门的合作，还是高校与外部实体的合作，都为高校各部门提供分享共同愿景的机会。拥有这些合作经验后，部门与部门之间愈发相互信任，并承诺一同努力以加强整个机构的沟通（Bracken，2007）。“这表现在合作双方承诺相互学习并改变彼此的想法上”（p.41）。

人们认识到这种合作联盟是不断发展的，并应被视为有生命的有机体。摩根（Amey et al.，2007）从各个方面对伙伴关系进行了阐述。例如，谁是这个想法的发起者，成员应如何理解伙伴关系，并对其进行解释，它是如何随着时间而改变，以及成员们应如何解决问题。另一个需要考虑的重要因素是伙伴关系自身的发展。“合作伙伴关系是如何从个人取向转变为集体取向进而转变为合作取向的？领导方式是如何从指导转向激励进而转向包容和以服务为导向的？”（Amey et al.，2007，p. 8）。合作过程本身可以对双方的士气和精神产生非常积极的影响。正如斯蒂尔（2011）所述：“成功的合作关系的特征是互惠互利、支持性的领导方式、沉浸式的大学的氛围以及资产的建设”（p. 82）。

23.3　成功合作关系的基本特点

任何合作尝试的成功与否都取决于两个主要因素，即领导者的特点和伙伴关系的形成过程。许多作者（Buys & Burnsall，2007；Roper，2002；Sandeen，2000）研究了领导者的个人特质。其核心特质包括诚信、拥有能够清晰地进行沟通的能力、相互尊重和正直的品格。合作各方必须共同致力于建立一个平衡的联盟。如果领导者能够克服自负的心理，那么合作关系会更加牢固。领导者必须愿意服从其机构的规则来实现合作愿景。建立成功的合作关系的关键要素包括“共同的目标；与合作伙伴的关系；开展合作的能力；治理与领导能力；信任与可信度”（Billett，Ovens，Clemans & Seddon，2007，p. 637）。

在合作中经常被忽视的一个关键的方面是有大型机构加盟。领导者可能非常清楚自己组织的使命，并努力地了解对方的观点和价值观。但他们往往没有足够的时间来获得所在组织的全力支持。领导者不仅领导合作过程，还要为他人构建合作框架（Ozaki，Amey & Watson，2007）。因为合作伙伴关系往往涉及资源影响和政治后果。在任何合作中，认识到需要克服许多潜在的障碍是十分重要的。黛尔和德拉克（2005）列举了一些重大的挑战，其中包括文化差异、价值观差异、缺乏共同语言和组织状态差异。

无论是高校内部的合作还是高校与私营经济实体的合作，组建合作联盟的过程都十分重要。第一步是确定合适的合作伙伴。在这个初始阶段，需要重点关注对方的合作动机（Buys & Burnsall，2007）。领导者必须时刻关注自己的使命，并谨记部门和/或高校不应成为整个合作实体的全部。领导层启动合作伙伴关系以了解其机构优势或部门优势是非常重要的。同样，他们必须认识到自己的弱点，寻找可以实现其使命和目标的合作伙伴。随着伙伴关系的形成，保持开放的心态向他人学习是十分重要的。参与者必须乐于改变，这一点在保持创业伙伴关系中尤为重要，但同时也不能忽视其自身的机构使命。这一过程往往较为漫长。科利（2013）很好地阐述了建立有效联盟的如下步骤：建立关系；定期会晤；传达目标和愿景；建立信任并相信预期的收益。这些步骤既可以应用于高校与社区的合作，也可以应用于大学项目的跨部门合作。

伙伴关系的一个基本组成部分是对所有可进行合作的计划进行评估。一旦决定落实一项合作，各方应该计划如何评估合作伙伴关系，并为此建立标准。而通常情况下，各方只在表达担忧或项目失效时才考虑启动评估。

与评估相关，合作者还必须考虑领导团队的继任计划。理事长、副理事长和院长以及私营经济体的首席执行官经常涉及人事变动。如果在人事变动后，合作并未获得所在机构的支持，那么其他人很快就会认为这种合作关系仅仅基于前任领导者的参与，合作只是暂时的。

23.4 成功的领导团队的特点

对于合作伙伴的“成功的领导者”所做的研究表明，组织中任何岗位上成功的领导者都具有相同的基本特质。本节利用校长和副校长的角色加以说明，但这些特质适用于组织中各个级别的领导者。校长必须消除员工进行缔结、维护和改善伙伴关系的障碍。因为校长代表着所在高校的本质，所以校长必须清晰地阐明自己的价值观，并与所在高校的价值观保持一致。在这个层面上，校长的角色既具有战略性，又具有象征性。他们会向内部和外部合作伙伴传递关于合作重要性的信息（Weerts & Sandmann，2010）。校长通常需要花费更多的精力建立“点点滴滴的合作关系”帮助高校内部成员理解机构使命。因为校长必须关注员工的士气，所以他们必须时刻保持所在高校在社区中的威望。这些成功的领导者密切关注和参与合作活动，并积极平衡合作各方带来的影响（Weerts & Sandmann，2010）。

副校长也是领导团队的重要组成部分。副校长们必须充分地理解和支持所负责部门的工作，并清楚地知晓机构愿景。高效的领导团队的全体成员能够尊重彼此的专业观点和个人领导风格。副校长们团结一致，建立合作沟通的桥梁并联合培养包括教师在内的教职员工是非常重要的。作为一个团队，副校长们不仅应该致力于改进合作伙伴关系，还应该努力促进员工的职业发展。

最后，领导团队的全体成员应该本着务实的调查精神，时刻关注自身的使命，并对能够强化使命的工作方法保持开放学习的态度。很多非常成功的合作伙伴关系是领导者的真诚和对他人的尊重促成的。

23.5 结论

本章将高校内部部门的合作关系范畴向外做以延展，并阐释了所有成功的合作联盟的本质。保有参与理念是所有合作的基础。参与合作的领导团队必须共同承担加强各方使命的责任以争取和维持合作伙伴关系带来的益处。行之有效的合作关系的目的是"使得两个在外部结构上彼此独立的个体从内涵上合二为一，并作为一个共同体不断前行"（Kollie，2013，p. 18）。

参考文献

Amey，M. J.，Eddy，P. L.，& Campbell，T. G.（2010）. Crossing boundaries：Creating community college partnerships to promote educational transitions. *Community College Review*，37（4），333-347.

Amey，M. J.，Eddy，P. L.，& Ozaki，C. C.（2007）. Demands for partnership and collaboration in higher education：A model. In M. J. Amey（Ed.），*Collaborations across educational sectors.* New Directions for Community Colleges，no. 139. San Francisco，CA：Jossey-Bass.

Banta，T. W.，& Kuh，G. D.（1988，March/April）. A missing link in assessment：Collaboration between academic student affairs professionals. *Change*，40-46.

Billett，S.，Ovens，C.，Clemans，A.，& Seddon，T.（2007）. Collaborative working and contested practices：Forming，developing and sustaining social partnerships in education. *Journal of Education Policy*，22（6），637-656.

Bourassa，D. M.，& Kruger，K.（2001）. The national dialogue on academic and student affairs collaboration. In A. Kezar，D. J. Hirsch，& C. Burack（Eds.），*Understanding the role of academic and student affairs collaboration in creating a successful learning environment.* New Directions for Higher Education，no. 116. San Francisco，CA：Jossey-Bass.

Bracken，S. J.（2007）. The importance of language，context，and communication as components of successful partnership. In M. J. Amey（Ed.），*Collaborations across educational sectors.* New Directions for Community Colleges，no. 139. San Francisco，CA：Jossey-Bass.

Buys，N.，& Bursnall，S.（2007）. Establishing university-community partnerships：Processes and benefits. *Journal of Higher Education Policy and Management*，29（1），73-86.

Dale，P. A.，& Drake T. M.（2005）. Connecting academic and student affairs to enhance student learning and success. In S. R. Helfgot & M. M. Culp（Eds.），*Community college student affairs：What really matters.* New Directions for Community Colleges，no. 131. San Francisco，CA：Jossey-Bass.

Ellis，S.（2009）. Developing effective relationships on campus and in the community. In G. S. McClellan & J. Stringer（Eds.），*The handbook of student affairs administration*（3rd ed.，pp. 447-462）. San Francisco，CA：Jossey-Bass.

Harkavy, I., & Hartley, M. (2009) . *University-school-community partnerships for youth development and democratic renewal.* New Directions for Youth Development, no. 122. San Francisco, CA: Jossey-Bass.

Kisker, C. B., & Garducci, R. (2003) . Community college partnerships with the private sector: Organizational contexts and models for successful collaboration. *Community College Review*, 31 (3), 55-74.

Kollie, E. (2013) . Creating a strong town-gown relationship. *College Planning and Management*, 16 (8), 16-19.

Maurrasse, D. J. (2001) . *Beyond the campus: How colleges and universities form partnerships with their communities.* New York, NY: Routledge.

Ozaki, C. C., Amey, M. J., & Watson, J. (2007) . Strategies for the future. In M. J. Amey (Ed.), *Collaborations across educational sectors.* New Directions for Community Colleges, no. 139. San Francisco, CA: Jossey-Bass.

Roper, L. (2002) . Relationships: The critical ties that bind professionals. In J. C. Dalton & M. Clinton (Eds.) . *The art and practical wisdom of student affairs leadership.* New Directions for Student Services, no. 98. San Francisco, CA: Jossey-Bass.

Sandeen, A. (2000) . Developing effective campus and community relationships. In M.J. Barr andM. K. Desler (Eds.), *The handbook of student affairs administration* (2nd ed., pp. 377-392) . San Francisco, CA: Jossey-Bass.

Sink, D. W. Jr., & Jackson, K. L. (2002) . Successful community college campus-based partnerships. *Community College Journal of Research and Practice*, 26 (1), 35-46.

Strier, R. (2011) . The construction of university-community partnerships: Entangled perspectives. *Higher Education*, 62 (1), 81-97.

Van Wagoner, R. J., Bowman, L. S., & Spraggs, L. D. (2005) . Editor' s choice: The significant community college. *Community College Review*, 33 (1), 38-50.

Weerts, D. J., & Sandmann, L. R. (2010) . Community engagement and boundary-spanning roles at research universities. *Journal of Higher Education*, 81 (6), 632-657.

第24章 重视冲突在组织发展中的作用

戴尔·尼诺　杰里米·斯特林格

高等教育机构，同其他团体和组织一样，都存在矛盾和冲突。除了人际纠纷，不同的群体也因其宗教、政治、种族、文化传统、观点、生活方式的不同而产生文化冲突。大学中明显存在社会中普遍存在的矛盾，因为这里有着背景各异和几乎对每件事都有不同看法的人，以及处在不同成长阶段的参与者。学生事务管理者在他们整个职业生涯中都要理解和应对冲突中的细微差别。有时，学生事务管理者或其主管只是想平息冲突。然而，如果管理者试图使用强权，例如职位权力，来解决冲突的话，可能会使情况变得更糟。各层级的学生事务管理者需要提高工作能力，采用有利于巩固组织发展的方式来应对冲突。

举例来说，假设一群学生因担心学费上涨而决定扰乱学校董事会的会议。虽然学校有明确的章程规定学生们可以在何时、何地、以何种方式进行抗议，但是学生们选择对章程置之不理，因为章程不允许他们采用其自认为最佳的抗议方式来表达对教育成本上升的强烈担忧。管理者们该如何应对呢？从法律角度来看，他们可以报警驱逐学生。但是他们应该这么做吗？对高等教育机构来说，这是教育学生的有利时机。但是他们想要教育学生什么？最好的教育方式又是什么？

由于在高等教育中，冲突是无法避免的，所以学生事务专业人员既必须了解自己解决冲突的倾向，也需要了解其他人处理冲突的常用方法。他们必须意识到，积极地处理冲突的价值在于能够维护组织的健康发展。本章探讨了处理冲突的不同方法。本章首先讨论了管理者应如何做好处理冲突的准备，并介绍了不同类型冲突的干预方式。然后讨论了有利于组织健康发展的“亲切空间”。最后回顾了利用冲突带来的机会使个人和组织获得更健康发展的方法。总而言之，我们提供了看待冲突的不同视角，一个人与他人交往时不仅要尊重对方，还要珍视和感谢对方提出的不同观点。本章结尾附有简短的资源列表，或许有助于管理者做好应对冲突的准备。

24.1 做好处理冲突的准备

每个人在处理冲突时，都有倾向性的处理模式。作为一个学生事务管理者，处理冲突的第一步就是了解自身的自然倾向。肯尼斯·托马斯（1992）基于行为的两个维度讨论了处理冲突的不同方式：强硬性和合作性。托马斯（1992）在综合考量了上述两种行为模式后，将冲突处理模式分为竞争型、协作型、妥协型、回避型和顺从型五类。

竞争型冲突处理模式具有强硬性和非合作性。这是一种权力定位的模式。采用这一模式的人总是设法赢得辩论，或坚定地捍卫自己的立场。在此模式下，孰赢孰败，一目了然。

与竞争型冲突处理模式相对的是顺从型冲突处理模式。采用这一模式的人不强硬，具有合作意识而且愿意顺应他人的观点。即便他们并不情愿，但也会委曲求全，展现出愿意配合的风度。

有些人会采用回避型冲突处理模式，其典型特征是既不强硬，也不合作。采用这个模式的人可能会有意识地延迟处理冲突，直到他们认为时机合适时才再加以处理，并在心里暗自希望冲突可以慢慢自行消失（这种情况比较罕见）。

与回避型冲突处理模式相对的是协作型冲突处理模式。采用这一模式的人既强硬又合作。他们致力于寻求冲突双方都满意的解决办法。这意味着他们需要尽力找到创造性解决问题的办法来说服冲突双方放弃原有想法。

最后是妥协型冲突处理模式。采用这种模式的人努力探寻一个至少让冲突双方部分满意的、折中的解决办法。在这种模式下，他们寻找解决冲突的方案，但不会花费那么多的时间和精力来考虑创造性的解决方案。妥协型冲突处理模式比协作型冲突处理模式更高效，更适合在时间有限的情况下，有效地解决冲突，但是达到的效果却不如真正的协作型冲突处理模式那么令人满意。

学生事务管理者为积极应对在工作情境下发生的冲突所能做的最好准备就是了解自身应对冲突的自然倾向。托马斯-基尔曼冲突模式测试工具（Thomas & Kilmann, 1974）是在工作情境下评估冲突的一个非常有价值的工具。该测试工具从强硬性和合作性两个维度评估个体行为，可以在给定的工作单元内进行，易于评分。托马斯-基尔曼冲突模式测试工具有助于学生事务工作者认识到自身解决冲突时乐于采用的主要模式以及不常用到的方式。

另外一个帮助学生事务管理者理解冲突解决办法的工具是迈尔斯类型指标（MBTI）（Myers，1998）。该工具有助于了解个人偏好对冲突的影响。达米安基伦和丹妮卡墨菲（2003）在迈尔斯理论的基础上设计了冲突管理的模型。作为学生事务管理者，完成迈尔斯类型指标测试，特别是在冲突还未发生前做测试，有助于团队内成员讨论每个人处理冲突的倾向，继而讨论作为一个团队，各成员应该怎样团结一致，高效解决冲突。完成这些测试，对于学生事务管理者来说有助于其了解自身处理冲突的倾向；对于在冲突发生时必须一起工作的团队成员来说，它是很好的自我发展机会。但是必须强调的是，世上并无处理冲突的万能公式。有时，组织中更适合同时存在多种类型的冲突处理模式。

竞争型冲突处理模式常被应用于像缩减预算这样不受欢迎的工作情境。当避免冲突比事件的结果更重要时，或者当一方已经认识到错误时，其通常采用顺从型冲突处理模式。当需要使冲突双方冷静下来，或者直接解决冲突反而会激起一方做出破坏性行为时，回避型冲突处理模式也许更适用。当冲突双方需要一个整合的解决方案，并且有充分的时间深入解决分歧时，协作型冲突处理模式最为理想不过。而当冲突一方非常顽固，而且必须在短时间内解决问题时，妥协型冲突处理模式是最好的选择。

24.2　冲突干预的类型

学生事务工作者除了需要提前做好准备以解决工作中的困难外，还需要掌握各种干预冲突的技能。他们在人际关系处理中会应用到各种冲突处理模式，也需要直接干预冲突或者安排第三方介入干预。在不同的情境下恰当选择不同类型的冲突处理模式，不仅要求学生事务管理者掌握冲突处理的相关知识，更需要其能够做到恰如其分地学以致用。以下四种常见的冲突干预方式是学生事务管理者需要了解和掌握的：引导、协商、调解和仲裁。

24.2.1 引导

学生事务管理者有时需要引导争执的双方达成对话（个人或团体）。引导者为双方提供一个公正的场合来讨论当下所关切的问题和长期的目标。如果引导者是中立方，所有争执都可以在引导者面前讨论，这通常对解决冲突是很有帮助的。桑德拉·凯尔德林和安·卢卡斯（2004）描述了一个典型引导过程的具体步骤：确保所有成员在倾诉和聆听方面享有均等的机会；明确对话的目标和议程；引导双方集中精力解决主要问题；帮助双方达成各自任务；引导者在展示倾听、转述、重构或设计非冲突工作方式方面的能力时，要做到言出必行。引导者是冲突干预过程的捍卫者。尽管学生事务管理者自认为干预冲突时是绝对客观的，但是冲突双方有的时候并不这样认为。基于这一点，邀请组织外具有丰富冲突干预经验的人员来担任引导者则更为有效。

24.2.2 协商

协商不同于引导。因为引导是过程导向型的，而协商是结果导向型的（Cheldelin & Lucas，2004）。罗杰·费舍和威廉姆·尤瑞（Fisher，Ury & Patton，1991）为协商达成的共识提供了一个有效的框架。他们借鉴了哈佛协商项目著作，提出了一个被称为“有原则的协商”的方法，致力于达成有效且友善的共识。“有原则的协商”包含四个原则：就事论事；重沟通、轻立场；为达成共赢创造多选机会；协商的结果需符合客观标准。下面，我们将逐一介绍这四个方面。

1.就事论事

冲突处理的权威和专家们（Fisher et al.，1991；Rockquemore & Laszloffy，2008）提议建立一个协商结构，解决问题时不要掺杂协商方的人际关系。他们建议在实质性讨论中切勿伤人自尊（Fisher et al.，1991，p. 37）。他们也表示，牢固的工作关系会使协商变得更容易。与对手比肩而坐，有助于冲突双方将彼此看作寻找公平解决方案的合作者，而非置对方于死地的竞争者。

2.重沟通、轻立场

这是费舍和尤瑞（Fisher et al.，1991）提出的第二个原则。当双方公开表明各自坚定的立场时，其潜在的利益无法表达且难以识别。而有经验的协商者清楚地知道找到对方的利益关注点和表达自身利益诉求同等重要，所以有时他们提出试探性的问题去了解对方的利益关注点。因史蒂芬·柯维（2004）大力推广而广为流传的阿西西的圣佛朗西斯之祷中的一句话更有助于我们记住这个原则："先去理解别人，才能被别人理解"（p. 235）。在寻找一个人的主要利益关注点时，不要忘记人类基本需求的力量是多么强大。比如说，一场关于金钱的协商，表面争的是利益，实则争的是尊重和认可。

费舍和尤瑞（Fisher et al.，1991）告诫协商者应明确自身的利益并清晰地传达给对方。他们警示说，有时双方会进入一种看起来像协商的模式，但是实际上却会造成持久的分歧。他们反反复复互相伤害，或者强调本就存在的偏见，这样只会阻碍达成共识。只有双方把过往的冒犯（真实或想象的）抛在脑后，他们才能集中精力解决分歧，推进协商。费舍和尤瑞建议，"严以待问题，宽以待人"（p. 54）。

3. 为达成共赢创造多选机会

通常来说，寻求单一的正确答案不利于达成使双方都满意的方案。为了达成共赢，应该多提几个可能的解决办法，这也许能为找到一个创造性的解决办法铺平道路。而这个办法或许会超出协商各方的期望。为了找到有意义的解决办法，参与协商者切勿提出不成熟的批评或者结论。协商者应该寻找恰当的时机使得双方从协商中获得共赢，而不是强制形成一方赢、一方输的局面。

4. 协商的结果需符合客观标准

费舍和尤瑞的最后一条原则（Fisher et al.，1991）是：高效的协商者坚持使用客观的评价标准。这要求协商者事先做好准备，确定手头的案例要采用何种标准。例如，在一场关于薪资的讨论中，有人可能提出应该将本校职位津贴与同一地区相似等级的大学进行比较后方可确定工资水平。这些职位的平均工资可以从学院和大学人力资源专业协会了解到。费舍和尤瑞建议参与协商者"在何种标准适用于协商以及怎么应用这些标准的问题上，要思考并且要认真思考"（p. 88）。

24.2.3　调解

调解被认为是协商过程的延伸。调解是通过"解决问题，转化关系，或者将两者相结合"的方式来帮助协商各方达成一致意见（Cheldelin & Lucas，2004，p. 22）。调解方不应该是争端中的任何一方。当学生事务从业者承担调解人的角色时，他们应该帮助协商双方"更清晰地沟通，指出误解或者错误想法，将与冲突有关的问题逐条理顺，并且协助他们在需要关注的问题上达成一致意见"（Taylor，2003，p. 532）。

在一个推崇诉讼的社会，自认为蒙冤的一方可能会迅速地提起诉讼以寻求公正。然而，有经验的学生事务管理者则尝试调解争端以免诉诸法庭。正如凯尔德林和卢卡斯（2004）断言的那样，和对簿公堂比起来，调解不仅节约金钱和时间，并且达成共识的成功率更高。调解给协商方提供了充分发泄受伤情绪和让人公正地倾听他们的委屈和诉求的机会，而他们又不需要花费太多金钱。值得一提的是，当存在诉讼的威胁时，学生事务管理者请调解专家主持调解工作，才是明智之举。

24.2.4 仲裁

与调解一样，仲裁也是法律诉讼的替代方式。仲裁既可以与协商方绑定，也可以不与其绑定。因为仲裁者要在听取有关争端的证据和事实后方可做出裁定，因此仲裁比许多其他的争端解决方法都正式。除了在特定协会工作的学生事务从业者有机会实施仲裁外，在其他岗位的学生事务从业者则不太可能参与仲裁。即使如此，当情势所需时，仲裁仍被认为是解决争端的必要手段。

24.3 亲切空间

即便是经验丰富的学生事务专员，在做了充分准备的前提下，也很难即刻找到恰当的方式积极有效地处理冲突。而冲突能否被妥善处理对于构建一个健康的学生事务组织又是至关重要的。这就要求学生事务专员在冲突处理的过程中克服自身习惯定式，密切把握事态进展进而找到能够达成相互理解和体现集体智慧的处理方式。当学生事务专员将培养学生全面发展作为工作理念，并在工作中采用学生发展理论时，这种冲突处理方式更具价值。

有些学生事务专员似乎更擅长建立信任关系和在动态的社会环境中开展工作。奇克林和赖塞尔（1991）的人类发展模式中涵盖了两个要素：情绪控制和发展人际交往能力。这两个要素都与冲突的处理高度相关。戈尔曼（1995，2006）强调了情商和社交智慧的重要性。情商包括自我意识和自我管理，表现在：面对挫折时不轻言放弃的能力，克制冲动且不急于享乐的能力，控制情绪的能力，以及不因悲痛而丧失思考、同情和抱有希望的能力（1995，p. 34）。社交智慧指的是“人际交往的智慧”（2006，p. 11），它包含两个要素：一是社交意识，即“我们对他人的感知”；二是社交能力，即“带着对他人的感知，我们做了什么”（2006，p. 84）。

有意识地提升自身的情商和社交智慧的学生事务专员能够提出更多可以有效处理冲突的办法。他们知道如何平复已经被激发的情绪而且能够巧妙地处理人际关系信息，因此可以从实质上处理冲突。如果学生事务专员的情商和社交智慧不够，其消极的情绪和社交互动不但会反噬自身，还会传递给其他人。随着情商和社交智慧的提升，学生事务专员可以化消极为积极，化被动为主动。这样学生事务专员便占据了有利位置，可以调动陷入冲突的各方的情商和社交智慧，以最佳的精力和智慧处理冲突。

积极且乐于助人的组织文化可以非常明显地减少冲突。组织文化是由组织成员塑造的。组织最终创造出来的文化对其成员有着较大的影响。文化发展需要远见卓识，而不能只靠权宜之计。学生事务部门需要通过自问一些关键的问题来持续规范行为准则和精神内涵，比如，“什么样的价值观将会引导我们一起工作？学生事务团队成员间需要建立什么样的关系？我们会创造出怎样的文化氛围？”这些对话需要与团队内的每一个人分享，以避免通过单独非正式谈话而形成行为准则。

想象一下不同的工作环境。一个开放真诚的工作环境有助于人们讨论和解决困难。与之相反的是 "肇事逃逸" 文化，在这种文化氛围下，一位组织成员惹来麻烦但要他人收拾烂摊子是没有问题的。或者思考一下八卦文化，流言蜚语就是加强冲突和破坏性行为的助燃剂。或者看一个允许欺凌或欺辱发生的组织文化。文化可以被刻意地建立，或者在缺少干预的情况下形成——这是一种选择。任何时候，我们都应该自问，在文化自主形成的过程中，我们的文化是否足够积极或者它是否可以被优化。

道德领导中心（Hughes & Grace，2010；Hughes，Ruder & Nienow，2011）开发了一种创新性的冲突处理方法，即发挥全体组织成员的情商和社交智慧共同创建组织文化，在这种组织文化中，所有的成员能够积极地解决冲突。这种方法就是"创建亲切空间"。"亲切空间"被定义为一种精神和情境，我们邀请陌生人参加到这个情境中来并开展公开学习。这种方式有助于学生事务专员改变他们的互动方式，特别是围绕冲突展开的互动。比如：在研究生项目的咨询委员会上，项目主任将学生相处不融洽和行为不专业的困境提请委员会审议并征求解决方案。委员们提出了很多富有想法的建议：一个建议是直接指出学生的不专业表现，提醒他们进行改正，否则勒令退学；第二个建议是"告诉学生必须坐住板凳钻研学问"；第三个建议是邀请学生加入"亲切空间创建日"活动，并讨论什么对他们最重要。

项目主任选择了创建亲切空间的建议。参与研究生项目的学生在亲切空间创建日需要思考两个问题："你想成为一个什么样的专业人士？你想具备什么样的专业素养？"学生们通过对自身核心价值的充分探讨，乐于树立正向的价值观。学生们在习得亲切空间的理念之后，他们被邀请以善意为前提，延缓判断，为不同的人际关系动态开创一个亲切空间。通过讲故事和对话，学生们可以充分地互相了解，进而可以开展不同的谈话来建立他们的职业规范。学生也开始表现出他们参与对话的专业姿态。研究生项目的文化自此开始转变。如上例所示，创造亲切空间涉及有意识地将以下要素整合到小组互动中去：精神、环境、欢迎陌生人，以及公开学习。

24.3.1 精神

我们鼓励参与者将积极的精神带入他们的工作中。当我们同他人打交道时，脑海中就会浮现出所有的对话。你和同事一起工作的成果是什么？品头论足？担心同事工作不力影响你的绩效？为了将积极的精神投入到工作互动中，我们必须改变原有的想法，不能惧怕同那些能为组织关系提供利益的人建立互动。

24.3.2 环境

拥有充足的时间和舒适的物理环境，对于人们以开放的姿态建立关系和开展更深层次的对话是非常重要的。通常，在繁忙的一天和一个不舒服的环境中安排对话很难达到预期的效果。

24.3.3 欢迎陌生人

欢迎陌生人的意思是，有意地建立互动关系，使他人觉得有归属感和被重视，并传达想要了解他的意愿。这有助于小组成员记住当他们是新成员时备受欢迎的时光。他们会讲述自己的故事并且依然记得他们备受欢迎的情节，这会让他们更积极地工作，并乐于接受新环境。欢迎陌生人也许也包括认识内心中“陌生”的自己。

24.3.4 公开学习

公开学习意味着允许他人提供反馈并把它视作建设性的意见，而非防御性的和有争议的干预。这意味着我们对其他人的想法和视角保持开放的态度，而不是对提供评论的人持批评的态度。你能让自己在公共环境下变得脆弱吗？杰出的教育工作者可以使他们的行为变成群体学习的一部分（Parks，2005）。被证实的脆弱其实意味着更广阔的学习空间。它为其他人的智慧创造了空间。你愿意被别人影响吗？你愿意做一个能够提出有分量问题的人吗？

共同学习对于改变来说是强有力的工具。彼得·圣吉和他的同事创造了U型理论（Senge，Scharmer，Jaworski & Flowers，2004），这个理论描述了放手、开放、共同看世界以及共同创造新的模式的动态过程。在这个过程中，“不要将预先建立的框架强加于人”和“心理模型”是很重要的（Senge et al.，2004，p. 88）。他们强调，在我们向新观点敞开怀抱之前，决定忘却哪些东西也是非常重要的。

在社会智能的概念中，“一种心情可以极快地影响一个团队”（Goleman，2006，p. 48）。通过以上四个要素有意识地建立亲切空间有助于创造一个安全的、互助的和开放的能量场。这可以带来开放、诚实和安全的对话，而不是开放、诚实但具有破坏性的对话。

亲切空间并不止步于基本的客套。它打破了表面礼貌的局限，创造出了让冲突能够有效介入的空间，从而可以将人们带入更深层次的有着共同目的的关系中。它转化了在冲突中会出现的暴力能量。帕克·帕尔默（2004）把这种暴力定义为“侵犯他人的身份和声誉”（p. 169）。有时，我们对冲突的直觉会给冲突降温或者使我们尽可能地消除紧张的关系。在现实中，直觉的高效运作使其看起来更像一台保持温度的恒温器。亲切空间可以让热情持续足够长的时间，并帮助团队突破表面礼貌、和平共处或肤浅支持，使团队关系更加密切。它提供了一种替代的方法，用来稳住对方，并如切除肿瘤那样移除冒犯者。它能让参与者牢记他们是谁，并在他们最关心的问题上有所行动，并且容许其他人也这样做。

24.3.5 重视冲突所带来的机遇

虽然创建亲切空间有助于组织的健康发展，有时冲突反而可以加强团队关系，但学生事务管理者仍需要处理学生团体间、学生与行政管理间的冲突，例如紧张的关系和不团结的现象。可以引发这些冲突的因素似乎是无穷无尽的。它们包括种族和文化事件，在这些事件中个人或团体会被贬低、被模式化看待或者被骚扰。这可能会导致学生给董事会和行政部门施压使其改变其在伦理或者社会问题上的政策。

当激发了学生团体的热情后，还有一些问题需要考虑，比如如何保证学生的安全，如何最大限度地减少伤害，无论是身体上的还是情感上的。管理者也需要确定与机构的目标最为符合的方式。事态管理和维持秩序有时对于高级管理者来说是极大的挑战。当学生们的积极性被调动起来后，通过行政指令来解决某个事件可能会比较困难。在这种情况下，有必要问这样一些问题，比如，我们想要创造一个什么样的团体？我们是否会尊重团体中不同的声音并且构建工作中的潜在道德价值？我们会用自己的力量向他人施压，还是利用自己的力量去创造一个与机构价值观一致的更强大的团体？

如果管理者选择从团体建设的视角去看待问题，他们会致力于让参与者不仅仅参与解决问题，同时也参与到帮助人们互相理解的过程中去。这里有大量有效的社会技术资源可以为经历冲突的团队构建社会互动。本章中所描述这些的潜在假设，可以简单地归纳为组织中存在的冲突可以被转化为发展更强大的高等教育团体的机会。这里提到的社会技术资源包括：主持艺术、国家联合建设研究所争议问题处理流程和恢复性循环。

24.3.6 主持艺术

主持艺术（Berkana Institute，2013）是一个自发组织的实践者网络，旨在处理与自身有关的重要事项。主持艺术结合了大量前沿性的社交参与流程来为参与者们创造应对关键挑战的机会。这个方法受“领导者作为东道主”思想的推动而产生。主持艺术的拥护者，玛格丽特·惠特利和黛博拉·弗里兹（2013），是这样描述领导者作为主持方的潜在好处的：

> 领导者作为东道主需要的是有能力的会议召集人。他们意识到他们的组织或者团体拥有丰富的资源，而发现这些资源最简单的方法就是让不同的人在重要的对话中走到一起。彼此不喜欢、彼此视而不见的人们，感觉自己是透明的、被忽视的、被遗忘的人们，可以从困境中走出来，并且成为有趣的和有参与热情的同事和公民（para. 16）。

主持艺术实践给人们自我表达、聆听他人心声和收集集体智慧提供了多种方式。主持人即推动者提供了一个考虑周全的方法来使参与者有所准备，并敞开怀抱去讨论挑战性问题。比如，当解决冲突或者挑战时，人们可以通过与其他人分享他们对于一个问题的答案来使他们做好准备。这利用了赞赏性询问原理（Cooperrider & Whitney，2005），意味着问题的提出不要建立在将另一方置于防守性的状态上。比如，在面临挑战的情况下，是什么给予了你力量？或者，当你处于愤怒中或者不同意他人意见时，你如何对他人所表达的内容保持开放的态度？

24.3.7 国家联合建设研究所争议问题处理流程

有时寻求外部的资源去解决校园冲突是最好的办法。已经建设完善的国家联合建设研究所（NCBI）（National Coalition Building Institute，2013c）就是一个可靠的选择。NCBI是一个非营利性机构，它在美国多所高校都有成功的案例。在其众多的工作当中，最著名的可能要数它提供的组织评估和培训了。NCBI有一个校园联盟项目，该项目的宗旨是“主动回应歧视、争议和组间冲突”（NCBI，2013b）。

学生事务管理者可能会发现NCBI提供的一个非常重要的项目就是对如何处理争议问题进行培训。该培训项目使学生事务管理者有能力准确地定义争议，通过询问引出另一方潜在担忧的问题，描绘出各方对争议问题的担忧，并且以各方都支持的行为方式为基础重构这一问题的解决办法（NCBI，2013a）。

24.3.8 恢复性循环

另一个解决冲突的过程就是进行恢复性循环。为了解决巴西的社区暴力和冲突，多米尼克·巴特开创性地提出了这一过程，该过程“把冲突中涉及的和受到影响的所有人都召集在一起——包括社区成员们——以促进互相理解，加强责任心，并使之付诸行动”（Fien，2012，para. 5）。恢复性循环被应用于学校、监狱、邻里之间和大型的社区中。其被用于快速解决冲突和重建社区意识。恢复性循环通过三个阶段来实施：明确冲突中的关键因素，在接下来的步骤中达成共识，以及评估结果（Restorative Circles，2013）。这一过程利用深度聆听和转述倾听到的事项来达成共识。

恢复性循环是恢复性司法的一个方面，这一概念作为传统监禁形式的替代品已经在世界范围内获得了认可。关于恢复性司法研究的一篇研究综述（Sherman & Strang，2007）发现，恢复性司法技术，如恢复性循环，虽然并不是在全部罪犯身上有效，但还是大量地减少了部分罪犯的重复犯罪，减轻了犯罪受害者的创伤后应激症的症状，并且相较于传统的刑法方式，受害者和罪犯对恢复性循环有更高的满意度。

高等教育中的学生事务管理者已经开始应用恢复性司法技术（Lipka，2007）。学生事务管理者可以把这项技术与大学所强调的整体成长或者教育团体的发展目标相联系。恢复性循环会形成定制协议。有些学生事务管理者指出，相较于惯用的惩罚措施，恢复性循环实现了“更少的重复性违纪”（Lipka，para. 8）。

24.3.9 技术资源奏效的原因

主持艺术、国家联合建设研究所争议问题处理流程和恢复性循环给了那些受他人影响的人们发声的机会。它们致力于建立信任和恢复社区关系，同时解决分歧。它们促成了面对挑战的多元视角的共同沟通。它们在建设一个强健的社区时，既有短期目标，又有长远眼光。它们尊重并能够与他人共处，而不是去尝试操纵或者压制那些能量。这些方法毫无保留地信任社区的集体智慧。

24.4 结论

冲突在高等教育中时有发生。有效进行冲突管理一直以来被认为是高效的学生事务管理者的一项核心技能（Cooper & Boice-Pardee，2011；Moore，2000；Pope & Reynolds，1997；Sandeen，1991）。缺乏冲突管理会使起初高效、良性运转的机构沦为高风险的机构。良好的冲突管理可以激发组织的创造力和创新力（Kotter，1985）。

学生事务管理者们可以采用多种不同的方式提升应对冲突的个人能力。他们应该开始诚实地自我反省，并为如何处理冲突提出解决方案。进行这种反省的同时，可以使用前文所述的托马斯-基尔曼冲突模式工具（Thomas & Kilmann，1974）。这个工具有助于学生事务管理者理解不同冲突处理方式的优势。

尽管我们处理冲突时有不同的偏好，但是每个个体在冲突情境下的表现是不同的。所采取的行动可能会使矛盾激化，或使它向积极的方向发展或最终被解决。并且，人们采取的行动很容易使自身陷入由自我和公正所导致的无意义的僵局。比起要求别人做出更好的行为，自己的那一步更难迈出。

为了给他人创造一个去记住他们最高尚和最好的行为的机会，学生事务组织愿意承受什么样的风险？第一步是如何迈出的？我们总是期待冲突中的另一方做出改变，但是对于我们自身的改变却要求不多。然而，这可能是解决冲突中最为关键的一环。

学生事务管理者可能需要尝试去改变不健康的系统和冲突的结构。系统的改变是指提供足够的支持，从而使得个人不必进行英雄主义的行为，而只需做好本职工作。当冲突威胁到个人或者个体无法处理时，我们需要支持性的结构和程序。亲切空间就是这样一个支持性结构，在这种友好的氛围和环境中，陌生人以及包含公共学习在内的环境都是受欢迎的。学生事务工作者可以把亲切空间作为创造积极工作环境的方式。更多有关亲切空间的信息请见本章的参考文献部分。

当校园中爆发群体冲突时，学生事务工作者经常被要求介入冲突并寻找解决冲突的方法。这是增强团体关系的机会。类似于主持艺术、争议问题处理流程和恢复性循环等都是潜在的解决冲突的技术资源。

经常地否认和压抑冲突是一种自欺欺人。冲突应该被重视，而不是被惧怕。本尼斯（1989）指出，领导者应该把冲突视为机会，而且一旦他们接受了这个观点，冲突就会变成一项挑战，而不是威胁。他写到，真正的领导者“不会被困难所吓倒”。这也许是他们最终成为领导者的原因（p. 159）。

参考文献

Bennis，W.（1989）. *Why leaders can’t lead.* San Francisco，CA：Jossey-Bass.
Berkana Institute.（2013）. *What is the Art of Hosting conversations that matter?* http：//www.

artofhosting.org/what-is-aoh/.

Cheldelin, S. I., & Lucas, A. F. (2004) . *Academic administrator' s guide to conflict resolution.* San Francisco, CA: Jossey-Bass.

Chickering, A. W., & Reisser, L. (1991) . *Education and identity* (2nd ed.) . San Francisco, CA: Jossey-Bass.

Cooper, M-B, & Boice-Pardee, H. (2011) . Managing conflict from the middle. In L.D. Roper (Ed.), *Supporting and supervising mid-level professionals.* New Directions in Student Services, no. 136. San Francisco, CA: Jossey-Bass.

Cooperrider, D. L., & Whitney, D. (2005) . *Appreciative Inquiry: A positive revolution in change.* San Francisco: Berrett-Koehler.

Covey, S. R. (2004) . *The seven habits of highly effective people.* New York, NY: Free Press.

Fien, C. C. (2012, September 5) .Rochester' s underground justice system. *City Newspaper.* http://www.rochestercitynewspaper.com/rochester/rochestersunderground-justice-system/Content? oid=2136848.

Fisher, R., Ury, W., & Patton, B. (1991) . *Getting to yes: Negotiating agreement without giving in* (2nd ed.) . New York, NY: Penguin.

Goleman, D. (1995) . *Emotional intelligence: Why it can matter more than IQ.* New York, NY: Bantam.

Goleman, D. (2006) . *Social intelligence: The new science of human relationships.* New York, NY: Bantam.

Hughes, P., & Grace, B. (2010) . *Gracious space: A practical guide for working better together* (2nd ed.) . Seattle, WA: Center for Ethical Leadership.

Hughes, P., Ruder, K., & Nienow, D. (2011) . *Radical collaboration with gracious space: From small opening to profound transformation.* Seattle, WA: Center for Ethical Leadership.

Killen, D., & Murphy, D. (2003) . *Introduction to type and conflict.* Palo Alto, CA: Consulting Psychologists Press.

Kotter, J. P. (1985) . *Power and influence: Beyond formal authority.* New York, NY: Free Press.

Lipka, S. (2009, April 17) . With " 'Restorative Justice,' " colleges strive to educate student offenders. *Chronicle of Higher Education*, pp. A26-A28. http://search.proquest.com.proxy.seattleu.edu/docview/214644578/fulltext/141E6F39E065B91C21/1? accountid=28598. Nov. 2013.

Moore, L. V. (2000) . Managing conflict constructively. In M. J. Barr & M. K. Desler (Eds.), *The handbook of student affairs administration* (2nd ed., pp. 393-409) . San Francisco, CA: Jossey-Bass.

Myers, I. B. (1998) . *Introduction to type.* Palo Alto, CA: Consulting Psychologists Press.

National Coalition Building Institute. (2013a) . *Controversial issues process.* http://ncbi.org/workshop-training-descriptions/controversial-issues-process/.

National Coalition Building Institute. (2013b) . *Higher education.* http://ncbi.org/customized-programs/higher-education/.

National Coalition Building Institute. (2013c) . *Overview.* http://ncbi.org/overview/.

Palmer, P. (2004) . *A hidden wholeness: The Journey toward an undivided life.* San Francisco, CA: Jossey-Bass.

Parks, S. D. (2005) . *Leadership can be taught.* Boston, MA: Harvard Business School Press.

Pope, R. C., & Reynolds, A. L. (1997) . Student affairs core competencies: Integrating multicultural awareness, knowledge, and skills. *Journal of College Student Development*, 38, 266-277.

"Restorative Circles. (2013) . http://www.restorativecircles.org/home.

Rockquemore, K. A., & Laszloffy, T. (2008) . *The Black academic' s guide to winning tenure—without losing your soul.* Boulder, CO: First Forum Press.

Sandeen, A. (1991) . *The chief student affairs officer: Leader, manager, mediator, educator.* San Francisco, CA: Jossey-Bass.

Senge, P., Scharmer, C. O., Jaworski, J., & Flowers, B. S. (2004) . *Presence: Human purpose and the field of the future.* Cambridge, MA: Society for Organizational Learning.

Sherman, L. W., & Strang. H. (2007) . *Restorative Justice: The evidence.* London, England: Smith Institute.

Taylor, S. L. (2003) . Conflict resolution. In S. R. Komives & D. B. Woodard Jr. (Eds.), *Student services: A handbook for the profession* (4th ed., pp. 525-538) . San Francisco, CA: Jossey-Bass.

Thomas, K. W. (1992) . Conflict and negotiation processes in organizations. In M. D. Dunnette & L. M. Hough (Eds.), *Handbook of industrial and organizational psychology* (Vol. 3, 2nd ed., pp. 652-717) .. Palo Alto, CA: Consulting Psychologists Press.

Thomas, K. W., & Kilmann, R. H. (1974) . *Thomas-Kilmann Conflict Mode Instrument.* Woods Road, NY: Xicom,

Wheatley, M., & Frieze, D. (2013) . Leadership in the age of complexity. http://berkana. org / berkana_articles/leadership-in-the-age-of-complexity/3/.

第六部分　专业实践的技能和能力

学生事务管理由多个职能领域组成，每个职能领域都要求相关人员具有一定特质，但是有一些技能是所有职能领域都需要的。本部分介绍其中的几项技能。在第25章中，玛格丽特·巴尔讨论了预算，包括资金来源，公立和私立机构的预算与财务管理之间的差异，以及如何最大限度地利用资源和处理意外预算削减的可操作性想法。在第26章，约翰·卫斯理·洛厄里讨论了法律和风险管理问题。洛厄里的理论涵盖了高等教育的总体法律环境，并详述了许多影响学生管理实践的具体法律法规。另一个在学生事务管理中常见的技能则是进行评估。在第27章中，玛丽莉·布雷西亚尼·路德维克讨论了评估的必要性，探讨了常用的评估方法，并简要说明了评估与常规研究虽有差异，却互为补充。交友和集资在学生事务的实践中越来越普遍。大卫·沃尔夫在第28章中探讨了这个话题。他介绍了交友和集资的基本概念，并对这两方面有着深入的见解。对学生事务的实践有广泛影响的另一个主题是技术的影响。在第29章中，凯文·吉德里和乔西·阿奎斯特阐述了以电脑为媒介的沟通和社交媒体的应用对学生事务管理者的影响，其中包括积极和消极影响，并探讨了利用科技进行社区建设和领导力发展的可能性。本部分用尤金·兹齐亚斯基二世的校园危机管理作为总结。在第30章中，他详细而系统地研究了危机管理的过程，以及学生事务专员可以采取什么做法来防止危机以保护他们的校园社区。

第25章
学生事务的预算及财政管理

玛格丽特·巴尔

虽然这听起来并不有趣，也不吸引人，但财政管理和预算管理是任何学生事务专员必须掌握的基本技能。无论你是负责相对较少预算的新手学生事务专员，还是负责多个项目和服务的资深学生事务专员，掌握预算管理和财政管理技能都可以让你的工作更加轻松。此外，当你提出一个新想法时，成功的财政管理会助你一臂之力。如果你准备充分，预算符合实际且预算管理记录良好，那么你的想法就更有可能得到支持。充足的财政资源对于成功开展学生事务的项目和服务至关重要。由于高等教育内部和外部资金争夺情况加剧，所以学生事务管理人员必须是优秀的财政主管和金融资源管理者。

财政管理技能通常是在工作中学会的。本章将通过提供预算和财政管理的基本知识帮助学生事务管理者快速掌握财政管理技能。本章简要回顾了高等教育所处的财政环境（详见第4章），明确了支持学生事务事业的资金来源，并重点强调了对于资金来源的考虑。之后，本章转而聚焦于公立和私立高等教育机构在预算与财政管理方面的差异，并讨论了预算目的、预算周期，以及该预算周期内学生事务管理者的职责。最后，本章介绍了如何最大限度地利用资源以及如何应对意外的预算削减。

然而，仅在本书一个章节中呈现的材料非常具有局限性，读者们可以在巴尔和麦克莱伦的*Budgets and Financial Management in Higher Education*（2011）一书中获得关于预算和财务管理更全面的讨论。

25.1 学生事务的整体财政环境

无论是公立还是私立的高等教育机构，都在获取工作所需的财政资源上遇到了巨大挑战。学生事务专员开展强有力的财政管理的第一步是了解更加宏观的高等教育财政环境，因为财政环境实际上限制了每一所大学和学院哪些事情能做，哪些事情不能做。

25.1.1 外部事务

学生事务的财政管理受机构外部问题的影响。这些问题包括资源竞争不断加剧，立法机构和公众对高校就读成本的忧虑增加，州政府和联邦政府监管力度加大，技术成本增加，其他商品和服务成本上涨，以及对优质学生、教师和行政员工的争夺加剧。

值得公立高等教育特别关注的是，来自州政府和地方政府的支持资源正在减少。国家高等教育管理系统中心（2011）相关报告提到，州政府和地方政府对全日制学生的补贴在2008年平均为7 106美元，而在2011年仅为6 290美元。这不仅仅是当时经济衰退的反映。美国教育委员会（2012）指出，自2008年以来，公立高等教育机构在州政府整体投资中的份额下降了40%以上。

25.1.2 内部事务

私立或公立高等教育机构有着不同的内部问题。公立教育机构的资源往往受政治力量的影响，而这些政治力量有时与高等教育没有直接关系。私立或者独立教育机构的预算则受其获赠能力以及为特定和持续运营项目募集资金的能力的影响。

1.内部竞争

学生事务部门必须与机构内的其他部门竞争以获取项目和服务顺利运行所需的支持。预算的需求总是高于机构能提供的资金数额。梅休（1979）表示，“预算实际上是教育目的的财政表达”（p.54）。有些项目表面上看无可争议，但却可以从不同的角度仔细审查。公共设施就是一个很好的例子。它们既可以被视为给定的商业成本，也可以被认定为保值机会。还有些项目是真的没有争议，例如诉讼协议。

竞争和争取机构内部的资金支持一直以来都是学生事务的主要问题。请记住，机构内部还有许多其他有价值的项目需要资金支持，但不是所有项目都能在预算阶段获得支持。随着资金池储备的减少，资金竞争愈发紧张激烈。

2.学生事务不能与机构使命建立联系

学生事务部门是否能够获得足够的资源，取决于该部门的管理人员将其计划和服务与机构的教育目的直接联系起来的能力。英语教研室的预算请求往往容易和机构的教育目标相联系。为了使学生事务专员能够成功地获取财政资源，预算管理者必须能够以具体的方式将本部门的项目和服务与机构的教育使命联系起来，如学生事务项目在提升高危学生保持率方面的具体做法或是在毕业后的特定时间内，毕业生在他们选择的领域内就业的人数。

3.盲目的乐观主义

一般来说，学生事务专员多是乐观主义者，并在大多数情况下追求完美。但是，负责预算工作的人员必须学会遏制乐观情绪，不要认为曾经获得过资金支持，以后就不会遇到失去资金支持的窘境。审慎的预算管理者会努力克制他们的乐观情绪，并为任何紧急情况做好准备。

了解高等教育的宏观财政环境及其压力是成功管理财政的第一步。下一步是加强对支持机构运行的资金来源和资金支出限制的了解。

25.2 资金来源

许多资金同时支持公立和私立的高等教育机构。不同类型的机构在财政支持的特定来源的重点和依赖性上各不相同。但目前的趋势似乎表明，在高等教育财政环境不断变化的情况下，这些差异正变得越来越不明显。

25.2.1　政府拨款

州政府的拨款是大多数公立机构的主要资金来源，尽管如此，稍早的关于州政府对高等教育支持的信息表明，政府拨款占机构年收入的比重正逐年降低。对于社区学院来说，政府拨款不足的部分由学院所在的县或市政府予以补充。

有些州以全日制或非全日制学生人数、研究生和本科生的人数为基础设定拨款公式，不同种类的学生拨款公式也不同。在其他州，拨款公式基于该教育机构过去五年在本科和研究生层次的学时数的滚动平均值。在很多州，每个教育机构的立法审核范围都很广，甚至可能涉及对所有预算项目下的各个子项目的审查。还有一些州对新需求和资本预算采用拨款公式（由州政府的负责高等教育的专门机构负责监管）和大范围立法审核相结合的方式。最后，有限数量的高等教育机构在宪法上是自治的（不受州政府专门机构的监管），享受与其他州政府专门机构同等的预算待遇。

州政府对私立（独立）教育机构的拨款比公立机构少得多。州政府对私立（独立）教育机构的拨款通常仅限于支持符合本州利益的特定项目，例如助残项目或牙科教育。此外，州政府对私立教育机构的支持采用的是资金预算支持的方式（见后文），或为州内生源的学生提供财政资助项目。

25.2.2　学费

本科生学费一直是驱动私立高等教育机构的金融引擎。但是随着州政府对高等教育资金支持的减少，本科生学费对公立高等教育机构也变得越来越重要。学费成本可以根据学时和招生层次（本科或研究生）计算，也可以州政府或教育机构定义的全日制学生入学登记数为基础计算。

对于私立教育机构来说，学费是机构预算的重要组成部分。在规模较小、处境艰难的机构，就读人数（以及由此产生的学费）是预算和赤字之间产生差额的原因。吸引和保持学生是所有高等教育机构夯实财政的基础。在大多数情况下，学生事务专员在这项任务中起着核心作用。

公立教育机构收取州内居民学费的金额受法定限制。这个做法是基于公立教育机构享受政府拨款，因此州内居民无须为上大学而支付高额学费。但通常情况下，州外居民和国际学生的学费不受此规定限制。

不论由什么样的资金来源负担学费，研究生都无须支付学费。通常来说，为全额付费的学生提供全日制教育的专业研究生学位项目是个例外。因为博士项目费用非常高昂，因此学费通常难以抵消教育成本。职业学院项目也会使机构面临预算挑战。因为研究生项目是拓展知识的重要机会（高等教育机构的核心职能），因此它们不是机构资金流的金钱制造者或贡献者。

25.2.3 学杂费

在公立教育机构和越来越多的私立教育机构中，收取学杂费是在不提高学费情况下增加收入的一种手段。在高等教育的政治化背景下，收取学杂费是为了避免与立法机构或公众在学费不稳定的问题上发生冲突。学杂费通常按学期缴纳，至少所有的本科生都需要缴纳。学杂费可包括教学楼使用费、技术费、债券收入费、实验室费、破损费、学生服务费和学生活动费。这些费用通常被用于特定的教学楼或项目，而且必须用于这些用途。例如，本科生的学杂费为多个校园娱乐中心的建设提供了财政基础。

如学生服务费等学杂费的分配过程因机构而异。在有些教育机构中，学杂费通常作为一般预算流程的一部分，按常规分配给支持部门。而在其他机构中，由学生代表组成的委员会在同各部门和专门机构举行预算听证会之后分配费用。在大多数情况下，学生管理团体在学生事务的某个办公室的监管下进行学杂费分配。有效地分配学杂费是学生事务专员的关键任务。

私立教育机构几乎不将收取的学杂费作为资金来源。公立教育机构中，很多由学杂费（娱乐、医疗服务、助残服务）支持的项目在私立教育机构中都是由学费来支持的，学生中心或娱乐设施等服务所有学生的项目尤其如此。私立教育机构没有将高额学费以外的学杂费视为有利的招生工具。然而，随着资源竞争的加剧，私立教育机构可能会越来越多地采用收取学杂费的做法。

25.2.4 特殊学生费用

两种特殊学生费用被用作支持预算的手段：一次性费用和服务费用。这样的费用结构在公立和独立（私立）教育机构中都存在。

特定的计划或活动会收取一次性费用。一次性费用包括留学费用、贷款手续费和毕业费。一次性费用有助于抵消项目成本，并减少项目对机构资金的依赖。

服务费在高等教育中越来越普遍，其通常与心理服务、医疗保健或学生参加的受欢迎的校际体育赛事有关。举例来说，咨询中心为寻求帮助的学生提供数量有限的免费治疗课程，学生必须为持续的治疗支付费用。我们应该仔细评估以这种方式筹集资金所产生的影响。这种收取费用的方式会不会阻碍学生参与活动，或参与活动是否成为部分付费学生的特权？学生事务依靠特殊学生费用来支持核心服务的提供，会使本部门在应对注册人数的快速变化和出现高质量服务需求时变得特别无力。

25.2.5 捐赠收入

捐赠收入是私立教育机构的主要资金来源。虽然日常的管理决策是机构工作人员或投资经理的责任，但管理捐赠基金是机构管理委员会的责任。谨慎的机构不会将捐赠投资产生的收入全部用于当前的机构运营。相反，管理委员会大多采用支出规则，例如规定捐赠收入在每个财政年度用于机构运营的比例。这样的支出限制实现了两个目标：为该机构提供相对稳定的收入来源；将收入的一部分用于捐赠基金再投资以获取更多收益。

目前，大多数公立教育机构比私立教育机构获得的捐赠要少得多。随着政府对公立教育机构的资金支持逐渐减少，公立教育机构便需要其他的收入来源，所以这种情况在未来可能会发生变化。在私立教育机构中，捐赠基金完全由董事会负责管理以实现机构作为受托人的责任。在某些公立教育机构中，也已经建立了独立基金会来筹集资金和做投资以支持机构运营。尽管任何基金会的运营都必须符合所在州的法规和条例，但公立教育机构基金会的组织和管理却不受制约。例如，有些基金理事会设有机构代表，有些则没有。有些基金会是绝对独立的，有的则需要从机构获得办公室、工作人员和账务支持。

25.2.6　筹集资金

对公立和私立高等教育机构来说，获取私人财政支持变得越来越重要。确定潜在的捐助者，培养他们并为其资助机构的项目、服务和产品提供机会是一项重大任务。两种同等重要的筹资类型对高等教育机构来说非常关键：年度捐赠和对项目、建设及设施等开展长期筹资运动。

对于大多数私立教育机构而言，年度捐赠是运营预算重要的收入来源。年度收入目标是由发展办公室根据过去的业绩而设定的，通常年度捐款的收入是机构一般预算的资金来源。本书第28章全面概述了学生事务的筹资问题，读者可在第28章获取进一步的信息。随着机构对学生事务积极参与集资的期望越来越高，学生事务工作者在未来吸引额外的资源来支持项目运营的能力将变得越来越重要。

25.2.7　补助金以及合同

大多数高等教育机构的科研工作是由联邦政府、州政府专门机构、企业和私人基金会资助的。补助金除了为特定科研活动提供薪金和运营成本的直接支持外，还需要支付与补助有关的一些间接成本。间接成本包括机构提供的服务成本，如工资、财务、采购、空间改造、维修、公用设施建设和行政管理等的成本。联邦政府的间接成本费率由机构与联邦政府共同协商并适用于所有联邦政府的研究补助。

间接费用也被评估为其他来源的补助金。间接成本的费用不归入部门预算，但被视为机构总收入的一部分。

合同是机构与企业或政府制定的具有时限的协议，机构通过为它们提供直接服务获得款项，例如为州政府专门机构提供培训，向公司的员工讲授学术课程或为当地政府提供技术支持来完成计算机项目。为这些合同确立的间接费用分摊率可以覆盖之前提到的补助金中的一些同类成本。

基金会是补助金支持申请的一个特例。有些基金会有着明确的使命，它们仅支持与使命相一致的提案。其他基金会可能对创新项目和活动保持更加开放的心态。每个基金会都不同，因此教育机构应该仔细研究以确定提案是否与基金会的目标相一致，并确定自身是否认同基金会的目标。

大多数教育机构都有补助金和合同的集中审批流程以确保费用合理，并确定补助金或合同的提案与机构使命相一致。最后，每个办公室负责监督所辖职能单元的资金支出情况，并使其符合补助金使用要求。

25.2.8 辅助服务

辅助服务通常不会得到任何的机构支持。机构希望辅助服务能获得足够的收入来覆盖其运营（包括维护）费用和长期的设备成本。然而，辅助服务同补偿、采购和人力资源一样，受机构规则的管理和约束。辅助服务的项目和活动是由机构界定的。辅助服务的例子有学生宿舍、餐饮服务、学生会活动、休闲场所，偶尔还有校际体育项目。对于许多学生事务部门来说，辅助服务是部门总预算的主要组成部分。

25.2.9 特殊项目

特殊项目可能是一次性活动，例如部门赞助的研讨会以收取入场费的方式支付活动费用。特殊项目也可能是经常性的活动，例如每年的运动夏令营。除非机构允许项目的支出大于收入，否则无论哪种类型的特殊项目都应自给自足。学生事务职能单元可以保留项目收入用于抵消费用。特殊项目的目标是在预算年度结束的时候收支相抵。有时，如果收入超过预期，职能单元可以适度地储备资金来弥补未来意料之外的亏空。

25.2.10 承包服务

在公立和私立教育机构中，餐饮服务、书店和复印服务越来越多地被外包给私营企业。通过竞标流程，此类合同成为支持设施维修、装修、新建筑和项目改进等运营和资本支出的资金来源。此类合同可能包含除了常规销售收入之外的资本费用等一次性付款。近年来，承包服务的概念已经扩展到特定的软饮料、电话服务、洗衣机和烘干机服务等独家合同。作为提供独家服务授权的回报，教育机构可以从销售总额中获得一定比例的收入。

25.2.11 宗教团体支持

有些私立高等教育机构也依赖宗教团体的财政支持。宗教团体支持通常要求在机构董事会设代表，而且机构需要支持其宗教信仰或者该宗教团体。

25.2.12 州政府和联邦政府的资本预算

大多数公立教育机构必须通过单独的预算程序才能获得新建筑或大规模设施改造的资金。这个过程与常规的州预算程序是分开的。有时，如果该项目能解决州内的颇具压力的优先政务问题如医学研究，私立教育机构也可以获得州政府提供的资金。

如果新设施符合联邦政府的优先政务要求并获得了国会联邦拨款程序的支持，那么公立和私立教育机构都可以获得联邦资金以开展设施建设。但这条道路漫长、复杂，且充满浓厚的政治色彩。

25.2.13 其他收入来源

用于支持高等教育项目和设施的收入来源有很多。设施租赁费或专业设备租金是两个典型的例子。校园停车收费也有助于增加停车设施维护费用。尽管个体支持的收入来源很少，但这些收入的总和对机构各职能单元的财政健康来说是必不可少的。

25.2.14 影响

学生事务工作者进行学生事务的预算和财政管理，需要了解直接用于支持所辖职能单元的资金来源。

第一，预算管理者和职能单元主管必须了解资金来源以及资金使用限制（如果有的话）。

第二，如果学杂费是职能单元预算的一部分，那么学生事务管理者必须清楚地了解该机构使用这些资金的年度和长期流程。例如，预算是否必须先提交给学费委员会审议并在获得委员会的批准之后才能成为学生事务整体预算的一部分？

第三，如果学生事务有像住宿和食品服务这样的辅助服务，那么支持这些职能单元的附加义务是什么？维修和更换现有教学楼和设备的长期计划是什么？如何为新的教学楼提供资金？制定运营预算和资本预算时，需要考虑哪些关于健康和安全的新规定？这些是负责建立辅助预算和储备基金的职能单元工作人员必须思考的问题。

第四，学生事务专员的部分职责是监管像家政或餐饮服务这样已签订合约的服务，那么在执行合同时，机构责任是否清晰？机构中的哪些人必须参与合同评审并且有权代表机构签署合同？

第五，学生事务专员是否指出了职能领域内的筹资机会，并将这些机会传递给正在开发的项目或者机构的其他部门？了解支持学生事务职能单元的资金来源及其相关的影响是学生事务工作者开展坚实的财政管理工作的第一步。

25.3 公立教育机构与私立教育机构的财政问题比较

前文已经讨论了公立与私立教育机构在收入和支出方面的区别。本节将讨论两者在其他方面的一些差异。

25.3.1 控制

虽然这两类教育机构都必须符合州法律的要求，但私立教育机构的财政政策和投资战略是由董事会或其他校园内的管理和行政机构负责管理和控制的。这种管理方式为意外需求提供了更大的资金自由度。例如，私立教育机构可以通过校园内的资金再分配满足能源成本上升的需求。但是在公立教育机构中，为应对这样的需求变化，只能寻求州政府协调机构或者其他的监管主体的许可。

私立教育机构的财政政策没有那么繁琐。机构向合理提案转入资金既不需要很多的批复手续，也不会遭遇官僚主义障碍。然而，财政主管是确保职能单元在预算年度结束时不出现赤字的责任人。

在公立教育机构中，机构预算办公室必须为所属项目特定数额的资金转移提供许可。有时，特定种类的资金转移需要获得管理委员会或者州政府专门监管机构的允许。

25.3.2 采购

公立和私立教育机构都有关于物品和服务的采购规定。对许多公立教育机构来说，由于州政府法规要求低报价中标以及优先和州政府签约购买某些产品和服务，因此采购过程极其复杂。当某类产品和服务在州政府规定的合约范围内时，机构必须提供正当理由方可避免与政府签订采购合同。

比起公立教育机构，私立教育机构的采购要求就宽松得多，且不受政府合同的影响。事实上，在许多私立教育机构中，某些产品的采购权是高度分散的。职能单元预算管理者负责寻求投标和制定采购决策。从表面上看，这种自由可能非常有吸引力，但它要求每位预算管理者尽职尽责地开展调查以确保获得的每一分钱都花得有价值。

25.3.3 审计需求

公立和私立教育机构都有审计要求。外部审计会对职能单元的财政和管理决策进行独立审查。财政和管理报告均在审计结束后发布，预算管理者和其他行政官员负责审查报告并允许对政策和程序进行必要的更改。审计之后，一般会开展定期跟踪以确保所需的更改已经完成。审计工作有时候由外部审计机构进行，有时会交给内部审计部门。

如果教育机构设有内部审计办公室定期对所有职能单元进行审计，那么政策和程序的执行会更有效率，因为外部审计师通常要花费相当多的时间去了解最新的机构政策。新任职的预算主管还应该要求内部审计办公室对账户进行初步审计以明确应该改进的问题。

公立教育机构通常还要接受州政府独立机构的审计，这增加了审计的复杂程度。州政府审计办公室负责此类审计和公开审计结果。不好的审计结果，即使很微小，也能导致机构形成负面的公众形象，并处于尴尬境地。

25.3.4 人力资源因素

两类机构都面临着复杂的人力资源问题，包括遵守州和联邦法律，工会、福利和职位分类要求等。尽管私立教育机构的人力资源管理在某些方面看起来似乎更容易，但也不要被误导。人事问题是一个复杂的领域，审慎的管理者应尽早地、经常地向比自己更熟知人事政策和流程的专家请教。

25.4 预算的用途

高等教育预算有很多用途。马多克斯（1999）定义了预算的五个基本用途：实施商业战略、资源分配、提供奖励措施、控制，以及沟通。

25.4.1 实施商业战略

尽管许多学生事务从业人员很难将高等教育机构视为企业，但从某种程度上说，高等教育机构就是企业。同任何企业一样，机构收入来自所提供或承诺的服务并需提供发票。高等教育机构是非营利企业（私立教育机构除外）。每一财政年度的收支盈余将用于机构的未来发展，解决紧张的运营成本、建设基础设施等问题。有些公立教育机构还会将盈余回馈给州政府（Barr，2002）。

预算是推动教育机构发展的计划、优先事项、目标和强烈愿望的反映。预算体现了财政蓝图中的关键点。例如，如果某个教育机构确立了要成为国内首屈一指的商学院的目标，那么它的预算将反映出该机构近几年来对商学院的大量投资。或者，如果某个教育机构承诺招收低收入学生群体，学生财政援助预算将与学费、食宿费和杂费同比例增加。每个机构都有独特的，有时甚至是自相矛盾的优先事项和目标，精干的预算管理者会将这些目标理解为争取财政支持的需要。

有时预算并不是目标导向，而是侧重于确定资源以支付公用设施等意外增加的成本。换句话说，尽管教育机构并没有将支付更高的公用设施费用作为战略目标，但为了提供基本的教育服务，它们也必须这样做。有些教育机构的优先事项只是简单地开门、供水、供热和供电。对职能单元和机构的预算进行仔细审查，可以帮助学生事务预算主管了解机构目前面临的问题以及董事会和中央行政中心的优先事项。由此，学生事务预算主管就更容易提出符合机构优先事项要求的预算。

25.4.2 资源分配

现实情况是，没有一所高等教育机构拥有无限的资源来满足机构内所有的预算需求。决策者必须明确需要和想要之间的区别。“需要”是服务、项目以及职能单元满足机构期待和优先事项所必需的基本要素。例如，如果英语是新生必修课且新生班级数量较多，那么英语教研室可能需要额外的讲师。在做这个决定之前，应先探讨有无其他替代方案。例如，替代方案可以是增加新生英语课的班额，或者调整部分课时到学生需求量最高的时段。如果分析认为这样的改变依旧无法解决问题，那么机构面临两个选择：给英语教研室增加预算或者调整新生英语要求。决策制定者必须明确每个决定的后果（有意的或者无意的）。

“想要”是指一个职能单元或个体成员渴望得到的事物。它可能会推动职能单元或者机构的前进，但却不是必需品。例如，管理者可能希望职能单元的所有员工都有手机，但并没有强有力的理由去支持这个需求。有时候，“想要”仅仅是使生活变得更为容易的愉快事物，但对于机构或职能单元来说，也许并不必要。有效的机构预算可以确保机构的资金被用于整个机构最高级别的优先事项或满足重大需求。

25.4.3 提供奖励措施

有时，教育机构预算管理规则的构成方式与坚实的财政管理原则相悖。例如，在财政年度结束时随意支出。又如批量采购必需品和购买电脑等。预算原则规定职能部门的剩余预算必须返还给中央行政中心或者州政府。有的时候，包括不必要的物品采购在内的年终花费仅仅是为了证明分配到职能单元的所有资金都是有用的。职能单元为预算主管控制预算提供奖励措施是一个好办法。其中的一个工作方式是预算主管允许职能部门在财政年度结束时留存一些剩余预算（如果不是全部）。这笔钱可以放入储备账户来支持主要器材的采购、设备更新或者在下一个财政年度满足职能单元内部一些“想要”的需求。

25.4.4 控制

预算最传统的作用是在教育机构内部进行财政控制（Maddox，1999）。预算控制有两种基本方法：高度集中（以机构为中心）和高度分散（以职能单元为中心）。在高度集中模式下，预算和计划内支出的所有变更和修改都须由中央预算机构批准。在高度分散模式下，每个职能单元的预算管理者都要谨慎和负责任地使用财政资源。大多数机构采用集中和分散相结合的混合模式。常规决策是在职能单元层面进行的，中央预算负责控制数额较大的资金支出。这种混合模式运行得非常好的机构不但在一定程度上控制了资金，还为职能单元内最了解问题的员工赋予了工作自由（Barr & McClellan，2011）。

25.4.5 沟通

梅林（1979）指出，预算是一种向公众传达有关高等教育机构的发展目标、优先事项和未来期望的工具。当教育机构决定将资源分配给特定的计划或活动时，体现了该计划或活动对机构的重要性。例如，如果教师保持是一个重要的发展指标，那么教师薪水增加的概率可能会大于机构其他工作人员。

在公立教育机构中，预算通常是一个公开性的文件，还是向立法机关和州政府专门机构申报机构发展优先项目的依据。私立教育机构更倾向于将预算文件视为隐私，而且没有规定要求它们必须公开。但是，预算文件需要提供给基金会和资助机构进行审查。最后，预算是机构管理部门向董事会传达优先事项和需求的主要手段。

25.5 预算的种类

一般来说，任何教育机构都有三种主要类型的预算：运营预算、资本预算和辅助预算。在某些情况下，附属医院或其他服务机构也可能有单独的预算。本章仅讨论运营预算和资本预算。

25.5.1 运营预算

运营预算是教育机构在财务年度的核心预算（Woodard & von Destinon，2000）。运营预算反映所有来源的资金收入（包括受限制资金）以及财务年度的全部批准支出（Meisinger & Dubeck，1984）。财务年度因机构而异，通常与校历保持一致。每个机构都有具体的规则来管理运营预算内的资金流动情况，精干的学生事务管理者应理解并遵守这些规则。

25.5.2 资本预算

资本预算是为了改善设施，资助新建工程，购买主要设备，更换交通工具或为未来几个财务年度必须支付的费用而预留的资金。资本预算并不自动支持所有的资本支出。例如，更换个人办公电脑通常被视为运营预算的一部分。有时，资本预算中可用的资金并不足以满足建设的需要。当这种情况发生时，机构会向潜在的投资者出售债券，并计划将之前讨论过的运营预算的某项资金支付给投资者。机构出售债券时所分配到的债券评级，反映了该机构总体的财政健康水平。

25.6 预算模型

制定预算的正确方式有很多种。本节将回顾一些适用于美国高等教育机构的常见预算模型。

25.6.1 增量预算

增量预算是基于这样的假设，即需求和成本每年的变化幅度很小。它也假定上一个财年的预算不仅准确，而且真实地反映出职能单元的年度支出。但这两种假设可能都是错误的。本年度的预算会成为下一财务年度的基本预算。在增量预算模式下，机构内所有职能单元的同一项目获得的预算增量的比例相同。预算增量以可用资金的数额为基础并反映通货膨胀指数，如 *Higher Education Price Index*（Research Associates of

Washington，2005)。增量预算没有对整个机构或者个体预算职能单元的经费支出模式进行战略性审查。

增量预算模型最大限度地减少了机构内部的冲突，因为机构对待每个部门都一视同仁。这个预算模型也避免了对过去任务是否满足机构当前需求的审查。马多克斯（1999）指出，预算充足的职能单元只是比其他职能单元相对富有一些——因为它的预算会随着预算的超支而增长，而其他的职能单元的基本预算增量刚刚满足（或不满足）成本增幅。

由于基本预算的增加刚好（或不足）赶上成本增加的幅度（p. 16），公式预算是另一种增量预算形式。大多数州政府采用公式预算模型来为其支持的高等教育机构进行资金预算（见前文关于资金来源的讨论）。

25.6.2 资源再分配

有时，教育机构会将增量预算与资源再分配程序相结合。这种方法不但为运营增加了整体预算，而且允许预算管理者在所有预算项目内重新分配资金。新预算的增幅不能超过通过增量预算分配的资金。尽管情况有所改善，但再分配仍然没有解决职能单元之间的不公平问题。这个问题可以通过在行政职能单元内部，例如学生事务领域，分配所有的预算增量来得到缓解。由此，学生事务主任或者副校长可以解决各职能单元获得增量预算的公平性问题。

25.6.3 零基预算法

零基预算模型要求预算中的每个项目都是合理的，而且预算的分配不是理所当然的。增量资金不直接分配给职能单元。相反的，每位预算管理者必须解释清楚预算请求中的每笔支出。零基预算模式的优点是能够仔细审查教育机构所有的支出，并要求所有支出与职能单元和机构的战略目标相关。

有些教育机构创建了零基预算和增量资金的改良方案。增量资金仅提供给有限的几个项目，但是这些项目必须采用零基预算模式。

25.6.4 以成本或责任为中心的模式

虽然以成本为中心和以责任为中心的模式稍有不同，但是我们仍把这两个备选的预算模式放在一起讨论。在严格的以成本为中心的模式下，教育机构的每个部门都要负责创造收入以支付费用，机构希望各部门可以自给自足。虽然这种模式适用于辅助工作，但却不适用于教学、学术支持和学生支持等职能单元。

许多教育机构都采用以责任为中心的预算制度，作为中央行政中心以外的预算决策的手段（Woodard & von Destinon，2000)。每个职能单元都对各自的业务负责。如果职能单元在任何财务年度出现赤字，则必须在下一个财务年度用分配给职能单元的预算资源予以补救。如果职能单元的收入高于支出，那么它将被允许持有盈余做再分配或者开展新的项目。以责任为中心的预算为解决不断变化的优先事务提供了激励和更大的灵活度（Stocum & Rooney，1997）。它的缺点就是过于重视职能单元的目标，而忽视了机构的整体目标。

25.7　预算周期

预算的两个要素是收入和支出。成功管理预算的关键就是能够准确预测收入和确保支出费用不会超过可用资金。

25.7.1　确定收入

制定预算的第一步是确定支持事业发展的所有资金来源，包括总体收入支持、提供服务的补偿成本、拨款、合同、某些计划和活动的收费以及来自指定捐赠的收入(如果职能单元幸运的话)。每笔收入来源应该按持续性来源或一次性来源分类。

25.7.2　确定支出

支出的变化取决于职能单元每年的活动变化。有些是必需的或固定的成本，例如电话费和数据服务费、邮资等。辅助职能还会涉及职能单元支出以外的公共设施和设备维护的成本。尽管这些成本是固定的，但是教育机构应该详加审查以确定该项业务是否节约成本。

自定成本包括差旅费、注册费、图书采购费、公共宣传和推广项目费等。有些与项目直接相关的自定成本应该纳入预算以保证支出不超过收入。

25.7.3　机构参数

教育机构预算准则的制定并不是一个简单的过程，它需要财政人员分析以往的、包括固定成本和自定成本等在内的预算情况以及经济大环境对机构财政健康状况的影响。虽然环境评估的严格程度因机构而异，但每个机构都试图了解影响其财政运作的外部力量。

同时，机构会详细审查上一财务年度中的大幅预算变动。有问题的职能单元及其所辖项目会被审查出来，而且它们必须符合机构的规定。预算指导原则和参数反映了规划者对机构所面临的招生、服务需求、机会和问题的设想。职能单元的每一位预算主管都必须了解驱动预算参数的设想。

25.7.4　时间表

机构预算说明包括所有预算文件提交的时间表。职能单元的预算主管必须制定更早的截止日期以保证职能单元在机构的截止时间前提交预算。如果预算提交时间出现问题，职能单元预算主管必须立刻和行政主管协商解决。千万不要忽视预算时间表，因为这会对职能部门的预算起到消极影响。

25.7.5 制定职能单元预算申请

这里至少有十个具体步骤可以帮助职能单元预算管理者组织和提交职能单元预算申请。有些步骤可以同时进行，有些则需按顺序进行。

1. 花时间分析职能单元以前的预算情况，了解发生的事项及其原因。

2. 信息共享，制定预算不应该是一个秘密的过程，机构确立的参数信息应该与各职能单元广泛共享。

3. 建立预算申请的内部流程。这个流程应该清晰明了，且流程一旦建立，就必须遵循。预算主管可以为各项目设定额外的内部指南作为职能单元预算流程的一部分。

4. 仔细聆听，广泛倾听。在制定预算时，组织成员必须有机会表达自己的想法及所关切的事项。根据职能单元的规模和复杂程度，可举行非正式的听证会或者谈话。职能单元成员有机会分享他们对项目的目标和愿望非常重要。请记住，在正式预算指导原则发布之前，就可以开始听取成员想法的流程。

5. 制定内部指导原则和时间表，并为负责提交预算申请的人员提供了解内部指导原则和时间表的机会。

6. 审查来自项目或部门新的或增加的资金提案。这些提案应该与职能单元和机构的计划和目标明确联系起来。以下问题对审查职能单元的提案非常有用：

（1）该提案的基本依据是什么？是否容易被他人理解？

（2）如果这项资金申请获得批准，会引起什么样的变化？

（3）提案中的预算是否可以节省？

（4）提案是否涉及将程序或服务转移到其他职能单元或专门机构？它们做好接手的准备了吗？

（5）提案的基本算法是否正确？如有计算错误，应该在提案提交之前将其识别并纠正。

（6）最后，是否检查了通货膨胀的情况以确保预算满足需要或实现预算节约？

7. 在提交预算提案之前，应对所有可用的筹资方案进行审查和测试，包括限制或取消当前的项目以资助新的项目。读者可以参考 *Prioritizing Academic Programs and Services*（Dickenson，1999）中关于教育机构中按重要性排列项目的方法。

8. 给予预算申请人的反馈应该既包括对职能单元支持的需求的反馈，也包括对那些从预算流程中削减掉的需求的反馈。只有获得了反馈，申请人才能提高预算文件的准确度。

9. 准备职能单元的最终预算提案。编制预算文件时，要清晰、简洁和准确。清晰地阐述当前正在审核的财务年度之外的需求影响，也是向中央行政中心提出最终预算提案的重要组成部分。

10.预算申请批复是一个反复的过程。提交了预算申请并不意味着工作已经完成。预算主管和职能单元的其他人员必须做好回答问题的准备。一旦机构批准了预算，那么预算就会被提交至管理委员会以获得进一步批准。只有完成行政当局、执行局和执行局各委员会的资料分享和决策过程之后，才能最终核定预算。

25.7.6　监督执行过程

在预算获批后和新财务年度开始前，预算管理者必须定期审核预算。一名好的预算管理者每个月都会监督预算的执行情况。为了使预算监督具有成效，预算管理者必须了解支出的涨落变化以及机构有关记账、收费及债权的规则。

25.7.7　调整当前预算

如果存在收入不足，那么应尽可能调低支出，从而弥补部分预估赤字。如果职能单元面临不可控制的成本，学生事务管理者应当指出这些成本，并将其明确传达给对应的行政和预算管理者。

25.7.8　预算终止

当前预算结束后，该预算年度便无法获取更多的费用，也不能增加新的收入。在预算截止前尚未付款的货物和劳务将计入下一个财务年度进行支付。这会影响下一财务年度的债务。预算管理者必须了解预算办公室设定的预算的截止日期，并在年终财务规划中有所计划。

25.7.9　结果分析

财务年度预算完成后，必须对结果进行分析。此前有人提出，分析的第一步是分析过去的预算表现。其实这种分析也是预算管理过程的最后一步。如果预算计划存在不足，则必须查明原因。这些信息都有助于进行下一个财务年度的规划。职能单元预算管理者总是处理三件事情：了解上一个财务年度的预算表现，监督当前财务年度预算，以及规划下一个财务年度的预算。

25.8　应对预算削减

有关预算削减的回应来自两个层级的决策：教育机构的回应和职能单元的回应。无论是机构的战略（对所有部门产生影响），还是职能单元预算紧缩策略，往往是为了应对资源减少的困境。

25.8.1 教育机构战略

当预算紧缩时，教育机构常用四种应对策略：冻结预算、全面削减、有针对性的削减以及重组。冻结预算虽并不是真正意义上的预算削减，但教职工却这么认为。在冻结预算的情况下，招聘新员工和大宗采购都会被推迟。想让教职工了解财政问题的严重性，冻结预算是一个好方法。

全面削减是应对预算紧缩最简单、最方便的方式。从预算削减中节约的资金可用于抵消收入的短缺。

当制定削减选定项目的预算时，采用的策略就是有针对性的削减。差旅费、酬金和新设备的购买往往是在预算削减最初阶段常选择的项目。

而更严苛的预算削减措施是机构通过合并项目、制定新的财政规则和重组来节约管理费用。

25.8.2 职能单元预算紧缩策略

当教育机构面临财政问题时，就会谣言四起。为了避免这种情况，第一，应与职能单元内部的人员共享信息。第二，征求削减成本的建议。教职工有很多值得借鉴的好想法。第三，使用应急基金作为应对预算削减的首要方式——它可能被标记为应急资金，也可能是设备更换资金——不管是什么，先使用这些资金。

当职能单元自愿要求削减开支时，一些有趣的想法可能会浮出水面。如果职能单元的成员了解问题，他们可能会提出新的想法，比如将一个职位的任期从12个月改为9个月，或是提出一个简单的解决方案，比如对原本免费提供的咖啡进行收费。一系列的小措施可以节约不少的费用。

有时外包也是一种很有价值的策略，因为如果仅仅使用外部供应商的某些特定功能，成本可能会更低。这一战略可能对职能单元以外的领域产生影响，在征求供应商的建议之前，职能单元的管理者应与决策者讨论。最后，资源共享也是一种可行的战略，因为共享设备（传真、复印机）或人员（接待员）可以降低成本。

25.9 最后的忠告

具有将信息转给职能单元内的人员和机构内决策者的能力是预算管理者取得成功的关键因素。以下四条简单的原则可以指导预算管理者在预算和财政管理方面进行专业实践：

1. 诚实守信。不要试图掩盖错误，也不要试图向决策者掩盖或过度夸张职能单元现存的问题。

2. 始终如一。这条规则是规则1的必然结果。一致性是预算管理的优点。

3. 热衷创新。在机构的规章制度范围内，应创造性地思考解决问题的可行性方案。

4. 公平公正。尊重组织内所有成员，不要毫无理由地为组织中一部分人提供特殊的预算。

25.10　结论

开展健康的预算管理是高等教育机构取得成功的关键。而高等教育机构的财政健康状况取决于其所有职能单元的总体财政健康情况。

优质的预算和财政管理需要预算管理者注重细节、拥有好奇心和坚持不懈地寻求问题答案。预算管理者只有投入时间和精力才能掌握预算和财政管理的艺术。

参考文献

American Council on Education.（2012，Winter）. *State funding：A race to the bottom.* http：//www.acenet.edu/the-presidency/columns-and-features/Pages/statefunding-a-race-to-the-bottom.aspx.

Barr，M. J.（2002）. *Academic administrators guide to budgets and financial management.* San Francisco，CA：Jossey-Bass.

Barr，M. J.，& McClellan，G. S.（2011）. *Budgets and financial management in higher education.* San Francisco，CA：Jossey-Bass.

Dickenson，R.C.（1999）. *Prioritizing academic programs and services：Reallocating resources to achieve strategic balance.* San Francisco，CA：Jossey-Bass.

Maddox，D.（1999）. *Budgeting for not-for-profit organizations.* New York，NY：Wiley.

Mayhew，L. B.（1979）. *Surviving the eighties：Strategies and procedures for solving fiscal and enrollment problems.* San Francisco，CA：Jossey-Bass.

Meisinger，R. J.，& Dubeck，L.W.（1984）. *College and university budgeting：An introduction for faculty and academic administrators.* Washington，DC：National Association of College and University Business Officers.

National Center for Higher Education Management Systems.（2011）. *State and local public higher education support per full-time equivalent student.* http：//www. higheredinfo.org/dbrowser/index.php?measure=36.

Research Associates of Washington.（2005）. *Higher education price index.* Washington，DC：Author.

Stocum，D. L.，& Rooney，P. M.（1997）. Responding to resource constraints：A departmentally based system of responsibility centered management. *Change*，29（5），pp. 50-57.

Woodard，D. B. Jr.，& von Destinon，M.（2000）. Budgeting and fiscal management. In M. J. Barr，M. K. Desler，& Associates（Eds.），*The handbook of student affairs administration*（2nd ed.，pp. 327-346）. San Francisco，CA：Jossey-Bass.

第26章 处理法律和风险管理问题

约翰·卫斯理·洛厄里

格林（2000）曾指出，“法律肯定已经进入我们的校园，并渗透到教育机构的每一个项目、政策和实践中”（p. 371）。15年以后，这句话听起来更加真实。卡普林和李（2009）认为，在过去半个世纪里，法院和高等院校之间的关系发生了巨大的变化。在同一时期，政府更加积极地参与到高等教育的管理中（Kaplin & Lee，2009）。

学生事务工作者不应该单独处理校园内出现的法律问题，而是应该在适当的时候咨询校园顾问或律师。当预计或即将发生诉讼时，学生事务工作者可以采取被动咨询的方式；在制定政策或者工作方案时，学生事务工作者可以采取主动咨询的方式。由于律师受过风险规避培训，所以他们经常会提出建议以使客户避免潜在的诉讼。学生事务工作者若直接向律师提问，往往得到的回答是坚定的“不”（Lake，2011）。因此，多数情况下，提出不同的问题才更有成效。不要问律师教育机构应该做什么，相反要问如果教育机构做了这件事是否会导致潜在的法律风险，以及如何有效地管理风险。

在思考法律和风险管理问题对美国学生事务专业实践的影响时，我们必须了解各种法律渊源，包括：联邦和州宪法，联邦和州法规，合同、过失和侵权责任。这既包括像宪法和法规等高校外部法律，也包括合同、约定俗成的做法和常用规定等高校内部的法律或条约。学生事务工作者理解了高校的法律框架，就会清楚开展工作的法律环境。本章将风险和管理问题限定在高校与学生、高校与联邦和州政府的常规关系内。

26.1 教育机构与学生之间的法律关系

几种类型的法律文书适用于界定高等教育机构与学生之间的法律关系。在公立高校中，分析高校与学生之间的法律关系要从联邦和州政府宪法入手。私立高校通常不受联邦或州宪法的约束，相反，这些机构与学生的法律关系是由合同规定的。当私立高校向学生承诺如言论自由这样的宪法权利时，法院要求私立院校遵守这些承诺。合同对公立高校同样重要，因为合同文书确定了公立高校在美国宪法和联邦宪法规定的最低权利外给予学生的法律承诺。

26.1.1 宪法

联邦和州宪法是指导高等教育实践最重要的法律依据。宪法既确立了政府权力的界限，又阐明了个人享有的权利。虽然联邦宪法没有直接涉及教育，但是各州宪法通常通过设立特定的机构或设立高等教育管理机构对高等教育机构予以约束。州宪法赋予高校的权利比联邦宪法要大。但是，州宪法不能剥夺美国宪法承诺的权利，美国宪法的效力高于州宪法中任何与之相冲突的条款的效力。

一般来说，除了参与到国家行动中，私立高校不需要遵循联邦宪法。国家行动是检验私立高校与政府实体之间相互作用的法律原则。这种紧密的相互作用使私立高校或其某个部分在法律上与国家难以分割。

联邦宪法中对学生事务影响最深远的是第一修正案、第四修正案（特别是搜查和扣押），以及保证了正当程序的第十四修正案。下文将予以简单介绍。

26.1.2 第一修正案

过去的半个世纪里，法院已经在思考第一修正案中那些扩大和明确学生权利以及约束学生事务具体实践的条款（Bird，Mackin & Schuster，2006）。在有关学生事务的表述中，最重要的权利包括言论自由、宗教自由和隐性结社权。当围绕言论自由产生争论时，学生事务专员要谨记自己的主要身份是教育者。

高校在致力于创建包容的校园环境时，需要努力平衡利益争端。法院通常会废止一些模糊或者过于宽泛的政策，如禁止受保护的和未受保护的言论。

第一修正案仍未解决的空白领域是学生在脸书或者其他网络社交平台上享有多大程度的言论自由。当法院与高校就此问题的立场一致时，学生的学术专业与网络言论之间就存在一个明显的联系，政策也非常明确（*Tatro v. University of Minnesota*，2012；*Yoder v. University of Louisville*，2013）。

虽然第一修正案并不要求公立高校制定承认学生组织的政策，但是高校一旦确立了这样的体制，就不可以因不认同某团体的理念而将其排除在外（*Healy v. James*，1972）。高校不仅要认可该团体，还需认可与该团体相关的利益（*Widmar v. Vincent*，1981）。其法律依据是第一修正案对表达自由以及隐含的结社自由的保护（*Healy v. James*，1972）。很多学生团体的案件涉及学生宗教团体。在 *Board of Regents of the Univ. Wis. System v. Southworth*（2000）案中，最高法院裁定只要高校是以中立的态度分配强制性学生活动费用，那么这笔资金用于资助学生团队就是符合宪法的。当其他团队也拥有获得资助的资格时，高校的中立立场也延伸至资助学生宗教团体的项目（*Badger Catholic v. Walsh*，2010；*Rosenberger v. Rector and Board of Visitors of the University of Virginia*，1995）。然而，法院允许教育机构拒绝承认不遵守参与者政策（*Christian Legal Society v. Martinez*，2010）或非歧视政策（*Alpha Delta Chi-Delta Chapter v. Charles Reed*，2011）的学生宗教团体。涉及宗教学生群体的法律问题尚未完全解决，相关诉讼仍在继续。

对于学生在校园内抗议的权利，法院通常赋予公立高校在制定校外演讲者政策方面有着更高的自由度。

26.1.3 第四修正案

第四修正案保护个人免受不合理的搜查和扣押。尽管第四修正案主要与家庭搜查有关，但也适用于对宿舍、储物柜、个人、药物测试、钱包和背包等的搜查。为了便于校园管理者而不是警察参与校园内的执法和搜查，法院对警察、校园管理者或其他人的搜查做了区分。通常，法院并不要求校园管理者在开展执行学校法规的搜查或者独立处理突发事件时提供搜查证（*Commonwealth v. Neilson*，1996；*New Hampshire v. Nemser*，2002；*Piazzola v. Watkins*，1971；*State v. Hunter*，1992）。尽管法院判断执行校园法规的合理性的标准低于警察执法的标准，但是法院仍然要求校园管理者合理合法地开展搜查行动。

26.1.4　第十四修正案

第十四修正案禁止联邦或州政府在没有正当法律程序的情况下剥夺“任何人的生命、自由或财产”（U.S. Const. amendment XIV，§ 1）。在*Dixon v. Alabama State Board of Education*（1961）案中，美国第五巡回上诉法院依据第十四修正案从根本上重新定义了高校与学生之间的关系。法院裁定认为，“在公立高校，正当的处罚程序是学生在因行为不当而被开除之前能够得到通知或者申诉的机会”（Dixon，p. 151）。然而，法院却没有持续地建立必须符合正当程序的明确标准（Kaplin & Lee，2009；Silverglate & Gewolb，2003；Stoner & Lowery，2004）。在*Goss v. Lopez*（1975）案中，最高法院要求学生在被处以较长时间的休学惩戒时，“被给予某种通知并被提供某种听证”（p. 579）。尽管*Goss*案中涉及的是十二年制的学生，但是这个原则同样适用于高等教育机构。

法院要求教育机构本身制定的规则不可含糊其辞，更不可以违背前文所述的第一修正案规定的权利。卡普林和李（2009）指出，法院几乎不会因高校制定的规定含糊不清而废止该项规定，但是*Soglin v. Kauffman*（1969）案确是少数达成废止结果的案件之一。在这个案件中，威斯康星大学的规定仅仅是禁止“不端行为”（p. 167），但是规定中却无关于不端行为的进一步详细阐述。学生据此规定无法获得学校期望学生摒弃何种不端行为的指导。西佛尔格雷特和吉沃博（2003）指出，对于大多数学生来说，学校的禁止不端行为的规定越清晰，法庭因规定模糊而废止该规定的可能性越小。

法院还概述了学生因违规行为而面临停课或开除学籍处罚的一系列保护程序，包括对学生学术失信行为的指控。最高法院在*Goss v. Lopez*（1975）案中要求高校提供学生预先通知，通知中包含“指控内容和指控依据”（p. 582）。下级法院并没有明确规定预先通知的天数，只要求提供预先通知（Kaplin & Lee，2009；Stoner & Lowery，2004）。预先通知的天数要求从至少提前两天（*Nash v. Auburn University*，1987）到提前长达十天（*Esteban v. Central Missouri State College*，1969）不等。由于各巡回法院要求预先通知的时间不同，教育机构应咨询法律顾问以确定管辖权时限。

一旦举办听证会，学生必须获得的基本权利是“有机会自我辩护和解释”（Kaplin & Lee，2009，p. 463）。一个更为复杂的问题是，学生在何种情况下有权在听证会上向律师咨询意见以及律师在其中发挥了什么样的作用（*Osteen v. Henley*，1993）。法院“从未承认律师在学校纪律处分程序中拥有绝对的权利”（*Donohue v. Baker*，1997，p. 146）。

法院并未对高校在达成听证会决议时使用的证据制定明确的标准。校园学生行为体系常用的证据标准为优势证据，或是不标准的证据。然而，美国教育部人权办公室根据1972年教育修正案第九条对这一标准予以确定（United States Department of Education，2011a）。

一旦听证会结束并做出决策，法院希望被告的学生能够收到书面的处罚决定通知，至少在情节严重的案件中，高校可以做到这一点。除了对听证会决策的简要解释以外，法院通常对处罚决定通知书的具体内容不做要求（*Jaksa v. University of Michigan*，1984）。

本章简述的正当程序适用于学生面临停课或者开除学籍处罚的案例。法院并未对那些犯错情节较轻的案例提出具体的处罚流程。事实上，对于情节轻微的案件，法院甚至建议"无须流程"（Silverglate & Gewolb，2003，p. 22）。许多高校的做法超出了法院规定的正当程序的最低要求且运行良好。格林（2001）告诫教育机构要摒弃"非必须的形式化程序"（p. 477）。丹尼尔斯（1997）认为，过度关注程序权利"损害了大学生纪律的非正式和独特的教育因素"（p. 69）。这并不是建议教育机构就应该严格和精确地执行法院规定的最低正当程序要求。事实上，帕维拉（2012）指出，伦理和教育在正当法律程序中非常重要，特别是对于那些情节严重的案例而言。

26.2 合同

除了联邦或州宪法赋予公立高校学生权利外，所有学生都与其所在的高校存有契约关系。法院将各种各样的制度文件视为合同，包括大学目录和学生手册。当高校和学生出现争端时，法院首先会浏览这些书面协议或合同以指导判决（Kaplin & Lee，2009）。在高校录取学生时，法院已给予学院和大学相当程度的尊重来修正合同。学生有权获知高校修订的合同内容（Kaplin & Lee，2009；*Mahavongsanan v. Hall*，1976）。当合同中的表述存在歧义的时候，法院通常会从有利于学生利益的角度解读合同（Ledbetter，2009）。

法院也将契约理论应用于高校与学生之间隐含的契约关系。尽管法院后来将这种做法应用于公立高校的案件，但是这种做法最早可以追溯到*Carr v. St. John's University*（1962）案（*Healy v. Larsson*，1974；Kaplin & Lee，2009）。学术习惯和用法的观念则更为模糊，卡普林和李（2009）称之为"校园普通法"（p. 21）。

这些合约协议已经成为"学生权利保障的来源，特别是在教师或管理人员未能遵循制度或随意使用政策时"（Kaplin & Lee，2009，p. 247）。鉴于法院负责监管教育机构履行合约，因此教育机构应每年重新审查合约文件以确保兑现给予学生的承诺（Ledbetter，2009）。

26.3 侵权责任和风险管理

学生事务专员必须面对的另一个重要法律问题是侵权责任，这是由于我们和学生之间存在各种各样的关系，例如商业实体和受邀人、出租人和承租人以及有些法院承认的教育机构与学生之间少见的特殊（独特）关系等。侵权行为属于民事不法行为，而不是能够引发诉讼的刑事不法行为或违约行为。侵权责任案件中最常见的解决办法是给予原告伤害赔偿金。如果原告在案件中遭受损害，伤害赔偿金中应包含惩罚性赔偿（Ledbetter，2009）。教育机构的责任受限于若干因素。主权豁免权制约教育机构在联邦和州法院应诉的能力，但是教育机构的雇员却不受此制约。许多州通过选举允许教育机构在本州法院以侵权责任起诉州政府，但立法却限制了总体责任（Kaplin & Lee，2009）。教育机构的责任进一步受限于共同过失。共同过失认为原告行为在侵权责任伤害中承担着制约或者阻止伤害发生的责任（Ledbetter，2009）。

高校面临着“越来越多的过失诉讼。过失诉讼通常与学生或者其他人在校园内外受伤有关”（Kaplin & Lee，2009，p. 112）。法院在责任认定时，会考虑伤害的预见性以及伤害的无理性风险（Kaplin & Lee，2009）。

侵权责任索赔有四个基本要素。只要证明具备如下四个基本要素，就可赢得诉讼：

1. 责任——所担负的法律义务或对他人的责任
2. 违约——未能履行义务
3. 伤害
4. 违约是造成伤害的直接原因（Ledbetter，2009；Prosser，1971）

高等教育机构与学生之间最常见的关系是商业实体和受邀人关系，这也是其承担法律责任的潜在根源。商业实体和受邀人关系致使高等教育机构承担契约责任。*Peterson v. San Francisco Community College District*（1984）案便是最好的例证。法院裁定学院对遭受第三方攻击受伤的学生负有责任。因为学院已经意识到在前几次攻击事件中罪犯利用校内的一个危险场所（一片草木繁杂的区域）藏身，但却没有采取行动解除危险。教育机构在保证教育场所安全方面还有一个更加常见的责任，即当危险的情况显而易见时，受邀人可以免除责任。

法院认为高校和学生之间的一个特殊关系就是高校有义务保护学生免受伤害。然而，这一原则仅适用于未满18岁或者在校内住宿的学生。

区别于本章讨论的其他法律问题，高校在处理侵权责任和进行风险管理时，需要仔细权衡替代方案以做出明智的决策。这个决策虽然不能消除风险，但是可以控制风险。虽然保险和风险规避有助于控制和减轻责任，但是不完备的和不恰当的风险管理办法却行之不远。索科洛夫（2004）确定了思考和解决潜在风险的四步法：“评估教育机构运行风险、进行风险排序、解决风险、评价所选的风险解决方案的有效性”（p. 86）。非常重要的一点是，我们须将风险管理视为动态变化的过程，而非一劳永逸的项目。学生事务专员也需要思考自己的处境来决定是否需要购买由各国家组织机构提供的个人责任险。正如莱克（2011）指出的，虽然几乎没有针对学生事务专员个人的责任诉讼，但是从目前个体和教育机构的总体情况来看，购买个人责任险是明智的投资。

26.4 联邦与各州关于高等教育的规定

自20世纪80年代末以来，联邦政府和州政府通过的法律和颁布的法规是高等教育面临更多法律约束的另一主要根源。就联邦政府而言，国会通过法律后，行政部门和机构负责编写执法法规和指南。政府在制定联邦法规的过程中，会给予公众表达意见的机会，且该法规具备法律效力。联邦机构制定的指南不具备法律效力，但是为解读法律法规提供了更多的信息。在各州，州立法部门和机构也会通过法律和颁布法规，但是仅仅适用于在州内提供学术项目的教育机构，且绝大多数是公立教育机构（Ledbetter，2009）。

高校必须遵守的联邦法律大多建立在为美国公民或者消费权提供一般福利的国会的宪法权利的基础上。一般福利既包括联邦政府的直接资助，也包括联邦政府对学生的经济援助（*Bob Jones University v. Johnson*，1975；*Grove City v. Bell*，1984）。这些法律对公立高校和私立高校具有同等的法律效力。高校通过联邦经济援助获得的资金被称为第4条资金。这个名称出自提出了学生资助体系的高等教育法案第4条。国会有权依据宪法控制跨州贸易权利进而管理高等教育。这个法律通常被应用于诸如商务等社会的其他方面，极少用于高等教育领域（Ledbetter，2009）。

联邦政府部门和机构执行法规的方式很多。这些法规大多用于教育机构自身的管理，而且政府机构持有执法权。执法权包括对教育机构处以罚金和责令教育机构整改。终极处罚是宣布教育机构没有资格加入联邦财政体系，这也是政府最重要的执法权。有些法律也包括私人诉权，即允许个人对教育机构违反联邦政府法律的行为发起诉讼。但是私人诉权的陈述必须非常清楚（*Gonzaga v. Doe*，2002）。这一点常见于反歧视法。有些法律也允许对个人执行罚款或刑事处罚（Ledbetter，2009）。

近200部联邦法律直接影响高等教育实践（Hunter & Gehring，2005）。因此，近年来，一些大型学院和大学设立了合规办公室，整合了教育机构的力量来厘清数量庞大的联邦法律。然而，正如莱德贝特（2009）指出的，尽管整合教育机构的力量非常有必要，但是合规并不是某个人或某个办公室的工作。有几部联邦法律，包括《反歧视法》《家庭教育权利和隐私法案》《珍妮·克莱里校园安全政策和校园犯罪统计披露法案》对学生事务有特别的影响，因此学生事务工作者必须了解法律要求。这并不是说仅有这几部法律对学生事务产生影响。其他影响学生事务政策和实践的法律还包括《联邦财政援助法》《无毒品校园社区法案修正案》《高校成本和选民登记法案》（National Postsecondary Education Cooperative，2009）。有关学生雇员和专业人员、医疗保健、公平劳动和工作场所安全的法律也很重要。但是受篇幅所限，本章无法介绍所有的相关法律。

26.5 反歧视法

自1964年以来，国会通过了一系列应用于所有接受联邦财政支持的项目和活动的反歧视法案，包括通过学生财政援助体系提供的直接资助。反歧视法包括：

1.1964年《民权法案》标题6禁止基于种族、肤色和国籍的歧视。

2.1972年《教育修正案》标题9禁止基于性别的歧视。

3.1973年修订的《康复法》第504条禁止歧视符合资格的残障人士。

4.1990年的《美国残疾人法案》同样禁止歧视符合资格的残障人士。但是该法案与获取联邦资助并不直接相关。相反，该法案被应用于州和地方政府，包括公立院校（标题2）和公立居住设施，还包括私立院校（标题3）。

5. 美国教育部民权办公室（OCR）拥有标题6、标题9和第504条的执法权。民权办公室为这些法律制定了法规和指南，并对违规指控予以调查。除了扣留联邦资金外，民权办公室还可将案件提交至美国司法部执行。个人也可以起诉教育机构的违规行为。虽然《美国残疾人法案》的主要执行权在美国司法部，但民权办公室的投诉处理流程和司法部的法律都使其具备执法权（Kaplin & Lee，2009）。

标题6

《民权法案》标题6禁止基于种族、肤色和国籍的歧视，但大多数案件都涉及有关民族和种族歧视的指控。尽管最高法院从未间断对高校招生平权行动的支持（*Gratz v. Bollinger*，2003；*Grutter v. Bollinger*，2003；*Regents of the University of California v. Bakke*，1978），但是近年来，评价平权行动的标准越来越严格（*Fisherv. Univ. of Tex. at Austin*，2013）。总而言之，最高法院已经制定了严格的监察制度以检验和评判公立高等教育对种族问题的考虑。第一个问题是教育机构是否能够证明对种族问题的考虑是出于令人信服的国家利益，而且它们考虑种族问题的方式仅限于服务国家利益。同样的标准和原则也适用于其他将种族和民族纳入考虑因素的项目和学生服务（Ledbetter，2009）。

标题9

在公众的印象中，标题9主要是禁止中小学基础教育阶段和大学阶段对学生运动员的性别歧视。标题9要求高校“为两性运动员提供同等的运动机会”（34 C.F.R.§ 106.41（c））。标题9也禁止在大学录取中出现性别歧视，包括歧视孕妇和已为人父母的学生（Supporting the Academic Success of Pregnant and Parenting Students Under Title IX of the Education Amendments of 1972，2013）。骚扰是“严重的、普遍的和客观的侵犯，阻碍了受害者接受教育的机会和权益”（Davis，1999，p. 633）。但是，美国教育部采取了不同的标准来评判教育机构是否遵守标题9的规定。

美国教育部在开展高校是否违背标题9的调查方面越来越透明。一年之后，涉及标题9的活跃调查有近百项。很多调查的启动源于学生积极分子的投诉。

第504条和《美国残疾人法案》

禁止歧视符合资格的残障人士的第504条和《美国残疾人法案》将符合资格的个人定义为符合"申请或参与教育项目或活动所需的学术和技术标准"（34 C.F.R. § 104.3（I）（3））。最高法院在*Southeastern Community College v. Davis*（1979）案中支持护士项目拒收听力受损的学生。但是卡普林和李（2009）告诫不要过度解读这个案件，因为该学术项目具有特殊性。比起这个狭义的裁定，当法院考虑其他项目的录取或者设施时，其更倾向于支持学生的申请（Kaplin & Lee，2009）。在过去的十年里，学生的心理健康问题备受关注。第504条和《美国残疾人法案》也暗含了相关的内容。教育机构不能仅仅因为学生有心理健康疾病而将此类学生排除在外，除非学生存在违反校规的行为、因病无法自理或经评估认定为存在直接威胁。

26.6 《家庭教育权利和隐私法案》(FERPA)

1974年的《家庭教育权利和隐私法案》明确规定了高校处理学生的教育记录的方式。根据该项法案的规定，教育记录被定义为"那些与学生信息直接相关的记录、档案、文件以及其他材料。教育代理部门和机构的工作人员负责维护教育记录"(34 CFR§99.1)。关于教育记录，《家庭教育权利和隐私法案》赋予学生三项主要权利：

1.调查和检查教育记录的权利

2.质疑教育记录内容的权利

3.同意教育记录公开的权利

自1974年《家庭教育权利和隐私法案》颁布以来，该项法案经过多次修订。其中多项修订案是为第三条权利创建额外的免责条款。

学生有权调查和检查他们的教育记录。教育机构并不需要即刻满足学生调阅教育记录的需求，法律规定的时限是45天。还有一些虽未界定为教育记录但却包含在教育记录之内的文件，如执法记录、医疗诊断报告和父母的财务报告。尽管学生有权调查和检查自己的教育记录，但是法律并没有赋予学生获取教育记录复印件的权利，除非教育机构拒绝提供学生复印件会导致学生彻底丧失调取记录的权利。近年来，最令人困惑的问题是《健康保险携带和责任法案》和《家庭教育权利和隐私法案》的矛盾。《健康保险携带和责任法案》特别将健康记录排除在教育记录之外，但是《家庭教育权利和隐私法案》将健康记录认定为诊断记录，要求《健康保险携带和责任法案》承担保护这类记录的义务（United States Department of Health and Human Services，2008）。尽管如此，我们可以援引国家隐私法律调取和公开学生的医疗记录（Ledbetter，2009）。

《家庭教育权利和隐私法案》规定任何教育记录均不可在未经学生书面授权同意的情况下被泄露出去。然而，例外情况屡见不鲜。《家庭教育权利和隐私法案》的很多修正案创建了额外免责的条款。最常见的例外情况是允许教育机构将学生的教育纪律泄露给对该生教育记录持有合法教育兴趣的另一所学校的工作人员。教育机构既要在《家庭教育权利和隐私法案》的政策中确定相关条款，也需要确定条款的适用范围。例如，高校管理人员可以将学生服务纳入官方的学院委员会的工作范围，由此学生事务工作者可以协助高校管理人员、高校董事会成员和为高校提供特殊服务的外部签约合作方开展工作。其他的免责情况包括教育机构将学生收到的法院传票交给家长，在特殊情况下告知家长纪律处分程序的最终结果（尽管纪律处分决定一般被认定为教育记录），以及将学生的教育记录告知权威政府机构。尽管《家庭教育权利和隐私法案》允许在以上免责的情况下泄露学生的教育记录，但这并不意味着教育机构可以泄露学生信息。

尽管情况并未改观，但是美国教育部修订了健康与安全紧急事件的法规。法规明确指出，当教育机构认定存在危险情况时，它有权发布学生的教育记录并向有助于解决紧急事件的合作方，包括当地警察和学生家长，提供这些信息。

美国教育部的家庭政策合规办公室经常收到关于违背《家庭教育权利和隐私法案》的投诉。违规行为一旦被发现，家庭政策合规办公室将和教育机构一起调整政策规定或者工作方式以改正错误。尽管从理论上来说，教育机构违背《家庭教育权利和隐私法案》会被处以取消联邦政府拨款权的处罚，但是事实上这样的处罚程序从未启动。个人对教育机构违背《家庭教育权利和隐私法案》的行为不具有私人诉权（*Gonzaga Univ. v. Doe*，2002），但是个人通常会依据州法律对机构的违规行为发起诉讼。

26.7 《珍妮·克莱里校园安全政策和校园犯罪统计披露法案》

《珍妮·克莱里校园安全政策和校园犯罪统计披露法案》（以下简称《克莱里法案》）是在1990年通过的。1986年，珍妮·克莱里在利哈伊大学被另一名学生残忍杀害。她的父母因此建立了校园保安公司（现更名为校园保安公司克莱里中心），并推动了最初的立法以及后期修正案的出台。《克莱里法案》在1992年、1998年、2008年和2013年多次被修订。

《克莱里法案》的核心是发布年度安全报告（ASR），该报告的发布日期不得晚于10月1日。教育机构可选择若干方式发布报告，包括将年度报告发送给每一位学生和教职员工，或者在网站上发布年度报告的同时，将报告的主要内容摘要发送给学生和教职工。年度安全报告须包括以下有关校园政策的描述：

- 报告校园犯罪和其他紧急情况
- 校园安全设施

• 校园法规执行政策

• 预防犯罪和宣传教育方案的信息

• 监控学生组织的校外位置

• 有关持有、使用和销售酒精及毒品的政策

• 涉及暴力犯罪指控的纪律处分最终结果的声明。如有书面要求，该声明需以书面形式提供给受害人或其亲属

• 应急响应和撤离

为学生提供校内住宿的教育机构必须设定披露失踪学生通告的政策。此外，还需提供有关校园内消防安全和校园火灾的信息（United States Department of Education，2011b）。

年度安全报告包括了近三年系列犯罪的统计数据。教育机构必须向校园安全监管机构和当地执法部门汇报以下犯罪行为的统计数据：谋杀/故意杀人、过失杀人、抢劫、加重攻击罪、盗窃、机动车盗窃和纵火。教育机构还必须提供由于违反酒类管理法、毒品法和非法持有武器而被逮捕或转介的学生统计数据。报告的最后一类犯罪统计资料包括仇恨犯罪。仇恨犯罪除了包含以上的犯罪行为以外，还包含偷盗、一般攻击、恐吓以及损毁/损坏/故意破坏他人财产。仇恨犯罪统计数据必须按偏见类别报告，包括种族、性别、性取向、民族/国籍以及残疾情况。2014年度安全报告的统计数据起始自2013自然年。这里列出的所有年度统计数据必须按以下地理区域报告：校园、学生宿舍设施、非校园建筑或财产以及公共财产。校园安全保障人员包括校园警察、保安以及任何“对学生和校园活动负有重大责任”的职员（34 CFR § 668.46（a））。

随着《暴力侵害妇女法》的重新签署，《克莱里法案》在2013年完成了最新的修订。法案中修订的大部分内容与教育机构应对家庭暴力、约会暴力和不法跟踪直接相关。根据修订后的法案，教育机构必须为新生和新入职的教职员工提供预防家庭暴力、约会暴力和不法跟踪的警示宣传教育，并提供校园社区正在开展的防护和警示活动的信息。教育机构也必须在年度安全报告中增加其应对家庭暴力、约会暴力和不法跟踪行为的政策和措施。从2014年开始，教育机构必须在年度安全报告中涵盖家庭暴力、约会暴力和不法跟踪的统计数据。

教育机构还肩负着持续发布报告的责任，包括及时发布引发持续威胁的校园犯罪的信息、突发事件通知，由校园警察或安全部门创建每日犯罪日志。联邦法律要求教育机构对符合《克莱里法案》以及其他联邦法律规定的记录文件至少存档三年。由于犯罪统计数据要求提交近三年的数据，所以这些文件基本需要存档七年（The Handbook for Campus Safety and Security Reporting，2011）。

美国教育部依据负责实施的《克莱里法案》，可以对教育机构每项违法行为最高处以35 000美元的罚款。在过去10年，美国教育部对每所违法的教育机构处以超过100 000美元的罚款（包括东密歇根大学、塔尔顿州立大学和耶鲁大学）。

26.8 结论

学生事务管理所面临的惊人的挑战不仅源自宽泛的法律和政策问题，更源自其不断发展变化的特点。卡普林和李（2009）建议，“建设性地理解和回应法律的变化和扩展的同时，应保持对目的和受众多样性的关注”（p. 9）。学生事务专员需重视本章所述的一般法律和风险管理问题，并掌握更多关于直接影响其工作领域的法律和风险管理知识。本章尝试对法律和风险管理问题做以全面介绍。校园资源和专业机构的项目都是学生事务专员发展技能和获取知识的宝贵来源。

对于那些有兴趣增长这方面知识的读者来说，还有很多可以参考的学术文献。威廉姆·卡普林和芭芭拉·李的 *The Law of Higher Education*（2013）是非常杰出的文献著作。彼得·莱克的 *Foundations of Higher Education Law and Policy: Basic Legal Rules, Concepts, and Principles for Student Affairs*（1991）更多地从学生事务的角度阐述了法律和风险管理的主题。至少还有三个国内会议负责解决有关学生事务的法律问题：美国学生事务管理者协会的暴力和政策会议、斯泰森大学的全国法律和高等教育大会以及佛蒙特州高等教育法律问题大会。

参考文献

Bickel, R., & Lake, P.（1999）. *The rights and responsibilities of the modern university.* Durham, NC: Carolina Academic Press.

Bird, L. E., Mackin, M B., & Schuster, S. K.（2006）. *The First Amendment on campus: A handbook for college and university administrators.* Washington, DC: NASPA.

Dannells, M.（1997）. *From discipline to development: Rethinking student conduct in higher education*（ASHE-ERIC Higher Education Report, no. 25: 2）. San Francisco, CA: Jossey-Bass.

Gehring, D. D.（2000）. Understanding the legal implications of student affairs practice. In M. J. Barr, M. K. Desler, & Associates, *The handbook of student affairs administration*（2nd ed., pp. 347-376）. San Francisco, CA: Jossey-Bass.

Gehring, D. D.（2001）. The objectives of student discipline and the process that' s due: Are they compatible? *NASPA Journal*, 38, 466-481.

Hunter, B. & Gehring, G. D.（2005）. The cost of federal legislation on higher education: The hidden tax on tuition. *NASPA Journal*, 42, 478-497.

Kaplin, W. A., & Lee, B. A.（2009）. *A legal guide for student affairs professionals*（2nd ed.）. San Francisco, CA: Jossey-Bass.

Kaplin. W. A. & & Lee, B. A. Barbara（2013）. *The Law of Higher Education*（5th ed.）. San Francisco: Jossey-Bass.

Lake, P. F.（2011）. *Foundations of higher education law and policy: Basic legal rules, concepts, and principles for student affairs.* Washington, DC: NASPA.

Ledbetter, B. E.（2009）. Legal issues in student affairs. In G. S. McClellan, J. Stringer, & Associates

(Eds.), *The handbook of student affairs administration* (3rd ed., pp.505–525).

National Conference of State Legislatures. (2014). *Guns on campus: Overview.* http://www.ncsl.org/research/education/guns-on-campus-overview.aspx.

National Postsecondary Education Cooperative. (2009). *Information required to be disclosed under the Higher Education Act of 1965: Suggestions for dissemination* (NPEC 2010–831), prepared by Carol Fuller & Carlo Salerno, Coffey Consulting. Washington, DC: Author.

Pavela, G., & Pavela, G. (2012). The ethical and educational imperative of due process. *Journal of College and University Law*, 38, 567–627.

Prosser, W. L. (1971). *The handbook of law on torts.* St. Pail, MN: West.

Silverglate, H. A., & Gewolb, J. (2003). *FIRE's guide to due process and fair procedure on campus.* Philadelphia, PA: Foundation for Individual Rights in Education.

Sokolow, B. S. (2004). Risk management in the community college setting. In R. C. Cloud (Ed.), *Legal issues in the community college* (pp. 85–94). San Francisco, CA: Jossey-Bass.

Stoner, E. N. II, & Lowery, J. W. (2004). Navigating past the "spirit of insubordination": A twenty-first century model student conduct code with a model hearing script. *Journal of College and University Law*, 31, 1–77.

United States Department of Education. (2011a). Dear colleague letter. Washington, D.C.: Office of Civil Rights, U.S. Department of Education. http://www2.ed.gov/about/offices/list/ocr/letters/colleague-201104.html.

United States Department of Education. (2011b). *The handbook for campus safety and security reporting.* Washington, D.C.: Office of Postsecondary Education, U.S. Department of Education. https://www2.ed.gov/admins/lead/safety/handbook.pdf.

United States Department of Education. (2001). *Revised sexual harassment guidance: Harassment of students by school employees, other students, or third parties.* Washington, D.C.: Office of Civil Rights, U.S. Department of Education. http://www2.ed.gov/about/offices/list/ocr/docs/shguide.html.

United States Department of Health and Human Services. (2008). *Joint guidance on the application of the Family Educational Rights and Privacy Act (FERPA) and the Health and Insurance Portability Act of 1996 (HIPAA) to student health records.* Washington, D.C.: U.S. Department of Health and Human Services. http://www2.ed.gov/policy/gen/guid/fpco/doc/ferpa-hipaa-guidance.pdf.

White House Task Force. (2014). Not alone: *The first report of the White House Task Force to protect students from sexual assault.* https://www.whitehouse.gov/sites/default/files/docs/report_0.pdf.

第27章
实施评估促进学生学习与进步

玛丽莉·布雷西亚尼·路德维克

随着地区性认证机构、州立法机构和联邦政府行政官员对大学领导者施加的压力越来越大，学生的学习内容和发展情况也变得更为透明。因此，对于结果导向评估的讨论无处不在（Ewell，2009；Jankowski et al.，2012；and Jankowski & Provezis，2011）。结果导向评估并不是新理念，但是由于某些原因，大学领导者一直无法成功地提供有关高等教育学位价值的透明信息。如果学生事务工作者对结果导向评估的内涵存在困惑以及无法将其与之前的自我反思实践（Bresciani，Moore-Gardner，& Hickmott，2010；Bresciani，Zelna，& Anderson，2004；Maki，2004；Schuh & Gansemer-Topf，2010；Suskie，2009；and Upcraft & Schuh，1996）相区别，可能是由于结果导向评估多年来以各种各样的形式存在。学生事务工作者对学生学习和发展的贡献缺乏现成的证据支撑，并不是因为学生事务工作者缺乏反思、调查和评估实践，而是因为他们对系统的反思实践缺乏共享的理念框架和通用的语言表达。

本章简要地回顾了评估的历史，讨论了评估的必要性，探讨了四种常用的评估方法并简要说明了评估与传统研究的不同与补充之处。

本章也表明了学生事务工作者采用多种方法评估他们对学生学习和发展的贡献的重要性。本章结论部分提供了开展评估的建议，使其具有系统性和一致性。

27.1 简要历史回顾

结果导向评估的核心是基于我们对预期结果所做的完成度调查。结果导向评估已经以不同形式存在了一段时间（Baker，Jankowski，Provezis，& Kinzie，2012；Bresciani et al.，2010；Bresciani，2006；Ewell，2002；Maki，2004；Palomba & Banta，1999；Suskie，2009；and Upcraft & Schuh，1996）。结果导向评估关于学生学习的初期形式可追溯至公元1063年的博洛尼亚大学。那时学生学习的结果导向评估被称为评审（Carroll，2006）。

评估或项目评价的存在形式也很多样，例如全面质量管理（TQM）、六西格玛企业管理战略、持续质量改进（CQI）、制度有效性（IE）以及其他我们所熟知的缩写名称。尽管评估的名称和系统实施评估的方式各有不同，但是探求所做的事情是否有效服务于计划是评估永恒不变的主题（Bresciani，2006；Bresciani et al.，2010；Ewell，2002，2009；Schuh & Gansemer-Topf，2010；and Upcraft & Schuh，1996）。虽然企业的组织机构各不相同，但是审查所开展的工作与组织期待的结果是否匹配在所有企业都是类似的（Bresciani，2006；Ewell，2002；and Upcraft & Schuh，1996）。因此，关注商业实践的学生事务专员发现他们很容易适应调查和评估过程，特别是在评价其服务有效性方面适应得更好。然而，他们依然在评估学生事务部门对学生学习和发展的贡献时面临挑战（Moore-Gardner，Kline，& Bresciani，2014；and Wellman，2010）。

开展辅助课程的学生事务专员将结果导向评估的实施方法的文献作为改善其服务

评价的实用工具（Baker et al.，2012；Banta，Grifin，Flateby，& Kahn，2009；Bresciani et al.，2004；Bresciani et al.，2010；Moore-Gardner et al.，2014；Palomba & Banta，1999；Schuh，2008；Suskie，2009；and Upcraft & Schuh，1996）。尽管如此，立法者仍然要求学生事务部门提供更多的证据来说明他们是如何帮助学生学习和发展的，其原因见下文。

27.2　对学生学习和发展的贡献记录

大学和学院记录学生学习和发展的工作压力重重。这为学生事务部门提供了证明它们贡献的机会。幸运的是，学生事务工作者有很多可利用的资源。

27.2.1　要求增加更多的证据

自1985年以来，为了应对来自联邦政府的不断施压，许多区域认证机构已经稳步提升了它们对教育机构明确地评价学生学习结果的要求。作为该项要求的一部分，许多区域认证机构已经明确并严格地表达了它们期待学生支持服务部门记录对学生学习和发展的贡献。因此，很多学生事务专员开始意识到他们在学生学习和发展过程中所发挥的重要作用。他们现在需要做的是通过结果导向评估提供贡献证明。2002年、2006年、2013—2014年的高等教育重新授权法案会谈，2003年区域认证委员会理事会（CRAC）会谈以及美国高等教育未来委员会会谈（DOE）（US Department of Education，2006）都呼吁高等教育管理人员和教师在评估学生学习和发展方面开展良好实践。在所有这些会谈中，对学生学习和发展证据的需求跨越了政党界限，也跨越了州和联邦的门槛。在本书出版时，从各研究院和各类型教育机构中获得学生学习和发展证据的重任落在了各州。区域认证机构受州政府监管。但是因教育机构领导层在收集学生学习结果的证据时具备灵活性，所以现行的高等教育重新授权法案草案在各教育机构的执行程度不同。当前的华盛顿会谈对那些非正式设计并开展工作的学生事务工作者有着重要意义。

27.2.2　学生事务的机会

公众对学位价值的质询越来越多，对降低高等教育成本的呼声也越来越高，其中包括对确认可替代资金来源的需求。因此，无论处于哪种类型的高等教育机构，各学科的代表人士都被要求证明他们是通过何种方式了解学生学习以及他们对学生学习的期待是什么。这是学生事务专员团结起来表达他们服务贡献的机会。例如，如果你愿意的话，就业服务部门可以与电气工程学科合作呈现它们为学生提供的共享学习和发展成果。这种模式也适用于学生事务的其他领域，如住宿生活服务、学术咨询、身心健康支持以及经济援助。曾经被界定是服务领域的项目或者是被评估为高等教育非正式项目，特别是那些有关领导力、自我及人际关系能力、合作能力、创新性地解决问题的能力以及成为一个有责任感和公德心的公民的项目，可以加入到学科会谈进而服务于学位价值。学生事务工作者确定学生事务是如何贡献于雇主期望结果（AAC & U，2014b）的能力使得学生事务部门可以使用这些证据重新分配资源、提出捐助请求、起草拨款申请以及决定提供雇主所要求的学生学习结果的方式。同时，学生事务部门可以提出降低教育成本的建议以及证明自身价值。

27.2.3 增加机会的资源

很多人认为 *The Student Learning Imperative*（American College Personnel Association，1996）在强调学生事务支持学生学习和发展方面是非常关键的著作。该书前言中描述的以学习为导向的学生事务工作者的特点旨在激发想法和关联点，说明学生事务工作者直接或间接为学生学习和发展做出贡献。该书所提观点旨在引发更多部门共同参与讨论、提出规划和采取行动。虽然 *The Student Learning Imperative* 一书中充满了先进的想法和挑战，但我们并不确定有多少教育机构采用了其颇具远见的思想并将这些创造性的想法付诸实践。

Learning Reconsidered: A Campus-Wide Focus on the Student Experience（Keeling，2004）比之前的文献更能引起学生事务工作者的注意，这或许与认证要求的逐步提高有关。*Learning Reconsidered: A Campus-Wide Focus on the Student Experience*（Keeling，2004）在发表时着重介绍了许多以往学生发展和学习的研究并强调了在学生事务内部以及与学术事务同事合作的过程中评估学生学习和发展的重要性。学生事务在学生学习和发展方面所付诸的努力对于促进不同类型学生的成功，包括增强毅力和获取学位，是极其必要的。

全国学生参与度调查（NSSE）所记录的有效的教育实践（DEEP）项目（Kuh，Kinzie，Schuh，& Whitt，2005a，2005b）显示，除了为教育机构提供校园改造和调查的问题之外，20所大学和学院通过跨部门合作来确定提高学生学习和发展水平的方法。NSSE的DEEP项目（Kuh et al.，2005a，2005b）为跨部门反思和对话提供指导方针，由此各部门可以在计划、执行和评估以学生学习为中心的实践方面开展合作。最近一份有相似目的的报告是高等教育促进委员会提出的 *Frameworks for Assessing Learning and Development Outcomes*（2006）。

前文提到的著作以及美国学院和大学协会关于LEAP（通识教育和美国的前途）（AAC & U，2014a）的最新的重要成果是通过国家学习成果评估研究所提供的免费在线出版物平台进行推送和更新。在这个平台上，年度学术论文和简报试图帮助教师和学生事务工作者在合作开展结果导向评估方面获得最新资源以达成良好的工作实践。通过这些文献，学生事务工作者可以在全面评估学生学习和发展方面紧跟新兴的趋势、需求和实践方法。

27.3 多种评估方式

在评价学生事务项目和服务对学生学习和发展的贡献时，我们可以采用多种评估方式来收集所需的评估数据。上文提到的文献资源以及还在不断发表的学术研究都有助于开展学术性和/或者指导性服务。学生事务工作者可以遵循这些步骤和指导方针开展富有意义和便于管理的结果导向评估。

然而，评估的第一步可能需要确定教育机构的领导者是否有想要回答的特定的研究问题或者他们是否想知道一个项目对机构学习成果、能力或关键绩效指标（即保持率）的作用有多大。如果是后者，那么结果导向评估是一个完美的方法。但是，如果教育机构领导者的问题需要设计正式的学术研究，那么我们建议研究斯特奇和曼宁的著作Research in the College（2003）。最后，如果机构领导者想收集数据来推动政策的讨论，那么采用学术研究和评估相结合的方式或许更有帮助，但这取决于政策讨论的程度与范围（Ewell，Jankowski，& Provezis，2010）。

实施评估的方法有很多，我们主要讨论以下的4种方法。尽管每种方法有不同的意图和目的，但它们都有助于引导有关高等教育质量和价值的决策或讨论。简而言之，评估方法分类如下：

1. 预评估、学生满意度、数据利用和需求评估
2. 结果导向评估
3. 能力导向评估
4. 奥斯汀的投入-环境-产出模型或增值评估

我们可以查阅很多有关评估方法的文献，因为这些文献提供了评估方法的更多细节。

27.3.1 预评估、学生满意度、数据利用和需求评估

这组评估方法为规划服务和教育支持活动提供有帮助的数据（Schuh，2008；Upcraft & Schuh，1996）。学生事务专员可以利用这些数据更有针对性地规划他们所设想的以学生为中心的项目以及延伸符合学生特质的服务和活动范围。

预评估数据是在学生还未进入大学、参与项目或使用服务前预先收集的。通过使用这些数据，学生事务工作者可以有目的地按照设想的结果设计一些项目来满足目标学生群体的需求。例如，拉切克的非认知变量（2004）这样的工具有助于制定帮助学生解决非认知挑战的干预措施——在成绩单中发现不易识别的预评估数据——有助于学生取得学术成功。

虽然预评估数据对于准备项目和服务非常有帮助，但是它们却无法指出计划事项的完成度。然而，预评估数据如果运用得当，对表述结果、规划项目和服务非常有益。由此产出的结果可以在之后的结果导向评估中予以评价。

学生满意度工具在讨论学生对服务和项目的满意度时是有用的（Bresciani et al.，2004；Bresciani et al.，2010；Palomba & Banta，1999；Schuh，2008；and Upcraft & Schuh，1996）。许多教育机构的管理人员和工作人员只是想知道学生是否对服务和项目满意。但是若有学生不满意，学生满意度数据却不能有效指出问题源头。例如，如果60%的新生对财务援助前台的工作人员感到满意，那么财务援助办公室应该怎么利用这个数据呢？如果它们想进一步提高满意度，应该如何做？这种评估方法并没有为具体决策提供所需的细节。

数据利用对于了解服务的使用频率、使用对象和使用时间是有用的（Schuh，2008；and Upcraft & Schuh，1996）。这些数据有助于主管们给员工排班，向学生解释服务响应效率下降的时间和原因，以及重新分配资源和预算。数据利用常作为目标达成与否的补充解释被应用于结果导向评估。假设以下场景：如果朋辈辅导质量在系统内容滥用方面的某项结果评估中出现质量下降的情况，其原因可能是朋辈辅导者为了保证每位学生等候时间不超过一个小时而仓促完成咨询工作。由于朋辈辅导者在给学生提供咨询时速度太快，导致他们在一对一预约中没有充足的时间教授学生所需的内容，也没有时间检查学生是否理解了他们讲授的知识。在这个例子中，办公室的数据利用能够解释学习质量下降的原因。同样的，在学生健康服务数据利用上升的同时，学生对健康服务的满意度降低，那么使用数据有助于解释满意度低的原因。

获取需求评估数据后，学生的需求可以通过实证的方式被确定（Schuh，2008；and Upcraft & Schuh，1996）。项目协调人可以收集需求评估数据来规划学生所需的活动和项目。结果导向评估要求学生为请求的项目确定自己的目标，从而要求他们以所请求活动的结果为导向明确自己的需求。学生通过这样的练习可以将为了活动而请求活动和为了活动结果且有目的的需求活动区别开来。实质上，学生事务专员可以通过学生渴望从某一特定活动或项目得到的成果表达中发现学生的需求。

27.3.2 结果导向评估

结果导向评估的定义有很多（Palomba & Banta，1999；and Suskie，2009）。不管哪位学者的定义，其核心理念都是持续改进（Allen，2003；Banta，2002；Bresciani，2011；Bresciani et al.，2004；Maki，2004；Palomba & Banta，1999；and Suskie，2009）。持续改进意味着对所规划的最终结果的评估开展有目的的、有规划的假设。此外，评估过程需要经过精心设计以保证获取的信息有助于产出富有意义的决策。这些决策关乎评估中包含的团体是否能达到更高一级的预期结果或最终结果。

在结果导向评估中，有位专家致力于对所做事项的最终结果予以评价。她的方式是指定事项内容、完成方式和评估方式。而后，她汇报了她在计划完成事项中所学到的、有助于她改进所做事项的决策。在结果导向评估中，这位专家只是简单地询问并且回答了下列问题：

我们想要去做什么？原因是什么？或者

我的项目期望达成什么目标？或者

基于我的研讨会/培训/服务的结果，我想让学生们做什么或学到什么？

我们组织、规划和收集资源来满足学生对我们的什么期待？

被期望的事项我们完成得如何？

我们怎么才能知道？

我们如何利用这些信息来改进学生期待我们提供的内容、重新分配资源、加强或建立合作，或是庆祝成功？

我们所做的改进是否符合我们的设想？（Bresciani et al.，2010）

结果导向评估不是用来证明学习和发展正在进行。相反，它包含了佩珀特（1991）的情境建构主义学习理论。也就是说，发现问题和对此发出回应是至关重要的。佩珀特（1991）断定在特定情境下，我们对学生所思所做的预期表达方式的效果了解得越充分，我们对表达方式的改进越完善。因此，我们将会发现更多在此特定情境下特定学生的学习和发展的证据。

情境建构主义学习理论强调了结果导向评估的迭代性质。结果导向评估的最终结论并非应用于学术研究或者产出适用于所有学生的工作方法。相反，使用者利用结果导向评估的最终结论数据来改进项目开展和评估的方式、资源配置、决策和教育机构价值澄清。由此，结果导向评估的最终结论参与到自我反思的系统过程。自我反思过程对致力于帮助那些在特定教育机构和项目内表现不佳的学生并改善其处境是十分必要的。

当从业者在规划结果时，他们经常援引学术研究来决定采用何种已被证明的干预方式解决他们对某类学生的忧虑。学术研究有助于说明活动的最终结果是如何帮助从业者解读结果导向评估的结论的。然而，大部分的结果导向评估的结论无法被认定为学术研究，因为通常评估过程中采用的方法不符合研究流程。此外，评估样本和群体不太可能被归纳应用于其他群体。尽管如此，结果导向评估可以被用来指出特定的研究问题。

结果导向评估的目的也并非学术研究。结果导向评估被设计用来呈现系统的和自我反思的过程。这个过程为从业者提供了改进规划的实施项目的过程的有价值信息。尽管这个过程中发现的成果并不适用于其他情境，但是产出的数据有助于明确责任。韦氏词典对责任的定义是“负责任的性质和状态；特别是接受责任或者对行为负责的义务和意愿”（“Accountability”，2007）。依据这个表述，结果导向评估是典型的责任制，因为它证明了有目的地规划和利用系统评价信息对改善学生学习和发展负有责任。

27.3.3　能力导向评估

能力导向评估并不是一个新概念。本章引入能力导向评估是作为对当前国家责任对话的回应。从本质上讲，能力导向评估的重点是学生个体而非项目（Klein-Collins，

2014)。对于那些服务于学生个人需求而不是学生群体需求的学生事务工作者而言，这个评估方法很有用。事实上，能力导向评估的目的是，学生可以通过证明其在学术和在发展项目上的个人成就来获得在追求学术学位过程中的进步。能力导向评估并不考查学生获得学习和发展的出处。这对于学生事务专员来说是个令人振奋的好消息，因为他们了解与学生互动的方式、时机以及如何帮助学生掌握获取学位所需的学习和发展能力。

然而，实施能力导向评估的挑战在于很多教育机构并没有为学生提供取得学位（学习和发展成果）过程的成长路径。此外，很多教育机构为学生能力成长（学习结果）提供的路径是学生个体的课程学习结果。而且，学生也通过安排个人课程的方式来创造能力提升路径。然而，这种方式既不清晰，也不系统，为学生事务工作者收集有价值的数据来证明他们所提供的高效服务带来了挑战。由于学生事务工作者是学生学习和发展过程中的教练，你辅导的学生越成功，你就越应该思考有效的辅导方式。

也许实施能力导向评估最强有力的方式是调查学生个体学习和发展的集合情况。我们可以应用奥斯汀的输入-环境-结果（IEO）模型（1993）。在一个设计良好的反思学习集合中，学生上传他们课外学习和发展的经历、学习内容和学习方法的证据材料。这种方法为个体学生事务专员影响学生整体的学习和发展经历提供了丰富的证据。

27.3.4 奥斯汀的IEO模型

奥斯汀的IEO模型（1993）重点针对即将入学学生的特点，开发他们与教育机构的互动以及评估他们毕业时的结果。在这个模型中，“I”代表输入，也就是教育机构充分评估学生带入到项目中的能力和特性。“E”指的是环境，即教育机构为在校生提供的学习和发展的场所。“O”代表了结果，意味着学生毕业时所拥有的学习和发展的最终结果。

在奥斯汀的IEO模型中，我们可以应用更严格的研究方法，因为我们需要评估学生即将入学时在准备、认知和情感上的表现。然后，我们通过有意的规划确保为学生学习提供恰当的经验或者干预。最后，我们对结果进行评估来确定学生在教育经历中的收获。因果关系研究可能较为难懂，因为我们几乎无法控制来自学习环境外部干预的变量。然而，在奥斯汀的IEO模型中，形成增值对话的预评估和后期评估是可以实现的。那些拥有达成预评估和后期评估资源的项目应该采用这个模型。

输入。传统上，高等教育的输入指标主要集中在那些容易测量、收集、比较和报告的指标上（Astin，1993）。帕斯卡雷拉和泰伦兹尼（2005）在研究中指出，大量的输入为理解学生在入学前准备得越好越有助于获得更加成功的大学经历提供了充分的证明（例如，奥斯汀的个人经历）。输入指标包括评估学生的学习准备，例如了解他们学习的动机、学生对学习的责任心以及学生提升学习能力的现有支持（Pascarella & Terenzini，2005）。拉切克（2004）在这些变量中加入了积极的自我概念或信心，

真实的自我评估，对多样性的体现及理解，倾向于长期规划而不是短期目标或直接需求，强有力的人员支持，成功的领导经验，有目共睹的社区服务和在某一领域获得的知识。

高校领导者会在学生入学之前对这些复杂的输入变量进行评估。通过评估，他们才能更好地了解学生为成功做准备的方式，也可以收集更多详细的信息来更合理地规划课程、项目和干预措施，从而为学生成功做出贡献。但是，请记住，在输入评估中，我们将人生经验解构为可测量的变量，这种方法对设计学习和发展也并不是最有效的。新兴的神经学证实了 *The Learning Imperative* 的作者们已经掌握的情况：学习和发展错综复杂，密不可分。新兴的神经学（Bresciani Ludvik，2015）展示了情感、发展和认知过程是交织在一起的。因此，在使用预评估数据来设计学习经历时，最为重要的是，我们需要将站在我们面前的学生视为完整的人。

环境与结果。帕斯卡雷拉和泰伦兹尼（2005）、奥斯汀（1993）以及其他学者（Kuh et al.，2005a；Manning，Kinzie，& Schuh，2006）强调，假设在所有变量都是可预期的前提下，如果教育机构能够充分了解一个学生进入大学的方式并依据规划的学习结果设计支持性教育经历，那么这个学生应该能够在其付出的教育努力中取得成功。虽然成年学习者在生活中有许多不可预见的变数，但是有目的地设计学生的学习经历是通过充分利用已知量并由此提升学生学习能力的一个途径（Bresciani，2006；Papert，1991）。

因此，我们必须清楚地了解学生是如何进入高校的，高校又是如何为学生的成功做出特别的贡献的（使用结果导向评估）以及高校是如何评估学生成功的（使用能力导向评估）。鉴于其复杂性，我们不难发现跨层级汇报、跨项目、跨部门的协作和规划的必要性。

正如前文所述，组合评估是评价学生整体学习和发展历程的好方法。评估增值学习的过程需要大量的沟通与交流。由此，学生教育经历中的参与者们能够确定和认同达成学生特定学习效果的合作方式。此外，各参与者们也必须讨论和认同在示范领域内评估增值学生效果的标准。许多教育机构的领导者可能没有时间或合适的方式来主持这样的合作讨论，因为这是一个非常耗时的过程。从闵可夫斯基（2000），国家研究委员会（2001），梅基（2004），富巴和弗里德（2000），库恩等人（2005a），尤厄尔、保尔森和坎齐（2011），贝克等人（2012）以及成人和经验学习委员会（2014）的研究中我们可以找到建立合作和充分反映增值学习的模型。

27.4　推进实施评估

学生的学习和发展对结果导向评估的参与需求是真实的，而且这种需求消失的可能性很小。尤其是随着绩效经费或许再次出现以及各界对高等教育学位价值的持续争论，学生事务工作者必须解决在准备开展结果导向评估和能力导向评估时面对的挑战。

ACPA / NASPA 的 *Professional Competency Areas for Student Affairs Practitioners*（National Association of Student Personnel Administrators & American College Personnel Association，2010）假设：学生事务工作者被期望具备评估、研究和评价的能力。我们鼓励学生事务工作者去了解他们每天所做的事情是如何促进与之互动的学生的学习和发展的。下文引用和分享了贝克等人（2012）、班塔等人（2009）、摩尔-加德纳等人（2014）、布雷夏尼等人（2010）、布雷夏尼（2006）、舒和干赛默-托普（2010）的研究中的实用建议，解决学生事务工作者在参与结果导向评估中面临的顾虑。

1. *优先进行反思评估并重新分配参与评估的时间*。请你花些时间来反思和规划项目对学生学习和发展的贡献。人们常说要把时间花在珍视的事物上或者被告知应该珍视的事物上。如果领导者强调各部门花时间规划直接或间接地帮助学生学习的项目的重要性，那么各个部门都将更加明确支持和促进学生发展和学习。因此，每个部门都能够更好地制定规划来评估其对学习和发展的贡献。此外，如果某一所高校声称它将致力于跨部门和跨业务领域的合作来提高学生的学习能力，那么高校领导者将会遵循为合作对话、计划和行动提供机会的工作逻辑。如果高校没有优先考虑评估，或者领导者没有为改进学习提供机会，那么评估和改进就不会发生（Allen，2003；Banta，2002；Bresciani，2006；Maki，2004；Palomba & Banta，1999；Suskie，2004）。此外，评估内容的选择和优先次序也非常重要，因为资源优先倾斜于有证据显示需要改进的项目。

在考虑实施评估的时间再分配时，请思考为以下步骤再分配时间（adapted from Bresciani et al.，2010）。

（1）明确项目的价值或者目标与职能领域、教育机构，全州或全系统目标和行业标准的一致性。目标是宽泛的，一般性陈述衍生自使命陈述，①项目对学生行为和认知的期望，或者②项目为达成期望的学生行为和认知所做的努力。

（2）阐明项目的主要结果（你无法评估你所做的每件事，所以选择能代表你的理论或方案的优先事项的结果）。结果来自你对每个目标的详细陈述，特别要阐明你付出努力的最终结果。在阐明项目结果时，请使用行为动词帮助你确定你所预期的学生行为和认知的达成程度。

（3）明确你为学生提供全部你所预期的学习机会的方法（例如，结果）。最为重要的是，你要保证实实在在地为学生提供学习的机会，保证他们学习了你期望他们学习的内容以及保持了你期望的学习水平（例如，布卢姆的学习分类法，像知识、了解、应用、分析、综合和评价［Anderson，Krathwohl，& Bloom，2001］）。从字面上描述出你期望学生学习的机会。尽管系统的个人咨询是单调的，但也提供了识别评估学习和发展的内在机会。更重要的是，它还可以帮助你了解是否以实现结果的方式组织和施行资源分配。

（4）选择评价方法、工具和标准来评估每一项结果。开始时，你可以使用一种工具或方法评估结果。当反思成为习惯时，你就可以将更多的工具和方法添加到工具列表里。

（5）如果必要的话，可以请教专家帮助分析结果。

（6）如果可以的话，结合研究、专家意见和社区合作伙伴的建议来解读评估结果。邀请同事和学生参与评估结果的解读也是大有裨益的。

（7）做出决策或给予建议以提升学生学习和发展的机会，完善评估过程、结果、评估工具和标准。优先做出有实例支持的决策并倾向于再分配资源。

（8）在适当的时间（例如，下一学期或三年后）跟进以确定决策是否有助于提高学生的学习和发展。你需要决定评估结果应用于战略规划、预算、项目、审查、年度报告、教育机构或市场营销材料以及任何其他的基于证据的沟通文件或决策过程的方式。

2. *了解工作的理论基础，并将理论应用于规划和规划评估。*许多学生事务专员没有学习工作理论的机会，例如影响他们领导力发展模式的学习与发展理论或者影响他们干预规划的参与理论。此外，曾经学习过工作理论的学生事务工作者也许没有机会接触最新的发展假说和开创性的理念，如我们在神经学方面正在开展的大脑的可塑性研究以及学生所关注的事物是如何改变其大脑的结构和功能的研究等（Bresciani Ludvik，2015）。

3. *思考你能否充分地利用奥斯汀的IEO模型。*在这个责任制的时代，有些学生事务从业者在他们需要证明项目按照预期的方式开展的思考中迷失。除非构建随机对照试验，否则没人可以证明一个项目能够独立促进一个学生的发展或者这个项目就是学生学习提升的原因。因此，评估并不是试图证明因果关系。相反，学生事务从业者参与到系统的、有目的的反思并在反思过程中陈述他们预期达成的事项（结果），规划达成预期结果的项目，评估所达成结果的范围（评估）以及应用信息进一步改进项目（责任）。如果你的项目足够精致，而且你也能够为评估与其他人合作构建严谨的奥斯汀IEO模型开展非随机对照试验，那么就一定要达到目标。如果你采用了典型的奥斯汀IEO模型，请考虑评估你所在教育机构，而不只是评估一个项目的整体教育体验。当下的能力导向评估运动，受各界对高等教育学位价值的关注以及神经科学的新发现的推动，要求我们展示个体学生学习和发展的证据。这意味着，作为学生事务专员我们可以问一些能够界定学生参与整个本科和研究生教育经历，而不是参与某个项目所呈现的价值的问题。如果我们把这个更重要的目标牢记于心，它可能会激励我们参与到探究职业本质的合作讨论中：通过结果导向评估探索和提高学生整体的学习和发展经验。

4. *增加学生的参与度。*鉴于你需要提供学生良好的学习机制，学生本身非常有助于你认清你对他们所学要求过多的事实。例如，学生可以帮助你证实，他们无法在一个小时的研讨会中综合掌握健康决策模型。相反，也许你能做的就是让他们在一个案例研究中确定健康决策的步骤。在评判学生学习和发展成果以及制定评估结果标准方面，学生也会对你非常有帮助。如果你向你的下属说明他们应如何将研究生院学到的学生学习与发展理论应用于项目设计和评估，他们就可以更好地将经验传达给学生。由此，学生能够更加充分地了解自我和在学习中承担的角色。同样，学生也可以更好地将课内学习与辅助学习结合起来，因为你正在帮助他们对学习和发展进行自我评价（Kuh et al.，2005a，2005b，Mentkowski，2000）。

5. *协作、确定优先级和再协作*。许多学生事务从业者错误地将学生的发展和学习成果与学生事务同事和学术同事隔离开来。我们也在工作事务优先级排列上存在失误。如果我们真的希望在学生的学习和发展经历中建立更多的联系，那么我们必须让自己很容易地参与到与教师同事的对话中。我们需要和他们探讨他们在课堂学习中强调或者强化课外经历的方式。我们需要主动了解教师的教学内容，这样你就可以把为学生提供的实践项目合理排序。这样的合作的确需要时间，也需要建立协作关系和信任。

27.5 结论

结果导向评估的名称已经演化了几个世纪并将继续发展下去。然而，高等教育机构领导者以及那些将毕生心血付诸高等教育的人持续重点关注的是我们是否达成了工作目标，以及我们的工作是否有助于界定学生学习和发展方面的实践反思。本章旨在为读者提供学生事务领域最有价值的评估方法的概念。此外，本章为读者提供与评估实施有关的思考。我希望本章和本书所引用的文献资料能够帮助读者改进现有工作实践或者参与的工作实践，以确保教育机构承担促进学生学习和发展的责任。

参考文献

"Accountability."（2007）. *Merriam-Webster on-line dictionary.* http：//www. m-w. com / dictionary / accountability.

Allen，M. J.（2003）. *Assessing academic programs in higher education.* Bolton，MA：Anker.

American College Personnel Association.（1996）. *The student learning imperative：Implications for student affairs.* Washington，DC：Author.

Anderson，L. W.，Krathwohl，D. R.，& Bloom，B. S.（2001）. *A taxonomy for learning，teaching，and assessing：A revision of Bloom's taxonomy of educational objectives.* Boston，MA：Allyn & Bacon.

Association of American Colleges & Universities（AAC & U）.（2014a，March 23）. *Liberal education and America's promise.* https：//www.aacu.org/leap/.

Association of American Colleges & Universities（AAC & U）.（2014b，March 23）. *Public opinion research.* https：//www.aacu. org/leap/public_opinion_research.cfm.

Astin，A. W.（1993）. *Assessment for excellence：The philosophy and practice of assessment and evaluation in higher education.* Phoenix，AZ：Oryx Press.

Baker, G. R., Jankowski, N., Provezis, S., & Kinzie, J. (2012). *Using assessment results: Promising practices of institutions that do it well.* Urbana: University of Illinois and Indiana University, National Institute for Learning Outcomes Assessment.

Banta, T. W. (2002). *Building a scholarship of assessment.* San Francisco, CA: Jossey-Bass.

Banta, T. W., Griffin, M., Flateby, T. L., & Kahn, S. (2009, December). *Three promising alternatives for assessing college students' knowledge and skills* (NILOA Occasion Paper, no. 2). Urbana: University of Illinois and Indiana University, National Institute for Learning Outcomes Assessment.

Bresciani, M. J. (2006). *Outcomes-based academic and co-curricular program review: A compilation of institutional good practices.* Sterling, VA: Stylus.

Bresciani, M. J. (2006, October). *Expert driven assessment: Making it meaningful to decision makers.* (ECAR Research Bulletin, no 21). Boulder, CO: EDUCAUSE.

Bresciani, M. J. (2011, August). *Making assessment meaningful: What new student affairs professionals and those new to assessment need to know* (NILOA Assessment Brief: Student Affairs). Urbana: University for Illinois and Indiana University, National Institute for Learning Outcomes Assessment,

Bresciani, M. J., Moore-Gardner, M., & Hickmott, J. (2010). *Demonstrating student success: A practical guide to outcomes-based assessment of student learning and development in student affairs.* Sterling, VA: Stylus.

Bresciani, M. J., Zelna, C. L., & Anderson, J. A. (2004). *Techniques for assessing student learning and development: A handbook for practitioners.* Washington, DC: NASPA.

Bresciani Ludvik, M. J. (Ed.). (2015). *The neuroscience of student learning and development: Enhancing creativity, compassion, critical thinking, and peace in higher education.* Sterling, VA: Stylus.

Carroll, M. (2006). Keynote at the Association of Institutional Research National Conference. San Diego, CA, 2005. As cited in M. J. Bresciani, *Outcomes-based academic and co-curricular program review: A compilation of institutional good practices.* Sterling, VA: Stylus Publishing.

Council for Adult and Experiential Learning (CAEL). (2014). *Competency-based education.* http://www.cael.org/pdfs/CAEL_competency_based_education_2013.

Council for the Advancement of Standards in Higher Education (CAS). (2006). *Frameworks for assessing learning and development outcomes.* Washington, DC: Author.

Council of Regional Accrediting Commissions. (2003). *Regional accreditation and student learning: Principles of good practices.* Washington, DC: Author.

Ewell, P. T. (2002). An emerging scholarship: A brief history of assessment. In T. W. Banta (Ed.), *Building a scholarship of assessment*, pp. 3-25. San Francisco, CA: Jossey-Bass.

Ewell, P. T. (2009, November). *Assessment, accountability, and improvement: Revisiting the tension* (NILOA Occasional Paper, no. 1). Urbana: University of Illinois and Indiana University, National Institute for Learning Outcomes Assessment.

Ewell, P., Jankowski, N., & Provezis, S. (2010). *Connecting state policies on assessment with institutional assessment activity.* Urbana: University of Illinois and Indiana University, National Institute for Learning Outcomes Assessment (NILOA).

Ewell, P., Paulson, K., & Kinzie, J. (2011). *Down and in: Assessment practices at the program level.* Urbana: University of Illinois and Indiana University, National Institute for Learning Outcomes

Assessment.

Huba, M. E., & Freed, J. E. (2000). *Learner-centered assessment on college campuses /Shifting the focus from teaching to learning.* Needham Heights, MA: Allyn & Bacon,

Jankowski, N. A., Ikenberry, S. O., Kinzie, J., Kuh, G. D., Shenoy, G. F., & Baker, G. R. (2012). *Transparency and accountability: An evaluation of the VSA college portrait pilot.* Urbana: University of Illinois and Indiana University, National Institute for Learning Outcomes Assessment.

Jankowski, N., & Provezis, S. (2011). *Making student learning evidence transparent: The state of the art.* Urbana: University of Illinois and Indiana University, National Institute for Learning Outcomes Assessment.

Keeling, R. P. (2004). *Learning reconsidered: A campus-wide focus on the student experience.* Washington, DC: American College Personnel Association & National Association of Student Personnel Administrators.

Klein-Collins, R. (2014). *Sharpening our focus on learning: The ride of competency-based approaches to degree completion.* National Institute for Learning Outcomes Assessment (CAEL). http://learningoutcomesassessment.org/documents/Occasional %20Paper%2020.pdf.

Kuh, G., Kinzie, J., Schuh, J. H., & Whitt, E. (2005a). *Student success in college: Creating conditions that matter.* San Francisco, CA: Jossey-Bass.

Kuh, G., Kinzie, J., Schuh, J. H., & Whitt, E. (2005b). *Assessing conditions to enhance educational effectiveness.* San Francisco, CA: Jossey-Bass.

Maki, P. (2004). *Assessing for student learning: Building a sustainable commitment across the institution.* Sterling, VA: Stylus.

Manning, K., Kinzie, J., & Schuh, J. H. (2006). *One size does not fit all: Traditional and innovative models in student affairs practice.* New York, NY: Routledge.

Mentkowski, M. (2000). *Learning that lasts: Integrating learning, development, and performance in college and beyond.* San Francisco, CA: Jossey-Bass.

Moore-Gardner, M., Kline, K. A., and Bresciani, M. J. (2014). *Assessing student learning in the community and two year colleges: Successful strategies and tools developed by practitioners in student and academic affairs.* Sterling, VA: Stylus.

National Association of Student Personnel Administrators (NASPA) & American College Personnel Association (ACPA). (2010). *ACPA / NAPSA professional competency areas for student affairs practitioners.* http://www.naspa.org/about/boarddocs/710/competencies.pdf.

National Research Council. (2001). *Knowing what students know.* Washington DC: National Academy Press.

Palomba, C. A., & Banta, T. W. (1999). *Assessment essentials: Planning, implementing, and improving assessment in higher education.* San Francisco, CA: Jossey-Bass.

Papert, S. (1991). Situating constructionism. In S. Papert & I. Harel (Eds.), *Constructionism*, pp. 1-11. Norwood, NJ: Ablex.

Pascarella, E. T., & Terenzini, P. T. (2005). *How college affects students, Vol. 2. A third decade of research.* San Francisco, CA: Jossey-Bass.

Sedlacek, W. E. (2004). *Beyond the big test: Noncognitive assessment in higher education.* San Francisco, CA: Jossey-Bass.

Schuh, J. H. (Ed.). (2008). *Assessment methods for student affairs.* San Francisco: Jossey Bass,

Schuh, J. H., & Gansemer-Topf, A. M. (2010, December). *The role of student affairs in student learning assessment* (NILOA Occasional Paper, no. 7). Urbana: University of Illinois and Indiana University, National Institute for Learning Outcomes Assessment.

Stage, F. K., & Manning, K. (Eds.). (2003). *Research in the college context: Approaches and methods.* New York, NY: Brunner/Routledge.

Suskie, L. (2009). *Assessing student learning: A common sense guide* (2nd ed.). San Francisco, CA: Jossey Bass.

US Department of Education (DOE). (2006, August 10). *The commission on the future of higher education draft Report of 8/9/2006.* http://www.ed.gov/about/bdscomm/list/ hiedfuture/reports/0809-draft.pdf.

Upcraft, M. L., & Schuh, J. H. (1996). *Assessment in student affairs: A guide for practitioners.* San Francisco, CA: Jossey-Bass.

Wellman, J. V. (2010, January 10). *Connecting the dots between learning and resources* (NILOA Occasional Paper, no. 3). Urbana: University of Illinois and Indiana University, National Institute for Learning Outcomes Assessment,

第28章
交友与筹资

大卫·沃尔夫

在高校学生事务管理中，交友与筹资是至关重要的。虽然对不同类型和规模的高校，交友与筹资可能存在一些细微的差别，但其潜在的艺术和原理基本相同。本章对这些艺术和原理进行了介绍。

本章首先介绍了交友与筹资的基本概念和捐赠的发展历史，其次探讨了高校的中心发展办公室与学生事务领域运行发展的整合方式。接下来，本章深入分析了筹资运动的真实情况，以及学生事务项目在全校范围内全面筹资计划中占有一席之地的原因。本章的最后对学生事务项目的独有特点和其在资源开发中可能发挥的作用进行了探讨，因为它们与校友和支持者的外部举措有关。

28.1 交友与筹资的基本要点

高校，包括其学生事务项目在内，依赖各种资源来维持运转。朋友与资金便是其中最为重要的资源。高校的朋友通过多种方式为其提供支持——例如捐赠资金，就大学关注的问题给予政治支持，或者促进大学与经济和文化伙伴建立富有创新性的合作关系。在当今高校财政拮据的背景下，交友与筹资显得格外重要。发展校友网络、争取社会团体的支持、获得非限制性资助和捐赠以及建立健康的外部支持渠道对于现今的高校来说都是不可或缺的。然而，高校为学术、资本以及课外活动开拓新资源的渠道十分有限。高校校长们多年来无数次的演讲都指出，大学要想获得巨大的收益增长，仅有的机会来自学费增长、科研补助和慈善捐助。在这三个来源中，慈善捐助是最具挑战性，也是最难维护的资源。

交友与筹资项目的发展和管理应该目标明确而且具有现实意义以保证实现短期和长期的规划。交友的事业应该是发展与朋友、校友和利益相关者的良好关系从而促使他们对某个部门或者项目进行情感或者财政投资。交友可以建立忠诚度并有助于长期关系的管理。筹资是我们将朋友发展为捐赠者的机制。孤立的个体是有局限性且短视的。高质量的筹资事业是不可能离开交友活动的，筹资的理念应该和学术事务或学生事务的核心思想融为一体。筹资是同朋友建立信任和激发捐赠热情的结果。本章的这一部分着重论述了发展交友与筹资项目的基本和高级理念。

28.1.1 交友

交友通常可以被视作一个部门或者项目与和其有直接联系的重要利益相关者和社区发展保持战略沟通或者公共关系的过程。建立和强化朋友关系通常是由高校的校友关系部门作为主导并联合高校里的其他发展运行部门共同开展。交友一般涉及活动和交流，例如利用直接邮寄、网站和电子社交媒体等，促进校友和朋友与高校保持积极的联系。电邮、网站、博客和其他网络社交媒体（如脸书、推特和领英）在深化高校与校友、朋友之间的联系方面的应用越来越广泛。这些媒介就如同批发信息的奥特莱斯一样以非常便宜的价格发送信息。然而，网络社交媒介在设计上较为被动而且无法取代私人拜访和参加活动。因此，建立人际关系是构建长期深度参与关系和争取慈善支持的关键。

交友是同外部群体建立有意义的关系的第一步。交友活动就如同是一个源源不断冒着气的烟囱，不断产出忠实和慷慨的赞助者和捐助者。特别是在学生事务领域，学生事务和整个校友基地保持联系并和曾经担任过学生领袖或者参加过学校社团的群体以及家长都建立了非常特殊的感情，因此学生事务的独特地位是不容忽视的。

28.1.2 筹资

筹资项目通常采用三种方式：年度捐款、巨额捐款和计划捐款，每一种方式都有独特的目的且需要独到的方法。将这三种筹资方式正确地整合起来就形成了一个完全具有操作性和充满活力的筹资项目。

1. 年度捐款

年度捐款通常被理解为满足即时资金需求或目的性不强的中小数额的捐款。在商业背景下，年度捐款可以被视为现金流转。大学从年度捐款中获得即时的中小金额的现金注入，为学术和项目的发展提供机会。年度捐款通常是不受限制的，部门可以根据需要即刻将这笔资金投入到项目中。鉴于年度捐款的数额不大，因此高校应该建立一个广泛的年度捐款网络。

一般来说，高校通过直接寄信、电话、邮件或其他网络交流的方式争取年度捐款。从投资和回报的角度来看，争取年度捐款的成本非常高。因此，我们需要思考将年度捐款的游说活动与交友/筹资的长期规划有机地结合起来。

大部分专业的筹资者将年度捐款视为新兴筹资项目的基础。特别是，通过运行良好的年度捐款项目，高校开始与捐赠者建立友好人际关系，进而有助于发展长期关系为获得未来的捐款打下基础。高校通过运行良好的年度捐款项目能够潜在地发展与高端的捐款者的年度捐款关系。高端的年度捐款者指的是为一个项目或者个人提供数额较大年度捐款的人。识别高端捐款者并不断发掘他们的潜力是非常重要的。假以时日，他们就会成为主要的巨额捐款的准捐赠者。

2. 巨额捐款

根据部门或组织的类型，巨额捐款有不同的数额和范围。一般来讲，巨额捐款的起捐点为25 000美元到100 000美元，起捐点的数额也取决于高校和部门的筹资文化。巨额捐款可以是即刻捐赠现金或者是给予在特定时间内捐献现金的承诺。行业的最佳做法（CASE，2009）通常要求捐款的承诺期限不超过5年。在某些情况下，可能需要延长捐赠者的承诺捐款时间。但是，负责受理捐款的工作人员需要同高校以及高校的主要发展官员研究制定延长捐款时间的事宜以保证在接受巨额捐款承诺或其他特殊捐款时不违背高校的制度。承诺捐款的时间越长，捐款者的个人和经济情况对是否能够完成承诺的影响越大，所以变数也就越大。

巨额捐款的筹资方式融合了艺术和科学。优秀的巨额捐款筹资工作包括大量的调研和实地拜访捐款者来确定他们的捐款意愿和能力。工作人员通过技术和互联网信息可以轻而易举地了解和分析捐款者的能力。本章稍后将讨论筹资调研及其影响，但是在这里我们必须指出，充分的调研能够将高校和捐款者的对话交流以及人际关系提升到崭新的层次。

把握捐款者的动机非常需要技巧。巨额捐款的准捐赠者是需要培养的，倾听的艺术以及同捐赠者分享机构的热情都是将筹资意图与部门、项目的目标紧密相连的好机会。随着巨额捐款项目的发展，为巨额捐款创造更复杂、更具有持续性的机会就变得越来越重要。

3.计划捐款

计划捐款或捐赠是第三种也是最重要的一种长期和遗赠筹资方式。计划捐款实际上由两大筹资策略组成：遗产捐赠和专有捐赠。

我们都知道计划捐赠是接收与遗产相关的捐赠。财产或遗产基金筹集是长期的可持续筹资的重要组成部分。特别是，遗产驱动型捐赠的方式是遗嘱、信托、年金或人寿保险。虽然捐赠者告知慈善机构以赠遗的方式捐献遗产变得越来越普遍，然而高校获得的大多数的捐赠都没有收到捐赠者生前的提前告知。

专有捐赠是巨额捐款和计划捐款的交点。专有捐赠是指通过使用金融工具，如剩余财产慈善信托、捐款年金、房地产、获赠的股票或其他有价证券、慈善领先信托、人寿保险和其他更为复杂的工具协商或者募集到的资金。在巨额捐赠协商中成功应用专有捐赠一般涉及和捐赠者的财务规划师、会计师或律师打交道。由于专有捐赠具有独特和更为复杂的金融结构，所以它通常被纳入计划捐赠的一部分。专用捐赠良好的发展和运行离不开能够提供专业咨询的行政人员和在税费、金融和遗产规划方面的专业律师（Ashton，2004）。

计划捐赠和专有捐赠是促使捐赠者转向巨额捐赠者的重要组成部分。计划捐赠和专有捐赠还为捐赠者的慈善兴趣和将他们的遗产以规避税费的方式赠予后代的能力制订了更具战略性的计划。这个计划越复杂和越具创新性，那么通过应用这些精妙的筹款理念成功募集的巨额捐款越具可持续性。特别是通过信托、年金和遗嘱（赠遗承诺）获取的捐款能够为捐赠者和教育机构创造非常多的机会。

通常来说，高校的中心发展办公室是最善于应用和实现计划捐赠的部门。大多数的大学聘用计划捐赠的专家来从事这项工作。他们要么是具备专业能力，要么是和当地熟练应用捐赠策略并对捐赠者和高校起到协助作用的遗产和税务专业律师有联系。大学的中心发展办公室和计划捐赠部门通力合作开拓市场和制定有助于实现遗产和其他计划捐赠机会的长期规划是十分重要的。

28.2 筹资的艺术和科学

筹资可难可易。当今的现实是，以高校为主导的发展运行变得越来越复杂和依赖技术。如果教育机构和部门没有关于实现目标的基本理念，也没有预估实现这一愿景所需的费用，那么世界上的技术和研究对该教育机构和部门建立高质量和可持续的发展运行机制毫无助力。正如学术部门的筹资一样，学生事务部门也要为自己的发展确立目标和愿景。

无论是筹资还是交友都可归结为一个看似复杂实则简单的哲学：在教育机构和准捐赠者之间建立长期和富有意义的关系。虽然表面上看来很容易，但其难点在于如何有效地沟通以及诚实地同捐赠者保持有深度的和可持续的关系。

28.2.1 赞助者

了解赞助者的第一步是知道赞助者的数量。尽管不是所有的，但是大多数现代大学和学院都有数以千计的校友。小型的文科学院的知名校友人数可能不超过十万人，然而大型的公立教育机构可能有几十万的校友。校友只是赞助者之一。学生事务部门凭借大学项目与学生及他们的家庭建立了课堂以外的联系，维护了大量的如学生家长和社区朋友等非校友关系。

28.2.2 捐赠者的期望

事实上，筹资是通过与特定企业和组织建立关系获取资金。教育机构的代表负责确立和维护这些关系。捐赠者需要知道代表机构的这些人是诚实的并且能够充分理解他们的捐赠意图。越来越多的捐赠者期望获得与他们慈善捐款相关的确认、报告以及管理者信息（Wolf，2012）。这意味着，捐赠者希望知道，该教育机构是否按照他们商定的方式使用捐款以及他们是否能够在校园里，或是在社会上明确声明捐款的益处。越来越普遍的是，捐赠者将捐款视为个人投资，所以他们想要知道捐款的用途、投资方式以及整体回报。而高校的挑战是明确向投资人阐释这笔投资在财政和社会影响方面的回报。

教育机构内的部门应思考之前讨论过的每个筹资方式（年度捐款、巨额捐款和计划捐赠），不断发展交友和筹资事业，捕获并探寻在不同背景下管理这些关系的方法。此外，通过高质量的管理规划将捐赠者与捐赠行为联系起来可以创造持续的捐赠机会和获得新的支持。工作人员需要揣摩捐赠者的捐赠意图，并通过通信或活动定期与他们取得联系，并展示他们的捐赠支持对部门产生的影响。奖学金获得者、项目成果以及资本支出或改进都是向捐赠者做支持成果展示的好方法。

28.2.3 工作人员

专业筹资者或发展官员是捐赠项目的关键组成部分。高校应该寻找并留住一位高素质的发展专家重点负责与捐赠者会面和吸引捐赠者。这样的做法不仅让高校有颜面，而且确保捐赠者与部门的领导层顺畅沟通。衡量发展官员工作水平的标准应该是开展的捐赠活动而不是筹集到的资金。发展项目需要耗费大量的时间来实现投入回报。发展官员是唯一的中转渠道。只有大学、学院和部门的领导者投入大量的时间和精力，发展项目才能够取得成功。通常来说，发展官员的工作是通过拓展积极的捐赠者名单、一对一地拜访捐赠者或者为被培养的个人和实体募集资金或者制订计划等活动来衡量。

业内并没有一个既定的指标或者标准来精确衡量高素质的发展官员的活动。但是富有成效的发展官员的典型做法是每月开展10到20次的拜访捐赠者的活动（see CASE Gift Officer Metrics and Reporting）。而且，负责巨额捐款的发展官员一旦确定了含有一百多个准捐赠者的名单，他们就应该每月制定一到四个工作议案。负责年度捐款的官员应该每月制订十个或者更多捐赠计划。再有，充分利用学院、部门或者项目优势的领导者也是交友和筹资的重要组成部分。领导者应该采用发展官员的方法开展交友和筹资活动，他们应该常常和主要的捐赠者通过电话增进感情或者每月实地拜访捐赠者以建立良好的关系。

28.2.4 游说

筹资工作需要在和捐赠者建立关系的初级阶段成功达成恳切的请求，有时也称之为“游说”。

筹资工作中有句老话：成功的筹资是一个懂游说的人在捐赠者合适的时间里获取了恰好数量的捐赠资金（Smith，2009）。这个理念有助于成功地获得捐赠。游说就是锦上添花的“花”，“锦”则是和捐赠者建立战略关系的流程和扎实的工作。

一旦同捐赠者建立了联系，游说者就可以随着时间的推移向捐赠者争取支持。无论捐赠者的捐赠动机是出于对项目的忠诚度还是由于他或她对项目有感情或者热情，游说者通常都了如指掌。

游说工作应该在足够安静的环境中展开诚恳和坦率的对话。捐赠者的办公室和家里都是最理想的场所。由于在餐厅或者其他公共场所，谈话经常被打扰，而且在嘈杂和忙碌的环境中讨论捐赠的事情会让人很不舒服，所以并不合适。

在游说捐赠者时，要给捐赠者留出思考的时间。通常在游说者提出捐赠请求后，会出现一段令人尴尬的沉默。这个时候闲聊或者进一步讨论捐赠都是不合时宜的。留出时间让捐赠者做出决策才是上策。总而言之，游说工作本身就是把捐赠者以及捐赠者同部门的关系推向顶点。大多数的发展专家热衷于游说捐赠者随着时间推移不断提高捐赠数额，因此可以想象，大额捐赠者在提升捐赠数额或者给予大额捐赠之前，通常都是被成功游说10次或更多次的。

书面提案是寻求捐赠者针对特定活动的特定数额的捐赠支持的概要。书面提案是要留给潜在的捐赠者的，所以要求行文简洁、富有逻辑且以有技巧的方式呈现。制定捐赠者提案的方式没有对错之分，但是须涵盖一些基本要素：

- 解释捐赠将如何被使用、投资和管理
- 随着时间的推移，捐赠将产生的影响

• 捐赠者可以考虑的确切数额

28.3 高校的发展

希望在学生事务环境中成功地策划筹资和交友的工作人员熟悉本机构运行外部事务的方式和文化类型。大多数高校使用术语“提升”或“发展”来描述它们关注的外部参与活动。发展是一种更全面的方法，校长直接负责领导资金筹措、市场推广、校友事务、内外部沟通和政府关系。发展通常被定义为实际的资金筹措事业。

高校的中心发展办公室是建立高质量的部门层级的筹资和交友实体的关键合作伙伴。高校提供的丰富的资源和专业知识决定了在部门层级交友和筹资的可能性。部门与高校的中心发展办公室合作便可以迅速开始筹集巨额捐款的活动。但是，部门筹资和交友的挑战却往往是如何将巨额捐款的前景与其在中心发展办公室期望的管理体系中的工作分离开来。

前景管理是成功的资金筹措项目的关键特征。在校园里，巨额捐款的捐赠者常常与学校的多个部门有联系。例如，我们很容易能够看出，巨额捐款的捐赠者是校园里某个学院的校友，而其配偶则是另一个学院的校友；他们既可以资助艺术事业，也拥有多个运动队的季票。他们属于谁？他们是他们毕业的学院的捐赠者吗？他们是体育部门的捐赠者吗？或者他们被定义为艺术赞助者吗？答案都是肯定的。事实上，有时我们遵循先到先得的原则，也就是说，无论哪一方先与捐赠者建立了联系，都要试着将那个捐赠者变为自己学院或部门的捐赠者。然而，在一个健康和繁荣的捐赠项目开发中，捐赠者与整个高校都有关系。如果所有部门都能联合开展工作并以一种有组织的、统一的方式筹集捐款，那么捐赠者迟早会对学院分享的方案和想法给予更慷慨的捐助。良好的期望管理的关键不仅在于获取捐赠者的支持，而是发展与他们的联系，建立一种既有利于捐赠者利益，也有利于达成捐赠目标的双赢关系。

期望管理还依赖于研究和获取优质的数据。几乎每所高校的发展规划办公室都利用某种综合数据库来获取有关捐赠者及其捐赠兴趣的信息。一个好的数据系统的核心是其捕获的信息。因此，如果高校拥有一个记录着发展官员的联系报告、捐赠历史、高校附属机构和其他信息的数据库，便可以深度了解捐赠者的利益，以及与捐赠者建立长期的合作关系。

28.4 筹资运动

高等教育中一个常见的现象是，几乎所有高校都在发展、宣布和最终宣告在某种资本或全面的筹资运动中取得了成功。“筹资运动”的确切含义是什么呢？筹资运动是一项经过精心策划、衔接良好和推广得当的筹资战略，其目的是将捐赠者与校园里的重要想法和有针对性的目标联系起来。过去，筹资运动是一项特殊的、由长期目标驱动的事业。然而，今天越来越多的机构把筹资运动看作产生或资助新项目，并进一步促进资金筹措事业发展的周期性需求。不管开展筹资运动的原因是什么，大多数机构认为它们有必要处于筹资运动中，或处于规划下一个筹资运动的过程中。

筹资运动旨在创造新的筹资水平，带来新一代的捐赠者，并为优秀人才提供新的机会。

各机构因其文化和筹资方式的不同，在规划、发展和执行筹资运动方面具有独特性。在部门层面，制订可实现的优先资金筹措计划并将其纳入高校整体的筹资运动目标框架是非常重要的。制定筹资运动的财政目标时，应了解捐赠者的情况、期望的巨额捐赠渠道以及向赞助者提供案例。

任何筹资运动的成功都取决于工作人员培养和获得巨额捐款的能力。工作人员在策划筹资运动时要明白，人们普遍认为，90%或更多的捐赠是由10%或更少的捐赠者所提供的（Worth，2002）。

有一些关键的理念对策划和实施成功的筹资运动很有帮助。重要的规划策略既要有大的目标，又要贴合实际。一旦机构已经决定开展一项全面的筹资运动，那么部门或项目的工作就是将机构的需求和想法概念化。然而，对于一个项目或部门来说，大胆展开设想很容易，但是付诸实践并达成理想结果却很难。

把项目或部门的发展战略与机构的目标联系起来是非常重要的。这一理念是将项目或者部门的重要想法融入机构的整体规划并获取机构的支持。受机构文化的影响，机构在批复部门和项目通过筹款而开展的发展战略时，过程冗长且经常变化。但是，规划得越全面和获得机构支持越多的项目，越有可能取得成功。推进资金筹措的战略性目标向前发展的一个非常重要的理念是考察与该项目有关的最佳捐赠者的想法。我们在考虑最佳捐赠者时，需要思考项目与捐赠者们之间的关系。鉴于90%的捐赠将由10%的捐赠者提供的实际情况，我们与潜在的捐赠者交流想法、理念和目标是很有必要的。然而，在没有和捐赠者建立联系之前就考察他们的想法是不明智的。因此，与捐赠者们保持良好的战略合作关系对开展筹资运动是有非常大的益处的。

28.5　对启动筹资的建议

启动友谊募捐和筹资项目可能会让人望而生畏。然而，与我们做任何事情一样，大处着眼、小处着手总是好的。这意味着，我们需要从项目的发展方向和所需资源着手启动关于项目的想法和发展战略。要想开展友谊募捐和筹资项目，我们首先要通过年度捐赠计划确定捐赠者，同时以规划捐赠理念为基础发展和开拓长期的捐赠者。此外，我们可以代表部门或项目与有影响力的和富有的捐赠者建立良好的人际关系来将他们锁定。非常重要的是，我们要与机构的中心发展办公室密切合作以获取必要的资源和支持并与其共同支持机构建立更加全面的发展项目。最后，请记住，培养朋友和捐赠者需要时间。把时间花在能够立竿见影的活动上应该是你每周的首要工作。

28.6 学生事务发展的独特性

学生事务部门与学生有着独特的联系。校友们总能对课堂外的活动记忆犹新。校友与重大活动、社交网络和校园传统的联系为他们参与捐赠活动创造了极好的机会。作为学生事务领导者，详细研究你的潜在捐赠者在校期间参加社团、活动和社交的情况是非常重要的。对捐赠感兴趣的群体通常是前学生领袖、兄弟会或联谊会的成员、社交俱乐部及服务社成员以及其他学生活动的参与者。学生事务领导者成功获得捐赠的关键是了解这些年来谁参与了这些活动。越久远或越详细的大学经历就越珍贵。

考虑到他们与学生的关系，学生事务专员（以及担任学生组织顾问的教师）有时可以通过交友、资金筹措和慈善活动等来支持学生的学习。学生事务专员利用这些机会去推进学习目标的设定、市场推广、营销能力、道德准则是非常重要的。

学生事务的另一个重要优势是通过当前校园项目和重大事件连接校友和其他资源的能力。利用学生事务部门主办的许多社会、学术和文化活动吸引校友和其他资源是一种强有力的机制。与你的校园合作伙伴一起向校友和朋友发出邀请和宣传重大活动有助于创造直接的机会来展示学生事务部门创建的有意义和惊人的工作。在这些重大活动中，有必要委婉地提醒来宾，与校外的联系和学生事务创造的机会只能通过捐赠和慈善事业来加强。

许多学生事务部门也负责管理学院或大学的招生工作。招生管理或录取是让校友参与校园吸引优秀学子入学的好机会。请校友帮助母校招生是将捐赠者和母校联系起来的直接方式，也为校友提供了成为专家和倡导者的机会。从事招生相关工作的校友志愿者是区域荣誉或其他奖学金计划的优质潜在捐助者。

最后，学生事务设立的优质的交友/筹资项目有助于深化学生事务与新生以及现有学生家长的联系。家长捐赠通常是一项年度基金活动。然而，根据校园人口统计，学生家长有巨额捐款的潜力。家长俱乐部或其他家长和家庭项目比以往任何时候都更有效地捐赠出年度基金。从家长那里获得筹资的关键是在学生入学时就尽早与他们接触。

28.7 结论

本章为学生事务领域的交友和筹资提供了信息和建议。这里还有最后两条建议。第一，注意避免给人带来烦恼的捐赠。设想一下，有个朋友送给你的儿子或者女儿一只小狗作为礼物，这是一种体贴的表现，但你可能并不想要宠物，除非你已经有照顾和抚养它的场所、时间和相关资源。同样的，若捐赠有着严格的限制、推进捐赠需要高额的关联费用或者捐赠使高校在很长的时间内负有特定的责任或义务，这种捐赠最好选择礼貌地推辞掉而不是接受。第二，要始终使项目展现出价值而非凸显项目对资助的依赖。人们通常对优秀人才和有前景的项目进行捐赠。学生事务需要展示出项目或部门的真实信息同时要始终表现出它的优点和前景，还要与朋友和校友建立持久的关系。这些是学生事务得到必要和有意义的支持的重要保证。

参考文献

Ashton，D.（2004）. *The complete guide to planned giving：Everything you need to know to compete successfully for major gifts.* Quincy，MA：Aston.

Council for Advancement and Support of Education.（2009）. *CASE reporting standards and management guidelines*（4th ed.）. http：//www.case.org.

Smith，J. F.（2009）. *Fund raising：Rules of the road to success.* Auburn，AL：JF Smith Group.

Wolf，D. F.（2012）. Managing friends and raising funds. In G. S. McClellan，C. King，& D. L. Rockey Jr.，（Eds.），*The handbook of college athletics and recreation administration*（pp. 232–245）. Francisco，CA：Jossey-Bass.

Worth，M. J.（Ed.）.（2002）. *New strategies for educational fundraising.* Westport，CT：Praeger / American Council on Education.

第29章 计算机媒介交流与社交媒体

凯文·吉德里　乔西·阿奎斯特

由于科技在大多数学生和学生事务专员的生活中无处不在，所以学生事务专员需要了解科技及其社会影响。将科技应用于学生事务领域的历史由来已久。尽管学生事务对科技应用的探索并不深入，但是这段历史是学者和学生事务专员着手将学生事务的独特知识体系与计算机科学、通信和社会学等学科的研究成果结合起来的重要基础。

本章开篇以简明的例子展示了学生事务专员在行业发展历史中应用科技的方式。然后，本章在此背景下简要回顾了人口统计和发展趋势，并将科技应用缩窄为以计算机为媒介的通信（CMC）和学生对科技的使用。本章接下来探讨了学生对社交媒体的应用以及CMC与学生发展之间的相互作用。本章最后介绍了学生和学生事务专员富有成果的应用CMC和社交媒体的若干方式。

29.1　学生事务与科技的历史关联

虽然学生事务和科技看起来似乎不太像“油和水”的关系（Barrett，2000，p. 1），但是学生事务专员在整个行业的发展历史中广泛应用了科技。尽管科技的高感度起源与日益发展的高科技世界之间经常存在紧张的关系，但是学生事务专员在行业发展早期就一直与时俱进、亲自试验并关心着科技的应用。历史记录中的一些简单的例子证明了这种关联。研究人类沟通和科技的学者曾倡议，他们的工作应建立在对所研究领域的长期工作历史有更深入了解的基础上（Baym，2009）。学生事务也需如此。

在美国学生事务专员协会（NASPA）成立前的早期会议中，全国男生训导主任和顾问协会（NADAM）的成员对科技在美国高等教育中的作用表示了关切并就此展开了讨论。许多学生事务专员都可以直接联想到1928年全国男生训导主任和顾问协会会议上发出的悲叹：“今天，机器记录包围了我们，以至于我们丧失了个性，变成了机器”（NADAM，1929，p. 40）。为了应对日益增长的入学人数和愈发复杂的机构设置，学生事务专员自然而然地采用穿孔卡片之类的最新高科技工具来进行自动化数据收集和制表（Iffert，1935），录制讲座来存储专业知识并促进专业发展（NADAM，1950），应用中央处理器来规划和处理数据（for example，Hewes，1963；Menke，1966），以及使用自动电话系统以加强咨询功能（Johnson，1976）。

即使在个人电脑快速发展的20世纪70年代末和80年代，学生事务专员仍紧跟科技发展趋势。当《时代》杂志宣布计算机为1982年年度人物时（Friedrich，1983），美国大学人事协会（ACPA）和美国学生事务专员协会都将科技作为其1983年会议的正式主题。例如，1983年在得克萨斯州休斯敦市举行的美国大学人事协会会议明确了13个项目，其中重点项目之一就是科技。该会议也首次主持了将微型计算机应用于学生事务领域的ACPA特别工作组会议。与此同时，少数大学开始在宿舍安装计算机网络和微型计算机以加强学生的学习并为学生提供学术资源的准入端口（Auguston，1988；King，1988）。在之后的10年里，许多校园开始安装计算机网络来应对市场压力和吸引学生居住在校园里（Futey & Bender，2005）。校园网络迅速成为学生的娱乐机制。当一名学生在东北大学的学生宿舍创建了音乐共享程序Napster（纳普斯特）时，这种狂热达到顶峰。Napster席卷了计算机网络并改变了很多世界级大型公司的经济和物流状况（Guidry，Anderer，Futey，& Pee，2010）。

29.2 以计算机为媒介的通信

前面介绍的历史案例说明了科技的组成非常广泛。由于篇幅所限，本章重点聚焦于以计算机为媒介的通信。尽管不同类型的CMC具有不同的属性——同步与异步、消息长度、可用的隐私设置等，本章侧重于CMC的社会影响和学生的使用情况。本章的两位作者都在美国的高等教育机构工作。由于他们在学生事务领域的大部分工作是关注美国人的情况，因此，本章主要的讨论对象是美国学生。

29.2.1 学生互联网访问和计算机所有权

本节通过挑战和质疑关于学生科技能力的常见神话回顾互联网访问和计算机所有权。本节首先重新审视了达德利·伍德亚德、帕特里克·洛夫和苏珊·科米夫斯（2000）声称的学生事务异端："学生事务领域几乎始终只专注于'传统'本科大学生"（p. 35）。这种异端仍然存在，尽管大多数美国大学生是非传统的；只有大约1/3的本科生年龄在25岁或以上，37%的学生是非全日制学生（US Department of Education，2012），当把所有与传统标签典型相关的因素计算在内的时候，3/4的学生是非传统的，例如非全日制学生、走读学生或者自己支付学费和学杂费的学生（Complete College America，2011）。

其次，不同学生访问和使用互联网的方式存在很大差异。广义上讲，几乎所有学生确实经常访问和使用互联网。现有的最新统计数据表明，美国有85%的成年人和95%的青少年至少不定期地使用互联网（Pew Internet & American Life Project，2013a，2013b）。几乎所有大学生（89%）拥有笔记本电脑或智能手机（76%）（Dahlstrom，Walker，& Dziuban，2013）。

这些惊人的数字掩盖了一些重要的差异。在更广泛的美国人口中，不同族裔、年龄、受教育程度、收入和不同城市化程度的人群，在互联网访问上存在差异，非西班牙裔、年轻、受教育程度更高、较富有的人群以及城市或郊区的居民更倾向使用互联网（Pew Internet & American Life Project，2013a，2013b）。未接受高等教育的人群访问互联网的概率很低。

在过去的10年里，研究人员已经开始探索访问/不访问的数字二分法分界之外的细微差别。最值得注意的是，媒体学者亨利·詹金斯提出了"参与差距"的理念，确认了有权使用科技的人获得不同的体验并因此收获不同科技带来的不同的技能、偏好和舒适等级（Jenkins，2006a，2006b）。例如，家里拥有计算机和互联网访问权限的美国青少年使用脸书（Facebook）和聚友网（Myspace）等工具的方式与从学校或公共图书馆等其他场所访问互联网的青少年有所不同（boyd，2008；Weber & Mitchell，2008）。这种情况支持了以下观点：没有“支持性的社会和文化世界”，仅仅拥有科技准入是远远不够的（Ito et al.，2010，p. 17）。

这些有关互联网访问和使用的事实破坏了一个普遍的观念，即当今所有大学生通常都是“数字原住民”（Prensky，2001）。学生不是一个同质的群体，他们的不同经历影响了他们的科技技能和偏好。经验研究已经证明，学生具有广泛的科技技能和偏好（see，for example，Palfrey & Gasser，2008），“大学正在与数字鸿沟相关的不平等现象长期共存，而非抵制它们”（Ito et al.，2010，p. 17）。

29.2.2 移动上网

对学生事务专员而言，使用智能手机和平板电脑等移动设备访问和使用网络的趋势特别有趣。首先，与互联网访问的历史趋势相反，美国的非白人比其他种族的人更有可能使用智能手机访问互联网（Duggan & Smith，2013）。另外，毫不奇怪的是，年纪较小的大学生更有可能拥有智能手机（Dahlstrom，et al.，2013）。其次，这些设备的普及性带来了新的独特机遇和挑战。学生经常使用移动设备寻求他人（包括家长）的身心支持，并相信这些设备使他们更安全（Chen & Katz，2009；Nasar，Hecht，& Wener，2007）。但是，也有学生报告说，教师通常不鼓励或禁止学生在课堂上使用这些设备。还有些学生认为，当其他学生在课堂上使用这些设备时，他们会分散注意力（Dahlstrom et al.，2013）。

29.3 大学生与社交媒体

诸如脸书（Facebook）、照片墙（Instagram）和推特（Twitter）之类的社交网站（SNS）是交流和社区建设的工具。尼克·艾里森、查尔斯·菲尔德和克里夫·兰普（2007）将SNS定义为：“一项基于网页的服务，允许个人（1）在有界系统中对比公共或半公共配置文件，（2）阐明与之共享连接的其他用户的列表，（3）查看和浏览其与系统中其他人建立的连接列表（p.211）。”

社交媒体作为社交网络的同义词，将其概念扩展到涉及用户生成的内容（Kaplan & Haelien，2010），包括对等网络通信（Constantinides & Zinck Stagno，2011）。社交媒体提供了个人和社区共享、创建、讨论和交流思想、信息以及建立虚拟社区的互动方式（Constantinides & Zinck Stagno，2011）。如果人们有策略地使用社交媒体，则有助于支持有教育意义的活动，进而帮助学生参与学习和取得成功。许多研究文献互换使用社交媒体和社交网络这两个术语，本章也是如此。如博客、即时消息和播客等交互式媒体也通常被归类为社交媒体（Saee，Sinnappan，& Yang，2009）。

许多有关社交媒体的最新研究都集中在两个最受欢迎的社交网站上：Facebook和

Twitter。这两个网站分别拥有超过10亿的活跃用户（Facebook，2014）和超过3.02亿的活跃用户（Twitter，2014），研究资源非常丰富。研究人员将推特（Twitter）特别描述为“了解人们如何整合信息和通信科技以形成新的社会联系并进行协作和对话的良好案例”（Gruzd，Takheyev，& Wellman，2011，p. 1313）。

29.3.1 使用频率

几乎所有美国大学生在一天内都会使用社交媒体若干次（Junco，2011a；Junco，Heighberger，& Loken 2011；Pempek，Yermolayeva，& Calvert，2009；and Steinfield，Ellison，& Lampe，2008）。2009年，研究人员观察到学生每天至少登录30分钟Facebook，而周末花费的时间更多（Pempek，et al.，2009）。3年后的另一项研究显示，学生平均每天花费在Facebook上的时间为1小时40分钟（Junco，2011a）。大一学生比其他年级学生更多地使用Facebook，但随着他们的年级升高，其使用率会下降（Gemmill & Peterson，2006；Yang & Brown，2013）。大一学生也是最有可能发布负面或不恰当内容的大学生群体（Lifer，Parsons，& Miller，2010）。导致这些差异的原因可能是随着年级的升高，学生更多地融入校园并花更多的时间与他人进行面对面的交流（Gemmill & Peterson，2006）。

尽管有些人可能认为在线交流工具正在取代年轻人的面对面交流，但科技的广泛使用并没有取代面对面交流，反而可以促进离线互动（Huang，Hood，& Yoo，2013）。事实上，大学生更喜欢面对面交流，而不是通过网络辅助交流（Sponcil & Gitimu，2013）。他们更喜欢混合的学习环境而不是完全的线上学习（Dahlstrometal，2013）。尽管如此，大多数青少年更喜欢通过移动设备使用社交媒体（Dahlstrom，2012）。

29.3.2 使用原因

梅根·斯波西尔和普里西拉·吉蒂姆（2013）最近的一项研究表明，几乎一半的学生报告说社交媒体对他们产生了积极的影响。学生主要使用Facebook建立和维护人际关系（Mangao，Taylor，and Greenfield，2012；Pempek et al.，2009；Sponcil & Gitimu，2013；Tosun，2012）。青少年和年轻人也使用Facebook来表达自己的身份（Pempek et al.，2009；Tosun，2012）并通过照片、状态更新或个人资料获得关注（Mangao et al.，2012）。Facebook的积极使用者会引发关注，这使大学生认为Facebook是“获取社会资源的有用工具”（Mangao et al.，2012，p. 377）。然而，研究人员的意见却并不一致，其他报告显示，有78%的受访者认为他们不使用社交媒体来加深别人对自己的印象（Sponcil & Gitimu，2013）。

当然，学生使用社交媒体也有消极的原因。学生有时会发布他们明知不恰当的内容（Lifer et al.，2010）。比如他们使用苛刻的语言和发布涉及酒精的图片。我们观察发现，这种行为多发于大一学生（Morgan et al.，2010）。此外，大一学生在打发闲暇时间和感到无聊时会使用社交媒体（Jacobsen & Forste，2011；Pempek et al.，2009；Sponcil & Gitimu，2013）。一项研究显示，有半数学生（Pempek et al.，2009）默默使用社交媒体（不发布内容而只是阅读他人发布的内容，例如滚动Facebook主页浏览帖子和图片，查看Facebook朋友的近况却不加以评论等）（Brandtzaeg，2012；Sponcil & Gitimu，2013）。

29.3.3 使用影响

几乎每个大学生都使用社交媒体，研究人员探索了社交媒体影响学生社会的、个人的和认知的方式。如前一节所述，学生使用社交媒体时既有正面行为也有负面行为。社交媒体对学生的影响也是如此。

身份的发展、自尊的提高、孤独感的降低、社会资本的增加以及学生参与度的提高是大学生使用社交媒体的积极结果。社交媒体提供了一种自我表达的工具使学生能够展示和表达自己的身份（DeAndréa，Ellison，LaRose，Steinfield，& Fiore，2012；and Pempek et al.，2006）。即使一些学生正在为建立自信而挣扎，他们也可以通过使用社交媒体来寻找自己的声音从而提高自尊心，改善应对社交媒体的内向情绪（Ellison，Steinfield & Lamp，2007；Gonzales & Hancock，2011；and Steinfield，Ellison，& Lampe，2008）。对那些思家心切、想念朋友或想结识新朋友的学生来说，Facebook可以成为对消除他们的孤独感产生积极影响的工具（Brandtzaeg，2012；and Lour，Yan，Nickerson，& McMorris，2012）。Facebook的使用还与学生的社会资本形成和维护有关（Brandtzaeg，2012；and Ellison et al.，2007），这是学生的重要资源，它可以过渡大学生活，使学生从课堂内外到进入职场，均取得成功。社交媒体的使用会对学生在大学的参与度产生积极影响。一旦学生进入大学，Facebook好友等社交媒体资源将在个人和网络上得到扩展（Gray，Vitak，Easton，& Ellison，2013；Junco，2011a；and Mangao et al.，2012）。

与正面影响一样，负面影响往往与学生使用社交媒体的方式密切相关。例如，贾晨阳和B.布拉德福德·布朗（2013）发现，在Facebook上发布许多负面言论的学生往往会感到孤独，他们的社交适应能力也较差。社交媒体的其他负面影响则是干扰和压力。包括社交媒体在内的科技往往会对学生造成破坏性的影响（Gemmill & Peterson，2006；Jacobsen & Forste，2011）。压力也与科技对学生的影响有关（Gemmill & Peterson，2006；and Pempek et al.，2009）。

29.4 以计算机为媒介的交流与学生发展

从学生发展的角度理解大学生使用CMC，包括社交媒体的经历很重要。作为青少年和年轻的成人传统年龄的大学生，他们经历着巨大的发展变化。各种各样的理论研究为学生的全面发展历程提供了参考。

29.4.1 从高中到大学的转变

对新生而言，进入大学并开始校园生活意义重大。他们可以成功地通过社交的、情感的和学术的方式适应大学的社交网络（Gray，Vitak，Easton，& Ellison，2013）。通过Facebook，学生可与校园内外的人保持联系。其他社交媒体网站也可以帮助学生完成从高中到大学的过渡。

社交媒体——包括社交网站（SNSs）、博客和论坛可以给学生提供信息和社会支持，还可以帮助学生寻找同伴并与其他学生建立联系，以此减轻学生从高中过渡到大学的心理负担（Gray et al.，2013，p. 193）。

大学的过渡在入学前开始一直持续到入学以后。Facebook引导学生进入新的人生阶段并使他们了解成为某所大学的学生意味着什么（DeAndréa et al.，2012）。在学生被大学录取之前，Facebook就开始为他们提供信息并促进联系（DeAndréa et al.，2012）。社交媒体持续帮助学生完成从高中到大学的过渡，这一影响一直持续到大学二年级（Gray et al.，2013；and Heiberger & Harper，2008）。

29.4.2 校园融入

学生参与理论认为，参与校园活动的学生更容易成功，因为他们的成绩和保持率等更高（for example，Astin，1984；and Wolf-Wendel，Ward，& Kinzie，2009）。该理论也可用于探讨学生如何分配用于社交媒体的时间和精力以及由此产生的影响。使用社交媒体对学生产生的影响与学生的参与度呈正相关（Junco，2011a；Mangao et al.，2012）的解释比较有说服力：当学生积极参与社交媒体时，他们更有可能在学校其他领域表现出相同的活跃度。

29.4.3 学生参与

在亚历山大·阿斯廷（Alexander Astin）工作的基础上，乔治·库克（2009）深入了解了学生参与课堂内外活动的情况。学生参与包括两个因素："学生做什么和教育机构做什么"（Wolf-Wendel et al.，2009，p. 413）。大学通过几点要素对学生参与度的研究做出回应并通过提供实际和虚拟的教育活动投学生所好。例如，学生在Facebook上花费了大量的时间和精力（Junco，2011b），甚至可能超过了他们使用大学门户网站或电子邮件的时间（Heiberger & Harper，2008）。格雷格·海伯格（Greg Heiberger）、露丝·哈珀（Ruth Harper，2008）和朱科（Junco，2011a）发现Facebook与学生参与度之间存在正相关。Twitter也可以作为帮助学生进行心理和社会发展的工具（Junco，Heighber，& Loken，2011）。

29.4.4 身份发展

身份探索、实验和承诺对人类发展至关重要。身份是由社会建构的，其基础是自我意识和信仰（Torres，Jones，& Renn，2009）。像传统的大学经历一样，社交媒体允许学生远离家长的视线开展身份实验（Gray et al.，2013）。社交媒体的使用还可以满足学生的许多社会心理需求，包括帮助学生发展、成功和进行身份探索，这些都是通过满足学生情感、认知、社会和习惯需求的方式来完成的（Wang，Tcherneve，& Salloway，2012）。虽然科技对大学环境，特别是学生的发展有明显的影响，但“我们还需要更多的研究来了解科技是如何对身份产生影响的”（Torres et al.，2009，p. 592）。

29.4.5 数字身份形成

学者们开始探索长期的学生发展理论与21世纪工作实践保持一致的方法。作为对雪莉·特克（1995）开创性研究的回应，赵善阳、雪莉·格拉斯马克和杰森·马丁（2008）断言，以科技为媒介的环境可以允许出现新的身份产出模式。学生可以在线上尝试不同的身份，有时甚至不同于他们在真实生活中的身份。乔安娜·古德（2010）称此新身份为他们的“科技身份”，它描述了个人的科技经验和社会（同伴）的期待将产生科技能力和认知。

赵等人（2008）通过收集63名大学生的Facebook个人资料、开展后续访谈和建立焦点小组探索了学生在Facebook上的身份。他们通过特定的身份策略和表达频率，包括视觉自我、文化自我和叙事自我，找到了身份建构的连续体。Facebook上的身份表达遵循“展示而非讲述”（p.1826）的模式，研究中的大多数学生对公众开放了他们的Facebook个人资料。这项研究表明，Facebook这样的社交媒体平台可以为学生提供展示自我和跨越心理障碍的能力去探索一个期望中的自我，而这个自我在离线状态下是无法实现的。

学生自我表达。许多研究以计算机为媒介的交流和在线行为的学者都将重点放在对自我表达的研究上。自我表达是与身份发展有关的概念，但范围较狭窄（Goffman，1959）。2007年，丹纳·博伊德在一篇颇具影响力的论文中指出，在线自我表达与离线展示具有四个特定的差异：持久性（在线内容的寿命很长）、可搜索性（查找在线内容比查找印刷内容更容易）、可复制性（一个可以复制或更改在线发布的原创作品）和看不见的观众（一个人不完全知道谁看到了他的活动）。考虑到科技在媒介中的作用，唐·斯莱特（2002）宣称“你输入的内容就是你”（p.536），因为用户可以选择创建、修改甚至具有多个身份。

赵等人（2008）将此现象称为“数字自我”，即“可以增强用户的整体自我形象和身份主张，并可能增加他们在离线世界中联系的机会”的真实身份（pp. 1831-1832）。学生发展研究人员呼吁将数字自我与现实自我相结合，并通过改变和选择照片、引用内容以及加入在线团体来观察身份的变化（Torres et al.，2009）。

29.5 学生事务对CMC的应用

本节以目前的理论研究为基础，探讨了学生事务专员能够予以探索和施加影响的三个CMC领域：数字化公民、数字化领袖和个人学习网络。这三个领域对CMC来说，既不新颖，也不独特。但是，社交媒体的广泛应用促成或加强了这些领域的发展。

29.5.1 数字化公民

学生在课堂内外参与CMC通常是出于非学术原因。我们可以从学生发展理论的视角对此进行理解。因此，学生事务专员应发挥积极作用，教育学生使用可用于在线交流和促进发展的数字工具。我们可以从K-12中小学基础教育研究中借鉴一个特别有用的理念："数字化公民。"

数字化公民包括具有"实践和倡导展示合法、道德、安全和负责任地使用信息和通信科技的在线行为能力"（Greenhow & Robelia，2009，p. 125）的行为和实践规范。里布尔、贝利和罗斯（2004）开发了9种数字化公民元素：礼节、沟通、准入、读写能力、商业、法律、权利和责任、健康与保健、安全。数字化公民对学生事务专员参与学生整体发展和认知过程提出了挑战。这些挑战包括决策方法、道德和法律活动、安全与保障以及"成为数字社区的有效成员"（2011，p. 38）。学生的在线行为不仅会影响自己，还会影响他们的家庭、所在的大学或学院，甚至可能影响他们的未来职业（Greysen，Kind，& Chretien，2010）。

29.5.2 数字化领袖

学生事务专员还应该培养可以通过数字手段发挥影响力的学生领袖。数字科技教育的关注点不仅是引入工具，还有指导学生以大学生、全球社区的活跃成员以及所选职业的未来领导者的身份使用工具（Ahn，2011）。这就要求整个校园建立一个授权和配置了知识和资源的学习者社区，使其真正成为科技数字化管理者（Lewis & Rush，2013）。

29.5.3 个人学习网络

现在，本章从学生如何使用科技转变为学生事务专员如何在专业发展中积极使用社交媒体。本节介绍了个人学习网络（PLN）这一新兴概念。个人学习网络已经从学生事务专员一直以来关注的学生社交网络的增长拓展至社交媒体的范畴（Siemens，2005）。在个人学习网络中，用户创建他或者她的社交网络中心，并负责贡献和分享内容。

1. 推特（Twitter）

Twitter是个人学习网络培养方式的重要例证。Twitter的学生事务社区非常活跃，每周都会进行# sachat，# sagrad和#sadoc之类的聊天。#sachat是成立于2009年的一个网络社区，它的参与者特别活跃（Guidry & Pasquini，2012）。学生事务大全在http：//studentaffairscollective.org/sacha上提供了更多有关#sachat的信息。高校情报（http：//www.insidehighered.com/twitter_directory）提供了其他的教育相关标签列表的综合目录。

2.合作

个人学习网络的一个重要组成部分是协作性的学生事务网站，包括博客和视频。这些网站由学生事务专员负责创建和管理。随着网站的发展，学生事务专员培养了协作精神并接纳了其他的贡献者作为参与嘉宾或者联合管理者。以下是一些示例：

- 学生事务大全http：//studentaffairscollective.org/
- 学生事务特点http：//studentaffairsfeature.com/
- 学生事务女性科技谈话http：//www.sawomentalktech.com/博客/
- 学生事务适应性http：// studentaffairsfit.com/
- 高等教育在线http：//higheredlive.com/

29.6 结论

社交媒体和CMC已经渗透到许多学生事务专员以及大部分本科生的生活中。学生事务专员拥有丰富的科技使用历史，所以他们不满足于仅仅由学生来使用社交媒体。相反，学生事务专员正在富有创造性地、大量地使用社交媒体来宣传和丰富他们的专业实践。学生事务学者，特别是研究学生发展理论的专家积极地应用新科技并与其他学科的学者建立大量的工作联系。学生事务学者所有的这些努力为学生事务的科技发展描绘了一幅与历史同样灿烂光明的未来蓝图。

参考文献

American College Personnel Association.（1983）. *Conquering our new frontiers：Creativity，technology，and untapped resources* [conference program]. Bowling Green，OH：Bowling Green State University Center for Archival Collections，National Student Affairs Archives，MS-319. American College Personnel Association（ACPA）Convention Files Box #2.

Ahn，J.（2011）. Digital divides and social network sites：Which students participate in social media? *Journal of Educational Computing Research*，45（2），147-163.

Astin，A. W.（1984）. Student involvement：A developmental theory for higher education. *Journal of College Student Personnel*，25，297-307.

Auguston，J. G.（1988）. The Pennsylvania State University. In C. Arms（Ed.），*Campus networking strategies.* Bedford，MA：Digital Press.

Barrett，W.（2000）. Technology and student affairs：An unlikely pair. *Student Affairs On-Line*，1（1）.

http：//studentaffairs.com/ejournal/Spring_2000/article4.html

Baym，N.（2009）. A Call for grounding in the face of blurred boundaries. *Journal of Computer-Mediated Communication*，14，720-723.

boyd，d. m.（2007）. Why youth love social network sites：The role of networked publics in teenage social life. In D. Buckingham（Ed.），*Youth，identity and digital media*（pp.119-142）. The John D. and Catherine T. Mac Arthur Foundation series on digital media and learning：Cambridge：MIT Press.

boyd，d. m.（2008）. *Taken out of context：American teen sociality in networked publics*. Unpublished doctoral dissertation，University of California，Berkeley.

Brandtzaeg，P. B.（2012）. Social networking sites：Their users and social implications：A longitudinal study. *Journal of Computer-Mediated Communication*，17，467-488.

Chen，Y.，& Katz，J. E.（2009）. Extending family to school life：College students' use of the mobile phone. *International Journal of Human-Computer Studies*，67，179-191.

Cheung，C.M.K.，Chiu，P.，& Lee，M.K.O.（2011）. Online social networks：Why do students use Facebook? *Computers in Human Behavior*，27，1337-1343.

Constantinides，E.，& Zinck Stagno，M. C.（2011）. Potential of the social media as instruments of higher education marketing：A segmentation study. *Journal of Marketing for Higher Education*，21（1），7-24.

Complete College America.（2011）. *Time is the enemy*. Washington，DC：Author

Dahlstrom，E.（2012）. *ECAR Study of Undergraduate Students and Information Technology*. Louisville，CO：EDUCAUSE Center for Applied Research.

Dahlstrom，E.，Walker，J. D.，& Dziuban，C.（2013）. *ECAR Study of Undergraduate Students and Information Technology*，2013. Boulder，CO：EDUCAUSE.

DeAndréa，D. C.，Ellison，N. B.，LaRose，R.，Steinfield，C. & Fiore，A.（2012）. Serious social media：On the use of social media for improving students' adjustment to college. *Internet and Higher Education*，15，15-23.

Duggan，M.，& Smith，A.（2013）. *Cell Internet use 2013*. Washington，DC：Pew Internet & American Life Project.

Ellison，N.，Steinfield，C. & Lampe，C.（2007）. The benefits of Facebook "friends"：Social capital and the college students' use of online social network sites. *Journal of Computer -Medicated Communication*，12，1143-1168.

Facebook.（2014，January）. Key facts. http：//newsroom.fb.com/Key-Facts.

Friedrich，O.（1983，January 3）. The computer moves in. *Time*，pp. 14-29.

Futey，D.，& Bender，B.（2005）. ResNet：At the crossroads of academe，residence life，and technology（*ECAR Research Bulletin，2005，no. 11*）. Boulder，CO：EDUCAUSE.

Gemmill，E.，& Peterson，M.（2006）. Technology use among college students：Implications for student affairs professionals. *NASPA Journal*，43（2），280-300.

Goffman，E.（1959）. *The presentation of self in everyday life*. New York，NY：Anchor.

Goode，J.（2010）. The digital identity divide：How technology knowledge impacts college students. *New Media and Society*，12（3），497-513.

Gonzales，A. L.，& Hancock，J. T.（2011）. Mirror，mirror on my Facebook wall：Effects of exposure to Facebook on self-esteem. *Cyberpsychology，Behavior，and Social Networking*，14，79-83.

Gray，R.，Vitak，J.，Easton，E. W. & Ellison，N. B.（2013）. Examining social adjustment to college in the age of social media：Factors influencing successful transitions and persistence. *Computers and*

Education, 67, 193-207.

Greenhow, C., & Robelia, B. (2009). Informal learning and identity formation in online social networks. *Learning, Media and Technology*, 34 (2), 119-140.

Greysen, S. R., Kind, T., & Chretien, K. (2010). Online professionalism and the mirror of social media. *Journal of General Internal Medicine*, 25 (11), 1227-1229.

Gruzd, A., Takheyev, Y., & Wellman, B. (2011). Imagining Twitter as an imagined community. *American Behavioral Scientist*, 55 (10) 1294-1318.

Guidry, K. R., Anderer, C., Futey, D., & Pee, C. (2010). A perspective on residential computer networks: An analysis of ResNet symposium presentations, 1995-2006. *Journal of College and University Student Housing*, 36 (2), 92-108.

Guidry, K. R., & Pasquini, L. A. (2012). Twitter chat as a non-formal learning tool: A case study using #sachat. In H. Yang & S. Wang (Eds.), *Cases on formal, non-formal, and informal online learning: opportunities and practices* (pp. 356-377). Hershey, PA: IGI Global.

Heiberger, G., & Harper, R. (2008). *Have you Facebooked Astin lately? Using technology to increase student engagement.* New Directions for Student Services, no. 124, 19-35.

Hewes, R. E. (1963). Some general thoughts on the use of a computer in the area of academic administration. *Journal of College Student Personnel*, 5 (2), 73-76, 107.

Huang, W.H.D., Hood, D. W., & Yoo S. J. (2013). Gender divide and acceptance of collaborative Web 2.0 applications for learning in higher education. *Internet and Higher Education*, 16, 57-65.

Iffert, R. E. (1935). Fraternities. In G. W. Baehne (Ed.), *Practical applications of the punched card method in colleges and universities* (pp. 171-174). Morningside Heights, NY: Columbia University Press.

Ito, M., et al. (2010). *Hanging out, messing around, and geeking out: Kids living and learning with new media.* Cambridgo: MIT Press.

Jacobsen, W. C., & Forste, R. (2011). The wired generation: Academic and social outcomes of electronic media use among university students. *Cyberpsychology, Behavior, and Social Networking*, 14 (5), 275-280.

Jenkins, H. (2006a). *Convergence culture: Where old and new media collide.* New York, NY: New York University Press.

Jenkins, H. (2006b). *Confronting the challenges of participatory culture: Media education for the 21st century* (John D. and Catherine T. MacArthur Foundation Digital Media and Learning Initiative Occasional White Paper). Washington, DC: John D. and Catherine T. MacArthur Foundation.

Johnson, C. W. (1976). The effectiveness of a phone help line as indicated by student awareness and use. *Journal of College Student Personnel*, 17 (5), 227-231.

Junco, R. (2011a). The relationship between frequency of Facebook use, participation in Facebook activities and student engagement. *Computers and Education*, 58, 162-171.

Junco, R. (2011b). Too much face and not enough books: The relationship between multiple indices of Facebook use and academic performance. *Computers in Human Behavior*, 28 (1), 187-198.

Junco, R., Heiberger, G., & Loken, E. (2011). The effect of Twitter on college student engagement and grades. *Journal of Computer Assisted Learning*, 27 (2), 119-132.

Kaplan, A. M., & Haenlein, M. (2010). Users of the world, unite! The challenges of Social Media. *Business Horizons*, 53, 59-68.

King, K. (1988). Cornell University. In C. Arms (Ed.), *Campus networking strategies* (pp.162–164). Bedford, MA: Digital Press.

Kuh, G. (2009). *The National Survey of Student Engagement: Conceptual and empirical foundations.* New Directions for Institutional Research, no. 141. San Francisco: Jossey–Bass.

Lewis, B., & Rush, D. (2013). Experience of developing Twitter–based communities of practice in higher education. *Research in Learning Technology*, 21, 1–35.

Lifer, D., Parsons, K., & Miller, R. (2010). Students and social networking sites: The POSTING paradox. *Behavior and Information Technology*, 29 (4), 377–382.

Lour, L. L., Yan, Z., Nickerson, A. & McMorris, R. (2012). An examination of the reciprocal relationship of loneliness and Facebook use among first–year students. *Journal of Educational Computing Research*, 46 (1) 105–117.

Mangao, A. M., Taylor, T., & Greenfield, P. M. (2012). Me and my 400 friends: The anatomy of college students' Facebook networks, their communication patterns, and well–being. *Development Psychology*, 48 (2), 369–380.

Menke, R. F. (1966). Electronic data in processing placement. *NASPA Journal*, 3 (4), 10–12.

Morgan, E. M., Snelson, C., & Elison–Bowers, P. (2010). Image and video disclosure of substance use on social media websites. *Computers in Human Behavior*, 26, 1405–1411.

National Association of Deans and Advisers of Men. (1929). *Secretarial notes on the tenth annual conferences of Deans and Advisers of Men.* Lawrence, KS: Author.

National Association of Deans and Advisers of Men. (1950). *Proceedings of the thirty–second anniversary conference of the National Association of Deans and Advisers of Men.* Williamsburg, VA: Author.

Nasar, J., Hecht, P., & Wener, R. (2007). "Call if you have trouble": Mobile phones and safety among college students. *International Journal of Urban and Regional Research*, 31 (4), 863–873.

National Association of Student Personnel Administrators. (1983). *NASPA ' 83 in Toronto: sixty–fifth annual national conference* [conference program]. Bowling Green, OH: Bowling Green State University Center for Archival Collections, National Student Affairs Archives, MS–391. NASPA Convention Files Box #5 (Programs).

Palfrey, J., & Gasser, U. (2008). *Born digital: Understanding the first generation of digital natives.* New York, NY: Basic Books.

Pempek, T. A., Yermolayeva, Y. A. & Calvert, S. L. (2009). College students' social networking experiences on Facebook. *Journal of Applied Developmental Psychology*, 30, 227–238.

Pew Internet & American Life Project. (2013a). *Who' s online: Internet user demographics.* Washington, DC: Author.

Pew Internet & American Life Project. (2013b). *Teen Internet user demographics.* Washington, DC: Author.

Prensky, M. (2001). Digital natives, digital immigrants. *On the Horizon*, 9 (5), 1–6.

Ribble, M. S., Bailey, G. D., & Ross, T. W. (2004). Digital citizenship: Focus questions for implementation. *Learning and Leading with Technology*, 32 (2), 12–15.

Saeed, N., Yang, Y., & Sinnappan, S. (2009). Emerging web technologies: A case of incorporating blogs, podcasts and social bookmarks in a web programming course based on students' learning styles and technology preferences. *Educational Technology & Society*, 12 (4), 98–109.

Siemens, G. (2005). Connectivism: A learning theory for the digital age. *Journal of Instructional*

Technology and Distance Learning，1（2），3-10.

Slater，D.（2002）. Social relationships and identity online and offline. In L. Lievrouw & S. Livingstone（Eds.），*Handbook of new media*（pp. 533-546），London，England：Sage.

Sponcil，M.，& Gitimu，P.（2013）. Use of social media by college students：Relationship to communication and self-concept. *Journal of Technology Research*，4，1-13.

Steinfield，C.，Ellison，N. B.，& Lampe，C.（2008）. Social capital，self-esteem，and use of online social network sites：A longitudinal analysis. *Journal of Applied Developmental Psychology*，29，434-445.

Torres，V.，Jones，S. R. & Renn，K. A.（2009）. Identity development theories in student affairs：Origins，current status，and new approaches. *Journal of College Student Development*，50（6），577-596.

Tosun，L. P.（2012）. Motives for Facebook use and expressing "true self" on the Internet. *Computers in Human Behavior*，28，1510-1517.

Turkle，S.（1995）. *Life on the screen：Identity in the age of the Internet.* New York，NY：Simon & Schuster.

Twitter.（2014）. About Twitter，Inc. https：//about.twitter.com/company.

US Department of Education.（2012）. *National Center for Education Statistics，Integrated Postsecondary Education Data System（IPEDS），Spring 2008，2010，and 2012，Enrollment component.* Washington，DC：Author.

Wang，Z.，Tcherneve，J. M.，& Solloway，T.（2012）. A dynamic longitundinal examination of social media use，needs，and gratifications among college students. *Computers in Human Behavior*，28，1829-1839.

Weber，S.，& Mitchell，C.（2008）. Imagining，keyboarding，and posting identities：Young people and new media technologies. In D. Buckingham（Ed.），*Youth，identity，and digital media*（pp. 25-47）. Cambridge：MIT Press.

Wolf-Wendel，L.，Ward，K.，& Kinzie，J.（2009）. A tangled web of terms：The overlap and unique contribution of involvement，engagement，and integration to understanding college student success. *Journal of College Student Development*，50（4），407-428.

Woodard，D. B.，Love，P.，& Komives，S. R.（2000）. *Leadership and management issues for a new century.* New Directions for Student Services，no. 92. New York，NY：Wiley.

Yang，C.，& Brown，B. B.（2013）. Motives for using Facebook，patterns of Facebook activities，and late adolescents' social adjustment to college. *Journal of Youth and Adolescence*，42，403-416.

Zhao，S.，Grasmuck，S.，& Martin，J.（2008）. Identity construction on Facebook：Digital empowerment in anchored relationships. *Computers in Human Behavior*，24（5），1816-1836.

第30章
校园危机管理

尤金·L.兹齐亚斯基二世

校园危机的实际情形以及学生事务专员在应对和解决危机时所发挥的作用是学生事务研究著作多年来的主题。事实上,《学生事务管理手册》(Duncan & Miser,2000;and Miser & Cherrey,2009)的前两版都用整章篇幅阐述校园危机。尽管校园危机是永恒的主题,但是解决校园危机的方法是与时俱进的,从早期的简单处理或者应对危机发展到了解危机管理过程,特别是预防危机发生以及营造安全校园环境。

校园危机是不可避免的。作为学生事务专员,我们在日常工作中经常处理各种各样的危机。如果你从事这份工作的时间足够长,那么你很可能经历过严重的校园危机。我们既不会在职业生涯中寻求危机,也不会惧怕危机。

有人指出"crisis"对应的中文"危机"这个词有两个意思:危险和机遇(Duncan & Miser,2000;Fink,1986;Lagadec,1993;and Zdziarski,2001)。在第二版的《学生事务管理手册》中,邓肯和麦泽(2000)认识到中文危机一词蕴含的智慧。他们在原有思想的基础上,整合了危机管理的现代研究方法。这个方法可以被重述为"学生事务专员运用中国智慧,发掘'危机管理过程中的机会'来创建一个更好的项目,一个更强大的机构,一个更加精密和广泛的交流系统以及一个更具组织性、紧密联系的员工团体"(P.453)。

本章与本书之前版本中关于校园危机的讨论有很大的区别。本章涉及的内容更广、问题的类型更多。在这一版中,我们对校园危机做了更加详细和系统的理论与实践阐述。我们首先检视了作为机构规划框架的危机管理过程及其五个阶段。其次,我们将可拓展性、利益相关者和危机管理团队纳入考虑。最后,我们讨论危机管理规划,包括对学生事务至关重要的情境和功能协议。

30.1 危机管理:过程研究法

过去,危机管理通常被解读为大学的管理者为解决或应对危机事件而实施的一系列举措。现在我们理解的危机管理是一个持续不断的过程,包括一系列大学管理者需要按部就班完成的步骤或阶段。

在过去的几年里,有很多的危机管理模型问世。早期的一个模型是把危机管理描述为3个阶段:危机前、危机中和危机后(Coombs,1999;Koovor-Misra,1995;Mitchell,1986;and Ogrizek & Guillery,1999)。这个模型的本质是通过指导危机前、中、后的活动开展危机管理。后来这个模型被修订为缓解、准备、应对和恢复4个阶段。

最初,组织机构理解在危机事件中或者危机阶段采取规划合理应对危机的重要性。在2005年卡特里娜飓风之后,受灾地区延长了灾后重建的时间。由此,恢复计划或者危机后阶段的重要性引起了广泛关注。然而,对合理制定缓解期或者危机前期规划的重视仍然微乎其微。在高等教育领域尤为如此。在应对校园危机(Catollo,2008;and Zdziarski,2001)的机构准备研究中,全国高校展示出对危机管理规划日趋娴熟，但是关注点更多指向的是危机中和危机后的阶段，危机前的努力几乎不受重视。2007年4月，灾难袭击了弗吉尼亚理工大学，1名学生持枪袭击了32名学生。在之后不到一年的时间里，北伊利诺伊大学发生了类似事件，袭击者枪杀了5人，并致21人受伤。这类恶性事件致使一系列的问题被提出来：高校如何防止类似事件发生，高校应该如何更好地保护学生、教职工以及大学社区员工的安全。危机管理工作开始更多地关注危机前管理。

2011年3月，贝拉克·奥巴马总统签署了总统政策指令（PPD）-8（US Department of Homeland Security，2011），目的是加强预案以应对威胁国家安全的重大危险。这个指令将国家预案体系重新定义为："包括预防、保护、缓解、应对和恢复一系列过程的完整的计划框架。"（p. 3）该指令要求政府机构为商业、社区、家庭以及个人提供建议和引导，帮助他们完成自己的预案规划。

2013年6月，美国教育部发布了《高等教育机构高质量应急行动计划指南》（2013），为高等教育机构提供了建议和指导。该指南对高等教育机构（IHE）定义了如下5个计划框架：

1. 预防：避免、阻止或制止一项紧急犯罪、威胁或实际发生的大规模伤亡事件所必备的能力。预防是高等教育机构为了防止可能发生或实际发生的危险事件而采取的行动。

2. 保护：确保高等教育机构不受恐怖主义行为、人为或自然灾害影响的能力。重点是实施保护学生、教师、来访工作人员、网络和财产不受威胁或危害的持续行动。

3. 缓解：通过减轻危机事件或紧急情况的影响，消除或减少生命和财产损失的必要能力。缓解也意味着减少威胁和危险发生的可能性。

4. 应对：一旦紧急情况已经发生或无法预防，就必须具备稳定紧急情况的能力；建立安全和有保障的环境；拯救生命和财产；促进向恢复期过渡。

5. 恢复：协助受危机事件或紧急情况影响的高等教育机构恢复学习环境的能力（p.3）。

30.2 危机级别和可拓展性

除了强调危机管理过程的各个阶段的重要性，有效的危机预案必须能够适用于不同级别的危机。有些危机事件的范围和规模从一开始就很明显。还有一些危机事件会随着时间而发展或快速升级。危机预案必须能够调动必要的人力、系统和资源来控制局势。

应急管理是政府机构和当局经常使用的术语，通常与可能造成大规模伤亡或对基础设施造成重大破坏的事件有关。这些事件包括主动枪击、火灾、洪水、飓风、地震和大型流感。这就是编写《高等教育机构高质量应急行动计划指南》的背景。这些大规模事件或灾害不仅影响机构，还影响周围的社区。对这些事件的适当管理不仅需要利用机构的资源，还需要利用地方政府、县、州，甚至联邦政府的资源。

校园危机经常是“突然或意外发生的事件，干扰机构的正常运作，影响机构的教育使命，威胁机构的人员幸福、财产安全、财政资源，损害机构声誉”（Zdziarski，2006，p. 5）。这样的事件会严重影响和扰乱整个机构的运作，但是或许很少或几乎不会对周围的社区产生直接的影响。

作为学生事务专员，我们经常处理危机。那些较小的、更具局部性的事件或重大事故，会显著影响校园中的一部分学生群体，但不会影响机构的正常运作。应对这类事件是我们的强项，我们通常因为处理得当而享誉校园。由于我们擅长处理危机，所以学生事务专员担任校园危机管理者或危机管理团队领导者的情况屡见不鲜。尽管这些事件涉及范围较小且影响有限，但与大规模校园危机或紧急情况相比，有效管理这些事件同样重要。因为如果处理失当，这些事件可能会失控，进而恶化为校园危机或紧急事件。

无论这个事件是灾难、校园危机还是重大事故，学生事务专员了解危机级别并确保危机预案可拓展至解决不同级别的危机是非常重要的。

30.3　利益相关者

各种各样的个人、团体和组织一方面会受到危机的影响，另一方面也会影响机构的危机管理能力。这些利益相关者可能是机构内部的人员，也可能是机构外部的人员。机构的第一类利益相关者是学生、教师、员工和来访者。第二类利益相关者包括学生家长、校友、理事和捐赠者。第三类利益相关者包括地方机构（例如，警察局、消防局、医疗机构）、政府官员、媒体和公众。为了有效地做好危机准备和计划，管理者必须了解谁是利益相关者，危机可能对他们产生何种影响以及他们如何协助管理危机事件。

尽管第一类利益相关者最容易受到危机的影响，也是我们有责任保护的对象，但是他们同样可以在危机的预防、应对和恢复阶段发挥重要作用。我们尤其不能忽视的是学生在危机预案制定中的重要作用。学生通常最了解校园周围的情况，对识别和发现潜在威胁或问题很有帮助。学生最了解学生群体的沟通和互动方式，具备良好的洞察力，可以以最有效的方式提醒机构注意潜在的危机，或协助寻找可能下落不明的人。学生领袖经常作为机构危机时期的发言人，并在组织纪念活动等其他有助于危机恢复的活动中发挥重要作用。基于对学生在校园危机中作用的认识，管理者让学生干部经常参加危机培训是明智之举。例如，宿舍管理人员、学生会干部、学生兴趣社团干部都是参加具体应急管理培训的理想学生群体。大多数高校用各种各样的方式为普通学生提供旁观者介入延伸培训。但是，这样的培训应该提供给熟悉和掌握机构危机计划的主要学生干部，他们懂得怎样使用和获取相关的机构资源。

当地的应急响应人员等外部利益相关者，在机构危机预案制定过程中同样可以发挥重要作用。在许多危机情况中，学校周边社区的警察、消防员和医务人员的服务和支持十分重要，他们的支持会极大地增强组织的应对能力。然而，在危机事件发生之前，了解这些机构如何与学校各部门和人员进行协调和互动至关重要。高校邀请这些机构的代表参与计划进程是制定危机预案和确保合作有效运作的关键步骤。

我们可能十分清楚危机对某些利益相关者的影响，以及其他利益相关者影响危机管理的方式。但是完备的危机预案仍然应该包括对所有潜在利益相关者的深度评估。同时，利益相关者应该积极参与计划的制订。

30.4 危机管理团队

危机管理团队（CMT）是一个由来自不同学科的人员组成的跨学科团队，主要履行以下3个职能：（1）制订和维护危机管理计划；（2）执行计划；（3）处理计划中未具体说明的突发事件。团队成员是主要利益相关者，他们在机构内部和外部主要职能部门拥有一定的权力，能够在危机时期获取必要的信息和资源。团队成员不必包括职能部门的高层管理者，但是需要具备一定的职级，具备调用其所代表部门资源的权力。而且，为了确保团队在危机中有效运作，成员们需要有充足的时间参加团队培训和实践。此外，团队成员的个性特征需适合团队合作、解决问题和处理冲突。

CMT的具体职能领域会因机构的文化和活力的不同而不同。其中，CMT最常见的职能包括校园警察、公共关系专员、学生事务高级管理者或学生训导、宿舍生活、咨询服务、健康服务、物业后勤、环境健康与安全部门的主任（Catullo，2008；and Zdziarski，2001）。其他的职能领域包括学术事务、商务办公、餐饮服务、人力资源、信息科技、国际学生服务、法律顾问、交通运输和核心行政部门。

在考虑了CMT包含的潜在的职能代表的名单后，关于合理的团队规模的问题就被提出来了。团队规模是机构规模和危机事件级别的函数。机构越大，那些需要被考虑在危机预案内的潜在利益相关者越多。这也意味着机构越大，可供利用的资源也就越多。同理，危机事件从重大事故、校园危机发展到灾难，应对危机所需的资源也是逐步升级的。

危机管理团队与危机管理计划一样，必须具有一定的可拓展性，这样才能有效地管理危机。尽管整个团队的成员涉及部门较广，但不是所有成员从一开始就参与危机应对。相反，随着危机事件的展开和升级，其他的团队成员才被召集起来解决新出现的问题。当危机级别从校园危机上升到灾难的时候，或者当危机事件需要外部机构提供紧急服务和资源的时候，危机管理团队与这些机构顺利开展合作是十分重要的。

根据总统第5号国土安全指令（US Department of Homeland Security，2003），所有联邦、州、部落和地方组织都必须使用国家事故指挥系统（NIMS）来协调机构间的行动。原本是为了美国西部的野外火灾事故而制定的国家事故指挥系统为事故管理提供了全面的、全国性的、系统性的方法。NIMS的导向：“无论事故的起因、规模、地点和复杂性如何，各级政府、非政府组织和私营机构都要紧密合作，预防、保护、应对、恢复和缓解事故带来的不良影响。”（US Department of Homeland Security, 2008, p1）NIMS的一个重要组成部分是事故指挥系统，包括5个执行层面的组成部分：指挥、计划、运行、组织和财务/行政。校园危机管理团队应与当地应急管理人员协商，在事故指挥架构的5个组成部分内有序安排团队成员的职责。此外，机构的团队成员应完成美国联邦应急管理局（FEMA）要求的NIMS在线培训课程（见国家事故指挥系统为学校和高等教育机构设定的执行活动）。当掌握了事故指挥系统的运行方式后，教育机构可以与社区应急人员展开有效合作，拯救校园灾难于水火之中。

30.5 危机管理计划

我们必须认识危机管理计划不是单一的，国家、州、县、地方、机构、司、部门和办公室，各级都有计划。每一层级的计划要与其上下级的计划紧密联系。考虑到这一点，危机管理并不局限于高层管理者。部门负责人、中层管理者甚至初级工作人员都发挥着制订和维护校园危机管理计划的作用。

30.5.1 危机审计

在开始危机审计之前，必须首先评估组织的环境，及其对危机的敏感性。在开展这类危机审计的过程中，了解组织的特点和可能发生的危机类型是很重要的。

正如前文提到的（重点详见本书第2章），每一家机构都是不同的，都有着各自的特点。机构的规模、学生概况、机构的地理位置、设施的类型和数量、提供的学术项目、社区资源的可利用性都是危机预案中需要考虑的重要因素。

基于以上因素，大学管理者需要考虑危机发生的类型，以及某一类型的危机对校园社区的影响。危机预案不仅要关注最有可能发生的危机，还要注重不太可能发生但是对校园具有极大破坏性的危机事件。例如，随机犯罪枪手的情况在校园罕见，但是过去几十年发生的枪击事件已经清楚地表明，机构制订此类危机计划是十分必要的。

危机管理的文献（Clement & Rickard, 1992; Koovor-Misra, 1995; Meyers, 1986; and Mitroff, Pauchant, & Shrivastava, 1988）指出，各种危机事件可以按类型分类。虽然机构危机预案采取“消灭所有危险”的方法，但是在高等教育机构中最常见的危机类型是环境危机、设施危机和人类危机（Zdziarski, Dunkel, & Rollo, 2007）。环境危机是源于环境或自然的危机事件，包括地震、飓风、洪水等；设施危机是源于校园设施的事件，包括火灾、化学泄漏和停电；人类危机是由人类有意识的行为或错误导致的事件，包括犯罪行为、事故和心理健康状况。

30.5.2 危机管理计划的组成部分

危机管理或应急预案有3个关键的组成部分：基本计划、功能附件和情境附件。基本计划需要概述整理管理过程，以及机构或部门在危机前、中、后的运作步骤。基本计划说明了计划的目的、计划的启动和有权执行计划的人，并明确了计划执行的基本步骤以及与此计划相关的其他部门或者机构的计划（即当地市或县的紧急行动计划）。

附件是通过提供有助于履行特定功能和解决特定情境问题的更详细的行动步骤对基本计划予以拓展的协议。为了触发危机管理人员采取他们培训过或者执行过的基本行动步骤，这些协议呈现的形式是清单列表，而不是长篇叙述。功能附件概述了机构或部门必须履行的，不受制于特定危机的关键功能或行动方案。功能附件包括通信和通知协议、安全协议、早期/快速评估协议、疏散协议、就地避难协议、人事协议、医疗和心理健康协议、持续行动和恢复协议。

情境附件是针对威胁或危险制定的明确的和要点详细的行动步骤。情境附件与特定危机事件有关（例如，龙卷风、爆炸、随机枪击）。每一个情境协议都应该强调这个部门在特定危机事件中特有的行动，并在恰当的地方参照适用的功能附件。例如，随机枪击协议可以参照功能附件制定布告，就地疏散无须在情境附件中重复行动步骤。危机预案至少包括一个可以用于应对可能影响校园的重大环境危机、设施危机和人类危机的基本情境协议，包括应对飓风（取决于所处的地理位置）、建筑物起火或爆炸、随机枪击事件的协议。随着时间和经验的累积，当危机管理团队队员需要更多具体的指导以填补危机处理的空白时，我们可以增加额外的协议。

通过结合功能附件和情景附件，危机预案的重点是制定一个最适于解决机构可能经历的所有危机类型的可靠的协议包。在制定危机预案时，制定一个对校园社区有潜在影响的危机事件或情况列表是很容易的。然而，为每一种情况确定详细的计划和协议却是不切实际的。每个危机事件都是独特的，当危机事件发生时，任何一个详细的预案都无法解决大学管理者面临的每一个突发状况。因此，功能协议上列明的一个机构或者部门必须执行的行动可以使处理危机的领导者适应发生危机的情境，然后顺应形势解决问题。好的预案提供了一个可靠的功能和情境协议包。这个协议包括用于解决机构或许会经历的各类危机。

30.6 协议

本章的余下几节致力于讨论与学生事务专员高度相关的一些功能协议。这些协议是针对危机管理的5个阶段提出的：预防、保护、缓解、应对和恢复。这些绝不是危机预案中唯一的功能协议。例如，评价是一项非常重要的协议，应纳入所有危机管理计划。这5个阶段符合美国教育部确定的《高等教育机构规划纲要（2013）》。这些例子旨在表明学生事务专员参与的重要作用，预先计划的必要性以及在危机发生时对怎样执行这些功能的思考。

30.6.1 预防

有时候，我们通过看电视新闻或者浏览报纸上的新闻报道了解近期发生的暴力事件。这些新闻报道常常提供与暴力犯罪者熟识或有过接触的人的叙述。常常是关于先前的对话、观察或行为的信息，这些信息似乎预言了刚刚发生的暴力事件。这些报道常常暗示，有时甚至是直截了当地声称，暴力犯罪者的行为本可以很容易地被预测出来，而且本应该有人做些什么来阻止暴行。

然而，心理健康专家明确指出（Brown，2013年），没有可靠的方法来预测一个人是否会实施暴力行为。相反，我们需要找出那些表现出痛苦和破坏行为的人，并通过支持和帮助的方式予以干预，解决他们的需要，打消可能导致潜在暴力犯罪结果的企图。总而言之，我们的目标是尽早干预，确保个体以及大学社区其他成员的健康、安全和成功。

虽然许多大学都采用非正式的方式向大学社区的成员提供这样的关爱。但是现在，高等教育机构制定和维护正式的系统以识别和评估可能产生威胁行为的个人以及建立干预和解决这种威胁的政策和程序不仅是期望，有时也是法律要求（for example，Virginia§23-92：10）。

最常见的情况是，一组人集结起来，通过收集报告和信息来监测校园环境。当校园社区成员的行为表明他们精神痛苦且具有破坏性，而且很有可能对自己或他人构成威胁时，这样的情况就会被识别和处理。当人们强调要建立这种正式的小组的初期，他们通常指的是威胁评估小组。然而对校园社区来说，这个名称意味着审查对校园造成特定威胁的人。与之相反的是，这个小组的工作重点是通过提供早期干预、支持和协助来防止危机升级成为真正的威胁。因此，许多机构采用了行为干预小组（BIT）、关爱小组或学生关怀（SOC）这样的名称。

与危机管理团队一样，行为干预小组由多学科专业人员组成，他们是机构内关键职能部门的代表。行为干预小组也通常包括来自以下领域的代表：校园执法队、学生训导、学生行为、宿舍生活、咨询中心、保健服务、残疾服务、学术事务、人力资源、法律咨询。由于行为干预小组的大部分成员通常是学生事务专员且学生危机案例较多，因此行为干预小组常常通过学生事务部门指导和协调危机事件。尽管大部分的危机与学生有关，但是行为干预小组也应该解决教师和员工的行为问题。在这些情况下，来自人力资源和学术事务的代表发挥更加突出的作用。

为了使工作行之有效，行为干预小组需要掌握校园环境内的行为问题和关注点的信息和报告。校园社区的成员需要了解和掌握与行为干预小组取得联系的方式才能提供信息。行为干预小组的一项重要职能是为学生、教师、员工提供培训，帮助他们认识和报告他们的痛苦和具有破坏性的行为。越来越多的机构开始提供在线报告系统，校园社区的成员，有时以匿名的方式，利用这个系统报告关于同事、合作伙伴、朋友的具体事件或者一般关心的问题。然后，根据行为的性质、类型和严重程度，系统自动将这些报告发送小组中适合的成员继续跟进。小组行动是以具体行为的真实信息为依据的个性化评估，广泛的一般问题以及毫无根据的恐惧和偏见并不是小组行动的基础。

行为干预小组的发展和运行是校园危机管理的一项重要功能。小组应该是训练有素、高度警觉、广被认可以及常被使用的团队。记录行为干预小组的目的、构成、过程和行动是处理危机管理过程中预防阶段问题的主要功能协议。

30.6.2 保护

在危机发生时，特别是在试图提醒人们即将发生的威胁或危险时，有效的沟通是关键。

紧急通信系统是保护校园社区的基本功能协议。

1990年，国会颁布了《1990年犯罪意识和校园安全法案》（Title Ⅱ of Public Law 101-542）。该法案屡经修改，并于1998年更名为《珍妮·克莱里校园安全政策和校园犯罪统计披露法案》。现在一般称之为《克莱里法案》（见第26章）。

自最初的法案（1990年）颁布以来，向校园社区提供及时的警告成为了大学管理者的一项法律责任。2008年对《克莱里法案》的修正增加了一项提供紧急通知的额外义务。了解这两项要求之间的差异以及确保行之有效的协议来发布警告和通知对任何预案来说，都是十分重要的。

当大学管理人员确定是《克莱里法案》——法定报告的犯罪行为对师生员工产生持续威胁时，就需要启动及时警告。《克莱里法案》中法定报告的犯罪行为可由两个主要特征来界定：犯罪类型和犯罪地点。《克莱里法案》规定，由FBI统一犯罪报告项目界定的杀人、性犯罪、抢劫、严重伤害、入室行窃、机动车盗窃和纵火是所有机构都必须报告的犯罪类型。除报告校园内发生的犯罪行为外，机构还必须报告的犯罪行为包括：与校园内或紧邻校园区域公共财产有关的犯罪行为，与机构所有或使用的校园内或非校园内建筑物有关的犯罪行为。机构年度《克莱里法案》报告指定的大学行政官员对发布及时警告有决定权。

当大学管理人员确认校园中正在发生“对师生员工的健康和安全产生即刻威胁的重大紧急事件或者危险情况”时，就需要启动紧急通知（US Department of Education, 2011, p. 97）。

紧急通知和及时警告有几个主要区别。紧急通知的范围比及时警告的范围要广泛得多，包括《克莱里法案》未报告的犯罪以及非犯罪事件。紧急通知只限于发生在校园内的事件，不包括与校园临近区域财产或者机构自有财产有关的事件。而且更重要的是，紧急通知的沟通情境是目前正在发生或即将发生的情况，且必须在确认危险情况存在或危及校园安全后立即发出。对比而言，及时警告的沟通情境是已发生且构成持续威胁的情况。一旦管理者获得有效信息，就应该发布及时警告。

无论是紧急通知还是及时警告，各机构必须有能力迅速、全面地向学生、教师和工作人员传达信息。短信系统因其传播紧急信息的能力强而受到极大的关注和欢迎。然而，机构不应依赖任何单一的方法来传递紧急信息。各机构需要建立一个多模式的系统，向校园社区发布紧急信息。这类系统应至少包括户外收听设备、气象无线电装置、短信收发系统和内部大规模电话通知系统（Florida，2007）。校园电子邮件信息、网站、信息移动字幕以及机构的广播站、电视台也是紧急通知的潜在模式。

除了这些传统的通信方式，还必须认识到社交媒体在紧急通信中可以发挥的作用。Facebook、Twitter、Instagram、YouTube以及其他学生们常用的社交网络工具极大地改变了我们应对和管理危机事件的方式。社交媒体的应用提供了一个即时和连续的信息流，个人用户发布的照片和视频可以通过互联网传播给全世界。当危机发生时，社交媒体是机构与校园社区沟通的有效方式。然而，社交媒体所发布的内容通常早于机构的警报和提示，而且机构需要重视对快速传播的误报与谣言的管理。基于这些原因，在危机事件期间监测和管理社交媒体是紧急通信系统的一个基本要素。

在发展紧急通信系统的过程中，需要掌握各种通信方式的优缺点，并将每种通信方式的优点利用到极致。例如，短信和推文的优点是可以及时、迅速地向用户发送信息，缺点是可传输的字符数有限（一般短信为160个字符，推文为140个字符），难以向用户提供清晰、详细的信息。因此，虽然短信和推文是提醒校园社区成员注意紧急情况的理想方法，但是我们仍需要引导用户关注其他信息源（即电子邮件、网站）以获取更加详细、全面的信息。

准备充分的机构已经有成型的应急通信模板。根据各种紧急情况（例如随机枪击、恶劣天气、停电）设计不同的模板，这样可以为不同的通信模式提供信息草稿（例如，短信、电子邮件和音频广播）。提前设计好模板对编辑符合各种通信模板参数的有效信息十分有帮助。

紧急通信系统的另一个关键考虑是确定有权和有责任发出信息的人。虽然校园执法人员发挥着主要作用，但是将公共关系人员和学生事务管理人员纳入系统的情况也十分常见。拥有这一权力的人员需要参加培训，掌握利用各种通信方式启动紧急通信的方法。而且，系统需要定期进行测试。

明确的紧急通信系统是每个校园危机管理计划的重要功能协议。学生事务管理人员需要了解系统及其不同的通信方式，并能在适当的时候为保护校园社区发布信息。

30.6.3 缓解

危机处理者最不希望看到的事情是一个人因毫无防范或疏忽大意陷入危险。理想的情况是陷入危险的人原地不动，让专业救援人员展开施救。这样做的目的是缓解危机情况，减少或者降低任何额外的伤害或损失。

在教育环境中讨论危机缓解时常被提到的概念是封锁校园。在小学或中学的环境中讨论封锁一座建筑物或几个临近设施的战略，虽然困难但却可以实现，这样既保护了当事人也缓解了危机。然而，学院和大学校园占地数百英亩，而且教学设施遍布校园。

校区的大小和设施的数量暂且不论，小学或中学的校园由年龄较小且在校时间固定的学生组成。学院或大学校园则是由有权自我决策和自我负责的大学生组成。大学生可以在校园里自由行动，他们在教学楼和教学设施规定开放的时间内不需要通行证，也不必提供行踪记录就可以自由地进出教室、办公室、食堂、图书馆、体育馆和其他设施。这些设施从清晨开放到深夜。许多大学都有学生公寓，学生、工作人员，有时还有教师全天值班。

鉴于中小学和高等教育机构的这些关键区别，对许多高等教育机构来说，全校园封锁通常不是一种实用或可行的备选。这并不是说忽视或否定这个战略。根据机构的规模和设施数量，对一些学院和大学来说，实行封锁也可能是一种合理的行动，前提是协议中适当考虑了学生的人口特征和校园的开放性。对其他高校来说，虽然封锁整个校园并不可行，但是封锁校园的某个建筑物或某个区域可能是可行的备选方案。

校园执法部门可以与当地警方合作，启动这样的程序，并在指定的封锁区域周围建立封锁线。学生事务负责人需制定符合机构协议的工作程序，并针对学生事务负责日常运行的宿舍、餐厅、娱乐设施、学生会和行政办公室等制订合适的封锁方案。

通常，与封锁协议同时发布的是就地避难的指令。这个指令不仅适用于封锁地区，也适用于整个校园。这样做有助于从几个方面缓解危机情况：(1) 个人积极采取预防措施保护自己；(2) 减少个人无意中进入存在具体威胁地区的可能性；(3) 为应急服务和危机响应人员清理通道。

尽管危机预案普遍包括就地避难的行动步骤，但在具体执行层面却因建筑物和设施而异。整个校园的学生、教师和工作人员都需要积极参与制订他们经常活动的建筑和设施的就地避难计划并参加培训。不论职位如何，学生事务专员都应与同事合作制定在其工作场所就地避难的具体协议。特别应予以重视的是校园来访者可能聚集的设施以及通知和引导来访者前往安全地点的方式。美国国土安全部提供的随机枪击课程资料（US Department of Homeland Security，2013）提供了一些一般性的指导，帮助人们识别就地避险的场所和行动步骤：

- 选择一个隐蔽的位置，该位置能在持枪者向你所在的方向射击时为你提供保护。
- 把门锁起来。
- 用沉重的家具顶住门。
- 关门、隐藏起来和远离窗口。
- 保持手机或传呼机静音（即使设置为振动也可能暴露隐藏的位置）。
- 藏身于大的物体（即橱柜、书桌）后面。
- 保持安静。

师生员工应与校园执法部门沟通，确定可以避险的具体场所。一旦制定了协议，在教学设施内的所有工作人员和学生都应按照协议接受适当的培训，以便在接到警报后做出恰当的反应，实施就地避险。

30.6.4 应对

当危机来临，警察、医务人员和其他应急人员将采取许多应对危机的行动。学生事务专员在危机应对工作中的关键作用是核对学生人数。尽管与中小学不同，但是人们仍然强烈希望并需要高等教育机构能够对学生的行踪负责。这是一个挑战，因为我们的学生不是中小学生，他们有权在校园内外自由活动。作为成年人，他们随心所欲地上课和参加各种活动。那么，当出现紧急情况时，我们如何确定学生人数呢？

1999年，在得克萨斯农工大学，一个五层楼高的圆木塔倒塌后砸中了正在搭建年度篝火舞台的一群学生。当救援工人和紧急救援人员赶到现场实施援助时，遇到的一个主要问题是无法确定被困在木头碎片下面的学生数量。现场也没有参与当晚工作的学生名单。在不影响学习的情况下，学生从校园的四面八方赶来协助救援。最终，当晚在场的学生事务专员排查出了失踪学生的名单。他们通过和学生干部的亲密关系、人际交往和询问技能，与事发时在场的学生们一起，在两个小时内拟定了一份15名失踪学生的名单。最后通过电话联系学生以及宿舍管理人员逐个寝室确认的方式，进一步确定失踪学生人数为12人。在事故发生后的22小时后，救援人员挖掘出了第12具遇难学生遗体。

每个危机事件都是不同的，没有单一的方法来确定陷入危机的学生人数，但是学生事务专员在应对校园危机时的早期考虑为我们提供了一种统计学生人数的方法。无论从哪个角度考虑，学生事务专员都有独特的资格胜任这一角色，因为他们常常与学生互动，了解学生所属的团体和机构，并与学生领袖建立了良好的关系。学生事务专员掌握的各种资源可以作为初步统计的基础，可能包括班级名册、宿舍分配情况、磁卡访问记录或组织成员名册。学生事务专员利用这些资源与学生互动，确定他们是否在危机现场以及他们现在所处的位置。这些互动可以是面对面的，也可以通过数据形式或电话。

学生事务专员知道统计学生人数是危机应对阶段的一项重要任务，他们希望在危机发生时进入重要的资源库、数据库和记录库。只有提前做好计划，才可以设计便于统计遇难人数的应急协议。例如，我们可以制订建筑物疏散的计划，楼内的人都聚集在某个位置以便统计人数。虽然学生事务专员无法对不同类型的危机做出预测，但非常重要的是，他们需要提前考虑各种可能性并制订危机发生后统计学生人数的基本计划。

30.6.5 恢复

在危机已经平息后，直接威胁已经过去，就进入到收拾残局，恢复校园正常秩序的阶段，这也是学生事务专员大放异彩的时候。我们是大学社区的看护人，我们帮助和支持他人，助他们成功。在恢复阶段，关心和关爱学生、教师和员工是学生事务专员的重要职责。我们做好恢复工作的方法有很多，每一个方法都可以成为有意义的功能协议。

为帮助人们从危机事件或情况中恢复过来，我们采取的最常见的方法是帮助人们与适当的资源建立联系，如身心健康服务。虽然医疗和咨询人员来到现场显然是首要的应对方案，但我们也必须认识到他们对不同的身体和精神恢复类型的支持非常有限。所以这只能算是一种治疗危机可能造成的身心创伤的急救法。更重要的是，我们还需要提供后续的护理和支持，为那些在危机事件发生后的数天或数周才真正感受到危机影响的人提供帮助。常见的做法是把曾经遭受过危机事件创伤的一组人聚集在一起（例如，楼层会议、分部会议或部门会议）。组织座谈会的目的是承认与会者所经历的创伤，明确每个人都应用不同的方式处理压力和悲伤，并且向他们介绍可以提供帮助的资源。在会谈中，促进者可以指出消极应对的行为，鼓励社区成员注意他人身上是否有消极行为迹象并恰当提醒，那么这些人就可以获得所需的支持和帮助。每个学生事务部门都需要制定适用的功能性协议来确定会谈的组织协调方式、担任促进者的人员以及会谈的一般方法和内容。

当大学社区发生死亡事件时，有的时候举办追悼活动有助于在悲剧后平复情感上的痛苦和为校园的悲剧做一定程度的收尾。从表面上看，这种做法没有什么不妥当，但随之而来的问题也极具挑战性。只要是死亡事件，就举办追悼活动吗？如果死者死于自杀或暴力犯罪呢？如果你策划了追悼活动却没人来呢？你是否应该邀请死者家属参加呢？谁来决定追悼活动的内容或程序？如果死者家庭要求提供宗教服务，那么拥有其他信仰的人会受欢迎或感到自在吗？谁来支付追悼活动的费用？这些都是我们在规划追悼活动时经常遇到的问题。有的学生事务专员已经解决了这些问题并且掌握了解决困难的办法，但是他们却很少把工作方式记录下来，而且他们只是在经常处理这样问题的小圈子里交流经验。当你和你工作的大学正试图从重大危机中恢复过来时，那么建立举办追悼活动的功能性协议十分有用。对任何危机管理团队来说，值得花时间花精力去做的事情是提前研讨可能发生的危机，并与利益相关方就该机构如何在不需要面对立即行动压力的情况下应对这类问题达成共识。

当大学社区发生死亡事件时，另一个经常被提出的要求是在校园里设立纪念物。纪念物可以是用来纪念死者的树木、长椅或其他人造物。虽然这样的纪念物是善意的，纪念对人们来说是非常重要的悼念逝者的方式，但满足每个人的纪念需求是不切实际的。不仅校园里没有足够的空间设立纪念物，而且维护纪念物也是重大挑战。大多数校园都制定了一些标准或流程以规范设立纪念物，通常的做法是需要委员会或高层批准。替代方案是设立奖学金向逝者致敬，但挑战是需要筹集足够的资金以及维持奖学金长期运转。解决方案是在大学的基金会里建一个账户，人们可以通过捐赠的方式为需要致敬的逝者制作纪念物。如捐赠的数量足以设立一个奖学金，那么就以逝者的名字命名奖学金。否则这些募集来的捐赠将会用于设立一个普通名称的奖学金。对生者来说，抚平伤痛最普遍也是最有帮助的方式就是对逝去的人的纪念。帮助这些急需寻求支持的人提前清楚地掌握设立纪念物的方式和流程，是极其重要的。

本章仅列举了有关危机管理流程恢复阶段中机构制定的功能性协议的几个例子。这些功能性协议不是长篇大论，而是工作人员可以快速查阅的行动清单。其中的一些功能是学生事务专员个人或者团队在他们整个职业生涯中曾多次从事的工作，看起来似乎不值得记录下来。但是，随着时间推移，人事总会发生变更。因此，保留学生事务专员的历史知识和经验对确保高效应对校园危机是十分重要的。

30.7 结论

学生事务专员迟早都会被召集起来应对校园危机。高效应对危机以及解决危机产生的各方面问题需要提前的准备与规划。大学社区可把危机管理流程的5个阶段（预防、保护、缓解、应对和恢复）作为危机预案的框架来制订计划和策略，这样不仅可以降低危机事件的负面影响，甚至可以预防危机的爆发。诚然制定危机预案需要花费时间，但是对于有备而战的机构来说，危机预案的制定是一个不断变化和持续发展的过程。有效地处理校园危机的关键是掌握你所在校园也许会面对的危机情境的类型，参与危机处理的利益相关者的情况以及这些利益相关者需要发挥的作用。

参考文献

Brown，D.（2013）. Predicting violence is a work in progress. *Washington Post.* http：//www.washingtonpost.com/national/health-science/predicting-violence-is-a-workin-progress/2013/01/03/2e8955b8-5371-11e2-a613-ec8d394535c6_story.html.

Catullo，L. A.（2008）. *Post-September 11，2001，through pre-Virginia Tech massacre，April 16，2007：The status of crisis management preparedness as perceived by university student affairs administrators in selected NASPA member institutions.* Boca Raton：Florida Atlantic University.

Clement，L. M.，& Rickard，S. T.（1992）. Managing crises. In L. M. Clement & S. T. Rickard（Eds.），*Effective leadership in student services：Voices from the field*（pp. 145-164）. San Francisco，CA：Jossey-Bass.

Coombs，W. T.（1999）. *Ongoing crisis communication：Planning，managing，and responding*（Vol. 2）. Thousand Oaks，CA：Sage.

Duncan，M. A. & Miser，K. M.（2000）. Dealing with campus crisis. In M. J. Barr，M. K. Desler，& Associates（Eds.），*The handbook of student affairs administration*（2nd ed.，pp. 453-473）. San Francisco，CA：Jossey-Bass.

Federal Emergency Management Agency.（1996）. *Guide for All-hazard emergency operations planning.*（State and Local Guide SLG 101）. http：//www.fema.gov/pdf/plan/slg101.pdf.

Fink，S.（1986）. *Crisis management：Planning for the inevitable.* New York：American Management

Association.

Koovor-Misra, S. (1995). A multidimensional approach to crisis preparation for technical organizations: some critical factors. *Technology Forecasting and Social Change*, 48, 143-160.

Lagadec, P. (1993). *Preventing chaos in a crisis: Strategies for prevention, control and damage limitation.* London, England: McGraw Hill.

Meyers, G. C. (1986). *When it hits the fan: Managing the nine crises of business.* New York, NY: Mentor.

Mitchell, T. H. (1986). Coping with a corporate crisis. *Canadian Business Review*, 13 (3), 17-20.

Miser, K. M., & Cherrey, C. (2009). Responding to campus crisis. In G. S. McClellan & J. Stringer (Eds.), *The handbook of student affairs administration* (3rd ed., pp. 602-622). San Francisco, CA: Jossey-Bass.

Mitroff, I. I., Pauchant, T. C., & Shrivastava, P. (1988). Forming a crisis portfolio. *Security Management*, 33, 101-108.

Ogrizek, M., & Guillery, J. M. (1999). *Communicating in crisis: A Theoretical and practical guide to crisis management* (H. Kimball-Brooke & R. Z. Brooke, Trans.). Hawthorne, NY: Aldine de Gruyter.

State of Florida. (2007). *Working group on domestic preparedness ad hoc committee on university and college campus emergency notification systems report.* http://www.fdle.state.fl.us/Content/getdoc/c2c4f5df-1fa5-4b26-adad-4d3e23665c43/SWGUniversityCollegeEmergencyNotificationSystems.aspx.

US Department of Education, Office of Elementary and Secondary Education, Office of Safe and Healthy Students. (2013). *Guide for developing high-quality emergency operations plans for institutions of higher education.* Washington, DC: Author.

US Department of Education, Office of Postsecondary Education (2011). *The handbook for campus safety and security reporting.* Washington, DC: Author.

US Department of Homeland Security. (2003). *Homeland security presidential directive-5.* http://www.dhs.gov/publication/homeland-security-presidential-directive-5.

US Department of Homeland Security. (2008). *National incident management system.* FEMA Publication P-01, Catalog no. 08336-1.

US Department of Homeland Security. (2011). *National Preparedness.* Presidential policy directive/PPD-8. http://www.dhs.gov/presidential-policy-directive-8-national-preparedness.

US Department of Homeland Security, (2013). FEMA, Emergency Management Institute, IS-907: Active Shooter: What Can You Do. http://training.fema.gov/EMIWeb/IS/courseOverview.aspx? code=is-907.

Zdziarski, E. L. (2001). *Institutional preparedness to respond to campus crises as perceived by student affairs administrators in selected NASPA member institutions.* College Station: Texas A & M University.

Zdziarski, E. L. (2006). *Crisis in the context of higher education.* In K.S. Harper, B.G. Paterson & E.L. Zdziarski (Eds.), Crisis management: Responding from the heart (pp. 3-24). Washington, DC: NASPA.

Zdziarski, E. L., Dunkel, N. W., & Rollo, J. M. (Eds.). (2007). *Campus crisis management: A comprehensive guide to planning, prevention, response, and recovery.* San Francisco, CA: Jossey-Bass.

第七部分　专业实践的回顾与展望

本书的最后一部分既回顾了学生事务的实践，也讨论了该行业未来发展面临的一些挑战。在第31章中，两位在学生事务方面备受尊敬的资深官员——玛格丽特·巴尔和亚瑟·桑丁，以他们在过去50年的工作经验对学生事务领域进行了非常个性化的审视。他们明确了影响学生事务服务群体发生重大变化的因素，学生事务向学生和社区其他人提供的工作方案以及新的项目和服务成为学生事务的一部分的方式。他们明确指出，学生事务领导者需要成为变革的推动者并为本领域各个级别的教育工作者提供实用的智慧。第32章对本书进行了总结，乔治·麦克莱伦和杰里米·斯特林格向学生事务管理者提出了挑战，要求他们在继承学生事务帮助所有学生充分利用宝贵的机会获得大学教育的优良传统的同时，思考新的实践方法。

第31章
职业生涯

玛格丽特·巴尔　亚瑟·桑丁

本章重点介绍了过去50年里，对于学生事务专员来说，那些未发生变化和已经发生变化的情况。此外，本章重点关注了学生事务专员扩展或重新定位在高等教育机构中的角色时，其职责的变化情况。本章反映了我们作为学生事务专员在整个服务过程中的经验。因此，作者在撰写本章时，对提供给我们无数美好机会的学生事务领域饱含赞美之情和强烈的责任感。对学生事务专员来说，变化是日常工作的一部分：学生入学、退学或毕业；工作人员被录用、留任、晋升或离职；尝试设置新的项目，有成功也有失败；出现问题了，要么顺利解决，要么久拖不决；因高等教育机构内部的领导者发生人事变化而开始制定新的战略规划；对高等教育的支持时好时坏。有的变化是短暂的，有的变化则对高等教育产生了数十年的影响。基于以上原因以及更多情况，学会有效应对变化，对于学生事务取得成功至关重要。

尽管关于学生事务专业的设想和信念发生了种种变化，但是*A Perspective on Student Affairs*（NASPA，1987）中概述的专业价值观有效地描述了学生事务专员的核心价值观。尽管在过去的50年里，学生事务的项目和服务有了显著的增长和加强，但对学生教育的基本承诺从未发生改变。各类教育机构的各职级学生事务专员都在竭尽全力地帮助学生。得益于初级学生事务专员、中级学生事务专员和高级学生事务专员在内的成千上万的工作人员的远见和不懈努力，学生事务专业现在更具包容性，更多地立足于所需专业和服务的最前沿，并且能够更好地满足学生的教育需求和个人需求。本章的两位作者都是在20世纪60年代初开始读研究生的，毕业后加入了学生事务的专业队伍。两人都获得了博士学位并且深度参与地方、区域和国家各级的专业协会。两人都有一定的专业写作经验，并在担任高级学生事务专员的同时担任教职。正是基于这些共同的经验和个性化视角，以及在公立和私立高等教育机构中的工作经验，他们撰写了本章。

我们已经明确指出了一些重大的变化，这些变化影响了我们服务的对象、提供给学生和其他社区成员的项目以及新的项目和服务成为众所周知的学生事务的一部分的方式。

我们提供了3个角度来阐释这些重大变化对处在职业生涯中不同阶段和水平的专业人员产生的影响：第一个角度关注初级学生事务专员、第二个角度关注中级学生事务专员，第三个角度关注高级学生事务专员。本章的最后，我们分享了从事学生事务工作的个人思考和感受。

31.1　变化对学生事务的影响

过去的50年里，学生事务的职能领域有了显著的拓展。当然，这主要是因为包括社区大学在内的各类型高等教育机构急剧扩招。在20世纪60年代和70年代，美国社会的主要变革是反越战、人权运动、修订法律、妇女运动和水门事件。这些变革使很多公民对政府丧失了信心。科技首先以小的步伐进入高等教育领域，然后它深刻地改变了我们与学生及其他人交流的方式。当两位作者在学生事务领域开启他们的职业生涯时，每天似乎都充满了挑战，许多校园里都发生了针对高等教育机构和全球问题的学生抗议活动。这些变革因素对高等教育机构产生了深远的影响。

31.1.1 学生群体的变化

今天的大学校园看上去不像1964年的校园。女大学生现在是大多数本科高校的招生主体。包括非洲裔美国人、西班牙裔美国人和亚裔美国人在内的各少数族裔群体占到许多高等教育机构入学人数的一半以上。美国本土学生的人数仍然很少，国际学生的数量有所增加，年龄较大的学生更容易被录取。人们对政治动荡的担忧已经减少，有更多的残障学生被大学录取，兼职的学生也更多了。学生的心理健康问题备受关注。许多毕业生无法在所学的专业领域找到工作，他们对此感到沮丧。科技改变了社会互动和学生学习的方式。这些变化以及即将到来的更多变化为学生事务专员带来了更多的机遇和挑战。

1. 初级学生事务专员

在许多高校，初级学生事务专员在年龄上更接近发生改变后的学生群体。在高等教育领域，他们通常比其他任何人更清楚地了解学生。多年来，有些学生的需求被无视或忽视，初级学生事务专员通常是解决这类问题的变革者和创新推动者。他们中的佼佼者学会了如何应对高等教育机构内部的冲突和对变革的抵制，因为他们主张对特殊学生群体给予更多的认可、服务和同情心。例如，当艾滋病在20世纪80年代初广为人知时，往往是初级学生事务专员最先了解这一问题。他们理解受其影响的学生，并成功地推动艾滋病预防、教育以及为学生争取理解和支持。许多初级学生事务专员主动向他们任职的高等教育机构发起挑战，要求机构采取行动。此外，在许多情况下，年轻的员工愿意冒险这样做是因为高级学生事务专员和校长有时一开始并不接受他们的建议。初级学生事务专员对不断变化的学生群体的观察视角和理解有助于学生事务回应新学生群体的重要关切。

2. 中级学生事务专员

中级学生事务专员在支持初级学生事务专员并帮助他们在高等教育的政治水域中航行时也承担了风险。如果没有直接上级主管的支持，从20世纪60年代到现在的初级学生事务专员就无法带来有效的变革。中级学生事务专员需要投入大量的时间和精力来积极督导新任职的和富有热情的初级学生事务专员。随着部门的发展壮大，中级学生事务专员需要承担更大的管理责任，包括员工督导以及解决财务和设施问题。他们最有效的工作是掌握对学生的第一手认知以及将这些认知转化为帮助学生承受压力和获取支持的项目。例如，中级学生事务专员和初级学生事务专员会针对研究生承受严重的个人压力而建立健康教育支持小组，因为他们对深受压力困扰的研究生群体非常了解。

中级学生事务专员也很有创造力。由于他们对学生和大学都非常了解，所以他们可以通过建立伙伴关系来帮助学生拓展教育经历。中级学生事务专员是那些存在身心健康问题学生的代言人，他们努力为这类学生提供所有的教育选择，包括使用校园设施的机会。当学生群体的多样性增加时，为学生代言有时会令人感到不自在，但这是必要的。

3.高级学生事务专员

高级学生事务专员最困难的工作之一是在学生不在场或学生无法为自己发声的时候为学生代言。通常来说，学生事务部门负责启动对少数族裔学生群体、女性学生、退伍学生或新加入机构的宗教团体的服务。学生事务部门在校园内寻求对新的服务项目的支持绝非易事，因为高级学生事务专员必须花时间来帮助机构内的其他人理解为什么需要此类服务项目以及为什么要在这些学生群体上投入资源。

在涉及言论自由等重要问题的政策讨论中也需要高级学生事务专员为学生代言。对有关学生示威、有争议的演讲者和其他问题的年度政策审查可以确保政策是否因条件变化、新法规或最近的司法裁决而需要重新修订。政策修订工作可以在政策执行前完成。

高级学生事务专员可以采用不同的形式为学生代言。在一所私立大学，学生们对预算程序缺乏透明度表示关注。他们认为，学生在大学确定预算优先事项方面的权利形同虚设。在这种情况下，高级学生事务专员和负责商业事务的副校长联合向大学的预算委员会提议，学生可以在本科生预算优先委员会的建立过程中发表意见。学生会指派学生代表参加委员会，调研学生需求，并就他们的预算优先事项进行出色的陈述。这一做法大获成功并且已经实施了十多年，人们认为这是学生投入和参与确定预算优先事项的积极方法。

最后，高级学生事务专员必须在发生危机时承担领导责任，并帮助员工在校园发生学生死亡、火灾或自然灾害等悲剧时了解自己的责任。高级学生事务专员当前和未来应该发挥的关键作用是将政策转化为可理解和可支持的行动。

31.1.2　专业化

随着学生事务领域的扩展，为特殊学生群体提供特定服务或者承担特定职能的学生事务办公室逐渐成立，其职能包括财政援助、学生录取、职业咨询、学生保持、司法事务、学生活动、休闲体育、住宿生活、入学教育、残障学生服务、健康教育和多元文化事务。这些新的服务给初级学生事务专员和中级学生事务专员带来了机会。

1.初级学生事务专员

在这段职业成长期，初级学生事务专员获得了前所未有的机会，因为学生事务中新职位的数量和种类都在迅速增加。此外，高等教育机构的发展使初级学生事务专员很容易获得进步和晋升的机会。社区大学数量的爆炸性增长为初级学生事务专员提供了成千上万的职位空缺，使他们有机会比在传统的大学更快地承担更多的责任。从一所机构跳槽到另一所机构是初级学生事务专员快速获得承担更多工作机会的典型方式。年轻的学生事务专员在十年内跳槽两三次也不稀奇。然而，自2007以来，由于经济衰退，学生事务专员在机构间跳槽的趋势大为减缓。

特别是在1965年至1975年期间，全国乃至世界范围内发生了严重的社会和政治动荡，许多初级学生事务专员都努力把重点放在自己的职业发展上。随着新的特定服务的蓬勃发展，他们现在有了很多选择。尽管他们中的大多数人留在原来的职能领域，但仍有很多人决定离开。有些人可能会受困于不断增加的新职能领域，而其他人则在高等教育领域之外寻求更多积极的发展机会。

2.中级学生事务专员

在高等教育的扩张时期，学生事务特定职能单元的数量和类型迅速增长。那些被任命来管理这些职能单元的中级学生事务专员，在他们的整个职业生涯中，往往都坚守在原来的岗位上。他们的职位承担着财务、人事和项目规划责任。尽管他们通常向高级学生事务专员汇报工作，但是他们中的许多人在校园里成为了举足轻重的、半自治的管理者。

近年来，一些关于中级学生事务专员角色的研究在专业文献中屡见不鲜（Ackerman，2007；Fey & Carpenter，1996；Johnsrud，Heck，& Rosser，2000；Rper，2012；Rosser，2004；Tull & Kick，2012；Young，1990）。人们逐渐开始关注中级学生事务专员这个群体，以及他们的职业生涯、经历的冲突和获得的机会，这使人们对处在组织瓶颈中的中级学生事务专员给予更多的理解和支持（Belch & Strange，1995）。科米夫（1992）将中级学生事务专员称为“中间人”，并讨论了他们在学生事务领域中发挥的关键、但有时被低估的作用。

中级学生事务专员在其学生事务专业领域中建立或加入了新的专业协会。如全国入学教育主任协会之类的团体都在学生事务专业领域拓展的时期得以建立并不断发展。有些中级学生事务专员渴望成为高级学生事务专员。由于高级学生事务专员的职位不限种族、性别、学历和经验背景，所以很多中级学生事务专员幸运地找到了晋升路径。但是，仍有很多人继续担任中级学生事务专员。他们在校园和学生事务专业领域承担着重要的领导角色。学生事务领域的专业化也给那些渴望成为高级学生事务专员的人带来了困扰，因为成为学生事务领域的通才变得越来越困难。对于那些有抱负的人，在他们专业以外的领域寻找扩展技能和知识的机会变得尤为重要。为了应对此种情况，一所公立高等教育机构制订了一项内部研究员计划，有兴趣拓宽知识储备的学生事务专员每周从自己的办公时间里腾出10个小时，在另一个学生事务职能单元工作。此外，为了拓展他们对机构面临的问题的视野，被选中加入研究员计划的人可以参加由高级学生事务专员主持的、有客座演讲者参加的、每月一次的研讨会。诸如此类的经验可以帮助中级学生事务专员有的放矢地规划自己的职业道路。无论中级学生事务专员的职业发展路径是什么，他们从事的工作对学生事务的发展至关重要。

3.高级学生事务专员

学生事务组织增设了许多专业化的职能单元，这就要求高级学生事务专员拓展各专业领域的知识。高级学生事务专员了解其新职责的途径有阅读文献，参加专业会议、网络研讨会和专业工作人员会议。无论高等教育机构的规模和复杂程度如何，高效的高级学生事务专员的主要作用之一就是成为可用资源的出色管理者。这些资源的使用必须与高等教育机构的战略计划以及使命和目标相一致。桑登（1991）指出，要想成为高效的管理者，高级学生事务专员必须有清晰的规划，并且“清楚地知道他们想要完成的目标”（p.89）。尽管高级学生事务专员可能颇具远见，但所有级别的专员都需要参与制定规划的细节，因为他们作为一线的服务人员通常能够为改善规划提供建设性意见。任何可靠的规划都应以开放的姿态接受改进意见，并就学生事务如何为学校的使命和目标做出贡献提供明确的指导。

高级学生事务专员最重要的任务之一是支持中级学生事务专员招聘、督导员工和促进员工发展。有经验的高级学生事务专员理解学生事务使命的重要性，以及他们为达成使命做出贡献的方式。高级学生事务专员制定和实施实用的和定期的员工绩效评估程序很重要。定期评估程序不仅可以帮助员工关注他们需要掌握的技能和能力，还可以帮助员工评估绩效。高级学生事务专员值得花些时间来了解与员工督导和管理有关的新理论、新方法和新途径。库克、班宁和埃米（2010），杰克逊、莫内塔和纳尔逊（2009），伊格内兹（2011）都开展了相关研究。

31.1.3 专业准备项目的发展

在这50年中，专业准备项目的惊人增长极大地提升了初级学生事务专员和中级学生事务专员的工作质量。从高校研究生专业准备项目毕业的、做好充分准备的初级学生事务专员大量涌入学生事务领域，对原本从事学生事务工作的人员产生了刺激。因此，学生事务专员的团队在本质上变得更加多样化和去本土化。

1.初级学生事务专员

初级学生事务专员对学生发展、学生文化和学习理论领域的工作准备得非常充分。他们把研究生准备课程中学到的理论应用于工作实践，为学生提供了更好的服务和选择。

许多初级学生事务专员对自己的继续教育负责，并帮助创建了一些项目来拓展自己和同事的知识储备。由于学生事务需要密切关注新的技能和知识（例如科技），所以通常是初级学生事务专员负责在任职的机构和专业协会中组织和实施专业发展项目。

受到专业准备项目蓬勃发展的启发，渴望承担更多责任的初级学生事务专员认识到职位晋升需要获得博士学位。因此，他们中的许多人一边工作一边参加博士研究生项目。还有一些人选择离职几年，攻读全日制博士学位。

2. 中级学生事务专员

随着准备充分的初级学生事务专员的大量涌入，中级学生事务专员需要投入更多的时间督导员工和促进员工发展。他们的主要职责是帮助初级学生事务专员了解机构独特的政治和决策结构。

中级学生事务专员也寻求提升机会。有的人在全职工作的同时，回到大学攻读博士学位。还有的人攻读全日制博士学位，不断打磨他们的研究和评估技能。中级学生事务专员的自我提升使他们在涉及督导多个相关职能单元的大型和复杂的学生事务组织中获取新职位更具竞争力。如果他们渴望晋升到高级学生事务专员职位，那么这些学习经历帮助他们做好万全准备。

3. 高级学生事务专员

成功的高级学生事务专员是高等教育机构的学术使命的支持者（NASPA，1987）。行为塑造理论表明，高级学生事务专员的一项重要任务是提供支持。很多高级学生事务专员承担教职，并定期讲授学生事务研究生准备课程或者专业学术课程。此外，由尽职尽责的高级学生事务专员领导的学生事务部门通常与研究生准备项目合作，为参加项目的学生提供实习、助教奖学金和科研机会。

31.1.4 员工多样性

随着研究生准备项目的发展，越来越多准备充分的初级学生事务专员进入就业市场。因此，学生事务候选人的储备池也发生了变化。初级学生事务专员更多地成为校园里不同性别、身体情况、种族和民族的学生的代表。

1. 初级学生事务专员

在许多情况下，正是初级学生事务专员的多样性使整个学生事务管理改变了对待学生的传统方式。有些初级学生事务专员在入职后面临着特殊的挑战。在某些情况下，如果初级学生事务专员是部门内唯一的少数民族或者女性，那么他们可能会感到被孤立。许多初级学生事务专员需要解决的一个重要问题是找到方法来处理“被排斥在外”（Madrid，1988）的感觉。

2. 中级学生事务专员

中级学生事务专员肩负着为具有多样性的初级学生事务专员提供直接督导的重要责任。与此同时，很多中级学生事务专员刚刚履职，他们也在学习督导和帮助缺乏经验的初级学生事务专员的方法。拥有不同背景的中级学生事务专员的人数也在增加。他们中的很多人成为帮助初级学生事务专员妥善处理机构内部的冲突和变革阻力的开拓者，但他们同时也在经历着艰难的调整。许多新履职的中级学生事务专员的工作重点是为具有多样性的学生群体提供服务。虽然这个任务并不容易，但他们的努力得到了回报，因为他们推动了机构给予特殊学生群体更多的认可、服务和同情。

3. 高级学生事务专员

在这些年里，高级学生事务专员的作用也发生了巨大的变化。早期的高级学生事务专员因其具备与学生融洽工作的才能而被校长选中，从教师队伍中脱颖而出。除了本书的第1章外，诺克（1985）、拉迪甘（2009）和桑迪（1991）都对早期的男生训导主任和女生训导主任职位演变为承担更多职责的高级学生事务专员的发展历程提出了独到的见解。

要成为高级学生事务专员，没有一条明确的学术途径。学术部门的同事需要获得专业学科领域的博士学位才能获得聘任或晋升。我们与他们不同，学生事务专员可以来自不同的学术背景和拥有不同的工作经历。无论背景如何，高效的高级学生事务专员都必须有能力与学生、教师、校友、更广泛的社会成员以及机构的其他管理人员建立牢固的人际关系。

随着教职员工和学生越来越具有多样性，高级学生事务专员对学生和机构的领导责任必须与学生事务领域的共同目标和职责保持一致。在多元化的校园社区中，高级学生事务专员必须关注职业的核心价值观，以及伦理和法律的责任。

31.1.5 财务管理的重点

在过去20年中，人们越来越期望高等教育机构所有部门的员工都成为更优秀和更谨慎的财务管理者。由于传统的研究生准备课程更强调学生发展，所以有时初级学生事务专员和中级学生事务专员在入职时并没有做好财务管理的准备。

1.初级学生事务专员

虽然初级学生事务专员负责的项目预算通常数额较小，但这项工作为缺乏经验的初级学生事务专员提供了了解健康的财务管理复杂细节的好机会。找出隐性成本，删除某项支出以平衡预算，让学生参与预算决策有助于初级学生事务专员成长为优秀的财务资源管理者。然后，他们可以将这种技能应用到更复杂的预算管理中。

2.中级学生事务专员

中级学生事务专员的预算责任更大更复杂，因为他们通常负责涉及面较广的设施、工作人员和项目。他们中的一些人沮丧地发现，他们还没有为承担预算责任做好充分的准备。聪明能干的中级学生事务专员勇于寻求学生事务部门内部和外部的帮助，广泛阅读相关文献，逐渐掌握成为高效的财务管理者的技能。部分人认识到成为一名优秀的财务管理者不但对机构更有价值，也会让自己成长为优秀的领导者。

3.高级学生事务专员

强有力的财务管理是学生事务领域成功开展工作的必要条件。“预算实际上是用财务术语表述的教育目的”（Mayhew，1979，p.54）。明智的高级学生事务专员清楚地了解支持学生事务领域和职能单元运转的资金来源和资金使用限制。如果财务管理不是高级学生事务专员的强项，那么，他或她应该确保拥有一位出色的预算主管。高级学生事务专员在预算编制和责任制方面承担三项重要职责：成为一名服务多样化学生群体不断增长的需求的高效倡议者；成为一名谨慎处理已拨付到学生事务领域资金的管理者；成为一名预算办公室的合作者。

在高等教育面临财政压力的时期，三个财政问题变得更加重要：按照收费服务模式为基本的学生服务提供资金；将额外的学生项目转移到辅助服务预算中；为学生事务专员，特别是健康服务和咨询中心的学生事务专员提供有竞争力的薪资。其中对学生事务最重要的是按照收费服务模式为基本的学生服务提供资金。尽管整个模式在校园休闲娱乐方面应用得很成功，但是当学生需要付费才能获得身心问题的关爱时，这个模式就有明显的缺陷。

将所有学生都能用到的一些服务转移到辅助服务预算中也涉及伦理问题。使用者通过签订住宿和食品服务合同或者强制缴纳费用为辅助服务提供资金。如果之前由年度预算支持的职能转移到辅助服务预算中，但是仍继续为所有学生提供服务，这合情合理吗？一部分学生付费为所有学生获得的服务买单，这真的公平吗？显然，有效地管理财务资源是高级学生事务专员的一项关键任务。

31.1.6 协作与合作

优秀的学生事务专员意识到，几乎没有什么事情可以凭借一己之力获得成功。他们需要获得教师、其他工作人员、领导者、校友、学生和其他人的支持。

1.初级学生事务专员

对一些初级学生事务专员来说，协作是比较困难的，因为他们在入职的头一两年常常专注于埋头苦干，很少抬头看路。他们在新的环境中也很难识别合作机会。初级学生事务专员与同事讨论过去成功的协作案例，或者寻求他们对失败案例的见解通常很有帮助。初级学生事务专员可以通过询问和倾听以及在寻求与他人的伙伴关系时保持好奇心来学到很多东西。

2.中级学生事务专员

在过去的50年里，中级学生事务专员对初级学生事务专员的督导作用变得越来越重要。帮助初级学生事务专员变得自信和有效地与学生事务以外的人员开展合作，是中级学生事务专员的一大贡献。负责设施管理的中级学生事务专员也可以展示协作和合作是如何开展的。在这种情况下，确定改善设施的管理方法和指出各使用者的职责是他们的关键任务。中级学生事务专员对娱乐设施、宿舍、餐厅、学生中心、健康中心和其他设施负有管理责任。最大限度地利用这些设施来满足学生需求是中级学生事务专员的首要任务。

此外，中级学生事务专员及其员工的参与对增加学生的学习服务机会非常重要。许多机构都设有志愿服务中心，而且学生事务经常与含有学习服务内容的教学课程合作。中级学生事务专员可以通过在更广阔的社区范围中识别有效且可持续的服务机会来为教师提供支持。

3.高级学生事务专员

无论在小型、中型还是大型的高等教育机构，高级学生事务专员必须在与教师、学术部门、学院建立伙伴关系方面发挥领导作用。如果高级学生事务专员不能身先士卒，他们就不能期望工作人员参与合作。例如，当詹姆斯·拉哈蒂根担任维奇托州立大学负责学生事务的副校长时，他和他的领导团队的主要成员亲自欢迎新教师来到校园，并和他们建立了持续多年的友好关系。在大学里，私人接触会产生不同的效果，并有助于与他人建立积极和富有成效的人际关系。很多高级学生事务专员经常参加学术讲座和学术事务颁奖典礼。还有一些人每天的第一项工作是为获得巨额捐赠的教师或做出杰出贡献的学生写表扬信。高级学生事务专员通过这些方式与校园社区内的很多群体建立了私人关系。尽管高级学生事务专员以富有个人风格和魅力的方式建立人际关系，但是他们必须清楚地证明协作与合作对学生事务领域和他们个人来说，都具有非凡价值。

31.1.7　以教育者的身份提供服务

我们这些从事学生事务的人员所做的一切都是教育——只不过授课地点与教师不同。史密斯和劳埃德-琼斯（1954）在他们出版的著作中也表达了这一观点，他们的研究重点是将学生人事工作视为深度教学。彼得·马戈尔达和托尼·里贝拉在本书第8章中对这个观点进行了广泛而全面的探讨。除了本书提供的信息外，重点要指出的是，作为学生事务专员，我们应该以符合伦理和负责任的方式处理危机情况、纪律问题和学生骚乱。这与良好的专业实践有关，也与充分利用提供给我们的教学机会有关。“如何做”和“做什么”同样重要。

1.初级学生事务专员

初级学生事务专员通常很难将自己视为教育者。但是，由于他们在日常工作互动中经常和学生会面且负责指导学生组织，所以他们能够成为非常高效的教师。初级学生事务专员通过分享他们在研究生准备项目中学习到的理论和实践知识帮助学生成为更出色的领导者。例如，发展理论可以为学生领导者处理组织成员不适当行为提供不同的视角。如何将领导力理论应用于社会组织的讨论可以帮助学生领导者发现自身的领导困境。例如，初级学生事务专员还可以帮助学生领导者掌握处理男性和女性公平与公正问题的基本方法（Gilligan，1982；Kohlberg，1984）。同样重要的是，当学生或者学生领导者展现出失望或者愤怒的行为时，初级学生事务专员能够给予他们富有建设性的回应。

2.中级学生事务专员

中级学生事务专员以督导年轻和经验不足的员工的方式开展教学。他们核心的教学任务是帮助员工认识到有效开展合作的方式。花时间解释为什么新员工的想法不被支持、分享与其他部门建立合作关系的历史、或者回答以特定方式解决冲突的原因，对中级学生事务专员而言都是有效的教学时刻。

3.高级学生事务专员

学生事务专员非常了解学生及其大学经历。寻找与教师共享研究和评估数据的方法有助于他们从学生的角度加深对大学经历的理解。如果教师或者其他职能部门的员工对学生表示关切，高级学生事务专员需要向他们提供有价值的信息。开放教师或其他行政同事可能感兴趣的员工发展计划是共享与学生有关的信息和数据的好机会。

从这些意义上来说，高级学生事务专员和他们的同事都是教育者。高级学生事务专员现在和将来的关键任务之一是继续为教育者行为树立榜样。随着学生线上学习机会的增加，为线上学习环境提供服务将是令人兴奋的挑战。

31.1.8 适应不断变化的社会问题和规范

当作者开始从事学生事务工作时，我们对学生，特别是女性学生的行为是有明确的期望的。例如，女性学生按时归寝是规范；在男女同校的校园中，男女学生必须居住在同一宿舍楼的单独两翼；男性学生比女性学生享有更多的自由。但是，所有这些标准在20世纪60年代中后期发生了巨大的变化。这些新变化使人们对学生事务专员产生了新的期待。

1.初级学生事务专员

有些社会规范在初级学生事务专员的工作中发生了变化。全国女性运动直接导致了很多大学改变了关于女性学生的规定。校园的工作重点从执行针对女性的规则转变为灌输宿舍楼安全意识。宿舍楼也为女性学生分发了钥匙，并安装了钥匙代码条目。在这一时期，住宿也发生了变化，男女同住一栋宿舍楼也变得更加普遍。到20世纪60年代末，男女可以住宿在同一宿舍楼的不同楼层或房间。现在，负责宿舍生活的学生事务专员面临处理男女同住一间宿舍以及其他的住宿要求。对于有些初级学生事务专员来说，这些变化在意料之中。而对另外一些人来说，适应变化却很困难。

2.中级学生事务专员

中级学生事务专员在处理住宿问题时，与初级学生事务专员面临同样的问题和困境。通常，他们最先面对因子女的住宿安排问题而感到焦虑的学生家长。在学生事务其他领域工作的中级学生事务专员在日常工作中也会遇到设施问题。学生可以在哪里照顾孩子或给孩子喂奶？对任何一位中级学生事务专员来说，这个问题都不容易回答。但是中级学生事务专员往往推动整个机构回应学生的特殊需求。

大学校园无法避免针对歧视性政策的抗议活动。中级学生事务专员通常是第一个注意到社会变革对设施使用政策和流程产生影响的人。在健康和心理服务中心工作的中级学生事务专员必须确保为所有学生提供恰如其分的服务。

3.高级学生事务专员

大学对校园内特殊群体关心的问题做出的回应通常会引发学生家长、捐赠者和一些宗教团体的关注。通常来说，高级学生事务专员负责传达机构的政策和解释政策改变的原因。此外，董事会成员、立法者及社区相关人士常常要求高级学生事务专员解读正在发生变化的机构政策。同时，高级学生事务专员有责任帮助员工适应和支持在规章制度和运行体制方面的变革以更好地满足变革后的学生群体的需求。

由于更多的有明显或者不明显残疾的学生进入大学，学生事务专员往往负责解决残疾学生的安置需求。这项工作需要与教师进行合作和协商，以确保所有学生都能获得联邦和州政府规定的服务。结果是许多机构扩展了学生事务的职能领域，包括设立了残疾学生服务办公室，以及仔细审视法律规定的残疾学生安置标准。

31.1.9 对学生心理健康的日益关注

由于长期患有心理健康问题的学生人数持续增加，所以各机构必须拓展心理服务以满足学生的需求。服务需求的增加需要新的资源。

1. 初级学生事务专员

学生对心理健康服务日益增长的需求对学生事务所有职能领域的初级学生事务专员产生了影响。所有工作人员都必须清楚地了解服务条款的限制边界。更重要的是，需要了解自己在处理学生抑郁、饮食失调和自杀行为方面的工作限制。对于初级学生事务专员来说，学习在什么时间，以什么方式为需要心理援助的学生寻求合适的转介已经成为他们越来越重要的工作技能。此外，当群体中的某位学生表现出难以解决困难的心理健康问题并需要专业帮助时，初级学生事务专员需要警惕群体或宿舍内部出现的问题。理解自身的局限性并与心理健康专业人员建立牢固的工作关系已成为初级学生事务专员必须掌握的一项关键技能。

2. 中级学生事务专员

中级学生事务专员的主要职责是帮助初级学生事务专员掌握与学生打交道时可用的校园资源，以及协助他们打磨转介技能。与提供心理咨询服务的工作人员开展合作能够帮助学生获得适当的、及时的帮助。对于初级学生事务专员和中级学生事务专员同样重要的是，当出现的问题超出了他们的解决能力时，他们都应认真听取学生的意见并寻求帮助。

3. 高级学生事务专员

建立一支能够开展有效协作并为有需要的学生提供帮助的工作团队是高级学生事务专员的最重要职责之一。始终如一的政策以及有意义的员工发展和培训项目是必不可少的，但最重要的是高级学生事务专员的态度和参与度。处理涉及学生的危机情况是学生事务工作的一部分。高级学生事务专员需要通过倡议退学和再入学的政策变化（如果需要）来为有需要的学生发声，以帮助学生及其相关人员获得持续的心理健康支持。

31.2 结论

本章讨论的内容并不是过去50年来影响学生事务的唯一变革力量。我们在这里重点讨论这几点是因为它们对各级学生事务专员的日常工作产生了影响。作者从实际工作经验中认识到，督导对学生事务专员的成长和发展起着举足轻重的作用。作者很荣幸在职业生涯的早期拥有这样的督导者，对此我们深表感谢。

我们坚信，学生事务领域未来的关键作用是引领即将到来的新变化。安于现状绝不是积极的变革者的选择，我们必须采取积极的方式寻求影响学生事务组织和高等教育机构的潜在结构和文化的机会。有的时候有舍才有得，这是学生事务工作的特点。例如，多年以来，学生负责运行的年度音乐成果展是学生事务工作的一部分。事实上，如果参与该项活动的学生是剧院管理部门的一分子，他们本应该获得更好的支持和服务。但是学生因担心失去独立性而拒绝这个做法。几年后，高级学生事务专员在学生和剧院管理部门之间建立了对话。学生开始发现这个更大的支持体系可以更好地帮助他们达成目标。音乐成果展由此成功地转为剧院管理部门，每位参与其中的人都非常满意。

有时，要成为一名成功的变革推动者要求高级学生事务专员必须让每个人都停下脚步来思考最新的校园危机，这些危机可能是过度饮酒问题或校园吸毒问题。高级学生事务专员提醒工作人员这些问题不是新的危机，而是校园危机在新的层面持续发酵，这一点非常重要。通过花时间回顾过去的成功和不成功的做法、充分利用文献和研究成果、与其他高等教育机构的同事交流、并利用可用的资源，学生事务专员可以将他们掌握的知识用于解决实际问题。

要想成为变革推动者，不仅要接受新事物，迎合潮流，还需要花时间评估适合高等教育机构、学生和员工的事务。有时，变革推动者要解决工作人员的不良表现并帮助他们认识到新的期望。这可能导致人员解雇或工作人员的职能调整。变革从来都不是容易的，但是美国高等教育已经学会了适应来自内部和外部的新期望。

在过去的50年中，学生事务发生了巨大的变化。为了适应不断变化的学生群体的需求，我们创建了新的服务和项目。研究生准备项目不断发展，新入职的初级学生事务专员比以往任何时候的职业准备都更充分。我们的专业领域和我们服务的学生都呈现出明显的多样性特点。多样性要求人们充分理解差异，但是也为校园社区的误解与冲突埋下了隐患。我们的学生群体发生了变化，学生事务领域的服务范围也随之发生了变化，从而引发了学术背景的多样性和提供特殊服务的工作人员的经历的多样性。

我们不能寄希望于所有学生事务专员都能充分理解学生事务专业共同的核心价值观，但是这一点却对学生事务领域的成功至关重要。我们需要有目的地努力与新入职的和有经验的学生事务专员共享这些核心价值观，并在高等教育机构内建立关于学生事务角色和职能的共同理解基础。

在我们开展日常工作时，挑战仍然会出现。校园里会发生冲突，政策会受到质疑，示威会发生，悲剧也会发生。但我们相信，学生事务专员已经做好了迎接未来50年高等教育挑战的准备。

我们因从事一项关怀他人、积极响应他人诉求的工作而感到骄傲和自豪。我们的团队由审慎的管理者组成，他们可以在校园里帮助学生和其他人取得成功。虽然同事和研究生准备项目使我们获益良多，但是从那些永葆好奇心并持续带给我们惊喜的学生身上我们收获得更多。

参考文献

Ackerman, R. L. (2007). *Mid-level managers in student affairs: Strategies for success.* Washington: DC: National Association of Student Personnel Administrators.

Belch, H., & Strange, C. C. (1995). Views from the bottleneck: Middle managers in student affairs. *NASPA Journal*, 32 (3) 208-222.

Fey, C., & Carpenter D. S. (1996). Mid-level student affairs management skills and professional development needs. *NASPA Journal*, 33 (3), 218-231.

Gilligan C. (1982). *In a different voice: Psychological theory and women' s development.* Cambridge, MA: Harvard University Press.

Ignelzi, M. G. (2011). The case for developmental supervision. In P. M. Magolda & M. B. Baxter Magolda (Eds.), *Contested issues in student affairs* (pp. 416-426) Sterling, VA: Stylus.

Jackson, M. L., Moneta, L., & Nelson, K. A. (2009). Effective management of human capital in student affairs. In G. S. McClellan & J. Stringer (Eds.), *The handbook of student affairs administration* (3rd ed., pp. 333-354). San Francisco, CA: Jossey-Bass.

Johnsrud, L. K., Heck, R H., & Rosser, V. J. (2000). Morale matters: Mid-level administrators and their intent to leave. *Journal of Higher Education*, 71 (1), 34-59.

Knock, G .H. (1985). Development of student services in higher education. In M. J. Barr & L. A. Keating (Eds.), *Developing effective student services programs* (pp. 15-42). San Francisco, CA: Jossey-Bass.

Komives, S. (1992). The middles: Observation on professional competence and autonomy. *NASPA Journal*, 29 (2), 83-90.

Kohlberg, L. (1984). *Essays on moral development. Vol 2. The Psychology of moral development.* San Francisco, CA: Harper Collins.

Kuk, L., Banning, J. H., & Amey, M. J. (2010). *Positioning student affairs for sustainable change.* Sterling, VA: Stylus,

Madrid, A., (1988 May-June). *Missing people and others: Joining together to expand the circle. Change*, 54-59.

Mayhew, L. B. (1979). *Surviving the eighties: Strategies and procedures for solving fiscal and enrollment problems.* San Francisco, CA: Jossey-Bass.

National Association of Student Personnel Administrators (NASPA). (1987). *A perspective on student affairs: A statement issued on the 50th anniversary of the student personnel point of view.* Washington, DC: Author.

Rhatigan, J. J. (2009). From the people up: A brief history of student affairs administration. In G. S. McClellan & J. Stringer (Eds.), *The handbook of student affairs administration* (3rd ed., pp. 3-18). San Francisco, CA: Jossey-Bass.

Roper, L. (Ed.). (2012). *Supporting and supervising mid-level professionals.* New Directions for Student Services, no. 136. San Francisco, CA: Jossey-Bass.

Rosser, V. (2004). A national study on midlevel leaders in higher education: The unsung professionals in the academy. *Higher Education*, 48, pp. 317-337.

Sandeen, A. (1991). The chief student affairs officer. San Francisco, CA: Jossey-Bass.

Smith, M., & Lloyd-Jones, E. (1954). *Student personnel work as deeper teaching.* New York, NY: Harper.

Tull, A., & Kick, L. (2012). *New realities in the management of student affairs: Emerging specialist roles and structures for changing times.* Sterling, VA: Stylus.

Young, R. B. (Ed.). (1990). *The invisible leaders: Student affairs middle managers.* Washington, DC: National Association of Student Personnel Administrators.

第32章
好朋友们提出的难题

乔治·麦克莱伦　杰里米·斯特林格

类似于本书这样的手册通常在最后一章对前几章的内容予以总结，并就提出的各种主题或发展趋势做出深思熟虑的评论。但是本书的最后一章与传统方式大不相同。

与众不同并不代表对本书的其他章节不感兴趣或不尊重，也不意味着其他章节没有呈现重要的主题或者发展趋势。相反，我们选择以这样的方式呈现本章恰恰彰显了对其他章的作者已经出色地完成了背景概览、框架、目标以及学生事务专业实践所需的技能和能力的自信。同时也反映出我们认为这本书的读者不需要我们把他们已经阅读过的内容再讲给他们听或者告诉他们这有多重要。因此，考虑到以上两点，我们轻装上阵，另辟蹊径。

佩吉·巴尔和亚瑟·桑丁在前几章中分享了他们对所观察到的学生事务领域以及学生事务专员在整个职业生涯中的变化的思考。本章将关注点转向未来，特别是我们认为对未来至关重要的五个关键问题。

我们提出这五个问题的目的并非和其他人一样是质疑学生事务的合法性（Bloland，1979；and Bloland，Stamatakos，& Rogers，1994）。我们相信学生事务作为一个专业领域经受住了质疑，而且我们也不想旧事重提。蒂雷尔和费（2011）在关于学生事务未来的评论中饱含感情地写道："我们的评论文章并不是表达对学生事务专业本身的不满，而是对这个行业做不到退后一步实实在在的自我批评而感到忧心忡忡。"（p.18）对此，我们深有共鸣。我们相信本章中提出的问题和学生事务领域未来的生命力息息相关。真正对学生事务领域产生威胁的并不是来自对其合法性或重要性的质疑，而是专业自身的整体性、目的性和生命力。

32.1 我们如何应对效率叙事？

许多关于高等教育的公众主流论述都可以被理解为"效率叙事"。从这个角度来看，学生应该在未完成高中学业之前就开始大学学习。他们应该被引导按照成本-效益法则做出高等教育的选择以缩短获得学位的时间，且获得学位是衡量教育成果的唯一标准。在政策制定者和买方的巨大压力下，高等教育市场的应对方式是放下架子，开拓学生快速获得学位的路径（徽章、证书或其他与工作相关的认证）。

据我们所知，效率叙事对学生事务的影响是深远的。一些学生选择去追求没有品质且低成本的教育，这样的教育只能提供非常有限的学生事务支持。尽管大多数学生依然被传统教育路径吸引，但是他们花在校园里的时间正在减少。出现这种情况主要基于以下两个原因：第一，即使不能获得正式的副学士学位，但越来越多的学生在高中时就已经获得大量的大学学分。第二，州政府与联邦政府通过限制学位项目的学时或限制可以获得财政援助的学时对学位的学时要求施加政策压力。

大学在降低成本方面的压力很大。降低成本与教学设施竞争交织在一起，对学生服务设施的影响尤为明显。众所周知，学生在选择大学时，通常会比较学生会、学生宿舍和娱乐设施等。大学建造新的教学设施有时会受到关注成本的公众的批评。例如，威斯康星大学的新学生会设有攀岩壁、红酒和咖啡吧以及被当地媒体描述为“豪华”和“游乐场”的保龄球场（Carlson，2011）。虽然有些机构希望减少或合并校园空间（Carlson，2014），但是还有一些机构认为诸如此类的开销是十分必要的，这将有利于吸引并留住学生。有时学生们自己也愿意为建造这些设施提供资助，他们愿意承担为未来学生打下基础的持续不断的建筑费用。

我们应该如何应对效率叙事？我们会不会试图采取有效的措施和政策来支持不同背景的学生？我们是否会直面并挑战这样的假设：更便宜、更快就是更好，或者毕业是衡量学生成功的唯一标准？这对从业者及其所在的机构都是一种风险，但是参与政治讨论对于高校这样的公共事业机构是很有必要的（Tyrell & Fey，2011）。我们要不要走进高中，努力花时间来了解学生和帮助他们成才？我们能不能努力找到压缩学习和成才过程的方法，这个方法可以促使学生用两年的机会窗口完成现在四至六年的学业？

32.2　我们将如何应对长期以来的入学和成就的不平等？

值得庆幸的是，我们生活在一个法律禁止大学在录取学生时歧视学生的性别、宗教、种族、残疾和其他社会身份因素的时代。然而事实上，一个人是否能上大学（Aud et al.，2010），上哪所大学（Wade，2013）以及在不考虑学业成绩因素的情况下获得学位的可能性（Roy，2005）仍然因社会经济地位的不同而有很大的差异。在众多因素中，自我选择、社会资本赤字、价签休克、刻板印象威胁等因素被引用来解释一个不争的事实。在过去的50多年里，无论是政府政策还是公众言论，都一直提倡教育公平，但结果并没有证明我们在实现这一目标方面取得了足够的进展。

尽管这不是一个新的挑战，但问题是学生事务工作存在的重要性赋予这个职业承担着对社会正义不可推卸的使命。鉴于前一节所述的效率叙事问题，学生事务在持续地投入努力帮助各种经济背景的学生入学和成功地接受教育方面，将迎来更大的挑战。我们应该如何应对？我们会支持资助高等教育的新想法吗？我们会调整专业实践以适应教学方法解放吗？或者我们仅仅是加倍努力利用好现有的政策和项目？

32.3　我们如何应对针对学术自由和终身教职的威胁？

学术自由面临来自立法机关、审判系统、合作方权益和高等教育机构等多方面的威胁（Gerber，n.d.；Redden，2008；and Salkin，2014）。终身教职体系也是如此。尽管其合理性值得商榷，但在大多数高校，学术自由和终身教职却没有直接应用于学生事务的专业实践，美国的高校更不会这么做。因此，不难理解无论著作文献还是会议议程都很少关注在学生事务领域应用学术自由和终身教职的问题。毕竟我们有那么多事情要做，哪还顾得上这个？

可以说，学术自由和终身教职都为强化美国高等教育的优势做出了贡献。但不能说这两者没有遭受过恶意的诋毁。总体来说，我们的学生在课程设置、开展研究和分析社会的机遇和问题等方面都得益于教师的独立性。除学生获益外，学生事务专员必须注意到高校在背后默默努力降低教授的技能要求。效率叙事的观点认为高校应聘用兼职的或者非终身教职的教师来控制成本，这个方式是可取的。在讨论担任学生事务专业岗位的人员资质时，这个思路也是适用的。

我们如何应对针对学术自由和终身教职的威胁？我们要有意识地了解这两者的历史、贡献和挑战吗？我们要积极靠拢那些对强化学术自由和终身教职感兴趣的人吗？还是应该关注当下对我们的工作产生直接影响的事情？

32.4 我们如何应对行政膨胀的指控？

本杰明·金斯伯格（2011）撰写的 *The Fall of the Faculty: The Rise of the All Administrative University and Why It Matters* 和美国研究院的达美成本项目（2014年）成为了攻击高等教育行政膨胀的两大支柱。尽管他们的批判不是最早的，但却尖锐地控诉了高等教育提高行政成本的行为。金斯伯格和达美成本项目都不约而同地特别提到行政成本膨胀性增长的领域之一就是学生服务或者学生事务部门。至少对控诉行政膨胀的支持者来说，金斯伯格和达美成本项目的观点表明了在学生服务或学生事务领域增加开支是极其浪费的，因为这个领域提供的项目起不到重要的作用。

当教师承受着教学劳动力的变化、公众对通识教育和传统教学方法的批判的威胁以及面临着学术自由和终身教职的挑战时，就不难理解为什么他们对行政膨胀的问题这么感兴趣。我们不仅担心教育成本的增加导致学生和家长赞同对行政膨胀的批判，也担心立法者和其他政策制定者也赞同这个批判，因为他们对成本上涨也有不可推卸的责任，这样有助于转移公众的注意力。

有人对行政膨胀指控做出了反驳。其具体包括：关于明确员工分类系统的报告基础的挑战；由于已获授权的活动或报告而增加的人员配置；因应对消费者对货物和服务的需求而增加的人员配置；因解决学生群体的需求变化（特别是涉及辅导或其他学生成功的问题）而增加的人员配置；因承担教师无法或不愿履行的职责和责任而增加的人员配置。有关学生事务工作不重要的质疑，有时也带来挑战。

综上所述，人们似乎纷纷指责行政膨胀问题。考虑到高等教育所面临的持续的经济和政治压力，这样的指责虽然令人感到遗憾，但却并不奇怪。

当行政膨胀的指控与学生事务领域相关时，学生事务专员该如何应对？我们要摆出防御的架势吗？我们要放任随意的指控吗？我们要反驳学生事务工作不重要的观点吗？还是提供证据支持自己的观点？我们要不要诚实且带有批判精神地审视我们自己并为利用形势优势（例如，应对校园安全问题）来扩大我们的职责范围以及扩充我们的队伍而承担责任呢？

32.5 谁会在未来领导我们?

如果本书分享的信息还不够清晰，那说明做一名学生事务专员实属不易。学生事务专员需具备大量的知识储备、技能和良好的个人品质，比如同情心、正直、韧性和乐于被内在激励而非外在奖励所驱动的意愿。学生事务的实践环境极富挑战性。我们为很多人提供服务，但是他们的利益却并不和我们产生互补。此外，正如本章所述，我们面临许多重要和困难的问题，但是这些问题既无显而易见的最佳答案，也没有一蹴而就的解决办法。

从当前情况看，近一半（48%）的新任命的高级学生事务专员（SSAOs）获取该职位的方式是从原任职位（通常是主任级别）晋升而来（Sponsler & Wesaw，2014）。这表明，我们迫切需要现在的高级学生事务专员提供有序的和全面的员工发展项目来确保学生事务专员在晋升到高级职位后，可以有所准备。利用ACPA-NASPA能力文档（American College Personnel Association & National Association of Student Personnel Administrators，2010）以及科米夫斯和卡彭特在第20章反复阐述的模型都是很好的起点。然而，我们对未来领导者的关注远远超出了个别校园的范围，这是整个行业的责任。NASPA和ACPA都认识到帮助新任命的高级学生事务专员做好任职准备以及组织他们召开研讨会的重要性。尽管如此，我们还是建议在高级学生事务专员的人员遴选及职业发展培训方面多下一些功夫。

鉴于我们面临的机遇和挑战，培养、挑选和支持能够为我们的专业和学生提供良好服务的领导者非常重要。在校园和协会中都是如此。我们希望谁来担任领导者？是经验丰富的老兵还是新鲜血液？是拥护者、交流者和销售者吗？是伟大的思想家和梦想家吗？是实用主义者和懂政治的人吗？是这个领域的学生和学者吗？他们的视角应该是地区的、区域的、国家的还是国际的呢？

32.6 结论

本章提出的问题是宽口径的，尤其适用于美国的高等教育机构。其他国家的大学也许另有苦恼，美国某些地区的大学也许有同样或更重要的问题。例如，在一些地区，入学率持续上升，而其他一些州立的教育机构则发现它们处于服务的学生人数多但是经费少的情况。在这种情况下，我们可能会提出这样的问题：在向立法机构阐述增加经费的需求时，学生事务领导者应该发挥什么样的作用。

本书中由佩吉和亚瑟撰写的章节特别适合作为本章的姊妹篇。他们的著作*Critical Issues for Student Affairs*：*Challenges and Opportunities*（Sandeen & Barr，2006）在一定程度上促使我们决定在最后一章将这些艰难的问题摆到明面上去思考。与我们分享职业热爱的好朋友们提出了这些学生事务的难题。我们期待参与进一步的讨论。

参考文献

American College Personnel Association & National Association of Student Personnel Administrators.（2010）. *ACPA/NASPA professional competency areas for student affairs practitioners.* Washington，DC：Authors.

American Institutes for Research.（2014）. *Delta Cost Project.* Washington，DC：Authors. http：//www.deltacostproject.org/.

Aud，S.，Hussar，W.，Planty，M.，Snyder，T.，Bianco，K.，Fox，M.，Frohlich，L.，… & Drake，L.（2010）. The condition of education 2010（*NCES 2010-028*）. Washington，DC：US Department of Education，National Center for Education Statistics，Institute of Education Sciences.

Bloland，P. A.（1979）. Student personnel training for the chief student affairs officer：Essential or unnecessary? *NASPA Journal*，17（2），57-62.

Bloland，P.，Stamatakos，L.，& Rogers，R.（1994）. *Reform in student affairs：A critique of student development.* Greensboro，NC：ERIC Clearinghouse on Counseling and Student Services. http：//files.eric.ed.gov/fulltext/ED366862.pdf.

Carlson，S.（2011，April 7）. New student union a "playground" at U. of Wisconsin at Madison. *Chronicle of Higher Education.* http：//chronicle. com / blogs / buildings / new-student-union-a-playground-at-u-of-wisconsin-at-madison/29345.

Carlson，S.（2014，March 10）. Less is more：Campus officials trim square feet to cut costs. *Chronicle of Higher Education.* http：//chronicle.com/article/Less-Is-More-Campus-Officials/145229/.

Gerber，L.（n.d.）. *Academic freedom under threat.* American Association of University Professors. http：//www.aaup.org/node/342.

Ginsburg，B.（2011）. *The fall of the faculty：The rise of the all-administrative university and why it matters.* New York，NY：Oxford University Press.

Redden，E.（2008，October 31）. Academic freedom under many assaults. *InsideHigherEd.* https：//www.insidehighered.com/news/2008/10/31/inquiry.

Roy，J.（2005）. *Low income hinders college attainment for even the highest achieving students.* Washington，DC：Economic Policy Institute. www. epi. org / publication / webfeatures_snapshots_20051012/.

Salkin，G.（2014）. Five issues that threaten academic freedom. *Education Dive.* http：//www.educationdive.com/news/5-issues-that-threaten-academic-freedom/227738/.

Sandeen，A.，& Barr，M.（2006）. *Critical issues for student affairs：Challenges and opportunities.* San Francisco，CA：Jossey-Bass.

Sponsler，B. A.，& Wesaw，A. J.（2014）. *The chief student affairs officer：Responsibilities，opinions，and professional pathways of leaders in student affairs.* Washington，DC：National Association of Student Personnel Administrators.

Terrell，S.，& Fey，C.（2011）. The future of student affairs is dependent on choosing roads less traveled. *CSPA-NYS Journal of Student Affairs*，11（1），pp. 17-36.

Wade，L.（2013，September 5）. How socioeconomic class affects the college choices of even the best students. *Pacific Standard.* www. psmag. com / education / socioeconomic-class-affects-college-choices-even-best-students-65582/.